全行业增值税税收会计操作实务

常士臣　主编

Quanhangye Zengzhishui Shuishou Kuaiji Caozuo Shiwu

中国财经出版传媒集团
中国财政经济出版社

图书在版编目（CIP）数据

全行业增值税税收会计操作实务／常士臣主编．--
北京：中国财政经济出版社，2020.7
ISBN 978-7-5095-9868-9

Ⅰ.①全…　Ⅱ.①常…　Ⅲ.①增值税-税收会计-研究-中国　Ⅳ.①F812.42

中国版本图书馆CIP数据核字（2020）第102601号

责任编辑：吕小军　谷兴华等　　　　责任校对：李　丽
封面设计：思梵星尚

中国财政经济出版社 出版
URL：http：//www.cfeph.cn
E-mail：cfeph@cfeph.cn

社址：北京市海淀区阜成路甲28号　邮政编码：100142
营销中心电话：010-88191537
北京鑫海金澳胶印有限公司印刷　各地新华书店经销
787×1092毫米　16开　35.5印张　831 000字
2020年7月第1版　2020年7月北京第1次印刷
定价：96.00元
ISBN 978-7-5095-9868-9
（图书出现印装问题，本社负责调换）
本社质量投诉电话：010-88190744
打击盗版举报热线：010-88191661　QQ：2242791300

本书编写组成员

主　　编： 常士臣

政　　策： 牛长勇　关喜鹏　徐永琦　艾　华　刘洲宇
吕文国　吴松洋　李　超

工业商业、商业企业、行政事业单位：

杨俊奎　冯宏波　马季财　封常慧　马问津
周轶男

房地产开发企业、建筑安装企业：

王　平　白新刚　王雪威　王思宇　陈炳旭
白　冰

金融业、现代服务业：

刘日升　马继媛　张立志　刘书含　邓佳宇
王宇琦

交通运输业、邮政业、电信业：

陈　佳　史锦韬　王晓敏　卓　月　刘明锐

旅游住宿和餐饮业：

徐晓波　刘　聪　于瑞华　于　湉

前　言

增值税是我国税制中最重要的税种。增值税的税收政策贯彻落实需要体现在纳税人具体会计核算中，税收与会计融会贯通，你中有我，我中有你。基于这样的理念，编者围绕增值税会计核算这个中心环节，以指导税务和财会人员更好地完成全行业增值税实务操作为出发点，适时编写本书。

本书具有以下三个特色：

一是内容新颖。本书以我国最新颁布的税收与会计法规、制度为主要依据，采用全行业增值税的会计核算和账务处理来具体反映国家增值税税收政策。编者对诸多税收新政予以详细解读，并辅以案例，使其具有较强的操作性和针对性，按照案例操作，税收政策和会计操作就是正确的，否则就是错误的。

二是实用性强。采用“丁”字账记忆树形式，阐述税收和会计知识，立足税收政策，结合征管经验，注重操作实务，解决实际问题。按税收要素对全行业增值税新政策和法规进行阐述、案例剖析讲解，直观、形象地全面反映会计核算过程。采用中心辐射式会计处理模式，即通过全行业增值税、纳税人生产经营全过程，突出指导性、实用性，强调可操作、可复制，简洁明了，重点突出，是现行税收政策下企业税务会计处理和纳税筹划的全真模拟和实战演练。

三是突出案例。突出了案例在书本知识和财会实践之间的桥梁作用，体现书本知识与实际工作之间的有机融合。本书结合财会、税收日常工作，对财务核算中涉及的税收问题进行较为全面的分析，除对经常发生的业务例举说明，还就特殊情况下的各种业务处理给出了“政策解析”，使读者“知其然，更知其所以然”。

本书是常士臣同志在2009年中国税务出版社出版的专著《增值税税收会计操作实务》基础上，沿用其基本原理和方法、内容和行业进行了全面细致的改编和创新。本书基本按照国民经济分类的行业进行了税收会计核算，案例解析增值税税收政策。遵循理论与实践紧密结合，力求脉络清晰，涵盖全面，突出重点，突破难点，操作性强，“征税人”和“纳税人”均可以此为教科书，“征税人”可以提升税收业务水平和税收治理能力，“纳税人”可以提高纳税遵从度和依法纳税能力，减少纳税风险。

本书主编常士臣同志从事税务工作35年，是全国第一批税收专业大学生，多年来始终践行着在大学毕业自愿书中“把自己的一生奉献给祖国的税收事业”的诺言。他具备深厚的理论素养，税收工作实践经验丰富。他还出版了多部税收业务书籍，发表大量税收论文。本书编写成员亦为税收业务精英，在编写本书时，他们精钻细雕，体现了使命担当和为税情怀。

虽说这是一本对税务人员和会计人员都大有裨益的业务书籍，但由于编写时间紧迫，知识涉及面广、业务跨度大，错误和疏漏难免存在，敬请读者批评指正。

编写组

2020年5月

目　　录

第一篇　增值税概述

第一章　增值税基本规定…………………………………………………………（3）
第一节　征税范围与纳税义务人……………………………………………………（3）
第二节　一般纳税人和小规模纳税人的登记……………………………………（18）
第三节　税率与征收率………………………………………………………………（21）
第四节　增值税的计税方法…………………………………………………………（27）
第五节　一般计税方法应纳税额的计算……………………………………………（29）
第六节　简易征税方法应纳税额的计算……………………………………………（60）
第七节　进口环节增值税的征收……………………………………………………（62）
第八节　出口和跨境业务增值税的退（免）税和征税　……………………………（67）
第九节　税收优惠……………………………………………………………………（96）
第十节　征收管理……………………………………………………………………（126）

第二章　增值税发票的使用及管理…………………………………………………（138）
第一节　增值税专用发票……………………………………………………………（138）
第二节　增值税普通发票……………………………………………………………（151）
第三节　增值税电子普通发票………………………………………………………（151）
第四节　机动车销售统一发票………………………………………………………（154）
第五节　营改增后纳税人发票的使用………………………………………………（155）
第六节　营改增后税控系统使用问题………………………………………………（156）

第二篇　增值税会计实务

第一章　增值税会计科目设置及总体核算……………………………………………（159）
第一节　增值税会计科目……………………………………………………………（159）
第二节　增值税会计处理……………………………………………………………（164）

第二章　工业企业增值税会计处理…………………………………………………………（186）
第一节　进项税额会计处理……………………………………………………………（186）
第二节　销项税额会计处理……………………………………………………………（202）
第三节　增值税缴纳会计处理…………………………………………………………（234）

第三章　商业企业增值税会计处理…………………………………………………………（250）
第一节　进项税额会计处理……………………………………………………………（250）
第二节　销项税额会计处理……………………………………………………………（266）
第三节　增值税缴纳会计处理…………………………………………………………（296）

第四章　房地产开发企业增值税会计处理…………………………………………………（305）
第一节　进项税额会计处理……………………………………………………………（305）
第二节　销项税额会计处理……………………………………………………………（323）
第三节　增值税缴纳会计处理…………………………………………………………（346）

第五章　建筑安装企业增值税会计处理……………………………………………………（353）
第一节　进项税额会计处理……………………………………………………………（353）
第二节　销项税额会计处理……………………………………………………………（363）
第三节　增值税缴纳会计处理…………………………………………………………（370）

第六章　金融业增值税会计处理……………………………………………………………（387）
第一节　金融业增值税会计处理………………………………………………………（387）
第二节　进项税额会计处理……………………………………………………………（389）
第三节　销项税额会计处理……………………………………………………………（400）
第四节　增值税缴纳会计处理…………………………………………………………（418）

第七章　邮政服务的会计处理………………………………………………………………（424）
第一节　邮政业的概念…………………………………………………………………（424）
第二节　进项税额会计处理……………………………………………………………（424）
第三节　销项税额会计处理……………………………………………………………（427）
第四节　增值税缴纳会计处理…………………………………………………………（432）

第八章　电信服务的会计处理………………………………………………………………（436）
第一节　进项税额会计处理……………………………………………………………（436）
第二节　销项税额会计处理……………………………………………………………（437）
第三节　增值税缴纳会计处理…………………………………………………………（441）

第九章 交通运输业增值税会计处理……………………………………………………（449）
第一节 进项税额会计处理……………………………………………………（449）
第二节 销项税额会计处理……………………………………………………（453）
第三节 增值税缴纳会计处理…………………………………………………（459）

第十章 旅游、住宿和餐饮业增值税会计处理…………………………………（484）
第一节 进项税额会计处理……………………………………………………（484）
第二节 销项税额会计处理……………………………………………………（501）
第三节 增值税缴纳会计处理…………………………………………………（511）

第十一章 现代服务业增值税会计处理…………………………………………（528）
第一节 进项税额会计处理……………………………………………………（529）
第二节 销项税额会计处理……………………………………………………（538）
第三节 增值税缴纳会计处理…………………………………………………（548）

第十二章 行政事业单位增值税会计处理………………………………………（553）
第一节 购入应税资产或服务时的会计处理…………………………………（553）
第二节 销售资产或提供服务时的会计处理…………………………………（554）
第三节 缴纳增值税时的会计处理……………………………………………（555）

第一篇
增值税概述

第一章　增值税基本规定

增值税是以商品和劳务在流转过程中产生的增值额作为征税对象而征收的一种流转税。按照我国增值税法的规定，增值税是对在我国境内销售货物或者加工、修理修配劳务（以下简称劳务），销售服务、无形资产、不动产以及进口货物的单位和个人，就其销售货物、劳务、服务、无形资产、不动产（以下统称应税销售行为）的增值额和货物进口金额为计税依据而课征的一种流转税。

增值税法是指国家制定的用以调整增值税征收与缴纳之间权利和义务关系的法律规范。

增值税之所以能够在世界上众多国家推广，是因为其可以有效地防止商品在流转过程中的重复征税问题，并使其具备保持税收中性、普遍征收、税收负担由最终消费者承担、实行税款抵扣制度、实行比例税率、实行价外税制度等特点。

我国从 1979 年开始在部分城市试行生产型增值税。1994 年在生产和流通领域全面实施生产型增值税，2008 年国务院决定全面实施增值税改革，即将生产型增值税转为消费型增值税。2011 年年底国家决定在上海试点营业税改征增值税工作，并逐步将试点地区扩展到全国。2016 年 3 月 23 日，经国务院批准，财政部和国家税务总局发布了《关于全面推开营业税改征增值税试点的通知》（财税〔2016〕36 号，以下简称“营改增通知”），决定自 2016 年 5 月 1 日起，在全国范围内全面推开营业税改征增值税（以下简称营改增）试点，将建筑业、房地产业、金融业、生活服务业等全部营业税纳税人，纳入试点范围，由缴纳营业税改为缴纳增值税。2017 年 11 月 19 日国务院发布了《关于废止〈中华人民共和国营业税暂行条例〉和修改〈中华人民共和国增值税暂行条例〉的决定》（国务院令第 691 号），正式结束了营业税的历史使命。

我国现行增值税的基本规范是 2017 年 11 月 19 日公布的《中华人民共和国增值税暂行条例》（国务院令第 691 号，以下简称《增值税暂行条例》）和 2016 年 3 月财政部和国家税务总局发布的“营改增通知”，以及《中华人民共和国增值税暂行条例实施细则》（财政部、国家税务总局令 2008 年第 50 号，以下简称《增值税暂行条例实施细则》）。

第一节　征税范围与纳税义务人

根据《增值税暂行条例》《增值税暂行条例实施细则》和“营改增通知”的规定，在中华人民共和国境内（以下简称境内）发生应税销售行为以及进口货物的单位和个人，为增值税的纳税人。纳税人应当依照《增值税暂行条例》《增值税暂行条例实施细则》和“营改增通知”的规定缴纳增值税。

一、征税范围

增值税的征税范围包括在境内发生应税销售行为以及进口货物等。根据《增值税暂行条例》《增值税暂行条例实施细则》和“营改增通知”的规定，我们将增值税的征税范围分为一般规定和特殊规定。

（一）征税范围的一般规定

现行增值税征税范围的一般规定包括应税销售行为和进口的货物。具体规定如下：

1. 销售或者进口的货物。货物是指有形动产，包括电力、热力、气体在内。销售货物，是指有偿转让货物的所有权。

2. 销售劳务。劳务是指纳税人提供的加工、修理修配劳务。加工是指受托加工货物，即委托方提供原料及主要材料，受托方按照委托方的要求制造货物并收取加工费的业务；修理修配是指受托对损伤和丧失功能的货物进行修复，使其恢复原状和功能的业务。

提供应税劳务，是指有偿提供劳务。单位或者个体工商户聘用的员工为本单位或者雇主提供劳务，不包括在内。

3. 销售服务。服务包括交通运输服务、邮政服务、电信服务、建筑服务、金融服务、现代服务、生活服务。具体征税范围如下：

（1）交通运输服务。交通运输服务，是指利用运输工具将货物或者旅客送达目的地，使其空间位置得到转移的业务活动。包括陆路运输服务、水路运输服务、航空运输服务和管道运输服务。

①陆路运输服务。陆路运输服务，是指通过陆路（地上或者地下）运送货物或者旅客的运输业务活动，包括铁路运输服务和其他陆路运输服务。

铁路运输服务，是指通过铁路运送货物或者旅客的运输业务活动。

其他陆路运输服务，是指铁路运输以外的陆路运输业务活动。包括公路运输、缆车运输、索道运输、地铁运输、城市轻轨运输等。

出租车公司向使用本公司自有出租车的出租车司机收取的管理费用，按照陆路运输服务缴纳增值税。

②水路运输服务。水路运输服务，是指通过江、河、湖、川等天然、人工水道或者海洋航道运送货物或者旅客的运输业务活动。

水路运输的程租、期租业务，属于水路运输服务。

程租业务，是指运输企业为租船人完成某一特定航次的运输任务并收取租赁费的业务。

期租业务，是指运输企业将配备有操作人员的船舶承租给他人使用一定期限，承租期内听候承租方调遣，不论是否经营，均按天向承租方收取租赁费，发生的固定费用均由船东负担的业务。

③航空运输服务。航空运输服务，是指通过空中航线运送货物或者旅客的运输业务活动。

航空运输的湿租业务，属于航空运输服务。湿租业务，是指航空运输企业将配备有机组人员的飞机承租给他人使用一定期限，承租期内听候承租方调遣，不论是否经营，均按一定标准向承租方收取租赁费，发生的固定费用均由承租方承担的业务。

航天运输服务，按照航空运输服务缴纳增值税。航天运输服务，是指利用火箭等载体将卫星、空间探测器等空间飞行器发射到空间轨道的业务活动。

④管道运输服务。管道运输服务，是指通过管道设施输送气体、液体、固体物质的运输业务活动。

无运输工具承运业务，按照交通运输服务缴纳增值税。无运输工具承运业务，是指经营者以承运人身份与托运人签订运输服务合同，收取运费并承担承运人责任，然后委托实际承运人完成运输服务的经营活动。

⑤自 2018 年 1 月 1 日起，纳税人已售票但客户逾期未消费取得的运输逾期票证收入，按照“交通运输服务”缴纳增值税。

（2）邮政服务。邮政服务，是指中国邮政集团公司及其所属邮政企业提供邮件寄递、邮政汇兑和机要通信等邮政基本服务的业务活动。包括邮政普遍服务、邮政特殊服务和其他邮政服务。

①邮政普遍服务。邮政普遍服务，是指函件、包裹等邮件寄递，以及邮票发行、报刊发行和邮政汇兑等业务活动。

函件，是指信函、印刷品、邮资封片卡、无名址函件和邮政小包等。

包裹，是指按照封装上的名址递送给特定个人或者单位的独立封装的物品，其重量不超过 50 千克，任何一边的尺寸不超过 150 厘米，长、宽、高合计不超过 300 厘米。

②邮政特殊服务。邮政特殊服务，是指义务兵平常信函、机要通信、盲人读物和革命烈士遗物的寄递等业务活动。

③其他邮政服务。其他邮政服务，是指邮册等邮品销售、邮政代理等业务活动。

（3）电信服务。电信服务，是指利用有线、无线的电磁系统或者光电系统等各种通信网络资源，提供语音通话服务，传送、发射、接收或者应用图像、短信等电子数据和信息的业务活动。包括基础电信服务和增值电信服务。

①基础电信服务，是指利用固网、移动网、卫星、互联网提供语音通话服务的业务活动，以及出租或者出售带宽、波长等网络元素的业务活动。

②增值电信服务，是指利用固网、移动网、卫星、互联网、有线电视网络，提供短信和彩信服务、电子数据和信息的传输及应用服务、互联网接入服务等业务活动。

卫星电视信号落地转接服务，按照增值电信服务缴纳增值税。

（4）建筑服务。建筑服务，是指各类建筑物、构筑物及其附属设施的建造、修缮、装饰，线路、管道、设备、设施等的安装以及其他工程作业的业务活动。包括工程服务、安装服务、修缮服务、装饰服务和其他建筑服务。

①工程服务，是指新建、改建各种建筑物、构筑物的工程作业，包括与建筑物相连的

各种设备或者支柱、操作平台的安装或者装设工程作业，以及各种窑炉和金属结构工程作业。

②安装服务，是指生产设备、动力设备、起重设备、运输设备、传动设备、医疗实验设备以及其他各种设备、设施的装配、安置工程作业，包括与被安装设备相连的工作台、梯子、栏杆的装设工程作业，以及被安装设备的绝缘、防腐、保温、油漆等工程作业。

固定电话、有线电视、宽带、水、电、燃气、暖气等经营者向用户收取的安装费、初装费、开户费、扩容费以及类似收费，按照安装服务缴纳增值税。

③修缮服务，是指对建筑物、构筑物进行修补、加固、养护、改善，使之恢复原来的使用价值或者延长其使用期限的工程作业。

④装饰服务，是指对建筑物、构筑物进行修饰装修，使之美观或者具有特定用途的工程作业。物业服务企业为业主提供的装修服务，按照“建筑服务”缴纳增值税。

⑤其他建筑服务，是指上列工程作业之外的各种工程作业服务，如钻井（打井）、拆除建筑物或者构筑物、平整土地、园林绿化、疏浚（不包括航道疏浚）、建筑搭脚手架、爆破、矿山穿孔、表面附着物（包括岩层、土层、沙层等）剥离和清理等工程作业。纳税人将建筑施工设备出租给他人使用并配备操作人员的，按照“建筑服务”缴纳增值税。

（5）金融服务。金融服务，是指经营金融保险的业务活动。包括贷款服务、直接收费金融服务、保险服务和金融商品转让。“保本收益、报酬、资金占用费、补偿金”，是指合同中明确承诺到期本金可全部收回的投资收益。金融商品持有期间（含到期）取得的非保本的上述收益，不属于利息或利息性质的收入，不征收增值税。

①贷款服务。贷款，是指将资金贷与他人使用而取得利息收入的业务活动。

各种占用、拆借资金取得的收入，包括金融商品持有期间（含到期）利息（保本收益、报酬、资金占用费、补偿金等）收入、信用卡透支利息收入、买入返售金融商品利息收入、融资融券收取的利息收入，以及融资性售后回租、押汇、罚息、票据贴现、转贷等业务取得的利息及利息性质的收入，按照贷款服务缴纳增值税。

融资性售后回租，是指承租方以融资为目的，将资产出售给从事融资性售后回租业务的企业后，从事融资性售后回租业务的企业将该资产出租给承租方的业务活动。

以货币资金投资收取的固定利润或者保底利润，按照贷款服务缴纳增值税。

②直接收费金融服务。直接收费金融服务，是指为货币资金融通及其他金融业务提供相关服务并且收取费用的业务活动。包括提供货币兑换、账户管理、电子银行、信用卡、信用证、财务担保、资产管理、信托管理、基金管理、金融交易场所（平台）管理、资金结算、资金清算、金融支付等服务。

③保险服务。保险服务，是指投保人根据合同约定，向保险人支付保险费，保险人对于合同约定的可能发生的事故因其发生所造成的财产损失承担赔偿保险金责任，或者当被保险人死亡、伤残、疾病或者达到合同约定的年龄、期限等条件时承担给付保险金责任的商业保险行为。包括人身保险服务和财产保险服务。

人身保险服务，是指以人的寿命和身体为保险标的的保险业务活动。财产保险服务，是指以财产及其有关利益为保险标的的保险业务活动。

④金融商品转让。金融商品转让，是指转让外汇、有价证券、非货物期货和其他金融

商品所有权的业务活动。

其他金融商品转让包括基金、信托、理财产品等各类资产管理产品和各种金融衍生品的转让。纳税人购入基金、信托、理财产品等各类资产管理产品持有至到期，不属于金融商品转让。

（6）现代服务。现代服务，是指围绕制造业、文化产业、现代物流产业等提供技术性、知识性服务的业务活动，包括研发和技术服务、信息技术服务、文化创意服务、物流辅助服务、租赁服务、鉴证咨询服务、广播影视服务、商务辅助服务和其他现代服务。

①研发和技术服务，包括研发服务、合同能源管理服务、工程勘察勘探服务、专业技术服务。

研发服务，也称技术开发服务，是指就新技术、新产品、新工艺或者新材料及其系统进行研究与试验开发的业务活动。

合同能源管理服务，是指节能服务公司与用能单位以契约形式约定节能目标，节能服务公司提供必要的服务，用能单位以节能效果支付节能服务公司投入及其合理报酬的业务活动。

工程勘察勘探服务，是指在采矿、工程施工前后，对地形、地质构造、地下资源蕴藏情况进行实地调查的业务活动。

专业技术服务，是指气象服务、地震服务、海洋服务、测绘服务、城市规划、环境与生态监测服务等专项技术服务。

②信息技术服务，是指利用计算机、通信网络等技术对信息进行生产、收集、处理、加工、存储、运输、检索和利用，并提供信息服务的业务活动，包括软件服务、电路设计及测试服务、信息系统服务、业务流程管理服务和信息系统增值服务。

软件服务，是指提供软件开发服务、软件维护服务、软件测试服务的业务活动。

电路设计及测试服务，是指提供集成电路和电子电路产品设计、测试及相关技术支持服务的业务活动。

信息系统服务，是指提供信息系统集成、网络管理、网站内容维护、桌面管理与维护、信息系统应用、基础信息技术管理平台整合、信息技术基础设施管理、数据中心、托管中心、信息安全服务、在线杀毒、虚拟主机等业务活动，包括网站对非自有的网络游戏提供的网络运营服务。

业务流程管理服务，是指依托信息技术提供的人力资源管理、财务经济管理、审计管理、税务管理、物流信息管理、经营信息管理和呼叫中心等服务的活动。

信息系统增值服务，是指利用信息系统资源为用户附加提供的信息技术服务，包括数据处理、分析和整合、数据库管理、数据备份、数据存储、容灾服务、电子商务平台等。

③文化创意服务。文化创意服务，包括设计服务、知识产权服务、广告服务和会议展览服务。

设计服务，是指把计划、规划、设想，通过文字、语言、图画、声音、视觉等形式传递出来的业务活动，包括工业设计、内部管理设计、业务运作设计、供应链设计、造型设计、服装设计、环境设计、平面设计、包装设计、动漫设计、网游设计、展示设计、网站设计、机械设计、工程设计、广告设计、创意策划、文印晒图等。

知识产权服务，是指处理知识产权事务的业务活动，包括对专利、商标、著作权、软件、集成电路布图设计的登记、鉴定、评估、认证、检索服务。

广告服务，是指利用图书、报纸、杂志、广播、电视、电影、幻灯、路牌、招贴、橱窗、霓虹灯、灯箱、互联网等各种形式为客户的商品、经营服务项目、文体节目或者通告、声明等委托事项进行宣传和提供相关服务的业务活动。包括广告代理和广告的发布、播映、宣传、展示等。

会议展览服务，是指为商品流通、促销、展示、经贸洽谈、民间交流、企业沟通、国际往来等举办或者组织安排的各类展览和会议的业务活动。

宾馆、旅馆、旅社、度假村和其他经营性住宿场所提供会议场地及配套服务的活动，按照“会议展览服务”缴纳增值税。

④物流辅助服务。物流辅助服务，包括航空服务、港口码头服务、货运客运场站服务、打捞救助服务、装卸搬运服务、仓储服务和收派服务。

航空服务，包括航空地面服务和通用航空服务。

航空地面服务，是指航空公司、飞机场、民航管理局、航站等向在境内航行或者在境内机场停留的境内外飞机或者其他飞行器提供的导航等劳务性地面服务的业务活动。包括旅客安全检查服务、停机坪管理服务、机场候机厅管理服务、飞机清洗消毒服务、空中飞行管理服务、飞机起降服务、飞行通讯服务、地面信号服务、飞机安全服务、飞机跑道管理服务、空中交通管理服务等。

通用航空服务，是指为专业工作提供飞行服务的业务活动，包括航空摄影、航空培训、航空测量、航空勘探、航空护林、航空吊挂播洒、航空降雨、航空气象探测、航空海洋监测、航空科学实验等。

港口码头服务，是指港务船舶调度服务、船舶通讯服务、航道管理服务、航道疏浚服务、灯塔管理服务、航标管理服务、船舶引航服务、理货服务、系解缆服务、停泊和移泊服务、海上船舶溢油清除服务、水上交通管理服务、船只专业清洗消毒检测服务和防止船只漏油服务等为船只提供服务的业务活动。

港口设施经营人收取的港口设施保安费按照港口码头服务缴纳增值税。

货运客运场站服务，是指货运客运场站提供货物配载服务、运输组织服务、中转换乘服务、车辆调度服务、票务服务、货物打包整理、铁路线路使用服务、加挂铁路客车服务、铁路行包专列发送服务、铁路到达和中转服务、铁路车辆编解服务、车辆挂运服务、铁路接触网服务、铁路机车牵引服务等业务活动。

打捞救助服务，是指提供船舶人员救助、船舶财产救助、水上救助和沉船沉物打捞服务的业务活动。

装卸搬运服务，是指使用装卸搬运工具或者人力、畜力将货物在运输工具之间、装卸现场之间或者运输工具与装卸现场之间进行装卸和搬运的业务活动。

仓储服务，是指利用仓库、货场或者其他场所代客贮放、保管货物的业务活动。

收派服务，是指接受寄件人委托，在承诺的时限内完成函件和包裹的收件、分拣、派送服务的业务活动。收件服务，是指从寄件人收取函件和包裹，并运送到服务提供方同城的集散中心的业务活动。分拣服务，是指服务提供方在其集散中心对函件和包裹进行归类、分发的业务活动。派送服务，是指服务提供方从其集散中心将函件和包裹送达同城的收件人的业务活动。

⑤租赁服务。租赁服务，包括融资租赁服务和经营租赁服务。

融资租赁服务，是指具有融资性质和所有权转移特点的租赁活动。即出租人根据承租人所要求的规格、型号、性能等条件购入有形动产或者不动产租赁给承租人，合同期内租赁物所有权属于出租人，承租人只拥有使用权，合同期满付清租金后，承租人有权按照残值购入租赁物，以拥有其所有权。不论出租人是否将租赁物销售给承租人，均属于融资租赁。

按照标的物的不同，融资租赁服务可分为有形动产融资租赁服务和不动产融资租赁服务。

融资性售后回租不按照本税目缴纳增值税。

经营租赁服务，是指在约定时间内将有形动产或者不动产转让他人使用且租赁物所有权不变更的业务活动。按照标的物的不同，经营租赁服务可分为有形动产经营租赁服务和不动产经营租赁服务。

将建筑物、构筑物等不动产或者飞机、车辆等有形动产的广告位出租给其他单位或者个人用于发布广告，按照经营租赁服务缴纳增值税。

车辆停放服务、道路通行服务（包括过路费、过桥费、过闸费等）等按照不动产经营租赁服务缴纳增值税。

水路运输的光租业务、航空运输的干租业务，属于经营租赁。

光租业务，是指运输企业将船舶在约定的时间内出租给他人使用，不配备操作人员，不承担运输过程中发生的各项费用，只收取固定租赁费的业务活动。

干租业务，是指航空运输企业将飞机在约定的时间内出租给他人使用，不配备机组人员，不承担运输过程中发生的各项费用，只收取固定租赁费的业务活动。

⑥鉴证咨询服务。鉴证咨询服务，包括认证服务、鉴证服务和咨询服务。

认证服务，是指具有专业资质的单位利用检测、检验、计量等技术，证明产品、服务、管理体系符合相关技术规范、相关技术规范的强制性要求或者标准的业务活动。

鉴证服务，是指具有专业资质的单位受托对相关事项进行鉴证，发表具有证明力的意见的业务活动，包括会计鉴证、税务鉴证、法律鉴证、职业技能鉴定、工程造价鉴证、工程监理、资产评估、环境评估、房地产土地评估、建筑图纸审核、医疗事故鉴定等。

咨询服务，是指提供信息、建议、策划、顾问等服务的活动，包括金融、软件、技术、财务、税收、法律、内部管理、业务运作、流程管理、健康等方面的咨询。

翻译服务和市场调查服务按照咨询服务缴纳增值税。

⑦广播影视服务。广播影视服务，包括广播影视节目（作品）的制作服务、发行服务和播映（含放映，下同）服务。

广播影视节目（作品）制作服务，是指进行专题（特别节目）、专栏、综艺、体育、动画片、广播剧、电视剧、电影等广播影视节目和作品制作的服务。具体包括与广播影视节目和作品相关的策划、采编、拍摄、录音、音视频文字图片素材制作、场景布置、后期的剪辑、翻译（编译）、字幕制作、片头、片尾、片花制作、特效制作、影片修复、编目和确权等业务活动。

广播影视节目（作品）发行服务，是指以分账、买断、委托等方式，向影院、电台、电视台、网站等单位和个人发行广播影视节目（作品）以及转让体育赛事等活动的报道及播映权的业务活动。

广播影视节目（作品）播映服务，是指在影院、剧院、录像厅及其他场所播映广播影视节目（作品），以及通过电台、电视台、卫星通信、互联网、有线电视等无线或者有线装置播映广播影视节目（作品）的业务活动。

⑧商务辅助服务。商务辅助服务，包括企业管理服务、经纪代理服务、人力资源服务、安全保护服务。

企业管理服务，是指提供总部管理、投资与资产管理、市场管理、物业管理、日常综合管理等服务的业务活动。

经纪代理服务，是指各类经纪、中介、代理服务。包括金融代理、知识产权代理、货物运输代理、代理报关、法律代理、房地产中介、职业中介、婚姻中介、代理记账、拍卖等。

拍卖行受托拍卖取得的手续费或佣金收入，按照“经纪代理服务”缴纳增值税。《国家税务总局关于拍卖行取得的拍卖收入征收增值税、营业税有关问题的通知》（国税发〔1999〕40号）停止执行。

货物运输代理服务，是指接受货物收货人、发货人、船舶所有人、船舶承租人或者船舶经营人的委托，以委托人的名义，为委托人办理货物运输、装卸、仓储和船舶进出港口、引航、靠泊等相关手续的业务活动。

代理报关服务，是指接受进出口货物的收、发货人委托，代为办理报关手续的业务活动。

人力资源服务，是指提供公共就业、劳务派遣、人才委托招聘、劳动力外包等服务的业务活动。纳税人提供安全保护服务，比照劳务派遣服务政策执行。

安全保护服务，是指提供保护人身安全和财产安全，维护社会治安等的业务活动。包括场所住宅保安、特种保安、安全系统监控以及其他安保服务。纳税人提供武装守护押运服务，按照“安全保护服务”缴纳增值税。

⑨其他现代服务。其他现代服务，是指除研发和技术服务、信息技术服务、文化创意服务、物流辅助服务、租赁服务、鉴证咨询服务、广播影视服务和商务辅助服务以外的现代服务。

纳税人为客户办理退票而向客户收取的退票费、手续费等收入，按照“其他现代服务”缴纳增值税。

纳税人对安装运行后的电梯提供的维护保养服务，按照“其他现代服务”缴纳增值税。

（7）生活服务。生活服务，是指为满足城乡居民日常生活需求提供的各类服务活动，包括文化体育服务、教育医疗服务、旅游娱乐服务、餐饮住宿服务、居民日常服务和其他生活服务。提供餐饮服务的纳税人销售的外卖食品，按照“餐饮服务”缴纳增值税。

①文化体育服务。文化体育服务，包括文化服务和体育服务。

文化服务，是指为满足社会公众文化生活需求提供的各种服务，包括文艺创作、文艺表演、文化比赛，图书馆的图书和资料借阅，档案馆的档案管理，文物及非物质遗产保护，组织举办宗教活动、科技活动、文化活动，提供游览场所。

纳税人在游览场所经营索道、摆渡车、电瓶车、游船等取得的收入，按照“文化体育服务”缴纳增值税。

体育服务，是指组织举办体育比赛、体育表演、体育活动，以及提供体育训练、体育指导、体育管理的业务活动。

②教育医疗服务。教育医疗服务，包括教育服务和医疗服务。

教育服务，是指提供学历教育服务、非学历教育服务、教育辅助服务的业务活动。学历教育服务，是指根据教育行政管理部门确定或者认可的招生和教学计划组织教学，并颁发相应学历证书的业务活动。包括初等教育、初级中等教育、高级中等教育、高等教育等。

非学历教育服务，包括学前教育、各类培训、演讲、讲座、报告会等。

教育辅助服务，包括教育测评、考试、招生等服务。

医疗服务，是指提供医学检查、诊断、治疗、康复、预防、保健、接生、计划生育、防疫服务等方面的服务，以及与这些服务有关的提供药品、医用材料器具、救护车、病房住宿和伙食的业务。

③旅游娱乐服务。旅游娱乐服务，包括旅游服务和娱乐服务。

旅游服务，是指根据旅游者的要求，组织安排交通、游览、住宿、餐饮、购物、文娱、商务等服务的业务活动。

娱乐服务，是指为娱乐活动同时提供场所和服务的业务。具体包括：歌厅、舞厅、夜总会、酒吧、台球、高尔夫球、保龄球、游艺（包括射击、狩猎、跑马、游戏机、蹦极、卡丁车、热气球、动力伞、射箭、飞镖）。

④餐饮住宿服务。餐饮住宿服务，包括餐饮服务和住宿服务。

餐饮服务，是指通过同时提供饮食和饮食场所的方式为消费者提供饮食消费服务的业务活动。

住宿服务，是指提供住宿场所及配套服务等的活动，包括宾馆、旅馆、旅社、度假村和其他经营性住宿场所提供的住宿服务。

⑤居民日常服务。居民日常服务，是指主要为满足居民个人及其家庭日常生活需求提供的服务，包括市容市政管理、家政、婚庆、养老、殡葬、照料和护理、救助救济、美容美发、按摩、桑拿、氧吧、足疗、沐浴、洗染、摄影扩印等服务。

⑥其他生活服务。其他生活服务，是指除文化体育服务、教育医疗服务、旅游娱乐服务、餐饮住宿服务和居民日常服务之外的生活服务。

纳税人提供植物养护服务，按照“其他生活服务”缴纳增值税。

4. 销售无形资产。

无形资产，是指不具实物形态，但能带来经济利益的资产，包括技术、商标、著作权、商誉、自然资源使用权和其他权益性无形资产。

技术，包括专利技术和非专利技术。

自然资源使用权，包括土地使用权、海域使用权、探矿权、采矿权、取水权和其他自然资源使用权。

其他权益性无形资产，包括基础设施资产经营权、公共事业特许权、配额、经营权（包括特许经营权、连锁经营权、其他经营权）、经销权、分销权、代理权、会员权、席位权、网络游戏虚拟道具、域名、名称权、肖像权、冠名权、转会费等。

销售无形资产，是指转让无形资产所有权或者使用权的业务活动。

5. 销售不动产。

不动产，是指不能移动或者移动后会引起性质、形状改变的财产，包括建筑物、构筑物等。

建筑物，包括住宅、商业营业用房、办公楼等可供居住、工作或者进行其他活动的建造物。

构筑物，包括道路、桥梁、隧道、水坝等建造物。

转让建筑物有限产权或者永久使用权的，转让在建的建筑物或者构筑物所有权的，以及在转让建筑物或者构筑物时一并转让其所占土地的使用权的，按照销售不动产缴纳增值税。

销售不动产，是指转让不动产所有权的业务活动。

确定一项经济行为是否需要缴纳增值税，根据"营改增通知"，除另有规定外，一般应同时具备四个条件：(1) 应税行为是发生在中华人民共和国境内；(2) 应税行为是属于《销售服务、无形资产、不动产注释》范围内的业务活动；(3) 应税服务是为他人提供的；(4) 应税行为是有偿的。

上述所说的有偿，有两类情形属于例外：

第一种情形是满足上述四个增值税征税条件但不需要缴纳增值税的情形，主要包括：(1) 行政单位收取的同时满足条件的政府性基金或者行政事业性收费；(2) 存款利息；(3) 被保险人获得的保险赔付；(4) 房地产主管部门或者其指定机构、公积金管理中心、开发企业以及物业管理单位代收的住宅专项维修资金；(5) 在资产重组过程中，通过合并、分立、出售、置换等方式，将全部或者部分实物资产以及与其相关联的债权、负债和劳动力一并转让给其他单位和个人，其中涉及的不动产、土地使用权转让行为。

第二种情形是不同时满足上述四个增值税征税条件但需要缴纳增值税，主要包括某些无偿的应税行为需要缴纳增值税。即"营改增通知"规定的三种视同销售服务、无形资产或者不动产情形：(1) 单位或者个体工商户向其他单位或者个人无偿提供服务，但用于公益事业或者以社会公众为对象的除外。(2) 单位或者个人向其他单位或者个人无偿转让无形资产或者不动产，但用公益事业或者以社会公众为对象的除外。(3) 财政部和国家税务总局规定的其他情形。按照此条规定，向其他单位或者个人无偿提供服务、无偿转让无形资产或者不动产，除用于公益事业或者以社会公众为对象外，应视同发生应税行为，照章缴纳增值税。

6. 非经营活动的确认。销售服务、无形资产或者不动产，是指有偿提供服务、有偿转让无形资产或者不动产，但属于下列非经营活动的情形除外：

(1) 行政单位收取的同时满足以下条件的政府性基金或者行政事业性收费：

①由国务院或者财政部批准设立的政府性基金，由国务院或者省级人民政府及其财政、价格主管部门批准设立的行政事业性收费；

②收取时开具省级以上（含省级）财政部门监（印）制的财政票据；

③所收款项全额上缴财政。

（2）单位或者个体工商户聘用的员工为本单位或者雇主提供取得工资的服务。

（3）单位或者个体工商户为聘用的员工提供服务。

（4）财政部和国家税务总局规定的其他情形。

7. 境内销售服务、无形资产或者不动产的含义。在境内销售服务、无形资产或者不动产，是指：

（1）服务（租赁不动产除外）或者无形资产（自然资源使用权除外）的销售方或者购买方在境内；

（2）所销售或者租赁的不动产在境内；

（3）所销售自然资源使用权的自然资源在境内；

（4）财政部和国家税务总局规定的其他情形。

下列情形不属于在境内销售服务或者无形资产：

（1）境外单位或者个人向境内单位或者个人销售完全在境外发生的服务。

（2）境外单位或者个人向境内单位或者个人销售完全在境外使用的无形资产。

（3）境外单位或者个人向境内单位或者个人出租完全在境外使用的有形动产。

（4）财政部和国家税务总局规定的其他情形：

①为出境的函件、包裹在境外提供的邮政服务、收派服务；

②向境内单位或者个人提供的工程施工地点在境外的建筑服务、工程监理服务；

③向境内单位或者个人提供的工程、矿产资源在境外的工程勘察勘探服务；

④向境内单位或者个人提供的会议展览地点在境外的会议展览服务。

境外单位或者个人销售的服务（不含租赁不动产）在以下两种情况下属于在我国境内销售服务，应照章缴纳增值税：

（1）境外单位或者个人向境内单位或者个人销售的完全在境内发生的服务，属于在境内销售服务。例如，境外某一工程公司到境内给境内某单位提供工程勘察勘探服务。

（2）境外单位或者个人向境内单位或者个人销售的未完全在境外发生的服务，属于在境内销售服务。例如，境外某一咨询公司与境内某一公司签订咨询合同，就这家境内公司开拓境内、境外市场进行实地调研并提出合理化管理建议，境外咨询公司提供的咨询服务同时在境内和境外发生，属于在境内销售服务。

境外单位或者个人销售的无形资产在以下两种情况下属于在我国境内销售无形资产，应该照章缴纳增值税：

（1）境外单位或者个人向境内单位或者个人销售的完全在境内使用的无形资产，属于在境内销售无形资产。例如，境外A公司向境内B公司转让A公司在境内的连锁经营权。

（2）境外单位或者个人向境内单位或者个人销售的未完全在境外使用的无形资产，属于在境内销售无形资产。例如，境外C公司向境内D公司转让一项专利技术，该技术同时用于D公司在境内和境外的生产线。

上述一般规定中所说的有偿，是指从购买方取得货币、货物或者其他经济利益。其他经济利益是指非货币、货物形式的收益，具体包括固定资产（不含货物）、生物资产（不含货物）、无形资产（包括特许权）、股权投资、存货、不准备持有至到期的债券投资、服务以及有关权益等。

[例1-1]（多选题）下列行为中，属于增值税征收范围的有（　　）。

A. 甲公司将房屋与乙公司土地交换

B. 丙银行将房屋出租给丁饭店，而丁饭店长期不付租金，后经双方协商，由银行在饭店就餐抵账

C. 戊房地产开发企业委托己建筑工程公司建造房屋，双方在结算价款时，房地产企业将若干套房屋给建筑公司冲抵工程款

D. 庚运输公司与辛汽车修理公司商订，庚运输公司为辛汽车修理公司免费提供运输服务，辛汽车修理公司为其免费提供汽车维修作为回报

[参考答案] ABCD

[答案解析] 在A选项中，甲公司将不动产换取了乙公司的土地使用权，此时虽没有取得货币，但相对于甲公司而言，他是取得了乙公司的土地使用权；同样乙公司也是以土地为代价换取了甲公司房屋所有权，这里的土地使用权和房屋所有权就是我们所说的其他经济利益。

在B选项中，丙银行将房屋出租给丁饭店，而丁饭店长期不付租金，后经双方协商，由丙银行在饭店就餐抵账，对丙银行而言，出租房屋取得的是免费接受餐饮服务；对丁饭店而言，提供餐饮服务取得的是免费使用房屋。这两者都涉及了饮食服务和房屋出租等，也是其他经济利益，因此都应征收增值税。

在C选项中，戊房地产开发企业委托己建筑工程公司建造房屋，双方在结算价款时，戊房地产企业将若干套房屋给己建筑公司冲抵工程款，看上去没有资金往来，但实际上戊房地产开发企业取得的好处是接受了己建筑工程公司的建筑劳务，同样己建筑工程公司获得了房屋所有权，双方都取得了经济利益，因此也应当缴纳增值税。

在D选项中，庚运输公司与辛汽车修理公司商订，庚运输公司为辛汽车修理公司免费提供运输服务，辛汽车修理公司为其免费提供汽车维修作为回报。这里运输服务和汽车维修都属于其他经济利益，因此对辛公司提供的运输服务应征收增值税。

（二）征税范围的特殊规定

增值税的征税范围除了上述的一般规定以外，还对经济实务中某些特殊项目或行为是否属于增值税的征税范围，做出了具体界定。

1. 属于征税范围的特殊项目。

（1）罚没物品征与不征增值税的处理。

①执罚部门和单位查处的属于一般商业部门经营的商品，具备拍卖条件的，由执罚部门或单位同级财政部门同意后，公开拍卖。其拍卖收入作为罚没收入由执罚部门和单位如数上缴财政，不予征税。对经营单位购入拍卖物品再销售的应照章征收增值税。

②执罚部门和单位查处的属于一般商业部门经营的商品，不具备拍卖条件的，由执罚

部门、财政部门、国家指定销售单位会同有关部门按质论价，交由国家指定销售单位纳入正常销售渠道变价处理。执罚部门按商定价格所取得的变价收入作为罚没收入如数上缴财政，不予征税。国家指定销售单位将罚没物品纳入正常销售渠道销售的，应照章征收增值税。

③执罚部门和单位查处的属于专管机关管理或专营企业经营的财物，如金银（不包括金银首饰）、外币、有价证券、非禁止出口文物，应交由专管机关或专营企业收兑或收购。执罚部门和单位按收兑或收购价所取得的收入作为罚没收入如数上缴财政，不予征税。专管机关或专营企业经营上述物品中属于应征增值税的货物，应照章征收增值税。

（2）航空运输企业已售票但未提供航空运输服务取得的逾期票证收入，按照航空运输服务征收增值税。

（3）纳税人取得的财政补贴收入，与其销售货物、劳务、服务、无形资产、不动产的收入或者数量直接挂钩的，应按规定计算缴纳增值税。纳税人取得的其他情形的财政补贴收入，不属于增值税应税收入，不征收增值税。

2020 年 1 月 1 日前，纳税人取得的中央财政补贴继续按照《国家税务总局关于中央财政补贴增值税有关问题的公告》（国家税务总局公告 2013 年第 3 号）执行；已经申报缴纳增值税的，可以按现行红字发票管理规定，开具红字增值税发票将取得的中央财政补贴从销售额中扣减。

（4）融资性售后回租业务中，承租方出售资产的行为不属于增值税的征税范围，不征收增值税。

（5）药品生产企业销售自产创新药的销售额，为向购买方收取的全部价款和价外费用，其提供给患者后续免费使用的相同创新药，不属于增值税视同销售范围。创新药是指经国家食品药品监督管理部门批准注册、获批前未曾在中国境内外上市销售，通过合成或者半合成方法制得的原料药及其制剂。

（6）根据国家指令无偿提供的铁路运输服务、航空运输服务，属于《营业税改征增值税试点实施办法》（财税〔2016〕36 号附件）第十四条规定的用于公益事业的服务。

（7）存款利息不征收增值税。

（8）被保险人获得的保险赔付不征收增值税。

（9）房地产主管部门或者其指定机构、公积金管理中心、开发企业以及物业管理单位代收的住宅专项维修资金，不征收增值税。

（10）纳税人在资产重组过程中，通过合并、分立、出售、置换等方式，将全部或者部分实物资产以及与其相关联的债权、负债和劳动力一并转让给其他单位和个人，不属于增值税的征税范围。

（11）单用途商业预付卡（以下简称单用途卡）业务按照以下规定执行：

①单用途卡发卡企业或者售卡企业（以下统称售卡方）销售单用途卡，或者接受单用途卡持卡人充值取得的预收资金，不缴纳增值税。售卡方可按照《关于营改增试点若干征管问题的公告》（国家税务总局公告 2016 年第 53 号）第九条的规定，向购卡人、充值人开具增值税普通发票，不得开具增值税专用发票。

单用途卡，是指发卡企业按照国家有关规定发行的，仅限于在本企业、本企业所属集团或者同一品牌特许经营体系内兑付货物或者服务的预付凭证。

发卡企业，是指按照国家有关规定发行单用途卡的企业。售卡企业，是指集团发卡企业或者品牌发卡企业指定的，承担单用途卡销售、充值、挂失、换卡、退卡等相关业务的本集团或同一品牌特许经营体系内的企业。

②售卡方因发行或者销售单用途卡并办理相关资金收付结算业务取得的手续费、结算费、服务费、管理费等收入，应按照现行规定缴纳增值税。

③持卡人使用单用途卡购买货物或服务时，货物或者服务的销售方应按照现行规定缴纳增值税，且不得向持卡人开具增值税发票。

④销售方与售卡方不是同一个纳税人的，销售方在收到售卡方结算的销售款时，应向售卡方开具增值税普通发票，并在备注栏注明“收到预付卡结算款”，不得开具增值税专用发票。售卡方从销售方取得的增值税普通发票，作为其销售单用途卡或接受单用途卡充值取得预收资金不缴纳增值税的凭证，留存备查。

（12）支付机构预付卡（以下称多用途卡）业务按照以下规定执行：

①支付机构销售多用途卡取得的等值人民币资金，或者接受多用途卡持卡人充值取得的充值资金，不缴纳增值税。支付机构可按照国家税务总局公告 2016 年第 53 号第九条的规定，向购卡人、充值人开具增值税普通发票，不得开具增值税专用发票。

支付机构，是指取得中国人民银行核发的《支付业务许可证》，获准办理“预付卡发行与受理”业务的发卡机构和获准办理“预付卡受理”业务的受理机构。多用途卡，是指发卡机构以特定载体和形式发行的，可在发卡机构之外购买货物或服务的预付价值。

②支付机构因发行或者受理多用途卡并办理相关资金收付结算业务取得的手续费、结算费、服务费、管理费等收入，应按照现行规定缴纳增值税。

③持卡人使用多用途卡，向与支付机构签署合作协议的特约商户购买货物或服务，特约商户应按照现行规定缴纳增值税，且不得向持卡人开具增值税发票。

④特约商户收到支付机构结算的销售款时，应向支付机构开具增值税普通发票，并在备注栏注明“收到预付卡结算款”，不得开具增值税专用发票。支付机构从特约商户取得的增值税普通发票，作为其销售多用途卡或接受多用途卡充值取得预收资金不缴纳增值税的凭证，留存备查。

2. 属于征税范围的特殊行为。

（1）视同发生应税销售行为。单位或者个体工商户的下列行为，视同发生应税销售行为：

①将货物交付其他单位或者个人代销。

②销售代销货物。

③设有两个以上机构并实行统一核算的纳税人，将货物从一个机构移送至其他机构用于销售，但相关机构设在同一县（市）的除外。

“用于销售”，是指售货机构发生以下情形之一的经营行为：一是向购货方开具发票；二是向购货方收取货款。

售货机构的货物移送行为有上述两项情形之一的，应当向所在地税务机关缴纳增值税；未发生上述两项情形的，则应由总机构统一缴纳增值税。

如果售货机构只就部分货物向购买方开具发票或收取货款，则应当区别不同情况计算并分别向总机构所在地或分支机构所在地缴纳税款。

④将自产或者委托加工的货物用于非应税项目。

⑤将自产、委托加工的货物用于集体福利或者个人消费。

⑥将自产、委托加工或者购进的货物作为投资，提供给其他单位或者个体工商户。

⑦将自产、委托加工或者购进的货物分配给股东或者投资者。

⑧将自产、委托加工或者购进的货物无偿赠送其他单位或者个人。

⑨单位或者个体工商户向其他单位或者个人无偿销售应税服务、无偿转让无形资产或者不动产，但用于公益事业或者以社会公众为对象的除外。

⑩财政部和国家税务总局规定的其他情形。

上述10种情况应该确定为视同发生应税销售行为，均要征收增值税。其确定的目的主要有三个：一是保证增值税税款抵扣制度的实施，不至于因发生上述行为而造成各相关环节税款抵扣链条的中断，如前两种情况就是这种原因。如果不将之视同发生应税销售行为就会出现销售代销货物方仅有销项税额而无进项税额，而将货物交付其他单位或者个人代销方仅有进项税额而无销项税额的情况，就会出现增值税抵扣链条不完整。二是避免因发生上述行为而造成应税销售行为之间税收负担不平衡的矛盾，防止以上述行为逃避纳税的现象。三是体现增值税计算的配比原则。即购进货物、劳务、服务、无形资产、不动产已经在购进环节实施了进项税额抵扣，这些购进货物、劳务、服务、无形资产、不动产应该产生相应的销售额，同时就应该产生相应的销项税额，否则就会产生不配比情况。如上述④—⑨讲的几种情况就属于此种原因。

（2）混合销售。一项销售行为如果既涉及货物又涉及服务，为混合销售。从事货物的生产、批发或者零售的单位和个体工商户的混合销售，按照销售货物缴纳增值税；其他单位和个体工商户的混合销售，按照销售服务缴纳增值税。

上述从事货物的生产、批发或者零售的单位和个体工商户，包括以从事货物的生产、批发或者零售为主，并兼营销售服务的单位和个体工商户在内。

混合销售行为成立的行为标准有两点，一是其销售行为必须是一项；二是该项行为必须既涉及货物销售又涉及应税行为。

我们在确定混合销售是否成立时，其行为标准中的上述两点必须是同时存在，如果一项销售行为只涉及销售服务，不涉及货物，这种行为就不是混合销售行为；反之，如果涉及销售服务和涉及货物的行为，不是存在同一项销售行为之中，这种行为也不是混合销售行为。

二、纳税义务人和扣缴义务人

（一）纳税义务人

在中华人民共和国境内（以下简称境内）销售货物、劳务、服务、无形资产、不动产的单位和个人，为增值税纳税人。

单位，是指企业、行政单位、事业单位、军事单位、社会团体及其他单位。

个人，是指个体工商户和其他个人。

单位以承包、承租、挂靠方式经营的，承包人、承租人、挂靠人（以下统称承包人）以发包人、出租人、被挂靠人（以下统称发包人）名义对外经营并由发包人承担相关法律责任的，以该发包人为纳税人。否则，以承包人为纳税人。

资管产品运营过程中发生的增值税应税销售行为，以资管产品管理人为增值税纳税人。采用承包、承租、挂靠经营方式下，区分以下两种情况界定纳税人：

1. 同时满足以下两个条件的，以发包人为纳税人：

（1）以发包人名义对外经营。

（2）由发包人承担相关法律责任。

2. 不同时满足上述两个条件的，以承包人为纳税人。

纳税人应当按照国家统一的会计制度进行增值税会计核算。

（二）扣缴义务人

中华人民共和国境外（以下简称境外）的单位或者个人在境内销售劳务，在境内未设有经营机构的，以其境内代理人为扣缴义务人；在境内没有代理人的，以购买方为扣缴义务人。

第二节　一般纳税人和小规模纳税人的登记

增值税实行凭专用发票抵扣税款的制度，客观上要求纳税人具备健全的会计核算制度和能力。在实际经济生活中我国增值税纳税人众多，会计核算水平参差不齐，大量的小企业和个人还不具备用专用发票抵扣税款的条件，为了既简化增值税的计算和征收，也有利于减少税收征管漏洞，《中华人民共和国增值税法》将增值税纳税人按会计核算水平和经营规模分为一般纳税人和小规模纳税人两类，分别采取不同的登记管理办法。2017 年 11 月 30 日，国家税务总局 2017 年度第 2 次局务会议审议通过了自 2018 年 2 月 1 日起施行的《增值税一般纳税人登记管理办法》，其主要内容如下：

一、一般纳税人的登记

（一）一般纳税人的登记条件

根据《增值税一般纳税人登记管理办法》的规定，增值税纳税人（以下简称纳税人），年应税销售额超过财政部、国家税务总局规定的小规模纳税人标准（以下简称规定标准）的，除下述（二）第 1 条规定外，应当向主管税务机关办理一般纳税人登记。

年应税销售额，是指纳税人在连续不超过 12 个月或 4 个季度的经营期内累计应征增值税销售额，包括纳税申报销售额、稽查查补销售额、纳税评估调整销售额。

销售服务、无形资产或者不动产（以下简称应税行为）有扣除项目的纳税人，其应税行为年应税销售额按未扣除之前的销售额计算。纳税人偶然发生的销售无形资产、转让不动产的销售额，不计入应税行为年应税销售额。

年应税销售额未超过规定标准的纳税人，会计核算健全，能够提供准确税务资料的，可以向主管税务机关办理一般纳税人登记。

会计核算健全，是指能够按照国家统一的会计制度规定设置账簿，根据合法、有效凭证进行核算。

纳税人应当向其机构所在地主管税务机关办理一般纳税人登记手续。

纳税人登记为一般纳税人后，不得转为小规模纳税人，国家税务总局另有规定的除外。

（二）不得办理一般纳税人登记的情况

1. 按照政策规定，选择按照小规模纳税人纳税的（应当向主管税务机关提交书面说明）。

2. 年应税销售额超过规定标准的其他个人。

（三）纳税人办理一般纳税人登记的程序

1. 纳税人向主管税务机关填报《增值税一般纳税人登记表》，如实填写固定生产经营场所等信息，并提供税务登记证件；

2. 纳税人填报内容与税务登记信息一致的，主管税务机关当场登记；

3. 纳税人填报内容与税务登记信息不一致，或者不符合填列要求的，税务机关应当场告知纳税人需要补正的内容。

（四）登记的时限

纳税人在年应税销售额超过规定标准的月份（或季度）的所属申报期结束后15日内按照规定办理相关手续；未按规定时限办理的，主管税务机关应当在规定时限结束后5日内制作《税务事项通知书》，告知纳税人应当在5日内向主管税务机关办理相关手续；逾期仍不办理的，次月起按销售额依照增值税税率计算应纳税额，不得抵扣进项税额，直至纳税人办理相关手续为止。

纳税人自一般纳税人生效之日起，按照增值税一般计税方法计算应纳税额，并可以按照规定领用增值税专用发票，财政部、国家税务总局另有规定的除外。

生效之日，是指纳税人办理登记的当月1日或者次月1日，由纳税人在办理登记手续时自行选择。

（五）风险管理

主管税务机关应当加强对税收风险的管理。对税收遵从度低的一般纳税人，主管税务机关可以实行纳税辅导期管理，具体办法由国家税务总局另行制定。

二、小规模纳税人的登记

小规模纳税人是指年销售额在规定标准以下，并且会计核算不健全，不能按规定报送有关税务资料的增值税纳税人。

根据《关于统一增值税小规模纳税人标准的通知》（财税〔2018〕33 号）和《关于统一小规模纳税人标准等若干增值税问题的公告》（国家税务总局公告 2018 年第 18 号）等相关规定，小规模纳税人的具体认定标准为年应征增值税销售额 500 万元及以下。

同时符合以下条件的一般纳税人，可选择按照《财政部 税务总局关于统一增值税小规模纳税人标准的通知》（财税〔2018〕33 号）第二条的规定，转登记为小规模纳税人，或选择继续作为一般纳税人：

（1）根据《增值税暂行条例》第十三条和《增值税暂行条例实施细则》第二十八条的有关规定，登记为一般纳税人。

（2）转登记日前连续 12 个月（以 1 个月为 1 个纳税期，下同）或者连续 4 个季度（以 1 个季度为 1 个纳税期，下同）累计应征增值税销售额（以下称应税销售额）未超过 500 万元。

转登记日前连续 12 个月（以 1 个月为 1 个纳税期）或者连续 4 个季度（以 1 个季度为 1 个纳税期）累计销售额未超过 500 万元的一般纳税人，在 2019 年 12 月 31 日前，可选择转登记为小规模纳税人。

应税销售额的具体范围，按照《增值税一般纳税人登记管理办法》（国家税务总局令第 43 号）和《国家税务总局关于增值税一般纳税人登记管理若干事项的公告》（国家税务总局公告 2018 年第 6 号）的有关规定执行。

（3）一般纳税人转登记为小规模纳税人（以下称转登记纳税人）后，自转登记日的下期起，按照简易计税方法计算缴纳增值税；转登记日当期仍按照一般纳税人的有关规定计算缴纳增值税。

（4）转登记纳税人尚未申报抵扣的进项税额以及转登记日当期的期末留抵税额，计入“应交税费——待抵扣进项税额”科目核算。尚未申报抵扣的进项税额计入“应交税费——待抵扣进项税额”科目时：

①转登记日当期已经取得的增值税专用发票、机动车销售统一发票、收费公路通行费增值税电子普通发票，应当已经通过增值税发票选择确认平台进行选择确认或认证后稽核比对相符；经稽核比对异常的，应当按照现行规定进行核查处理。已经取得的海关进口增值税专用缴款书，经稽核比对相符的，应当自行下载《海关进口增值税专用缴款书稽核结果通知书》；经稽核比对异常的，应当按照现行规定进行核查处理。

②转登记日当期尚未取得的增值税专用发票、机动车销售统一发票、收费公路通行费增值税电子普通发票，转登记纳税人在取得上述发票以后，应当持税控设备，由主管税务机关通过增值税发票选择确认平台（税务局端）为其办理选择确认。尚未取得的海关进口增值税专用缴款书，转登记纳税人在取得以后，经稽核比对相符的，应当由主管税务机关通过稽核系统为其下载《海关进口增值税专用缴款书稽核结果通知书》；经稽核比对异常

的，应当按照现行规定进行核查处理。

(5) 转登记纳税人在一般纳税人期间销售或者购进的货物、劳务、服务、无形资产、不动产，自转登记日的下期起发生销售折让、中止或者退回的，调整转登记日当期的销项税额、进项税额和应纳税额。

①调整后的应纳税额小于转登记日当期申报的应纳税额形成的多缴税款，从发生销售折让、中止或者退回当期的应纳税额中抵减；不足抵减的，结转下期继续抵减。

②调整后的应纳税额大于转登记日当期申报的应纳税额形成的少缴税款，从“应交税费——待抵扣进项税额”科目中抵减；抵减后仍有余额的，计入发生销售折让、中止或者退回当期的应纳税额一并申报缴纳。

转登记纳税人因税务稽查、补充申报等原因，需要对一般纳税人期间的销项税额、进项税额和应纳税额进行调整的，按照上述规定处理。

转登记纳税人应准确核算“应交税费——待抵扣进项税额”科目的变动情况。

(6) 转登记纳税人可以继续使用现有税控设备开具增值税发票，不需要缴销税控设备和增值税发票。

(7) 转登记纳税人在一般纳税人期间发生的增值税应税销售行为，未开具增值税发票需要补开的，应当按照原适用税率或者征收率补开增值税发票；发生销售折让、中止或者退回等情形，需要开具红字发票的，按照原蓝字发票记载的内容开具红字发票；开票有误需要重新开具的，先按照原蓝字发票记载的内容开具红字发票后，再重新开具正确的蓝字发票。

(8) 自转登记日的下期起连续不超过 12 个月或者连续不超过 4 个季度的经营期内，转登记纳税人应税销售额超过财政部、国家税务总局规定的小规模纳税人标准的，应当按照《增值税一般纳税人登记管理办法》（国家税务总局令第 43 号）的有关规定，向主管税务机关办理一般纳税人登记。

转登记纳税人按规定再次登记为一般纳税人后，不得再转登记为小规模纳税人。

第三节 税率与征收率

一、增值税税率

(一) 标准税率

纳税人销售货物、劳务、有形动产租赁服务或者进口货物，除下列第（二）项、第（四）项、第（五）项另有规定外，原适用为16%税率的，自 2019 年 4 月 1 日起，税率调整为13%。

(二) 9%低税率

纳税人销售交通运输、邮政、基础电信、建筑、不动产租赁服务，销售不动产，转让土地使用权，销售或者进口下列货物，原适用为10%税率的，自2019年4月1日起，税率调整为9%：

1. 粮食等农产品、食用植物油、食用盐。

2. 自来水、暖气、冷气、热水、煤气、石油液化气、天然气、二甲醚、沼气、居民用煤炭制品。

3. 图书、报纸、杂志、音像制品、电子出版物。

4. 饲料、化肥、农药、农机、农膜。

5. 国务院规定的其他货物的税率界定：

（1）干姜、姜黄的增值税适用税率为10%。

（2）人工合成牛胚胎的生产过程属于农业生产，纳税人销售自产人工合成牛胚胎应免征增值税。

（3）花椒油、橄榄油、核桃油、杏仁油、葡萄籽油和牡丹籽油按照食用植物油10%的税率征收增值税。环氧大豆油、氢化植物油不属于食用植物油征收范围，适用16%增值税税率。

（4）麦芽、复合胶、人发不属于《财政部　国家税务总局关于印发〈农业产品征税范围注释〉的通知》（财税字〔1995〕52号）规定的农业产品范围，应适用16%的增值税税率。

（5）按照《食品安全国家标准——巴氏杀菌乳》（GB19645—2010）生产的巴氏杀菌乳和按照《食品安全国家标准——灭菌乳》（GB25190—2010）生产的灭菌乳，均属于初级农业产品，可依照《农业产品征收范围注释》中的鲜奶按10%的税率征收增值税；按照《食品安全国家标准——调制乳》（GB25191—2010）生产的调制乳，不属于初级农业产品，应按照16%税率征收增值税。

（6）肉桂油、桉油、香茅油不属于《财政部　国家税务总局关于印发〈农业产品征税范围注释〉的通知》（财税字〔1995〕52号）中农业产品的范围，其增值税适用税率为16%。

（7）淀粉不属于农业产品的范围，应按照16%的税率征收增值税。

（8）密集型烤房设备、频振式杀虫灯、自动虫情测报灯、黏虫板、卷帘机属于《国家税务总局关于印发〈增值税部分货物征税范围注释〉的通知》（国税发〔1993〕151号）规定的农机范围，应适用10%增值税税率。

（9）农用挖掘机、养鸡设备系列、养猪设备系列产品属于农机，适用10%增值税税率。

（10）国内印刷企业承印的经新闻出版主管部门批准印刷且采用国际标准书号编序的境外图书，属于《增值税暂行条例》第二条规定的“图书”，适用10%增值税税率。

（11）动物骨粒属于《财政部　国家税务总局关于印发〈农业产品征税范围注释〉的通知》（财税字〔1995〕52号）第二条第（五）款规定的动物类“其他动物组织”，其适用的增值税税率为10%。

6. 适用10%增值税税率货物范围注释。

（1）农产品。农产品，是指种植业、养殖业、林业、牧业、水产业生产的各种植物、动物的初级产品。具体征税范围暂继续按照《财政部　国家税务总局关于印发〈农业产品征税范围注释〉的通知》（财税字〔1995〕52号）及现行相关规定执行，包括挂面、干姜、姜黄、玉米胚芽、动物骨粒、按照《食品安全国家标准——巴氏杀菌乳》（GB19645—2010）生产的巴氏杀菌乳、按照《食品安全国家标准——灭菌乳》（GB25190—2010）生产的灭菌乳。

（2）食用植物油、自来水、暖气、冷气、热水、煤气、石油液化气、天然气、沼气、居民用煤炭制品、图书、报纸、杂志、化肥、农药、农机、农膜。

上述货物的具体征税范围暂继续按照《国家税务总局关于印发〈增值税部分货物征税范围注释〉的通知》（国税发〔1993〕151号）及现行相关规定执行，包括棕榈油、棉籽油、茴油、毛椰子油、核桃油、橄榄油、花椒油、杏仁油、葡萄籽油、牡丹籽油、由石油伴生气加工压缩而成的石油液化气、西气东输项目上游中外合作开采天然气、中小学课本配套产品（包括各种纸制品或图片）、国内印刷企业承印的经新闻出版主管部门批准印刷且采用国际标准书号编序的境外图书、农用水泵、农用柴油机、不带动力的手扶拖拉机、三轮农用运输车、密集型烤房设备、频振式杀虫灯、自动虫情测报灯、黏虫板、卷帘机、农用挖掘机、养鸡设备系列、养猪设备系列产品、动物尸体降解处理机、蔬菜清洗机。

（3）饲料。饲料，是指用于动物饲养的产品或其加工品。具体征税范围按照《国家税务总局关于修订"饲料"注释及加强饲料征免增值税管理问题的通知》（国税发〔1999〕39号）执行，包括豆粕、宠物饲料、饲用鱼油、矿物质微量元素舔砖、饲料级磷酸二氢钙产品。

（4）音像制品。音像制品，是指正式出版的录有内容的录音带、录像带、唱片、激光唱盘和激光视盘。

（5）电子出版物。电子出版物，是指以数字代码方式，使用计算机应用程序，将图文声像等内容信息编辑加工后存储在具有确定的物理形态的磁、光、电等介质上，通过内嵌在计算机、手机、电子阅读设备、电子显示设备、数字音/视频播放设备、电子游戏机、导航仪以及其他具有类似功能的设备上读取使用，具有交互功能，用以表达思想、普及知识和积累文化的大众传播媒体。载体形态和格式主要包括只读光盘（CD只读光盘CD—ROM、交互式光盘CD—I、照片光盘Photo—CD、高密度只读光盘DVD—ROM、蓝光只读光盘HD-DVDROM和BDROM）、一次写入式光盘（一次写入CD光盘CD—R、一次写入高密度光盘DVD—R、一次写入蓝光光盘HD—DVD/R，BD—R）、可擦写光盘（可擦写CD光盘CD—RW、可擦写高密度光盘DVD—RW、可擦写蓝光光盘HDDVD—RW和BD—RW、磁光盘MO）、软磁盘（FD）、硬磁盘（HD）、集成电路卡（CF卡、MD卡、SM卡、MMC卡、RR—MMC卡、MS卡、SD卡、XD卡、T—Flash卡、记忆棒）和各种存储芯片。

（6）二甲醚。二甲醚，是指化学分子式为CH_3OCH_3，常温常压下为具有轻微醚香味，易燃、无毒、无腐蚀性的气体。

（7）食用盐。食用盐，是指符合《食用盐》（GB/T5461—2016）和《食用盐卫生标准》（GB2721—2003）两项国家标准的食用盐。

（三）6%低税率

纳税人销售服务、无形资产，除上述（一）（二）（五）另有规定外，税率为6%。

纳税人通过省级土地行政主管部门设立的交易平台转让补充耕地指标，按照销售无形资产缴纳增值税，税率为6%。补充耕地指标，是指根据《中华人民共和国土地管理法》及国务院土地行政主管部门《耕地占补平衡考核办法》的有关要求，经省级土地行政主管部门确认，用于耕地占补平衡的指标。

（四）出口零税率

纳税人出口货物，税率为零。但是，国务院另有规定的除外。

（五）服务、无形资产等零税率

境内单位和个人跨境销售国务院规定范围内的服务、无形资产，税率为零。

根据“营改增通知”的相关规定，服务、无形资产的零税率政策如下：

1. 中华人民共和国境内（以下称境内）的单位和个人销售的下列服务和无形资产，适用增值税零税率：

（1）国际运输服务。国际运输服务，是指：

①在境内载运旅客或者货物出境。

②在境外载运旅客或者货物入境。

③在境外载运旅客或者货物。

（2）航天运输服务。

（3）向境外单位提供的完全在境外消费的下列服务：

①研发服务。

②合同能源管理服务。

③设计服务。

④广播影视节目（作品）的制作和发行服务。

⑤软件服务。

⑥电路设计及测试服务。

⑦信息系统服务。

⑧业务流程管理服务。

⑨离岸服务外包业务。离岸服务外包业务，包括信息技术外包服务（ITO）、技术性业务流程外包服务（BPO）、技术性知识流程外包服务（KPO），其所涉及的具体业务活动，按照《销售服务、无形资产、不动产注释》相对应的业务活动执行。

⑩转让技术。

（4）财政部和国家税务总局规定的其他服务。

2. 其他零税率政策。

（1）按照国家有关规定应取得相关资质的国际运输服务项目，纳税人取得相关资质的，适用增值税零税率政策，未取得的，适用增值税免税政策。

（2）境内的单位或个人提供程租服务，如果租赁的交通工具用于国际运输服务和港澳台运输服务，由出租方按规定申请适用增值税零税率。

（3）境内的单位和个人向境内单位或个人提供期租、湿租服务，如果承租方利用租赁的交通工具向其他单位或个人提供国际运输服务和港澳台运输服务，由承租方适用增值税零税率。境内的单位或个人向境外单位或个人提供期租、湿租服务，由出租方适用增值税零税率。

（4）境内单位和个人以无运输工具承运方式提供的国际运输服务，由境内实际承运人适用增值税零税率；无运输工具承运业务的经营者适用增值税免税政策。

3. 境内单位和个人发生的与香港、澳门、台湾有关的应税行为，除另有规定外，参照上述规定执行。

二、增值税征收率

增值税征收率是指对特定的货物或特定的纳税人发生应税销售行为在某一生产流通环节应纳税额与销售额的比率。增值税征收率适用于两种情况，一是小规模纳税人；二是一般纳税人发生应税销售行为按规定可以选择简易计税方法计税的。

（一）征收率的一般规定

1. 根据“营改增通知”的规定，下列情况适用5%征收率：

（1）小规模纳税人销售自建或者取得的不动产。

（2）一般纳税人选择简易计税方法计税的不动产销售。

（3）房地产开发企业中的小规模纳税人，销售自行开发的房地产项目。自2020年1月20日起，房地产开发企业中的一般纳税人购入未完工的房地产老项目继续开发后，以自己名义立项销售的不动产，属于房地产老项目，可以选择适用简易计税方法按照5%的征收率计算缴纳增值税。

（4）其他个人销售其取得（不含自建）的不动产（不含其购买的住房）。

（5）一般纳税人选择简易计税方法计税的不动产经营租赁。

（6）小规模纳税人出租（经营租赁）其取得的不动产（不含个人出租住房）。

（7）其他个人出租（经营租赁）其取得的不动产（不含住房）。

（8）个人出租住房，应按照5%的征收率减按1.5%计算应纳税额。

（9）一般纳税人和小规模纳税人提供劳务派遣服务选择差额纳税的。

（10）一般纳税人2016年4月30日前签订的不动产融资租赁合同，或以2016年4月30日前取得的不动产提供的融资租赁服务，选择适用简易计税方法的。

（11）一般纳税人收取试点前开工的一级公路、二级公路、桥、闸通行费，选择适用简易计税方法的。

（12）一般纳税人提供人力资源外包服务，选择适用简易计税方法的。

（13）纳税人转让2016年4月30日前取得的土地使用权，选择适用简易计税方法的。

2. 除上述适用5%征收率以外的纳税人选择简易计税方法发生的应税销售行为均

为3%。

（二）征收率的特殊政策

1. 根据增值税的相关规定，适用3%征收率的某些一般纳税人和小规模纳税人可以减按2%计征增值税。

（1）一般纳税人销售自己使用过的属于《增值税暂行条例》第十条规定不得抵扣且未抵扣进项税额的固定资产，按照简易办法依照3%征收率减按2%征收增值税。

纳税人销售自己使用过的固定资产，适用简易办法依照3%征收率减按2%征收增值税政策的，可以放弃减税，按照简易办法依照3%征收率缴纳增值税，并可以开具增值税专用发票。

“已使用过的固定资产”是指纳税人根据财务会计制度已经计提折旧的固定资产。

（2）小规模纳税人（除其他个人外，下同）销售自己使用过的固定资产，减按2%征收率征收增值税。

（3）纳税人销售旧货，按照简易办法依照3%征收率减按2%征收增值税。

所称旧货，是指进入二次流通的具有部分使用价值的货物（含旧汽车、旧摩托车和旧游艇），但不包括自己使用过的物品。

上述纳税人销售自己使用过的固定资产、物品和旧货适用按照简易办法依照3%征收率减按2%征收增值税的，按下列公式确定销售额和应纳税额：

销售额 = 含税销售额 ÷ (1 + 3%)

应纳税额 = 销售额 × 2%

2. 提供物业管理服务的纳税人，向服务接受方收取的自来水水费，以扣除其对外支付的自来水水费后的余额为销售额，按照简易计税方法依3%的征收率计算缴纳增值税。

3. 小规模纳税人提供劳务派遣服务，可以按照“营改增通知”的有关规定，以取得的全部价款和价外费用为销售额，按照简易计税方法依3%的征收率计算缴纳增值税；也可以选择差额纳税，以取得的全部价款和价外费用，扣除代用工单位支付给劳务派遣员工的工资、福利和为其办理社会保险及住房公积金后的金额为销售额，按照简易计税方法依5%的征收率缴纳增值税。

选择差额纳税的纳税人，向用工单位收取用于支付给劳务派遣员工工资、福利和为其办理社会保险及住房公积金的费用，不得开具增值税专用发票，可以开具普通发票。

4. 非企业性单位中的一般纳税人提供的研发和技术服务、信息技术服务、鉴证咨询服务，以及销售技术、著作权等无形资产，可以选择简易计税方法按照3%征收率计算缴纳增值税。

非企业性单位中的一般纳税人提供《营业税改征增值税试点过渡政策的规定》（财税〔2016〕36号附件）第一条第（二十六）项中的“技术转让、技术开发和与之相关的技术咨询、技术服务”，可以参照上述规定，选择简易计税方法按照3%征收率计算缴纳增值税。

5. 一般纳税人提供教育辅助服务，可以选择简易计税方法按照3%征收率计算缴纳增值税。

6. 自 2018 年 5 月 1 日起，增值税一般纳税人生产销售和批发、零售抗癌药品，可选择按照简易办法依照 3% 征收率计算缴纳增值税。抗癌药品，是指经国家药品监督管理部门批准注册的抗癌制剂及原料药。

抗癌药品范围实行动态调整，纳税人选择简易办法计算缴纳增值税后，36 个月内不得变更。

7. 自 2019 年 3 月 1 日起，增值税一般纳税人生产销售和批发、零售罕见病药品，可选择按照简易办法依照 3% 征收率计算缴纳增值税。上述纳税人选择简易办法计算缴纳增值税后，36 个月内不得变更。

所称罕见病药品，是指经国家药品监督管理部门批准注册的罕见病药品制剂及原料药。罕见病药品范围实行动态调整，由财政部、海关总署、税务总局、药监局根据变化情况适时明确。

纳税人应单独核算罕见病药品的销售额。未单独核算的，不得适用上述规定的简易征收政策。

三、兼营行为的税率选择

试点纳税人发生应税销售行为适用不同税率或者征收率的，应当分别核算适用不同税率或者征收率的销售额，未分别核算销售额的，按照以下方法适用税率或者征收率：

1. 兼有不同税率的应税销售行为，从高适用税率。

2. 兼有不同征收率的应税销售行为，从高适用征收率。

3. 兼有不同税率和征收率的应税销售行为，从高适用税率。

4. 纳税人销售活动板房、机器设备、钢结构件等自产货物的同时提供建筑、安装服务，不属于“营改增通知”第四十条规定的混合销售，应分别核算货物和建筑服务的销售额，分别适用不同的税率或者征收率。

第四节 增值税的计税方法

增值税的计税方法，包括一般计税方法、简易计税方法和扣缴计税方法。

一、一般计税方法

一般纳税人发生应税销售行为适用一般计税方法计税。其计算公式是：

当期应纳增值税税额 = 当期销项税额 - 当期进项税额

二、简易计税方法

小规模纳税人发生应税销售行为适用简易计税方法计税。简易计税方法的公式是：

当期应纳增值税额 = 当期销售额（不含增值税）× 征收率

一般纳税人发生财政部和国家税务总局规定的特定应税销售行为，也可以选择适用简易计税方法计税，但是不得抵扣进项税额。其主要包括以下情况：

1. 县级及县级以下小型水力发电单位生产的自产电力。小型水力发电单位，是指各类投资主体建设的装机容量为5万千瓦以下（含5万千瓦）的小型水力发电单位。

2. 自产建筑用和生产建筑材料所用的砂、土、石料。

3. 以自己采掘的砂、土、石料或其他矿物连续生产的砖、瓦、石灰（不含黏土实心砖、瓦）。

4. 自己用微生物、微生物代谢产物、动物毒素、人或动物的血液或组织制成的生物制品。

5. 自产的自来水。

6. 自来水公司销售自来水。

7. 自产的商品混凝土（仅限于以水泥为原料生产的水泥混凝土）。

8. 单采血浆站销售非临床用人体血液。

9. 寄售商店代销寄售物品（包括居民个人寄售的物品在内）。

10. 典当业销售死当物品。

11. 药品经营企业销售生物制品。

12. 公共交通运输服务。公共交通运输服务，包括轮客渡、公交客运、地铁、城市轻轨、出租车、长途客运、班车。

班车，是指按固定路线、固定时间运营并在固定站点停靠的运送旅客的陆路运输服务。

13. 经认定的动漫企业为开发动漫产品提供的动漫脚本编撰、形象设计、背景设计、动画设计、分镜、动画制作、摄制、描线、上色、画面合成、配音、配乐、音效合成、剪辑、字幕制作、压缩转码（面向网络动漫、手机动漫格式适配）服务，以及在境内转让动漫版权（包括动漫品牌、形象或者内容的授权及再授权）。

14. 电影放映服务、仓储服务、装卸搬运服务、收派服务和文化体育服务。

15. 以纳入营改增试点之日前取得的有形动产为标的物提供的经营租赁服务。

16. 在纳入营改增试点之日前签订的尚未执行完毕的有形动产租赁合同。

17. 以清包工方式提供的建筑服务。以清包工方式提供建筑服务，是指施工方不采购建筑工程所需的材料或只采购辅助材料，并收取人工费、管理费或者其他费用的建筑服务。

18. 为甲供工程提供的建筑服务。甲供工程，是指全部或部分设备、材料、动力由工程发包方自行采购的建筑工程。

19. 销售2016年4月30日前取得的不动产。

20. 房地产开发企业销售自行开发的房地产老项目。房地产老项目，是指：

(1)《建筑工程施工许可证》注明的合同开工日期在 2016 年 4 月 30 日前的建筑工程项目；

(2) 未取得《建筑工程施工许可证》的，建筑工程承包合同注明的开工日期在 2016 年 4 月 30 日前的建筑工程项目。

21. 出租 2016 年 4 月 30 日前取得的不动产。

22. 提供非学历教育服务。

23. 一般纳税人收取试点前开工的一级公路、二级公路、桥、闸通行费。

24. 一般纳税人提供人力资源外包服务。

25. 一般纳税人 2016 年 4 月 30 日前签订的不动产融资租赁合同，或以 2016 年 4 月 30 日前取得的不动产提供的融资租赁服务。

26. 纳税人转让 2016 年 4 月 30 日前取得的土地使用权。

27. 一般纳税人提供劳务派遣服务，可以选择差额纳税，以取得的全部价款和价外费用，扣除代用工单位支付劳务派遣员工的工资、福利和为其办理社会保险及住房公积金后的余额为销售额，按照简易计税方法依 5% 的征收率计算缴纳增值税。

28. 一般纳税人销售电梯的同时提供安装服务，其安装服务可以按照甲供工程选择适用简易计税方法计税。

一般纳税人发生财政部和国家税务总局规定的特定应税销售行为，一经选择适用简易计税方法计税，36 个月内不得变更。

三、扣缴计税方法

境外的单位或者个人在境内销售劳务，在境内未设有经营机构的，以其境内代理人为扣缴义务人；在境内没有代理人的，以购买方为扣缴义务人。扣缴义务人按照下列公式计算应扣缴税额：

应扣缴税额 = 接受方支付的价款 ÷ (1 + 税率) × 税率

第五节　一般计税方法应纳税额的计算

我国采用的一般计税方法是间接计算法，即先按当期销售额和适用税率计算出销项税额，然后将当期准予抵扣的进项税额进行抵扣，从而间接计算出当期增值额部分的应纳税额。

增值税一般纳税人发生应税销售行为的应纳税额，除适用简易征税办法外的，均应该等于当期销项税额抵扣当期进项税额后的余额。其计算公式如下：

当期应纳税额 = 当期销项税额 − 当期进项税额

增值税一般纳税人当期应纳税额的多少，取决于当期销项税额和当期进项税额两个因素。

一、销项税额的计算

销项税额是指纳税人发生应税销售行为时，按照销售额与规定税率计算并向购买方收取的增值税税额。销项税额的计算公式为：

销项税额 = 销售额 × 适用税率

从销项税额的定义和公式中我们可以知道，它是由购买方在购买货物、劳务、服务、无形资产、不动产时，一并向销售方支付的税额。对于属于一般纳税人的销售方来说，在没有抵扣其进项税额前，销售方收取的销项税额还不是其应纳增值税税额。

销项税额的计算取决于销售额和适用税率两个因素。在适用税率既定的前提下，销项税额的大小主要取决于销售额的大小。本教材将销售额的确认分为以下五种情况：

（一）一般销售方式下的销售额确认

销售额是指纳税人发生应税销售行为时向购买方（承受劳务和服务行为也视为购买方）收取的全部价款和价外费用。特别需要强调的是，尽管销项税额也是销售方向购买方收取的，但是由于增值税采用价外计税方式，用不含增值税（以下简称不含税）价作为计税依据，因而销售额中不包括向购买方收取的销项税额。

价外费用，是指价外收取的各种性质的收费，但下列项目不包括在内：

1. 受托加工应征消费税的消费品所代收代缴的消费税。

2. 同时符合以下条件代为收取的政府性基金或者行政事业性收费：

（1）由国务院或者财政部批准设立的政府性基金，由国务院或者省级人民政府及其财政、价格主管部门批准设立的行政事业性收费；

（2）收取时开具省级以上财政部门印制的财政票据；

（3）所收款项全额上缴财政。

3. 以委托方名义开具发票代委托方收取的款项。

4. 销售货物的同时代办保险等而向购买方收取的保险费，以及向购买方收取的代购买方缴纳的车辆购置税、车辆牌照费。

凡随同应税销售行为向购买方收取的价外费用，无论其会计制度如何核算，均应并入销售额计算应纳税额。应当注意，根据国家税务总局规定，对增值税一般纳税人（包括纳税人自己或代其他部门）向购买方收取的价外费用和逾期包装物押金，应视为含增值税（以下简称含税）收入，在征税时应换算成不含税收入再并入销售额。

按会计准则规定，价外收费一般都不在营业收入科目中核算，而在“其他应付款”“营业外收入”等科目中核算。这样，企业在会计实务中时常出现对价外收费虽在相应科目中作会计核算，但却未核算其销项税额。有的企业则既不按会计核算要求进行收入核算，又不按规定核算销项税额，而是将发生的价外收费直接冲减有关费用科目。因此应严格核查各项价外收费，进行正确的会计核算和税额核算。

销售额应以人民币计算。纳税人以人民币以外的货币结算销售额的，应当折合成人民币计算。折合率可以选择销售额发生的当天或者当月 1 日的人民币汇率中间价。纳税人应当在事先确定采用何种折合率，确定后 12 个月内不得变更。

（二）特殊销售方式下的销售额确认

在销售活动中，为了达到促销的目的，纳税人有多种销售方式选择。不同销售方式下，销售者取得的销售额会有所不同。增值税的法律法规对以下几种销售方式分别做了规定：

1. 采取折扣方式销售。折扣销售是指销货方在发生应税销售行为时，因购货方购货数量较大等原因而给予购货方的价格优惠。例如，购买 5 件商品，销售价格折扣 10%；购买 10 件商品，折扣 20% 等。根据增值税法律制度的规定，纳税人发生应税销售行为并向购买方开具增值税专用发票后，由于购货方在一定时期内累计购买货物、劳务、服务、无形资产、不动产达到一定数量，或者由于市场价格下降等原因，销货方给予购货方相应的价格优惠或补偿等折扣、折让行为，销货方可按现行《增值税专用发票使用规定》的有关规定开具红字增值税专用发票。这里需要解释的是：

（1）折扣销售不同于销售折扣。销售折扣是指销货方在发生应税销售行为后，为了鼓励购货方及早偿还货款而协议许诺给予购货方的一种折扣优待。例如，10 天内付款，货款折扣 2%；20 天内付款，折扣 1%；30 天内全价付款。由于销售折扣发生在应税销售行为之后，是一种融资性质的理财费用，因此，销售折扣不得从销售额中减除。企业在确定销售额时应把折扣销售与销售折扣严格区分开。

（2）销售折扣又不同于销售折让。销售折让，是指企业因售出商品的质量不合格等原因而在售价上给予的减让。对增值税而言，销售折让其实是指纳税人发生应税销售行为后因为劳动成果质量不合格等原因在售价上给予的减让。销售折让与销售折扣相比较，虽然都是在应税销售行为销售后发生的，但因为销售折让是由于应税销售行为的品种和质量引起销售额的减少，因此，对销售折让可以折让后的货款为销售额。

（3）折扣销售仅限于应税销售行为价格的折扣，如果销货者将自产、委托加工和购买的应税销售行为用于实物折扣的，则该实物款额不能从应税销售行为的销售额中减除，且该实物应按《增值税暂行条例实施细则》和“营改增通知”“视同销售货物”中的“赠送他人”计算征收增值税。

纳税人发生应税销售行为，如将价款和折扣额在同一张发票上的“金额”栏分别注明的，可按折扣后的销售额征收增值税。未在同一张发票“金额”栏注明折扣额，而仅在发票的“备注”栏注明折扣额的，折扣额不得从销售额中减除；未在同一张发票上分别注明的，以价款为销售额，不得扣减折扣额。

纳税人发生应税销售行为因销售折让、中止或者退回的，应扣减当期的销项税额（一般计税方法）或销售额（简易计税方法）。

2. 采取以旧换新方式销售。以旧换新是指纳税人在销售自己的货物时，有偿收回旧货物的行为。根据增值税法律法规的规定，采取以旧换新方式销售货物的，应按新货物的同期销售价格确定销售额，不得扣减旧货物的收购价格。之所以这样规定，既是因为销售货物与收购货物是两个不同的业务活动，销售额与收购额不能相互抵减，也是为了严格增值税的计算征收，防止出现销售额不实、减少纳税的现象。

但是，考虑到金银首饰以旧换新业务的特殊情况，对金银首饰以旧换新业务，可以按销售方实际收取的不含增值税的全部价款征收增值税。

3. 采取还本销售方式销售。还本销售是指纳税人在销售货物后，到一定期限由销售方一次或分次退还给购货方全部或部分价款。这种方式实际上是一种筹资行为，是以货物换取资金的使用价值，到期还本不付息的方法。增值税法律法规的规定，采取还本销售方式销售货物，其销售额就是货物的销售价格，不得从销售额中减除还本支出。

4. 采取以物易物方式销售。以物易物是一种较为特殊的购销活动，是指购销双方不是以货币结算，而以同等价款的应税销售行为相互结算，实现应税销售行为购销的一种方式。在实务中，有的纳税人以为以物易物不是购销行为，销货方收到购货方抵顶货款的货物、劳务、服务、无形资产、不动产，认为自己不是购货；购货方发出抵顶货款的应税销售行为，认为自己不是销货。这两种认识都是错误的。正确的方法应当是，以物易物双方都应作购销处理，以各自发出的应税销售行为核算销售额并计算销项税额，以各自收到的货物、服务、无形资产、不动产按规定核算购进金额并计算进项税额。应注意，在以物易物活动中，应分别开具合法的票据，如收到的货物、劳务、服务、无形资产、不动产不能取得相应的增值税专用发票或其他合法票据的，不能抵扣进项税额。

5. 包装物押金的税务处理。包装物是指纳税人包装本单位货物的各种物品。纳税人销售货物时另收取包装物押金，目的是促使购货方及早退回包装物以便周转使用。

根据增值税法律法规的规定，纳税人为销售货物而出租出借包装物收取的单独记账核算的，时间在 1 年以内，又未过期的，不并入销售额征税，但对因逾期未收回包装物不再退还的押金，应按所包装货物的适用税率计算销项税额。

上述规定中，“逾期”是指按合同约定实际逾期或以 1 年为期限，对收取 1 年以上的押金，无论是否退还均并入销售额征税。当然，在将包装物押金并入销售额征税时，需要先将该押金换算为不含税价，再并入销售额征税。纳税人为销售货物出租出借包装物而收取的押金，无论包装物周转使用期限长短，超过 1 年（含 1 年）以上仍不还的均并入销售额征税。

国税发〔1995〕192 号文件规定，从 1995 年 6 月 1 日起，对销售除啤酒、黄酒外的其他酒类产品而收取的包装物押金，无论是否返还以及会计上如何核算，均应并入当期销售额征税。对销售啤酒、黄酒所收取的押金，按上述一般押金的规定处理。

另外，包装物押金不应混同于包装物租金，纳税人销售货物同时发生收取包装物租金的情况，包装物租金收取之时就应该考虑销项税额的征纳问题。

6. 直销企业的税务处理。直销企业先将货物销售给直销员，直销员再将货物销售给消费者的，直销企业的销售额为其向直销员收取的全部价款和价外费用。直销员将货物销售给消费者时，应按照现行规定缴纳增值税。

直销企业通过直销员向消费者销售货物，直接向消费者收取货款，直销企业的销售额为其向消费者收取的全部价款和价外费用。

7. 贷款服务的销售额。贷款服务，以提供贷款服务取得的全部利息及利息性质的收入为销售额。

银行提供贷款服务按期计收利息的，结息日当日计收的全部利息收入，均应计入结息日所属期的销售额，按照现行规定计算缴纳增值税。

自 2018 年 1 月 1 日起，资管产品管理人运营资管产品提供的贷款服务以 2018 年 1 月 1 日起产生的利息及利息性质的收入为销售额。

8. 直接收费金融服务的销售额。直接收费金融服务，以提供直接收费金融服务收取的手续费、佣金、酬金、管理费、服务费、经手费、开户费、过户费、结算费、转托管费等各类费用为销售额。

9. 发卡机构、清算机构和收单机构提供银行卡跨机构资金清算服务，按照以下规定执行：

（1）发卡机构以其向收单机构收取的发卡行服务费为销售额，并按照此销售额向清算机构开具增值税发票。

（2）清算机构以其向发卡机构、收单机构收取的网络服务费为销售额，并按照发卡机构支付的网络服务费向发卡机构开具增值税发票，按照收单机构支付的网络服务费向收单机构开具增值税发票。

清算机构从发卡机构取得的增值税发票上记载的发卡行服务费，一并计入清算机构的销售额，并由清算机构按照此销售额向收单机构开具增值税发票。

（3）收单机构以其向商户收取的收单服务费为销售额，并按照此销售额向商户开具增值税发票。

（三）按差额确定销售额

虽然原营业税的征税范围全行业均纳入了增值税的征收范围，但是目前仍然有无法通过抵扣机制避免重复征税的情况存在，因此国家引入了差额征税的办法，解决纳税人税收负担增加问题。以下项目属于按差额确定销售额：

1. 金融商品转让的销售额。金融商品转让，按照卖出价扣除买入价后的余额为销售额。

转让金融商品出现的正负差，按盈亏相抵后的余额为销售额。若相抵后出现负差，可结转下一纳税期与下期转让金融商品销售额相抵，但年末时仍出现负差的，不得转入下一个会计年度。

证券公司、保险公司、金融租赁公司、证券基金管理公司、证券投资基金以及其他经人民银行、银保监会、证监会批准成立且经营金融保险业务的机构发放贷款后，自结息日起 90 天内发生的应收未收利息按现行规定缴纳增值税，自结息日起 90 天后发生的应收未收利息暂不缴纳增值税，待实际收到利息时按规定缴纳增值税。

上市公司因实施重大资产重组形成的限售股，以及股票复牌首日至解禁日期间由上述股份孳生的送、转股，因重大资产重组停牌的，按照《国家税务总局关于营改增试点若干征管问题的公告》（国家税务总局公告 2016 年第 53 号）第五条第（三）项的规定确定买入价；在重大资产重组前已经暂停上市的，以上市公司完成资产重组后股票恢复上市首日的开盘价为买入价。

金融商品的买入价，可以选择按照加权平均法或者移动加权平均法进行核算，选择后

36个月内不得变更。

金融商品转让，不得开具增值税专用发票。

单位将其持有的限售股在解禁流通后对外转让的，按照以下规定确定买入价：

（1）上市公司实施股权分置改革时，在股票复牌之前形成的原非流通股股份，以及股票复牌首日至解禁日期间由上述股份孳生的送、转股，以该上市公司完成股权分置改革后股票复牌首日的开盘价为买入价。

（2）公司首次公开发行股票并上市形成的限售股，以及上市首日至解禁日期间由上述股份孳生的送、转股，以该上市公司股票首次公开发行（IPO）的发行价为买入价。

（3）因上市公司实施重大资产重组形成的限售股，以及股票复牌首日至解禁日期间由上述股份孳生的送、转股，以该上市公司因重大资产重组股票停牌前一交易日的收盘价为买入价。

［例1-2］ 假设某经营金融业务的公司（一般纳税人）2017年第四季度转让债券卖出价为100 000元（含增值税价格，下同），该债券是2016年9月购入的，买入价为60 000元。该公司2017年第四季度之前转让金融商品亏损15 000元。则转让债券的销售额和销项税额分别是：

销售额 = 100 000 - 60 000 - 15 000 = 25 000（元）

销项税额 = 25 000 ÷ (1 + 6%) × 6% = 1 415.09（元）

自2018年1月1日起，资管产品管理人运营资管产品发生的部分金融商品转让业务，转让2017年12月31日前取得的股票（不包括限售股）、债券、基金、非货物期货，可以选择按照实际买入价计算销售额，或者以2017年最后一个交易日的股票收盘价（2017年最后一个交易日处于停牌期间的股票，为停牌前最后一个交易日收盘价）、债券估值（中债金融估值中心有限公司或中证指数有限公司提供的债券估值）、基金份额净值、非货物期货结算价格作为买入价计算销售额。

2. 经纪代理服务的销售额。经纪代理服务，以取得的全部价款和价外费用，扣除向委托方收取并代为支付的政府性基金或者行政事业性收费后的余额为销售额。向委托方收取的政府性基金或者行政事业性收费，不得开具增值税专用发票。

3. 融资租赁和融资性售后回租业务的销售额。

（1）经人民银行、银保监会或者商务部批准从事融资租赁业务的试点纳税（包括经上述部门备案从事融资租赁业务的试点纳税人），提供融资租赁服务，以取得的全部价款和价外费用，扣除支付的借款利息（包括外汇借款和人民币借款利息）、发行债券利息和车辆购置税后的余额为销售额。

（2）经人民银行、银保监会或者商务部批准从事融资租赁业务的试点纳税人，提供融资性售后回租服务，以取得的全部价款和价外费用（不含本金），扣除对外支付的借款利息（包括外汇借款和人民币借款利息）、发行债券利息后的余额作为销售额。

（3）试点纳税人根据2016年4月30日前签订的有形动产融资性售后回租合同，在合同到期前提供的有形动产融资性售后回租服务，可继续按照有形动产融资租赁服务缴纳增值税。

继续按照有形动产融资租赁服务缴纳增值税的试点纳税人，经人民银行、银保监会或者商务部批准从事融资租赁业务的，根据2016年4月30日前签订的有形动产融资性售后回租合同，在合同到期前提供的有形动产融资性售后回租服务，可以选择以下方法之一计算销售额：

①以向承租方收取的全部价款和价外费用，扣除向承租方收取的价款本金，以及对外支付的借款利息（包括外汇借款和人民币借款利息）、发行债券利息后的余额为销售额。

纳税人提供有形动产融资性售后回租服务，计算当期销售额时可以扣除的价款本金，为书面合同约定的当期应当收取的本金。无书面合同或者书面合同没有约定的，为当期实际收取的本金。

试点纳税人提供有形动产融资性售后回租服务，向承租方收取的有形动产价款本金，不得开具增值税专用发票，可以开具普通发票。

②以向承租方收取的全部价款和价外费用，扣除支付的借款利息（包括外汇借款和人民币借款利息）、发行债券利息后的余额为销售额。

（4）经商务部授权的省级商务主管部门和国家级经济技术开发区批准的从事融资租赁业务的试点纳税人，2016年5月1日后实收资本达到1.7亿元的，从达到标准的当月起按照上述第（1）（2）（3）点规定执行；2016年5月1日后实收资本未达到1.7亿元但注册资本达到1.7亿元的，在2016年7月31日前仍可按照上述第（1）（2）（3）点规定执行，2016年8月1日后开展的融资租赁业务和融资性售后回租业务不得按照上述第（1）（2）（3）点规定执行。

4. 航空运输企业的销售额，不包括代收的机场建设费和代售其他航空运输企业客票而代收转付的价款。

自2018年1月1日起，航空运输销售代理企业提供境外航段机票代理服务，以取得的全部价款和价外费用，扣除向客户收取并支付给其他单位或者个人的境外航段机票结算款和相关费用后的余额为销售额。其中，支付给境内单位或者个人的款项，以发票或行程单为合法有效凭证；支付给境外单位或者个人的款项，以签收单据为合法有效凭证，税务机关对签收单据有疑义的，可以要求其提供境外公证机构的确认证明。

航空运输销售代理企业提供境内机票代理服务，以取得的全部价款和价外费用，扣除向客户收取并支付给航空运输企业或其他航空运输销售代理企业的境内机票净结算款和相关费用后的余额为销售额。其中，支付给航空运输企业的款项，以国际航空运输协会（IATA）开账与结算计划（BSP）对账单或航空运输企业的签收单据为合法有效凭证；支付给其他航空运输销售代理企业的款项，以代理企业间的签收单据为合法有效凭证。航空运输销售代理企业就取得的全部价款和价外费用，向购买方开具行程单，或开具增值税普通发票。

航空运输销售代理企业，是指根据《航空运输销售代理资质认可办法》取得中国航空运输协会颁发的“航空运输销售代理业务资质认可证书”，接受中国航空运输企业或通航中国的外国航空运输企业委托，依照双方签订的委托销售代理合同提供代理服务的企业。

5. 试点纳税人中的一般纳税人提供客运场站服务，以其取得的全部价款和价外费用，扣除支付给承运方运费后的余额为销售额。

6. 试点纳税人提供旅游服务，可以选择以取得的全部价款和价外费用，扣除向旅游服务购买方收取并支付给其他单位或者个人的住宿费、餐饮费、交通费、签证费、门票费和支付给其他接团旅游企业的旅游费用后的余额为销售额。

选择上述办法计算销售额的试点纳税人，向旅游服务购买方收取并支付的上述费用，不得开具增值税专用发票，可以开具普通发票。

7. 试点纳税人提供建筑服务适用简易计税方法的，以取得的全部价款和价外费用扣除支付的分包款后的余额为销售额。

8. 房地产开发企业中的一般纳税人销售其开发的房地产项目（选择简易计税方法的房地产老项目除外），以取得的全部价款和价外费用，扣除受让土地时向政府部门支付的土地价款后的余额为销售额。“向政府部门支付的土地价款”，包括土地受让人向政府部门支付的征地和拆迁补偿费用、土地前期开发费用和土地出让收益等。

房地产开发企业（包括多个房地产开发企业组成的联合体）受让土地向政府部门支付土地价款后，设立项目公司对该受让土地进行开发，同时符合下列条件的，可由项目公司按规定扣除房地产开发企业向政府部门支付的土地价款。

（1）房地产开发企业、项目公司、政府部门三方签订变更协议或补充合同，将土地受让人变更为项目公司；

（2）政府部门出让土地的用途、规划等条件不变的情况下，签署变更协议或补充合同时，土地价款总额不变；

（3）项目公司的全部股权由受让土地的房地产开发企业持有。

房地产开发企业中的一般纳税人销售其开发的房地产项目（选择简易计税方法的房地产老项目除外），在取得土地时向其他单位或个人支付的拆迁补偿费用也允许在计算销售额时扣除。纳税人按上述规定扣除拆迁补偿费用时，应提供拆迁协议、拆迁双方支付和取得拆迁补偿费用凭证等能够证明拆迁补偿费用真实性的材料。

9. 纳税人转让不动产缴纳增值税差额扣除的有关规定。

（1）纳税人转让不动产，按照有关规定差额缴纳增值税的，如因丢失等原因无法提供取得不动产时的发票，可向税务机关提供其他能证明契税计税金额的完税凭证等资料，进行差额扣除。

（2）纳税人以契税计税金额进行差额扣除的，按照下列公式计算增值税应纳税额：

①2016 年 4 月 30 日及以前缴纳契税的：

增值税应纳税额 =［全部交易价格（含增值税）－契税计税金额（含营业税）］÷（1 +5%）×5%

②2016 年 5 月 1 日及以后缴纳契税的：

增值税应纳税额 =［全部交易价格（含增值税）÷（1 +5%）－契税计税金额（不含增值税）］×5%

（3）纳税人同时保留取得不动产时的发票和其他能证明契税计税金额的完税凭证等资料的，应当凭发票进行差额扣除。

10. 试点纳税人按照上述 2—9 款的规定从全部价款和价外费用中扣除的价款，应当取得符合法律、行政法规和国家税务总局规定的有效凭证。否则，不得扣除。

上述凭证是指：

（1）支付给境内单位或者个人的款项，以发票为合法有效凭证。

（2）支付给境外单位或者个人的款项，以该单位或者个人的签收单据为合法有效凭证，税务机关对签收单据有疑义的，可以要求其提供境外公证机构的确认证明。

（3）缴纳的税款，以完税凭证为合法有效凭证。

（4）扣除的政府性基金、行政事业性收费或者向政府支付的土地价款，以省级以上（含省级）财政部门监（印）制的财政票据为合法有效凭证。

（5）国家税务总局规定的其他凭证。

纳税人取得的上述凭证属于增值税扣税凭证的，其进项税额不得从销项税额中抵扣。

（四）视同发生应税销售行为的销售额确定

纳税人发生应税销售行为的情形，价格明显偏低并无正当理由的，或者发生应税销售行为而无销售额的，由主管税务机关按照下列顺序核定销售额：

1. 按照纳税人最近时期发生同类应税销售行为的平均价格确定。

2. 按照其他纳税人最近时期发生同类应税销售行为的平均价格确定。

3. 按照组成计税价格确定。组成计税价格的公式为：

组成计税价格 = 成本 ×（1 + 成本利润率）

成本利润率由国家税务总局确定。

（五）含税销售额的换算

为了符合增值税作为价外税的要求，纳税人在填写进销货及纳税凭证、进行账务处理时，应分项记录不含税销售额、销项税额和进项税额，以正确计算应纳增值税额。然而，在实际工作中，常常会出现一般纳税人将发生应税销售行为采用销售额和销项税额合并定价收取的方法，这样，就会形成含税销售额。我国增值税是价外税，计税依据中不含增值税本身的数额。在计算应纳税额时，如果不将含税销售额换算为不含税销售额，就不符合我国增值税的设计原则，即仍会导致对增值税销项税额本身的重复征税现象，也会影响企业成本核算，如果普遍出现以含税销售额作为计税依据的做法会在某种程度上推动物价非正常上涨情况的出现。因此，一般纳税人发生应税销售行为取得的含税销售额在计算销项税额时，必须将其换算为不含税的销售额。对于一般纳税人发生的应税销售行为，采用销售额和销项税额合并定价方法的，按下列公式计算销售额：

销售额 = 含税销售额 ÷（1 + 税率）

公式中的税率为发生应税销售行为时按《增值税暂行条例》所规定的适用税率。

二、进项税额的确认和计算

进项税额，是指纳税人购进货物、劳务、服务、无形资产、不动产所支付或者负担的增值税额。进项税额是与销项税额相对应的另一个概念。在开具增值税专用发票的情况下，它们之间的对应关系是，销售方收取的销项税额，就是购买方支付的进项税额。对于任何一个一般纳税人而言，由于其在经营活动中，既会发生应税销售行为，又会发生购进货物、劳务、服务、无形资产、不动产行为，因此，每一个一般纳税人都会有收取的销项税额和支付的进项税额。增值税的核心就是用纳税人收取的销项税额抵扣其支付的进项税额，其余额为纳税人实际应缴纳的增值税税额。这样，进项税额作为可抵扣的部分，对于纳税人实际纳税多少就产生了举足轻重的作用。

然而，需要注意的是，并不是纳税人支付的所有进项税额都可以从销项税额中抵扣。为体现增值税的配比原则，即购进项目金额与发生应税销售行为的销售额之间应有配比性，当纳税人购进的货物、劳务、服务、无形资产、不动产行为不是用于增值税应税项目，而是用于简易计税方法计税项目、免税项目或用于集体福利、个人消费等情况时，其支付的进项税额就不能从销项税额中抵扣。增值税法律法规对不能抵扣进项税额的项目做了严格的规定，如果违反规定，随意抵扣进项税额就将以逃避缴纳税款论处。因此，严格把握哪些进项税额可以抵扣，哪些进项税额不能抵扣是十分重要的，这些方面也是纳税人在缴纳增值税实务中差错出现最多的地方。

一般纳税人应在“应交税费”科目下设置“应交增值税”明细科目。在“应交增值税”明细账中，应设置“进项税额”等专栏。“进项税额”专栏，记录一般纳税人购进货物、劳务、服务、无形资产、不动产而支付的、准予从销项税额中抵扣的增值税额。一般纳税人购进货物、劳务、服务、无形资产、不动产支付的进项税额，用蓝字登记；退回、中止或者折让应冲销的进项税额，用红字登记。

（一）准予从销项税额中抵扣的进项税额

根据《增值税暂行条例》和“营改增通知”，准予从销项税额中抵扣的进项税额，限于下列增值税扣税凭证上注明的增值税税额和按规定的扣除率计算的进项税额：

1. 从销售方取得的增值税专用发票（含《机动车销售统一发票》，下同）上注明的增值税额。增值税专用发票具体包括以下两种：

（1）《增值税专用发票》。《增值税专用发票》是增值税一般纳税人发生应税销售行为开具的发票。

（2）《机动车销售统一发票》。《机动车销售统一发票》是增值税一般纳税人从事机动车零售业务开具的发票。

2. 从海关取得的海关进口增值税专用缴款书上注明的增值税税额。

增值税一般纳税人进口货物时应准确填报企业名称，确保海关缴款书上的企业名称与税务登记的企业名称一致。税务机关将进口货物取得的属于增值税抵扣范围的海关缴款书信息与海关采集的缴款信息进行稽核比对。经稽核比对相符后，海关缴款书上注明的增值税税额可作为进项税额在销项税额中抵扣。稽核比对不相符，所列税额暂不得抵扣，待核查确认海关缴款书票面信息与纳税人实际进口业务一致后，海关缴款书上注明的增值税税额可作为进项税额在销项税额中抵扣。

3. 自境外单位或者个人购进劳务、服务、无形资产或者境内的不动产，从税务机关或者扣缴义务人取得的代扣代缴税款的完税凭证上注明的增值税额。

4. 纳税人购进农产品，按下列规定抵扣进项税额：

（1）根据《增值税暂行条例》的规定，购进农产品，除了增值税专用发票或者海关进口增值税专用缴款书外，按照农产品收购发票或者销售发票上注明的农产品买价和10%的扣除率计算的进项税额，国务院另有规定的除外。

（2）根据《关于简并增值税税率有关政策的通知》（财税〔2017〕37号）和《关于调整增值税税率的通知》（财税〔2018〕32号）的规定，纳税人购进农产品，取得一般纳税人开具的增值税专用发票或海关进口增值税专用缴款书的，以增值税专用发票或海关进口增值税专用缴款书上注明的增值税税额为进项税额；从按照简易计税方法依照3%征收率计算缴纳增值税的小规模纳税人取得增值税专用发票的，以增值税专用发票上注明的金额和10%的扣除率计算进项税额；取得（开具）农产品销售发票或收购发票的，以农产品销售发票或收购发票上注明的农产品买价和10%的扣除率计算进项税额。

纳税人购进用于生产销售或委托加工16%税率货物的农产品，按照12%的扣除率计算进项税额。

（3）购进农产品进项税额的计算公式：

进项税额 = 买价 × 扣除率

（4）纳税人从批发、零售环节购进适用免征增值税政策的蔬菜、部分鲜活肉蛋而取得的普通发票，不得作为计算抵扣进项税额的凭证。

（5）纳税人购进农产品既用于生产销售或委托受托加工16%税率货物又用于生产销售其他货物服务的，应当分别核算用于生产销售或委托受托加工16%税率货物和其他货物服务的农产品进项税额。未分别核算的，统一以增值税专用发票或海关进口增值税专用缴款书上注明的增值税税额为进项税额，或以农产品收购发票或销售发票上注明的农产品买价和10%的扣除率计算进项税额。

（6）对烟叶税纳税人按规定缴纳的烟叶税，准予并入烟叶产品的买价计算增值税的进项税额，并在计算缴纳增值税时予以抵扣。购进烟叶准予抵扣的增值税进项税额，按照《中华人民共和国烟叶税法》（2017年12月27日第十二届全国人民代表大会常务委员会第三十一次会议通过）规定的收购烟叶实际支付的价款总额和烟叶税及法定扣除率计算。计算公式如下：

烟叶税应纳税额 = 收购烟叶实际支付的价款总额 × 税率（20%）

准予抵扣的进项税额 =（收购烟叶实际支付的价款总额 + 烟叶税应纳税额）× 扣除率

购进农产品，按照《农产品增值税进项税额核定扣除试点实施办法》抵扣进项税额的除外。

（7）自2019年4月1日起，纳税人购进农产品，原适用10%扣除率的，扣除率调整为9%。纳税人购进用于生产或者委托加工13%税率货物的农产品，按照10%的扣除率计算进项税额。

5.《农产品增值税进项税额核定扣除试点实施办法》规定的进项税额。该办法的主要规定如下：

（1）适用该办法的范围。自2012年7月1日起，以购进农产品为原料生产销售液体乳及乳制品、酒及酒精、植物油（以下简称货物）的增值税一般纳税人，纳入农产品增值税进项税额核定扣除试点范围，其购进农产品无论是否用于生产上述产品，增值税进项税额均按照《农产品增值税进项税额核定扣除试点实施办法》的规定抵扣。

（2）农产品增值税进项税额核定方法。

①试点纳税人以购进农产品为原料生产货物的，农产品增值税进项税额可按照以下方法核定：

A. 投入产出法：参照国家标准、行业标准（包括行业公认标准和行业平均耗用值）确定销售单位数量货物耗用外购农产品的数量（以下称农产品单耗数量）。

当期允许抵扣农产品增值税进项税额依据农产品单耗数量、当期销售货物数量、农产品平均购买单价（含税，下同）和农产品增值税进项税额扣除率（以下简称扣除率）计算。公式为：

当期允许抵扣农产品增值税进项税额 = 当期农产品耗用数量 × 农产品平均购买单价 × 扣除率 ÷（1 + 扣除率）

当期农产品耗用数量 = 当期销售货物数量（不含采购除农产品以外的半成品生产的货物数量）× 农产品单耗数量

对以单一农产品原料生产多种货物或者多种农产品原料生产多种货物的，在核算当期农产品耗用数量和平均购买单价时，应依据合理的方法归集和分配。

平均购买单价是指购买农产品期末平均买价，不包括买价之外单独支付的运费和入库前的整理费用。期末平均买价计算公式为：

期末平均买价 =（期初库存农产品数量 × 期初平均买价 + 当期购进农产品数量 × 当期买价）÷（期初库存农产品数量 + 当期购进农产品数量）

B. 成本法：依据试点纳税人年度会计核算资料，计算确定耗用农产品的外购金额占生产成本的比例（以下称农产品耗用率）。当期允许抵扣农产品增值税进项税依据当期主营业务成本、农产品耗用率以及扣除率计算。公式为：

当期允许抵扣农产品增值税进项税额 = 当期主营业务成本 × 农产品耗用率 × 扣除率 ÷（1 + 扣除率）

农产品耗用率 = 上年投入生产的农产品外购金额 ÷ 上年生产成本

农产品外购金额（含税）不包括不构成货物实体的农产品（包括包装物、辅助材料、燃料、低值易耗品等）和在购进农产品之外单独支付的运费、入库前的整理费。

对以单一农产品原料生产多种货物或者多种农产品原料生产多种货物的，在核算当期主营业务成本以及核定农产品耗用率时，试点纳税人应依据合理的方法进行归集和分配。

农产品耗用率由试点纳税人向主管税务机关申请核定。

年度终了，主管税务机关应根据试点纳税人本年实际对当年已抵扣的农产品增值税进项税额进行纳税调整，重新核定当年的农产品耗用率，并作为下一年度的农产品耗用率。

C. 参照法：新办的试点纳税人或者试点纳税人新增产品的，试点纳税人可参照所属行业或者生产结构相近的其他试点纳税人确定农产品单耗数量或者农产品耗用率。次年，试点纳税人向主管税务机关申请核定当期的农产品单耗数量或者农产品耗用率，并据此计算确定当年允许抵扣的农产品增值税进项税额，同时对上一年增值税进项税额进行调整。

核定的进项税额超过实际抵扣增值税进项税额的，其差额部分可以结转下期继续抵扣；核定的进项税额低于实际抵扣增值税进项税额的，其差额部分应按现行增值税的有关规定将进项税额做转出处理。

②试点纳税人购进农产品直接销售的，农产品增值税进项税额按照以下方法核定扣除：

当期允许抵扣农产品增值税进项税额 = 当期销售农产品数量 ÷（1 - 损耗率）× 农产品平均购买单价 ×9% ÷（1 +9%）

损耗率 = 损耗数量 ÷ 购进数量 ×100%

③试点纳税人购进农产品用于生产经营且不构成货物实体的（包括包装物、辅助材料、燃料、低值易耗品等），增值税进项税额按照以下方法核定扣除：

当期允许抵扣农产品增值税进项税额 = 当期耗用农产品数量 × 农产品平均购买单价 × 9% ÷（1 +9%）

农产品单耗数量、农产品耗用率和损耗率统称为农产品增值税进项税额扣除标准（以下称扣除标准）。

（3）试点纳税人销售货物，应合并计算当期允许抵扣农产品增值税进项税额。

（4）试点纳税人购进农产品取得的农产品增值税专用发票和海关进口增值税专用缴款书，按照注明的金额及增值税额一并计入成本科目；自行开具的农产品收购发票和取得的农产品销售发票，按照注明的买价直接计入成本。

（5）《农产品增值税进项税额核定扣除试点实施办法》规定的扣除率为销售货物的适用税率。

（6）试点纳税人应自执行《农产品增值税进项税额核定扣除试点实施办法》之日起，将期初库存农产品以及库存半成品、产成品耗用的农产品增值税进项税额作转出处理。

（7）试点纳税人应当按照上述第（2）条的规定准确计算当期允许抵扣农产品增值税进项税额，并从相关科目转入“应交税费——应交增值税（进项税额）”科目。未能准确计算的，由主管税务机关核定。

（8）试点纳税人购进的农产品价格明显偏高或偏低，且不具有合理商业目的的，由主管税务机关核定。

（9）试点纳税人在计算农产品增值税进项税额时，应按照下列顺序确定适用的扣除标准：

①财政部和国家税务总局不定期公布的全国统一的扣除标准（见表 1 - 1）。

②省级税务机关商同级财政部门根据本地区实际情况，报经财政部和国家税务总局备案后公布的适用于本地区的扣除标准。

③省级税务机关依据试点纳税人申请，按照《农产品增值税进项税额核定扣除试点实施办法》第十三条规定的核定程序审定的仅适用于该试点纳税人的扣除标准。

（10）试点纳税人在申报期内，除向主管税务机关报送《增值税一般纳税人纳税申报办法》规定的纳税申报资料外，还应报送《农产品核定扣除增值税进项税额计算表》。

表 1－1　全国统一的部分液体乳及乳制品扣除标准表

产品类型	扣除标准（原乳单耗数量）
超高温灭菌牛乳（每吨）	1.068
超高温灭菌牛乳（蛋白质含量≥3.3%）（每吨）	1.124
巴氏杀菌牛乳（每吨）	1.055
巴氏杀菌牛乳（蛋白质含蛋白质含量≥3.3%）（每吨）	1.196
超高温灭菌羊乳（每吨）	1.023
巴氏杀菌羊乳（每吨）	1.062

6. 增值税一般纳税人在资产重组过程中，将全部资产、负债和劳动力一并转让给其他增值税一般纳税人，并按程序办理注销税务登记的，其在办理注销登记前尚未抵扣的进项税额可结转至新纳税人处继续抵扣。

7. 不动产进项税额分期抵扣办法（详见国家税务总局公告 2016 年第 15 号）。该办法的主要内容如下：

（1）2016 年 5 月 1 日后取得并在会计制度上按固定资产核算的不动产或者 2016 年 5 月 1 日后取得的不动产在建工程，其进项税额应自取得之日起分 2 年从销项税额中抵扣，第一年抵扣比例为 60%，第二年抵扣比例为 40%。取得不动产，包括以直接购买、接受捐赠、接受投资入股、自建以及抵债等各种形式取得不动产，不包括房地产开发企业自行开发的房地产项目。

融资租入的不动产以及在施工现场修建的临时建筑物、构筑物，其进项税额不适用上述分 2 年抵扣的规定。

（2）纳税人 2016 年 5 月 1 日后购进货物和设计服务、建筑服务，用于新建不动产，或者用于改建、扩建、修缮、装饰不动产并增加不动产原值超过 50% 的，其进项税额依照上述（1）的规定分 2 年从销项税额中抵扣。

不动产原值，是指取得不动产时的购置原价或作价。

上述分 2 年从销项税额中抵扣的购进货物，是指构成不动产实体的材料和设备，包括建筑装饰材料和给排水、采暖、卫生、通风、照明、通讯、煤气、消防、中央空调、电梯、电气、智能化楼宇设备及配套设施。

（3）纳税人按照上述规定从销项税额中抵扣进项税额，应取得 2016 年 5 月 1 日后开具的合法有效的增值税扣税凭证。

上述进项税额中，60% 的部分于取得扣税凭证的当期从销项税额中抵扣；40% 的部分为待抵扣进项税额，于取得扣税凭证的当月起第 13 个月从销项税额中抵扣。

（4）购进时已全额抵扣进项税额的货物和服务，转用于不动产在建工程的，其已抵扣进项税额的 40% 部分，应于转用的当期从进项税额中扣减，计入待抵扣进项税额，并于转用的当月起第 13 个月从销项税额中抵扣。

（5）纳税人销售其取得的不动产或者不动产在建工程时，尚未抵扣完毕的待抵扣进项税额，允许于销售的当期从销项税额中抵扣。

（6）已抵扣进项税额的不动产，发生非正常损失，或者改变用途，专用于简易计税方法计税项目、免征增值税项目、集体福利或者个人消费的，按照下列公式计算不得抵扣的进项税额：

不得抵扣的进项税额 =（已抵扣进项税额 + 待抵扣进项税额）× 不动产净值率

不动产净值率 =（不动产净值 ÷ 不动产原值）× 100%

不得抵扣的进项税额小于或等于该不动产已抵扣进项税额的，应于该不动产改变用途的当期，将不得抵扣的进项税额从进项税额中扣减。

不得抵扣的进项税额大于该不动产已抵扣进项税额的，应于该不动产改变用途的当期，将已抵扣进项税额从进项税额中扣减，并从该不动产待抵扣进项税额中扣减不得抵扣进项税额与已抵扣进项税额的差额。

（7）不动产在建工程发生非正常损失的，其所耗用的购进货物、设计服务和建筑服务已抵扣的进项税额应于当期全部转出；其待抵扣进项税额不得抵扣。

（8）按照规定不得抵扣进项税额的不动产，发生用途改变，用于允许抵扣进项税额项目的，按照下列公式在改变用途的次月计算可抵扣进项税额。

可抵扣进项税额 = 增值税扣税凭证注明或计算的进项税额 × 不动产净值率

依照规定计算的可抵扣进项税额，应取得 2016 年 5 月 1 日后开具的合法有效的增值税扣税凭证。

按照规定计算的可抵扣进项税额，60% 的部分于改变用途的次月从销项税额中抵扣，40% 的部分为待抵扣进项税额，于改变用途的次月起第 13 个月从销项税额中抵扣。

（9）纳税人注销税务登记时，其尚未抵扣完毕的待抵扣进项税额于注销清算的当期从销项税额中抵扣。

（10）待抵扣进项税额记入"应交税费——待抵扣进项税额"科目核算，并于可抵扣当期转入"应交税费——应交增值税（进项税额）"科目。

对不同的不动产和不动产在建工程，纳税人应分别核算其待抵扣进项税额。

8. 自 2019 年 4 月 1 日起，《营业税改征增值税试点有关事项的规定》（财税〔2016〕36 号附件）第一条第（四）项第 1 点、第二条第（一）项第 1 点停止执行，纳税人取得不动产或者不动产在建工程的进项税额不再分 2 年抵扣。此前按照上述规定尚未抵扣完毕的待抵扣进项税额，可自 2019 年 4 月税款所属期起从销项税额中抵扣。

9. 收费公路通行费增值税抵扣规定。自 2018 年 1 月 1 日起，纳税人支付的道路、桥、闸通行费，按照以下规定抵扣进项税额：

（1）纳税人支付的道路通行费，按照收费公路通行费增值税电子普通发票上注明的增值税额抵扣进项税额。

2018 年 1 月 1 日至 6 月 30 日，纳税人支付的高速公路通行费，如暂未能取得收费公路通行费增值税电子普通发票，可凭取得的通行费发票（不含财政票据，下同）上注明的收费金额按照下列公式计算可抵扣的进项税额：

高速公路通行费可抵扣进项税额 = 高速公路通行费发票上注明的金额 ÷（1 + 3%）× 3%

2018 年 1 月 1 日至 12 月 31 日，纳税人支付的一级、二级公路通行费，如暂未能取得收费公路通行费增值税电子普通发票，可凭取得的通行费发票上注明的收费金额按照下列公式计算可抵扣进项税额：

一级、二级公路通行费可抵扣进项税额 = 一级、二级公路通行费发票上注明的金额 ÷（1 + 5%）× 5%

（2）纳税人支付的桥、闸通行费，暂凭取得的通行费发票上注明的收费金额按照下列公式计算可抵扣的进项税额：

桥、闸通行费可抵扣进项税额 = 桥、闸通行费发票上注明的金额 ÷（1 + 5%）× 5%

（3）通行费，是指有关单位依法或者依规设立并收取的过路、过桥和过闸费用。

《财政部　国家税务总局关于收费公路通行费增值税抵扣有关问题的通知》（财税〔2016〕86 号）自 2018 年 1 月 1 日起停止执行。

10. 原增值税一般纳税人自用的应征消费税的摩托车、汽车、游艇，其进项税额准予从销项税额中抵扣。

11. 原增值税一般纳税人从境外单位或者个人购进服务、无形资产或者不动产，按照规定应当扣缴增值税的，准予从销项税额中抵扣的进项税额为自税务机关或者扣缴义务人取得的解缴税款的完税凭证上注明的增值税税额。

纳税人凭完税凭证抵扣进项税额的，应当具备书面合同、付款证明和境外单位的对账单或者发票。资料不全的，其进项税额不得从销项税额中抵扣。

12. 按照“营改增通知”规定不得抵扣且未抵扣进项税额的固定资产、无形资产、不动产，发生用途改变，用于允许抵扣进项税额的应税项目，可在用途改变的次月按照下列公式计算可以抵扣的进项税额：

可以抵扣的进项税额 = 固定资产、无形资产、不动产净值 ÷（1 + 适用税率）× 适用税率

上述可以抵扣的进项税额应取得合法有效的增值税扣税凭证。

13. 自 2018 年 1 月 1 日起，纳税人租入固定资产、不动产，既用于一般计税方法计税项目，又用于简易计税方法计税项目、免征增值税项目、集体福利或者个人消费的，其进项税额准予从销项税额中全额抵扣。

14. 自 2019 年 4 月 1 日起，纳税人购进国内旅客运输服务，其进项税额允许从销项税额中抵扣。

纳税人未取得增值税专用发票的，暂按照以下规定确定进项税额：

（1）取得增值税电子普通发票的，为发票上注明的税额；

（2）取得注明旅客身份信息的航空运输电子客票行程单的，为按照下列公式计算进项税额：

航空旅客运输进项税额 =（票价 + 燃油附加费）÷（1 + 9%）× 9%

（3）取得注明旅客身份信息的铁路车票的，为按照下列公式计算的进项税额：

铁路旅客运输进项税额 = 票面金额 ÷（1 + 9%）× 9%

（4）取得注明旅客身份信息的公路、水路等其他客票的，按照下列公式计算进项税额：

公路、水路等其他旅客运输进项税额 = 票面金额 ÷（1 + 3%）× 3%

15. 自 2019 年 4 月 1 日至 2021 年 12 月 31 日，允许生产、生活性服务业纳税人按照

当期可抵扣进项税额加计 10%，抵减应纳税额（以下称加计抵减政策）。

（1）所称生产、生活性服务业纳税人，是指提供邮政服务、电信服务、现代服务、生活服务（以下称四项服务）取得的销售额占全部销售额的比重超过 50% 的纳税人。四项服务的具体范围按照《销售服务、无形资产、不动产注释》（财税〔2016〕36 号附件）执行。

2019 年 3 月 31 日前设立的纳税人，自 2018 年 4 月至 2019 年 3 月期间的销售额（经营期不满 12 个月的，按照实际经营期的销售额）符合上述规定条件的，自 2019 年 4 月 1 日起适用加计抵减政策。

2019 年 4 月 1 日后设立的纳税人，自设立之日起 3 个月的销售额符合上述规定条件的，自登记为一般纳税人之日起适用加计抵减政策。

纳税人确定适用加计抵减政策后，当年内不再调整，以后年度是否适用，根据上年度销售额计算确定。

纳税人可计提但未计提的加计抵减额，可在确定适用加计抵减政策当期一并计提。

（2）纳税人应按照当期可抵扣进项税额的 10% 计提当期加计抵减额。按照现行规定不得从销项税额中抵扣的进项税额，不得计提加计抵减额；已计提加计抵减额的进项税额，按规定作进项税额转出的，应在进项税额转出当期，相应调减加计抵减额。计算公式如下：

当期计提加计抵减额 = 当期可抵扣进项税额 × 10%

当期可抵减加计抵减额 = 上期末加计抵减额余额 + 当期计提加计抵减额 − 当期调减加计抵减额

（3）纳税人应按照现行规定计算一般计税方法下的应纳税额（以下称抵减前的应纳税额）后，区分以下情形加计抵减：

①抵减前的应纳税额等于零的，当期可抵减加计抵减额全部结转下期抵减。

②抵减前的应纳税额大于零，且大于当期可抵减加计抵减额的，当期可抵减加计抵减额全额从抵减前的应纳税额中抵减。

③抵减前的应纳税额大于零，且小于或等于当期可抵减加计抵减额的，以当期可抵减加计抵减额抵减应纳税额至零。未抵减完的当期可抵减加计抵减额，结转下期继续抵减。

（4）纳税人出口货物劳务、发生跨境应税行为不适用加计抵减政策，其对应的进项税额不得计提加计抵减额。

纳税人兼营出口货物劳务、发生跨境应税行为且无法划分不得计提加计抵减额的进项税额，按照以下公式计算：

不得计提加计抵减额的进项税额 = 当期无法划分的全部进项税额 × 当期出口货物劳务和发生跨境应税行为的销售额 ÷ 当期全部销售额

（5）纳税人应单独核算加计抵减额的计提、抵减、调减、结余等变动情况。骗取适用加计抵减政策或虚增加计抵减额的，按照《中华人民共和国税收征收管理法》等有关规定处理。

（6）加计抵减政策执行到期后，纳税人不再计提加计抵减额，结余的加计抵减额停止抵减。

16. 2019年10月1日至2021年12月31日，相关规定允许生活性服务业纳税人按照当期可抵扣进项税额加计15%，抵减应纳税额（以下称加计抵减15%政策）。

（1）所称生活性服务业纳税人，是指提供生活服务取得的销售额占全部销售额的比重超过50%的纳税人。生活服务的具体范围按照《销售服务、无形资产、不动产注释》（财税〔2016〕36号附件）执行。

2019年9月30日前设立的纳税人，自2018年10月至2019年9月期间的销售额（经营期不满12个月的，按照实际经营期的销售额）符合上述规定条件的，自2019年10月1日起适用加计抵减15%政策。

2019年10月1日后设立的纳税人，自设立之日起3个月的销售额符合上述规定条件的，自登记为一般纳税人之日起适用加计抵减15%政策。

纳税人确定适用加计抵减15%政策后，当年内不再调整，以后年度是否适用，根据上年度销售额计算确定。

（2）生活性服务业纳税人应按照当期可抵扣进项税额的15%计提当期加计抵减额。按照现行规定不得从销项税额中抵扣的进项税额，不得计提加计抵减额；已按照15%计提加计抵减额的进项税额，按规定作进项税额转出的，应在进项税额转出当期，相应调减加计抵减额。计算公式如下：

当期计提加计抵减额 = 当期可抵扣进项税额 × 15%

当期可抵减加计抵减额 = 上期末加计抵减额余额 + 当期计提加计抵减额 − 当期调减加计抵减额

（3）纳税人适用加计抵减政策的其他有关事项，按照《关于深化增值税改革有关政策的公告》（财政部　税务总局　海关总署公告2019年第39号）等有关规定执行。

（二）不得从销项税额中抵扣的进项税额

纳税人购进货物、劳务、服务、无形资产、不动产，取得的增值税扣税凭证不符合法律、行政法规或者国务院税务主管部门有关规定的，其进项税额不得从销项税额中抵扣。所称增值税扣税凭证，是指增值税专用发票、海关进口增值税专用缴款书、农产品收购发票和农产品销售发票、从税务机关或者境内代理人取得的解缴税款的税收缴款凭证及增值税法律法规允许抵扣的其他扣税凭证。

依据《增值税暂行条例》和“营改增通知”及其他相关政策规定，下列项目的进项税额不得从销项税额中抵扣：

1. 用于简易计税方法计税项目、免征增值税项目、集体福利或者个人消费的购进货物、劳务、服务、无形资产和不动产。

其中涉及的固定资产、无形资产、不动产，仅指专用于上述项目的固定资产、无形资产（不包括其他权益性无形资产）、不动产。但是发生兼用于上述不允许抵扣项目情况的，该进项税额准予全部抵扣。

另外，纳税人购进其他权益性无形资产无论是专用于简易计税方法计税项目、免征增值税项目、集体福利或者个人消费，还是兼用于上述不允许抵扣项目，均可以抵扣进项税额。

纳税人的交际应酬消费属于个人消费，即交际应酬消费不属于生产经营中的生产投入和支出。

2. 非正常损失的购进货物，以及相关劳务和交通运输服务。

3. 非正常损失的在产品、产成品所耗用的购进货物（不包括固定资产）、劳务和交通运输服务。

4. 非正常损失的不动产，以及该不动产所耗用的购进货物、设计服务和建筑服务。

5. 非正常损失的不动产在建工程所耗用的购进货物、设计服务和建筑服务。纳税人新建、改建、扩建、修缮、装饰不动产，均属于不动产在建工程。

上述2、3、4、5项所说的非正常损失，是指因管理不善造成货物被盗、丢失、霉烂变质，以及因违反法律法规造成货物或者不动产被依法没收、销毁、拆除的情形。这些非正常损失是由纳税人自身原因造成导致征税对象实体的灭失，为保证税负损失不由国家承担，因而纳税人无权要求抵扣进项税额。

6. 购进的旅客运输服务、贷款服务、餐饮服务、居民日常服务和娱乐服务。

一般情况下，旅客运输服务、餐饮服务、居民日常服务和娱乐服务主要接受对象是个人。对于一般纳税人购买的旅客运输服务、餐饮服务、居民日常服务和娱乐服务，难以准确界定接受劳务的对象是企业还是个人，因此，一般情况下，旅客运输服务（2019年4月1日起按照国家税务总局公告2019年第31号执行）、餐饮服务、居民日常服务和娱乐服务的进项税额不得从销项税额中抵扣。

对于贷款服务进项税不得抵扣，也就是利息支出进项税不得抵扣的规定，主要是考虑如果允许抵扣借款利息，从根本上打通融资行为的增值税抵扣链条，按照增值税“道道征道道扣”的原则，首先就应当对存款利息征税。但在现有条件下，难度很大，一方面涉及对居民存款征税，无法解决专用发票的开具问题，也与当下实际存款利率为负的现状不符。

对于住宿服务和旅游服务未列入不得抵扣项目，主要考虑是这两个行业属于公私消费参半的行业，因而用个人消费来进行规范。

7. 纳税人接受贷款服务向贷款方支付的与该笔贷款直接相关的投融资顾问费、手续费、咨询费等费用，其进项税额不得从销项税额中抵扣。

8. 财政部和国家税务总局规定的其他情形。

上述第4项、第5项所称货物，是指构成不动产实体的材料和设备，包括建筑装饰材料和给排水、采暖、卫生、通风、照明、通讯、煤气、消防、中央空调、电梯、电气、智能化楼宇设备及配套设施。

9. 适用一般计税方法的纳税人，兼营简易计税方法计税项目、免征增值税项目而无法划分不得抵扣的进项税额，按照下列公式计算不得抵扣的进项税额：

不得抵扣的进项税额 = 当期无法划分的全部进项税额 ×（当期简易计税方法计税项目销售额 + 免征增值税项目销售额）÷ 当期全部销售额

主管税务机关可以按照上述公式依据年度数据对不得抵扣的进项税额进行清算。这是因为对于纳税人而言，进项税额转出是按月进行的，但由于年度内取得进项税额的不均衡性，有可能会造成按月计算的进项税转出与按年度计算的进项税转出产生差异，主管税务机关可在年度终了对纳税人进项税转出计算公式进行清算，可对相关差异进行调整。

10. 一般纳税人已抵扣进项税额的固定资产、无形资产或者不动产，发生《增值税暂行条例》和“营改增通知”规定不得从销项税额中抵扣进项税额情形的，按照下列公式计算不得抵扣的进项税额：

不得抵扣的进项税额 = 固定资产、无形资产或者不动产净值 × 适用税率

固定资产、无形资产或者不动产净值，是指纳税人根据财务会计制度计提折旧或摊销后的余额。

11. 有下列情形之一者，应当按照销售额和增值税税率计算应纳税额，不得抵扣进项税额，也不得使用增值税专用发票：

（1）一般纳税人会计核算不健全，或者不能够提供准确税务资料的。

（2）应当办理一般纳税人资格登记而未办理的。

该规定是为了加强对符合一般纳税人条件的纳税人的管理，防止利用一般纳税人和小规模纳税人的两种不同的征税办法少缴税款。

三、应纳税额的计算

一般纳税人在计算出销项税额和进项税额后就可以得出实际应纳税额。为了正确计算增值税的应纳税额，在实际操作中还需要掌握以下几个重要规定：

（一）计算应纳税额的时间限定

为了保证计算应纳税额的合理、准确性，纳税人必须严格把握当期进项税额从当期销项税额中抵扣这个要点。“当期”是指税务机关依照税法规定对纳税人确定的纳税期限。只有在纳税期限内实际发生的销项税额、进项税额，才是法定的当期销项税额或当期进项税额。目前，有些纳税人为了达到逃避纳税的目的，把当期实现的销售额隐瞒不记账或滞后记账，以减少当期销项税额，或者把不是当期实际发生的进项税额（上期结转的进项税额除外）也充作当期进项税额，以加大进项税额，少纳税甚至不纳税，这都是违反税法规定的行为。为了制止这种违法行为，税法首先对应税销售行为计入当期销项税额以及抵扣的进项税额的时间做了限定。

1. 计算销项税额的时间限定。纳税人在什么时间计算销项税额，《增值税暂行条例》和《增值税暂行例实施细则》及“营改增通知”都做了严格的规定。例如，采取直接收款方式销售货物，不论货物是否发出，均为收到销售款或者取得索取销售款凭据的当天；采取托收承付和委托银行收款方式销售货物，为发出货物并办妥托收手续的当天（详见本章第十节的有关规定），以保证准时、准确记录和核算当期销项税额。

2. 增值税专用发票进项税额抵扣的时间限定。取消增值税发票认证。一般纳税人取得增值税发票（包括增值税专用发票、机动车销售统一发票、收费公路通行费增值税电子普通发票，下同）后，可以自愿用增值税发票选择确认平台查询、选择用于申报抵扣、出口退税或者代办退税的增值税发票信息。

3. 海关进口增值税专用缴款书进项税额抵扣的时间限定。自 2013 年 7 月 1 日起，增

值税一般纳税人（以下简称纳税人）进口货物取得的属于增值税扣税范围的海关进口增值税专用缴款书，需经税务机关稽核比对相符后，其增值税额方能作为进项税额在销项税额中抵扣。

增值税一般纳税人取得的2017年7月1日及以后开具的海关进口增值税专用缴款书，应自开具之日起360日内向主管税务机关报送《海关完税凭证抵扣清单》，申请稽核比对。

纳税人应在“应交税费”科目下设“待抵扣进项税额”明细科目，用于核算已申请稽核但尚未取得稽核相符结果的海关进口增值税专用缴款书进项税额。纳税人取得海关进口增值税专用缴款书后，应借记“应交税费——待抵扣进项税额”明细科目，贷记相关科目；稽核比对相符以及核查后允许抵扣的，应借记“应交税费——应交增值税（进项税额）”科目，贷记“应交税费——待抵扣进项税额”科目。经核查不得抵扣的进项税额，红字借记“应交税费——待抵扣进项税额”科目，红字贷记相关科目。

4. 未按期申报抵扣增值税扣税凭证抵扣的处理办法。增值税一般纳税人取得的增值税专用发票以及海关进口增值税专用缴款书，未在规定期限内到税务机关办理认证（按规定不用认证的纳税人除外）或者申报抵扣的，不得作为合法的增值税扣税凭证，不得计算进项税额抵扣。

增值税一般纳税人，取得的增值税扣税凭证稽核比对结果相符但未按规期限申报抵扣，属于发生真实交易且符合规定的客观原因的，经主管税务机关审核，允许纳税人继续申报抵扣其进项税额。增值税一般纳税人除客观原因以外的其他原因造成增值税扣税凭证未按期申报抵扣的，仍按照现行增值税扣税凭证申报抵扣有关规定执行。

客观原因如下：

（1）因自然灾害、社会突发事件等不可抗力原因造成增值税扣税凭证未按期申报抵扣；

（2）有关司法、行政机关在办理业务或者检查中，扣押、封存纳税人账簿资料，导致纳税人未能按期办理申报手续；

（3）税务机关信息系统、网络故障，导致纳税人未能及时取得“认证结果通知书”或“稽核结果通知书”，未能及时办理申报抵扣；

（4）由于企业办税人员伤亡、突发危重疾病或者擅自离职，未能办理交接手续，导致未能按期申报抵扣；

（5）国家税务总局规定的其他情形。

（二）计算应纳税额时销项税额不足抵扣进项税额的处理

由于增值税实行购进扣税法，有时企业当期购进的货物、劳务、服务、无形资产、不动产很多，在计算应纳税额时会出现当期销项税额小于当期进项税额而不足抵扣的情况。根据税法规定，当期销项税额不足抵扣进项税额的部分可以结转下期继续抵扣。

原增值税一般纳税人兼有应税服务的，截止到本地区试点实施之日前的增值税期末留抵税额，不得从应税行为的销项税额中抵扣。

（三）扣减发生期进项税额的规定

由于增值税实行以当期销项税额抵扣当期进项税额的“购进扣税法”，当期购进的货物、劳务、服务、无形资产、不动产如果事先并未确定将用于不得抵扣进项税额项目，其进项税额会在当期销项税额中予以抵扣。但已抵扣进项税额的购进货物、劳务、服务、无形资产、不动产如果事后改变用途，用于不得抵扣进项税额项目将如何处理？根据《增值税暂行条例》《增值税暂行条例实施细则》和“营改增通知”的规定，应当将该项购进货物、劳务、服务、无形资产、不动产的进项税额从当期的进项税额中扣减；无法确定该项进项税额的，按当期实际成本计算应扣减的进项税额。

这里需要注意的是，所称“从当期发生的进项税额中扣减”，是指已抵扣进项税额的购进货物、劳务、服务、无形资产、不动产是在哪一个时期发生上述情况的，就从这个发生期内纳税人的进项税额中扣减，而无须追溯到这些购进货物、劳务、服务、无形资产、不动产抵扣进项税额的那个时期。另外，对无法准确确定该项进项税额的，“按当期实际成本计算应扣减的进项税额”。该做法是指其扣减进项税额的计算依据不是按该货物、劳务、服务、无形资产、不动产的原进价，而是按发生上述情况的当期该货物、劳务、服务、无形资产、不动产的“实际成本”与征税时该货物、劳务、服务、无形资产、不动产适用的税率计算应扣减的进项税额。

实际成本 = 进价 + 运费 + 保险费 + 其他有关费用

前述实际成本的计算公式，如果属于进口货物是完全适用的；如果是国内购进的货物、劳务、服务、无形资产、不动产，主要包括进价和运费两大部分。

如果一般纳税人会计核算不健全，或者不能够提供准确税务资料的，应当按照销售额和增值税税率计算应纳税额，不得抵扣进项税额，也不得使用增值税专用发票。例如，已抵扣进项税额的购进货物劳务、服务、无形资产、不动产事后改变用途，用于不得抵扣进项税额项目的，应按销售额比例划分作为进项税额转出处理。

（四）销售折让、中止或者退回涉及销项税额和进项税额的税务处理

纳税人适用一般计税方法计税的，因销售折让、中止或者退回而退还给购买方的增值税税额，应当从当期的销项税额中扣减；因销售折让、中止或者退回而收回的增值税税额，应当从当期的进项税额中扣减。

一般纳税人发生应税销售行为，开具增值税专用发票后，应税销售行为发生退回或者折让、开票有误等情形，应按国家税务总局的规定开具红字增值税专用发票。未按规定开具红字增值税专用发票的不得扣减销项税额或者销售额。

纳税人在发生应税销售行为的活动中，因应税销售行为质量、规格、服务质量等原因常会发生销货退回或销售折让的情况。由于应税销售行为的退回或折让不仅涉及应税销售行为的价款或折让价款的退回，还涉及增值税的退回，这样，销货方和购货方应相应对当期的销项税额或进项税额进行调整。为此，《增值税暂行条例》《增值税暂行条例实施细则》和“营改增通知”均规定，增值税一般纳税人因发生应税销售行为退回或者折让而退还给购买方的增值税额，应从发生应税销售行为中退回或者折让当期的销项税额中扣减；因购进货物、劳务、服务、无形资产、不动产退出或者折让而收回的增值税额，应从发生应税销售行为退出或者折让当期的进项税额中扣减。

对于一些企业在发生购进货物、劳务、服务、无形资产、不动产退出或折让并收回价

款和增值税额时，没有相应减少当期进项税额，造成进项税额虚增，减少纳税的现象，这是税法所不能允许的，都将被认定为是逃避缴纳税款行为，并按逃避缴纳税款予以处罚。

(五) 向供货方取得返还收入的税务处理

自 2004 年 7 月 1 日起，对商业企业向供货方收取的与商品销售量、销售额挂钩（如以一定比例、金额、数量计算）的各种返还收入，均应按照平销返利行为的有关规定冲减当期增值税进项税金。应冲减进项税金的计算公式调整为：

当期应冲减进项税金 = 当期取得的返还资金 ÷ (1 + 所购货物适用增值税税率) × 所购货物适用增值税税率

商业企业向供货方收取的各种返还收入，一律不得开具增值税专用发票。

(六) 一般纳税人注销时进项税额的处理

一般纳税人注销或取消辅导期一般纳税人资格，转为小规模纳税人时，其存货不作进项税额转出处理，其留抵税额也不予退税。

(七) 金融机构开展个人实物黄金交易业务增值税的处理

1. 对于金融机构从事的实物黄金交易业务，实行金融机构各省级分行和直属一级分行所属地市级分行、支行按照规定的预征率预缴增值税，由省级分行和直属一级分行统一清算缴纳。

（1）发生实物黄金交易行为的分理处、储蓄所等应按月计算实物黄金的销售数量、金额，上报其上级支行。

（2）各支行、分理处、储蓄所应依法向机构所在地主管国家税务局申请办理税务登记。各支行应按月汇总所属分理处、储蓄所上报的实物黄金销售额和本支行的实物黄金销售额，按照规定的预征率计算增值税预征税额，向主管税务机关申报缴纳增值税。

预征税额 = 销售额 × 预征率

（3）各省级分行和直属一级分行应向机构所在地主管国家税务局申请办理税务登记，申请认定增值税一般纳税人资格。按月汇总所属地市分行或支行上报的实物黄金销售额和进项税额，按照一般纳税人方法计算增值税应纳税额，根据已预征税额计算应补税额，向主管税务机关申报缴纳。

应纳税额 = 销项税额 - 进项税额

应补税额 = 应纳税额 - 预征税额

当期进项税额大于销项税额的，其留抵税额结转下期抵扣，预征税额大于应纳税额的，在下期增值税应纳税额中抵减。

（4）从事实物黄金交易业务的各级金融机构取得的进项税额，应当按照现行规定划分不可抵扣的进项税额，作进项税额转出处理。

（5）预征率由各省级分行和直属一级分行所在地省级国家税务局确定。

2. 金融机构所属分行、支行、分理处、储蓄所等销售实物黄金时，应当向购买方开具国家税务总局统一监制的普通发票，不得开具银行自制的金融专业发票，普通发票领购事宜由各分行、支行办理。

3. 金融机构从事经其行业主管部门允许的贵金属交易业务，可比照销售个人实物黄金，实行统一清算缴纳的办法；已认定为增值税一般纳税人的金融机构，可根据《增值税专用发票使用规定》及相关规定领购、使用增值税专用发票。

（八）纳税人转让不动产增值税征收管理暂行办法

纳税人转让其取得的不动产，包括以直接购买、接受捐赠、接受投资入股、自建以及抵债等各种形式取得的不动产，适用本办法。

房地产开发企业销售自行开发的房地产项目不适用该办法。

1. 一般纳税人转让其取得的不动产，按照以下规定缴纳增值税：

（1）一般纳税人转让其 2016 年 4 月 30 日前取得（不含自建）的不动产，可以选择适用简易计税方法计税，以取得的全部价款和价外费用扣除不动产购置原价或者取得不动产时作价后的余额为销售额，按照 5% 的征收率计算应纳税额。纳税人应按照上述计税方法向不动产所在地主管地税机关预缴税款，向机构所在地主管国税机关申报纳税。

（2）一般纳税人转让其 2016 年 4 月 30 日前自建的不动产，可以选择适用简易计税方法计税，以取得的全部价款和价外费用为销售额，按照 5% 的征收率计算应纳税额。纳税人应按照上述计税方法向不动产所在地主管地税机关预缴税款，向机构所在地主管国税机关申报纳税。

（3）一般纳税人转让其 2016 年 4 月 30 日前取得（不含自建）的不动产，选择适用一般计税方法计税的，以取得的全部价款和价外费用为销售额计算应纳税额。纳税人应以取得的全部价款和价外费用扣除不动产购置原价或者取得不动产时的作价后的余额，按照 5% 的预征率向不动产所在地主管地税机关预缴税款，向机构所在地主管国税机关申报纳税。

（4）一般纳税人转让其 2016 年 4 月 30 日前自建的不动产，选择适用一般计税方法计税的，以取得的全部价款和价外费用为销售额计算应纳税额。纳税人应以取得的全部价款和价外费用，按照 5% 的预征率向不动产所在地主管地税机关预缴税款，向机构所在地主管国税机关申报纳税。

（5）一般纳税人转让其 2016 年 5 月 1 日后取得（不含自建）的不动产，适用一般计税方法，以取得的全部价款和价外费用为销售额计算应纳税额。纳税人应以取得的全部价款和价外费用扣除不动产购置原价或者取得不动产时的作价后的余额，按照 5% 的预征率向不动产所在地主管地税机关预缴税款，向机构所在地主管国税机关申报纳税。

（6）一般纳税人转让其 2016 年 5 月 1 日后自建的不动产，适用一般计税方法，以取得的全部价款和价外费用为销售额计算应纳税额。纳税人应以取得的全部价款和价外费用，按照 5% 的预征率向不动产所在地主管地税机关预缴税款，向机构所在地主管国税机关申报纳税。

2. 小规模纳税人转让其取得的不动产，除个人转让其购买的住房外，按照以下规定缴纳增值税：

（1）小规模纳税人转让其取得（不含自建）的不动产，以取得的全部价款和价外费用扣除不动产购置原价或者取得不动产时作价后的余额为销售额，按照5%的征收率计算应纳税额。

（2）小规模纳税人转让其自建的不动产，以取得的全部价款和价外费用为销售额，按照5%的征收率计算应纳税额。

除其他个人之外的小规模纳税人，应按照本条规定的计税方法向不动产所在地主管税务机关预缴税款，向机构所在地主管国税机关申报纳税；其他个人按照本条规定的计税方法向不动产所在地主管税务机关申报纳税。

3. 个人转让其购买的住房，按照以下规定缴纳增值税：

（1）个人转让其购买的住房，按照有关规定全额缴纳增值税的（见本章第九节的有关规定），以取得的全部价款和价外费用为销售额，按照5%的征收率计算应纳税额。

（2）个人转让其购买的住房，按照有关规定差额缴纳增值税的（见本章第九节的有关规定），以取得的全部价款和价外费用扣除购买住房价款后的余额为销售额，按照5%的征收率计算应纳税额。

个体工商户应按照本条规定的计税方法向住房所在地主管税务机关预缴税款，向机构所在地主管税务机关申报纳税；其他个人应按照本条规定的计税方法向住房所在地主管税务机关申报纳税。

4. 其他个人以外的纳税人转让其取得的不动产，区分以下情形计算应向不动产所在地主管税务机关预缴的税款：

（1）以转让不动产取得的全部价款和价外费用作为预缴税款计算依据的，计算公式为：

应预缴税款 = 全部价款和价外费用 ÷（1 + 5%）× 5%

（2）以转让不动产取得的全部价款和价外费用扣除不动产购置原价或者取得不动产时作价后的余额作为预缴税款计算依据的，计算公式为：

应预缴税款 =（全部价款和价外费用 − 不动产购置原价或者取得不动产时的作价）÷（1 + 5%）× 5%

5. 其他个人转让其取得的不动产，按照上述第4条规定的计算方法计算应纳税额并向不动产所在地主管税务机关申报纳税。

6. 纳税人按规定从取得的全部价款和价外费用中扣除不动产购置原价或者取得不动产时作价的，应当取得符合法律、行政法规和国家税务总局规定的合法有效凭证。否则，不得扣除。

上述凭证是指：

（1）税务部门监制的发票。

（2）法院判决书、裁定书、调解书，以及仲裁裁决书、公证债权文书。

（3）国家税务总局规定的其他凭证。

7. 纳税人转让其取得的不动产，向不动产所在地主管税务机关预缴的增值税税款，可以在当期增值税应纳税额中抵减，抵减不完的，结转下期继续抵减。

纳税人以预缴税款抵减应纳税额，应以完税凭证作为合法有效凭证。

8. 小规模纳税人转让其取得的不动产，不能自行开具增值税发票的，可向不动产所在地主管税务机关申请代开。

纳税人向其他个人转让其取得的不动产，不得开具或申请代开增值税专用发票。

9. 纳税人转让不动产缴纳增值税差额扣除的有关规定。

（1）纳税人转让不动产，按照有关规定差额缴纳增值税的，如因丢失等原因无法提供取得不动产时的发票，可向税务机关提供其他能证明契税计税金额的完税凭证等资料，进行差额扣除。

（2）纳税人以契税计税金额进行差额扣除的，按照下列公式计算增值税应纳税额：

①2016 年 4 月 30 日及以前缴纳契税的：

增值税应纳税额 = [全部交易价格（含增值税）- 契税计税金额（含营业税）] ÷ (1 + 5%) × 5%

②2016 年 5 月 1 日及以后缴纳契税的：

增值税应纳税额 = [全部交易价格（含增值税）÷ (1 + 5%) - 契税计税金额（不含增值税）] × 5%

（3）纳税人同时保留取得不动产时的发票和其他能证明契税计税金额的完税凭证等资料的，应当凭发票进行差额扣除。

（九）纳税人跨县（市、区）提供建筑服务增值税征收管理暂行办法

纳税人跨县（市、区）提供建筑服务，应按照财税〔2016〕36 号文件规定的纳税义务发生时间和计税方法，向建筑服务发生地主管税务机关预缴税款，向机构所在地主管税务机关申报纳税。

《建筑工程施工许可证》未注明合同开工日期，但建筑工程承包合同注明的开工日期在 2016 年 4 月 30 日前的建筑工程项目，属于财税〔2016〕36 号文件规定的可以选择简易计税方法计税的建筑工程老项目。

跨县（市、区）提供建筑服务，是指单位和个体工商户（以下简称纳税人）在其机构所在地以外的县（市、区）提供建筑服务。

纳税人在同一地级行政区范围内跨县（市、区）提供建筑服务，不适用《纳税人跨县（市、区）提供建筑服务增值税征收管理暂行办法》（国家税务总局公告 2016 年第 17 号）。对于纳税人在同一直辖市、计划单列市范围内跨县（市、区）提供建筑服务的，由直辖市、计划单列市税务机关决定是否适用该办法。

1. 纳税人跨县（市、区）提供建筑服务，按照以下规定预缴税款：

（1）一般纳税人跨县（市、区）提供建筑服务，适用一般计税方法计税的，以取得的全部价款和价外费用扣除支付的分包款后的余额，按照 2% 的预征率计算应预缴税款。

（2）一般纳税人跨县（市、区）提供建筑服务，选择适用简易计税方法计税的，以取得的全部价款和价外费用扣除支付的分包款后的余额，按照 3% 的征收率计算应预缴税款。

（3）小规模纳税人跨县（市、区）提供建筑服务，以取得的全部价款和价外费用扣除支付的分包款后的余额，按照 3% 的征收率计算应预缴税款（月销售额未超过 10 万元

的，当期无需预缴税款）。

2. 纳税人跨县（市、区）提供建筑服务，按照以下公式计算应预缴税款：

（1）适用一般计税方法计税的：

应预缴税款 =（全部价款和价外费用 - 支付的分包款）÷（1 +9%）×2%

（2）适用简易计税方法计税的：

应预缴税款 =（全部价款和价外费用 - 支付的分包款）÷（1 +3%）×3%

纳税人取得的全部价款和价外费用扣除支付的分包款后的余额为负数的，可结转下次预缴税款时继续扣除。

纳税人应按照工程项目分别计算应预缴税款，分别预缴。

3. 征收管理。

（1）纳税人按照上述规定从取得的全部价款和价外费用中扣除支付的分包款，应当取得符合法律、行政法规和国家税务总局规定的合法有效凭证，否则不得扣除。上述凭证是指：

①从分包方取得的 2016 年 4 月 30 日前开具的建筑业营业税发票。该发票在 2016 年 6 月 30 日前可作为预缴税款的扣除凭证。

②从分包方取得的 2016 年 5 月 1 日后开具的，备注栏注明建筑服务发生地所在县（市、区）、项目名称的增值税发票。

③国家税务总局规定的其他凭证。

（2）纳税人跨县（市、区）提供建筑服务，在向建筑服务发生地主管税务机关预缴税款时，需填报《增值税预缴税款表》，并出示以下资料：

①与发包方签订的建筑合同复印件（加盖纳税人公章）；

②与分包方签订的分包合同复印件（加盖纳税人公章）；

③从分包方取得的发票复印件（加盖纳税人公章）。

（3）纳税人跨县（市、区）提供建筑服务，向建筑服务发生地主管税务机关预缴的增值税税款，可以在当期增值税应纳税额中抵减，抵减不完的，结转下期继续抵减。

纳税人以预缴税款抵减应纳税额，应以完税凭证作为合法有效凭证。

（4）小规模纳税人跨县（市、区）提供建筑服务，不能自行开具增值税发票的，可向建筑服务发生地主管税务机关按照其取得的全部价款和价外费用申请代开增值税发票。

（5）纳税人跨县（市、区）提供建筑服务预缴税款时间，按照财税〔2016〕36 号文件规定的纳税义务发生时间和纳税期限执行。

（6）纳税人跨县（市、区）提供建筑服务，按照《纳税人提供不动产经营租赁服务增值税征收管理暂行办法》应向建筑服务发生地主管税务机关预缴税款而自应当预缴之月起超过 6 个月没有预缴税款的，由机构所在地主管税务机关按照《中华人民共和国税收征收管理法》及相关规定进行处理。

（7）根据《关于简化建筑服务增值税简易计税方法备案事项的公告》（国家税务总局公告 2017 年第 43 号），增值税一般纳税人（以下简称纳税人）提供建筑服务，按规定适用或选择适用简易计税方法计税的，实行一次备案制。纳税人备案后提供其他适用或选择适用简易计税方法的建筑服务，不再备案。纳税人跨县（市）提供建筑服务适用或选择适用简易计税方法计税的，应按规定向机构所在地主管税务机关备案，建筑服务发生地主管税务机关无须备案。

（8）建筑企业与发包方签订建筑合同后，以内部授权或者三方协议等方式，授权集团内其他纳税人（以下简称第三方）为发包方提供建筑服务，并由第三方直接与发包方结算工程款的，由第三方缴纳增值税并向发包方开具增值税发票，与发包方签订建筑合同的建筑企业不缴纳增值税。发包方可凭实际提供建筑服务的纳税人开具的增值税专用发票抵扣进项税额。

（十）纳税人提供不动产经营租赁服务增值税征收管理暂行办法

纳税人以经营租赁方式出租其取得的不动产（以下简称出租不动产），适用该办法。

取得的不动产，包括以直接购买、接受捐赠、接受投资入股、自建以及抵债等各种形式取得的不动产。

纳税人提供道路通行服务不适用该办法。

1. 一般纳税人出租不动产，按照以下规定缴纳增值税：

（1）一般纳税人出租其2016年4月30日前取得的不动产，可以选择适用简易计税方法，按照5%的征收率计算应纳税额。

不动产所在地与机构所在地不在同一县（市、区）的，纳税人应按照上述计税方法向不动产所在地主管税务机关预缴税款，向机构所在地主管税务机关申报纳税。

不动产所在地与机构所在地在同一县（市、区）的，纳税人向机构所在地主管税务机关申报纳税。

（2）一般纳税人出租其2016年5月1日后取得的不动产，适用一般计税方法计税。不动产所在地与机构所在地不在同一县（市、区）的，纳税人应按照3%的预征率向不动产所在地主管税务机关预缴税款，向机构所在地主管税务机关申报纳税。

不动产所在地与机构所在地在同一县（市、区）的，纳税人应向机构所在地主管税务机关申报纳税。

一般纳税人出租其2016年4月30日前取得的不动产适用一般计税方法计税的，按照上述规定执行。

2. 小规模纳税人出租不动产，按照以下规定缴纳增值税：

（1）单位和个体工商户出租不动产（不含个体工商户出租住房），按照5%的征收率计算应纳税额。个体工商户出租住房，按照5%的征收率减按1.5%计算应纳税额。

不动产所在地与机构所在地不在同一县（市、区）的，纳税人应按照上述计税方法向不动产所在地主管税务机关预缴税款，向机构所在地主管税务机关申报纳税。

不动产所在地与机构所在地在同一县（市、区）的，纳税人应向机构所在地主管税务机关申报纳税。

（2）其他个人出租不动产（不含住房），按照5%的征收率计算应纳税额，向不动产所在地主管税务机关申报纳税。其他个人出租住房，按照5%的征收率减按1.5%计算应纳税额，向不动产所在地主管税务机关申报纳税。

3. 预缴税款的计算（小规模纳税人月销售额未超过 10 万元的，当期无需预缴税款）。

（1）纳税人出租不动产适用一般计税方法计税的，按照以下公式计算应预缴税款：

应预缴税款 = 含税销售额 ÷ (1 + 9%) × 3%

（2）纳税人出租不动产适用简易计税方法计税的，除个人出租住房外，按照以下公式计算应预缴税款：

应预缴税款 = 含税销售额 ÷ (1 + 5%) × 5%

（3）个体工商户出租住房，按照以下公式计算应预缴税款：

应预缴税款 = 含税销售额 ÷ (1 + 5%) × 1.5%

（4）其他个人出租不动产，按照以下公式计算应纳税款：

①出租住房：

应纳税款 = 含税销售额 ÷ (1 + 5%) × 1.5%

②出租非住房：

应纳税款 = 含税销售额 ÷ (1 + 5%) × 5%

4. 征收管理。

（1）单位和个体工商户出租不动产，按照《纳税人提供不动产经营租赁服务增值税征收管理暂行办法》规定向不动产所在地主管税务机关预缴税款时，应填写《增值税预缴税款表》。

（2）单位和个体工商户出租不动产，向不动产所在地主管税务机关预缴的增值税款，可以在当期增值税应纳税额中抵减，抵减不完的，结转下期继续抵减。

纳税人以预缴税款抵减应纳税额，应以完税凭证作为合法有效凭证。

（3）小规模纳税人中的单位和个体工商户出租不动产，不能自行开具增值税发票的，可向不动产所在地主管税务机关申请代开增值税发票。

其他个人出租不动产，可向不动产所在地主管税务机关申请代开增值税发票。纳税人向其他个人出租不动产，不得开具或申请代开增值税专用发票。

（4）纳税人出租不动产，按照该办法规定应向不动产所在地主管税务机关预缴税款，而自应当预缴之月起超过 6 个月没有预缴税款的，由机构所在地主管税务机关按照《中华人民共和国税收征收管理法》及相关规定进行处理。

（十一）房地产开发企业不动产经营租赁服务的增值税处理

1. 房地产开发企业中的一般纳税人，出租自行开发的房地产老项目，可以选择适用简易计税方法，按照 5% 的征收率计算应纳税额。纳税人出租自行开发的房地产老项目与其机构所在地不在同一县（市）的，应按照上述计税方法在不动产所在地预缴税款后，向机构所在地主管税务机关进行纳税申报。

房地产开发企业中的一般纳税人，出租其 2016 年 5 月 1 日后自行开发的与机构所在地不在同一县（市）的房地产项目，应按照 3% 预征率在不动产所在地预缴税款后，向机构所在地主管税务机关进行纳税申报。

2. 房地产开发企业中的小规模纳税人，出租自行开发的房地产项目，按照 5% 的征收率计算应纳税额。纳税人出租自行开发的房地产项目与其机构所在地不在同一县（市）的，应按照上述计税方法在不动产所在地预缴税款后，向机构所在地主管税务机关进行纳税申报。

（十二）房地产开发企业（一般纳税人）销售自行开发的房地产项目增值税征收管理暂行办法

房地产开发企业销售自行开发的房地产项目，适用该办法。

1. 自行开发，是指在依法取得土地使用权的土地上进行基础设施和房屋建设。房地产开发企业以接盘等形式购入未完工的房地产项目继续开发后，以自己的名义立项销售的，属于销售自行开发的房地产项目。

2. 销售额的确定。房地产开发企业中的一般纳税人（以下简称一般纳税人）销售自行开发的房地产项目，适用一般计税方法计税，按照取得的全部价款和价外费用，扣除当期销售房地产项目对应的土地价款后的余额计算销售额。销售额的计算公式如下：

销售额 =（全部价款和价外费用 − 当期允许扣除的土地价款）÷（1 +9%）

当期允许扣除的土地价款按照以下公式计算：

当期允许扣除的土地价款 =（当期销售房地产项目建筑面积 ÷ 房地产项目可供销售建筑面积）× 支付的土地价款

当期销售房地产项目建筑面积，是指当期进行纳税申报的增值税销售额对应的建筑面积。

房地产项目可供销售建筑面积，是指房地产项目可以出售的总建筑面积，不包括销售房地产项目时未单独作价结算的配套公共设施的建筑面积。

支付的土地价款，是指向政府、土地管理部门或受政府委托收取土地价款的单位直接支付的土地价款。

在计算销售额时从全部价款和价外费用中扣除土地价款，应当取得省级以上（含省级）财政部门监（印）制的财政票据。

一般纳税人应建立台账登记土地价款的扣除情况，扣除的土地价款不得超过纳税人实际支付的土地价款。

房地产开发企业的一般纳税人销售自行开发的房地产老项目，可以选择适用简易计税方法按照5%的征收率计税。一经选择简易计税方法计税的，36个月内不得变更为一般计税方法计税。

房地产开发企业的一般纳税人销售自行开发的房地产老项目适用简易计税方法计税的，以取得的全部价款和价外费用为销售额，不得扣除对应的土地价款。

3. 预缴税款。房地产开发企业的一般纳税人采取预收款方式销售自行开发的房地产项目，应在收到预收款时按照3%的预征率预缴增值税。

应预缴税款按照以下公式计算：

应预缴税款 = 预收款 ÷（1 + 适用税率或征收率）×3%

适用一般计税方法计税的，按照9%的适用税率计算；适用简易计税方法计税的，按照5%的征收率计算。

房地产开发企业的一般纳税人应在取得预收款的次月纳税申报期向主管税务机关预缴税款。

4. 进项税额。房地产开发企业的一般纳税人销售自行开发的房地产项目，兼有一般计税方法计税、简易计税方法计税、免征增值税的房地产项目而无法划分不得抵扣的进项税额的，应以《建筑工程施工许可证》注明的“建设规模”为依据进行划分。

不得抵扣的进项税额 = 当期无法划分的全部进项税额 × 简易计税、免税房地产项目建设规模 ÷ 房地产项目总建设规模

5. 纳税申报。房地产开发企业的一般纳税人销售自行开发的房地产项目适用一般计税方法计税的，应按照“营改增通知”第四十五条规定的纳税义务发生时间，以当期销售额和9%的适用税率计算当期应纳税额，抵减已预缴税款后，向主管税务机关申报纳税。未抵减完的预缴税款可以结转下期继续抵减。

房地产开发企业的一般纳税人销售自行开发的房地产项目适用简易计税方法计税的，应按照“营改增通知”第四十五条规定的纳税义务发生时间，以当期销售额和5%的征收率计算当期应纳税额，抵减已预缴税款后，向主管税务机关申报纳税。未抵减完的预缴税款可以结转下期继续抵减。

6. 发票开具。房地产开发企业的一般纳税人销售自行开发的房地产项目，自行开具增值税发票。房地产开发企业的一般纳税人销售自行开发的房地产项目，其2016年4月30日前收取并已向主管税务机关申报缴纳营业税的预收款，未开具营业税发票的，可以开具增值税普通发票，不得开具增值税专用发票。

房地产开发企业的一般纳税人向其他个人销售自行开发的房地产项目，不得开具增值税专用发票。

（十三）一般纳税人应纳税额计算实例

[例1-3] 某生产企业为增值税一般纳税人，其生产的货物适用16%增值税税率，2018年8月该企业的有关生产经营业务如下：

（1）销售甲产品给某大商场，开具了增值税专用发票，取得不含税销售额80万元；同时取得销售甲产品的送货运输费收入5.85万元（含增值税价格，与销售货物不能分别核算）。

（2）销售乙产品，开具了增值税普通发票，取得含税销售额29万元。

（3）将自产的一批应税新产品用于本企业集体福利项目，成本价为20万元，该新产品无同类产品市场销售价格，国家税务总局确定该产品的成本利润率为10%。

（4）销售2016年10月购进作为固定资产使用过的进口摩托车5辆，开具增值税专用发票，上面注明每辆取得销售额1万元。

（5）购进货物取得增值税专用发票，上面注明的货款金额60万元、税额9.6万元；另外支付购货的运输费用6万元，取得运输公司开具的增值税专用发票，上面注明的税额0.6万元。

（6）从农产品经营者（小规模纳税人）购进农产品一批（不适用进项税额核定扣除办法）作为生产货物的原材料，取得的增值税专用发票上注明的金额为30万元，税额为

0.9万元，同时支付给运输单位的运费5万元（不含增值税），取得运输部门开具的增值税专用发票，上面注明的税额为0.5万元。本月下旬将购进的农产品的20%用于本企业职工福利。

（7）当月租入商用楼房一层，取得对方开具的增值税专用发票上注明的税额为5.8万元。该楼房的1/3用于工会的集体福利项目，其余为企业管理部门使用。

以上相关票据均符合税法的规定。请按下列顺序计算该企业8月份应缴纳的增值税税额。

（1）计算销售甲产品的销项税额；

（2）计算销售乙产品的销项税额；

（3）计算自产自用新产品的销项税额；

（4）计算销售使用过的摩托车应纳税额；

（5）计算当月允许抵扣进项税额的合计数；

（6）计算该企业5月合计应缴纳的增值税税额。

[答案解析]

（1）销售甲产品的销项税额 = 80 × 16% + 5.85 ÷ (1 + 16%) × 16% = 13.6（万元）

（2）销售乙产品的销项税额 = 29 ÷ (1 + 16%) × 16% = 4（万元）

（3）自产自用新产品的销项税额 = 20 × (1 + 10%) × 16% = 3.52（万元）

（4）销售使用过的摩托车销项税额 = 1 × 16% × 5 = 0.8（万元）

（5）合计允许抵扣的进项税额 = 9.6 + 0.6 + (30 × 12% + 0.5) × (1 − 20%) + 5.8
= 19.28（万元）

（6）该企业8月应缴纳的增值税税额 = 13.6 + 4 + 3.52 + 0.8 − 19.28 = 2.64（万元）

第六节　简易征税方法应纳税额的计算

一、应纳税额的计算

纳税人发生应税销售行为适用简易计税方法的，应该按照销售额和征收率计算应纳增值税税额，并且不得抵扣进项税额。其应纳税额的计算公式是：

应纳税额 = 销售额（不含增值税）× 征收率

小规模纳税人一律采用简易计税方法计税，但是一般纳税人发生应税销售行为可以选择适用简易计税方法。例如，一般纳税人提供的公共交通运输服务，以清包工方式提供的建筑服务，可以选择按照简易计税方法计算缴纳增值税。

一般纳税人可以选择适用简易计税方法的情形见本章第六节。

二、含税销售额的换算

按简易计税方法计税的销售额不包括其应纳的增值税税额，纳税人采用销售额和应纳增值税税额合并定价方法的，按照下列公式计算销售额：

销售额 = 含税销售额 ÷ (1 + 征收率)

[例1-4] 某餐馆为增值税小规模纳税人，2018年6月取得含增值税的餐饮收入总额为12.36万元。计算该餐馆6月应缴纳的增值税税额。

[答案解析]

(1) 6月取得的不含税销售额 = 12.36 ÷ (1 + 3%) = 12（万元）

(2) 6月应缴纳增值税税额 = 12 × 3% = 0.36（万元）

纳税人适用简易计税方法计税的，因销售折让、中止或者退回而退还给购买方的销售额，应当从当期销售额中扣减。扣减当期销售额后仍有余额造成多缴的税款，可以从以后的应纳税额中扣减。

对小规模纳税人发生上述情况而退还销售额给购买方，依照规定将所退的款项扣减当期销售额的，如果小规模纳税人已就该项业务委托税务机关为其代开了增值税专用发票的，应按规定申请开具红字专用发票。

[例1-5] 某小规模纳税人仅经营某项应税服务，适用3%的征收率。2018年5月发生一笔销售额为1 000元的业务并就此缴纳了增值税。6月该业务由于合理原因发生退款（销售额均不含税）。

[答案解析]

(1) 假设6月该企业应税服务的销售额为5 000元，则：

6月最终的计税销售额 = 5 000 - 1 000 = 4 000（元）

6月缴纳的增值税 = 4 000 × 3% = 120（元）

(2) 假设6月该企业应税服务销售额为600元，7月该企业应税服务销售额为5 000元，则：

6月最终的计税销售额 = 600 - 600 = 0（元）

6月应纳增值税额 = 0 × 3% = 0（元）

6月销售额不足扣减的部分（600 - 1 000）而多缴的税款为12元（400 × 3%），可以从以后纳税期的应纳税额中扣减。

7月企业实际缴纳的税额 = 5 000 × 3% - 12 = 138（元）

或7月企业实际缴纳的税额 = （5 000 - 400）× 3% = 138（元）

另外，按照现行规定应当预缴增值税税款的小规模纳税人，凡在预缴地实现的月销售额未超过10万元的，当期无需预缴税款。该规定执行前（2019年1月19日前）已预缴税款的，可以向预缴地主管税务机关申请退还。

三、资管产品的增值税处理办法

（一）计税方法

资管产品管理人（以下简称管理人）运营资管产品过程中发生的增值税应税行为（以下简称资管产品运营业务），暂适用简易计税方法，按照3%的征收率缴纳增值税。

（二）资管产品管理人

资管产品管理人包括银行、信托公司、公募基金管理公司及其子公司、证券公司及其子公司、期货公司及其子公司、私募基金管理人、保险资产管理公司、专业保险资产管理机构、养老保险公司。

管理人接受投资者委托或信托对受托资产提供的管理服务以及管理人发生的除下列（三）规定的其他增值税应税行为（以下简称其他业务），按照现行规定缴纳增值税。

（三）资管产品的范围

资管产品包括银行理财产品、资金信托（包括集合资金信托、单一资金信托）、财产权信托、公开募集证券投资基金、特定客户资产管理计划、集合资产管理计划、定向资产管理计划、私募投资基金、债权投资计划、股权投资计划、股债结合型投资计划、资产支持计划、组合类保险资产管理产品、养老保障管理产品。

（四）资管产品的其他增值税处理规定

1. 管理人应分别核算资管产品运营业务和其他业务的销售额和增值税应纳税额。未分别核算的，资管产品运营业务不得适用上述第（一）（二）（三）规定。

2. 管理人可选择分别或汇总核算资管产品运营业务销售额和增值税应纳税额。

3. 管理人应按照规定的纳税期限，汇总申报缴纳资管产品运营业务和其他业务增值税。

4. 2017年7月1日（含）以后，资管产品运营过程中发生的增值税应税行为，以资管产品管理人为增值税纳税人，按照现行规定缴纳增值税。

对资管产品在2017年7月1日前运营过程中发生的增值税应税行为，未缴纳增值税的，不再缴纳；已缴纳增值税的，已纳税额从资管产品管理人以后月份的增值税应纳税额中抵减。

第七节 进口环节增值税的征收

一、进口环节增值税的征收范围及纳税人

（一）进口环节增值税征税范围

1. 根据《增值税暂行条例》的规定，申报进入中华人民共和国海关境内的货物，均

应缴纳增值税。

确定一项货物是否属于进口，必须首先看其是否有报关进口手续。一般来说，境外产品要输入境内，都必须向我国海关申报进口，并办理有关报关手续。只要是报关进口的应税货物，不论其是国外产制还是我国已出口而转销国内的货物，是进口者自行采购还是国外捐赠的货物，是进口者自用还是作为贸易或其他用途等，除另有规定外，均应按照规定缴纳进口环节的增值税。

自2018年6月1日起，对申报进口监管方式为1500（租赁不满一年）、1523（租赁贸易）、9800（租赁征税）的租赁飞机（税则品目：8802），海关停止代征进口环节增值税。进口租赁飞机增值税的征收管理，由税务机关按照现行增值税政策组织实施。

2. 从其他国家或地区进口《跨境电子商务零售进口商品清单》范围内的以下商品适用于跨境电子商务零售进口增值税税收政策：

（1）所有通过与海关联网的电子商务交易平台交易，能够实现交易、支付、物流电子信息“三单”比对的跨境电子商务零售进口商品；

（2）未通过与海关联网的电子商务交易平台交易，但快递、邮政企业能够统一提供交易、支付、物流等电子信息，并承诺承担相应法律责任进境的跨境电子商务零售进口商品。

不属于跨境电子商务零售进口的个人物品以及无法提供交易、支付、物流等电子信息的跨境电子商务零售进口商品，按现行规定执行。

（二）进口环节增值税的纳税人

进口货物的收货人（承受人）或办理报关手续的单位和个人，为进口货物增值税的纳税义务人。也就是说，进口货物增值税纳税人的范围较宽，包括了国内一切从事进口业务的企事业单位、机关团体和个人。

对于企业、单位和个人委托代理进口应征增值税的货物，鉴于代理进口货物的海关完税凭证，有的开具给委托方，有的开具给受托方的特殊性，对代理进口货物以海关开具的完税凭证上的纳税人为增值税纳税人。在实际工作中一般由进口代理者代缴进口环节增值税。纳税后，由代理者将已纳税款和进口货物价款费用等与委托方结算，由委托者承担已纳税款。

跨境电子商务零售进口商品按照货物征收关税和进口环节增值税、消费税，购买跨境电子商务零售进口商品的个人作为纳税义务人。电子商务企业、电子商务交易平台企业或物流企业可作为代收代缴义务人。

二、进口环节增值税的适用税率

进口环节的增值税税率与本章第三节的内容相同。

但是对进口抗癌药品，自2018年5月1日起，减按3%征收进口环节增值税。对进口罕见病药品，自2019年3月1日起，减按3%征收进口环节增值税。

对跨境电子商务零售进口商品的单次交易限值为人民币5 000元，个人年度交易限值为人民币 26 000 元以内进口的跨境电子商务零售进口商品，关税税率暂设为 0。

三、进口环节增值税应纳税额计算

纳税人进口货物，按照组成计税价格和《增值税暂行条例》规定的税率计算应纳税额。我们在计算增值税销项税额时直接用销售额作为计税依据或计税价格就可以了，但在进口产品计算增值税时我们不能直接得到类似销售额这么一个计税依据，需要通过计算得出，即要计算组成计税价格。组成计税价格是指在没有实际销售价格时，按照税法规定计算出作为计税依据的价格。进口货物计算增值税的组成计税价格和应纳税额计算公式如下：

组成计税价格 = 关税完税价格 + 关税 + 消费税

应纳税额 = 组成计税价格 × 税率

纳税人在计算进口货物的增值税时应该注意以下问题：

1. 进口货物增值税的组成计税价格中包括已纳关税税额，如果进口货物属于消费税应税消费品，其组成计税价格中还要包括进口环节已纳消费税税额。

2. 在计算进口环节的应纳增值税税额时不得抵扣任何税额，即在计算进口环节的应纳增值税税额时，不得抵扣发生在我国境外的各种税金。

以上两点实际上是贯彻了出口货物的目的地原则或称消费地原则。即对出口货物原则上在实际消费地征收商品或货物税。对进口货物而言，出口这些货物的出口国在出口时并没有征出口关税和增值税、消费税，到我国口岸时货物的价格基本就是到岸价格，即所谓的关税完税价格。如果此时不征关税和其他税收则与国内同等商品的税负差异会很大。因此在进口时首先要对之征进口关税。如果是应征消费税的商品则要征消费税。在此基础上才形成了增值税的计税依据即组成计税价格。这与国内同类商品的税基是一致的。

由于货物出口时出口国并没有征收过流转税，因此在进口时我们计算增值税就不用进行进项税额抵扣。

3. 按照《海关法》和《进出口关税条例》的规定，一般贸易下进口货物的关税完税价格以海关审定的成交价格为基础的到岸价格作为完税价格。所谓成交价格是一般贸易项下进口货物的买方为购买该项货物向卖方实际支付或应当支付的价格；到岸价格，包括货价，加上货物运抵我国关境内输入地点起卸前的包装费、运费、保险费和其他劳务费等费用构成的一种价格。特殊贸易下进口的货物，由于进口时没有“成交价格”可作依据，为此，《进出口关税条例》对这些进口货物制定了确定其完税价格的具体办法。

4. 纳税人进口货物取得的合法海关完税凭证，是计算增值税进项税额的唯一依据，其价格差额部分以及从境外供应商取得的退还或返还的资金，不作进项税额转出处理。

5. 跨境电子商务零售进口商品按照货物征收关税和进口环节增值税、消费税，以实际交易价格（包括货物零售价格、运费和保险费）作为完税价格。

6. 跨境电子商务零售进口商品的进口环节增值税、消费税取消免征税额，暂按法定应纳税额的 70% 征收。完税价格超过 5 000 元单次交易限值但低于 26 000 元年度交易限值，且订单下仅一件商品时，可以自跨境电商零售渠道进口，按照货物税率全额征收关税和进口环节增值税、消费税，交易额计入年度交易总额，但年度交易总额超过年度交易限值的，应按一般贸易管理。

国家在规定对进口货物征税的同时，对某些进口货物制定了减免税的特殊规定，如属于“来料加工、进料加工”贸易方式进口国外的原材料、零部件等在国内加工后复出口的，对进口的料、件按规定给予免税或减税，但这些进口免、减税的料件若不能加工复出口，而是销往国内的，就要予以补税。对进口货物是否减免税由国务院统一规定，任何地方、部门都无权规定减免税项目。

四、进口环节增值税的管理

1. 进口货物的增值税由海关代征。个人携带或者邮寄进境自用物品的增值税，连同关税一并计征。具体办法由国务院关税税则委员会会同有关部门制定。

进口货物增值税纳税义务发生时间为报关进口的当天，其纳税地点应当由进口人或其代理人向报关地海关申报纳税，其纳税期限应当自海关填发海关进口增值税专用缴款书之日起 15 日内缴纳税款。

跨境电子商务零售进口商品自海关放行之日起 30 日内退货的，可申请退税，并相应调整个人年度交易总额。

跨境电子商务零售进口商品购买人（订购人）的身份信息应进行认证；未进行认证的，购买人（订购人）身份信息应与付款人一致。

进口货物增值税的征收管理，依据《税收征收管理法》《海关法》《进出口关税条例》和《进出口税则》的有关规定执行。

[例 1-6] 某商贸公司（有进出口经营权）10 月进口货物一批。该批货物在国外的买价为 40 万元，另该批货物运抵我国海关前发生的包装费、运输费、保险费等共计 20 万元。货物报关后，公司按规定缴纳了进口环节的增值税并取得了海关开具的海关进口增值税专用缴款书。假定该批进口货物在国内全部销售，取得不含税销售额 80 万元。

相关资料：货物进口关税税率为 15%，增值税税率为 16%。

请按下列顺序回答问题：

（1）计算关税的组成计税价格；

（2）计算进口环节应纳的进口关税；

（3）计算进口环节应纳增值税的组成计税价格；

（4）计算进口环节应缴纳增值税的税额；

（5）计算国内销售环节的销项税额；

（6）计算国内销售环节应缴纳增值税税额。

[答案解析]

（1）关税的组成计税价格 = 40 + 20 = 60（万元）

（2）应缴纳进口关税 = 60 × 15% = 9（万元）

（3）进口环节应纳增值税的组成计税价格 = 60 + 9 = 69（万元）

（4）进口环节应缴纳增值税的税额 = 69 × 16% = 11.04（万元）

（5）国内销售环节的销项税额 = 80 × 16% = 12.8（万元）

（6）国内销售环节应缴纳增值税税额 = 12.8 − 11.04 = 1.76（万元）

2.《国家支持发展的重大技术装备和产品目录（2019 年修订）》和《重大技术装备和产品进口关键零部件、原材料商品目录（2019 年修订）》自 2020 年 1 月 1 日起执行，符合规定条件的国内企业为生产本通知所列装备或产品而确有必要进口所列商品，免征关税和进口环节增值税。列明执行年限的，有关装备、产品、零部件、原材料免税执行期限截至该年度 12 月 31 日。

《进口不予免税的重大技术装备和产品目录（2019 年修订）》（见该文件附件 3）自 2020 年 1 月 1 日起执行。对 2020 年 1 月 1 日以后（含 1 月 1 日）批准的按照或比照《国务院关于调整进口设备税收政策的通知》（国发〔1997〕37 号）有关规定享受进口税收优惠政策的下列项目和企业，进口该文件附件 3 所列自用设备以及按照合同随上述设备进口的技术及配套件、备件，一律照章征收进口税收：

（1）国家鼓励发展的国内投资项目和外商投资项目；

（2）外国政府贷款和国际金融组织贷款项目；

（3）由外商提供不作价进口设备的加工贸易企业；

（4）中西部地区外商投资优势产业项目；

（5）《海关总署关于进一步鼓励外商投资有关进口税收政策的通知》（署税〔1999〕791 号）规定的外商投资企业和外商投资设立的研究中心利用自有资金进行技术改造项目。

为保证《进口不予免税的重大技术装备和产品目录（2019 年修订）》调整前已批准的上述项目顺利实施，对 2019 年 12 月 31 日前（含 12 月 31 日）批准的上述项目和企业在 2020 年 6 月 30 日前（含 6 月 30 日）进口设备，继续按照《财政部　发展改革委　工业和信息化部　海关总署　税务总局　能源局关于调整重大技术装备进口税收政策有关目录的通知》（财关税〔2018〕42 号）和《财政部　国家发展改革委　海关总署　国家税务总局关于调整〈国内投资项目不予免税的进口商品目录〉的公告》（2012 年第 83 号）执行。

自 2020 年 7 月 1 日起对上述项目和企业进口《进口不予免税的重大技术装备和产品目录（2019 年修订）》中所列设备，一律照章征收进口税收。为保证政策执行的统一性，对有关项目和企业进口商品需对照《进口不予免税的重大技术装备和产品目录（2019 年修订）》和《国内投资项目不予免税的进口商品目录（2012 年调整）》审核征免税的，《进口不予免税的重大技术装备和产品目录（2019 年修订）》与《国内投资项目不予免税的进口商品目录（2012 年调整）》所列商品名称相同，或仅在《进口不予免税的重大技术装备和产品目录（2019 年修订）》中列名的商品，一律以《进口不予免税的重大技术装备和产品目录（2019 年修订）》所列商品及其技术规格指标为准。

自 2020 年 1 月 1 日起，《财政部　工业和信息化部　海关总署　税务总局　能源局关于调整重大技术装备进口税收政策有关目录的通知》（财关税〔2018〕42 号）予以废止。

3. 自 2020 年 2 月 1 日起，增值税一般纳税人取得海关进口增值税专用缴款书（以下简称“海关缴款书”）后如需申报抵扣或出口退税，按以下方式处理：

增值税一般纳税人取得仅注明一个缴款单位信息的海关缴款书，应当登录本省（区、市）增值税发票选择确认平台（以下简称“选择确认平台”）查询、选择用于申报抵扣或出口退税的海关缴款书信息。通过选择确认平台查询到的海关缴款书信息与实际情况不一致或未查询到对应信息的，应当上传海关缴款书信息，经系统稽核比对相符后，纳税人登录选择确认平台查询、选择用于申报抵扣或出口退税的海关缴款书信息。

增值税一般纳税人取得的2017年7月1日及以后开具的海关缴款书，应当自开具之日起360日内通过选择确认平台进行选择确认或申请稽核比对。

五、新冠肺炎疫情期间进口物资政策

根据《慈善捐赠物资免征进口税收暂行办法》（财政部　海关总署　税务总局公告2015年第102号）等有关规定，境外捐赠人无偿向受赠人捐赠的用于防控新型冠状病毒感染的肺炎疫情（以下简称疫情）进口物资可免征进口税收。为进一步支持疫情防控工作，自2020年1月1日至3月31日，实行更优惠的进口税收政策，具体如下：

1. 适度扩大《慈善捐赠物资免征进口税收暂行办法》规定的免税进口范围，对捐赠用于疫情防控的进口物资，免征进口关税和进口环节增值税。

（1）进口物资增加试剂，消毒物品，防护用品，救护车、防疫车、消毒用车、应急指挥车。

（2）免税范围增加国内有关政府部门、企事业单位、社会团体、个人以及来华或在华的外国公民从境外或海关特殊监管区域进口并直接捐赠；境内加工贸易企业捐赠。捐赠物资应直接用于防控疫情且符合前述第（1）项或《慈善捐赠物资免征进口税收暂行办法》规定。

（3）受赠人增加省级民政部门或其指定的单位。省级民政部门将指定的单位名单函告所在地直属海关及省级税务部门。

无明确受赠人的捐赠进口物资，由中国红十字会总会、中华全国妇女联合会、中国残疾人联合会、中华慈善总会、中国初级卫生保健基金会、中国宋庆龄基金会或中国癌症基金会作为受赠人接收。

2. 上述免税进口物资，已征收的应免税款予以退还。其中，已征税进口且尚未申报增值税进项税额抵扣的，可凭主管税务机关出具的《防控新型冠状病毒感染的肺炎疫情进口物资增值税进项税额未抵扣证明》，向海关申请办理退还已征进口环节增值税手续。有关进口单位应在2020年9月30日前向海关办理退税手续。

3. 上述免税进口物资，可按照或比照海关总署公告2020年第17号规定，先登记放行，再按规定补办相关手续。

第八节　出口和跨境业务增值税的退（免）税和征税

出口货物、劳务和跨境应税行为退（免）税是国际贸易中通常采用的并为世界各国普

遍接受的、目的在于鼓励各国出口货物公平竞争的一种退还或免征间接税（目前我国主要包括增值税、消费税）的税收措施，即对出口货物、劳务和跨境应税行为已承担或应承担的增值税和消费税等间接税实行退还或者免征。由于这项制度比较公平因此它已成为国际社会通行的惯例。

我国的出口货物、劳务和跨境应税行为退（免）增值税是指在国际贸易业务中，对我国报关出口的货物、劳务和跨境应税行为退还或免征其在国内各生产和流转环节按税法规定缴纳的增值税，即对应征收增值税的出口货物、劳务和跨境应税行为实行零税率（国务院另有规定除外）。

增值税出口货物、劳务和跨境应税行为的零税率，从税法上理解有两层含义：一是对本道环节生产或销售货物、劳务和跨境应税行为的增值部分免征增值税；二是对出口货物、劳务和跨境应税行为前道环节所含的进项税额进行退付。当然，由于各种货物、劳务和跨境应税行为出口政策不同，出口前涉及征免增值税的情况也有所不同，且由于出口政策是国家调控经济的手段，因此，对货物、劳务和跨境应税行为出口的不同情况，国家在遵循“征多少、退多少”“未征不退和彻底退税”基本原则的基础上，制定了不同的增值税退（免）税处理办法。

一、出口货物、劳务和跨境应税行为退（免）增值税基本政策

世界各国为了鼓励本国货物出口，在遵循 WTO 基本规则的前提下，一般都采取优惠的税收政策。有的国家采取对该货物出口前所包含的税金在出口后予以退还的政策（即出口退税）；有的国家采取对出口的货物在出口前即予以免税的政策。我国则根据本国的实际，采取出口退税与免税相结合的政策。目前，我国的出口货物、劳务和跨境应税行为的增值税税收政策分为以下三种形式：

1. 出口免税并退税，即《关于出口货物劳务增值税和消费税政策的通知》（财税〔2012〕39 号，以下简称《通知》）中所说的“适用增值税退（免）税政策的范围”。出口免税是指对货物、劳务和跨境应税行为在出口销售环节免征增值税，这是把货物、劳务和跨境应税行为出口环节与出口前的销售环节都同样视为一个征税环节；出口退税是指对货物、劳务和跨境应税行为在出口前实际承担的税收负担，按规定的退税率计算后予以退还。

2. 出口免税不退税，即《通知》中所说的“适用增值税免税政策的范围”。出口免税与上述第 1 项含义相同。出口不退税是指适用这个政策的出口货物、劳务和跨境应税行为因在前一道生产、销售环节或进口环节是免税的，因此，出口时该货物、劳务和跨境应税行为的价格中本身就不含税，也无须退税。

3. 出口不免税也不退税，即《通知》中所说的“适用增值税征税政策的范围”。出口不免税是指对国家限制或禁止出口的某些货物、劳务和跨境应税行为的出口环节视同内销环节，照常征税；出口不退税是指对这些货物、劳务和跨境应税行为出口不退还出口前其所负担的税款。

二、出口货物、劳务和跨境应税行为增值税退（免）税政策

（一）适用增值税退（免）税政策的范围

对下列出口货物、劳务和跨境应税行为，除适用《通知》第六条（适用增值税免税政策的出口货物和劳务）和第七条（适用增值税征税政策的出口货物和劳务）规定的外，实行免征和退还增值税［以下称增值税退（免）税］政策：

1. 出口企业出口货物。

《通知》所称出口企业，是指依法办理工商登记、税务登记、对外贸易经营者备案登记，自营或委托出口货物的单位或个体工商户，以及依法办理工商登记、税务登记但未办理对外贸易经营者备案登记，委托出口货物的生产企业。

《通知》所称出口货物，是指向海关报关后实际离境并销售给境外单位或个人的货物，分为自营出口货物和委托出口货物两类。

《通知》所称生产企业，是指具有生产能力（包括加工修理修配能力）的单位或个体工商户。

根据《关于企业出口集装箱有关退（免）税问题的公告》（国家税务总局公告 2014 年第 59 号），企业出口给外商的新造集装箱，交付到境内指定堆场，并取得出口货物报关单（出口退税专用），同时符合其他出口退（免）税规定的，准予按照现行规定办理出口退（免）税。

自 2017 年 1 月 1 日起，生产企业销售自产的海洋工程结构物，或者融资租赁企业及其设立的项目子公司、金融租赁公司及其设立的项目子公司购买并以融资租赁方式出租的国内生产企业生产的海洋工程结构物，应按规定缴纳增值税，不再适用《财政部　国家税务总局关于出口货物劳务增值税和消费税政策的通知》（财税〔2012〕39 号）或者《财政部　国家税务总局关于在全国开展融资租赁货物出口退税政策试点的通知》（财税〔2014〕62 号）规定的增值税出口退税政策，但购买方或者承租方为按实物征收增值税的中外合作油（气）田开采企业的除外。

2. 出口企业或其他单位视同出口的货物。

出口企业或其他单位视同出口的货物具体是指：

（1）出口企业对外援助、对外承包、境外投资的出口货物。

（2）出口企业经海关报关进入国家批准的出口加工区、保税物流园区、保税港区、综合保税区、珠澳跨境工业区（珠海园区）、中哈霍尔果斯国际边境合作中心（中方配套区域）、保税物流中心（B 型）（以下统称特殊区域）并销售给特殊区域内单位或境外单位、个人的货物。

（3）免税品经营企业销售的货物（国家规定不允许经营和限制出口的货物、卷烟和超出免税品经营企业的《企业法人营业执照》中规定经营范围的货物除外）。具体是指：

①中国免税品（集团）有限责任公司向海关报关运入海关监管仓库，专供其经国家批准设立的统一经营、统一组织进货、统一制定零售价格、统一管理的免税店销售的货物；

②国家批准的除中国免税品（集团）有限责任公司外的免税品经营企业，向海关报关

运入海关监管仓库，专供其所属的首都机场口岸海关隔离区内的免税店销售的货物；

③国家批准的除中国免税品（集团）有限责任公司外的免税品经营企业所属的上海虹桥、浦东机场海关隔离区内的免税店销售的货物。

国家规定不允许经营和限制出口的货物是指《中华人民共和国禁止出境物品表》（海关总署令1993年第43号）所列的货物；《卫生部 外经贸部 海关总署关于进一步加强人体血液、组织器官管理有关问题的通知》（卫药发〔1996〕27号）规定的血液和血液制品、人体组织和器官（包括胎儿）以及利用人体组织和器官（包括胎儿）加工生产的制剂；商务部会同有关部门公布的《禁止出口货物目录》所列的货物；《濒危野生动物国际贸易公约》所列的附录一、二、三级的动物、动物产品和植物、植物产品；林业部、农业部发布的《国家重点保护野生动物名录》所列的一、二级保护的野生动物及货物；国家食品药品监督管理局、公安部、卫生部发布的《精神药品管制品种目录》《麻醉药品管制品种目录》所列的货物；国家环保总局、海关总署发布的《中华人民共和国禁止或严格限制的有毒化学品目录》所列的货物。

（4）出口企业或其他单位销售给用于国际金融组织或外国政府贷款国际招标建设项目的中标机电产品（以下称中标机电产品）。上述中标机电产品，包括外国企业中标再分包给出口企业或其他单位的机电产品。

（5）出口企业或其他单位销售给国际运输企业用于国际运输工具上的货物。上述规定暂仅适用于外轮供应公司、远洋运输供应公司销售给外轮、远洋国轮的货物，国内航空供应公司生产销售给国内和国外航空公司国际航班的航空食品。

（6）出口企业或其他单位销售给特殊区域内生产企业生产耗用且不向海关报关而输入特殊区域的水（包括蒸汽）、电力、燃气（以下称输入特殊区域的水电气）。

3. 生产企业视同出口货物的满足条件。

（1）持续经营以来从未发生骗取出口退税、虚开增值税专用发票或农产品收购发票、接受虚开增值税专用发票（善意取得虚开增值税专用发票除外）行为且同时符合下列条件的生产企业出口的外购货物，可视同自产货物适用增值税退（免）税政策：

①已取得增值税一般纳税人资格。

②已持续经营两年及两年以上。

③纳税信用等级A级。

④上一年度销售额5亿元以上。

⑤外购出口的货物与本企业自产货物同类型或具有相关性。

（2）持续经营以来从未发生骗取出口退税、虚开增值税专用发票或农产品收购发票、接受虚开增值税专用发票（善意取得虚开增值税专用发票除外）行为但不能同时符合上述规定条件的生产企业，出口的外购货物符合下列条件之一的，可视同自产货物申报适用增值税退（免）税政策：

①同时符合下列条件的外购货物：与本企业生产的货物名称、性能相同；使用本企业注册商标或境外单位或个人提供给本企业使用的商标；出口给进口本企业自产货物的境外单位或个人。

②与本企业所生产的货物属于配套出口，且出口给进口本企业自产货物的境外单位或

个人的外购货物，符合下列条件之一的：用于维修本企业出口的自产货物的工具、零部件、配件，或者不经过本企业加工或组装，出口后能直接与本企业自产货物组合成成套设备的货物。

③经集团公司总部所在地的地级以上税务局认定的集团公司，其控股的生产企业之间收购的自产货物以及集团公司与其控股的生产企业之间收购的自产货物。

④同时符合下列条件的委托加工货物：与本企业生产的货物名称、性能相同，或者是用本企业生产的货物再委托深加工的货物；出口给进口本企业自产货物的境外单位或个人；委托方与受托方必须签订委托加工协议，且主要原材料必须由委托方提供，受托方不垫付资金，只收取加工费，开具加工费（含代垫的辅助材料）的增值税专用发票。

⑤用于本企业中标项目下的机电产品。

⑥用于对外承包工程项目下的货物。

⑦用于境外投资的货物。

⑧用于对外援助的货物。

⑨生产自产货物的外购设备和原材料（农产品除外）。

4. 出口企业对外提供加工修理修配劳务。对外提供加工修理修配劳务，是指对进境复出口货物或从事国际运输的运输工具进行的加工修理修配。

5. 融资租赁货物出口退税。根据《关于在全国开展融资租赁货物出口退税政策试点的通知》的规定，对融资租赁出口货物试行退税政策。对融资租赁企业、金融租赁公司及其设立的项目子公司（以下统称融资租赁出租方），以融资租赁方式租赁给境外承租人且租赁期限在5年（含）以上，并向海关报关后实际离境的货物，试行增值税、消费税出口退税政策。

融资租赁出口货物的范围，包括飞机、飞机发动机、铁道机车、铁道客车车厢、船舶及其他货物，具体应符合《增值税暂行条例实施细则》第二十一条“固定资产”的相关规定。

上述融资租赁企业，仅包括金融租赁公司、经商务部批准设立的外商投资融资租赁公司、经商务部和国家税务总局共同批准开展融资业务试点的内资融资租赁企业、经商务部授权的省级商务主管部门和国家经济技术开发区批准的融资租赁公司。

上述金融租赁公司，仅包括经中国银行业监督管理委员会批准设立的金融租赁公司。上述所称融资租赁，是指具有融资性质和所有权转移特点的有形动产租赁活动。即出租人根据承租人所要求的规格、型号、性能等条件购入有形动产租赁给承租人，合同期内有形动产所有权属于出租人，承租人只拥有使用权，合同期满付清租金后，承租人有权按照残值购入有形动产，以拥有其所有权。不论出租人是否将有形动产残值销售给承租人，均属于融资租赁。

6. 自2020年3月1日起，已放弃适用出口退（免）税政策未满36个月的纳税人，在出口货物、劳务的增值税税率或出口退税率发生变化后，可以向主管税务机关声明，对其自发生变化之日起的全部出口货物、劳务，恢复适用出口退（免）税政策。

出口货物、劳务的增值税税率或出口退税率在2020年4月1日前发生变化的，已放弃适用出口退（免）税政策的纳税人，无论是否已恢复退（免）税，均可以向主管税务机关声明，对其自2019年4月1日起的全部出口货物、劳务，恢复适用出口退（免）税政策。

符合上述规定的纳税人，可在增值税税率或出口退税率发生变化之日起［自2019年4月1日起恢复适用出口退（免）税政策的，自2020年3月1日起］的任意增值税纳税申报期内，按照现行规定申报出口退（免）税，同时一并提交《恢复适用出口退（免）税政策声明》。

（二）增值税退（免）税办法

适用增值税退（免）税政策的出口货物、劳务和应税行为，按照下列规定实行增值税“免、抵、退”税或“免、退”税办法。

1. “免、抵、退”税办法。适用增值税一般计税方法的生产企业出口自产货物与视同自产货物、对外提供加工修理修配劳务，以及列名的74家生产企业出口非自产货物，免征增值税，相应的进项税额抵减应纳增值税额（不包括适用增值税即征即退、先征后退政策的应纳增值税额），未抵减完的部分予以退还。

跨境应税行为适用增值税零税率政策的服务和无形资产情况见本章第三节的相关内容。

境内的单位和个人提供适用增值税零税率的服务或者无形资产，如果属于适用增值税一般计税方法的，生产企业实行“免、抵、退”税办法，外贸企业直接将服务或自行研发的无形资产出口，视同生产企业连同其出口货物统一实行“免、抵、退”税办法。

实行退（免）税办法的研发服务和设计服务，如果主管税务机关认定出口价格偏高的，有权按照核定的出口价格计算退（免）税，核定的出口价格低于外贸企业购进价格的，低于部分对应的进项税额不予退税，转入成本。

境内的单位和个人提供适用增值税零税率应税服务的，可以放弃适用增值零税率，选择免税或按规定缴纳增值税。放弃适用增值税零税率后，36个月内不得再申请适用增值税零税率。

2. “免、退”税办法。不具有生产能力的出口企业（以下简称外贸企业）或其他单位出口货物、劳务，免征增值税，相应的进项税额予以退还。

适用增值税一般计税方法的外贸企业外购服务或者无形资产出口实行“免、退”税办法。

外贸企业外购研发服务和设计服务免征增值税，其对应的外购应税服务的进项税额予以退还。

（三）增值税出口退税率

1. 除财政部和国家税务总局根据国务院决定而明确的增值税出口退税率（以下简称退税率）外，出口货物的退税率为其适用税率。

服务和无形资产的退税率为其按照《增值税暂行条例》规定适用的增值税税率。

根据《财政部　税务总局关于调整增值税税率的通知》（财税〔2018〕32号）规定，原适用17%税率且出口退税率为17%的出口货物，出口退税率调整至16%，原适用11%

税率且出口退税率为11%的出口货物、跨境应税行为，出口退税率调整至10%。

根据《财政部　税务总局　海关总署关于深化增值税改革有关政策的公告》（财政部　税务总局　海关总署公告2019年第39号）规定，自2019年4月1日起，原适用出口退税率为16%的出口货物，出口退税率调整为13%；原适用出口退税率为10%的出口货物、跨境应税行为，出口退税率调整为9%。2019年6月30日前（含2019年4月1日前），纳税人出口上述所涉货物和劳务、发生上述所涉跨境应税行为，适用增值税免退税办法的，购进时已按调整前税率征收增值税的，执行调整前的出口退税率，购进时已按调整后税率征收增值税的，执行调整后的出口退税率；适用增值税免抵退税办法的，执行调整前的出口退税率，在计算免抵退税时，适用税率低于出口退税率的，适用税率与出口退税率之差视为零参与免抵退税计算。出口退税率的执行时间及出口货物和劳务、发生跨境应税行为的时间，按照以下规定执行：报关出口的货物、劳务（保税区及经保税区出口除外），以海关出口报关单上注明的出口日期为准；非报关出口的货物和劳务、跨境应税行为，以出口发票或普通发票的开具时间为准；保税区及经保税区出口的货物，以货物离境时海关出具的出境货物备案清单上注明的出口日期为准。

2. 退税率的特殊规定：

（1）外贸企业购进按简易办法征税的出口货物、从小规模纳税人处购进的出口货物，其退税率分别为简易办法实际执行的征收率、小规模纳税人征收率。上述出口货物取得增值税专用发票的，退税率按照增值税专用发票上的税率和出口货物退税率孰低的原则确定。

（2）出口企业委托加工修理修配货物，其加工修理修配费用的退税率，为出口货物的退税率。

（3）中标机电产品、出口企业向海关报关进入特殊区域销售给特殊区域内生产企业生产耗用的列名原材料、输入特殊区域的水电气，其退税率为适用税率。如果国家调整列名原材料的退税率，列名原材料应当自调整之日起按调整后的退税率执行。

3. 适用不同退税率的货物、劳务及跨境应税行为，应分开报关、核算并申报退（免）税，未分开报关、核算或划分不清的，从低适用退税率。

（四）增值税退（免）税的计税依据

出口货物、劳务的增值税退（免）税的计税依据，按出口货物和劳务的出口发票（外销发票）、其他普通发票或购进出口货物和劳务的增值税专用发票、海关进口增值税专用缴款书确定。

跨境应税行为的计税依据按照《适用增值税零税率应税服务退（免）税管理办法》（国家税务总局公告2014年第11号）执行。具体规定如下：

1. 生产企业出口货物、劳务（进料加工复出口货物除外）增值税退（免）税的计税依据，为出口货物、劳务的实际离岸价（FOB）。实际离岸价应以出口发票上的离岸价为准，但如果出口发票不能反映实际离岸价，主管税务机关有权予以核定。

2. 对进料加工出口货物，企业应以出口货物人民币离岸价扣除出口货物耗用的保税进口料件金额的余额为增值税退（免）税的计税依据。“保税进口料件”，是指海关以进料加工贸易方式监管的出口企业从境外和特殊区域等进口的料件。包括出口企业从境外单位或个人购买并从海关保税仓库提取且办理海关进料加工手续的料件，以及保税区外的出口企业从保税区内的企业购进并办理海关进料加工手续的进口料件。

3. 生产企业国内购进无进项税额且不计提进项税额的免税原材料加工后出口的货物的计税依据，按出口货物的离岸价扣除出口货物所含的国内购进免税原材料的金额后确定。

4. 外贸企业出口货物（委托加工修理修配货物除外）增值税退（免）税的计税依据，为购进出口货物的增值税专用发票注明的金额或海关进口增值税专用缴款书注明的完税价格。

5. 外贸企业出口委托加工修理修配货物增值税退（免）税的计税依据，为加工修理修配费用增值税专用发票注明的金额。外贸企业应将加工修理修配使用的原材料（进料加工海关保税进口料件除外）作价销售给受托加工修理修配的生产企业，受托加工修理修配的生产企业应将原材料成本并入加工修理修配费用开具发票。

6. 出口进项税额未计算抵扣的已使用过的设备增值税退（免）税的计税依据，按下列公式确定：

退（免）税计税依据 = 增值税专用发票上的金额或海关进口增值税专用缴款书注明的完税价格 × 已使用过的设备固定资产净值 ÷ 已使用过的设备原值

已使用过的设备固定资产净值 = 已使用过的设备原值 − 已使用过的设备已提累计折旧

"已使用过的设备"，是指出口企业根据财务会计制度已经计提折旧的固定资产。

7. 免税品经营企业销售的货物增值税退（免）税的计税依据，为购进货物的增值税专用发票注明的金额或海关进口增值税专用缴款书注明的完税价格。

8. 中标机电产品增值税退（免）税的计税依据，生产企业为销售机电产品的普通发票注明的金额，外贸企业为购进货物的增值税专用发票注明的金额或海关进口增值税专用缴款书注明的完税价格。

9. 输入特殊区域的水电气增值税退（免）税的计税依据，为作为购买方的特殊区域内生产企业购进水（包括蒸汽）、电力、燃气的增值税专用发票注明的金额。

10. 跨境应税行为的退（免）税计税依据按下列规定执行：

（1）实行"免、抵、退"税办法的退（免）税计税依据：

①以铁路运输方式载运旅客的，为按照铁路合作组织清算规则清算后的实际运输收入。

②以铁路运输方式载运货物的，为按照铁路运输进款清算办法，对"发站"或"到站（局）"名称包含"境"字的货票上注明的运输费用以及直接相关的国际联运杂费清算后的实际运输收入。

③以航空运输方式载运货物或旅客的，如果国际运输或港、澳、台地区运输各航段由多个承运人承运的，为中国航空结算有限责任公司清算后的实际收入；如果国际运输或港、澳、台地区运输各航段由一个承运人承运的，为提供航空运输服务取得的收入。

④其他实行"免、抵、退"税办法的增值税零税率应税行为，为提供增值税零税率应税行为取得的收入。

(2) 实行免退税办法的退（免）税计税依据，为购进应税服务的增值税专用发票或解缴税款的中华人民共和国税收缴款凭证上注明的金额。

实行退（免）税办法的服务和无形资产，如果主管税务机关认定出口价格偏高的，有权按照核定的出口价格计算退（免）税，核定的出口价格低于外贸企业购进价格的，低于部分对应的进项税额不予退税，转入成本。

（五）增值税“免、抵、退”税和“免、退”税的计算

1. 生产企业出口货物、劳务、服务和无形资产的增值税“免、抵、退”税，依下列公式计算。

(1) 当期应纳税额的计算：

当期应纳税额 = 当期销项税额 - （当期进项税额 - 当期不得免征和抵扣税额）

当期不得免征和抵扣税额 = 当期出口货物离岸价 × 外汇人民币折合率 ×（出口货物适用税率 - 出口货物退税率） - 当期不得免征和抵扣税额抵减额

当期不得免征和抵扣税额抵减额 = 当期免税购进原材料价格 ×（出口货物适用税率 - 出口货物退税率）

出口货物离岸价以出口发票计算的离岸价为准。实际离岸价应以出口发票上的离岸价为准，但如果出口发票不能反映实际离岸价，主管税务机关有权予以核定。

从上述计算公式看，出口退税在“销项税额”方面并非执行真正的零税率而是一种“超低税率”，即征税率与退税率（各货物不同）之差。

如果我们从会计制度看，上述“免、抵、退”税的计算原理更加清晰。根据企业会计制度的规定，对于实行“免、抵、退”税方法的生产企业，在会计上应当增设如下增值税专栏：

①“出口抵减内销产品应纳税额”借方专栏。

②“出口退税”贷方专栏。

另外，以“进项税额转出”贷方专栏核算“当期‘免、抵、退’税不得免征和抵扣税额”，以“其他应收款——应收补贴款”科目核算“当期应退税额”。相关会计处理为：

①根据“当期‘免、抵、退’税不得免征和抵扣税额”：

借：主营业务成本

　　贷：应交税费——应交增值税（进项税额转出）

②根据“当期免抵税额”：

借：应交税费——应交增值税（出口抵减内销产品应纳税额）

　　贷：应交税费——应交增值税（出口退税）

③根据“当期应退税额”：

借：其他应收款——应收补贴款

　　贷：应交税费——应交增值税（出口退税）

这笔会计分录，才是真正的退税。根据“当期应退税额”的计算过程可知，退的是期末未抵扣完的留抵进项税额。由此可见，“出口退税”贷方专栏核算的是“当期免抵税额”与“当期应退税额”之和，即税法中规定的“当期‘免、抵、退’税额”（即出口销售额×退税率)。

而出口货物实际执行的“超低税率”计算的“销项税额”被计入了“进项税额转出”贷方专栏。如果将该部分数额与“出口退税”贷方专栏数额相加，其实也就是内销情况下，应当缴纳的销项税额。所以，“出口退税”贷方专栏反映的并非真正的退税，而是出口货物较内销货物因执行税率的不同而少交的增值税销项税额。

(2) 当期“免、抵、退”税额的计算:

当期“免、抵、退”税额=当期出口货物离岸价×外汇人民币折合率×出口货物退税率-当期“免、抵、退”税额抵减额

当期“免、抵、退”税额抵减额=当期免税购进原材料价格×出口货物退税率

(3) 当期应退税额和免抵税额的计算:

①当期期末留抵税额≤当期“免、抵、退”税额，则:

当期应退税额=当期期末留抵税额

当期免抵税额=当期“免、抵、退”税额-当期应退税额

②当期期末留抵税额>当期“免、抵、退”税额，则:

当期应退税额=当期“免、抵、退”税额

当期免抵税额=0

当期期末留抵税额为当期增值税纳税申报表中“期末留抵税额”。

(4) 当期免税购进原材料价格包括当期国内购进的无进项税额且不计提进项税额的免税原材料的价格和当期进料加工保税进口料件的价格，其中当期进料加工保税进口料件的价格为进料加工出口货物耗用的保税进口料件金额:

进料加工出口货物耗用的保税进口料件金额=进料加工出口货物人民币离岸价×进料加工计划分配率

计划分配率=计划进口总值÷计划出口总值×100%

计算不得免征和抵扣税额时，应按当期全部出口货物的销售额扣除当期全部进料加工出口货物耗用的保税进口料件金额后的余额乘以征退税率之差计算。

进料加工出口货物收齐有关凭证申报免抵退税时，以收齐凭证的进料加工出口货物人民币离岸价扣除其耗用的保税进口料件金额后的余额计算“免、抵、退”税额。

(5) 生产企业“免、抵、退”税计算实例。

[例1-7] 某自营出口的生产企业为增值税一般纳税人，出口货物的征税率为16%，退税率为13%，2018年5月的有关经业务为:购进原材料一批，取得的增值税专用发票注明的价款为200万元，外购货物准予抵扣的进项税额为32万元并通过认证。4月末留抵税款为3万元，5月内销货物不含税销售额为100万元，收款116万元存入银行，5月出口货物的销售额折合人民币为200万元。试计算该企业当期的“免、抵、退”税额。

[答案解析]

①当期“免、抵、退”税不得免征和抵扣税额=200×(16%-13%)=6(万元)

②当期应纳税额=100×16%-(32-6)-3=16-26-3=-13(万元)

③出口货物“免、抵、退”税额=200×13%=26(万元)

④按规定，如当期期末留抵税额≤当期“免、抵、退”税额时:

当期应退税额 = 当期期末留抵税额

即该企业当期应退税额 = 13 万元

⑤当期免抵税额 = 当期“免、抵、退”税额 - 当期应退税额

当期免抵税额 = 26 - 13 = 13（万元）

［**例 1 - 8**］某自营出口的生产企业为增值税一般纳税人，出口货物的征税率为 16%，退税率为 13%。2018 年 7 月有关经营业务为：购原材料一批，取得的增值税专用发票注明的价款为 400 万元，外购货物准予抵扣的进项税额为 64 万元并通过认证。上期期末留抵税款为 5 万元。本月内销货物不含税销售额为 100 万元，收款 116 万元存入银行。本月出口货物的销售额折合人民币为 200 万元。试计算该企业当期的“免、抵、退”税额。

［**答案解析**］

①当期“免、抵、退”税不得免征和抵扣税额 = 200 ×（16% - 13%）= 6（万元）

②当期应纳税额 = 100 × 16% -（64 - 6）- 5 = 16 - 58 - 5 = - 47（万元）

③出口货物“免、抵、退”税额 = 200 × 13% = 26（万元）

④按规定，如当期期末留抵税额 > 当期“免、抵、退”税额时：

当期应退税额 = 当期“免、抵、退”税额

即该企业当期应退税额为 26 万元。

⑤当期免抵税额 = 当期“免、抵、退”税额 - 当期应退税额

即该企业当期免抵税额为 0（26 - 26）。

⑥2018 年 7 月期末留抵结转下期继续抵扣税额为 21 万元（47 - 26）。

［**例 1 - 9**］某自营出口生产企业是增值税一般纳税人，出口货物的征税率为 16%，退税率为 13%。2018 年 9 月有关经营业务为：购原材料一批，取得的增值税专用发票注明的价款为 200 万元，外购货物准予抵扣进项税额为 32 万元并通过认证。当月进料加工出口货物耗用的保税进口料件金额为 100 万元。上期期末留抵税款为 6 万元。9 月内销货物不含税销售额为 100 万元。收款 116 万元存入银行。9 月出口货物销售额折合人民币为 200 万元。试计算该企业当期的“免、抵、退”税额。

①“免、抵、退”税不得免征和抵扣税额抵减额 = 进料加工出口货物耗用的保税进口料件金额 ×（出口货物征税率 - 出口货物退税率）= 100 ×（16% - 13%）= 3（万元）

②“免、抵、退”税不得免征和抵扣税额 = 当期出口货物离岸价 × 外汇人民币折合率 ×（出口货物征税率 - 出口货物退税率）-“免、抵、退”税不得免征和抵扣税额抵减额 = 200 ×（16% - 13%）- 3 = 6 - 3 = 3（万元）

③当期应纳税额 = 100 × 16% -（32 - 3）- 6 = 16 - 29 - 6 = - 19（万元）

④“免、抵、退”税额抵减额 = 免税购进原材料 × 材料出口货物退税率 = 100 × 13% = 13（万元）

⑤出口货物“免、抵、退”税额 = 200 × 13% - 13 = 13（万元）

⑥按规定，如当期期末留抵税额 > 当期“免、抵、退”税额时：

当期应退税额 = 当期“免、抵、退”税额

即该企业应退税额 = 13 万元

⑦当期免抵税额 = 当期“免、抵、退”税额 - 当期应退税额

该企业当期免抵税额 = 13 - 13 = 0

⑧ 8 月期末留抵结转下期继续抵扣税额为 6 万元（19 - 13）。

（6）零税率应税行为增值税退（免）税的计算：

零税率应税行为增值税“免、抵、退”税，依下列公式计算：

①当期“免、抵、退”税额的计算：

当期零税率应税行为“免、抵、退”税额 = 当期零税率应税行为“免、抵、退”税计税依据 × 外汇人民币折合率 × 零税率应税行为增值税退税率

②当期应退税额和当期免抵税额的计算：

当期期末留抵税额≤当期“免、抵、退”税额时，

当期应退税额 = 当期期末留抵税额

当期免抵税额 = 当期“免、抵、退”税额 - 当期应退税额

当期期末留抵税额 > 当期“免、抵、退”税额时，

当期应退税额 = 当期“免、抵、退”税额

当期免抵税额 = 0

“当期期末留抵税额”为当期增值税纳税申报表的“期末留抵税额”。

[例 1 - 10] 某国际运输公司，已登记为一般纳税人，该企业实行“免、抵、退”税管理办法。该企业 2018 年 8 月实际发生业务如下：

①该企业当月承接了 3 个国际运输业务，取得确认的收入为 60 万元人民币。

②企业增值税纳税申报时，期末留抵税额为 15 万元人民币。

试计算该企业当月的退税额。

[答案解析]

当期零税率应税行为“免、抵、退”税额 = 当期零税率应税行为“免、抵、退”税计税依据 × 外汇人民币折合率 × 零税率应税行为增值税退税率 = 60 × 10% = 6（万元）

因为当期期末留抵税额的 15 万元 > 当期“免、抵、退”税额的 6 万元，所以：

当期应退税额 = 当期“免、抵、退”税额 = 6（万元）

退税申报后，结转下期留抵的税额为 9 万元（15 - 6）。

2. 外贸企业出口货物、劳务和应税行为增值税免退税，依下列公式计算：

（1）外贸企业出口委托加工修理修配货物以外的货物：

增值税应退税额 = 增值税退（免）税计税依据 × 出口货物退税率

[例 1 - 11] 某进出口公司 2018 年 6 月出口美国平纹布 2 000 米，进货增值税专用发票列明单价 20 元/平方米，计税金额 40 000 元，增值税出口退税率为 13%。试计算当期应退增值税税额。

[答案解析]

应退税额 = 2 000 × 20 × 13% = 5 200（元）

（2）外贸企业出口委托加工修理修配货物：

出口委托加工修理修配货物的增值税应退税额 = 委托加工修理修配的增值税退（免）税计税依据 × 出口货物退税率

[例 1 - 12] 某进出口公司 2018 年 6 月购进牛仔布委托加工成服装出口，取得牛仔布

增值税发票一张，注明计税金额为10 000元；取得服装加工费计税金额为2 000元，受托方将原材料成本并入加工修理修配费用并开具了增值税专用发票。假设增值税出口退税率为16%。试计算当期应退的增值税税额。

[**答案解析**]

应退税额 = (10 000 + 2 000) × 16% = 1 920（元）

（3）外贸企业兼营的零税率应税行为增值税免退税的计算：

外贸企业兼营的零税率应税行为应退税额 = 外贸企业兼营的零税率应税行为免退税计税依据 × 零税率应税行为增值税退税率

3. 融资租赁出口货物退税的计算。融资租赁出租方将融资租赁出口货物租赁给境外承租方、将融资租赁海洋工程结构物租赁给海上石油天然气开采企业，向融资租赁出租方退还其购进租赁货物所含增值税。其计算公式如下：

增值税应退税额 = 购进融资租赁货物的增值税专用发票注明的金额或海关（进口增值税）专用缴款书注明的完税价格 × 融资租赁货物适用的增值税退税率

[**例1-13**] 2018年8月某融资租赁公司根据合同规定将一设备以融资租赁方式出租给境外的甲企业使用。融资租赁公司购进该设备的增值税专用发票上注明的金额为100万元人民币。假设增值税出口退税率为16%。试计算该融资租赁公司当期应退的增值税税额。

[**答案解析**]

应退增值税税额 = 100 × 16% = 16（万元）

融资租赁出口货物适用的增值税退税率，按照统一的出口货物适用退税率执行。从增值税一般纳税人处购进的按简易办法征税的融资租赁货物和从小规模纳税人处购进的融资租赁货物，其适用的增值税退税率，按照购进货物适用的征收率和退税率孰低的原则确定。

4. 退税率低于适用税率的，相应计算出的差额部分的税款计入出口货物、劳务成本。

5. 出口企业既有适用增值税“免、抵、退”项目，也有适用增值税即征即退、先征后退项目的，增值税即征即退和先征后退项目不参与出口项目“免、抵、退”税计算。出口企业应分别核算增值税“免、抵、退”项目和增值税即征即退、先征后退项目，并分别申请享受增值税即征即退、先征后退和“免、抵、退”税政策。

用于增值税即征即退或者先征后退项目的进项税额无法划分的，按照下列公式计算：

无法划分进项税额中用于增值税即征即退或者先征后退项目的部分 = 当月无法划分的全部进项税额 × 当月增值税即征即退或者先征后退项目销售额 ÷ 当月全部销售额、营业额合计

6. 实行“免、抵、退”税办法的零税率应税行为提供者如同时有货物、劳务（劳务指对外加工修理修配劳务，下同）出口且未分别计算的，可一并计算“免、抵、退”税额。税务机关在审批时，按照出口货物、劳务、零税率应税行为“免、抵、退”税额比例划分出口货物、劳务、零税率应税行为的退税额和免抵税额。

三、出口货物、劳务和跨境应税行为增值税免税政策

对符合下列条件的出口货物、劳务和跨境应税行为，除适用《财政部　国家税务总局关于出口货物劳务增值税和消费税政策的通知》第七条（适用增值税征税政策的出口货物和劳务）规定外，按下列规定实行免征增值税（以下简称增值税免税）政策。

（一）适用增值税免税政策的范围

适用增值税免税政策的出口货物、劳务和应税行为是指：

1. 出口企业或其他单位出口规定的货物，具体是指：

（1）增值税小规模纳税人出口的货物。

（2）避孕药品和用具，古旧图书。

（3）软件产品。其具体范围是指海关税则号前四位为“9803”的货物。动漫软件出口免征增值税。

（4）含黄金、铂金成分的货物，钻石及其饰品。

（5）国家计划内出口的卷烟。其具体范围为：

①有出口经营权的卷烟生产企业（具体范围是指湖南中烟工业公司、浙江中烟工业公司、河南中烟工业公司、贵州中烟工业公司、湖北中烟工业公司、陕西中烟工业公司、安徽中烟工业公司）按国家批准的免税出口卷烟计划（以下简称出口卷烟计划）自营出口的自产卷烟。

②卷烟生产企业按出口卷烟计划委托卷烟出口企业（具体范围是指深圳烟草进出口有限公司、中国烟草辽宁进出口公司、中国烟草黑龙江进出口有限责任公司）出口的自产卷烟；北京卷烟厂按出口卷烟计划委托中国烟草上海进出口有限责任公司出口的自产“中南海”牌卷烟。

③口岸国际隔离区免税店销售的卷烟。

④卷烟出口企业（具体范围是指中国烟草上海进出口有限责任公司、中国烟草广东进出口公司、中国烟草山东进出口有限公司、云南烟草国际有限公司、川渝中烟工业公司、福建中烟工业公司）按出口卷烟计划出口的外购卷烟。

（6）非出口企业委托出口的货物。

（7）非列名生产企业出口的非视同自产货物。

（8）农业生产者自产农产品［农产品的具体范围按照《农业产品征税范围注释》（财税〔1995〕52号）的规定执行］。

（9）油、花生果仁、黑大豆等财政部和国家税务总局规定的出口免税的货物。

（10）外贸企业取得普通发票、废旧物资收购凭证、农产品收购发票、政府非税收入票据的货物。

（11）来料加工复出口的货物。

（12）特殊区域内的企业出口的特殊区域内的货物。

（13）以人民币现金作为结算方式的边境地区出口企业从所在省（自治区）的边境口

岸出口到接壤国家的一般贸易和边境小额贸易出口货物。

（14）以旅游购物贸易方式报关出口的货物。

2. 出口企业或其他单位视同出口的下列货物和劳务：

（1）国家批准设立的免税店销售的免税货物［包括进口免税货物和已实现退（免）税的货物］。

（2）特殊区域内的企业为境外的单位或个人提供加工修理修配劳务。

（3）同一特殊区域、不同特殊区域内的企业之间销售特殊区域内的货物。

3. 出口企业或其他单位未按规定申报或未补齐增值税退（免）税凭证的出口货物和劳务。具体是指：

（1）未在国家税务总局规定的期限内申报增值税退（免）税的出口货物和劳务。

（2）未在规定期限内申报开具《代理出口货物证明》的出口货物和劳务。

（3）已申报增值税退（免）税，却未在国家税务总局规定的期限内向税务机关补齐增值税退（免）税凭证的出口货物和劳务。

对于适用增值税免税政策的出口货物和劳务，出口企业或其他单位可以依照现行增值税有关规定放弃免税，并依照《财政部　国家税务总局关于出口货物劳务增值税和消费税政策的通知》第七条（适用增值税免税政策的出口货物和劳务）的规定缴纳增值税。

4. 境内的单位和个人销售的下列跨境应税行为免征增值税，但财政部和国家税务总局规定适用增值税零税率的除外：

（1）工程项目在境外的建筑服务。工程总承包方和工程分包方为施工地点在境外的工程项目提供的建筑服务，均属于工程项目在境外的建筑服务。

（2）工程项目在境外的工程监理服务。

（3）工程、矿产资源在境外的工程勘察勘探服务。

（4）会议展览地点在境外的会议展览服务。

（5）存储地点在境外的仓储服务。

（6）标的物在境外使用的有形动产租赁服务。

（7）在境外提供的广播影视节目（作品）的播映服务。在境外提供的广播影视节目（作品）播映服务，是指在境外的影院、剧院、录像厅及其他场所播映广播影视节目（作品）。通过境内的电台、电视台、卫星通信、互联网、有线电视等无线或者有线装置向境外播映广播影视节目（作品），不属于在境外提供的广播影视节目（作品）播映服务。

（8）在境外提供的文化体育服务、教育医疗服务、旅游服务。在境外提供的文化体育服务和教育医疗服务，是指纳税人在境外现场提供的文化体育服务和教育医疗服务。为参加在境外举办的科技活动、文化活动、文化演出、文化比赛、体育比赛、体育表演、体育活动而提供的组织安排服务，属于在境外提供的文化体育服务。通过境内的电台、电视台、卫星通信、互联网、有线电视等媒体向境外单位或个人提供的文化体育服务或教育医疗服务，不属于在境外提供的文化体育服务、教育医疗服务。

（9）为出口货物提供的邮政服务、收派服务、保险服务。

①为出口货物提供的邮政服务，是指寄递函件、包裹等邮件出境，向境外发行邮票，出口邮册等邮品。

②为出口货物提供的收派服务，是指为出境的函件、包裹提供的收件、分拣、派送服务。纳税人为出口货物提供收派服务，免税销售额为其向寄件人收取的全部价款和价外费用。

③为出口货物提供的保险服务，包括出口货物保险和出口信用保险。

(10) 向境外单位提供的完全在境外消费的电信服务。纳税人向境外单位或者个人提供的电信服务，通过境外电信单位结算费用的，服务接受方为境外电信单位，属于完全在境外消费的电信服务。

(11) 向境外单位销售的完全在境外消费的知识产权服务。服务实际接受方为境内单位或者个人的知识产权服务，不属于完全在境外消费的知识产权服务。

(12) 向境外单位销售的完全在境外消费的物流辅助服务（仓储服务、收派服务除外）。

境外单位从事国际运输和港、澳、台运输业务经停内地机场、码头、车站、领空、内河、海域时，纳税人向其提供的航空地面服务、港口码头服务、货运客运站场服务、打捞救助服务、装卸搬运服务，属于完全在境外消费的物流辅助服务。

(13) 向境外单位销售的完全在境外消费的鉴证咨询服务。

下列情形不属于完全在境外消费的鉴证咨询服务：

①服务的实际接受方为境内单位或者个人。

②对境内的货物或不动产进行的认证服务、鉴证服务和咨询服务。

(14) 向境外单位销售的完全在境外消费的专业技术服务。

下列情形不属于完全在境外消费的专业技术服务：

①服务的实际接受方为境内单位或者个人。

②对境内的天气情况、地震情况、海洋情况、环境和生态情况进行的气象服务、地震服务、海洋服务、环境和生态监测服务。

③为境内的地形地貌、地质构造、水文、矿藏等进行的测绘服务。

④为境内的城、乡、镇提供的城市规划服务。

(15) 向境外单位销售的完全在境外消费的商务辅助服务。

①纳税人向境外单位提供的代理报关服务和货物运输代理服务，属于完全在境外消费的代理报关服务和货物运输代理服务。

②纳税人向境外单位提供的外派海员服务，属于完全在境外消费的人力资源服务。外派海员服务，是指境内单位派出属于本单位员工的海员，为境外单位在境外提供的船舶驾驶和船舶管理等服务。

③纳税人以对外劳务合作方式，向境外单位提供的完全在境外发生的人力资源服务，属于完全在境外消费的人力资源服务。对外劳务合作，是指境内单位与境外单位签订劳务合作合同，按照合同约定组织和协助中国公民赴境外工作的活动。

④不属于完全在境外消费的商务辅助服务包括：服务的实际接受方为境内单位或者个人，对境内不动产的投资与资产管理服务、物业管理服务、房地产中介服务，拍卖境内货物或不动产过程中提供的经纪代理服务，为境内货物或不动产的物权纠纷提供的法律代理服务，为境内货物或不动产提供的安全保护服务。

（16）向境外单位销售的广告投放地在境外的广告服务。广告投放地在境外的广告服务，是指为在境外发布的广告提供的广告服务。

（17）向境外单位销售的完全在境外消费的无形资产（技术除外）。下列情形不属于向境外单位销售的完全在境外消费的无形资产：

①无形资产未完全在境外使用。

②所转让的自然资源使用权与境内自然资源相关。

③所转让的基础设施资产经营权、公共事业特许权与境内货物或不动产相关。

④向境外单位转让在境内销售货物、应税劳务、服务、无形资产或不动产的配额、经营权、经销权、分销权、代理权。

（18）为境外单位之间的货币资金融通及其他金融业务提供的直接收费金融服务，且该服务与境内的货物、无形资产和不动产无关。

为境外单位之间、境外单位和个人之间的外币、人民币资金往来提供的资金清算、资金结算、金融支付、账户管理服务，属于为境外单位之间的货币资金融通及其他金融业务提供的直接收费金融服务。

（19）属于以下情形的国际运输服务：

①以无运输工具承运方式提供的国际运输服务。

②以水路运输方式提供国际运输服务但未取得《国际船舶运输经营许可证》的。

③以公路运输方式提供国际运输服务但未取得《道路运输经营许可证》或者《国际汽车运输行车许可证》，或者《道路运输经营许可证》的经营范围未包括"国际运输"的。

④以航空运输方式提供国际运输服务但未取得《公共航空运输企业经营许可证》，或者其经营范围未包括"国际航空客货邮运输业务"的。

⑤以航空运输方式提供国际运输服务但未持有《通用航空经营许可证》，或者其经营范围未包括"公务飞行"的。

（20）符合零税率政策但适用简易计税方法或声明放弃适用零税率选择免税的下列应税行为：

①国际运输服务。

②航天运输服务。

③向境外单位提供的完全在境外消费的下列服务：研发服务、合同能源管理服务、设计服务、广播影视节目（作品）的制作和发行服务、软件服务、电路设计及测试服务、信息系统服务、业务流程管理服务、离岸服务外包业务。

④向境外单位转让完全在境外消费的技术。

上述所称完全在境外消费，是指：

a. 服务的实际接受方在境外，且与境内的货物和不动产无关。

b. 无形资产完全在境外使用，且与境内的货物和不动产无关。

c. 财政部和国家税务总局规定的其他情形。

纳税人向国内海关特殊监管区域内的单位或者个人销售服务、无形资产，不属于跨境应税行为，应照章征收增值税。

纳税人发生《营业税改征增值税跨境应税行为增值税免税管理办法（试行）》（国家税务总局公告2016年第29号）第二条所列跨境应税行为，除第（9）项、第（20）项外，必须签订跨境销售服务或无形资产书面合同。否则，不予免征增值税。

纳税人向境外单位销售服务或无形资产，按上述规定免征增值税的，该项销售服务或无形资产的全部收入应从境外取得，否则，不予免征增值税。下列情形视同从境外取得收入：

①纳税人向外国航空运输企业提供物流辅助服务，从中国民用航空局清算中心、中国航空结算有限责任公司或者经中国民用航空局批准设立的外国航空运输企业常驻代表机构取得的收入。

②纳税人与境外关联单位发生跨境应税行为，从境内第三方结算公司取得的收入。上述所称第三方结算公司，是指承担跨国企业集团内部成员单位资金集中运营管理职能的资金结算公司，包括财务公司、资金池、资金结算中心等。

③纳税人向外国船舶运输企业提供物流辅助服务，通过外国船舶运输企业指定的境内代理公司结算取得的收入。

④国家税务总局规定的其他情形。

纳税人发生跨境应税行为免征增值税的，应单独核算跨境应税行为的销售额，准确计算不得抵扣的进项税额，其免税收入不得开具增值税专用发票。

纳税人为出口货物提供收派服务，按照下列公式计算不得抵扣的进项税额：

不得抵扣的进项税额 = 当期无法划分的全部进项税额 ×（当期简易计税方法计税项目销售额 + 免征增值税项目销售额 − 为出口货物提供收派服务支付给境外合作方的费用）÷ 当期全部销售额

5. 对跨境电子商务综合试验区电子商务出口企业出口未取得有效进货凭证的货物，同时符合下列条件的，试行增值税、消费税免税政策：

（1）电子商务出口企业在综合试验区注册，并在注册地跨境电子商务线上综合服务平台登记出口日期、货物名称、计量单位、数量、单价、金额。

（2）出口货物通过综合试验区所在地海关办理电子商务出口申报手续。

（3）出口货物不属于财政部和税务总局根据国务院决定明确取消出口退（免）税的货物。

6. 市场经营户自营或委托市场采购贸易经营者以市场采购贸易方式出口的货物免征增值税。“市场采购贸易方式出口货物”，是指经国家批准的专业市场集聚区内的市场经营户自营或委托从事市场采购贸易经营的单位，按照海关总署规定的市场采购贸易监管办法办理通关手续，并纳入涵盖市场采购贸易各方经营主体和贸易全流程的市场采购贸易综合管理系统管理的货物（国家规定不适用市场采购贸易方式出口的商品除外）。

（二）进项税额的处理和计算

1. 适用增值税免税政策的出口货物和劳务，其进项税额不得抵扣和退税，应当转入成本。

2. 出口卷烟不得抵扣的进项税额，依下列公式计算：

不得抵扣的进项税额 = 出口卷烟含消费税金额 ÷（出口卷烟含消费税金额 + 内销卷烟销售额）× 当期全部进项税额

（1）当生产企业销售的出口卷烟在国内有同类产品销售价格时：

出口卷烟含消费税金额 = 出口销售数量 × 销售价格

“销售价格”为同类产品生产企业国内实际调拨价格。如实际调拨价格低于税务机关公示的计税价格的，“销售价格”为税务机关公示的计税价格；高于公示计税价格的，销售价格为实际调拨价格。

（2）当生产企业销售的出口卷烟在国内没有同类产品销售价格时：

出口卷烟含税金额 =（出口销售额 + 出口销售数量 × 消费税定额税率）÷（1 – 消费税比例税率）

“出口销售额”以出口发票上的离岸价为准。若出口发票不能如实反映离岸价，生产企业应按实际离岸价计算，否则，税务机关有权按照有关规定予以核定调整。

3. 除出口卷烟外，适用增值税免税政策的其他出口货物、劳务和应税行为的计算，按照增值税免税政策的统一规定执行。其中，如果涉及销售额，除来料加工复出口货物为其加工费收入外，其他均为出口离岸价或销售额。

4. 纳税人发生跨境应税行为时，纳税人以承运人身份与托运人签订运输服务合同，收取运费并承担承运人责任，然后委托实际承运人完成全部或部分运输服务时，自行采购并交给实际承运人使用的成品油和支付的道路、桥、闸通行费，同时符合下列条件的，其进项税额准予从销项税额中抵扣：

（1）成品油和道路、桥、闸通行费，应用于纳税人委托实际承运人完成的运输服务。

（2）取得的增值税扣税凭证符合现行规定。

四、出口货物、劳务和跨境应税行为增值税征税政策

下列出口货物和劳务，不适用增值税退（免）税和免税政策，按下列规定及视同内销货物征税的其他规定征收增值税（以下简称增值税征税）。

（一）适用增值税征税政策的范围

适用增值税征税政策的出口货物、劳务和跨境应税行为，是指：

1. 出口企业出口或视同出口财政部和国家税务总局根据国务院决定明确的取消出口退（免）税的货物（不包括来料加工复出口货物、中标机电产品、列名原材料、输入特殊区域的水电气、海洋工程结构物）。

2. 出口企业或其他单位销售给特殊区域内的生活消费用品和交通运输工具。

3. 出口企业或其他单位因骗取出口退税被税务机关停止办理增值税退（免）税期间出口的货物。

4. 出口企业或其他单位提供虚假备案单证的货物。

5. 出口企业或其他单位增值税退（免）税凭证有伪造或内容不实的货物。

6. 出口企业或其他单位未在国家税务总局规定期限内申报免税核销以及经主管税务

机关审核不予免税核销的出口卷烟。

7. 出口企业或其他单位具有以下情形之一的出口货物和劳务：

（1）将空白的出口货物报关单、出口收汇核销单等退（免）税凭证交由除签有委托合同的货代公司、报关行，或由境外进口方指定的货代公司（提供合同约定或者其他相关证明）以外的其他单位或个人使用的。

（2）以自营名义出口，其出口业务实质上是由本企业及其投资的企业以外的单位或个人借该出口企业名义操作完成的。

（3）以自营名义出口，其出口的同一批货物既签订购货合同，又签订代理出口合同（或协议）的。

（4）出口货物在海关验放后，自己或委托货代承运人对该笔货物的海运提单或其他运输单据等注明的品名、规格等进行修改，造成出口货物报关单与海运提单或其他运输单据有关内容不符的。

（5）以自营名义出口，但不承担出口货物的质量、收款或退税风险之一的，即出口货物发生质量问题不承担购买方的索赔责任（合同中有约定质量责任承担者除外）；不承担未按期收款导致不能核销的责任（合同中有约定收款责任承担者除外）；不承担因申报出口退（免）税的资料、单证等出现问题造成不退税责任的。

（6）未实质参与出口经营活动、接受并从事由中间人介绍的其他出口业务，但仍以自营名义出口的。

8. 不适应跨境应税行为适用增值税零税率和免税政策规定的出口服务和无形资产。

（二）应纳增值税的计算

适用增值税征税政策的出口货物、劳务和跨境应税行为，其应纳增值税按下列办法计算：

1. 一般纳税人出口货物、劳务和跨境应税行为。

销项税额 =（出口货物、劳务和跨境应税行为离岸价 - 出口货物耗用的进料加工保税进口料件金额）÷（1 + 适用税率）× 适用税率

（1）出口货物、劳务和跨境应税行为若已按征退税率之差计算不得免征和抵扣税额并已经转入成本的，相应的税额应转回至进项税额。

出口货物耗用的进料加工保税进口料件金额 = 主营业务成本 ×（投入的保税进口料件金额 ÷ 生产成本）

主营业务成本、生产成本均为不予退（免）税的进料加工出口货物的主营业务成本、生产成本。当耗用的保税进口料件金额大于不予退（免）税的进料加工出口货物金额时，耗用的保税进口料件金额为不予退（免）税的进料加工出口货物金额。

（2）出口企业应分别核算内销货物、劳务、跨境应税行为和增值税征税的出口货物的生产成本、主营业务成本。未分别核算的，其相应的生产成本、主营业务成本由主管税务机关核定。

进料加工手册海关核销后，出口企业应对出口货物耗用的保税进口料件金额进行清算。清算公式为：

清算耗用的保税进口料件总额＝实际保税进口料件总额－退（免）税出口货物耗用的保税进口料件总额－进料加工副产品耗用的保税进口料件总额

若耗用的保税进口料件总额与各纳税期扣减的保税进口料件金额之和存在差额时，应在清算的当期相应调整销项税额。当耗用的保税进口料件总额大于出口货物离岸金额时，其差额部分不得扣减其他出口货物金额。

2. 小规模纳税人出口货物、劳务和跨境应税行为。

应纳税额＝出口货物、劳务和跨境应税行为离岸价÷(1＋征收率)×征收率

五、外国驻华使（领）馆及其馆员在华购买货物和服务增值税退税管理办法

根据《财政部　国家税务总局关于外国驻华使（领）馆及其馆员在华购买货物和服务增值税退税政策的通知》（财税〔2016〕51号）、《财政部　国家税务总局关于外国驻华使（领）馆及其馆员在华购买货物和服务增值税退税政策有关问题的补充通知》（财税〔2017〕74号）、《国家税务总局　外交部关于外国驻华使（领）馆及其馆员在华购买货物和服务增值税退税管理有关问题的公告》（国家税务总局　外交部公告2017年第39号）等有关文件规定，外国驻华使（领）馆及其馆员在华购买货物和服务增值税退税的主要内容如下。

（一）适用范围

外国驻华使（领）馆及其馆员（以下简称享受退税的单位和人员）在中华人民共和国境内购买货物和服务增值税退税适用以下规定。

享受退税的单位和人员，包括外国驻华使（领）馆的外交代表（领事官员）及行政技术人员，中国公民或者在中国永久居留的人员除外。外交代表（领事官员）和行政技术人员是指《中华人民共和国外交特权与豁免条例》第二十八条第五项、第六项和《中华人民共和国领事特权与豁免条例》第二十八条第四项、第五项规定的人员。

实行增值税退税政策的货物与服务范围，包括按规定征收增值税、属于合理自用范围内的生活办公类货物和服务（含修理修配劳务，下同）。生活办公类货物和服务，是指为满足日常生活、办公需求购买的货物和服务。工业用机器设备、金融服务以及财政部和国家税务总局规定的其他货物和服务，不属于生活办公类货物和服务。

（二）下列情形不适用增值税退税政策

1. 购买非合理自用范围内的生活办公类货物和服务。

2. 购买货物单张发票销售金额（含税价格）不足800元人民币（自来水、电、燃气、暖气、汽油、柴油除外），购买服务单张发票销售金额（含税价格）不足300元人民币。

3. 使（领）馆馆员个人购买货物和服务，除车辆和房租外，每人每年申报退税销售金额（含税价格）超过18万元人民币的部分，不适用增值税退税政策。

4. 增值税免税货物和服务。

（三）退税的计算

申报退税的应退税额，为增值税发票上注明的税额。使（领）馆及其馆员购买电力、

燃气、汽油、柴油，发票上未注明税额的，增值税应退税额按不含税销售额和相关产品增值税适用税率计算，计算公式为：

增值税应退税额 = 发票金额（含增值税）÷(1 + 增值税适用税率) × 增值税适用税率

（四）退税管理

1. 申报退税期限。享受退税的单位和人员，应按季度向外交部礼宾司报送退税凭证和资料申报退税，报送时间为每年的 1 月、4 月、7 月、10 月；本年度购买的货物和服务(以发票开具日期为准)，最迟申报不得迟于次年 1 月。逾期报送的，外交部礼宾司不予受理。

外交部礼宾司受理使（领）馆退税申报后，10 个工作日内，对享受退税的单位和人员的范围进行确认，对申报时限及其他内容进行审核、签章，将各使（领）馆申报资料一并转送北京市税务局办理退税，并履行交接手续。

2. 对享受退税的单位和人员申报的货物与服务是否属合理自用范围或者申报凭证真实性有疑问的，税务机关应暂缓办理退税，并通过外交部礼宾司对其进行问询。

3. 税务机关如发现享受退税的单位和人员申报的退税凭证虚假或所列内容与实际交易不符的，不予退税，并通过外交部礼宾司向其通报；情况严重的，外交部礼宾司将不再受理其申报。

4. 享受退税的单位和人员购买货物和服务办理退税后，如发生退货或转让所有权、使用权等情形，须经外交部礼宾司向北京市税务局办理补税手续。如转让需外交部礼宾司核准的货物，外交部礼宾司应在确认转让货物未办理退税或已办理补税手续后，办理核准转让手续。

六、境外旅客购物离境退税政策

为落实《国务院关于促进旅游业改革发展的若干意见》（国发〔2014〕31 号）中“研究完善境外旅客购物离境退税政策，将实施范围扩大至全国符合条件的地区”的要求，完善增值税制度，促进旅游业发展，国家决定在全国符合条件的地区实施境外旅客购物离境退税政策（以下简称离境退税政策）。

离境退税政策，是指境外旅客在离境口岸离境时，对其在退税商店购买的退税物品退还增值税的政策。境外旅客，是指在我国境内连续居住不超过 183 天的外国人和港、澳、台同胞。离境口岸，是指实施离境退税政策的地区正式对外开放并设有退税代理机构的口岸，包括航空口岸、水运口岸和陆地口岸。

该政策的主要内容如下：

（一）退税物品

退税物品，是指由境外旅客本人在退税商店购买且符合退税条件的个人物品，但不包括下列物品：

1. 《中华人民共和国禁止、限制进出境物品表》所列的禁止、限制出境物品。

2. 退税商店销售的适用增值税免税政策的物品。

3. 财政部、海关总署、国家税务总局规定的其他物品。

（二）境外旅客申请退税，应当同时符合以下条件

1. 同一境外旅客同一日在同一退税商店购买的退税物品金额达到500元人民币。

2. 退税物品尚未启用或消费。

3. 离境日距退税物品购买日不超过90天。

4. 所购退税物品由境外旅客本人随身携带或随行托运出境。

（三）退税物品的退税率

自2019年4月1日起，原适用13%税率的境外旅客购物离境退税物品，退税率为11%；原适用9%税率的境外旅客购物离境退税物品，退税率为8%。

2019年6月30日前，按调整前税率征收增值税的，执行调整前的退税率；按调整后税率征收增值税的，执行调整后的退税率。

退税率的执行时间，以退税物品增值税普通发票的开具日期为准。

（四）应退增值税额的计算公式

应退增值税额＝退税物品销售发票金额（含增值税）×退税率

（五）离境退税的具体流程

1. 退税物品购买。境外旅客在退税商店购买退税物品后，需要申请退税的，应当向退税商店索取境外旅客购物离境退税申请单和销售发票。

2. 海关验核确认。境外旅客在离境口岸离境时，应当主动持退税物品、境外旅客购物离境退税申请单、退税物品销售发票向海关申报并接受海关监管。海关验核无误后，在境外旅客购物离境退税申请单上签章。

3. 代理机构退税。无论是本地购物本地离境还是本地购物异地离境，离境退税均由设在办理境外旅客离境手续的离境口岸隔离区内的退税代理机构统一办理。境外旅客凭护照等本人有效身份证件、海关验核签章的境外旅客购物离境退税申请单、退税物品销售发票向退税代理机构申请办理增值税退税。

退税代理机构对相关信息审核无误后，为境外旅客办理增值税退税，并先行垫付退税资金。退税代理机构可在增值税退税款中扣减必要的退税手续费。

4. 税务部门结算。退税代理机构应定期向省级（即省、自治区、直辖市、计划单列市，下同）税务部门申请办理增值税退税结算。省级税务部门对退税代理机构提交的材料审核无误后，按规定向退税代理机构退付其垫付的增值税退税款，并将退付情况通报省级财政部门。

（六）退税币种为人民币。退税方式包括现金退税和银行转账退税两种方式

退税额未超过10 000元的，可自行选择退税方式。退税额超过10 000元的，以银行

转账方式退税。

七、出口货物、劳务和跨境应税行为退（免）税管理

根据《增值税暂行条例》、《出口货物退（免）税管理办法（试行）》（国税发〔2005〕51号）和2016年9月1日实施的《出口退（免）税企业分类管理办法》，出口货物、劳务和应税行为退（免）税管理的主要内容如下：

（一）出口退（免）税企业分类管理

出口企业管理类别分为一类、二类、三类、四类。

1. 同时符合下列条件的出口生产企业，管理类别可评定为一类：

（1）企业的生产能力与上一年度申报出口退（免）税规模相匹配。

（2）近3年（含评定当年，下同）未发生过虚开增值税专用发票或者其他增值税扣税凭证、骗取出口退税行为。

（3）上一年度的年末净资产大于上一年度该企业已办理的出口退税额（不含免抵税额）。

（4）评定时纳税信用级别为A级或B级。

（5）企业内部建立了较为完善的出口退（免）税风险控制体系。

2. 同时符合下列条件的外贸企业，管理类别可评定为一类：

（1）近3年未发生过虚开增值税专用发票或者其他增值税扣税凭证、骗取出口退税行为。

（2）上一年度的年末净资产大于上一年度该企业已办理出口退税额的60%。

（3）持续经营5年以上（因合并、分立、改制重组等原因新设立企业的情况除外）。

（4）评定时纳税信用级别为A级或B级。

（5）评定时海关企业信用管理类别为高级认证企业或一般认证企业。

（6）评定时外汇管理的分类管理等级为A级。

（7）企业内部建立了较为完善的出口退（免）税风险控制体系。

3. 同时符合下列条件的外贸综合服务企业，管理类别可评定为一类：

（1）近3年未发生过虚开增值税专用发票或者其他增值税扣税凭证、骗取出口退税行为。

（2）上一年度的年末净资产大于上一年度该企业已办理出口退税额的30%。

（3）上一年度申报从事外贸综合服务业务的出口退税额，大于该企业全部出口退税额的80%。

（4）评定时纳税信用级别为A级或B级。

（5）评定时海关企业信用管理类别为高级认证企业或一般认证企业。

（6）评定时外汇管理的分类管理等级为A级。

（7）企业内部建立了较为完善的出口退（免）税风险控制体系。

4. 符合下列条件之一的出口企业，管理类别应评定为三类：

(1) 自首笔申报出口退(免)税之日起至评定时未满12个月。

(2) 评定时纳税信用级别为C级，或尚未评价纳税信用级别。

(3) 上一年度累计6个月以上未申报出口退(免)税(从事对外援助、对外承包、境外投资业务的，以及出口季节性商品或出口生产周期较长的大型设备的出口企业除外)。

(4) 上一年度发生过违反出口退(免)税有关规定的情形，但尚未达到税务机关行政处罚标准或司法机关处理标准的。

(5) 存在省税务局规定的其他失信或风险情形。

5. 符合下列条件之一的出口企业，管理类别应评定为四类：

(1) 评定时纳税信用级别为D级。

(2) 上一年度发生过拒绝向税务机关提供有关出口退(免)税账簿、原始凭证、申报资料、备案单证等情形。

(3) 上一年度因违反出口退(免)税有关规定，被税务机关行政处罚或被司法机关处理过的。

(4) 评定时企业因骗取出口退税被停止出口退税权，或者停止出口退税权届满后未满2年。

(5) 四类出口企业的法定代表人新成立的出口企业。

(6) 列入国家联合惩戒对象的失信企业。

(7) 海关企业信用管理类别认定为失信企业。

(8) 外汇管理的分类管理等级为C级。

(9) 存在省税务局规定的其他严重失信或风险情形。

一类、三类、四类出口企业以外的出口企业，其出口企业管理类别应评定为二类。

(二) 认定和申报

根据《增值税暂行条例》的规定，纳税人出口货物适用退(免)税规定的，应当向海关办理出口手续，凭出口报关单等有关凭证，在规定的出口退(免)税申报期内按月向主管税务机关申报办理该项出口货物的退(免)税；境内单位和个人跨境销售服务和无形资产适用退(免)税规定的，应当按期向主管税务机关申报办理退(免)税。具体办法由国务院财政、税务主管部门制定。

为进一步落实税务系统“放管服”改革要求，简化出口退(免)税手续，优化出口退(免)税服务，持续加快退税进度，支持外贸出口，国家税务总局于2018年就出口退(免)税申报的有关问题发布了国家税务总局公告2018年第16号，其主要内容如下：

1. 出口企业或其他单位办理出口退(免)税备案手续时，应按规定向主管税务机关填报修改后的《出口退(免)税备案表》。

2. 出口企业和其他单位申报出口退(免)税时，不再进行退(免)税预申报。主管税务机关确认申报凭证的内容与对应的管理部门电子信息无误后方可受理出口退(免)税申报。

3. 实行免抵退税办法的出口企业或其他单位在申报办理出口退(免)税时，不再报送当期《增值税纳税申报表》。

4. 出口企业按规定申请开具代理进口货物证明时，不再提供进口货物报关单（加工贸易专用）。

5. 外贸企业购进货物需分批申报退（免）税的以及生产企业购进非自产应税消费品需分批申报消费税退税的，出口企业不再向主管税务机关填报《出口退税进货分批申报单》，由主管税务机关通过出口税收管理系统对进货凭证进行核对。

6. 出口企业或其他单位在出口退（免）税申报期限截止之日前，申报出口退（免）税的出口报关单、代理出口货物证明、委托出口货物证明、增值税进货凭证仍没有电子信息或凭证的内容与电子信息比对不符的，应在出口退（免）税申报期限截止之日前，向主管税务机关报送《出口退（免）税凭证无相关电子信息申报表》。相关退（免）税申报凭证及资料留存企业备查，不再报送。

7. 出口企业或其他单位出口货物和劳务、发生增值税跨境应税行为，由于以下原因未收齐单证，无法在规定期限内申报的，应在出口退（免）税申报期限截止之日前，向负责管理出口退（免）税的主管税务机关报送《出口退（免）税延期申报申请表》及相关举证资料，提出延期申报申请。主管税务机关自受理企业申请之日起 20 个工作日内完成核准，并将结果告知出口企业或其他单位。

（1）自然灾害、社会突发事件等不可抗力因素。

（2）出口退（免）税申报凭证被盗、抢，或者因邮寄丢失、误递。

（3）有关司法、行政机关在办理业务或者检查中，扣押出口退（免）税申报凭证。

（4）买卖双方因经济纠纷，未能按时取得出口退（免）税申报凭证。

（5）由于企业办税人员伤亡、突发危重疾病或者擅自离职，未能办理交接手续，导致不能按期提供出口退（免）税申报凭证。

（6）由于企业向海关提出修改出口货物报关单申请，在出口退（免）税申报期限截止之日前海关未完成修改，导致不能按期提供出口货物报关单。

（7）有关政府部门在出口退（免）税申报期限截止之日前未出具出口退（免）税申报所需凭证资料。

（8）国家税务总局规定的其他情形。

8. 出口企业申报退（免）税的出口货物，应按照《国家税务总局关于出口企业申报出口货物退（免）税提供收汇资料有关问题的公告》（国家税务总局公告 2013 年第 30 号，以下简称 30 号公告）的规定在出口退（免）税申报截止之日前收汇，未按规定收汇的出口货物适用增值税免税政策。对有下列情形之一的出口企业，在申报出口退（免）税时，须按照 30 号公告的规定提供收汇资料：

（1）出口退（免）税企业分类管理类别为四类的。

（2）主管税务机关发现出口企业申报的不能收汇原因是虚假的。

（3）主管税务机关发现出口企业提供的出口货物收汇凭证是冒用的。

上述第（1）种情形自出口企业被主管税务机关评定为四类企业的次月起执行；第（2）种至第（3）种情形自主管税务机关通知出口企业之日起 24 个月内执行。上述情形的执行时间以申报退（免）税时间为准。

出口企业同时存在上述两种以上情形的，执行时间的截止时间为几种情形中的最晚截止时间。

9. 生产企业应于每年4月20日前，按以下规定向主管税务机关申请办理上年度海关已核销的进料加工手册（账册）项下的进料加工业务核销手续。4月20日前未进行核销的，对该企业的出口退（免）税业务，主管税务机关暂不办理，在其进行核销后再办理。

（1）生产企业申请核销前，应从主管税务机关获取海关联网监管加工贸易电子数据中的进料加工"电子账册（电子化手册）核销数据"以及进料加工业务的进口和出口货物报关单数据。

生产企业将获取的反馈数据与进料加工手册（账册）实际发生的进口和出口情况核对后，填报《生产企业进料加工业务免抵退税核销表》向主管税务机关申请核销。如果核对发现，实际业务与反馈数据不一致的，生产企业还应填写《已核销手册（账册）海关数据调整表》连同电子数据和证明材料一并报送主管税务机关。

（2）主管税务机关应将企业报送的电子数据读入出口退税审核系统，对《生产企业进料加工业务免抵退税核销表》和《已核销手册（账册）海关数据调整表》及证明资料进行审核。

（3）主管税务机关确认核销后，生产企业应以《生产企业进料加工业务免抵退税核销表》中的"已核销手册（账册）综合实际分配率"，作为当年度进料加工计划分配率。同时，应在核销确认的次月，根据《生产企业进料加工业务免抵退税核销表》确认的不得免征和抵扣税额在纳税申报时申报调整；应在确认核销后的首次免抵退税申报时，根据《生产企业进料加工业务免抵退税核销表》确认的调整免抵退税额申报调整当期免抵退税额。

（4）生产企业发现核销数据有误的，应在发现次月按照本条第（1）项至第（3）项的有关规定向主管税务机关重新办理核销手续。

10. 出口企业因纳税信用级别、海关企业信用管理类别、外汇管理的分类管理等级等发生变化，或者对分类管理类别评定结果有异议的，可以书面向负责评定出口企业管理类别的税务机关提出重新评定管理类别。有关税务机关应按照《国家税务总局关于发布修订后的〈出口退（免）税企业分类管理办法〉的公告》（国家税务总局公告2016年第46号）的规定，自收到企业复评资料之日起20个工作日内完成评定工作。

11. 境内单位提供航天运输服务或在轨交付空间飞行器及相关货物，在进行出口退（免）税申报时，应填报《航天发射业务出口退税申报明细表》，并提供下列资料及原始凭证的复印件：

（1）签订的发射合同或在轨交付合同。

（2）发射合同或在轨交付合同对应的项目清单项下购进航天运输器及相关货物和空间飞行器及相关货物的增值税专用发票或海关进口增值税专用缴款书、接受发射运行保障服务的增值税专用发票。

（3）从与之签订航天运输服务合同的单位取得收入的收款凭证。

《国家税务总局关于发布〈适用增值税零税率应税服务退（免）税管理办法〉的公告》（国家税务总局公告2014年第11号）第九条第二项第一目规定的其他具有提供商业卫星发射服务资质的证明材料，包括国家国防科技工业局颁发的《民用航天发射项目许可证》。

（三）其他征、退（免）税规定

1. 出口企业或其他单位退（免）税备案之前的出口货物、劳务，在办理退（免）税认定后，可按规定适用增值税退（免）税或免税政策。

2. 出口企业或其他单位出口货物、劳务适用免税政策的，除特殊区域内企业出口的特殊区域内货物、出口企业或其他单位视同出口的免征增值税的货物和劳务外，如果未按规定申报免税，应视同内销货物和加工修理修配劳务征收增值税。

3. 开展进料加工业务的出口企业若发生未经海关批准将海关保税进口料件作价销售给其他企业加工的，应按规定征收增值税。

4. 卷烟出口企业经主管税务机关批准按国家批准的免税出口卷烟计划购进的卷烟免征增值税。

5. 发生增值税不应退税或免税但已实际退税或免税的，出口企业和其他单位应当补缴已退或已免税款。

6. 国家批准的免税品经营企业销售给免税店的进口免税货物免征增值税。

7. 融资租赁出租方应当按照主管税务机关的要求办理退税认定和申报增值税退税。用于融资租赁货物退税的增值税专用发票或海关进口增值税专用缴款书，不得用于抵扣内销货物应纳税额。对承租期未满发生退租的融资租赁货物，融资租赁出租方应及时主动向税务机关报告，并按照规定补缴已退税款，对融资租赁出口货物，再复进口时融资租赁出租方应按照规定向海关办理复运进境手续并提供主管税务机关出具的货物已补税或未退税证明，海关不征收进口关税和进口环节税。

（四）外贸企业不能确定出口货物的处理

外贸企业核算要求外贸企业应单独设账核算出口货物的购进金额和进项税额，若购进货物时不能确定是用于出口的，先记入出口库存账，用于其他用途时应从出口库存账转出。

（五）符合条件的生产企业已签订出口合同的交通运输工具和机器设备的退税

符合条件的生产企业已签订出口合同的交通运输工具和机器设备，在其退税凭证尚未收集齐全的情况下，可凭出口合同、销售明细账等，向主管税务机关申报免抵退税。在货物向海关报关出口后，应按规定申报退（免）税，并办理已退（免）税的核销手续。多退（免）的税款，应予追回。

生产企业申请时应同时满足以下条件：

1. 已取得增值税一般纳税人资格。

2. 已持续经营 2 年及 2 年以上。

3. 生产的交通运输工具和机器设备生产周期在 1 年及 1 年以上。

4. 上一年度净资产大于同期出口货物增值税、消费税退税额之和的 3 倍。

5. 持续经营以来从未发生逃税、骗取出口退税、虚开增值税专用发票或农产品收购发票、接受虚开增值税专用发票（善意取得虚开增值税专用发票除外）行为。

（六）出口货物、劳务和应税行为退（免）税日常管理

1. 税务机关对出口货物、劳务和应税行为退（免）税有关政策、规定应及时予以公告，并加强对出口商的宣传辅导和培训工作。

2. 税务机关应做好出口货物、劳务和应税行为退（免）税计划及其执行情况的分析、上报工作。税务机关必须在国家税务总局下达的出口退（免）税计划内办理退库和调库。

3. 税务机关遇到下述情况，应及时结清出口商出口货物、劳务和应税行为的退（免）税款：

（1）出口商发生解散、破产、撤销以及其他依法应终止出口退（免）税事项的，或者注销出口货物退（免）税认定的。

（2）出口商违反国家有关政策法规，被停止一定期限出口退税权的。

4. 税务机关应建立出口货物、劳务和应税行为退（免）税评估机制和监控机制，强化出口货物退（免）税管理，防止骗税案件的发生。

5. 税务机关应按照规定，做好出口货物、劳务和应税行为退（免）税电子数据的接收、使用和管理工作，保证出口货物、劳务和应税行为退（免）税电子化管理系统的安全，定期做好电子数据备份及设备维护工作。

6. 税务机关应建立出口货物、劳务和应税行为退（免）税凭证、资料的档案管理制度。出口货物、劳务和应税行为退（免）税凭证、资料应当保存10年。但是，法律、行政法规另有规定的除外。具体管理办法由各省级税务局制定。

7. 自2020年1月20日起，纳税人出口货物和劳务、发生跨境应税行为，未在规定期限内申报出口退（免）税或者开具《代理出口货物证明》的，在收齐退（免）税凭证及相关电子信息后，即可申报办理出口退（免）税；未在规定期限内收汇或者办理不能收汇手续的，在收汇或者办理不能收汇手续后，即可申报办理退（免）税。

《财政部　国家税务总局关于出口货物劳务增值税和消费税政策的通知》（财税〔2012〕39号）第六条第（一）项第三点、第七条第（一）项第六点“出口企业或其他单位未在国家税务总局规定期限内申报免税核销”及第九条第（二）项第二点的规定相应停止执行。

（七）违章处理

1. 出口企业和其他单位有下列行为之一的，主管税务机关应按照《税收征收管理法》第六十条规定予以处罚：

（1）未按规定设置、使用和保管有关出口货物退（免）税账簿、凭证、资料的。

（2）未按规定装订、存放和保管备案单证的。

2. 出口企业和其他单位拒绝税务机关检查或拒绝提供有关出口货物退（免）税账簿、凭证、资料的，税务机关应按照《税收征收管理法》第七十条规定予以处罚。

3. 出口企业提供虚假备案单证的，主管税务机关应按照《税收征收管理法》第七十条的规定处罚。

4. 从事进料加工业务的生产企业，未按规定期限办理进料加工登记、申报、核销手续的，主管税务机关在按照《税收征收管理法》第六十二条有关规定进行处理后再办理相关手续。

5. 出口企业和其他单位有违反发票管理规定行为的，主管税务机关应按照《发票管理办法》有关规定予以处罚。

6. 出口企业和其他单位以假报出口或者其他欺骗手段，骗取国家出口退税款，由主管税务机关追缴其骗取的退税款，并处骗取税款1倍以上5倍以下的罚款；构成犯罪的，依法追究刑事责任。

对骗取国家出口退税款的，由省级以上（含本级）税务机关批准，按下列规定停止其出口退（免）税资格：

（1）骗取国家出口退税款不满5万元的，可以停止为其办理出口退税半年以上一年以下。

（2）骗取国家出口退税款5万元以上不满50万元的，可以停止为其办理出口退税一年以上一年半以下。

（3）骗取国家出口退税款50万元以上不满250万元，或因骗取出口退税行为受过行政处罚、两年内又骗取国家出口退税款数额在30万元以上不满150万元的，停止为其办理出口退税一年半以上两年以下。

（4）骗取国家出口退税款250万元以上，或因骗取出口退税行为受过行政处罚、两年内又骗取国家出口退税款数额在150万元以上的，停止为其办理出口退税两年以上三年以下。

（5）停止办理出口退税的时间以省级以上（含本级）税务机关批准后作出《税务行政处罚决定书》的决定之日为起始日。

第九节　税收优惠

一、《增值税暂行条例》规定的免税项目

1. 农业生产者销售的自产农产品。农业生产者，包括从事农业生产的单位和个人。农业产品是指种植业、养殖业、林业、牧业、水产业生产的各类植物、动物的初级产品。对上述单位和个人销售的外购农产品，以及单位和个人外购农产品生产、加工后销售的仍然属于规定范围的农业产品，不属于免税的范围，应当按照规定的税率征收增值税。

纳税人采取“公司+农户”经营模式从事畜禽饲养，即公司与农户签订委托养殖合同，向农户提供畜禽苗、饲料、兽药及疫苗等（所有权属于公司），农户饲养畜禽苗至成品后交付公司回收，公司将回收的成品畜禽用于销售。在上述经营模式下，纳税人回收再销售畜禽，属于农业生产者销售自产农产品，应根据《增值税暂行条例》的有关规定免征

增值税。

2. 避孕药品和用具。

3. 古旧图书，是指向社会收购的古书和旧书。

4. 直接用于科学研究、科学试验和教学的进口仪器、设备。

5. 外国政府、国际组织无偿援助的进口物资和设备。

6. 由残疾人的组织直接进口供残疾人专用的物品。

7. 销售的自己使用过的物品。自己使用过的物品，是指其他个人自己使用过的物品。

二、“营改增通知”及有关部门规定的税收优惠政策

（一）下列项目免征增值税

1. 托儿所、幼儿园提供的保育和教育服务。托儿所、幼儿园，是指经县级以上教育部门审批成立、取得办园许可证的实施0—6岁学前教育的机构，包括公办和民办的托儿所、幼儿园、学前班、幼儿班、保育院、幼儿院。

公办托儿所、幼儿园免征增值税的收入，是指在省级财政部门和价格主管部门审核报省级人民政府批准的收费标准以内收取的教育费、保育费。

民办托儿所、幼儿园免征增值税的收入，是指在报经当地有关部门备案并公示的收费标准范围内收取的教育费、保育费。

超过规定收费标准的收费，以开办实验班、特色班和兴趣班等为由另外收取的费用以及与幼儿入园挂钩的赞助费、支教费等超过规定范围的收入，不属于免征增值税的收入。

2. 养老机构提供的养老服务。养老机构，是指依照民政部《养老机构设立许可办法》（民政部令第48号）设立并依法办理登记的为老年人提供集中居住和照料服务的各类养老机构，也包括依照《中华人民共和国老年人权益保障法》依法办理登记，并向民政部门备案的为老年人提供集中居住和照料服务的各类养老机构。

养老服务，是指上述养老机构按照民政部《养老机构管理办法》（民政部令第49号）的规定，为收住的老年人提供的生活照料、康复护理、精神慰藉、文化娱乐等服务。

3. 自2019年6月1日起执行至2025年12月31日为社区提供养老、托育等服务取得的收入，免征增值税。

所称社区是指聚居在一定地域范围内的人们组成的社会生活共同体，包括城市社区和农村社区。

为社区提供养老服务的机构，是指在社区依托固定场所设施，采取全托、日托、上门等方式，为社区居民提供养老服务的企业、事业单位和社会组织。社区养老服务是指为老年人提供的生活照料、康复护理、助餐助行、紧急救援、精神慰藉等服务。

为社区提供托育服务的机构，是指在社区依托固定场所设施，采取全日托、半日托、计时托、临时托等方式，为社区居民提供托育服务的企业、事业单位和社会组织。社区托育服务是指为3周岁（含）以下婴幼儿提供的照料、看护、膳食、保育等服务。

4. 残疾人福利机构提供的育养服务。

5. 婚姻介绍服务。

6. 殡葬服务。殡葬服务，是指收费标准由各地价格主管部门会同有关部门核定，或者实行政府指导价管理的遗体接运（含抬尸、消毒）、遗体整容、遗体防腐、存放（含冷藏）、火化、骨灰寄存、吊唁设施设备租赁、墓穴租赁及管理等服务。

7. 残疾人员本人为社会提供的服务。

8. 医疗机构提供的医疗服务。医疗机构，是指依据国务院《医疗机构管理条例》（国务院令第 149 号）及卫生部《医疗机构管理条例实施细则》（卫生部令第 35 号）的规定，经登记取得《医疗机构执业许可证》的机构，以及军队、武警部队各级各类医疗机构。具体包括：各级各类医院、门诊部（所）、社区卫生服务中心（站）、急救中心（站）、城乡卫生院、护理院（所）、疗养院、临床检验中心，各级政府及有关部门举办的卫生防疫站（疾病控制中心）、各种专科疾病防治站（所），各级政府举办的妇幼保健所（站）、母婴保健机构、儿童保健机构，各级政府举办的血站（血液中心）等医疗机构。

本项所称的医疗服务，是指医疗机构按照不高于地（市）级以上价格主管部门会同同级卫生主管部门及其他相关部门制定的医疗服务指导价格（包括政府指导价和按照规定由供需双方协商确定的价格等）为就医者提供《全国医疗服务价格项目规范》所列的各项服务，以及医疗机构向社会提供卫生防疫、卫生检疫的服务。

医疗机构接受其他医疗机构委托，按照不高于地（市）级以上价格主管部门会同同级卫生主管部门及其他相关部门制定的医疗服务指导价格（包括政府指导价和按照规定由供需双方协商确定的价格等），提供《全国医疗服务价格项目规范》所列的各项服务，自 2019 年 2 月 1 日至 2020 年 12 月 31 日，可适用《营业税改征增值税试点过渡政策的规定》（财税〔2016〕36 号附件 3）免征增值税政策。

9. 从事学历教育的学校提供的教育服务。

（1）学历教育，是指受教育者经过国家教育考试或者国家规定的其他入学方式，进入国家有关部门批准的学校或者其他教育机构学习，获得国家承认的学历证书的教育形式。具体包括：

①初等教育：普通小学、成人小学。

②初级中等教育：普通初中、职业初中、成人初中。

③高级中等教育：普通高中、成人高中和中等职业学校（包括普通中专、成人中专、职业高中、技工学校）。

④高等教育：普通本专科、成人本专科、网络本专科、研究生（博士、硕士）、高等教育自学考试、高等教育学历文凭考试。

（2）从事学历教育的学校，是指：

①普通学校。

②经地（市）级以上人民政府或者同级政府的教育行政部门批准成立、国家承认其学员学历的各类学校。

③经省级及以上人力资源社会保障行政部门批准成立的技工学校、高级技工学校。

④经省级人民政府批准成立的技师学院。

上述学校均包括符合规定的从事学历教育的民办学校，但不包括职业培训机构等国家不承认学历的教育机构。

（3）提供教育服务免征增值税的收入，是指对列入规定招生计划的在籍学生提供学历教育服务取得的收入，具体包括：经有关部门审核批准并按规定标准收取的学费、住宿费、课本费、作业本费、考试报名费收入，以及学校食堂提供餐饮服务取得的伙食费收入。除此之外的收入，包括学校以各种名义收取的赞助费、择校费等，不属于免征增值税的范围。

学校食堂是指依照《学校食堂与学生集体用餐卫生管理规定》（教育部令第 14 号）管理的学校食堂。

10. 学生勤工俭学提供的服务。

11. 农业机耕、排灌、病虫害防治、植物保护、农牧保险以及相关技术培训业务，家禽、牲畜、水生动物的配种和疾病防治。

农业机耕，是指在农业、林业、牧业中使用农业机械进行耕作（包括耕耘、种植、收割、脱粒、植物保护等）的业务；排灌，是指对农田进行灌溉或者排涝的业务；病虫害防治，是指从事农业、林业、牧业、渔业的病虫害测报和防治的业务；农牧保险，是指为种植业、养殖业、牧业种植和饲养的动植物提供保险的业务；相关技术培训，是指与农业机耕、排灌、病虫害防治、植物保护业务相关以及为使农民获得农牧保险知识的技术培训业务；家禽、牲畜、水生动物的配种和疾病防治业务的免税范围，包括与该项服务有关的提供药品和医疗用具的业务。

自 2020 年 1 月 1 日起，动物诊疗机构提供的动物疾病预防、诊断、治疗和动物绝育手术等动物诊疗服务，属于《营业税改征增值税试点过渡政策的规定》（财税〔2016〕36 号附件 3）第一条第十项所称“家禽、牲畜、水生动物的配种和疾病防治”。

动物诊疗机构销售动物食品和用品，提供动物清洁、美容、代理看护等服务，应按照现行规定缴纳增值税。

动物诊疗机构，是指依照《动物诊疗机构管理办法》（农业部令 2008 年第 19 号公布，农业部令 2016 年第 3 号、2017 年第 8 号修改）规定，取得动物诊疗许可证，并在规定的诊疗活动范围内开展动物诊疗活动的机构。

12. 纪念馆、博物馆、文化馆、文物保护单位管理机构、美术馆、展览馆、书画院、图书馆在自己的场所提供文化体育服务取得的第一道门票收入。

13. 寺院、宫观、清真寺和教堂举办文化、宗教活动的门票收入。

14. 行政单位之外的其他单位收取的符合《营业税改征增值税试点实施办法》（财税〔2016〕36 号附件 1）第十条规定条件的政府性基金和行政事业性收费。

15. 个人转让著作权。

16. 个人销售自建自用住房。

17. 台湾航运司、航空公司从事海峡两岸海上直航、空中直航业务在大陆取得的运输收入。

台湾航运公司，是指取得交通运输部颁发的“台湾海峡两岸间水路运输许可证”且该许可证上注明的公司登记地址在台湾地区的航运公司。

台湾航空公司，是指取得中国民用航空局颁发的“经营许可”或者依据《海峡两岸空运协议》和《海峡两岸空运补充协议》规定，批准经营两岸旅客、货物和邮件不定期

（包机）运输业务，且公司登记地址在台湾地区的航空公司。

18. 纳税人提供的直接或者间接国际货物运输代理服务。

（1）纳税人提供直接或者间接国际货物运输代理服务，向委托方收取的全部国际货物运输代理服务收入，以及向国际运输承运人支付的国际运输费用，必须通过金融机构进行结算。

（2）纳税人为大陆与香港、澳门、台湾地区之间的货物运输提供的货物运输代理服务参照国际货物运输代理服务有关规定执行。

（3）委托方索取发票的，纳税人应当就国际货物运输代理服务收入向委托方全额开具增值税普通发票。

19. 以下利息收入：

（1）自2017年1月1日至2019年12月31日，对金融机构农户小额贷款的利息收入，免征增值税。

小额贷款，是指单笔且该农户贷款余额总额在10万元（含本数）以下的贷款。

所称农户，是指长期（一年以上）居住在乡镇（不包括城关镇）行政管理区域内的住户，还包括长期居住在城关镇所辖行政村范围内的住户和户口不在本地而在本地居住一年以上的住户，国有农场的职工和农村个体工商户。位于乡镇（不包括城关镇）行政管理区域内和在城关镇所辖行政村范围内的国有经济的机关、团体、学校、企事业单位的集体户；有本地户口，但举家外出谋生一年以上的住户，无论是否保留承包耕地均不属于农户。农户以户为统计单位，既可以从事农业生产经营，也可以从事非农业生产经营。农户贷款的判定应以贷款发放时的承贷主体是否属于农户为准。

（2）国家助学贷款。

（3）国债、地方政府债。

（4）人民银行对金融机构的贷款。

（5）住房公积金管理中心用住房公积金在指定的委托银行发放的个人住房贷款。

（6）外汇管理部门在从事国家外汇储备经营过程中，委托金融机构发放的外汇贷款。

（7）统借统还业务中，企业集团或企业集团中的核心企业以及集团所属财务公司按不高于支付给金融机构的借款利率水平或者支付的债券票面利率水平，向企业集团或者集团内下属单位收取的利息。

统借方向资金使用单位收取的利息，高于支付给金融机构借款利率水平或者支付的债券票面利率水平的，应全额缴纳增值税。

统借统还业务，是指：

①企业集团或者企业集团中的核心企业向金融机构借款或对外发行债券取得资金后，将所借资金分拨给下属单位（包括独立核算单位和非独立核算单位，下同），并向下属单位收取用于归还金融机构或债券购买方本息的业务。

②企业集团向金融机构借款或对外发行债券取得资金后，由集团所属财务公司与企业集团或者集团内下属单位签订统借统还贷款合同并分拨资金，并向企业集团或者集团内下属单位收取本息，再转付企业集团，由企业集团统一归还金融机构或债券购买方的业务。

自2019年2月1日至2020年12月31日，对企业集团内单位（含企业集团）之间的资金无偿借贷行为，免征增值税。

（8）自 2018 年 11 月 7 日起至 2021 年 11 月 6 日止，对境外机构投资境内债券市场取得的债券利息收入暂免征收增值税。

上述暂免征收企业所得税的范围不包括境外机构在境内设立的机构、场所取得的与该机构、场所有实际联系的债券利息。

20. 被撤销金融机构以货物、不动产、无形资产、有价证券、票据等财产清偿债务。被撤销金融机构，是指经中国人民银行、中国银保监会依法决定撤销的金融机构及其分设于各地的分支机构，包括被依法撤销的商业银行、信托投资公司、财务公司、金融租赁公司、城市信用社和农村信用社。除另有规定外，被撤销金融机构所属、附属企业，不享受被撤销金融机构增值税免税政策。

21. 保险公司开办的一年期以上人身保险产品取得的保费收入。

一年期以上人身保险，是指保险期间为一年期及以上返还本利的人寿保险、养老年金保险，以及保险期间为一年期及以上的健康保险。

人寿保险，是指以人的寿命为保险标的的人身保险。

养老年金保险，是指以养老保障为目的，以被保险人生存为给付保险金条件，并按约定的时间间隔分期给付生存保险金的人身保险。养老年金保险应当同时符合下列条件：

（1）保险合同约定给付被保险人生存保险金的年龄不得小于国家规定的退休年龄。

（2）相邻两次给付的时间间隔不得超过一年。

健康保险，是指以因健康原因导致损失为给付保险金条件的人身保险。

上述免税政策实行备案管理，具体备案管理办法按照《国家税务总局关于一年期以上返还性人身保险产品免征营业税审批事项取消后有关管理问题的公告》（国家税务总局公告 2015 年第 65 号）规定执行。

22. 再保险服务。

（1）境内保险公司向境外保险公司提供的完全在境外消费的再保险服务，免征增值税。

（2）试点纳税人提供再保险服务（境内保险公司向境外保险公司提供的再保险服务除外），实行与原保险服务一致的增值税政策。再保险合同对应多个原保险合同的，所有原保险合同均适用免征增值税政策时，该再保险合同适用免征增值税政策。否则，该再保险合同应按规定缴纳增值税。

原保险服务，是指保险分出方与投保人之间直接签订保险合同而建立保险关系的业务活动。

23. 下列金融商品转让收入。

（1）合格境外投资者（QFII）委托境内公司在我国从事证券买卖业务。人民币合格境外投资者（RQFII）委托境内公司在我国从事证券买卖业务，以及经中国人民银行认可的境外机构投资银行间本币市场取得的收入也属于金融商品转让收入。银行间本币市场包括货币市场、债券市场以及衍生品市场。

（2）香港特区市场投资者（包括单位和个人）通过沪港通和深港通买卖上海证券交易所和深圳证券交易所上市 A 股；内地投资者（包括单位和个人）通过沪港通买卖香港

联交所上市股票。

（3）对香港特区市场投资者（包括单位和个人）通过基金互认买卖内地基金份额。

（4）证券投资基金（封闭式证券投资基金，开放式证券投资基金）管理人运用基金买卖股票、债券。

（5）个人从事金融商品转让业务。

24. 金融同业往来利息收入。

（1）金融机构与中国人民银行发生的资金往来业务。包括中国人民银行对一般金融机构贷款，以及中国人民银行对商业银行的再贴现等。商业银行购买央行票据、与央行开展货币掉期和货币互存等业务也属于金融机构与中国人民银行发生的资金往来业务。

（2）银行联行往来业务。是指同一银行系统内部不同行、处之间发生的资金账务往来业务。境内银行与其境外的总机构、母公司之间，以及境内银行与其境外的分支机构、全资子公司之间的资金往来业务也属于银行联行往来业务。

（3）金融机构间的资金往来业务。是指经中国人民银行批准，进入全国银行间同业拆借市场的金融机构之间通过全国统一的同业拆借网络进行的短期（一年以下含一年）无担保资金融通行为。

（4）金融机构之间开展的转贴现业务。金融机构是指：

①银行：包括中国人民银行、商业银行、政策性银行。

②信用合作社。

③证券公司。

④金融租赁公司、证券基金管理公司、财务公司、信托投资公司、证券投资基金。

⑤保险公司。

⑥其他经中国人民银行、中国银保监会、中国证监会批准成立且经营金融保险业务的机构等。

（5）除上述情况外，下列情况也属于同业往来利息收入：

①同业存款。同业存款，是指金融机构之间开展的同业资金存入与存出业务，其中资金存入方仅为具有吸收存款资格的金融机构。

②同业借款。同业借款，是指法律法规赋予此项业务范围的金融机构开展的同业资金借出和借入业务。所称法律法规赋予此项业务范围的金融机构主要是指农村信用社之间以及在金融机构营业执照列示的业务范围中有反映为“向金融机构借款”业务的金融机构。

③同业代付。同业代付，是指商业银行（受托方）接受金融机构（委托方）的委托向企业客户付款，委托方在约定还款日偿还代付款项本息的资金融通行为。

④买断式买入返售金融商品。买断式买入返售金融商品，是指金融商品持有人（正回购方）将债券等金融商品卖给债券购买方（逆回购方）的同时，交易双方约定在未来某一日期，正回购方再以约定价格从逆回购方买回相等数量同种债券等金融商品的交易行为。

⑤持有金融债券。金融债券，是指依法在中华人民共和国境内设立的金融机构法人在全国银行间和交易所债券市场发行的、按约定还本付息的有价证券。

⑥同业存单。同业存单，是指银行业存款类金融机构法人在全国银行间市场上发行的

记账式定期存款凭证。

25. 同时符合规定条件的担保机构从事中小企业信用担保或者再担保业务取得的收入（不含信用评级、咨询、培训等收入）3 年内免征增值税。

（1）已取得监管部门颁发的融资性担保机构经营许可证，依法登记注册为企（事）业法人，实收资本超过 2 000 万元。

（2）平均年担保费率不超过银行同期贷款基准利率的 50%。

平均年担保费率 = 本期担保费收入 ÷（期初担保余额 + 本期增加担保金额）× 100%

（3）连续合规经营 2 年以上，资金主要用于担保业务，具备健全的内部管理制度和为中小企业提供担保的能力，经营业绩突出，对受保项目具有完善的事前评估、事中监控、事后追偿与处置机制。

（4）为中小企业提供的累计担保贷款额占其两年累计担保业务总额的 80% 以上，单笔 800 万元以下的累计担保贷款额占其累计担保业务总额的 50% 以上。

（5）对单个受保企业提供的担保余额不超过担保机构实收资本总额的 10%，且平均单笔担保责任金额最多不超过 3 000 万元。

（6）担保责任余额不低于其净资产的 3 倍，且代偿率不超过 2%。

担保机构免征增值税政策采取备案管理方式。符合条件的担保机构应到所在地县（市）主管税务机关和同级中小企业管理部门履行规定的备案手续，自完成备案手续之日起，享受 3 年免征增值税政策。3 年免税期满后，符合条件的担保机构可按规定程序办理备案手续后继续享受该项政策。

具体备案管理办法按照《国家税务总局关于中小企业信用担保机构免征营业税审批事项取消后有关管理问题的公告》（国家税务总局公告 2015 年第 69 号）规定执行，其中税务机关的备案管理部门统一调整为县（市）级税务局。

该项免税政策自 2018 年 1 月 1 日起停止执行。纳税人享受中小企业信用担保增值税免税政策在 2017 年 12 月 31 日前未满 3 年的，可以继续享受至 3 年期满为止。

26. 国家商品储备管理单位及其直属企业承担商品储备任务，从中央或者地方财政取得的利息补贴收入和价差补贴收入。

国家商品储备管理单位及其直属企业，是指接受中央、省、市、县四级政府有关部门（或者政府指定管理单位）委托，承担粮（含大豆）、食用油、棉、糖、肉、盐（限于中央储备）6 种商品储备任务，并按有关政策收储、销售上述 6 种储备商品，取得财政储备经费或者补贴的商品储备企业。利息补贴收入，是指国家商品储备管理单位及其直属企业因承担上述商品储备任务从金融机构贷款，并从中央或者地方财政取得的用于偿还贷款利息的贴息收入。价差补贴收入包括销售价差补贴收入和轮换价差补贴收入。销售价差补贴收入，是指按照中央或者地方政府指令销售上述储备商品时，由于销售收入小于库存成本而从中央或者地方财政获得的全额价差补贴收入。轮换价差补贴收入，是指根据要求定期组织政策性储备商品轮换而从中央或者地方财政取得的商品新陈品质价差补贴收入。

27. 纳税人提供技术转让、技术开发和与之相关的技术咨询、技术服务。

（1）技术转让、技术开发，是指《销售服务、无形资产、不动产注释》中"转让技术""研发服务"范围内的业务活动。技术咨询，是指就特定技术项目提供可行性论证、技术预测、专题技术调查、分析评价报告等业务活动。

与技术转让、技术开发相关的技术咨询、技术服务，是指转让方（或者受托方）根据技术转让或者开发合同的规定，为帮助受让方（或者委托方）掌握所转让（或者委托开发）的技术，而提供的技术咨询、技术服务业务，且这部分技术咨询、技术服务的价款与技术转让或者技术开发的价款应当在同一张发票上开具。

（2）备案程序。试点纳税人申请免征增值税时，须持技术转让、开发的书面合同，到纳税人所在地省级科技主管部门进行认定，并持有关的书面合同和科技主管部门审核意见证明文件报主管税务机关备查。

28. 同时符合下列条件的合同能源管理服务：

（1）节能服务公司实施合同能源管理项目相关技术，应当符合国家质量监督检验检疫总局和国家标准化管理委员会发布的《合同能源管理技术通则》（GB/T24915—2010）规定的技术要求。

（2）节能服务公司与用能企业签订节能效益分享型合同，其合同格式和内容，符合《中华人民共和国合同法》和《合同能源管理技术通则》（GB/T24915—2010）等规定。

29. 政府举办的从事学历教育的高等、中等和初等学校（不含下属单位），举办进修班、培训班取得的全部归该学校所有的收入。

全部归该学校所有，是指举办进修班、培训班取得的全部收入进入该学校统一账户，并纳入预算全额上缴财政专户管理，同时由该学校对有关票据进行统一管理和开具。

举办进修班、培训班取得的收入进入该学校下属部门自行开设账户的，不予免征增值税。

30. 政府举办的职业学校设立的主要为在校学生提供实习场所、由学校出资自办、由学校负责经营管理、经营收入归学校所有的企业，从事《销售服务、无形资产或者不动产注释》中“现代服务”（不含融资租赁服务、广告服务和其他现代服务）、“生活服务”（不含文化体育服务、其他生活服务和桑拿、氧吧）业务活动取得的收入。

31. 家政服务。

（1）家政服务企业由员工制家政服务员提供家政服务取得的收入。

家政服务企业，是指在企业营业执照的规定经营范围中包括家政服务内容的企业。

员工制家政服务员，是指同时符合下列3个条件的家政服务员：

①依法与家政服务企业签订半年及半年以上的劳动合同或者服务协议，且在该企业实际上岗工作。

②家政服务企业为其按月足额缴纳了企业所在地人民政府根据国家政策规定的基本养老保险、基本医疗保险、工伤保险、失业保险等社会保险。对已享受新型农村养老保险和新型农村合作医疗等社会保险或者下岗职工原单位继续为其缴纳社会保险的家政服务员，如果本人书面提出不再缴纳企业所在地人民政府根据国家政策规定的相应的社会保险，并出具其所在乡镇或者原单位开具的已缴纳相关保险的证明，可视同家政服务企业已为其按月足额缴纳了相应的社会保险。

③家政服务企业通过金融机构向其实际支付不低于企业所在地适用的经省级人民政府批准的最低工资标准的工资。

（2）自2019年6月1日起执行至2025年12月31日为社区提供家政服务取得的收入，免征增值税。

所称社区是指聚居在一定地域范围内的人们组成的社会生活共同体，包括城市社区和农村社区。

为社区提供家政服务的机构，是指以家庭为服务对象，为社区居民提供家政服务的企业、事业单位和社会组织。社区家政服务是指进入家庭成员住所或医疗机构为孕产妇、婴幼儿、老人、病人、残疾人提供的照护服务，以及进入家庭成员住所提供的保洁、烹饪等服务。

（3）自2019年6月1日起执行至2025年12月31日符合下列条件的家政服务企业提供家政服务取得的收入，比照《营业税改征增值税试点过渡政策的规定》（财税〔2016〕36号附件）第一条第（三十一）项规定，免征增值税。

①与家政服务员、接受家政服务的客户就提供家政服务行为签订三方协议。

②向家政服务员发放劳动报酬，并对家政服务员进行培训管理。

③通过建立业务管理系统对家政服务员进行登记管理。

32. 福利彩票、体育彩票的发行收入。

33. 军队空余房产租赁收入。

34. 为了配合国家住房制度改革，企业、行政事业单位按房改成本价、标准价出售住房取得的收入。

35. 将土地使用权转让给农业生产者用于农业生产。

36. 涉及家庭财产分割的个人无偿转让不动产、土地使用权。家庭财产分割，包括下列情形：离婚财产分割；无偿赠与配偶、父母、子女、祖父母、外祖父母、孙子女、外孙子女、兄弟姐妹；无偿赠与对其承担直接抚养或者赡养义务的抚养人或者赡养人；房屋产权所有人死亡，法定继承人、遗嘱继承人或者受遗赠人依法取得房屋产权。

37. 土地所有者出让土地使用权和土地使用者将土地使用权归还给土地所有者。

38. 县级以上地方人民政府或自然资源行政主管部门出让、转让或收回自然资源使用权（不含土地使用权）。

39. 随军家属就业。

（1）为安置随军家属就业而新开办的企业，自领取税务登记证之日起，其提供的应税服务3年内免征增值税。

享受税收优惠政策的企业，随军家属必须占企业总人数的60%（含）以上，并有军（含）以上政治和后勤机关出具的证明。

（2）从事个体经营的随军家属，自办理税务登记事项之日起，其提供的应税服务3年内免征增值税。

随军家属必须有师以上政治机关出具的可以表明其身份的证明。

按照上述规定，每一名随军家属可以享受一次免税政策。

40. 军队转业干部就业。

（1）从事个体经营的军队转业干部，自领取税务登记证之日起，其提供的应税服务3年内免征增值税。

（2）为安置自主择业的军队转业干部就业而新开办的企业，凡安置自主择业的军队转业干部占企业总人数60%（含）以上的，自领取税务登记证之日起，其提供的应税服务3年内免征增值税。

享受上述优惠政策的自主择业的军队转业干部必须持有师以上部队颁发的转业证件。

41. 各党派、共青团、工会、妇联、中科协、青联、台联、侨联收取党费、团费、会费，以及政府间国际组织收取会费，属于非经营活动，不征收增值税。

42. 青藏铁路公司提供的铁路运输服务免征增值税。

43. 中国邮政集团公司及其所属邮政企业提供的邮政普遍服务和邮政特殊服务，免征增值税。

44. 自2016年1月1日起，中国邮政集团公司及其所属邮政企业为金融机构代办金融保险业务取得的代理收入，在营改增试点期间免征增值税。

45. 中国信达资产管理股份有限公司、中国华融资产管理股份有限公司、中国长城资产管理公司和中国东方资产管理公司及各自经批准分设于各地的分支机构（以下简称资产公司），在收购、承接和处置剩余政策性剥离不良资产和改制银行剥离不良资产过程中开展的以下业务，免征增值税：

（1）接受相关国有银行的不良债权，借款方以货物、不动产、无形资产、有价证券和票据等抵充贷款本息的，资产公司销售、转让该货物、不动产、无形资产、有价证券、票据以及利用该货物、不动产从事的融资租赁业务。

（2）接受相关国有银行的不良债权取得的利息。

（3）资产公司所属的投资咨询类公司，为本公司收购、承接、处置不良资产而提供的资产、项目评估和审计服务。

中国长城资产管理公司和中国东方资产管理公司如经国务院批准改制后，继承其权利、义务的主体及其分支机构处置剩余政策性剥离不良资产和改制银行剥离不良资产，比照上述政策执行。

上述政策性剥离不良资产，是指资产公司按照国务院规定的范围和额度，以账面价值进行收购的相关国有银行的不良资产。

上述改制银行剥离不良资产，是指资产公司按照《中国银行和中国建设银行改制过程中可疑类贷款处置管理办法》（财金〔2004〕53号）、《中国人民银行　财政部关于印发〈中国工商银行改制过程中可疑类贷款处置管理办法〉的通知》（银发〔2005〕148号）规定及中国交通银行股份制改造时国务院确定的不良资产的范围和额度收购的不良资产。

上述处置不良资产，是指资产公司按照有关法律、行政法规，为使不良资产的价值得到实现而采取的债权转移的措施，具体包括运用出售、置换、资产重组、债转股、证券化等方法对贷款及其抵押品进行处置。

资产公司（含中国长城资产管理公司和中国东方资产管理公司如经国务院批准改制后，继承其权利、义务的主体）除收购、承接、处置《财政部　国家税务总局关于中国信达等4家金融资产管理公司税收政策问题的通知》规定的政策性剥离不良资产和改制银行剥离不良资产业务外，从事其他经营业务应一律依法纳税。

除另有规定者外，资产公司所属、附属企业，不得享受资产公司免征增值税的政策。

46. 全国社会保障基金理事会、全国社会保障基金投资管理人运用全国社会保障基金买卖证券投资基金、股票、债券取得的金融商品转让收入，免征增值税。

47. 对下列国际航运保险业务免征增值税：

（1）注册在上海市、天津市的保险企业从事国际航运保险业务。

（2）注册在深圳市的保险企业向注册在前海深港现代服务业合作区的企业提供国际航运保险业务。

（3）注册在福建省平潭综合实验区的保险企业向注册在平潭综合实验区的企业提供国际航运保险业务。

48. 自 2017 年 1 月 1 日至 2019 年 12 月 31 日，对新疆国际大巴扎物业服务有限公司和新疆国际大巴扎文化旅游产业有限公司从事与新疆国际大巴扎项目有关的营改增应税行为取得的收入，免征增值税。

49. 2017 年 1 月 1 日至 2019 年 12 月 31 日，对广播电视运营服务企业收取的有线数字电视基本收视维护费和农村有线电视基本收视费，免征增值税。

50. 对社保基金会、社保基金投资管理人在运用社保基金投资过程中，提供贷款服务取得的全部利息及利息性质的收入和金融商品转让收入，免征增值税。

51. 自 2018 年 9 月 1 日至 2020 年 12 月 31 日，对金融机构向小型企业、微型企业和个体工商户发放小额贷款取得的利息收入，免征增值税。金融机构可以选择以下两种方法之一适用免税：

（1）对金融机构向小型企业、微型企业和个体工商户发放的，利率水平不高于中国人民银行同期贷款基准利率 150%（含本数）的单笔小额贷款取得的利息收入，免征增值税；高于中国人民银行同期贷款基准利率 150% 的单笔小额贷款取得的利息收入，按照现行政策规定缴纳增值税。

（2）对金融机构向小型企业、微型企业和个体工商户发放单笔小额贷款取得的利息收入中，不高于该笔贷款按照中国人民银行同期贷款基准利率 150%（含本数）计算的利息收入部分，免征增值税；超过部分按照现行政策规定缴纳增值税。

金融机构可按会计年度在以上两种方法之间选定其一作为该年的免税适用方法，一经选定，该会计年度内不得变更。

小额贷款，是指单户授信小于 1 000 万元（含本数）的小型企业、微型企业或个体工商户贷款；没有授信额度的，是指单户贷款合同金额且贷款余额在 1 000 万元（含本数）以下的贷款。

金融机构向小型企业、微型企业及个体工商户发放单户授信小于 100 万元（含本数），或者没有授信额度，单户贷款合同金额且贷款余额在 100 万元（含本数）以下的贷款取得的利息收入，可按照《财政部　税务总局关于支持小微企业融资有关税收政策的通知》（财税〔2017〕77 号）的规定免征增值税。

52. 境外教育机构与境内从事学历教育的学校开展中外合作办学，提供学历教育服务取得的收入免征增值税。中外合作办学，是指中外教育机构按照《中华人民共和国中外合作办学条例》（国务院令第 372 号）的有关规定，合作举办的以中国公民为主要招生对象的教育教学活动。上述“学历教育”“从事学历教育的学校”“提供学历教育服务取得的收入”的范围，按照《营业税改征增值税试点过渡政策的规定》（财税〔2016〕36号附件）第一条第（八）项的有关规定执行。

53. 自2018年1月1日起至2020年12月31日，免征图书批发、零售环节增值税。

54. 自2018年1月1日起至2020年12月31日，对科普单位的门票收入，以及县级及以上党政部门和科协开展科普活动的门票收入免征增值税。

55. 自2019年1月1日至2021年12月31日，对国家级、省级科技企业孵化器、大学科技园和国家备案众创空间向在孵对象提供孵化服务取得的收入，免征增值税。

孵化服务是指为在孵对象提供的经纪代理、经营租赁、研发和技术、信息技术、鉴证咨询服务。

国家级、省级科技企业孵化器、大学科技园和国家备案众创空间应当单独核算孵化服务收入。

在孵对象，是指符合前款认定和管理办法规定的孵化企业、创业团队和个人。

56. 自2019年1月1日至2020年12月31日，对经营公租房取得的租金收入，免征增值税。公租房经营管理单位应单独核算公租房租金收入，未单独核算的，不得享受免征增值税优惠政策。

（二）增值税即征即退

1. 增值税一般纳税人销售其自行开发生产的软件产品，按16%税率征收增值税后，对其增值税实际税负超过3%的部分实行即征即退政策。

增值税一般纳税人将进口软件产品进行本地化改造后对外销售，其销售的软件产品可享受上款规定的增值税即征即退政策。本地化改造是指对进口软件产品进行重新设计、改进、转换等，单纯对进口软件产品进行汉字化处理不包括在内。

2. 一般纳税人提供管道运输服务，对其增值税实际税负超过3%的部分实行增值税即征即退政策。

3. 经中国人民银行、中国银保监会或者商务部批准从事融资租赁业务的试点纳税人中的一般纳税人，提供有形动产融资租赁服务和有形动产融资性售后回租服务，对其增值税实际税负超过3%的部分实行增值税即征即退政策。

商务部授权的省级商务主管部门和国家经济技术开发区批准的从事融资租赁业务和融资性售后回租业务的试点纳税人中的一般纳税人，2016年5月1日后实收资本达到1.7亿元的，从达到标准的当月起按照上述规定执行；2016年5月1日后实收资本未达到1.7亿元但注册资本达到1.7亿元的，在2016年7月31日前仍可按照上述规定执行，2016年8月1日后开展的有形动产融资租赁业务和有形动产融资性售后回租业务不得按照上述规定执行。

4. 自2018年5月1日至2020年12月31日，对动漫企业增值税一般纳税人销售其自主开发生产的动漫软件，按照16%的税率征收增值税后，对其增值税实际税负超过3%的部分，实行即征即退政策。

上述所称增值税实际税负，是指纳税人当期提供应税服务实际缴纳的增值税额占纳税人当期提供应税服务取得的全部价款和价外费用的比例。

5. 纳税人安置残疾人应享受增值税即征即退优惠政策：

（1）纳税人，是指安置残疾人的单位和个体工商户。

（2）纳税人本期应退增值税额按以下公式计算：

本期应退增值税额 = 本期所含月份每月应退增值税额之和

月应退增值税额 = 纳税人本月安置残疾人员人数 × 本月月最低工资标准的 4 倍

月最低工资标准，是指纳税人所在区县（含县级市、旗）适用的经省（含自治区、直辖市、计划单列市）人民政府批准的月最低工资标准。

纳税人新安置的残疾人从签订劳动合同并缴纳社会保险的次月起计算，其他职工从录用的次月起计算；安置的残疾人和其他职工减少的，从减少当月计算。

6. 增值税的退还。纳税人本期已缴增值税额小于本期应退税额不足退还的，可在本年度内以前纳税期已缴增值税额扣除已退增值税额的余额中退还，仍不足退还的可结转本年度内以后纳税期退还。

年度已缴增值税额小于或等于年度应退税额的，退税额为年度已缴增值税额；年度已缴增值税额大于年度应退税额的，退税额为年度应退税额。年度已缴增值税额不足退还的，不得结转以后年度退还。

（三）扣减增值税规定

1. 退役士兵创业就业。

（1）对自主就业退役士兵从事个体经营的，在 3 年（36 个月，下同）内按每户每年 12 000 元为限额依次扣减其当年实际应缴纳的增值税、城市维护建设税、教育费附加、地方教育附加和个人所得税。限额标准最高可上浮 20%，各省、自治区、直辖市人民政府可根据本地区实际情况在此幅度内确定具体限额标准，并报财政部和国家税务总局备案。

纳税人年度应缴纳税款小于上述扣减限额的，以其实际缴纳的税款为限；大于上述扣减限额的，应以上述扣减限额为限。纳税人实际经营期不足 1 年的，应当按月换算其减免税限额。换算公式为：

减免税限额 = 年度减免税限额 ÷ 12 × 实际经营月数

城市维护建设税、教育费附加、地方教育附加的计税依据是享受本项税收优惠政策前的增值税应纳税额。

自主就业退役士兵从事个体经营的，在享受税收优惠政策进行纳税申报时，注明其退役军人身份，并将《中国人民解放军义务兵退出现役证》《中国人民解放军士官退出现役证》或《中国人民武装警察部队义务兵退出现役证》《中国人民武装警察部队士官退出现役证》留存备查。

（2）企业招用自主就业退役士兵，与其签订 1 年以上期限劳动合同并依法缴纳社会保险费的，自签订劳动合同并缴纳社会保险当月起，在 3 年内按实际招用人数予以定额依次扣减增值税、城市维护建设税、教育费附加、地方教育附加和企业所得税优惠。定额标准为每人每年 6 000 元，最高可上浮 50%，各省、自治区、直辖市人民政府可根据本地区实际情况在此幅度内确定具体定额标准。

企业按招用人数和签订的劳动合同时间核算企业减免税总额，在核算减免税总额内每月依次扣减增值税、城市维护建设税、教育费附加和地方教育附加。企业实际应缴纳的增值税、城市维护建设税、教育费附加和地方教育附加小于核算减免税总额的，以实际应缴纳的增值税、城市维护建设税、教育费附加和地方教育附加为限；实际应缴纳的增值税、城市维护建设税、教育费附加和地方教育附加大于核算减免税总额的，以核算减免税总额为限。

纳税年度终了，如果企业实际减免的增值税、城市维护建设税、教育费附加和地方教育附加小于核定的减免税总额，企业在企业所得税汇算清缴时扣减企业所得税。当年扣减不足的，不再结转以后年度扣减。

自主就业退役士兵在企业工作不满 1 年的，应当按月换算减免税限额。计算公式为：

企业核算减免税总额 = Σ 每名自主就业退役士兵本年度在本企业工作月份 ÷ 12 × 具体定额标准

城市维护建设税、教育费附加、地方教育附加的计税依据是享受本项税收优惠政策前的增值税应纳税额。

企业招用自主就业退役士兵享受税收优惠政策的，需将以下资料留存备查：招用自主就业退役士兵的《中国人民解放军义务兵退出现役证》《中国人民解放军士官退出现役证》或《中国人民武装警察部队义务兵退出现役证》《中国人民武装警察部队士官退出现役证》；企业与招用自主就业退役士兵签订的劳动合同（副本），为职工缴纳的社会保险费记录；自主就业退役士兵本年度在企业工作时间表。

（3）上述所称自主就业退役士兵是指依照《退役士兵安置条例》（国务院　中央军委令第 608 号）的规定退出现役并按自主就业方式安置的退役士兵。所称企业是指属于增值税纳税人或企业所得税纳税人的企业等单位。

（4）上述税收优惠政策的执行期限为 2019 年 1 月 1 日至 2021 年 12 月 31 日，纳税人在 2021 年 12 月 31 日未享受满 3 年的，可继续享受至 3 年期满为止。

退役士兵以前年度已享受退役士兵创业就业税收优惠政策满 3 年的，不得再享受规定的税收优惠政策；以前年度享受退役士兵创业就业税收优惠政策未满 3 年且符合规定条件的，可按规定享受优惠至 3 年期满。本条政策依据为《财政部　税务总局退役军人部关于进一步扶持自主就业退役士兵创业就业有关税收政策的通知》。

2. 重点群体创业就业。

（1）建档立卡贫困人口、持《就业创业证》（注明“自主创业税收政策”或“毕业年度内自主创业税收政策”）或《就业失业登记证》（注明“自主创业税收政策”）的人员，从事个体经营的，自办理个体工商户登记当月起，在 3 年（36 个月，下同）内按每户每年 12 000 元为限额依次扣减其当年实际应缴纳的增值税、城市维护建设税、教育费附加、地方教育附加和个人所得税。限额标准最高可上浮 20%，各省、自治区、直辖市人民政府可根据本地区实际情况在此幅度内确定具体限额标准。

纳税人年度应缴纳税款小于上述扣减限额的，以其实际缴纳的税款为限；大于上述扣减限额的，应以上述扣减限额为限。

上述人员具体包括：

①纳入全国扶贫开发信息系统的建档立卡贫困人口。

②在人力资源社会保障部门公共就业服务机构登记失业半年以上的人员。

③零就业家庭、享受城市居民最低生活保障家庭劳动年龄内的登记失业人员。

④毕业年度内高校毕业生。高校毕业生是指实施高等学历教育的普通高等学校、成人高等学校毕业的学生；毕业年度是指毕业所在自然年，即1月1日至12月31日。

（2）企业招用建档立卡贫困人口，以及在人力资源社会保障部门公共就业服务机构登记失业半年以上且持《就业创业证》或《就业失业登记证》（注明“企业吸纳税收政策”）的人员，与其签订1年以上期限劳动合同并依法缴纳社会保险费的，自签订劳动合同并缴纳社会保险当月起，在3年内按实际招用人数予以定额依次扣减增值税、城市维护建设税、教育费附加、地方教育附加和企业所得税优惠。定额标准为每人每年6 000元，最高可上浮30%，各省、自治区、直辖市人民政府可根据本地区实际情况在此幅度内确定具体定额标准。城市维护建设税、教育费附加、地方教育附加的计税依据是享受本项税收优惠政策前的增值税应纳税额。

按上述标准计算的税收扣减额应在企业当年实际应缴纳的增值税、城市维护建设税、教育费附加、地方教育附加和企业所得税税额中扣减，当年扣减不足的，不得结转下年使用。

上述所称企业是指属于增值税纳税人或企业所得税纳税人的企业等单位。

（3）企业招用就业人员既可以适用《财政部　税务总局　人力资源社会保障部　国务院扶贫办关于进一步支持和促进重点群体创业就业有关税收政策的通知》规定的税收优惠政策，又可以适用其他扶持就业专项税收优惠政策的，企业可以选择适用最优惠的政策，但不得重复享受。

（4）上述税收优惠政策的执行期限为2019年1月1日至2021年12月31日，纳税人在2016年12月31日未享受满3年的，可继续享受至3年期满为止。前述第（1）项所述人员，以前年度已享受重点群体创业就业税收优惠政策满3年的，不得再享受《财务部　税务总局　人力资源社会保障部　国务院扶贫办关于进一步支持和促进重点群体创业就业有关税收政策的通知》规定的税收优惠政策；以前年度享受重点群体创业就业税收优惠政策未满3年且符合该通知规定条件的，可按该通知规定享受优惠至3年期满。

（四）增值税先征后退政策

自2018年1月1日起至2020年12月31日，对宣传文化事业执行下列增值税先征后退政策：

1. 对下列出版物在出版环节执行增值税100%先征后退的政策：

（1）中国共产党和各民主党派的各级组织的机关报纸和机关期刊，各级人大、政协、政府、工会、共青团、妇联、残联、科协的机关报纸和机关期刊，新华社的机关报纸和机关期刊，军事部门的机关报纸和机关期刊。

上述各级组织不含其所属部门。机关报纸和机关期刊增值税先征后退范围掌握在一个单位一份报纸和一份期刊以内。

（2）专为少年儿童出版发行的报纸和期刊，中小学的学生课本。

（3）专为老年人出版发行的报纸和期刊。

（4）少数民族文字出版物。

（5）盲文图书和盲文期刊。

（6）经批准在内蒙古、广西、西藏、宁夏、新疆五个自治区内注册的出版单位出版的出版物。

（7）列入通知规定的图书、报纸和期刊。

2. 对下列出版物在出版环节执行增值税先征后退 50% 的政策：

（1）各类图书、期刊、音像制品、电子出版物，但《财务部　税务总局关于延续宣传文化增值税优惠政策的通知》（财税〔2018〕53 号）第一条第（一）项规定执行增值税 100% 先征后退的出版物除外。

（2）列入财税〔2018〕53 号文件规定的报纸。

3. 对下列印刷、制作业务执行增值税 100% 先征后退的政策：

（1）少数民族文字出版物的印刷或制作业务。

（2）列入财税〔2018〕53 号文件规定的新疆维吾尔自治区印刷企业的印刷业务。

（五）金融企业发放贷款后，自结息日起 90 天内发生的应收未收利息按现行规定缴纳增值税，自结息日起 90 天后发生的应收未收利息暂不缴纳增值税，待实际收到利息时按规定缴纳增值税

上述所称金融企业，是指银行（包括国有、集体、股份制、合资、外资银行以及其他所有制形式的银行）、城市信用社、农村信用社、信托投资公司、财务公司。

（六）个人将购买不足 2 年的住房对外销售的，按照 5% 的征收率全额缴纳增值税；个人将购买 2 年以上（含 2 年）的住房对外销售的，免征增值税。上述政策适用于北京市、上海市、广州市和深圳市之外的地区

个人将购买 2 年以上（含 2 年）的非普通住房对外销售的，以销售收入减去购买住房价款后的差额按照 5% 的征收率缴纳增值税；个人将购买 2 年以上（含 2 年）的普通住房对外销售的，免征增值税。上述政策仅适用于北京市、上海市、广州市和深圳市。

办理免税的具体程序、购买房屋的时间、开具发票、非购买形式取得住房行为及其他相关税收管理规定，按照《国务院办公厅转发建设部等部门关于做好稳定住房价格工作意见的通知》（国办发〔2005〕26 号）、《国家税务总局　财政部　建设部关于加强房地产税收管理的通知》（国税发〔2005〕89 号）和《国家税务总局关于房地产税收政策执行中几个具体问题的通知》（国税发〔2005〕172 号）的有关规定执行。

（七）上述增值税优惠政策除已规定期限的项目和第（五）条政策外，其他均在营改增试点期间执行。如果试点纳税人在纳入营改增试点之日前已经按照有关政策规定享受了营业税税收优惠，在剩余税收优惠政策期限内，按照规定享受有关增值税优惠

三、财政部、国家税务总局规定的其他部分征免税项目

（一）资源综合利用产品和劳务增值税优惠政策

根据《财政部　国家税务总局关于印发〈资源综合利用产品和劳务增值税优惠目录〉

的通知》（财税〔2015〕78号）的规定，纳税人销售自产的综合利用产品和提供资源综合利用劳务，可享受增值税即征即退政策。目录中将资源综合利用类别分为“共、伴生矿产资源”“废渣、废水（液）、废气”“再生资源”“农林剩余物及其他”“资源综合利用劳务”五大类。每一类下列举了具体的综合利用的资源名称、综合利用产品和劳务名称、技术标准和相关条件、退税比例。退税比例有30%、50%、70%和100%四个档次。

纳税人从事优惠目录所列的资源综合利用项目，享受规定的增值税即征即退政策时，应同时符合一些条件，如应属于增值税一般纳税人，销售综合利用产品和劳务不属于国家发展和改革委员会发布的《产业结构调整指导目录》中的禁止、限制类项目等。

自2019年9月1日起，纳税人销售自产磷石膏资源综合利用产品，可享受增值税即征即退政策，退税比例为70%。

所称磷石膏资源综合利用产品，包括墙板、砂浆、砌块、水泥添加剂、建筑石膏、α型高强石膏、Ⅱ型无水石膏、嵌缝石膏、粘结石膏、现浇混凝土空心结构用石膏模盒、抹灰石膏、机械喷涂抹灰石膏、土壤调理剂、喷筑墙体石膏、装饰石膏材料、磷石膏制硫酸，且产品原料40%以上来自磷石膏。

自2019年9月1日起，将财税〔2015〕78号文件附件《资源综合利用产品和劳务增值税优惠目录》中序号为“3.12”的“废玻璃”项目退税比例调整为70%。

（二）免征蔬菜流通环节增值税

经国务院批准，自2012年1月1日起，免征蔬菜流通环节增值税。

1. 对从事蔬菜批发、零售的纳税人销售的蔬菜免征增值税。蔬菜是指可作副食的草本、木本植物，包括各种蔬菜、菌类植物和少数可作副食的木本植物。蔬菜的主要品种参照《蔬菜主要品种目录》执行。

经挑选、清洗、切分、晾晒、包装、脱水、冷藏、冷冻等工序加工的蔬菜，属于《财政部　国家税务总局关于免征蔬菜流通环节增值税有关问题的通知》（财税〔2011〕137号）所述蔬菜的范围。

各种蔬菜罐头不属于财税〔2011〕137号文件所述蔬菜的范围。蔬菜罐头是指蔬菜经处理、装罐、密封、杀菌或无菌包装而制成的食品。

2. 纳税人既销售蔬菜又销售其他增值税应税货物的，应分别核算蔬菜和其他增值税应税货物的销售额；未分别核算的，不得享受蔬菜增值税免税政策。

（三）粕类产品征免增值税问题

豆粕属于征收增值税的饲料产品，除豆粕以外的其他粕类饲料产品，均免征增值税。

（四）制种行业免征增值税政策

制种企业在下列生产经营模式下生产销售种子，属于农业生产者销售自产农业产品，应根据《增值税暂行条例》有关规定免征增值税。

1. 制种企业利用自有土地或承租土地，雇用农户或雇工进行种子繁育，再经烘干、脱粒、风筛等深加工后销售种子。

2. 制种企业提供亲本种子委托农户繁育并从农户手中收回，再经烘干、脱粒、风筛等深加工后销售种子。

（五）有机肥产品免征增值税政策

自2008年6月1日起，纳税人生产销售和批发、零售有机肥产品免征增值税。

享受免税政策的有机肥产品是指有机肥料、有机—无机复混肥料和生物有机肥。其产品执行标准：有机肥料为NY525—2002，有机—无机复混肥料为GB18877—2002，生物有机肥为NY884—2004。其他不符合上述标准的产品，不属于财税〔2008〕56号文件规定的有机肥产品，应按照现行规定征收增值税。

享受免税政策的纳税人应按照规定，单独核算有机肥产品的销售额。未单独核算销售额的，不得免税。纳税人销售免税的有机肥产品，应按规定开具普通发票，不得开具增值税专用发票。纳税人申请免征增值税，应向主管税务机关提供相关的资料，凡不能提供的，一律不得免税。

（六）按债转股企业与金融资产管理公司签订的债转股协议，债转股原企业将货物资产作为投资提供给债转股新公司的，免征增值税

（七）自2014年3月1日起，对外购用于生产乙烯、芳烃类化工产品（以下简称特定化工产品）的石脑油、燃料油（以下称2类油品），且使用2类油品生产特定化工产品的产量占本企业用石脑油、燃料油生产各类产品总量50%（含）以上的企业，其外购2类油品的价格中消费税部分对应的增值税额，予以退还

予以退还的增值税额＝已缴纳消费税的2类油品数量×2类油品消费税单位税额×16%

对符合上述规定条件的企业，在2014年2月28日前形成的增值税期末留抵税额，可在不超过其购进2类油品的价格中消费税部分对应的增值税额的规模的情形下，申请一次性退还。

2类油品的价格中消费税部分对应的增值税额，根据国家对2类油品开征消费税以来企业购进的已缴纳消费税的2类油品数量和消费税单位税额计算。

增值税期末留抵税额，根据主管税务机关认可的增值税纳税申报表的金额计算。

（八）小规模纳税人发生增值税应税销售行为，合计月销售额未超过10万元（以1个季度为1个纳税期的，季度销售额未超过30万元，下同）的，免征增值税

小规模纳税人发生增值税应税销售行为，合计月销售额超过10万元，但扣除本期发生的销售不动产的销售额后未超过10万元的，其销售货物、劳务、服务、无形资产取得的销售额免征增值税。

适用增值税差额征税政策的小规模纳税人，以差额后的销售额确定是否可以享受上述规定的免征增值税政策。

《增值税纳税申报表（小规模纳税人适用）》中的“免税销售额”相关栏次，填写差额后的销售额。

（九）境内的单位和个人销售规定的服务和无形资产免征增值税，但财政部和国家税务总局规定适用增值税零税率的除外（见本章第八节“二、”中的有关内容）

（十）自2019年1月1日至2020年供暖期结束，对供热企业向居民个人（以下统称居民）供热而取得的采暖费收入免征增值税

向居民供热而取得的采暖费收入，包括供热企业直接向居民收取的、通过其他单位向居民收取的和由单位代居民缴纳的采暖费。

免征增值税的采暖费收入，应当按照《中华人民共和国增值税暂行条例》第十六条的规定单独核算。通过热力产品经营企业向居民供热的热力产品生产企业，应当根据热力产品经营企业实际从居民取得的采暖费收入占该经营企业采暖费总收入的比例确定免税收入比例。

上述所称供暖期，是指当年下半年供暖开始至次年上半年供暖结束的期间。

（十一）2019年1月1日至2023年12月31日，对广播电视运营服务企业收取的有线数字电视基本收视维护费和农村有线电视基本收视费，免征增值税

《财政部　税务总局关于继续执行有线电视收视费增值税政策的通知》（财税〔2017〕35号）已废止。《财政部　税务总局关于继续实施支持文化企业发展若干税收政策的通知》（财税〔2014〕85号）自2019年1月1日起停止执行。

（十二）研发机构采购设备增值税政策

根据《财政部　商务部　国家税务总局关于继续执行研发机构采购设备增值税政策的通知》（财税〔2016〕121号）和《研发机构采购国产设备增值税退税管理办法》（国家税务总局公告2017年第5号），为了鼓励科学研究和技术开发，促进科技进步，经国务院批准，对符合规定的研发机构（包括内资研发机构和外资研发中心，以下简称研发机构）采购的国产设备，按规定实行全额退还增值税。具体有关事项如下：

1. 适用采购国产设备全额退还增值税政策的研发机构包括：

（1）科技部会同财政部、海关总署和国家税务总局核定的科技体制改革过程中转制为企业和进入企业的主要从事科学研究和技术开发工作的机构。

（2）国家发展改革委会同财政部、海关总署和国家税务总局核定的国家工程研究中心。

（3）国家发展改革委会同财政部、海关总署、国家税务总局和科技部核定的企业技术中心。

（4）科技部会同财政部、海关总署和国家税务总局核定的国家重点实验室和国家工程技术研究中心。

（5）国务院部委、直属机构和省、自治区、直辖市、计划单列市所属专门从事科学研究工作的各类科研院所。

（6）国家承认学历的实施专科及以上高等学历教育的高等学校。

（7）符合《关于继续执行研发机构采购设备增值税政策的通知》（财税〔2016〕121号）第二条规定的外资研发中心。

（8）财政部会同国务院有关部门核定的其他科学研究机构、技术开发机构和学校。

2. 外资研发中心，根据其设立时间，应分别满足下列条件：

（1）2009 年 9 月 30 日及其之前设立的外资研发中心，应同时满足下列条件：

①研发费用标准：对外资研发中心，作为独立法人的，其投资总额不低于 500 万美元；投资总额，是指外商投资企业批准证书或设立、变更备案回执所载明的金额。作为公司内设部门或分公司的非独立法人的，其研发总投入不低于 500 万美元。研发总投入，是指外商投资企业专门为设立和建设本研发中心而投入的资产，包括即将投入并签订购置合同的资产（应提交已采购资产清单和即将采购资产的合同清单）。

企业研发经费年支出额不低于 1 000 万元。研发经费年支出额，是指近两个会计年度研发经费年均支出额；不足两个完整会计年度的，可按外资研发中心设立以来任意连续 12 个月的实际研发经费支出额计算；现金与实物资产投入应不低于 60%。

②专职研究与试验发展人员不低于 90 人。专职研究与试验发展人员，是指企业科技活动人员中专职从事基础研究、应用研究和试验发展三类项目活动的人员，包括直接参加上述三类项目活动的人员以及相关专职科技管理人员和为项目提供资料文献、材料供应、设备的直接服务人员，上述人员须与外资研发中心或其所在外商投资企业签订 1 年以上劳动合同，以外资研发中心提交申请的前 1 日人数为准。

③设立以来累计购置的设备原值不低于 1 000 万元。设备，是指为科学研究、教学和科技开发提供必要条件的实验设备、装置和器械。在计算累计购置的设备原值时，应将进口设备和采购国产设备的原值一并计入，包括已签订购置合同并于当年内交货的设备（应提交购置合同清单及交货期限），上述设备应属于《科技开发、科学研究和教学设备清单》所列设备［见《关于继续执行研发机构采购设备增值税政策的通知》（财税〔2016〕121 号）中的附件 2］。对执行中国产设备范围存在异议的，由主管税务机关逐级上报国家税务总局商财政部核定。

（2）2009 年 10 月 1 日及其之后设立的外资研发中心，应同时满足下列条件：

①研发费用标准：作为独立法人的，其投资总额不低于 800 万美元；作为公司内设部门或分公司的非独立法人的，其研发总投入不低于 800 万美元。

②专职研究与试验发展人员不低于 150 人。

③设立以来累计购置的设备原值不低于 2 000 万元。

外资研发中心须经商务主管部门会同有关部门按照上述条件进行资格审核认定。具体审核认定办法见财税〔2016〕121 号文件中的附件 1。在 2015 年 12 月 31 日（含）以前，已取得退税资格未满 2 年暂不需要进行资格复审的、按规定已复审合格的外资研发中心，在 2015 年 12 月 31 日享受退税未满 2 年的，可继续享受至 2 年期满。

经认定的外资研发中心，因自身条件变化不再符合退税资格的认定条件或发生涉税违法行为的，不得享受退税政策。

3. 研发机构已退税的国产设备，自增值税发票开具之日起 3 年内，设备所有权转移或移作他用的，研发机构须按照下列计算公式，向主管国税机关补缴已退税款。

应补税款 = 增值税发票上注明的金额 ×（设备折余价值 − 设备原值）× 增值税适用税率

设备折余价值 = 设备原值 − 累计已提折旧

设备原值和已提折旧按照《企业所得税法》的有关规定计算。

（十三）原对城镇公共供水用水户在基本水价（自来水价格）外征收水资源费的试点省份，在水资源费改税试点期间，按照不增加城镇公共供水企业负担的原则，城镇公共供水企业缴纳的水资源税对应的水费收入，不计征增值税，按“不征税自来水”项目开具增值税普通发票

（十四）纳税人采取转包、出租、互换、转让、入股等方式将承包地流转给农业生产者用于农业生产，免征增值税

自 2020 年 1 月 20 日起，纳税人将国有农用地出租给农业生产者用于农业生产，免征增值税。

（十五）自 2018 年 1 月 1 日至 2019 年 12 月 31 日，纳税人为农户、小型企业、微型企业及个体工商户借款、发行债券提供融资担保取得的担保费收入，以及为上述融资担保（以下简称原担保）提供再担保取得的再担保费收入，免征增值税。再担保合同对应多个原担保合同的，原担保合同应全部适用免征增值税政策。否则，再担保合同应按规定缴纳增值税

纳税人应将相关免税证明材料留存备查，单独核算符合免税条件的融资担保费和再担保费收入，按现行规定向主管税务机关办理纳税申报；未单独核算的，不得免征增值税。

农户，是指长期（一年以上）居住在乡镇（不包括城关镇）行政管理区域内的住户，还包括长期居住在城关镇所辖行政村范围内的住户和户口不在本地而在本地居住一年以上的住户，国有农场的职工。位于乡镇（不包括城关镇）行政管理区域内和在城关镇所辖行政村范围内的国有经济的机关、团体、学校、企事业单位的集体户；有本地户口，但举家外出谋生一年以上的住户，无论是否保留承包耕地均不属于农户。农户以户为统计单位，既可以从事农业生产经营，也可以从事非农业生产经营。农户担保、再担保的判定应以原担保生效时的被担保人是否属于农户为准。

小型企业、微型企业，是指符合《中小企业划型标准规定》（工信部联企业〔2011〕300 号）的小型企业和微型企业。其中，资产总额和从业人员指标均以原担保生效时的实际状态确定；营业收入指标以原担保生效前 12 个自然月的累计数确定，不满 12 个自然月的，按照以下公式计算：

营业收入（年）= 企业实际存续期间营业收入 ÷ 企业实际存续月数 × 12

（十六）自 2016 年 5 月 1 日起，社会团体收取的会费，免征增值税。2017 年 12 月 25 日前已征的增值税，可抵减以后月份应缴纳的增值税，或办理退税

社会团体，是指依照国家有关法律法规设立或登记并取得《社会团体法人登记证书》的非营利法人。会费，是指社会团体在国家法律法规、政策许可的范围内，依照社团章程的规定，收取的个人会员、单位会员和团体会员的会费。

社会团体开展经营服务性活动取得的其他收入，一律照章缴纳增值税。

（十七）其他个人，采取一次性收取租金形式出租不动产取得的租金收入，可在对应的租赁期内平均分摊，分摊后的月租金收入未超过10万元的，免征增值税

（十八）对赞助企业及参与赞助的下属机构根据赞助协议及补充赞助协议向北京冬奥组委免费提供的，与北京2022年冬奥会、冬残奥会、测试赛有关的服务，免征增值税

1. 自2019年11月11日起，对奥林匹克转播服务公司、奥林匹克频道服务公司、国际奥委会电视与市场开发服务公司、奥林匹克文化与遗产基金、官方计时公司取得的与北京冬奥会有关的收入，免征增值税。

2. 自2019年11月11日起，对国际赞助计划、全球供应计划、全球特许计划的赞助商、供应商、特许商及其分包商根据协议向北京2022年冬奥会和冬残奥会组织委员会（以下简称北京冬奥组委）提供指定货物或服务，免征增值税。

3. 国际奥委会及其相关实体的境内机构因赞助、捐赠北京冬奥会以及根据协议出售的货物或服务免征增值税的，对应的进项税额可用于抵扣本企业其他应税项目所对应的销项税额，对在2022年12月31日仍无法抵扣的留抵税额可予以退还。

4. 国际奥委会及其相关实体在2019年6月1日至2022年12月31日期间，因从事与北京冬奥会相关的工作而在中国境内发生的指定清单内的货物或服务采购支出，对应的增值税进项税额可由国际奥委会及其相关实体凭发票及北京冬奥组委开具的证明文件，按照发票上注明的税额，向税务总局指定的部门申请退还，具体退税流程由税务总局制定。

5. 对国际奥委会及其相关实体的外籍雇员、官员、教练员、训练员以及其他代表在2019年6月1日至2022年12月31日期间临时来华，从事与北京冬奥会相关的工作，取得由北京冬奥组委支付或认定的收入，免征增值税。该类人员的身份及收入由北京冬奥组委出具证明文件，北京冬奥组委定期将该类人员名单及免税收入相关信息报送税务部门。

6. 对享受税收优惠政策的国际奥委会相关实体实行清单管理，具体清单由北京冬奥组委提出，报财政部、税务总局、海关总署确定。

（十九）自2019年1月1日至2020年12月31日，饮水工程运营管理单位向农村居民提供生活用水取得的自来水销售收入，免征增值税

所称饮水工程，是指为农村居民提供生活用水而建设的供水工程设施。所称饮水工程运营管理单位，是指负责饮水工程运营管理的自来水公司、供水公司、供水（总）站（厂、中心）、村集体、农民用水合作组织等单位。

对于既向城镇居民供水，又向农村居民供水的饮水工程运营管理单位，依据向农村居民供水收入占总供水收入的比例免征增值税。无法提供具体比例或所提供数据不实的，不得享受上述税收优惠政策。

符合上述条件的饮水工程运营管理单位自行申报享受减免税优惠，相关材料留存备查。

（二十）自2019年1月1日至2020年12月31日，继续对国产抗艾滋病病毒药品免征生产环节和流通环节增值税

享受免征增值税政策的国产抗艾滋病病毒药品，须为各省（自治区、直辖市）艾滋病药品管理部门按照政府采购有关规定采购的，并向艾滋病病毒感染者和病人免费提供的抗艾滋病病毒药品。药品生产企业和流通企业应将药品供货合同留存，以备税务机关查验。

（二十一）自2019年1月1日起至2020年12月31日，对边销茶生产企业销售自产的边销茶及经销企业销售的边销茶免征增值税

所称边销茶，是指以黑毛茶、老青茶、红茶末、绿茶为主要原料，经过发酵、蒸制、加压或者压碎、炒制，专门销往边疆少数民族地区的紧压茶、方包茶（马茶）。

在2019年8月28日前已征的按上述规定应予免征的增值税税款，可抵减纳税人以后月份应缴纳的增值税税款或予以退还。已向购买方开具增值税专用发票的，应将专用发票追回后方可办理免税；无法追回专用发票的，不予免税。

（二十二）自2018年11月30日至2023年11月29日，对经国务院批准对外开放的货物期货品种保税交割业务，暂免征收增值税

上述期货交易中实际交割的货物，如果发生进口或者出口的，统一按照现行货物进出口税收政策执行。非保税货物发生的期货实物交割仍按《国家税务总局关于下发〈货物期货征收增值税具体办法〉的通知》（国税发〔1994〕244号）的规定执行。

（二十三）民用航空发动机（包括大型民用客机发动机和中大功率民用涡轴涡桨发动机）、新支线飞机和大型客机有关增值税政策

1. 自2018年1月1日起至2023年12月31日止，对纳税人从事大型民用客机发动机、中大功率民用涡轴涡桨发动机研制项目而形成的增值税期末留抵税额予以退还。

2. 自2019年1月1日起至2020年12月31日止，对纳税人生产销售新支线飞机暂减按5%征收增值税，并对其因生产销售新支线飞机而形成的增值税期末留抵税额予以退还。

3. 所称大型民用客机发动机、中大功率民用涡轴涡桨发动机、新支线飞机和大型客机，指上述发动机、民用客机的整机，具体标准如下：

（1）大型民用客机发动机，是指：①单通道干线客机发动机，起飞推力12 000—16 000千克力；②双通道干线客机发动机，起飞推力28 000—35 000千克力。

（2）中大功率民用涡轴涡桨发动机，是指：①中等功率民用涡轴发动机，起飞功率1 000千瓦—3 000千瓦；②大功率民用涡桨发动机，起飞功率3 000千瓦以上。

（3）新支线飞机，是指空载重量大于25吨且小于45吨、座位数量少于130个的民用客机。

（4）大型客机，是指空载重量大于45吨的民用客机。

（二十四）对个人投资者转让创新企业 CDR 取得的差价收入，暂免征收增值税。对单位投资者转让创新企业 CDR 取得的差价收入，按金融商品转让政策规定征免增值税

自试点开始之日起，对公募证券投资基金（封闭式证券投资基金、开放式证券投资基金）管理人运营基金过程中转让创新企业中国存托凭证（CDR）取得的差价收入，3 年内暂免征收增值税。

对合格境外机构投资者（QFII）、人民币合格境外机构投资者（RQFII）委托境内公司转让创新企业 CDR 取得的差价收入，暂免征收增值税。

（二十五）扶贫货物捐赠免征增值税政策

1. 自 2019 年 1 月 1 日至 2022 年 12 月 31 日，对单位或者个体工商户将自产、委托加工或购买的货物通过公益性社会组织、县级及以上人民政府及其组成部门和直属机构，或直接无偿捐赠给目标脱贫地区的单位和个人，免征增值税。在政策执行期限内，目标脱贫地区实现脱贫的，可继续适用上述政策。

“目标脱贫地区”包括 832 个国家扶贫开发工作重点县、集中连片特困地区县（新疆阿克苏地区 6 县 1 市享受片区政策）和建档立卡贫困村。

2. 在 2015 年 1 月 1 日至 2018 年 12 月 31 日期间已发生的符合上述条件的扶贫货物捐赠，可追溯执行上述增值税政策。

3. 在 2019 年 4 月 10 日前已征收入库的按上述规定应予免征的增值税税款，可抵减纳税人以后月份应缴纳的增值税税款或者办理税款退库。已向购买方开具增值税专用发票的，应将专用发票追回后方可办理免税；无法追回专用发票的，不予免税。

（二十六）小规模纳税人月销售额未超过 10 万元的，当期因开具增值税专用发票已经缴纳的税款，在增值税专用发票全部联次追回或者按规定开具红字专用发票后，可以向主管税务机关申请退还

小规模纳税人 2019 年 1 月销售额未超过 10 万元（以 1 个季度为 1 个纳税期的，2019 年第一季度销售额未超过 30 万元），但当期因代开普通发票已经缴纳的税款，可以在办理纳税申报时向主管税务机关申请退还。

（二十七）增值税期末留抵税额的退还政策

为助力经济高质量发展，2018 年对部分行业增值税期末留抵税额予以退还。主要规定如下：

1. 退还期末留抵税额的行业企业范围。退还增值税期末留抵税额的行业包括装备制造等先进制造业、研发等现代服务业和电网企业，具体范围如下：

（1）装备制造等先进制造业和研发等现代服务业。按照国民经济行业分类，装备制造等先进制造业和研发等现代服务业包括专用设备制造业、研究和试验发展等 18 个大类行业，详见《2018 年退还增值税期末留抵税额行业目录》。纳税人所属行业根据税务登记的国民经济行业确定，并优先选择以下范围内的纳税人：

①《中国制造 2025》明确的新一代信息技术、高档数控机床和机器人、航空航天装

备、海洋工程装备及高技术船舶、先进轨道交通装备、节能与新能源汽车、电力装备、农业机械装备、新材料、生物医药及高性能医疗器械等10个重点领域。

②高新技术企业、技术先进型服务企业和科技型中小企业。

（2）电网企业。取得电力业务许可证（输电类、供电类）的全部电网企业。

2. 退还期末留抵税额的纳税人条件。退还期末留抵税额纳税人的纳税信用等级为A级或B级。

3. 退还期末留抵税额的计算。纳税人向主管税务机关申请退还期末留抵税额，当期退还的期末留抵税额，以纳税人申请退税上期的期末留抵税额和退还比例计算，并以纳税人2017年年底期末留抵税额为上限。具体如下：

（1）可退还的期末留抵税额 = 纳税人申请退税上期的期末留抵税额 × 退还比例

退还比例按下列方法计算：

①2014年12月31日前（含）办理税务登记的纳税人，退还比例为2015年、2016年和2017年3个年度已抵扣的增值税专用发票、海关进口增值税专用缴款书、解缴税款完税凭证注明的增值税额占同期全部已抵扣进项税额的比重。

②2015年1月1日后（含）办理税务登记的纳税人，退还比例为实际经营期间内已抵扣的增值税专用发票、海关进口增值税专用缴款书、解缴税款完税凭证注明的增值税额占同期全部已抵扣进项税额的比重。

（2）当可退还的期末留抵税额不超过2017年年底期末留抵税额时，当期退还的期末留抵税额为可退还的期末留抵税额。当可退还的期末留抵税额超过2017年年底期末留抵税额时，当期退还的期末留抵税额为2017年年底期末留抵税额。

（二十八）增量留抵退税

1. 自2019年4月1日起，试行增值税期末留抵税额退税制度。

（1）同时符合以下条件的纳税人，可以向主管税务机关申请退还增量留抵税额：

①自2019年4月税款所属期起，连续6个月（按季纳税的，连续两个季度）增量留抵税额均大于零，且第6个月增量留抵税额不低于50万元。

②纳税信用等级为A级或者B级。

③申请退税前36个月未发生骗取留抵退税、出口退税或虚开增值税专用发票情形的。

④申请退税前36个月未因偷税被税务机关处罚两次及以上的。

⑤自2019年4月1日起未享受即征即退、先征后返（退）政策的。

（2）增量留抵税额，是指与2019年3月底相比新增加的期末留抵税额。

（3）纳税人当期允许退还的增量留抵税额，按照以下公式计算：

允许退还的增量留抵税额 = 增量留抵税额 × 进项构成比例 × 60%

进项构成比例，为2019年4月至申请退税前一税款所属期内已抵扣的增值税专用发票（含税控机动车销售统一发票）、海关进口增值税专用缴款书、解缴税款完税凭证注明的增值税额占同期全部已抵扣进项税额的比重。

（4）纳税人应在增值税纳税申报期内，向主管税务机关申请退还留抵税额。

（5）纳税人出口货物劳务、发生跨境应税行为，适用免抵退税办法的，办理免抵退税后，仍符合本公告规定条件的，可以申请退还留抵税额；适用免退税办法的，相关进项税额不得用于退还留抵税额。

（6）纳税人取得退还的留抵税额后，应相应调减当期留抵税额。按照本条规定再次满足退税条件的，可以继续向主管税务机关申请退还留抵税额，其中连续期间，不得重复计算。

2. 部分先进制造业纳税人增量留抵退税政策。

（1）自2019年6月1日起，同时符合以下条件的部分先进制造业纳税人，可以自2019年7月及以后纳税申报期向主管税务机关申请退还增量留抵税额：

①增量留抵税额大于零。

②纳税信用等级为A级或者B级。

③申请退税前36个月未发生骗取留抵退税、出口退税或虚开增值税专用发票情形。

④申请退税前36个月未因偷税被税务机关处罚两次及以上。

⑤自2019年4月1日起未享受即征即退、先征后返（退）政策。

（2）部分先进制造业纳税人，是指按照《国民经济行业分类》，生产并销售非金属矿物制品、通用设备、专用设备及计算机、通信和其他电子设备销售额占全部销售额的比重超过50%的纳税人。

上述销售额比重根据纳税人申请退税前连续12个月的销售额计算确定；申请退税前经营期不满12个月但满3个月的，按照实际经营期的销售额计算确定。

（3）增量留抵税额，是指与2019年3月31日相比新增加的期末留抵税额。

（4）部分先进制造业纳税人当期允许退还的增量留抵税额，按照以下公式计算：

允许退还的增量留抵税额＝增量留抵税额×进项构成比例

进项构成比例，为2019年4月至申请退税前一税款所属期内已抵扣的增值税专用发票（含税控机动车销售统一发票）、海关进口增值税专用缴款书、解缴税款完税凭证注明的增值税额占同期全部已抵扣进项税额的比重。

（5）部分先进制造业纳税人申请退还增量留抵税额的其他规定，按照《财政部　税务总局　海关总署关于深化增值税改革有关政策的公告》（财政部　税务总局　海关总署公告2019年第39号，以下简称39号公告）执行。

（6）除部分先进制造业纳税人以外的其他纳税人申请退还增量留抵税额的规定，继续按照39号公告执行。

3. 疫情防控重点保障物资生产企业可以按月向主管税务机关申请全额退还增值税增量留抵税额。

增量留抵税额，是指与2019年12月底相比新增加的期末留抵税额。

疫情防控重点保障物资生产企业名单，由省级及以上发展改革部门、工业和信息化部门确定。

4. 在2020年1月20日前，纳税人已按照上述规定取得增值税留抵退税款的，在2020年6月30日前将已退还的增值税留抵退税款全部缴回，可以按规定享受增值税即征即退、先征后返（退）政策；否则，不得享受增值税即征即退、先征后返（退）政策。

四、增值税起征点的规定

《增值税暂行条例》规定，纳税人销售额未达到国务院财政、税务主管部门规定的增值税起征点的，免征增值税；达到起征点的，依照本条例规定全额计算缴纳增值税。

《增值税暂行条例实施细则》和“营改增通知”规定，增值税起征点仅适用于个人，包括：个体工商户和其他个人，但不适用于登记认定为一般纳税人的个体工商户。即：增值税起征点仅适用于按照小规模纳税人纳税的个体工商户和其他个人。

“营改增通知”规定，个人发生应税行为的销售额未达到增值税起征点的，免征增值税；达到起征点的，全额计算缴纳增值税。但是根据《财政部　税务总局关于实施小微企业普惠性税收减免政策的通知》（财税〔2019〕13号）规定，对月销售额10万元以下（含本数）的增值税小规模纳税人，免征增值税。

增值税起征点幅度如下：

1. 按期纳税的，为月销售额5 000—20 000元（含本数）。

2. 按次纳税的，为每次（日）销售额300—500元（含本数）。

起征点的调整由财政部和国家税务总局规定。省、自治区、直辖市财政厅（局）和税务局应当在规定的幅度内，根据实际情况确定本地区适用的起征点，并报财政部和国家税务总局备案。

五、其他有关减免税规定

1. 纳税人兼营免税、减税项目的，应当分别核算免税、减税项目的销售额；未分别核算销售额的，不得免税、减税。

2. 纳税人发生应税销售行为适用免税规定的，可以放弃免税，依照《增值税暂行条例》的规定缴纳增值税。放弃免税后，36个月内不得再申请免税。

纳税人发生应税销售行为同时适用免税和零税率规定的，优先适用零税率。

（1）生产和销售免征增值税的应税销售行为的纳税人要求放弃免税权，应当以书面形式提交放弃免税权声明，报主管税务机关备案。纳税人自提交备案资料的次月起，按照现行有关规定计算缴纳增值税。

（2）放弃免税权的纳税人符合一般纳税人认定条件尚未认定为增值税一般纳税人的，应当按现行规定认定为增值税一般纳税人，其发生的应税销售行为可开具增值税专用发票。

（3）纳税人一经放弃免税权，其生产销售的全部应税销售行为均应按照适用税率征税，不得选择某一免税项目放弃免税权，也不得根据不同的销售对象选择部分应税销售行为放弃免税权。

（4）纳税人在免税期内购进用于免税项目的货物、劳务、服务、无形资产、不动产所取得的增值税扣税凭证，一律不得抵扣。

3. 安置残疾人单位既符合促进残疾人就业增值税优惠政策条件，又符合其他增值税优惠政策条件的，可同时享受多项增值税优惠政策，但年度申请退还增值税总额不得超过本年度内应纳增值税总额。

4. 纳税人既享受增值税即征即退、先征后退政策，又享受免抵退税政策有关问题的处理。

（1）纳税人既有增值税即征即退、先征后退项目，也有出口等其他增值税应税项目的，增值税即征即退和先征后退项目不参与出口项目免抵退税计算。纳税人应分别核算增值税即征即退、先征后退项目和出口等其他增值税应税项目，分别申请享受增值税即征即退、先征后退和免抵退税政策。

（2）用于增值税即征即退或者先征后退项目的进项税额无法划分的，按照下列公式计算：

无法划分进项税额中用于增值税即征即退或者先征后退项目的部分 = 当月无法划分的全部进项税额 × 当月增值税即征即退或者先征后退项目销售额 ÷ 当月全部销售额、营业额合计

六、新冠肺炎疫情期间政策

（一）税率与征收率

1. 自 2020 年 3 月 1 日至 5 月 31 日，对湖北省增值税小规模纳税人，适用 3% 征收率的应税销售收入，免征增值税；适用 3% 预征率的预缴增值税项目，暂停预缴增值税。除湖北省外，其他省、自治区、直辖市的增值税小规模纳税人，适用 3% 征收率的应税销售收入，减按 1% 征收率征收增值税；适用 3% 预征率的预缴增值税项目，减按 1% 预征率预缴增值税。

2. 增值税小规模纳税人取得应税销售收入，纳税义务发生时间在 2020 年 2 月底以前，适用 3% 征收率征收增值税的，按照 3% 征收率开具增值税发票；纳税义务发生时间在 2020 年 3 月 1 日至 5 月 31 日，适用减按 1% 征收率征收增值税的，按照 1% 征收率开具增值税发票。

3. 增值税小规模纳税人按照《财政部　税务总局关于支持个体工商户复工复业增值税政策的公告》（2020 年第 13 号，以下简称 13 号公告）有关规定，减按 1% 征收率征收增值税的，按下列公式计算销售额：

销售额 = 含税销售额 ÷ (1 + 1%)

增值税小规模纳税人在办理增值税纳税申报时，按照 13 号公告有关规定，免征增值税的销售额等项目应当填写在《增值税纳税申报表（小规模纳税人适用）》及《增值税减免税申报明细表》免税项目相应栏次；减按 1% 征收率征收增值税的销售额应当填写在《增值税纳税申报表（小规模纳税人适用）》“应征增值税不含税销售额（3% 征收率）”相应栏次，对应减征的增值税应纳税额按销售额的 2% 计算填写在《增值税纳税申报表（小规模纳税人适用）》“本期应纳税额减征额”及《增值税减免税申报明细表》减税项目相应栏次。

《增值税纳税申报表（小规模纳税人适用）附列资料》第 8 栏“不含税销售额”计算

公式调整为：第 8 栏 = 第 7 栏 ÷（1 + 征收率）

4. 增值税小规模纳税人取得应税销售收入，纳税义务发生时间在 2020 年 2 月底以前，已按 3% 征收率开具增值税发票，发生销售折让、中止或者退回等情形需要开具红字发票的，按照 3% 征收率开具红字发票；开票有误需要重新开具的，应按照 3% 征收率开具红字发票，再重新开具正确的蓝字发票。

（二）税收优惠

1. 对纳税人运输疫情防控重点保障物资取得的收入，免征增值税。疫情防控重点保障物资的具体范围，由国家发展改革委、工业和信息化部确定。

2. 对纳税人提供公共交通运输服务、生活服务，以及为居民提供必需生活物资快递收派服务取得的收入，免征增值税。

公共交通运输服务的具体范围，按照《营业税改征增值税试点有关事项的规定》（财税〔2016〕36 号附件）执行。

生活服务、快递收派服务的具体范围，按照《销售服务、无形资产、不动产注释》（财税〔2016〕36 号附件）执行。

3. 单位和个体工商户将自产、委托加工或购买的货物，通过公益性社会组织和县级以上人民政府及其部门等国家机关，或者直接向承担疫情防治任务的医院，无偿捐赠用于应对新型冠状病毒感染的肺炎疫情的，免征增值税。

国家机关、公益性社会组织和承担疫情防治任务的医院接受的捐赠，应专项用于应对新型冠状病毒感染的肺炎疫情工作，不得挪作他用。

以上政策自 2020 年 1 月 1 日起施行，截止日期视疫情情况公告。

4. 疫情防控重点保障物资生产企业按照有关规定享受免征增值税优惠的，可自主进行免税申报，无需办理有关免税备案手续，但应将相关证明材料留存备查。

适用免税政策的纳税人在办理增值税纳税申报时，应当填写增值税纳税申报表及《增值税减免税申报明细表》相应栏次。

5. 纳税人适用免征增值税政策的，不得开具增值税专用发票；已开具增值税专用发票的，应当开具对应红字发票或者作废原发票，再按规定适用免征增值税政策并开具普通发票。

纳税人在疫情防控期间已经开具增值税专用发票，应当开具对应红字发票而未及时开具的，可以先适用免征增值税政策，对应红字发票应当于相关免征增值税政策执行到期后 1 个月内完成开具。

6. 在 2020 年 2 月 10 日前，纳税人已将适用免税政策的销售额、销售数量，按照征税销售额、销售数量进行增值税纳税申报的，可以选择更正当期申报或者在下期申报时调整。已征应予免征的增值税税款，可以予以退还或者分别抵减纳税人以后应缴纳的增值税税款。

（三）增值税增量留抵税额的退还政策

疫情防控重点保障物资生产企业可以按月向主管税务机关申请全额退还增值税增量留

抵税额。

所称增量留抵税额，是指与2019年12月底相比新增加的期末留抵税额。

所称疫情防控重点保障物资生产企业名单，由省级及以上发展改革部门、工业和信息化部门确定。

疫情防控重点保障物资生产企业适用增值税增量留抵退税政策的，应当在增值税纳税申报期内，完成本期增值税纳税申报后，向主管税务机关申请退还增量留抵税额。

第十节 征收管理

一、纳税义务发生时间、纳税期限和纳税地点

（一）纳税义务发生时间

《增值税暂行条例》《增值税暂行条例实施细则》和“营改增通知”明确规定了增值税纳税义务发生时间。纳税义务发生时间，是纳税人发生应税销售行为应当承担纳税义务的起始时间。纳税义务发生时间的作用在于：一是正式确认纳税人和扣缴义务人已经发生属于税法规定的应税销售行为时，应承担的纳税和扣缴义务；二是有利于税务机关实施税务管理，合理规定申报期限和纳税期限，监督纳税人切实履行纳税义务。

1. 应税销售行为纳税义务发生时间的一般规定。

《增值税暂行条例》明确规定：

（1）纳税人发生应税销售行为，其纳税义务发生时间为收讫销售款项或者取得索取销售款项凭据的当天；先开具发票的，为开具发票的当天。

收讫销售款项，是指纳税人发生应税销售行为过程中或者完成后收到的款项。

取得索取销售款项凭据的当天，是指书面合同确定的付款日期；未签订书面合同或者书面合同未确定付款日期的，为应税销售行为完成的当天或者不动产权属变更的当天。

（2）进口货物，为报关进口的当天。

（3）增值税扣缴义务发生时间为纳税人增值税纳税义务发生的当天。

2. 应税销售行为纳税义务发生时间的具体规定：

由于纳税人销售结算方式的不同，《增值税暂行条例实施细则》和“营改增通知”规定了具体的纳税义务发生时间。

（1）采取直接收款方式销售货物，不论货物是否发出，均为收到销售款或者取得索取销售款凭据的当天。

纳税人生产经营活动中采取直接收款方式销售货物，已将货物移送对方并暂估销售收入入账，但既未取得销售款或取得索取销售款凭据也未开具销售发票的，其增值税纳税义务发生时间为取得销售款或取得索取销售款凭据的当天；先开具发票的，为开具发票的当天。

（2）采取托收承付和委托银行收款方式销售货物，为发出货物并办妥托收手续的当天。

（3）采取赊销和分期收款方式销售货物，为书面合同约定的收款日期的当天，无书面合同的或者书面合同没有约定收款日期的，为货物发出的当天。

（4）采取预收货款方式销售货物，为货物发出的当天，但生产销售生产工期超过12个月的大型机械设备、船舶、飞机等货物，为收到预收款或者书面合同约定的收款日期的当天。

（5）委托其他纳税人代销货物，为收到代销单位的代销清单或者收到全部或者部分货款的当天。未收到代销清单及货款的，为发出代销货物满180天的当天。

（6）销售劳务，为提供劳务同时收讫销售款或者取得索取销售款的凭据的当天。

（7）纳税人发生除将货物交付其他单位或者个人代销和销售代销货物以外的视同销售货物行为，为货物移送的当天。

（8）纳税人提供租赁服务采取预收款方式的，其纳税义务发生时间为收到预收款的当天。

例如：某试点纳税人出租一辆小轿车，租金为5 000元/月，一次性预收了对方一年的租金共60 000元，该纳税人则应在收到60 000元租金的当天确认纳税义务发生，并按60 000元确认收入，而不能将60 000元租金采取按月分摊确认收入的方法，也不能在该业务完成后再确认收入。

（9）纳税人从事金融商品转让的，为金融商品所有权转移的当天。

（10）纳税人发生视同销售服务、无形资产或者不动产情形的，其纳税义务发生时间为服务、无形资产转让完成的当天或者不动产权属变更的当天。

上述应税销售行为纳税义务发生时间和扣缴义务发生时间的确定，明确了企业在计算应纳税额时，对“当期销项税额”时间的限定，是增值税计税和征收管理中重要的规定。对于一些企业没有按照上述规定的纳税义务发生时间将实现的销售收入及时入账并计算纳税，而是采取延迟入账或不计销售收入等做法，以拖延纳税或逃避纳税的行为都是错误的。企业必须按上述规定的时限及时、准确地记录销售额和计算当期销项税额。

（二）纳税期限

在明确了增值税纳税义务发生时间后，还需要掌握具体纳税期限，以保证按期缴纳税款。根据《增值税暂行条例》和“营改增通知”，增值税的纳税期限分别为1日、3日、5日、10日、15日、1个月或者1个季度。

纳税人的具体纳税期限，由主管税务机关根据纳税人应纳税额的大小分别核定。不能按照固定期限纳税的，可以按次纳税。

根据“营改增通知”和《增值税暂行条例实施细则》的规定，以1个季度为纳税期限的规定适用于小规模纳税人、银行、财务公司、信托投资公司、信用社，以及财政部和国家税务总局规定的其他纳税人。

纳税人以1个月或者1个季度为1个纳税期的，自期满之日起15日内申报纳税；以1日、3日、5日、10日或者15日为1个纳税期的，自期满之日起5日内预缴税款，于次月1日起15日内申报纳税并结清上月应纳税款。

扣缴义务人解缴税款的期限，依照前两款规定执行。

纳税人进口货物，应当自海关填发进口增值税专用缴款书之日起 15 日内缴纳税款。

按固定期限纳税的小规模纳税人可以选择以 1 个月或 1 个季度为纳税期限，一经选择，一个会计年度内不得变更。

（三）纳税地点

1. 固定业户应当向其机构所在地主管税务机关申报纳税。总机构和分支机构不在同一县（市）的，应当分别向各自所在地的主管税务机关申报纳税；经财政部和国家税务总局或者其授权的财政和税务机关批准，可以由总机构汇总向总机构所在地的主管税务机关申报纳税。

根据税收属地管辖原则，固定业户应当向其机构所在地的主管税务机关申报纳税，这是一般性规定。这里的机构所在地是指纳税人的注册登记地。如果固定业户设有分支机构，且不在同一县（市）的，应当分别向各自所在地的主管税务机关申报纳税。经财政部和国家税务总局或者其授权的财政和税务机关批准，可以由总机构汇总向总机构所在地的主管税务机关申报纳税。具体审批权限如下：

（1）总机构和分支机构不在同一省、自治区、直辖市的，经财政部和国家税务总局批准，可以由总机构汇总向总机构所在地的主管税务机关申报纳税。

（2）总机构和分支机构不在同一县（市），但在同一省、自治区、直辖市范围内的，经省、自治区、直辖市财政厅（局）、税务局审批同意，可以由总机构汇总向总机构所在地的主管税务机关申报纳税。

2. 固定业户到外县（市）销售货物或者劳务，应当向其机构所在地的主管税务机关报告外出经营事项，并向其机构所在地的主管税务机关申报纳税；未报告的，应当向销售地或者劳务发生地的主管税务机关申报纳税；未向销售地或者劳务发生地的主管税务机关申报纳税的，由其机构所在地的主管税务机关补征税款。

3. 非固定业户销售货物或者劳务应当向销售地或者劳务发生地主管税务机关申报纳税；未向销售地或者劳务发生地的主管税务机关申报纳税的，由其机构所在地或者居住地主管税务机关补征税款。

4. 进口货物，应当向报关地海关申报纳税。

5. 扣缴义务人应当向其机构所在地或者居住地主管税务机关申报缴纳扣缴的税款。

二、增值税一般纳税人纳税申报办法

为保障全面推开营业税改征增值税改革试点工作顺利实施，国家税务总局发布了《全面推开营业税改征增值税试点后增值税纳税申报有关事项的公告》（国家税务总局公告 2016 年第 13 号）和《国家税务总局关于调整增值税纳税申报有关事项的公告》（国家税务总局公告 2017 年第 19 号）。

（一）纳税申报资料

纳税申报资料包括纳税申报表及其附列资料和纳税申报其他资料。

1. 纳税申报表及其附列资料。增值税一般纳税人（以下简称一般纳税人）纳税申报表及其附列资料包括：

（1）《增值税纳税申报表（一般纳税人适用）》（见表1－2）。

表1－2　　增值税纳税申报表（一般纳税人适用）

根据国家税收法律法规及增值税相关规定制定本表。纳税人不论有无销售额，均应按税务机关核定的纳税期限填写本表，并向当地税务机关申报。

税款所属时间：自　　年　月　日至　　年　月　日

填表日期：　　年　月　日　金额单位：元至角分

纳税人识别号			所属行业：		
纳税人名称	（公章）	法定代表人姓名		注册地址	生产经营地址	
开户银行及账号		登记注册类型			电话号码	

	项目	栏次	一般项目		即征即退项目	
			本月数	本年累计	本月数	本年累计
销售额	（一）按适用税率计税销售额	1				
	其中：应税货物销售额	2				
	应税劳务销售额	3				
	纳税检查调整的销售额	4				
	（二）按简易办法计税销售额	5				
	其中：纳税检查调整的销售额	6				
	（三）免、抵、退办法出口销售额	7			—	—
	（四）免税销售额	8			—	—
	其中：免税货物销售额	9			—	—
	免税劳务销售额	10			—	—
税款计算	销项税额	11				
	进项税额	12				
	上期留抵税额	13				—
	进项税额转出	14				
	免、抵、退应退税额	15			—	—
	按适用税率计算的纳税检查应补缴税额	16			—	—
	应抵扣税额合计	17＝12＋13－14－15＋16		—		—
	实际抵扣税额	18（如17<11，则为17，否则为11）				
	应纳税额	19＝11－18				
	期末留抵税额	20＝17－18				—
	简易计税办法计算的应纳税额	21				
	按简易计税办法计算的纳税检查应补缴税额	22			—	—
	应纳税额减征额	23				
	应纳税额合计	24＝19＋21－23				

续表

项目		栏次	一般项目		即征即退项目	
			本月数	本年累计	本月数	本年累计
税款缴纳	期初未缴税额（多缴为负数）	25				
	实收出口开具专用缴款书退税额	26			—	—
	本期已缴税额	27 = 28 + 29 + 30 + 31				
	①分次预缴税额	28		—		—
	②出口开具专用缴款书预缴税额	29		—	—	—
	③本期缴纳上期应纳税额	30				
	④本期缴纳欠缴税额	31				
	期末未缴税额（多缴为负数）	32 = 24 + 25 + 26 − 27				
	其中：欠缴税额（≥0）	33 = 25 + 26 − 27		—		—
	本期应补（退）税额	34 = 24 − 28 − 29		—		—
	即征即退实际退税额	35	—	—		
	期初未缴查补税额	36			—	—
	本期入库查补税额	37			—	—
	期末未缴查补税额	38 = 16 + 22 + 36 − 37			—	—

授权声明		申报人声明	
	如果你已委托代理人申报，请填写下列资料： 为代理一切税务事宜，现授权 （地址） 为本纳税人的代理申报人，任何与本申报表有关的往来文件，都可寄予此人。 授权人签字：		本纳税申报表是根据国家税收法律法规及相关规定填报的，我确定它是真实的、可靠的、完整的。 声明人签字：

主管税务机关： 接收人： 接收日期：

（2）《增值税纳税申报表附列资料（一）》（本期销售情况明细）（略）。

（3）《增值税纳税申报表附列资料（二）》（本期进项税额明细）（略）。

（4）《增值税纳税申报表附列资料（三）》（服务、不动产和无形资产扣除项目明细）（略）。

一般纳税人销售服务、不动产和无形资产，在确定服务、不动产和无形资产销售额时，按照有关规定可以从取得的全部价款和价外费用中扣除价款的，需填报《增值税纳税申报表附列资料（三）》。其他情况不填写该附列资料。

（5）《增值税纳税申报表附列资料（四）》（税额抵减情况表）（略）。

（6）《增值税纳税申报表附列资料（五）》（不动产分期抵扣计算表）（略）。

（7）《增值税减免税申报明细表》（略）。

2. 纳税申报的其他资料。

（1）已开具的税控机动车销售统一发票和普通发票的存根联。

（2）符合抵扣条件且在本期申报抵扣的增值税专用发票（含税控机动车销售统一发票）的抵扣联。

（3）符合抵扣条件且在本期申报抵扣的海关进口增值税专用缴款书、购进农产品取得的普通发票的复印件。

（4）符合抵扣条件且在本期申报抵扣的税收完税凭证及其清单，书面合同、付款证明和境外单位的对账单或者发票。

（5）已开具的农产品收购凭证的存根联或报查联。

（6）纳税人销售服务、不动产和无形资产，在确定服务、不动产和无形资产销售额时，按照有关规定从取得的全部价款和价外费用中扣除价款的合法凭证及其清单。

（7）主管税务机关规定的其他资料。

3. 纳税申报表及其附列资料为必报资料。纳税申报其他资料的报备要求由各省、自治区、直辖市和计划单列市税务局确定。

（二）纳税人跨县（市）提供建筑服务、房地产开发企业预售自行开发的房地产项目、纳税人出租与机构所在地不在同一县（市）的不动产，按规定需要在项目所在地或不动产所在地主管税务机关预缴税款的，需填写《增值税预缴税款表》

三、增值税小规模纳税人纳税申报办法

增值税小规模纳税人（以下简称小规模纳税人）纳税申报表及其附列资料包括：

（一）《增值税纳税申报表（小规模纳税人适用）》（见表1-3）

表1-3　　增值税纳税申报表（适用小规模纳税人）

纳税人识别号：

纳税人名称（公章）：　　金额单位：元至角分

税款所属期：　　填表日期：

项目	栏次	本期数		本年累计	
		货物及劳务	服务、不动产和无形资产	货物及劳务	服务、不动产和无形资产
（一）应征增值税不含税销售额（3%征收率）	1				
税务机关代开的增值税专用发票不含税销售额	2				
税控器具开具的普通发票不含税销售额	3				
（二）应征增值税不含税销售额（5%征收率）	4	—		—	
税务机关代开的增值税专用发票不含税销售额	5	—		—	
税控器具开具的普通发票不含税销售额	6	—		—	
（三）销售使用过的应税固定资产不含税销售额	7（7≥8）		—		—
税控器具开具的普通发票不含税销售额	8		—		—
（四）免税销售额	9=10+11+12				
其中：小微企业免税销售额	10				
未达起征点销售额	11				
其他免税销售额	12				
（五）出口免税销售额	13（13≥14）				
其中：税控器具开具的普通发票销售额	14				

续表

项目	栏次	本期数		本年累计	
		货物及劳务	服务、不动产和无形资产	货物及劳务	服务、不动产和无形资产
核定销售额	15				
本期应纳税额	16				
核定应纳税额	17				
本期应纳税额减征额	18				
本期免税额	19				
其中：小微企业免税额	20				
未达起征点免税额	21				
应纳税额合计	22 = 16 − 18 或 17 − 18				
本期预缴税额	23			—	—
本期应补（退）税额	24 = 22 − 23			—	—
纳税人或代理人声明： 本纳税申报表是根据国家税收法律法规及相关规定填报的，我确定它是真实的、可靠的、完整的。	如纳税人填报，由纳税人填写以下各栏：				
	办税人员：		财务负责人：		
	法定代表人：		联系电话：		
	如委托代理人填报，由代理人填写以下各栏：				
	代理人名称（公章）： 联系电话：		经办人：		

主管税务机关： 接收人： 接收日期：

（二）《增值税纳税申报表（小规模纳税人适用）附列资料》（略）

小规模纳税人销售服务，在确定服务销售额时，按照有关规定可以从取得的全部价款和价外费用中扣除价款的，需填报《增值税纳税申报表（小规模纳税人适用）附列资料》。其他情况不填写该附列资料。

（三）《增值税减免税申报明细表》（略）

前述的纳税申报其他资料同样适用于小规模纳税人。

四、营改增汇总纳税管理办法

（一）总分机构试点纳税人增值税计算缴纳暂行办法

经财政部和国家税务总局批准的总机构试点纳税人及其分支机构，按照《财政部 国家税务总局关于重新印发〈总分机构试点纳税人增值税计算缴纳暂行办法〉的通知》（财税〔2013〕74 号）的规定计算缴纳增值税。其主要内容如下：

1. 总机构应当汇总计算总机构及其分支机构发生应税销售行为所列业务的应交增值税，抵减分支机构发生应税销售行为所列业务已缴纳的增值税税款（包括预缴和补缴的增值税税款）后，在总机构所在地解缴入库。总机构应税销售行为，按照增值税暂行条例及相关规定就地申报缴纳增值税。

2. 总机构汇总的应征增值税销售额，为总机构及其分支机构发生应税销售行为所列业务的应征增值税销售额。

3. 总机构汇总的销项税额，按照财税〔2013〕74 号文件规定的应征增值税销售额和增值税适用税率计算。

4. 总机构汇总的进项税额，是指总机构及其分支机构因发生应税销售行为所列业务而购进货物、劳务、服务、无形资产、不动产，支付或者负担的增值税税额。总机构及其分支机构用于发生应税销售行为所列业务之外的进项税额不得汇总。

5. 分支机构发生应税销售行为所列业务，按照应征增值税销售额和预征率计算缴纳增值税。计算公式如下：

应预缴的增值税 = 应征增值税销售额 × 预征率

预征率由财政部和国家税务总局规定，并适时予以调整。

分支机构发生应税销售行为，按照《增值税暂行条例》及相关规定就地申报缴纳增值税。

6. 分支机构发生应税销售行为所列业务当期已预缴的增值税税款，在总机构当期增值税应纳税额中抵减不完的，可以结转下期继续抵减。

7. 每年的第一个纳税申报期结束后，对上一年度总分机构汇总纳税情况进行清算。总机构和分支机构年度清算应交增值税，按照各自销售收入占比和总机构汇总的上一年度应交增值税税额计算。分支机构预缴的增值税超过其年度清算应交增值税的，通过暂停以后纳税申报期预缴增值税的方式予以解决。分支机构预缴的增值税小于其年度清算应交增值税的，差额部分在以后纳税申报期由分支机构在预缴增值税时一并就地补缴入库。

8. 总机构及其分支机构的其他增值税涉税事项，按照营业税改征增值税试点政策及其他增值税有关政策执行。

（二）航空运输企业汇总缴纳增值税的征收管理暂行办法

经财政部和国家税务总局批准，按照《总分机构试点纳税人增值税计算缴纳暂行办法》计算缴纳增值税的航空运输企业，适用该办法。其主要内容如下：

1. 航空运输企业的总机构（以下简称总机构），应当汇总计算总机构及其分支机构发生应税销售行为所列业务的应纳税额，抵减分支机构发生应税销售行为所列业务已缴纳（包括预缴和补缴，下同）的税额后，向主管税务机关申报纳税。

总机构发生应税销售行为，按照《增值税暂行条例》及相关规定就地申报纳税。

2. 总机构汇总的销售额，为总机构及其分支机构发生应税销售行为所列业务的销售额。总机构应当按照增值税现行规定核算汇总的销售额。

3. 总机构汇总的销项税额，按照上述规定的销售额和增值税适用税率计算。

4. 总机构汇总的进项税额，是指总机构及其分支机构因发生应税销售行为所列业务而购进货物、劳务、服务、无形资产、不动产，支付或者负担的增值税税额。

总机构和分支机构用于发生应税销售行为所列业务之外的进项税额不得汇总。

5. 分支机构发生应税销售行为所列业务，按照销售额和预征率计算应预缴税额，按月向主管税务机关申报纳税，不得抵扣进项税额。计算公式为：

应预缴税额 = 销售额 × 预征率

分支机构发生应税销售行为，按照《增值税暂行条例》及相关规定申报缴纳增值税。

6. 分支机构应按月将应税销售行为所列业务的销售额、进项税额和已缴纳税额归集汇总，填写《航空运输企业分支机构传递单》，报送主管税务机关签章确认后，于次月10日前传递给总机构。

7. 总机构的增值税纳税期限为一个季度。总机构应当依据《航空运输企业试点地区分支机构传递单》，汇总计算当期发生应税销售行为所列业务的应纳税额，抵减分支机构发生应税销售行为所列业务当期已缴纳的税额后，向其主管税务机关申报纳税。抵减不完的，可以结转下期继续抵减。计算公式为：

总机构当期汇总应纳税额 = 当期汇总销项税额 - 当期汇总进项税额总机构当期应补（退）税额 = 总机构当期汇总应纳税额 - 分支机构当期已缴纳税额

8. 航空运输企业汇总缴纳的增值税实行年度清算。年度终了后25个工作日内，总机构应当计算分支机构发生应税销售行为所列业务年度清算的应纳税额，并向主管税务机关报送《××年度航空运输企业年度清算表》。计算公式为：

分支机构年度清算的应纳税额 = （分支机构发生应税销售行为所列业务的年度销售额 + 总机构汇总的年度销售额）× 总机构汇总的年度应纳税额

总机构汇总的年度应纳税额，为总机构年度内各季度汇总应纳税额的合计数。

9. 年度终了后40个工作日内，总机构主管税务机关应将《××年度航空运输企业年度清算表》逐级报送国家税务总局。

10. 分支机构年度清算的应纳税额小于分支机构已预缴税额，且差额较大的，由国家税务总局通知分支机构所在地的省级税务机关，在一定时期内暂停分支机构预缴增值税。

分支机构年度清算的应纳税额大于分支机构已预缴税额，差额部分由国家税务总局通知分支机构所在地的省级税务机关，在分支机构预缴增值税时一并补缴入库。

11. 总机构及其分支机构，一律由主管税务机关认定为增值税一般纳税人。总机构应当在开具增值税专用发票的次月申报期结束前向主管税务机关报税。总机构及其分支机构取得的增值税扣税凭证，应当按照有关规定到主管税务机关办理认证或者申请稽核比对。总机构汇总的进项税额，应当在季度终了后的第一个申报期内申报抵扣。

12. 主管税务机关应定期或不定期对分支机构纳税情况进行检查。分支机构发生应税销售行为所列业务申报不实的，就地按适用税率全额补征增值税。主管税务机关应将检查情况及结果发函通知总机构主管税务机关。

（三）邮政企业汇总缴纳增值税的征收管理暂行办法

邮政企业，是指中国邮政集团公司所属提供邮政服务的企业。经省、自治区、直辖市或者计划单列市财政厅（局）和税务局批准，可以汇总申报缴纳增值税的邮政企业，适用

《邮政企业增值税征收管理暂行办法》。其主要内容如下：

1. 各省、自治区、直辖市和计划单列市邮政企业（以下简称总机构）应当汇总计算总机构及其所属邮政企业（以下简称分支机构）提供邮政服务的增值税应纳税额，抵减分支机构提供邮政服务已缴纳（包括预缴和查补，下同）的增值税额后，向主管税务机关申报纳税。总机构发生除邮政服务以外的增值税应税行为，按照增值税条例、试点实施办法及相关规定就地申报纳税。

2. 总机构汇总的销售额，为总机构及其分支机构提供邮政服务的销售额。总机构汇总的销项税额，按照销售额和增值税适用税率计算。

3. 总机构汇总的进项税额，是指总机构及其分支机构提供邮政服务而购进货物、劳务、服务、无形资产、不动产，支付或者负担的增值税额。总机构其分支机构取得的与邮政服务相关的固定资产、专利技术、非专利技术、商誉、商标、著作权、有形动产租赁的进项税额，由总机构汇总缴纳增值税时抵扣。

总机构及其分支机构用于邮政服务以外的进项税额不得汇总。

总机构及其分支机构用于提供邮政服务的进项税额与不得汇总的进项税额无法准确划分的，按照兼营简易计税方法计税项目、免征增值税项目而无法划分不得抵扣的进项税额，按照计算不得抵扣进项税额的公式执行。

4. 分支机构提供邮政服务，按照销售额和预征率计算应预缴税额，按月向主管税务机关申报纳税，不得抵扣进项税额。计算公式为：

应预缴税额 =（销售额 + 预订款）× 预征率

销售额为分支机构对外（包括向邮政服务接受方和本总、分支机构外的其他邮政企业）提供邮政服务取得的收入；预订款为分支机构向邮政服务接受方收取的预订款。

销售额不包括免税项目的销售额；预订款不包括免税项目的预订款。

分支机构发生除邮政服务以外的增值税应税销售行为，按照增值税条例、试点实施办法及相关规定就地申报纳税。

5. 分支机构应按月将邮政服务的销售额、预订款、进项税额和已缴纳增值税额归集汇总，填写《邮政企业分支机构增值税汇总纳税信息传递单》，报送主管税务机关签章确认后，于次月 10 日前传递给总机构。

汇总的销售额包括免税项目的销售额。

汇总的进项税额包括用于免税项目的进项税额。

6. 总机构的纳税期限为一个季度。

7. 总机构应当依据《邮政企业分支机构增值税汇总纳税信息传递单》，汇总计算当期提供邮政服务的应纳税额，抵减分支机构提供邮政服务当期已缴纳的增值税额后，向主管税务机关申报纳税。抵减不完的，可以结转下期继续抵减。计算公式为：

总机构当期汇总应纳税额 = 当期汇总销项税额 - 当期汇总的允许抵扣的进项税额总机构当期应补（退）税额 = 总机构当期汇总应纳税额 - 分支机构当期已缴纳税额

8. 邮政企业为中国邮政速递物流股份有限公司及其所属机构代办速递物流类业务，从寄件人处取得的收入，由总机构并入汇总的销售额计算缴纳增值税。

分支机构收取的上述收入不预缴税款。

寄件人索取增值税专用发票的，邮政企业应向寄件人开具增值税专用发票。

9. 总机构及其分支机构，一律由主管税务机关认定为增值税一般纳税人。

10. 总机构应当在开具增值税专用发票的次月申报期结束前向主管税务机关报税。

总机构及其分支机构取得的增值税扣税凭证，应当按照有关规定到主管税务机关办理认证或者申请稽核比对。

总机构汇总的允许抵扣的进项税额，应当在季度终了后的第一个申报期内申报抵扣。

分支机构提供邮政服务申报不实的，由其主管税务机关按适用税率全额补征增值税。

（四）铁路运输企业汇总缴纳增值税的征收管理暂行办法

经财政部、国家税务总局批准，汇总申报缴纳增值税的中国铁路总公司及其所属运输企业（含下属站段，下同）适用《铁路运输企业增值税征收管理办法》。其主要内容如下：

1. 中国铁路总公司应当汇总计算本部及其所属运输企业提供铁路运输服务以及与铁路运输相关的物流辅助服务（以下简称铁路运输及辅助服务）的增值税应纳税额，抵减所属运输企业提供上述应税服务已缴纳（包括预缴和查补，下同）的增值税额后，向主管税务机关申报纳税。

中国铁路总公司发生除铁路运输及辅助服务以外的增值税应税销售行为，按照增值税条例、试点实施办法及相关规定就地申报纳税。

2. 中国铁路总公司汇总的销售额，为中国铁路总公司及其所属运输企业提供铁路运输及辅助服务的销售额。中国铁路总公司汇总的销项税额，按照上述规定的销售额和增值税适用税率计算。

3. 中国铁路总公司汇总的进项税额，是指中国铁路总公司及其所属运输企业为提供铁路运输及辅助服务而购进货物、劳务、服务、无形资产、不动产，支付或者负担的增值税额。

中国铁路总公司及其所属运输企业取得与铁路运输及辅助服务相关的固定资产、专利技术、非专利技术、商誉、商标、著作权、有形动产租赁的进项税额，由中国铁路总公司汇总缴纳增值税时抵扣。

中国铁路总公司及其所属运输企业用于铁路运输及辅助服务以外的进项税额不得汇总。

中国铁路总公司及其所属运输企业用于提供铁路运输及辅助服务的进项税额与不得汇总的进项税额无法准确划分的，按照试点实施办法第二十六条确定的原则执行。

4. 中国铁路总公司所属运输企业提供铁路运输及辅助服务，按照除铁路建设基金以外的销售额和预征率计算应预缴税额，按月向主管税务机关申报纳税，不得抵扣进项税额。计算公式为：

应预缴税额 =（销售额 − 铁路建设基金）× 预征率

销售额是指为旅客、托运人、收货人和其他铁路运输企业提供铁路运输及辅助服务取得的收入。

其他铁路运输企业，是指中国铁路总公司及其所属运输企业以外的铁路运输企业。

中国铁路总公司所属运输企业发生除铁路运输及辅助服务以外的增值税应税行为，按照增值税条例、试点实施办法及相关规定就地申报纳税。

5. 中国铁路总公司所属运输企业，应按月将当月提供铁路运输及辅助服务的销售额、进项税额和已缴纳增值税额归集汇总，填写《铁路运输企业分支机构增值税汇总纳税信息传递单》，报送主管税务机关签章确认后，于次月 10 日前传递给中国铁路总公司。

6. 中国铁路总公司的增值税纳税期限为一个季度。

7. 中国铁路总公司应当根据《铁路运输企业分支机构增值税汇总纳税信息传递单》，汇总计算当期提供铁路运输及辅助服务的增值税应纳税额，抵减其所属运输企业提供铁路运输及辅助服务当期已缴纳的增值税额后，向主管税务机关申报纳税。抵减不完的，可以结转下期继续抵减。计算公式为：

当期汇总应纳税额 = 当期汇总销项税额 - 当期汇总进项税额当期应补（退）税额

= 当期汇总应纳税额 - 当期已缴纳税额

8. 中国铁路总公司及其所属运输企业，一律由主管税务机关认定为增值税一般纳税人。

9. 中国铁路总公司应当在开具增值税专用发票的次月申报期结束前向主管税务机关报税。

中国铁路总公司及其所属运输企业取得的增值税扣税凭证，应当按照有关规定到主管税务机关办理认证或者申请稽核比对。

中国铁路总公司汇总的进项税额，应当在季度终了后的第一个申报期内申报抵扣。

中国铁路总公司所属铁路运输企业提供铁路运输及辅助服务申报不实的，由其主管税务机关按适用税率全额补征增值税。

10. 合资铁路运输企业汇总缴纳增值税的税务处理。

（1）所列的分支机构自提供铁路运输服务及相关的物流辅助服务之日起，按照财税〔2013〕111 号文件以及《财政部　国家税务总局关于铁路运输企业汇总缴纳增值税的补充通知》（财税〔2014〕54 号）的规定缴纳增值税。

（2）所列的分支机构在维持由中国铁路总公司汇总计算应交增值税不变的前提下，实行由合资铁路运输企业总部汇总预缴增值税的办法。

（3）合资铁路运输企业总部本级及其下属站段（含委托运输管理的站段，下同）本级的销售额适用的预征率调整为1%，本级应预缴的增值税按下列公式计算，计入预算科目“101010401 目”“改征增值税”。

本级应预缴的增值税 = 本级应征增值税销售额 ×1%

（4）合资铁路运输企业总部及其下属站段汇总的销售额适用的预征率仍为3%，合资铁路运输企业总部应按下列公式计算汇总应预缴的增值税，计入预算科目 101010401 目“改征增值税”。

汇总应预缴的增值税 = （总部本级应征增值税销售额 + 下属站段本级应征增值税销售额）×3% -（总部本级应预缴的增值税 + 下属站段本级应预缴的增值税）

第二章　增值税发票的使用及管理

增值税一般纳税人发生应税销售行为，应使用增值税发票管理新系统（以下简称新系统）开具增值税专用发票、增值税普通发票、机动车销售统一发票、增值税电子普通发票。

第一节　增值税专用发票

一、增值税专用发票的联次

增值税专用发票由基本联次或者基本联次附加其他联次构成，基本联次为三联：发票联、抵扣联和记账联。发票联，作为购买方核算采购成本和增值税进项税额的记账凭证；抵扣联，作为购买方报送主管税务机关认证和留存备查的凭证；记账联，作为销售方核算销售收入和增值税销项税额的记账凭证。其他联次用途，由一般纳税人自行确定。

二、增值税专用发票的开具

增值税专用发票应按下列要求开具：

1. 项目齐全，与实际交易相符。

2. 字迹清楚，不得压线、错格。

3. 发票联和抵扣联加盖财务专用章或者发票专用章。

4. 按照增值税纳税义务的发生时间开具。

对不符合上列要求的增值税专用发票，购买方有权拒收。

5. 一般纳税人发生应税销售行为可汇总开具增值税专用发票。汇总开具增值税专用发票的，同时使用防伪税控系统开具《销售货物或者提供应税劳务清单》，并加盖财务专用章或者发票专用章。

6. 保险机构作为车船税扣缴义务人，在代收车船税并开具增值税发票时，应在增值税发票备注栏中注明代收车船税税款信息。具体包括：保险单号、税款所属期（详细至月）、代收车船税金额、滞纳金金额、金额合计等。该增值税发票可作为纳税人缴纳车船税及滞纳金的会计核算原始凭证。

除上述规定外，营改增的相关文件还结合实际情况对增值税专用发票的开具作出了如下规定：

1. 自 2016 年 5 月 1 日起，纳入新系统推行范围的试点纳税人及新办增值税纳税人，应使用新系统根据《商品和服务税收分类与编码（试行）》选择相应的编码开具增值税发票。北京市、上海市、江苏省和广东省已使用编码的纳税人，应于 5 月 1 日前完成开票软件升级。5 月 1 日前已使用新系统的纳税人，应于 8 月 1 日前完成开票软件升级。

2. 按照现行政策规定适用差额征税办法缴纳增值税，且不得全额开具增值税发票的（财政部、税务总局另有规定的除外），纳税人自行开具或者税务机关代开增值税发票时，通过新系统中差额征税开票功能，录入含税销售额（或含税评估额）和扣除额，系统自动计算税额和不含税金额，备注栏自动打印"差额征税"字样，发票开具不应与其他应税行为混合开具。

3. 提供建筑服务，纳税人自行开具或者税务机关代开增值税发票时，应在发票的备注栏注明建筑服务发生地县（市、区）名称及项目名称。

4. 销售不动产，纳税人自行开具或者税务机关代开增值税发票时，应在发票"货物或应税劳务、服务名称"栏填写不动产名称及房屋产权证书号码（无房屋产权证书的可不填写），"单位"栏填写面积单位，备注栏注明不动产的详细地址。

5. 出租不动产，纳税人自行开具或者税务机关代开增值税发票时，应在备注栏注明不动产的详细地址。

6. 个人出租住房适用优惠政策减按 1.5% 征收，纳税人自行开具或者税务机关代开增值税发票时，通过新系统中征收率减按 1.5% 征收开票功能，录入含税销售额，系统自动计算税额和不含税金额，发票开具不应与其他应税行为混合开具。

7. 税务机关代开增值税发票时，"销售方开户行及账号"栏填写税收完税凭证字轨及号码或系统税票号码（免税代开增值税普通发票可不填写）。

8. 税务机关为跨县（市、区）提供不动产经营租赁服务、建筑服务的小规模纳税人（不包括其他个人），代开增值税发票时，在发票备注栏中自动打印"YD"字样。

三、增值税专用发票的领购

一般纳税人凭《发票领购簿》、IC 卡和经办人身份证明领购增值税专用发票。一般纳税人有下列情形之一的，不得领购开具增值税专用发票：

1. 会计核算不健全，不能向税务机关准确提供增值税销项税额、进项税额、应纳税额数据及其他有关增值税税务资料的。

上列其他有关增值税税务资料的内容，由省、自治区、直辖市和计划单列市税务局确定。

2. 有《税收征收管理法》规定的税收违法行为，拒不接受税务机关处理的。

3. 有下列行为之一，经税务机关责令限期改正而仍未改正的：

（1）虚开增值税专用发票。

（2）私自印制增值税专用发票。

（3）向税务机关以外的单位和个人购买取得增值税专用发票。

（4）借用他人增值税专用发票。

（5）未按要求开具发票的。

（6）未按规定保管增值税专用发票和专用设备。有下列情形之一的，为未按规定保管增值税专用发票和专用设备：

①未设专人保管增值税专用发票和专用设备。

②未按税务机关要求存放增值税专用发票和专用设备。

③未将认证相符的增值税专用发票抵扣联、《认证结果通知书》和《认证结果清单》装订成册。

④未经税务机关查验，擅自销毁增值税专用发票基本联次。

（7）未按规定申请办理防伪税控系统变更发行。

（8）未按规定接受税务机关检查。

有上列情形的，如已领购增值税专用发票，主管税务机关应暂扣其结存的增值税专用发票和IC卡。

4. 新办纳税人首次申领增值税发票的规定。

（1）同时满足下列条件的新办纳税人首次申领增值税发票，主管税务机关应当自受理申请之日起2个工作日内办结，有条件的主管税务机关当日办结：

①纳税人的办税人员、法定代表人已经进行实名信息采集和验证（需要采集、验证法定代表人实名信息的纳税人范围由各省税务机关确定）。

②纳税人有开具增值税发票需求，主动申领发票。

③纳税人按照规定办理税控设备发行等事项。

（2）新办纳税人首次申领增值税发票主要包括发票票种核定、增值税专用发票（增值税税控系统）最高开票限额审批、增值税税控系统专用设备初始发行、发票领用等涉税事项。

（3）税务机关为符合上述（1）规定的首次申领增值税发票的新办纳税人办理发票票种核定，增值税专用发票最高开票限额不超过10万元，每月最高领用数量不超过25份；增值税普通发票最高开票限额不超过10万元，每月最高领用数量不超过50份。各省税务机关可以在此范围内结合纳税人税收风险程度，自行确定新办纳税人首次申领增值税发票票种核定标准。

四、增值税专用发票开具范围

1. 一般纳税人发生应税销售行为，应向购买方开具增值税专用发票。

2. 商业企业一般纳税人零售的烟、酒、食品、服装、鞋帽（不包括劳保专用部分）、化妆品等消费品不得开具增值税专用发票。

3. 增值税小规模纳税人需要开具增值税专用发票的，可向主管税务机关申请代开。

4. 销售免税货物不得开具增值税专用发票，法律、法规及国家税务总局另有规定的除外。

5. 纳税人发生应税销售行为，应当向索取增值税专用发票的购买方开具增值税专用发票，并在增值税专用发票上分别注明销售额和销项税额。属于下列情形之一的，不得开具增值税专用发票：

（1）应税销售行为的购买方为消费者个人的。

（2）发生应税销售行为适用免税规定的。

6. 自2017年6月1日起，将建筑业纳入增值税小规模纳税人自行开具增值税专用发票试点范围。月销售额超过3万元（或季销售额超过9万元）的建筑业增值税小规模纳税人（以下简称自开发票试点纳税人）提供建筑服务、销售货物或发生其他增值税应税行为，需要开具增值税专用发票的，通过增值税发票管理新系统自行开具。

自开发票试点纳税人销售其取得的不动产，需要开具增值税专用发票的，仍须向税务机关申请代开。

自开发票试点纳税人开具的增值税专用发票应缴纳的税款，应在规定的纳税申报期内，向主管税务机关申报纳税。在填写增值税纳税申报表时，应将当期开具增值税专用发票的销售额，按照3%和5%的征收率，分别填写在《增值税纳税申报表（小规模纳税人适用）》第2栏和第5栏“税务机关代开的增值税专用发票不含税销售额”的“本期数”相应栏次中。

7. 扩大小规模纳税人自行开具增值税专用发票试点范围。将小规模纳税人自行开具增值税专用发票试点范围由住宿业，鉴证咨询业，建筑业，工业，信息传输、软件和信息技术服务业，扩大至租赁和商务服务业，科学研究和技术服务业，居民服务、修理和其他服务业。上述8个行业小规模纳税人（以下简称试点纳税人）发生增值税应税行为，需要开具增值税专用发票的，可以自愿使用增值税发票管理系统自行开具。

试点纳税人销售其取得的不动产，需要开具增值税专用发票的，应当按照有关规定向税务机关申请代开。

试点纳税人应当就开具增值税专用发票的销售额计算增值税应纳税额，并在规定的纳税申报期内向主管税务机关申报缴纳。在填写增值税纳税申报表时，应当将当期开具增值税专用发票的销售额，按照3%和5%的征收率，分别填写在《增值税纳税申报表（小规模纳税人适用）》第2栏和第5栏“税务机关代开的增值税专用发票不含税销售额”的“本期数”相应栏次中。

8. 小规模纳税人月销售额超过10万元的，使用增值税发票管理系统开具增值税普通发票、机动车销售统一发票、增值税电子普通发票。

已经使用增值税发票管理系统的小规模纳税人，月销售额未超过10万元的，可以继续使用现有税控设备开具发票；已经自行开具增值税专用发票的，可以继续自行开具增值税专用发票，并就开具增值税专用发票的销售额计算缴纳增值税。

五、开具增值税专用发票后发生退货或开票有误的处理

1. 增值税一般纳税人开具增值税专用发票后，发生销货退回、开票有误、应税服务

中止等情形但不符合发票作废条件，或者因销货部分退回及发生销售折让，需要开具红字增值税专用发票的，按以下规定方法处理。

（1）购买方取得增值税专用发票已用于申报抵扣的，购买方可在增值税发票管理新系统（以下简称新系统）中填开并上传《开具红字增值税专用发票信息表》（以下简称《信息表》），在填开《信息表》时不填写相对应的蓝字增值税专用发票信息，应暂依《信息表》所列增值税税额从当期进项税额中转出，待取得销售方开具的红字增值税专用发票后，与《信息表》一并作为记账凭证。

购买方取得增值税专用发票未用于申报抵扣，但发票联或抵扣联无法退回的，购买方填开《信息表》时应填写相对应的蓝字增值税专用发票信息。

销售方开具增值税专用发票尚未交付购买方，以及购买方未用于申报抵扣并将发票联及抵扣联退回的，销售方可在新系统中填开并上传《信息表》。销售方填开《信息表》时应填写相对应的蓝字增值税专用发票信息。

（2）主管税务机关通过网络接收纳税人上传的《信息表》，系统自动校验通过后，生成带有“红字发票信息表编号”的《信息表》，并将信息同步至纳税人端系统中。

（3）销售方凭税务机关系统校验通过的《信息表》开具红字增值税专用发票，在新系统中以销项负数开具。红字增值税专用发票应与《信息表》一一对应。

（4）纳税人也可凭《信息表》电子信息或纸质资料到税务机关对《信息表》内容进行系统校验。

2. 税务机关为小规模纳税人代开增值税专用发票，需要开具红字增值税专用发票的，按照一般纳税人开具红字增值税专用发票的方法处理。

3. 纳税人需要开具红字增值税普通发票的，可以在对应的蓝字发票金额范围内开具多份红字发票。红字机动车销售统一发票需与原蓝字机动车销售统一发票一一对应。

4. 按照《国家税务总局关于纳税人认定或登记为一般纳税人前进项税额抵扣问题的公告》（国家税务总局公告 2015 年第 59 号）的规定，需要开具红字增值税专用发票的，按照上述规定执行。

六、增值税专用发票不得抵扣进项税额的规定

1. 经认证，有下列情形之一的，不得作为增值税进项税额的抵扣凭证，税务机关退还原件，购买方可要求销售方重新开具增值税专用发票。

（1）无法认证。无法认证，是指增值税专用发票所列密文或者明文不能辨认，无法产生认证结果。

（2）纳税人识别号认证不符。纳税人识别号认证不符，是指增值税专用发票所列购买方纳税人识别号有误。

（3）增值税专用发票代码、号码认证不符。增值税专用发票代码、号码认证不符，是指增值税专用发票所列密文解译后与明文的代码或者号码不一致。

2. 经认证，有下列情形之一的，暂不得作为增值税进项税额的抵扣凭证，税务机关扣留原件，查明原因，分别情况进行处理。

（1）重复认证。重复认证，是指已经认证相符的同一张增值税专用发票再次认证。

（2）密文有误。密文有误，是指增值税专用发票所列密文无法解译。

（3）认证不符。认证不符，是指纳税人识别号有误，或者增值税专用发票所列密文解译后与明文不一致。

认证不符不含第 1 条的第（2）项、第（3）项所列情形。

（4）列为失控增值税专用发票。列为失控增值税专用发票，是指认证时的增值税专用发票已被登记为失控增值税专用发票。

3. 对丢失已开具增值税专用发票的发票联和抵扣联的处理。

（1）一般纳税人丢失已开具增值税专用发票的发票联和抵扣联，如果丢失前已认证相符的，购买方凭销售方提供的相应增值税专用发票记账联复印件及销售方所在地主管税务机关出具的《丢失增值税专用发票已报税证明单》，经购买方主管税务机关审核同意后，可作为增值税进项税额的抵扣凭证。

如果丢失前未认证的，购买方凭销售方提供的相应增值税专用发票记账联复印件到主管税务机关进行认证，认证相符的凭该增值税专用发票记账联复印件及销售方所在地主管税务机关出具的《丢失增值税专用发票已报税证明单》，作为增值税进项税额的抵扣凭证。

（2）一般纳税人丢失已开具增值税专用发票的抵扣联，如果丢失前已认证相符的，可使用增值税专用发票发票联复印件留存备查。

如果丢失前未认证的，可使用增值税专用发票发票联到主管税务机关认证，增值税专用发票发票联复印件留存备查。

（3）一般纳税人丢失已开具增值税专用发票的发票联，可将增值税专用发票抵扣联作为记账凭证，增值税专用发票抵扣联复印件留存备查。

4. 增值税专用发票抵扣联无法认证的，可使用增值税专用发票发票联到主管税务机关认证。增值税专用发票发票联复印件留存备查。

七、增值税专用发票的管理

税法除了对纳税人领购、开具增值税专用发票作了上述各项具体规定外，在严格管理上也作了多项规定。主要有：

1. 关于被盗、丢失增值税专用发票的处理。

（1）纳税人必须严格按照《增值税专用发票使用规定》保管使用增值税专用发票，对违反规定发生被盗、丢失增值税专用发票的纳税人，按《税收征收管理法》和《发票管理办法》的规定，处以 1 万元以下的罚款，并可视具体情况，对丢失增值税专用发票的纳税人，在一定期限内（最长不超过半年）停止领购增值税专用发票，对税人申报遗失的增值税专用发票，如发现非法代开、虚开问题的，该纳税人应承担偷税、骗税的连带责任。

（2）纳税人丢失增值税专用发票后，必须按规定程序向当地主管税务机关、公安机关报失。

2. 关于对代开、虚开增值税专用发票的处理。代开发票是指为与自己没有发生直接购销关系的他人开具发票的行为；虚开发票是指在没有任何购销事实的前提下，为他人、为自己或让他人为自己或介绍他人开具发票的行为。代开、虚开发票的行为都是严重的违法行为。对代开、虚开增值税专用发票的，一律按票面所列货物的适用税率全额征补税款，并按《税收征收管理法》的规定按偷税给予处罚。对纳税人取得代开、虚开的增值税专用发票，不得作为增值税合法抵扣凭证抵扣进项税额。代开、虚开发票构成犯罪的，按全国人大常委会发布的《关于惩治虚开、伪造和非法出售增值税专用发票犯罪的决定》处以刑罚。

根据《关于纳税人对外开具增值税专用发票有关问题的公告》（国家税务总局公告2014年第39号）的政策精神，对外开具增值税专用发票同时符合以下情形的，不属于对外虚开增值税专用发票：

（1）纳税人向受票方纳税人销售了货物、劳务、服务、无形资产、不动产。

（2）纳税人向受票方纳税人收取了所销售货物、劳务、服务、无形资产、不动产的款项，或者取得了索取销售款项的凭据。

（3）纳税人按规定向受票方纳税人开具的增值税专用发票相关内容，与所销售货物、劳务、服务、无形资产、不动产相符，且该增值税专用发票是纳税人合法取得并以自己名义开具的。

受票方纳税人取得的符合上述情形的增值税专用发票，可以作为增值税扣税凭证抵扣进项税额。

3. 纳税人善意取得虚开的增值税专用发票的处理。根据《国家税务总局关于纳税人善意取得虚开的增值税专用发票处理问题的通知》（国税发〔2000〕187号）及其他相关规定：

（1）纳税人善意取得虚开的增值税专用发票指购货方与销售方存在真实交易，且购货方不知取得的增值税专用发票是以非法手段获得的。

纳税人善意取得虚开的增值税专用发票，如能重新取得合法、有效的增值税专用发票，准许其抵扣进项税款；如不能重新取得合法、有效的增值税专用发票，不准其抵扣进项税款或追缴其已抵扣的进项税款。

纳税人善意取得虚开的增值税专用发票被依法追缴已抵扣税款的，不属于《税收征收管理法》第三十二条“纳税人未按照规定期限缴纳税款”的情形，不适用该条“税务机关除责令限期缴纳外，从滞纳税款之日起，按日加收滞纳税款万分之五的滞纳金”的规定。

（2）购货方与销售方存在真实的交易，销售方使用的是其所在省（自治区、直辖市和计划单列市）的增值税专用发票，增值税专用发票注明的销售方名称、印章、货物数量、金额及税额等全部内容与实际相符，且没有证据表明购货方知道销售方提供的增值税专用发票是以非法手段获得的，对购货方不以偷税或者骗取出口退税论处。但应按有关规定不予抵扣进项税款或者不予出口退税；购货方已经抵扣的进项税款或者取得的出口退税，应依法追缴。

（3）购货方能够重新从销售方取得防伪税控系统开出的合法、有效专用发票的，或者取得手工开出的合法、有效增值税专用发票且取得了销售方所在地税务机关已经或者正在依法对销售方虚开增值税专用发票行为进行查处证明的，购货方所在地税务机关应依法准予抵扣进项税款或者出口退税。

（4）如有证据表明购货方在进项税款得到抵扣或者获得出口退税前知道该增值税专用发票是销售方以非法手段获得的，对购货方应按《国家税务总局关于纳税人取得虚开的增值税专用发票处理问题的通知》（国税发〔1997〕134 号）和《国家税务总局关于〈国家税务总局关于纳税人取得虚开的增值税专用发票处理问题的通知〉的补充通知》（国税发〔2000〕182 号）的规定处理。

（5）依据国税发〔2000〕182 号文件规定：有下列情形之一的，无论购货方（受票方）与销售方是否进行了实际的交易，增值税专用发票所注明的数量、金额与实际交易是否相符，购货方向税务机关申请抵扣进项税款或者出口退税的，对其均应按偷税或者骗取出口退税处理。

①购货方取得的增值税专用发票注明的销售方名称、印章与其进行实际交易的销售方不符的，即国税发〔1997〕134 号文件第二条规定的“购货方从销售方取得第三方开具的增值税专用发票”的情况。

②购货方取得的增值税专用发票为销售方所在省（自治区、直辖市和计划单列市）以外地区的，即国税发〔1997〕134 号文件第二条规定的“从销货地以外的地区获得增值税专用发票”的情况。

③其他有证据表明购货方明知取得的增值税专用发票系销售方以非法手段获得的，即国税发〔1997〕134 号文件第一条规定的“受票方利用他人虚开的增值税专用发票，向税务机关申报抵扣税款进行偷税”的情况。

（6）纳税人虚开增值税专用发票，未就其虚开金额申报并缴纳增值税的，应按照其虚开金额补缴增值税；已就其虚开金额申报并缴纳增值税的，不再按照其虚开金额补缴增值税。税务机关对纳税人虚开增值税专用发票的行为，应按《税收征收管理法》及《发票管理办法》的有关规定给予处罚。纳税人取得虚开的增值税专用发票，不得作为增值税合法有效的扣税凭证抵扣其进项税额。

4. 税控系统增值税专用发票的管理。

（1）税务机关增值税专用发票管理部门在运用防伪税控发售系统进行发票入库管理或向纳税人发售增值税专用发票时，要认真录入发票代码、号码，并与纸质增值税专用发票进行仔细核对，确保发票代码、号码电子信息与纸质发票的代码、号码完全一致。

（2）纳税人在运用防伪税控系统开具增值税专用发票时，应认真检查系统中的电子发票代码、号码与纸质发票是否一致。如发现税务机关错填电子发票代码、号码的，应持纸质增值税专用发票和税控 IC 卡到税务机关办理退回手续。

（3）对税务机关错误录入代码或号码后又被纳税人开具的增值税专用发票，按以下办法处理：

①纳税人当月发现上述问题的，应按照增值税专用发票使用管理的有关规定，对纸质增值税专用发票和防伪税控开票系统中增值税专用发票电子信息同时进行作废，并及时报主管税务机关。纳税人在以后月份发现的，应按有关规定开具负数增值税专用发票。

②主管税务机关按照有关规定追究有关人员责任，同时将有关情况，如发生原因、主

管税务机关名称、编号、纳税人名称、纳税人识别号、发票代码号码（包括错误的和正确的）、发生时间、责任人以及处理意见或请求等，逐级上报至税务总局。

③对涉及发票数量多、影响面较大的，税务总局将按规定程序对“全国作废发票数据库”进行修正。

（4）在未收回增值税专用发票抵扣联及发票联，或虽已收回增值税专用发票抵扣联及发票联但购货方已将增值税专用发票抵扣联报送税务机关认证的情况下，销货方一律不得作废已开具的增值税专用发票。

5. 关于走逃（失联）企业开具增值税专用发票的认定处理。走逃（失联）企业，是指不履行税收义务并脱离税务机关监管的企业。

根据税务登记管理有关规定，税务机关通过实地调查、电话查询、涉税事项办理核查以及其他征管手段，仍对企业和企业相关人员查无下落的，或虽然可以联系到企业代理记账、报税人员等，但其并不知情也不能联系到企业实际控制人的，可以判定该企业为走逃（失联）企业。走逃（失联）企业开具增值税专用发票的处理规定如下：

（1）走逃（失联）企业存续经营期间发生下列情形之一的，对应属期开具的增值税专用发票列入异常增值税扣税凭证（以下简称异常凭证）范围。

①商贸企业购进、销售货物名称严重背离的；生产企业无实际生产加工能力且无委托加工，或生产能耗与销售情况严重不符，或购进货物并不能直接生产其销售的货物且无委托加工的。

②直接走逃失踪不纳税申报，或虽然申报但通过填列增值税纳税申报表相关栏次，规避税务机关审核比对，进行虚假申报的。

③纳税人丢失、被盗税控专用设备中未开具或已开具未上传的增值税专用发票。

④非正常户纳税人未向税务机关申报或未按规定缴纳税款的增值税专用发票。

⑤增值税发票管理系统稽核比对发现“比对不符”“缺联”“作废”的增值税专用发票。

⑥经税务总局、省税务局大数据分析发现，纳税人开具的增值税专用发票存在涉嫌虚开、未按规定缴纳消费税等情形的。

（2）增值税一般纳税人取得异常凭证，尚未申报抵扣或申报出口退税的，暂不允许抵扣或办理退税；已经申报抵扣的，一律先作进项税额转出；已经办理出口退税的，税务机关可按照异常凭证所涉及的退税额对该企业其他已审核通过的应退税款暂缓办理出口退税，无其他应退税款或应退税款小于涉及退税额的，可由出口企业提供差额部分的担保。经核实，符合现行增值税进项税额抵扣或出口退税相关规定的，企业可继续申报抵扣，或解除担保并继续办理出口退税。

（3）异常凭证由开具方主管税务机关推送至接受方所在地税务机关进行处理［具体操作规程（略）］。

（4）自2020年2月1日起，增值税一般纳税人申报抵扣异常凭证，同时符合下列情形的，其对应开具的增值税专用发票列入异常凭证范围：

①异常凭证进项税额累计占同期全部增值税专用发票进项税额70%（含）以上的。

②异常凭证进项税额累计超过5万元的。

纳税人尚未申报抵扣、尚未申报出口退税或已作进项税额转出的异常凭证，其涉及的进项税额不计入异常凭证进项税额的计算。

（5）自2020年2月1日起，增值税一般纳税人取得的增值税专用发票列入异常凭证范围的，应按照以下规定处理：

①尚未申报抵扣增值税进项税额的，暂不允许抵扣。已经申报抵扣增值税进项税额的，除另有规定外，一律作进项税额转出处理。

②尚未申报出口退税或者已申报但尚未办理出口退税的，除另有规定外，暂不允许办理出口退税。适用增值税免抵退税办法的纳税人已经办理出口退税的，应根据列入异常凭证范围的增值税专用发票上注明的增值税额作进项税额转出处理；适用增值税免退税办法的纳税人已经办理出口退税的，税务机关应按照现行规定追回列入异常凭证范围的增值税专用发票对应的已退税款。

纳税人因骗取出口退税停止出口退（免）税期间取得的增值税专用发票列入异常凭证范围的，按照本条第①项规定执行。

③消费税纳税人以外购或委托加工收回的已税消费品为原料连续生产应税消费品，尚未申报扣除原料已纳消费税税款的，暂不允许抵扣；已经申报抵扣的，冲减当期允许抵扣的消费税税款，当期不足冲减的应当补缴税款。

④纳税信用A级纳税人取得异常凭证且已经申报抵扣增值税、办理出口退税或抵扣消费税的，可以自接到税务机关通知之日起10个工作日内，向主管税务机关提出核实申请。经税务机关核实，符合现行增值税进项税额抵扣、出口退税或消费税抵扣相关规定的，可不作进项税额转出、追回已退税款、冲减当期允许抵扣的消费税税款等处理。纳税人逾期未提出核实申请的，应于期满后按照本条相关作相关处理。

⑤纳税人对税务机关认定的异常凭证存有异议，可以向主管税务机关提出核实申请。经税务机关核实，符合现行增值税进项税额抵扣或出口退税相关规定的，纳税人可继续申报抵扣或者重新申报出口退税；符合消费税抵扣规定且已缴纳消费税税款的，纳税人可继续申报抵扣消费税税款。

（6）自2020年2月1日起，经税务总局、省税务局大数据分析发现存在涉税风险的纳税人，不得离线开具发票，其开票人员在使用开票软件时，应当按照税务机关指定的方式进行人员身份信息实名验证。

（7）自2020年2月1日起，新办理增值税一般纳税人登记的纳税人，自首次开票之日起3个月内不得离线开具发票，按照有关规定不使用网络办税或不具备风险条件的特定纳税人除外。

6. 增值税一般纳税人取得2017年1月1日及以后开具的增值税专用发票、海关进口增值税专用缴款书、机动车销售统一发票、收费公路通行费增值税电子普通发票，取消认证确认、稽核比对、申报抵扣的期限。纳税人在进行增值税纳税申报时，应当通过本省（自治区、直辖市和计划单列市）增值税发票综合服务平台对上述扣税凭证信息进行用途确认。

增值税一般纳税人取得2016年12月31日及以前开具的增值税专用发票、海关进口增值税专用缴款书、机动车销售统一发票，超过认证确认、稽核比对、申报抵扣期限，但符合规定条件的，仍可按照《国家税务总局关于逾期增值税扣税凭证抵扣问题的公告》（国家税务总局公告2011年第50号，国家税务总局公告2017年第36号、2018年第31号修改）、《国家税务总局关于未按期申报抵扣增值税扣税凭证有关问题的公告》（国家税务总局公告2011年第78号，国家税务总局公告2018年第31号修改）规定，继续抵扣进项税额。

八、税务机关代开增值税专用发票管理办法

该办法的主要内容如下：

1. 代开增值税专用发票是指主管税务机关为所管辖范围内的增值税纳税人（指已办理税务登记的小规模纳税人，包括个体经营者以及国家税务总局确定的其他可予代开增值税专用发票的纳税人）代开增值税专用发票，其他单位和个人不得代开。主管税务机关应设立代开增值税专用发票岗位和税款征收岗位，并分别确定专人负责代开增值税专用发票和税款征收工作。

根据《关于跨境应税行为免税备案等增值税问题的公告》（国家税务总局公告2017年第30号），其他个人委托房屋中介、住房租赁企业等单位出租不动产，需要向承租方开具增值税发票的，可以由受托单位代其向主管地税机关按规定申请代开增值税发票。

2. 代开增值税专用发票统一使用增值税防伪税控代开票系统开具。通过防伪税控报税子系统采集代开增值税专用发票开具信息，不再填报《代开发票开具清单》，同时停止使用非防伪税控系统为纳税人代开增值税专用发票（包括手写版增值税专用发票和计算机开具不带密码的电脑版增值税专用发票）。非防伪税控代开票系统开具的代开增值税专用发票不得作为增值税进项税额抵扣凭证。增值税防伪税控代开票系统由防伪税控企业发行岗位按规定发行。

3. 增值税纳税人发生增值税应税行为、需要开具增值税专用发票时，可向其主管税务机关申请代开。

申请代开增值税专用发票时，应填写《代开增值税专用发票缴纳税款申报单》（以下简称《申报单》）上连同税务登记证副本，到主管税务机关税款征收岗位按增值税专用发票上注明的税额全额申报缴纳税款，同时缴纳增值税专用发票工本费。

4. 税款征收岗位接到《申报单》后，应对以下事项进行审核：是否属于本税务机关管辖的增值税纳税人；《申报单》上增值税征收率填写、税额计算是否正确。

审核无误后，税款征收岗位应通过防伪税控代开票征收子系统录入《申报单》的相关信息，按照《申报单》上注明的税额征收税款，开具税收完税凭证，同时收取增值税专用发票工本费，按照规定开具有关票证，将有关征税电子信息及时传递给代开发票岗位。

在防伪税控代开票证征税子系统未使用前暂传递纸质凭证。

税务机关可采取税银联网划款、银行卡（POS机）划款或现金收取三种方式征收税款。

5. 增值税纳税人缴纳税款后，凭《申报单》和税收完税凭证及税务登记副本，到代开增值税专用发票岗位收取代开的增值税专用发票。

代开发票岗位确认税款征收岗位传来的征税电子信息与《申报单》和税收完税凭证上的金额、税额相符后，按照《申报单》、完税凭证和增值税专用发票一一对应，即“一单一证一票”原则，为增值税纳税人代开增值税专用发票。

在防伪税控代开票征税子系统未使用前，代开票岗位凭《申报单》和税收完税凭证代开发票。

6. 代开发票岗位应按下列要求填写增值税专用发票的有关项目：

（1）“单价”栏和“金额”栏分别填写不含增值税税额的单价和销售额。

（2）“税率”栏填写增值税征收率。

（3）销货单位栏填写代开税务机关的统一代码和代开税务机关名称。

（4）销货方开户银行及账号栏内填写税收完税凭证号码。

（5）备注栏内注明增值税纳税人的名称和纳税人识别码。

（6）其他项目按照增值税专用发票填开的有关规定填写。

7. 为增值税纳税人代开的增值税专用发票应统一使用六联增值税专用发票，第五联代开发票岗位留存，以备发票的扫描补录，第六联交税款征收岗位，用于代开发票税额与征收税款的定期核对，其他联次交增值税纳税人。

除上述规定外，国家税务总局于 2019 年 12 月 31 日发布了关于开展网络平台道路货物运输企业代开增值税专用发票试点工作的通知。主要内容如下：

（1）适用范围：

纳入试点的网络平台道路货物运输企业（以下简称试点企业）可以为同时符合以下条件的货物运输业小规模纳税人（以下简称会员）代开增值税专用发票，并代办相关涉税事项。

①在中华人民共和国境内提供公路货物运输服务，取得《中华人民共和国道路运输经营许可证》和《中华人民共和国道路运输证》。以 4.5 吨及以下普通货运车辆从事普通道路货物运输经营的，无须取得《中华人民共和国道路运输经营许可证》和《中华人民共和国道路运输证》。

②以自己的名义对外经营，并办理了税务登记（包括临时税务登记）。

③未做增值税专用发票票种核定。

④注册为该平台会员。

（2）试点企业的条件。试点企业应当同时符合以下条件：

①按照《交通运输部 国家税务总局关于印发〈网络平台道路货物运输经营管理暂行办法〉的通知》（交运规〔2019〕12 号）规定，取得经营范围中注明“网络货运”的《道路运输经营许可证》。

②具备与开展业务相适应的相关线上服务能力，包括信息数据交互及处理能力，物流信息全程跟踪、记录、存储、分析能力，实现交易、运输、结算等各环节全过程透明化动态管理，对实际承运驾驶员和车辆的运输轨迹实时展示，并记录含有时间和地理位置信息的实时运输轨迹数据。

③与省级交通运输主管部门建立的网络货运信息监测系统实现有效对接，按照要求完成数据上传。

④对会员相关资质进行审查，保证提供运输服务的实际承运车辆具备合法有效的营运

证，驾驶员具有合法有效的从业资格证。

试点企业代开增值税专用发票不得收取任何费用，否则将取消其试点企业资格。

（3）增值税专用发票的开具。试点企业按照以下规定为会员代开增值税专用发票：

①仅限于为会员通过本平台承揽的货物运输服务代开增值税专用发票。

②应与会员签订委托代开增值税专用发票协议。协议范本由各省税务局制定。

③使用自有增值税发票税控开票软件，按照3%的征收率代开增值税专用发票，并在发票备注栏注明会员的纳税人名称、纳税人识别号、起运地、到达地、车种车号以及运输货物信息。如，内容较多可另附清单。

④代开增值税专用发票的相关栏次内容，应与会员通过本平台承揽的运输服务，以及本平台记录的物流信息保持一致。平台记录的交易、资金、物流等相关信息应统一存储，以备核查。

⑤试点企业接受会员提供的货物运输服务，不得为会员代开专用发票。试点企业可以按照《货物运输业小规模纳税人申请代开增值税专用发票管理办法》（国家税务总局公告2017年第55号）的相关规定，代会员向试点企业主管税务机关申请代开专用发票。

（4）涉税事项的办理。

①试点企业代开增值税专用发票应当缴纳的增值税，由试点企业按月代会员向试点企业主管税务机关申报缴纳，并将完税凭证转交给会员。

②试点企业办理增值税纳税申报时，代开增值税专用发票对应的收入不属于试点企业的增值税应税收入，无须申报。试点企业应按月将代开增值税专用发票和代缴税款情况向主管税务机关报备，具体报备的有关事项由各省税务局确定。

③会员应按照其主管税务机关核定的纳税期限，按规定计算增值税应纳税额，抵减已由试点企业代为缴纳的增值税后，向主管税务机关申报纳税。

8. 纳税人代开增值税专用发票对应的销售额，一并计入该纳税人月（季、年）度销售额，作为主管税务机关对其实施税收管理的标准和依据。

9. 自2020年2月1日起，增值税小规模纳税人（其他个人除外）发生增值税应税行为，需要开具增值税专用发票的，可以自愿使用增值税发票管理系统自行开具。选择自行开具增值税专用发票的小规模纳税人，税务机关不再为其代开增值税专用发票。

增值税小规模纳税人应当就开具增值税专用发票的销售额计算增值税应纳税额，并在规定的纳税申报期内向主管税务机关申报缴纳。在填写增值税纳税申报表时，应当将当期开具增值税专用发票的销售额，按照3%和5%的征收率，分别填写在《增值税纳税申报表（小规模纳税人适用）》第2栏和第5栏“税务机关代开的增值税专用发票不含税销售额”的“本期数”相应栏次中。

第二节 增值税普通发票

增值税普通发票，是将除商业零售以外的增值税一般纳税人纳入增值税防伪税控系统开具和管理，也就是说一般纳税人可以使用同一套增值税防伪税控系统开具增值税专用发票、增值税普通发票等，俗称“一机多票”。

1. 增值税普通发票的格式、字体、栏次、内容与增值税专用发票完全一致，按发票联次分为两联票和五联票两种，基本联次为两联，第一联为记账联，销货方用作记账凭证；第二联为发票联，购货方用作记账凭证。此外，为满足部分纳税人的需要，在基本联次后添加了三联的附加联次，即五联票，供企业选择使用。

2. 增值税普通发票代码的编码原则与增值税专用发票基本一致，发票左上角 10 位代码的含义：第 1—4 位代表各省份；第 5—6 位代表制版年度；第 7 位代表印制批次；第 8 位代表发票种类，普通发票用“6”表示；第 9 位代表几联版，普通发票两联版用“2”表示，普通发票五联版用“5”表示；第 10 位代表金额版本号“0”表示电脑版。

3. 增值税普通发票第二联（发票联）采用防伪纸张印制。代码采用专用防伪油墨印刷，号码的字形为专用异型体。各联次的颜色依次为蓝色、橙色、绿蓝色、黄绿色和紫红色。

4. 凡纳入“一机多票”系统（包括试运行）的一般纳税人，自纳入之日起，一律使用全国统一的增值税普通发票，并通过防伪税控系统开具。

第三节 增值税电子普通发票

为了满足纳税人开具增值税电子普通发票的需求，国家税务总局在 2015 年 11 月发布了《关于推行通过增值税电子发票系统开具的增值税电子普通发票有关问题的公告》（国家税务总局公告 2015 年第 84 号）。推行通过增值税电子发票系统开具的增值税电子普通发票，对降低纳税人经营成本，节约社会资源，方便消费者保存使用发票，营造健康公平的税收环境有着重要作用。该公告的主要内容如下：

1. 增值税电子普通发票的开票方和受票方需要纸质发票的，可以自行打印增值税电子普通发票的版式文件，其法律效力、基本用途、基本使用规定等与税务机关监制的增值税普通发票相同。

2. 增值税电子普通发票的发票代码为 12 位，编码规则为：第 1 位为 0；第 2—5 位代表省、自治区、直辖市和计划单列市；第 6—7 位代表年度；第 8—10 位代表批次；第 11—12 位代表票种（11 代表增值税电子普通发票）。发票号码为 8 位，按年度、分批次编制。

3. 增值税电子普通发票的样式（见图 2 - 1）

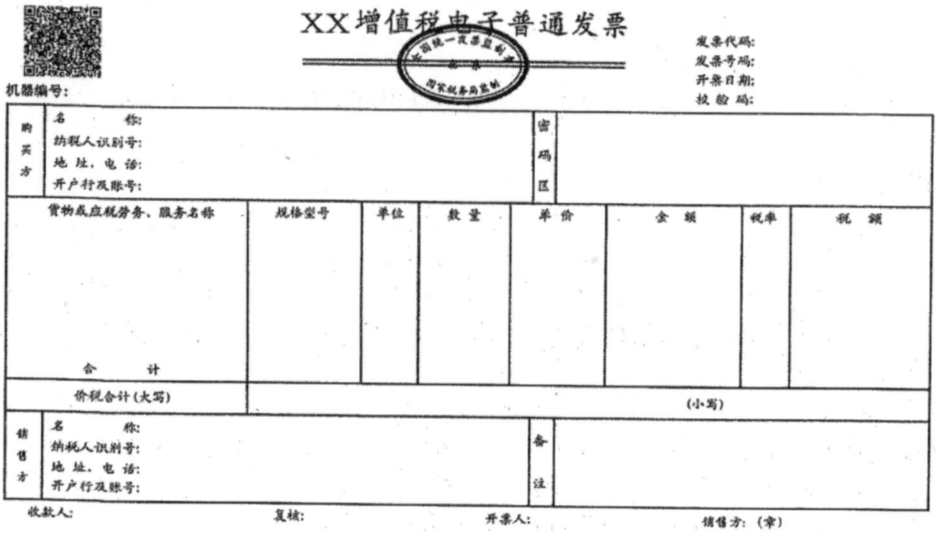

XX增值税电子普通发票

发票代码：
发票号码：
开票日期：
校验码：
机器编号：

购买方	名称： 纳税人识别号： 地址、电话： 开户行及账号：			密码区			
货物或应税劳务、服务名称	规格型号	单位	数量	单价	金额	税率	税额
合计							
价税合计（大写）					（小写）		
销售方	名称： 纳税人识别号： 地址、电话： 开户行及账号：			备注			

收款人： 复核： 开票人： 销售方：（章）

图 2－1 增值税电子普通发票

4. 增值税电子普通发票的逻辑示意图（见图 2－2）。增值税电子发票系统实现方案逻辑示意图及描述如下：

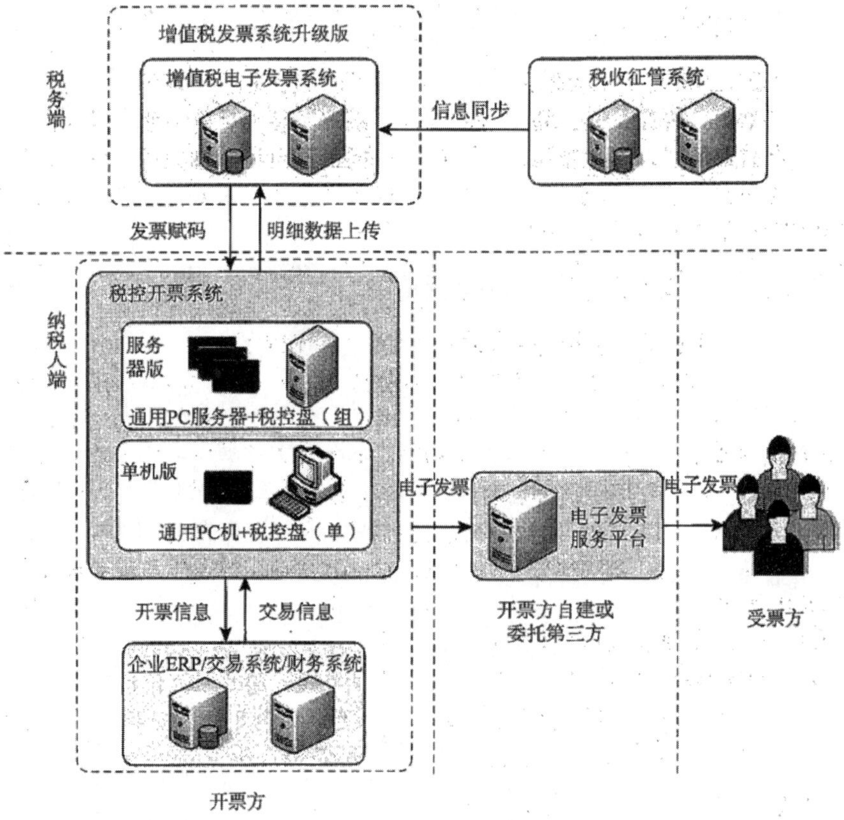

图 2－2 增值税电子发票的逻辑示意图

（1）信息同步。选择使用增值税电子发票的纳税人，与现有的纳税人登记、票种核定等流程一致。现有增值税电子发票试点纳税人，保持纳税人登记、票种核定等业务流程不变，税务后台征管系统将票种核定信息同步至增值税电子发票系统。

（2）发票赋码。电子发票的号段，由税务后台征管系统通过接口方式同步至增值税电子发票系统，通过增值税电子发票系统最终赋予纳税人。

（3）电子发票数据生成。电商等用票量大的企业可选用服务器版税控开票系统以满足企业大量集中开票需求。票量小的企业可使用单机版税控开票系统完成电子发票开具及电子数据生成。

（4）电子发票版式文件生成。可在企业端直接生成，也可由第三方电子发票服务平台完成。使用第三方电子发票服务平台的纳税人，需将电子发票数据传递给第三方电子发票服务平台。

（5）电子发票明细数据传送税务机关。电子发票明细数据通过增值税电子发票系统实时传送税务机关，进入发票电子底账库。为了推进物流业降本增效、进一步提升收费公路服务水平，交通运输部和国家税务总局于 2017 年 12 月 25 日颁发了《关于收费公路通行费增值税电子普通发票开具等有关事项的公告》，单独印制了收费公路通行费增值税电子普通发票。

5. 自 2020 年 4 月 1 日起，收费公路通行费增值税电子普通发票（以下简称通行费电子发票）开具等有关事项如下：

（1）通行费电子发票开具对象。通行费电子发票开具对象为办理 ETC（电子不停车收费系统）卡的客户，ETC 卡的具体办理流程和相关要求请咨询各省（自治区、直辖市）ETC 客户服务机构。未办理 ETC 卡的客户，仍按原有方式交纳通行费和索取票据。

（2）通行费电子发票开具流程。

①发票服务平台账户注册。客户登录发票服务平台网站（www. txffp. com）或“票根”App，凭手机号码、手机验证码免费注册，并按要求设置购买方信息。客户如需变更购买方信息，应当于发生充值或通行交易前变更，确保开票信息真实准确。

②绑定 ETC 卡。客户登录发票服务平台，填写 ETC 卡办理时的预留信息（开户人名称、证件类型、证件号码、手机号码等），经校验无误后，完成 ETC 卡绑定。

③发票开具。客户登录发票服务平台，选取需要开具发票的充值或消费交易记录，申请生成通行费电子发票。发票服务平台免费向客户提供通行费电子发票及明细信息下载、转发、预览、查询等服务。

（3）通行费电子发票开具规定。

①通行费电子发票分为两种：一种是左上角标识“通行费”字样，且税率栏次显示适用税率或征收率的通行费电子发票（以下简称征税发票）；另一种是左上角无“通行费”字样，且税率栏次显示“不征税”的通行费电子发票（以下简称不征税发票）。

②ETC 后付费客户索取发票的，通过经营性收费公路的部分，在发票服务平台取得由收费公路经营管理单位开具的征税发票；通过政府还贷性收费公路的部分，在发票服务平台取得暂由 ETC 客户服务机构开具的不征税发票。

③ETC 预付费客户可以自行选择在充值后索取发票或者实际发生通行费用后索取

发票。

在充值后索取发票的，在发票服务平台取得由ETC客户服务机构全额开具的不征税发票，实际发生通行费用后，ETC客户服务机构和收费公路经营管理单位均不再向其开具发票。

客户在充值后未索取不征税发票，在实际发生通行费用后索取发票的，通过经营性收费公路的部分，在发票服务平台取得由收费公路经营管理单位开具的征税发票；通过政府还贷性收费公路的部分，在发票服务平台取得暂由ETC客户服务机构开具的不征税发票。

④客户使用ETC卡通行收费公路并交纳通行费的，可以在实际发生通行费用后第10个自然日起，登录发票服务平台，选择相应通行记录取得通行费电子发票；客户可以在充值后实时登录发票服务平台，选择相应充值记录取得通行费电子发票。

⑤发票服务平台应当将通行费电子发票对应的通行明细清单留存备查。

（4）通行费电子发票其他规定。

①增值税一般纳税人申报抵扣的通行费电子发票进项税额，在纳税申报时应当填写在《增值税纳税申报表附列资料（二）》（本期进项税额明细）中“认证相符的增值税专用发票”相关栏次中。

②收费公路通行费增值税进项税额抵扣政策按照国务院财税主管部门有关规定执行。

③单位和个人可以登录全国增值税发票查验平台（https：//inv－veri. chinatax. gov. cn），对通行费电子发票信息进行查验。

2017年12月25日发布的《交通运输部　国家税务总局关于收费公路通行费增值税电子普通发票开具等有关事项的公告》（交通运输部　国家税务总局公告2017年第66号）废止。

第四节　机动车销售统一发票

（一）机动车销售统一发票联次

《机动车销售统一发票》为电脑六联式发票。即，第一联为发票联（购货单位付款凭证），第二联为抵扣联（购货单位扣税凭证），第三联为报税联（车购税征收单位留存），第四联为注册登记联（车辆登记单位留存），第五联为记账联（销货单位记账凭证），第六联为存根联（销货单位留存）。第一联印色为棕色，第二联印色为绿色，第三联印色为紫色，第四联印色为蓝色，第五联印色为红色，第六联印色为黑色。发票代码、发票号码印色为黑色，当购货单位不是增值税一般纳税人时，第二联抵扣联由销货单位留存。

（二）机动车销售统一发票适用范围

根据《国家税务总局关于使用新版机动车销售统一发票有关问题的通知》（国税函〔2006〕479号）规定：“凡从事机动车零售业务的单位和个人，从2006年8月1日起，在销售机动车（不包括销售旧机动车）收取款项时，必须开具税务机关统一印制的新版

《机动车销售统一发票》，并在发票联加盖财务专用章或发票专用章，抵扣联和报税联不得加盖印章。”

《国家税务总局关于〈机动车销售统一发票〉注册登记联加盖开票单位印章问题的通知》（国税函〔2006〕813 号）规定：“从 2006 年 10 月 1 日起，《机动车销售统一发票》注册登记联一律加盖开票单位印章。”

（三）增值税税额的计算公式

增值税税额的计算公式如下：增值税税额 = 价税合计 - 不含税价

不含税价 = 价税合计 ÷（1 + 增值税税率或征收率）

第五节 营改增后纳税人发票的使用

根据《关于全面推开营业税改征增值税试点有关税收征收管理事项的公告》（国家税务总局公告 2016 年第 23 号）的规定：

1. 增值税一般纳税人发生应税销售行为，使用增值税发票管理新系统（以下简称新系统）开具增值税专用发票、增值税普通发票、机动车销售统一发票、增值税电子普通发票。

2. 增值税小规模纳税人月销售额超过 10 万元的，使用增值税发票管理系统开具增值税普通发票、机动车销售统一发票、增值税电子普通发票。

已经使用增值税发票管理系统的小规模纳税人，月销售额未超过 10 万元的，可以继续使用现有税控设备开具发票；已经自行开具增值税专用发票的，可以继续自行开具增值税专用发票，并就开具增值税专用发票的销售额计算缴纳增值税。

自 2019 年 1 月 1 日起，小规模纳税人月销售额未超过 10 万元的，当期因开具增值税专用发票已经缴纳的税款，在增值税专用发票全部联次追回或者按规定开具红字专用发票后，可以向主管税务机关申请退还。

3. 增值税普通发票（卷式）启用前，纳税人可通过新系统使用税务机关发放的现有卷式发票。

4. 门票、过路（过桥）费发票、定额发票、客运发票和二手车销售统一发票继续使用。

5. 采取汇总纳税的金融机构，省、自治区所辖地市以下分支机构可以使用地市级机构统一领取的增值税专用发票、增值税普通发票、增值税电子普通发票；直辖市、计划单列市所辖区县及以下分支机构可以使用直辖市、计划单列市机构统一领取的增值税专用发票、增值税普通发票、增值税电子普通发票。

6. 自 2018 年 1 月 1 日起，金融机构开展贴现、转贴现业务需要就贴现利息开具发票的，由贴现机构按照票据贴现利息全额向贴现人开具增值税普通发票，转贴现机构按照转贴现利息全额向贴现机构开具增值税普通发票。

7. 税务机关使用新系统代开增值税专用发票和增值税普通发票。代开增值税专用发票使用六联票，代开增值税普通发票使用五联票。

8. 自 2016 年 5 月 1 日起，税务机关不再向试点纳税人发放发票。试点纳税人已领取税务机关印制的发票以及印有本单位名称的发票，可继续使用至 2016 年 6 月 30 日，特殊情况经省级税务机关确定，可适当延长使用期限，最迟不超过 2016 年 8 月 31 日。

纳税人在税务机关已申报营业税未开具发票，2016 年 5 月 1 日以后需要补开发票的，可于 2016 年 12 月 31 日前开具增值税普通发票（税务总局另有规定的除外）。

9. 自 2019 年 6 月 1 日起，停用增值税防伪税控系统汉字防伪项目。

从事稀土产品生产、商贸流通的增值税纳税人（以下简称稀土企业）销售稀土产品或提供稀土应税劳务、服务的，应当通过升级后的增值税发票管理系统开具稀土专用发票；销售非稀土产品或提供非稀土应税劳务、服务的，不得开具稀土专用发票。

稀土产品包括稀土矿产品、稀土冶炼分离产品、稀土金属及合金、稀土产品加工费。

稀土企业销售稀土矿产品、稀土冶炼分离产品、稀土金属及合金，提供稀土加工应税劳务、服务的，应当按照《稀土产品目录》的分类分别开具发票。

第六节　营改增后税控系统使用问题

1. 自本地区营改增试点实施之日起，一般纳税人提供货物运输服务，使用货物运输业增值税专用发票税控系统（以下简称货运专票税控系统）；提供货物运输服务之外的其他增值税应税服务、开具增值税专用发票和增值税普通发票的，使用增值税防伪税控系统（以下简称防伪税控系统）。

2. 自 2013 年 8 月 1 日起，一般纳税人从事机动车（旧机动车除外）零售业务开具机动车销售统一发票，应使用机动车销售统一发票税控系统（以下简称机动车发票税控系统）。

3. 试点纳税人使用的增值税防伪税控系统专用设备为金税盘和报税盘，纳税人应当使用金税盘开具发票，使用报税盘领购发票、抄报税；货运专票税控系统和机动车发票税控系统专用设备为税控盘和报税盘，纳税人应当使用税控盘开具发票，使用报税盘领购发票、抄报税。

货运专票税控系统及专用设备管理，按照现行防伪税控系统有关规定执行。各省级税务机关可对现有相关文件作适当调整。

第二篇
增值税会计实务

第一章　增值税会计科目设置及总体核算

随着《增值税暂行条例》以及营改增后相关规定出台，国家对所有经营行业全面彻底实行增值税税制。在增值税应纳税额的计算方面根据不同的纳税人的特点和不同的应税行为规定了不同的计算方法，其增值税应纳税额计算办法的不同之处在于计算程序和是否可以抵扣进项税额方面。对于增值税一般纳税人在生产经营过程中，凭依法取得的法定增值税扣税凭证上注明或计算的进项税额准予从销项税额中抵扣，当期销项税额抵扣当期进项税额后的余额为该增值税一般纳税人当期应纳税额。增值税扣税凭证具体是指增值税专用发票、海关进口增值税专用缴款书、农产品收购发票和农产品销售发票。而增值税小规模纳税人和增值税税法规定的特殊货物或特殊情形则采取简易的征税办法。按照销售额和增值税征收率计算应纳税额，并不得抵扣进项税额。

为进一步规范增值税会计处理，促进《关于全面推开营业税改征增值税试点的通知》（财税〔2016〕36 号）的贯彻落实，国家制定了《增值税会计处理规定》。财政部于 1993 年 12 月 27 日发布的《关于增值税会计处理的规定》等相关会计处理补充规定全部废止。从纳税人购进货物或劳务、不动产、无形资产以及其他应税项目的进项税额核算开始，到纳税人销售货物或劳务、不动产、无形资产以及其他应税项目的销项税额核算和增值税应纳税额的缴纳的整个增值税应纳税额的核算全部纳入会计核算体系。因此，增值税应纳税额的计算的任何一项规定都会在会计核算中进行记载和反映，纳税人的账务处理过程实际上就是增值税应纳税额的计算过程。增值税应纳税额的计算是增值税会计核算的基础和核心，增值税应纳税额的计算通过“应交税费——应交增值税”（依据企业会计准则〔2006〕修正）科目辐射到纳税人供应、生产和销售等生产经营（运营）全部环节。所以，我们通过增值税会计处理来翔实阐述增值税应纳税额的计算。由于增值税有一般纳税人和小规模纳税人之分，其增值税应纳税额的计算和会计处理不一样，为了便于理解和掌握，我们在以下介绍中，将分别进行说明。

第一节　增值税会计科目

从 2016 年 12 月 3 日起，增值税一般纳税人应当在“应交税费”科目下设置“应交增值税”“未交增值税”“预交增值税”“待抵扣进项税额”“待认证进项税额”“待转销项税额”“增值税留抵税额”“简易计税”“转让金融商品应交增值税”“代扣代交增值税”

等10个明细科目进行核算。小规模纳税人使用“应交增值税”明细科目进行核算。根据国家税务总局关于《增值税日常稽查办法的通知》，增值税一般纳税人在税务机关对其增值税纳税情况进行检查后，凡涉及应交增值税账务调整的，应设立“应交税费——增值税检查调整”专门账户。

一、“应交增值税”科目

增值税纳税人应在“应交税费”科目下设置“应交增值税”明细科目。在“应交增值税”明细账内设置“进项税额”“销项税额抵减”“已交税金”“转出未交增值税”“减免税款”“出口抵减内销产品应纳税额”“销项税额”“出口退税”“进项税额转出”“转出多交增值税”等10个专栏。“应交增值税”明细科目的借方发生额，反映纳税人发生的“进项税额”“销项税额抵减”“已交税金”“转出未交增值税”“减免税款”“出口抵减内销产品应纳税额”“销项税额”“出口退税”“进项税额转出”“转出多交增值税”金额。贷方发生额，反映纳税人发生的“销项税额”“出口退税”“进项税额转出”“转出多交增值税”金额，用丁字账表示如下：

应交税费——应交增值税

借	贷
1. 进项税额 2. 销项税额抵减 3. 已交税金 4. 转出未交增值税 5. 减免税款 6. 出口抵减内销产品应纳税额	1. 销项税额 2. 出口退税 3. 进项税额转出 4. 转出多交增值税
余额：留抵税额	

这些专栏具体记录的业务内容如下：

1. “进项税额”专栏，记录一般纳税人购进货物、加工修理修配劳务、服务、无形资产或不动产而支付或负担的、准予从当期销项税额中抵扣的增值税额。

2. “销项税额抵减”专栏，记录一般纳税人按照现行增值税制度规定因扣减销售额而减少的销项税额。

3. “已交税金”专栏，记录一般纳税人当月已缴纳的应交增值税额。

4. “转出未交增值税”和“转出多交增值税”专栏，分别记录一般纳税人月度终了转出当月应交未交或多交的增值税额。

5. “减免税款”专栏，记录一般纳税人按现行增值税制度规定准予减免的增值税额。

6. “出口抵减内销产品应纳税额。专栏，记录实行“免、抵、退”办法的一般纳税人按规定计算的出口货物的进项税抵减内销产品的应纳税额。

7. “销项税额”专栏，记录一般纳税人销售货物、加工修理修配劳务、服务、无形资产或不动产应收取的增值税额。

8. “出口退税”专栏，记录一般纳税人出口货物、加工修理修配劳务、服务、无形资产按规定退回的增值税额。

9. “进项税额转出”专栏，记录一般纳税人购进货物、加工修理修配劳务、服务、无形资产或不动产等发生非正常损失以及其他原因而不应从销项税额中抵扣、按规定转出的进项税额。

二、“未交增值税”科目

“未交增值税”明细科目，核算一般纳税人月度终了从“应交增值税”或“预交增值税”明细科目转入当月应交未交、多交或预缴的增值税额，以及当月交纳以前期间未交的增值税额。用丁字账表示如下：

应交税费——未交增值税

借	贷
多交税金 交纳以前未交纳税额	当月应交未交税额 预缴增值税额
余额：多交税金	余额：未交税金

三、“预交增值税”科目

“预交增值税”明细科目，核算一般纳税人转让不动产、提供不动产经营租赁服务、提供建筑服务、采用预收款方式销售自行开发的房地产项目等，以及其他按现行增值税制度规定应预缴的增值税额。

应交税费——预缴增值税

借	贷
转入未交增值税	计提预缴增值税税额

四、“待抵扣进项税额”科目

“待抵扣进项税额”明细科目，核算一般纳税人已取得增值税扣税凭证并经税务机关认证，按照现行增值税制度规定准予以后期间从销项税额中抵扣的进项税额。包括：一般纳税人自 2016 年 5 月 1 日后取得并按固定资产核算的不动产或者 2016 年 5 月 1 日后取得的不动产在建工程，按现行增值税制度规定准予以后期间从销项税额中抵扣的进项税额；实行纳税辅导期管理的一般纳税人取得的尚未交叉稽核比对的增值税扣税凭证上注明或计算的进项税额。

应交税费——待抵扣进项税额

借	贷
不动产和在建工程进项税额 未交叉稽核比对的进项税额	准予抵扣的进项税额

五、“待认证进项税额”科目

“待认证进项税额”明细科目，核算一般纳税人由于未经税务机关认证而不得从当期销项税额中抵扣的进项税额。包括：一般纳税人已取得增值税扣税凭证、按照现行增值税制度规定准予从销项税额中抵扣，但尚未经税务机关认证的进项税额；一般纳税人已申请稽核但尚未取得稽核相符结果的海关缴款书进项税额。

应交税费——待认证进项税额

借	贷
未认证未取得结果进项税额	认证和取得正确结果的进项税额

六、“待转销项税额”科目

“待转销项税额”明细科目，核算一般纳税人销售货物、加工修理修配劳务、服务、无形资产或不动产，已确认相关收入（或利得）但尚未发生增值税纳税义务而需于以后期间确认为销项税额的增值税额。

应交税费——待转销项税额

借	贷
发生纳税义务的销项税额	未发生纳税义务的销项税额

七、“增值税留抵税额”科目

“增值税留抵税额”明细科目，核算兼有销售服务、无形资产或者不动产的原增值税一般纳税人，截止到纳入营改增试点之日前的增值税期末留抵税额按照现行增值税制度规定不得从销售服务、无形资产或不动产的销项税额中抵扣的增值税留抵税额。

应交税费——增值税留抵税额

借	贷
抵扣进项税额	不得抵扣进项税额

八、“简易计税”科目

“简易计税”明细科目，核算一般纳税人采用简易计税方法发生的增值税计提、扣减、预缴、缴纳等业务。

应交税费——简易计税

借	贷
缴纳增值税税额 扣减增值税税额	计提增值税税额 计提预缴增值税税额

九、“转让金融商品应交增值税”科目

“转让金融商品应交增值税”明细科目，核算增值税纳税人转让金融商品发生的增值税额。

应交税费——转让金融商品应交增值税

借	贷
缴纳增值税税额	计提增值税税额

十、“代扣代交增值税”科目

“代扣代交增值税”明细科目，核算纳税人购进在境内未设经营机构的境外单位或个人在境内的应税行为代扣代缴的增值税。

应交税费——代扣代交增值税

借	贷
缴纳增值税税额	计提代扣代交增值税税额

以上是增值税一般纳税人设置的会计科目介绍。小规模纳税人只需在“应交税费”科目下设置“应交增值税”明细科目，不需要设置上述专栏及除“转让金融商品应交增值税”“代扣代交增值税”外的明细科目。

应交税费——应交增值税

借	贷
缴纳增值税税额	计提增值税税额

十一、“增值税检查调整”科目

增值税一般纳税人在税务机关对其增值税纳税情况进行检查后，凡涉及应交增值税账务调整的，根据国税发〔1998〕44 号文件规定，设立“增值税检查调整”科目，否则不需设立该科目。凡检查后应调减账面进项税额或调增销项税额和进项税额转出的，借记有关科目，贷记“应交税费——增值税检查调整”科目；凡检查后应调增账面进项税额或调减销项税额和进项税额转出的，借记“应交税费——增值税检查调整”科目，贷记有关科

目。用丁字账表示如下：

应交税费——增值税检查调整

借	贷
① 调增进项税额 ② 调减销项税额 ③ 调减进项税额转出	① 调减进项税额 ② 调增销项税额 ③ 调增进项税额转出

全部调账事项入账后，应对该账户的余额进行处理，处理后，该账户无余额。

（1）若余额在借方，全部视同留抵进项税额，按借方余额数，借记“应交税费——应交增值税（进项税额）”科目，贷记本科目。

（2）若余额在贷方，且“应交税费——应交增值税”账户无余额，按贷方余额数，借记本科目，贷记“应交税费——未交增值税”科目。

（3）若本账户余额在贷方，“应交税费——应交增值税”账户有借方余额且等于或大于这个贷方余额，按贷方余额数，借记本科目，贷记“应交税费——应交增值税”科目。

（4）若本账户余额在贷方，“应交税费——应交增值税”账户有借方余额但小于这个贷方余额，应将这两个账户的余额冲出，其差额贷记“应交税费——未交增值税”科目。

上述账务调整应按纳税期逐期进行。用丁字账表示如下：

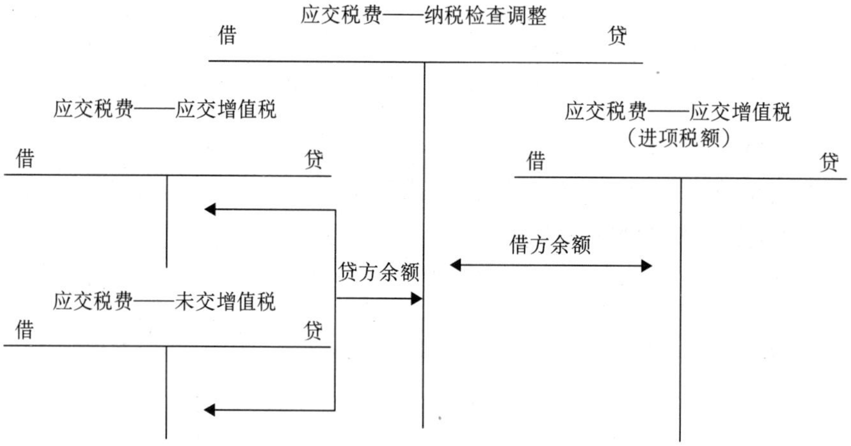

第二节　增值税会计处理

增值税一般纳税人销售货物、劳务、服务、无形资产或者转让不动产时，应纳税额为当期销项税额抵扣当期进项税额后的余额。应纳税额计算公式：

应纳税额 = 当期销项税额 - 当期进项税额

销项税额 = 销售额 × 税率

如果一般纳税人销售货物或者应税劳务，采用销售额和销项税额合并定价方法的：

销售额 = 含税销售额 ÷（1 + 税率）

综合以上公式，增值税应纳税额计算公式可以表示为：

应纳税额 = 当期含税销售额 ÷（1 + 税率）× 税率 - 当期进项税额

这个公式表明，增值税一般纳税人某一纳税期的应纳税额的多少，取决于该纳税期的销项税额和进项税额两个因素，也可以说由该纳税期货物或应税劳务的销售额、税率和进项税额共同决定。增值税会计处理也就集中到这一点上。我们将对其供应—生产—销售等环节的涉税业务进行具体阐述，并通过丁字账形式进行图示，以便读者掌握和学习。

纳税人在其供应—生产—销售等生产经营环节，既涉及增值税进项税额的会计处理，又涉及销售额、销项税额的计算和会计处理。纳税人增值税进项税额抵扣要取得法定抵扣凭证，并要按照增值税法规的有关规定进行认证和审核。对于最终经认定不得申报抵扣的进项税额，应转入或直接计入存货或劳务的成本。

增值税小规模纳税人销售货物或提供应税劳务的应纳税额为销售额乘以征收率。应纳税额计算公式：

应纳税额 = 销售额 × 征收率

如果小规模纳税人销售货物或者应税劳务，采用销售额和应纳税额合并定价方法的：

销售额 = 含税销售额 ÷（1 + 征收率）

增值税纳税人因退货或者折让的，应当在发生退货或折让当期进行销售额和销项税额、进项税额的扣减的处理。

一、取得资产或接受劳务等业务的账务处理

1. 采购等业务进项税额允许抵扣的账务处理。一般纳税人购进货物、加工修理修配劳务、服务、无形资产或不动产，按应计入相关成本费用或资产的金额，借记“在途物资”或“原材料”“库存商品”“生产成本”“无形资产”“固定资产”“管理费用”等科目，按当月已认证的可抵扣增值税额，借记“应交税费——应交增值税（进项税额）”科目，按当月未认证的可抵扣增值税额，借记“应交税费——待认证进项税额”科目，按应付或实际支付的金额，贷记“应付账款”“应付票据”“银行存款”等科目。发生退货的，如原增值税专用发票已做认证，应根据税务机关开具的红字增值税专用发票做相反的会计分录；如原增值税专用发票未做认证，应将发票退回并做相反的会计分录。其账务处理用丁字账表示如下：

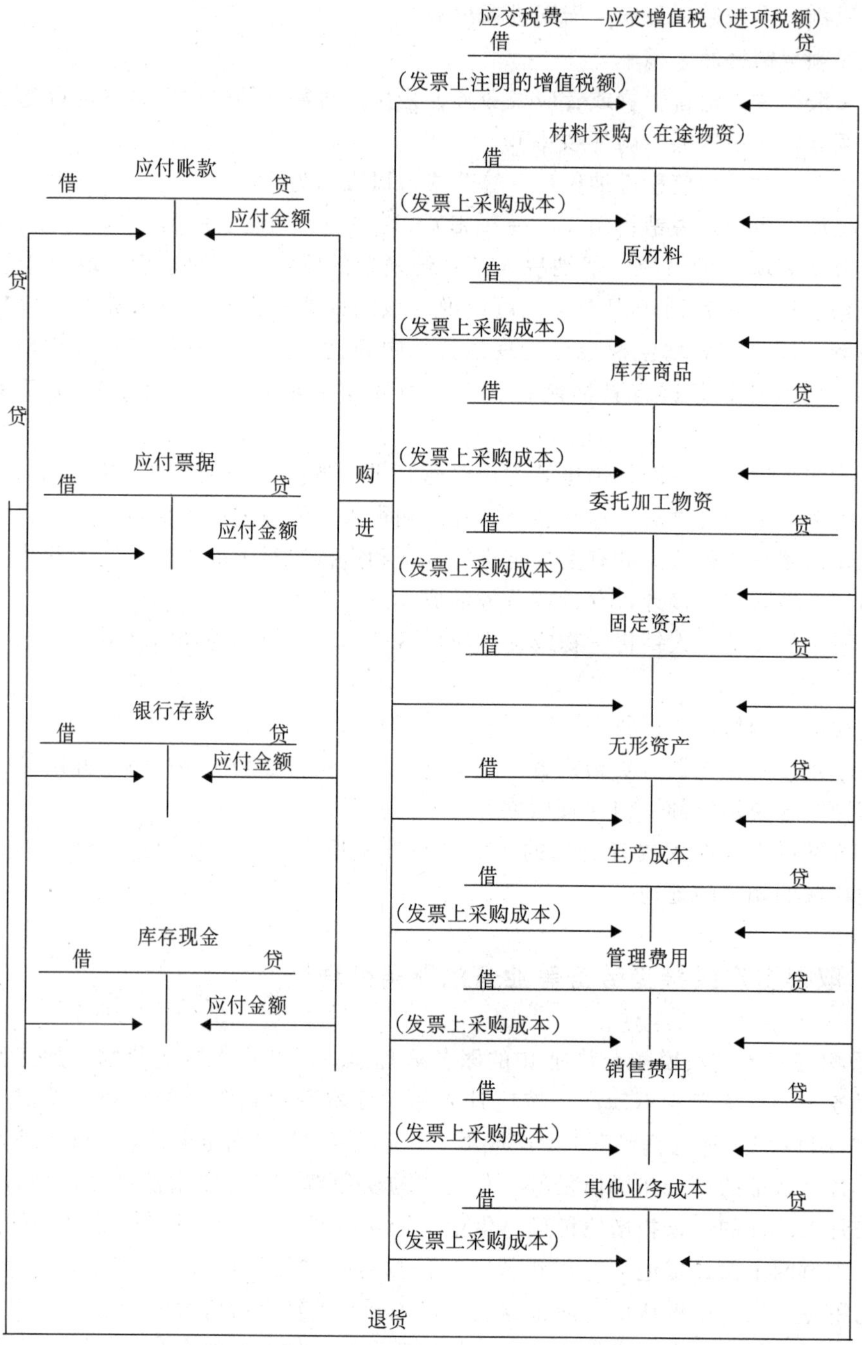

2. 采购等业务进项税额不得抵扣的账务处理。一般纳税人购进货物、加工修理修配劳务、服务、无形资产或不动产，用于简易计税方法计税项目、免征增值税项目、集体福利或个人消费等，其进项税额按照现行增值税制度规定不得从销项税额中抵扣的，取得增值税专用发票时，应借记相关成本费用或资产科目，借记“应交税费——待认证进项税额”科目，贷记“银行存款”“应付账款”等科目，经税务机关认证后，应借记相关成本

费用或资产科目，贷记“应交税费——应交增值税（进项税额转出）”科目。

在以下两种情况下：

第一种为取得增值税专用发票未认证的情况，其账务处理用丁字账表示如下：

（1）发票金额全部用于不抵扣项目。

①认证前：

银行存款

借	贷
	应付金额

相关成本费用或资产

借	贷
发票上采购成本	

应付账款

借	贷
	应付金额

应交税费——待认证进项税额

借	贷
发票注明增值税额	

②认证以后：

应交税费——待认证进项税额

借	贷
	发票注明的增值税额

相关成本费用或资产

借	贷
发票注明的增值税额	

（2）发票金额部分用于不抵扣项目。

①认证前：

银行存款

借	贷
	应付金额

相关成本费用或资产

借	贷
发票上采购成本	

应付账款

借	贷
	应付金额

应交税费——待认证进项税额

借	贷
发票注明增值税额	

②认证以后：

应交税费——待认证进项税额

借	贷
	不得抵扣进项税额

应交税费——应交增值税（进项税额）

借	贷
不得抵扣进项税额	

应交税费——应交增值税（进项税额转出）

借	贷
	不得抵扣进项税额

相关成本费用或财产

借	贷
不得抵扣进项税额	

第二种为取得增值税专用发票认证的情况，其账务处理用丁字账表示如下：

应交税费——应交增值税（进项税额转出）

借	贷
	发票注明的增值税额

相关成本费用或财产

借	贷
发票注明的增值税额	

3. 购进不动产或不动产在建工程按规定进项税额分年抵扣的账务处理。一般纳税人自2016年5月1日后取得并按固定资产核算的不动产或者2016年5月1日后取得的不动产在建工程，其进项税额按现行增值税制度规定自取得之日起分2年从销项税额中抵扣的，应当按取得成本，借记“固定资产”“在建工程”等科目，按当期可抵扣的增值税额，借记“应交税费——应交增值税（进项税额）”科目，按以后期间可抵扣的增值税额，借记“应交税费——待抵扣进项税额”科目，按应付或实际支付的金额，贷记“应付账款”“应付票据”“银行存款”等科目。尚未抵扣的进项税额待以后期间允许抵扣时，按允许抵扣的金额，借记“应交税费——应交增值税（进项税额）”科目，贷记“应交税费——待抵扣进项税额”科目。

（1）当期抵扣时，其账务处理用丁字账表示如下：

应付账款

借	贷
	应付或实际支付的金额

应交税费——应交增值税（进项税额）

借	贷
当期可抵扣的增值税额	

应付账款

借	贷
	应付或实际支付的金额

应交税费——待抵扣进项税额

借	贷
以后期间可抵扣的增值税额	

银行存款

借	贷
	应付或实际支付的金额

固定资产

借	贷
取得成本	

在建工程

借	贷
取得成本	

（2）以后期间允许抵扣时，其账务处理用丁字账表示如下：

应交税费——待抵扣进项税额

借	贷
	以后期间可抵扣的增值税额

应交税费——应交增值税（进项税额）

借	贷
以后期间可抵扣的增值税额	

4. 货物等已验收入库但尚未取得增值税扣税凭证的账务处理。一般纳税人购进的货物等已到达并验收入库，但尚未收到增值税扣税凭证并未付款的，应在月末按货物清单或相关合同协议上的价格暂估入账，不需要将增值税的进项税额暂估入账。下月初，用红字冲销原暂估入账金额，待取得相关增值税扣税凭证并经认证后，按应计入相关成本费用或资产的金额，借记“原材料”“库存商品”“固定资产”“无形资产”等科目，按可抵扣的增值税额，借记“应交税费——应交增值税（进项税额）”科目，按应付金额，贷记“应付账款”等科目。

其账务处理用丁字账表示如下：

（1）月末估价入账。

应付账款

借	贷
	暂估价格

原材料

借	贷
暂估价格	

应付票据

借	贷
	暂估价格

库存商品

借	贷
暂估价格	

银行存款

借	贷
	暂估价格

固定资产

借	贷
暂估价格	

无形资产

借	贷
暂估价格	

管理费用

借	贷
暂估价格	

（2）月初，红字冲回。

应付账款

借	贷
暂估价格	

原材料

借	贷
	暂估价格

应付票据

借	贷
暂估价格	

库存商品

借	贷
	暂估价格

银行存款

借	贷
暂估价格	

固定资产

借	贷
	暂估价格

无形资产

借	贷
	暂估价格

管理费用

借	贷
	暂估价格

（3）认证后。

应付账款

借	贷
	应付金额

应交税费——应交增值税（进项税额）

借	贷
可抵扣的增值税额	

应付票据

借	贷
	应付金额

原材料

借	贷
应计入相关成本费用或资产的金额	

银行存款

借	贷
	应付金额

库存商品

借	贷
应计入相关成本费用或资产的金额	

固定资产

借	贷
应计入相关成本费用或资产的金额	

无形资产

借	贷
应计入相关成本费用或资产的金额	

管理费用

借	贷
应计入相关成本费用或资产的金额	

5. 小规模纳税人采购等业务的账务处理。小规模纳税人购买物资、服务、无形资产或不动产，取得增值税专用发票上注明的增值税应计入相关成本费用或资产，不通过"应交税费——应交增值税"科目核算。核心就是价税合一，其账务处理用丁字账表示如下：

应付账款

借	贷
	应付金额

原材料

借	贷
价税合计	

应付票据

借	贷
	应付金额

库存商品

借	贷
价税合计	

银行存款

借	贷
	应付金额

固定资产

借	贷
价税合计	

无形资产

借	贷
价税合计	

管理费用

借	贷
价税合计	

6. 购买方作为扣缴义务人的账务处理。按照现行增值税制度规定，境外单位或个人在境内发生应税行为，在境内未设有经营机构的，以购买方为增值税扣缴义务人。境内一般纳税人购进服务、无形资产或不动产，按应计入相关成本费用或资产的金额，借记“生产成本”“无形资产”“固定资产”“管理费用”等科目，按可抵扣的增值税额，借记“应交税费——进项税额”科目（小规模纳税人应借记相关成本费用或资产科目），按应付或实际支付的金额，贷记“应付账款”等科目，按应代扣代缴的增值税额，贷记“应交税费——代扣代交增值税”科目。实际缴纳代扣代缴增值税时，按代扣代缴的增值税额，借记“应交税费——代扣代交增值税”科目，贷记“银行存款”科目。其账务处理用丁字账表示如下：

（1）购买时，计提代扣代交增值税。

应付账款

借	贷
	应付金额

应付票据

借	贷
	应付金额

银行存款

借	贷
	应付金额

应交税费——代扣代交增值税

借	贷
	应代扣代缴的增值税额

应交税费——应交增值税（进项税额）

借	贷
可抵扣的增值税额	

原材料

借	贷
应计入相关成本费用或资产的金额	

库存商品

借	贷
应计入相关成本费用或资产的金额	

固定资产

借	贷
应计入相关成本费用或资产的金额	

无形资产

借	贷
应计入相关成本费用或资产的金额	

生产成本

借	贷
应计入相关成本费用或资产的金额	

管理费用

借	贷
应计入相关成本费用或资产的金额	

（2）实际缴纳代扣代缴增值税时。

银行存款

借	贷
	代扣代缴的增值税额

应交税费——代扣代交增值税

借	贷
代扣代缴的增值税额	

二、销售等业务的账务处理

1. 国内销售业务的账务处理。企业销售货物、加工修理修配劳务、服务、无形资产或不动产，应当按应收或已收的金额，借记“应收账款”“应收票据”“银行存款”等科目，按取得的收入金额，贷记“主营业务收入”“其他业务收入”“固定资产清理”“工程结算”等科目，按现行增值税制度规定计算的销项税额（或采用简易计税方法计算的应纳增值税额），贷记“应交税费——应交增值税（销项税额）”或“应交税费——简易计税”科目（小规模纳税人应贷记“应交税费——应交增值税”科目）。发生销售退回的，应根据按规定开具的红字增值税专用发票做相反的会计分录。按照国家统一的会计制度确认收入或利得的时点早于按照增值税制度确认增值税纳税义务发生时点的，应将相关销项税额计入“应交税费——待转销项税额”科目，待实际发生纳税义务时再转入“应交税费——应交增值税（销项税额）”或“应交税费——简易计税”科目。按照增值税制度确认增值税纳税义务发生时点早于按照国家统一的会计制度确认收入或利得的时点的，应将应纳增值税额，借记“应收账款”科目，贷记“应交税费——应交增值税（销项税额）”或“应交税费——简易计税”科目，按照国家统一的会计制度确认收入或利得时，应按扣除增值税销项税额后的金额确认收入。其账务处理用丁字账表示如下：

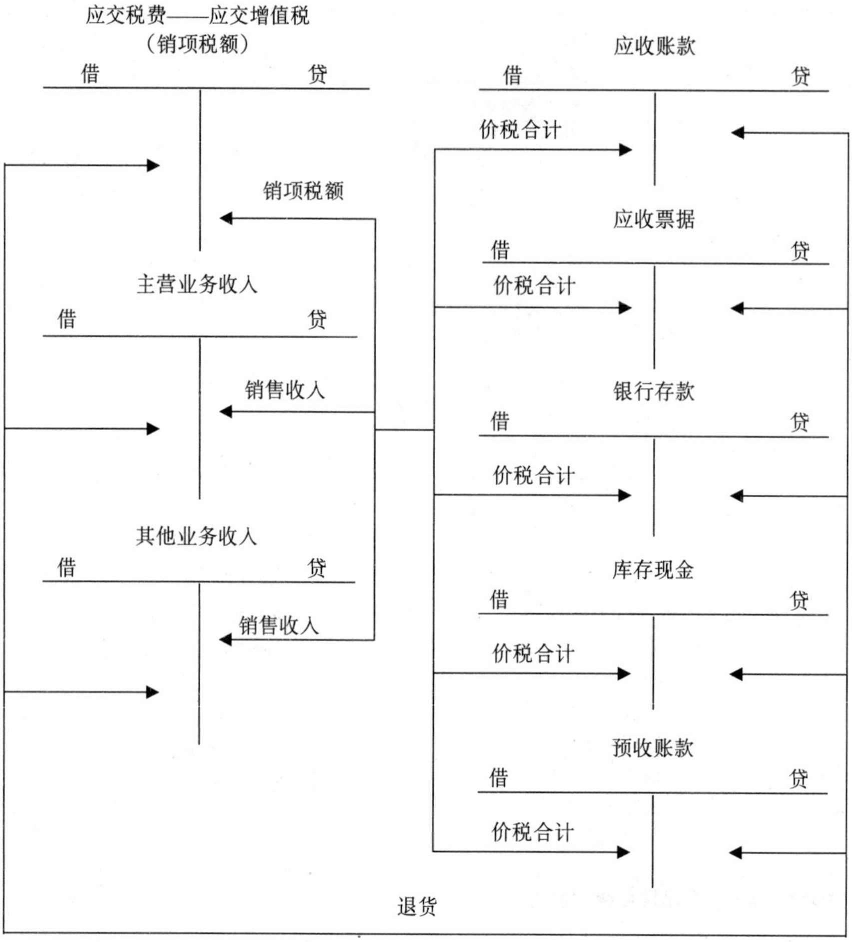

2. 出口货物的增值税会计处理。在国际贸易中，国家为鼓励和促进企业出口产品，对报关出口的货物退还在国内各个生产环节和流转环节按税法规定已缴纳的增值税和消费税，或免征应缴纳的增值税和消费税的税收措施，即出口货物退（免）税。对于不符合国家关于出口货物退（免）税政策规定的出口货物，视同内销货物计提销项税额或征收增值税，其会计处理和内销一样，不再赘述。此处的会计处理即出口退税的增值税会计处理，有出口货物的企业，其出口退税分为以下两种情况处理：

（1）实行"免、抵、退"办法有进出口经营权的生产企业。实行"免、抵、退"办法的生产企业自营或委托外贸企业代理出口自产货物时，按当期出口货物应收的款项，借记"应收账款"等科目，贷记"主营业务收入"科目；按出口货物的成本，借记"主营业务成本"科目，贷记"库存商品"等科目；按规定计算的当期出口货物免抵退税不得免征和抵扣的税额，计入出口货物成本，借记"主营业务成本"等科目，贷记"应交税费——应交增值税（进项税额转出）"科目，按规定计算的当期免抵税额，借记"应交税费——应交增值税（出口抵减内销产品应纳税额）"科目，贷记"应交税费——应交增值税（出口退税）"科目，按规定计算当期应退税额，借记"其他应收款——应收出口退税"等科目，贷记"应交税费——应交增值税（出口退税）"科目；收到退回的税款，借记"银行存款”科目，贷记“其他应收款——应收出口退税”等科目。

如果企业在计算免抵退税不得免征和抵扣税额时，未考虑出口货物中所含的免税购进原材料价格，企业应在收到主管税务免机关出具的《生产企业进料加工贸易免税证明》等资料后，按证明上注明的“不得抵扣税额抵减额”，用红字贷记“应交税费——应交增值税（进项税额转出）”科目，借记“主营业务成本”科目。其账务处理用丁字账表示如下：

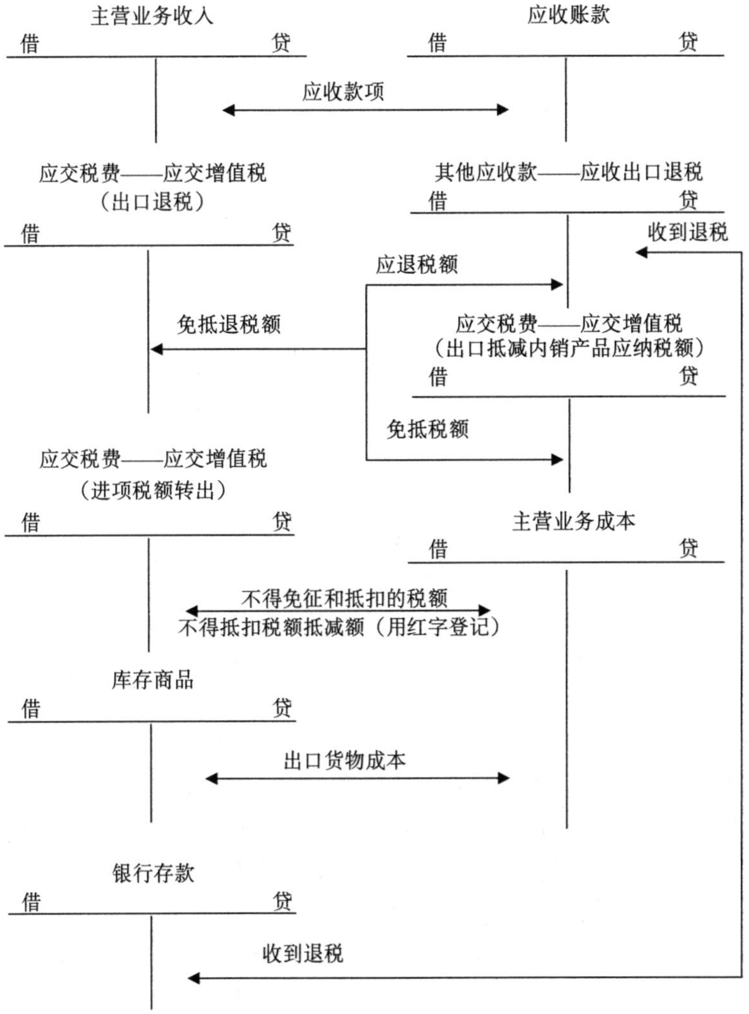

（2）未实行“免、抵、退”办法的企业。货物出口销售时，按当期出口货物应收的款项，借记“应收账款”等科目，按规定计算的应收出口退税，借记“其他应收款——应收出口退税”科目，按规定计算的不予退回的税金，借记“主营业务成本”等科目，按当期出口货物实现的销售收入，贷记“主营业务收入”等科目，按规定计算的增值税，贷记“应交税费——应交增值税（销项税额）”科目；按出口货物的成本，借记“主营业务成本”，贷记“库存商品”等科目。收到退回的税款，借记“银行存款”科目，贷记“其他应收款——应收出口退税”等科目。其账务处理用丁字账表示如下：

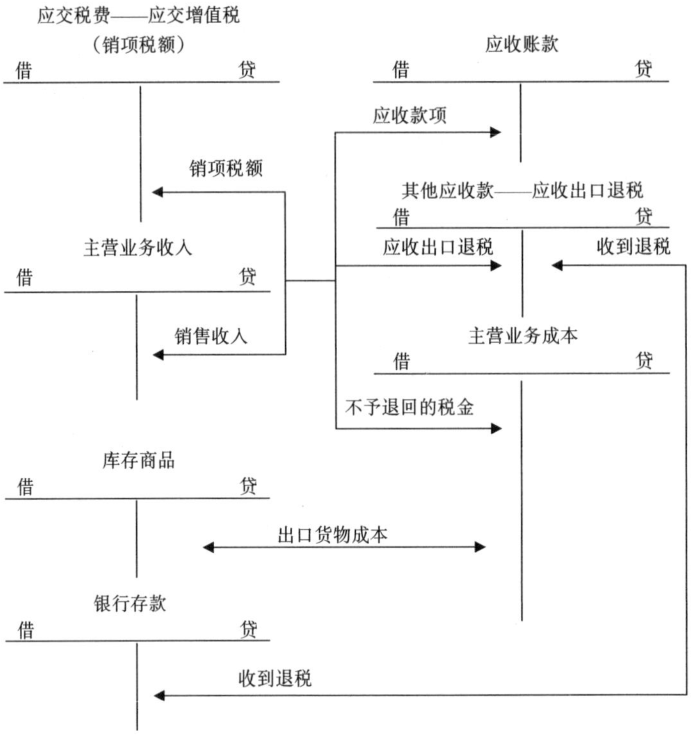

3. 视同销售的增值税会计处理。对于纳税人的下列十种行为，视同销售货物：将货物交付其他单位或者个人代销；销售代销货物；设有两个以上机构并实行统一核算的纳税人，将货物从一个机构移送其他机构用于销售，但相关机构设在同一县（市）的除外；将自产或者委托加工的货物用于非增值税应税项目；将自产、委托加工的货物用于集体福利或者个人消费；将自产、委托加工或者购进的货物作为投资，提供给其他单位或者个体工商户；将自产、委托加工或者购进的货物分配给股东或者投资者；将自产、委托加工或者购进的货物无偿赠送其他单位或者个人；单位和个体工商户向其他单位或者个人无偿销售应税服务，但用于公益事业或者以社会公众为对象的除外；单位或者个人向其他单位或者个人无偿转让无形资产或者不动产，但用于公益事业或者以社会公众为对象的除外。对于视同销售货物行为，应按规定计算应交增值税。

视同销售中的“代销”根据代销方式划分，主要有两种：视同买断方式和收取手续费方式。两种不同的代销方式在销项税的计算及核算上都不相同，需要分别进行处理。视同买断方式代销是指由委托方和受托方签订协议，委托方按协议价格收取代销货款，实际售价可由受托方自定，实际售价与协议价之间的差额归受托方所有。从增值税计算的角度看，这种代销方式相当于产生了两个销售额，一是委托方将货物按协议价出售给受托方；二是受托方将货物按实际售价出售，所以双方都需要计算销项税。从账务处理过程来看具有两个特点：一是双方都产生了销售收入，都需结转销售成本；二是委托方的销项税额与受托方的进项税额相等。收取手续费方式代销是指受托方按照委托方规定的价格销售商品，然后根据实际代销商品的数量向委托方收取手续费。按照税法规定无论采用什么方式代销，委托、受托双方都要计算销项税。

（1）将货物交付其他单位或者个人代销的会计处理。根据受托方按买断还是只收取手续费或者两者兼有而不同，委托方账务处理有所区别。发出商品时，借记“发出商品”（采用支付手续费方式委托其他单位代销的商品，也可以单独设置“委托代销商品”科目），贷记“库存商品”科目。委托方于收到代销单位的代销清单或者收到全部或者部分货款的当天，或者未收到代销清单及货款的，于发出代销货物满180天的当天，确认纳税义务发生。按代销货物价税合计金额，借记“银行存款”“应收账款”等科目；按销售收入金额，贷记“主营业务收入”“其他业务收入”等科目，按收入和适用税率计算的销项税额，贷记“应交税费——应交增值税（销项税额）”科目。收取手续费的，按支付给受托方的手续费金额，借记“销售费用”科目，贷记“应收账款”“银行存款”等科目。发出商品满足收入确认条件时，应结转销售成本，借记“主营业务成本”科目，贷记“发出商品”科目。采用计划成本或售价核算的，还应结转应分摊的产品成本差异或商品进销差价。其账务处理用丁字账表示如下：

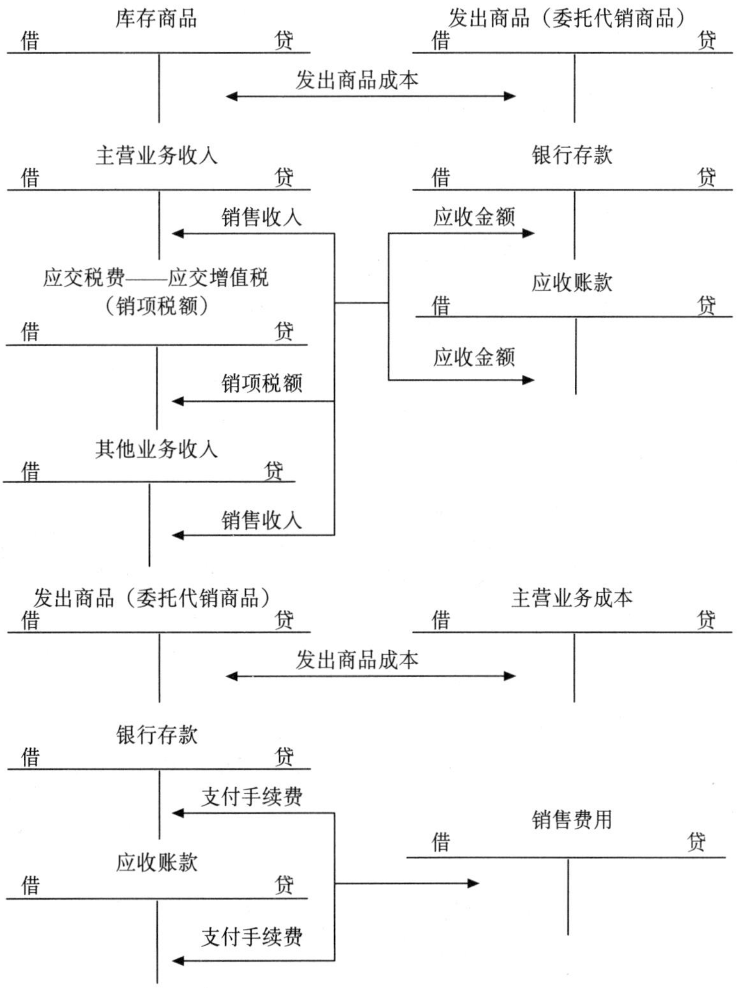

（2）销售代销货物的会计处理。

①代销货物采取买断方式处理的，不涉及手续费问题，应按正常销售货物进行账务处理。收到代销货物时，按代销协议价格计算代销货款，借记“库存商品”科目，贷记“应付账款”科目。销售代销货物时，为购货方开具增值税专用发票。按应收购货方价税合计，借记“银行存款”“应收账款”等科目，按收入和适用税率计算的销项税额，贷记“应交税费——应交增值税（销项税额）”科目，按销售收入金额，贷记“主营业务收入”“其他业务收入”等科目。结转代销货物成本，借记“主营业务成本”“其他业务成本”科目，贷记“库存商品”科目。根据代销货物销售情况，为委托方开具代销清单，取得增值税专用发票，借记“应交税费——应交增值税（进项税额）”科目，贷记“应付账款”科目。支付结算代销货物款项，借记“应付账款”科目，贷记“银行存款”科目。其账务处理用丁字账表示如下：

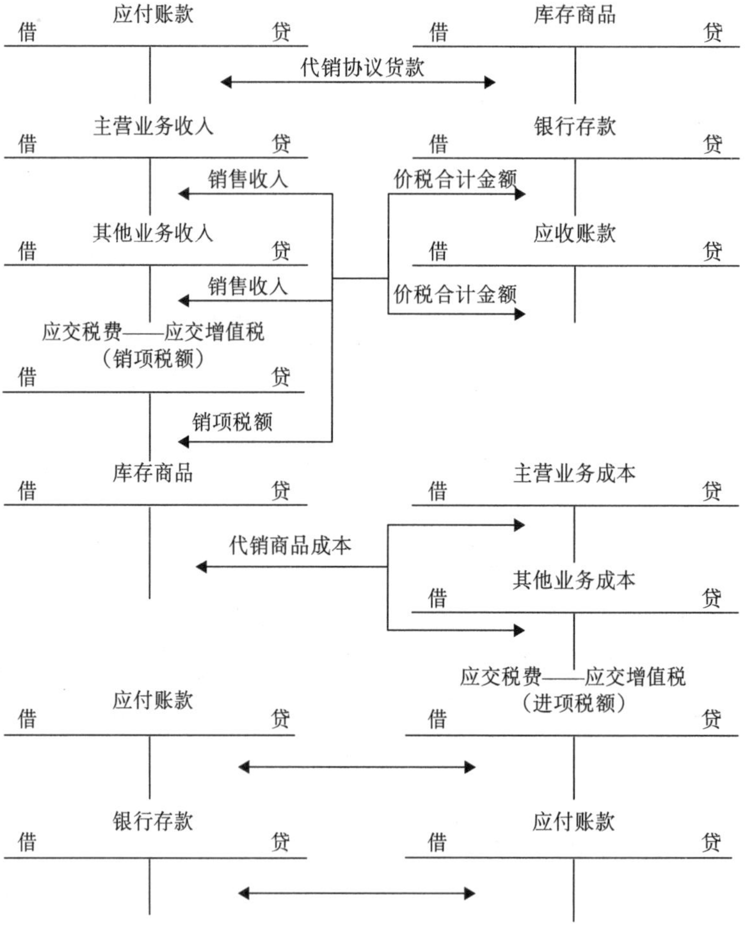

②代销采取收取手续费方式处理的，代销企业采用收取手续费方式受托代销的商品，可将“代理业务资产”科目改为“受托代销商品”科目。代销企业受托销售代销货物，应当设置“受托代销商品”科目和“受托代销商品款”科目进行会计核算。收到受托代销的商品，按约定的价格，借记“受托代销商品”科目，贷记“受托代销商品款”科目。

销售受托代销商品后，按代销货物价税合计金额，借记“银行存款”“应收账款”等科目，贷记“受托代销商品”科目。按销售收入和适用税率计算的销项税额，贷记“应交税费——应交增值税（销项税额）”科目。计算代销手续费等收入，借记“应收账款”科目，贷记“其他业务收入”科目。计算手续费收入的相关税费时，借记“其他业务成本”科目，贷记“应交税费”科目。向委托方开具代销清单，进行结清代销商品款时，借记“受托代销商品款”“应交税费——应交增值税（进项税额）”科目，贷记“银行存款”科目。收到手续费收入时，借记“银行存款”科目，贷记“应收账款”科目。其账务处理用丁字账表示如下：

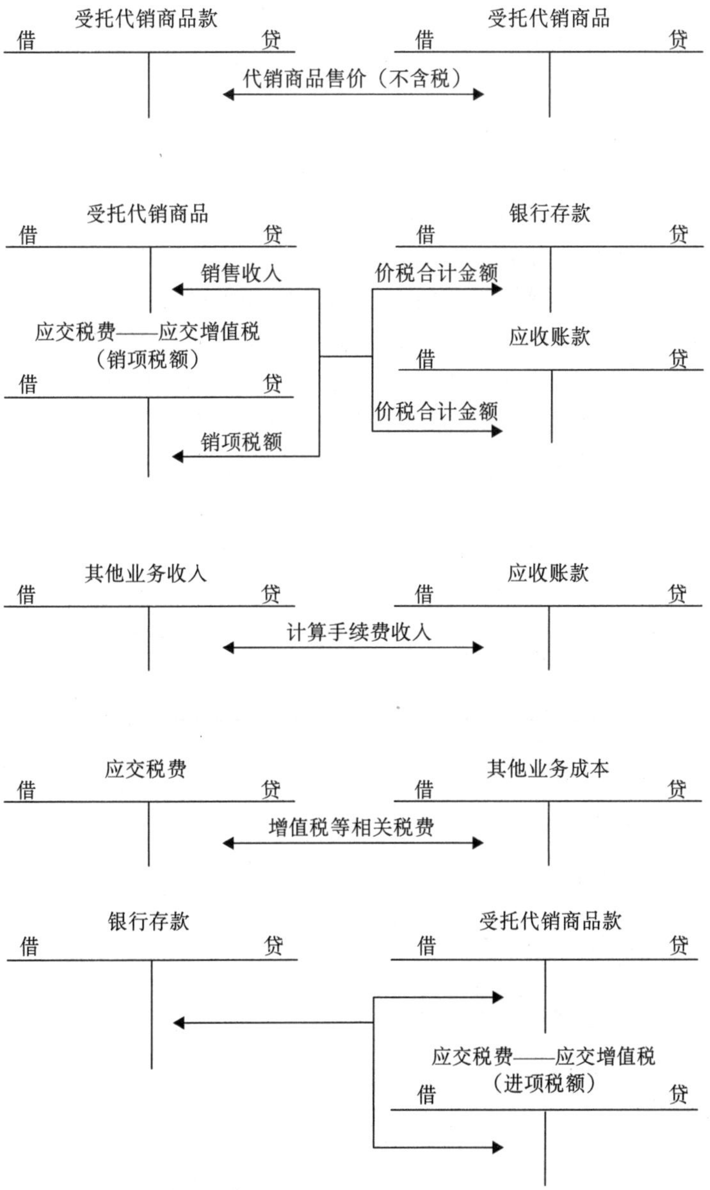

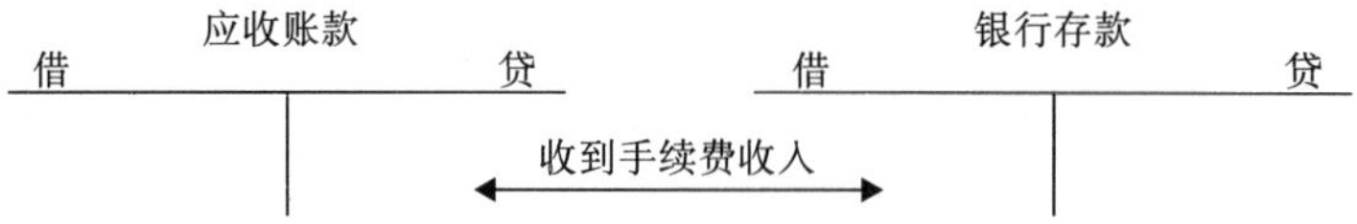

（3）货物在统一核算的机构间移送视同销售的会计处理。设有两个以上机构并实行统一核算的纳税人，将货物从一个机构移送其他机构用于销售，但相关机构设在同一县（市）的除外。根据《国家税务总局关于企业所属机构间移送货物征收增值税问题的通知》（国税发〔1998〕137号）文件规定，所称的用于销售，是指受货机构发生向购货方开具发票或向购货方收取货款情形之一的经营行为。受货机构的货物移送行为有上述两项情形之一的，应当向所在地税务机关缴纳增值税；未发生上述两项情形的，则应由总机构统一缴纳增值税。如果由移送企业自行开具发票和收取货款，按移送机构正常销售处理，受货机构不进行账务处理。如果受货机构只就部分货物向购买方开具发票或收取货款，则应当区别不同情况计算并分别向总机构所在地税务机关或分支机构所在地税务机关缴纳税款。由受货机构向购买方开具发票或收取货款的，移送机构按照移送商品成本，贷记"库存商品"科目；按照同类货物的销售价格和规定的增值税税率计算的增值税额，贷记"应交税费——应交增值税（销项税额）"科目，同时借记"内部往来"科目（企业根据内部实际情况设置，也可通过"应付账款""应收账款"等往来科目进行核算）。收到受货机构转来的货款时，借记"银行存款"科目，贷记"内部往来"科目。其账务处理用丁字账表示如下：

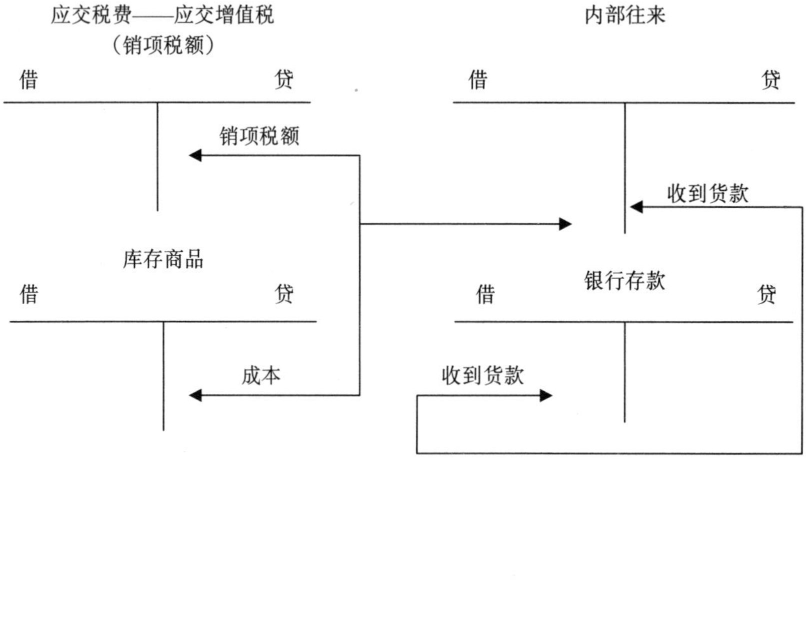

（4）自产或委托加工货物用于非增值税应税项目的会计处理。企业将自产或委托加工的货物用于增值税非应税项目，应视同销售货物计算应交增值税。按同类货物的成本价和销项税额，借记“在建工程”“工程物资”“生产成本”“管理费用”等科目，按货物的成本价，贷记“库存商品”“委托加工物资”等科目，按同类货物的销售价格和规定的增值税税率计算的销项税额，贷记“应交税费——应交增值税（销项税额）”科目。其账务处理用丁字账表示如下：

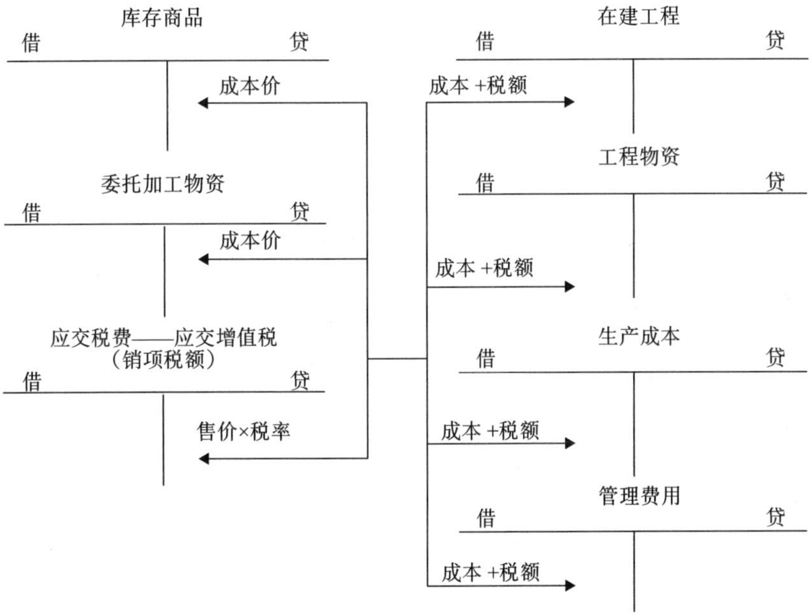

（5）自产、委托加工货物用于集体福利或个人消费的会计处理。企业将自产、委托加工的货物用于集体福利或个人消费等，应视同销售货物计算应交增值税。按货物的成本价和销项税额，借记“在建工程”“应付职工薪酬”等科目，按货物的成本价，贷记“库存商品”“委托加工物资”等科目，按同类货物的销售价格和规定的增值税税率计算的销项税额，贷记“应交税费——应交增值税（销项税额）”科目。如果企业以其自产产品作为非货币性福利发放给职工的，按照该产品的公允价值和计算的销项税额，借记“应付职工薪酬——应付福利费”科目，按照该产品的公允价值，贷记“主营业务收入”科目，按适用税率计算的销项税额，贷记“应交税费——应交增值税（销项税额）”科目；同时，按产品成本，借记“主营业务成本”科目，贷记“库存商品”科目。其账务处理用丁字账表示如下：

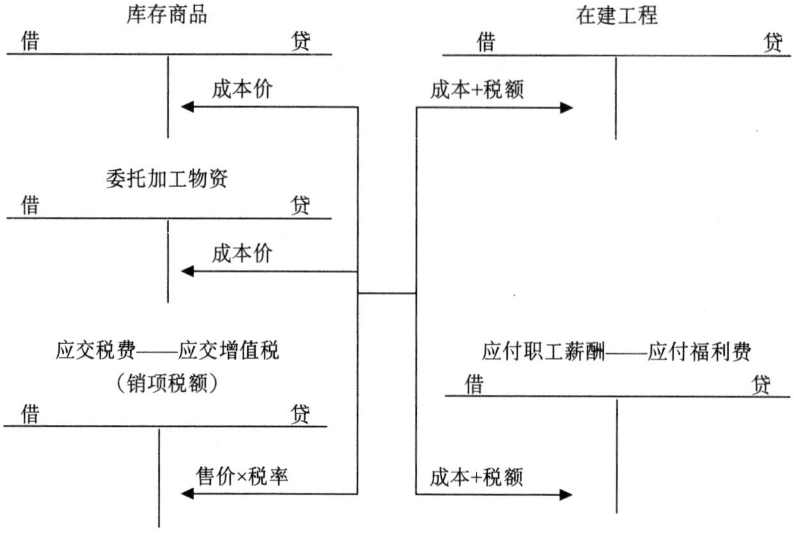

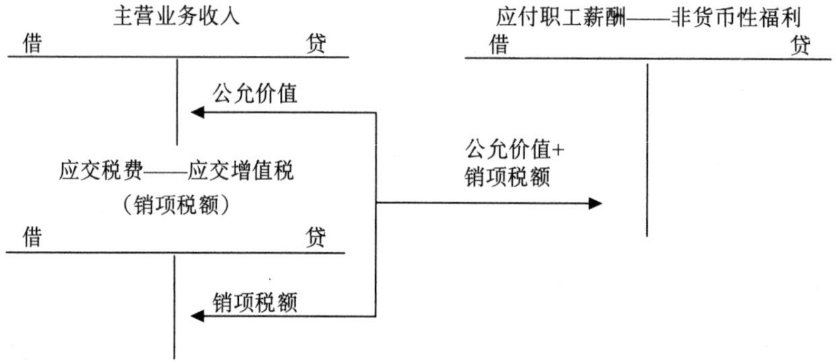

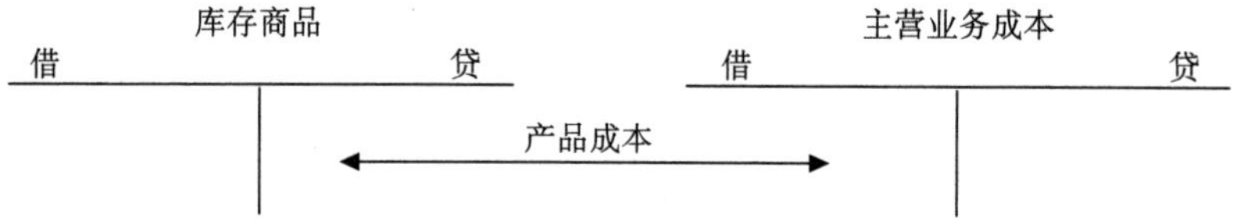

（6）自产、委托加工或购买货物作为投资，提供给他人的会计处理。企业将自产、委托加工或购买的货物作为投资，提供给其他单位或个体经营者，应视同销售货物计算应交增值税。根据《企业会计准则第 2 号——长期股权投资》规定：通过非货币性资产交换取得的长期股权投资，其初始投资成本应当按照《企业会计准则第 7 号——非货币性资产交换》确定。《企业会计准则第 7 号——非货币性资产交换》规定：换出资产为存货的，应当作为销售处理，按照《企业会计准则第 14 号——收入》以其公允价值确认收入，同时结转相应的成本；换出资产为固定资产、无形资产的，换出资产公允价值与其账面价值的差额，计入营业外收入或营业外支出；换出资产为长期股权投资的，换出资产公允价值与其账面价值的差额，计入投资损益。属于应征增值税的货物，按照适用税率计算出的销项税额，贷记“应交税费——应交增值税（销项税额）”科目。其账务处理用丁字账表述如下。

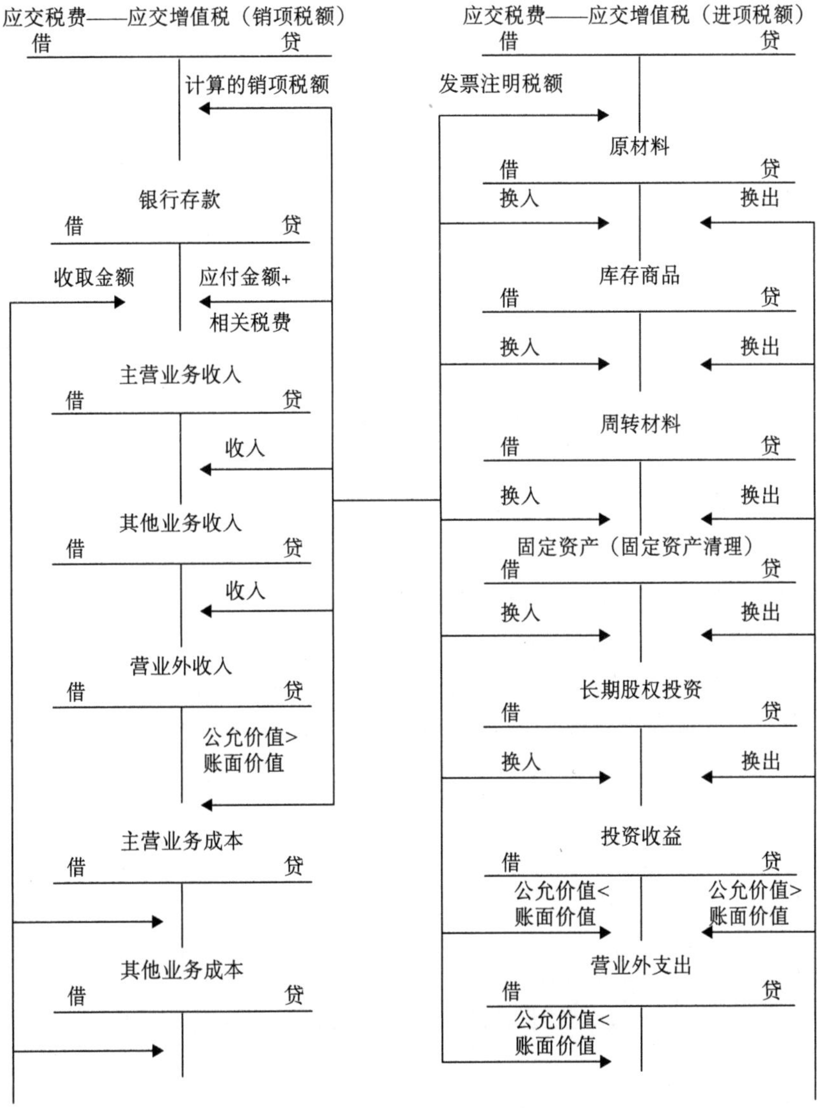

（7）将自产、委托加工或者购进的货物分配给股东或者投资者的会计处理。自产、委托加工或购买的货物分配给股东或投资者，按照实现的销售收入和按规定收取的增值税额，借记“应付股利”等科目；按照按规定收取的增值税额，贷记“应交税费——应交增值税（销项税额）”科目；按实现的销售收入，贷记“主营业务收入”“其他业务收入”等科目。其账务处理用丁字账表示如下：

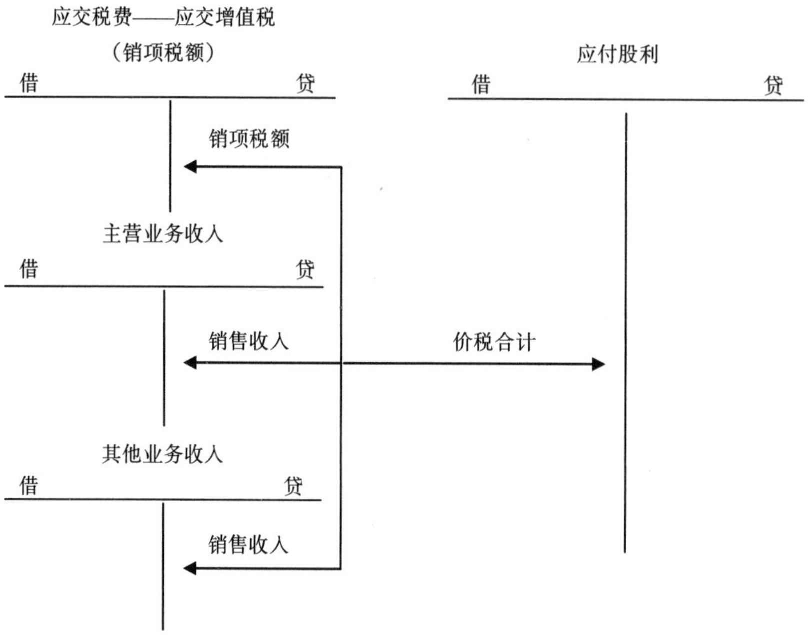

（8）自产、委托加工或购买货物无偿赠送他人的会计处理。企业将自产、委托加工或购买的货物无偿赠送他人，应视同销售货物计算应交增值税。按成本价和销项税额，借记“营业外支出”科目，按货物的成本价，贷记“库存商品”“原材料”“周转材料”“委托加工物资”等科目，按同类货物的销售价格和规定的增值税税率计算的销项税额，贷记“应交税费——应交增值税（销项税额）”科目。其账务处理用丁字账表示如下：

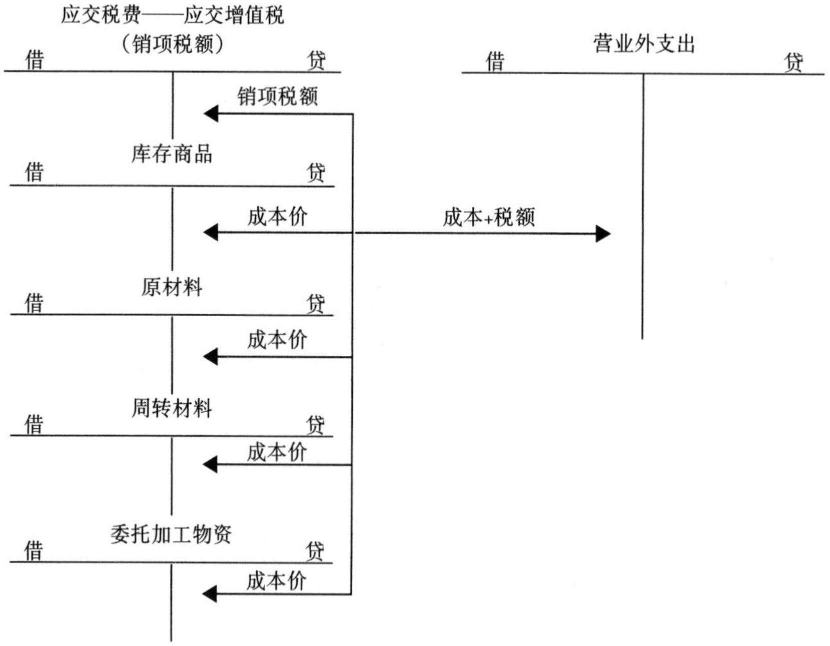

4. 小规模纳税人增值税会计处理。小规模纳税企业销售货物或提供应税劳务，应按

实现的销售收入（不含税）与按规定收取的增值税额合计，借记“银行存款”“应收账款”“应收票据”“库存现金”“预收账款”等科目，按实现的不含税销售收入，贷记“主营业务收入”“其他业务收入”等科目，按规定收取的增值税额，贷记“应交税费——应交增值税”科目。发生的销货退回，做相反的会计分录。其账务处理用丁字账表示如下：

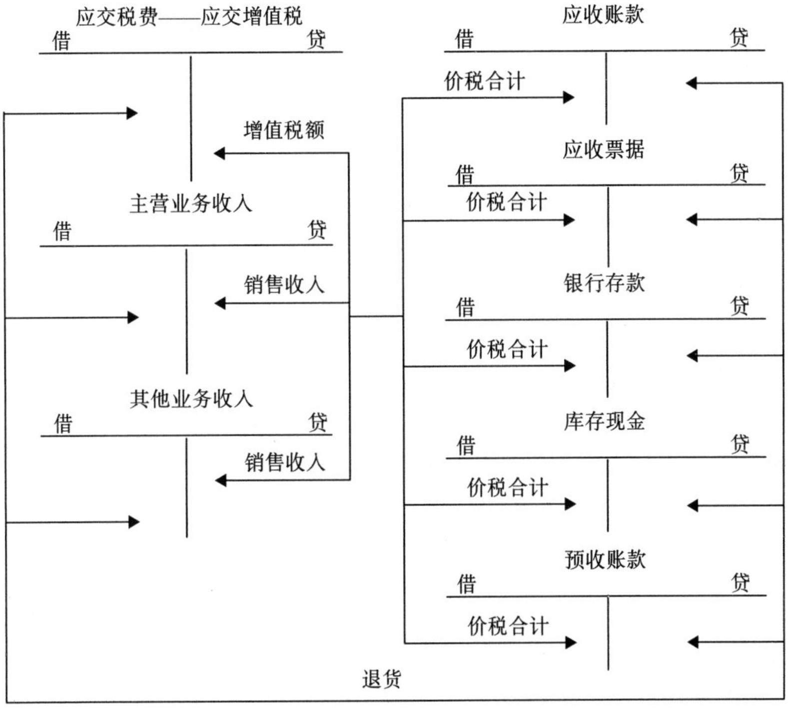

第二章　工业企业增值税会计处理

第一节　进项税额会计处理

进项税额，是指纳税人购进货物或接受加工、修理修配劳务、服务、无形资产或者不动产，支付或者负担的增值税额。工业企业进项税额的取得方式主要包括外购、委托加工、接受捐赠、接受投资等不同方式，由于取得方式的不同，其会计处理有很大差异。如果取得的进项税额抵扣时发生不得抵扣情形，企业要进行进项税额转出的会计处理。

一、外购方式取得进项税额的会计处理

工业企业以外购方式取得的进项税额包括国内购进和国外购进，既包括购进不同原材料、包装物、燃料、库存商品等各种存货及可抵扣进项税额的固定资产，也包括外购动力、支付运费及有偿接受应税劳务。

[例2－1] 丽华机械制造厂为增值税一般纳税人，2019年6月购入A材料，取得的增值税专用发票上注明价款300 000元，增值税款39 000元，以银行存款支付货款，货物已验收入库，企业原材料采用实际成本计价。会计处理如下：

借：原材料——A材料　　300 000

　　应交税费——应交增值税（进项税额）　　39 000

　　贷：银行存款　　339 000

丁字账图示如下：

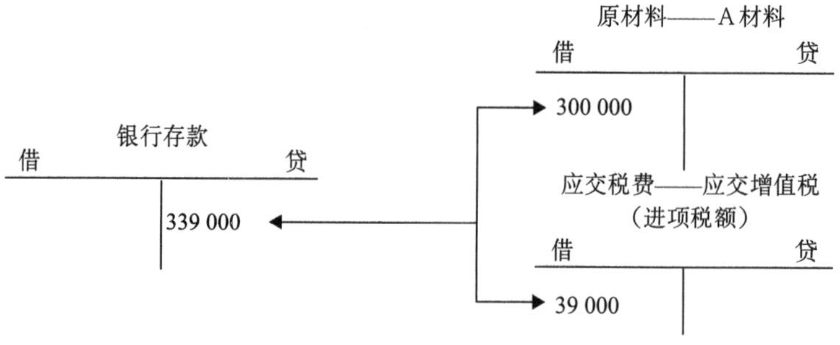

[**核心提示**] 原材料按实际成本核算，主要通过“原材料”“在途物资”科目核算。企业购入的已验收入库的原材料根据发票账单和款项支付情况分别处理：

(1) 发票账单已到，并已支付款项的，借记“原材料”科目，贷记“在途物资”“预付账款”等科目。

(2) 发票账单与原材料同时到达，物资验收入库的，借记“原材料”“应交税费——应交增值税（进项税额）”等科目，贷记“银行存款”“应付票据”“应付账款”等科目。

(3) 月末尚未收到发票账单的，按暂估价值入账，借记“原材料”等科目，贷记“应付账款——暂估应付账款”等科目。下月初做相反的会计分录，冲回。以便正常核算。

[**例2-2**] 大华公司为增值税一般纳税人，2019年6月购入材料一批，取得的增值税专用发票上注明价款100 000元，增值税款13 000元，开出商业承兑汇票，货物未到，企业原材料采用实际成本计价。会计处理如下：

借：在途物资　　100 000
　　应交税费——应交增值税（进项税额）　　13 000
　　贷：应付票据　　113 000

丁字账图示如下：

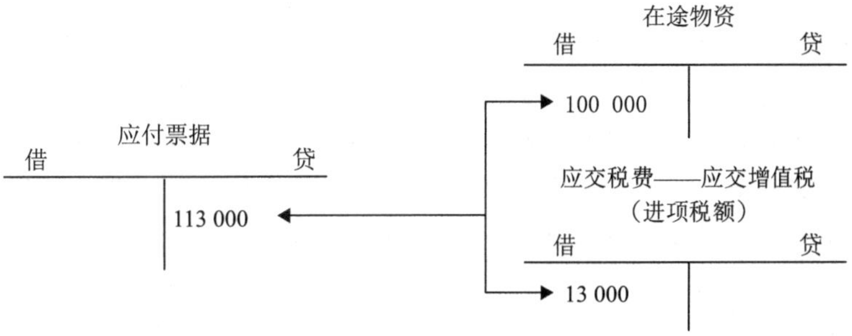

[**核心提示**] 原材料按实际成本核算，主要通过“原材料”“在途物资”科目核算。企业购入的，已经付款、开出商业承兑汇票，但尚未到达或尚未验收入库的各种原材料的采购成本，通过“在途物资”科目核算。借记“在途物资”科目，按可抵扣的增值税额，借记“应交税费——应交增值税（进项税额）”科目，按实际支付的款项，贷记“银行存款”“应付票据”等科目，待材料到达、验收入库后，再根据收料单，借记“原材料”科目，贷记“在途物资”科目。

[**例2-3**] 海河化工厂为增值税一般纳税人，2019年6月5日电汇预付上海长虹机器厂材料款90 400元，海河化工厂7月5日收到上海长虹机器厂的材料，增值税专用发票上注明材料价款100 000元，增值税额13 000元，并验收入库，同时7月10日以银行存款补付上海长虹机器厂货款22 600元。企业原材料采用实际成本计价。会计处理如下：

借：预付账款——上海长虹机器厂　　90 400
　　贷：银行存款　　90 400

借：原材料　　100 000
　　应交税费——应交增值税（进项税额）　　13 000
　　贷：预付账款——上海长虹机器厂　　113 000

借：预付账款——上海长虹机器厂　　　　22 600

　　贷：银行存款　　　　22 600

丁字账图示如下：

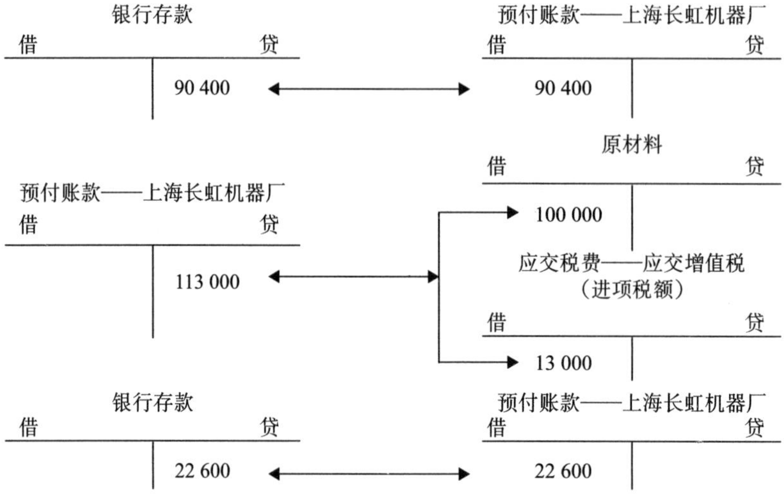

[**核心提示**]“预付账款”科目核算企业按照合同规定预付的款项。预付款项情况不多的，也可以不设置本科目，将预付的款项直接记入“应付账款”科目。

企业会计制度规定，企业的预付账款如有确凿证据表明其不符合预付账款性质，或因供货单位破产、撤销等原因已无望再收到所购货物的，就将原记入预付账款的金额转入其他应收款。企业应按预计不能收到所购货物的预付款账面余额，借记“其他应收款——预付账款转入”科目，贷记“预付账款”科目。除转入“其他应收款”科目的预付账款外，其他预付账款不得计提坏账准备。

[**例2-4**] 宏达机械厂为增值税一般纳税人，2019年8月25日购入丙材料一批，材料已运到，并验收入库，但发票等结算凭证尚未到达，货款未支付。月末，按暂估入账，假设其暂估价为240 000元。2019年9月8日，结算凭证到达，增值税专用发票上注明丙材料的价款为290 000元，增值税额37 700元。货款已经支付。企业原材料采用实际成本计价。会计处理如下：

8月末对已验收入库的丙材料暂估入账：

借：原材料——丙材料　　　　240 000

　　贷：应付账款——暂估应付账款　　　　240 000

丁字账图示如下：

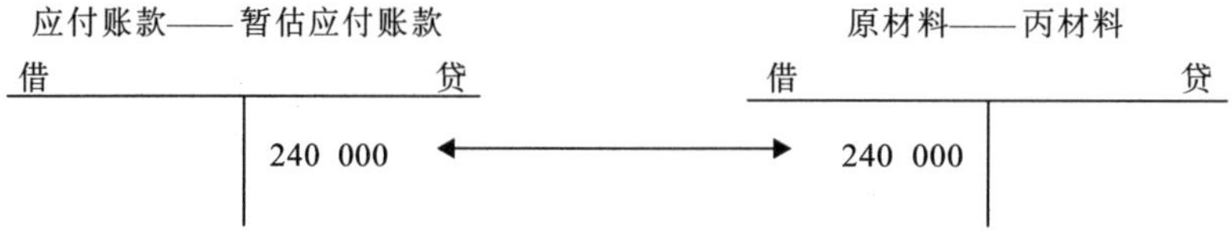

9月初，红字冲上述分录：

借：原材料——丙材料　　　　240 000（红字）

　　贷：应付账款——暂估应付账款　　　　240 000（红字）

丁字账图示如下：

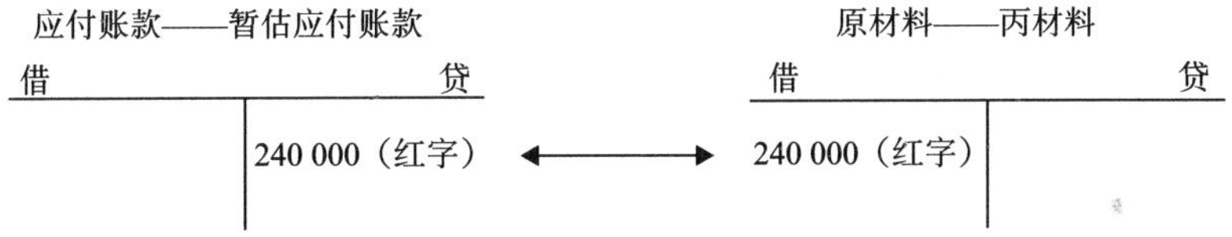

9 月 8 日，收到有关结算凭证，并支付货款：

借：原材料——丙材料　　290 000

　　应交税费——应交增值税（进项税额）　　37 700

　　贷：银行存款　　327 700

丁字账图示如下：

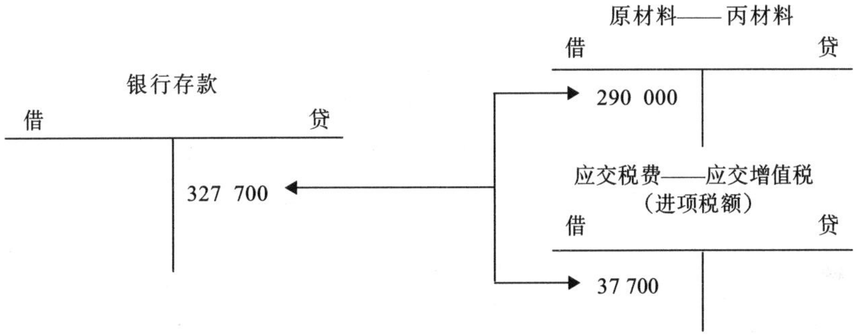

[**例 2－5**] 明康机械制造厂为增值税一般纳税人，原材料采用计划成本核算，2019 年 6 月购入 B 材料 100 件，取得的增值税专用发票上注明价款 11 000 元，增值税款 1 430 元，以银行存款支付货款 12 430 元。该批材料 6 月 30 日验收入库，计划成本 10 000 元。会计处理如下：

借：材料采购——B 材料　　11 000

　　应交税费——应交增值税（进项税额）　　1 430

　　贷：银行存款　　12 430

借：原材料——B 材料　　10 000

　　材料成本差异　　1 000

　　贷：材料采购——B 材料　　11 000

丁字账图示如下：

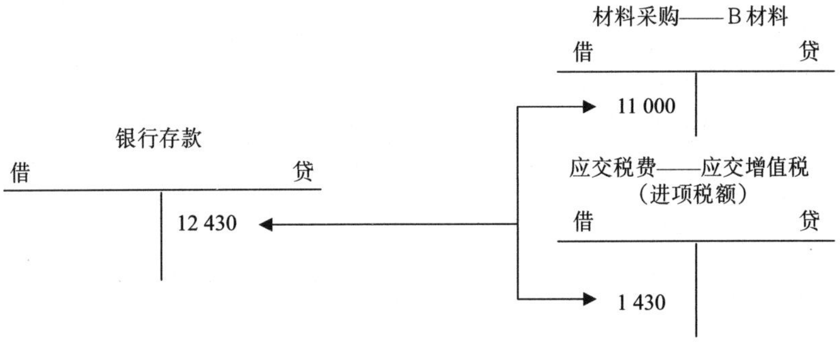

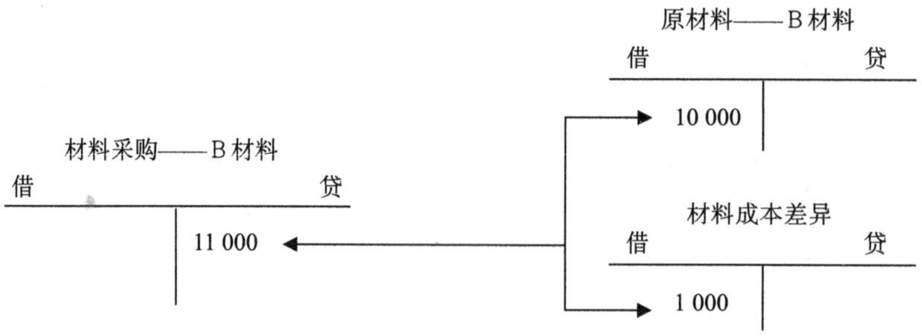

[**核心提示**] 企业采用计划成本进行材料（包括包装物、低值易耗品等周转材料）日常核算，不论结算方式如何，一律通过“材料采购”科目核算。企业应当设置“材料成本差异”科目核算材料实际成本和计划成本的差异。实际成本大于计划成本的差异，借记“材料成本差异”科目，实际成本小于计划成本的差异，贷记“材料成本差异”科目。企业也可以在“原材料”“周转材料”等科目设置“成本差异”明细科目。

[**例2-6**] 宏达公司（增值税一般纳税人）购进一批包装物，取得的增值税专用发票上注明价款100 000元，增值税款13 000元，以银行存款支付货款，货物已验收入库，企业采用实际成本计价。会计处理如下：

借：周转材料	100 000	
应交税费——应交增值税（进项税额）	13 000	
贷：银行存款		113 000

丁字账图示如下：

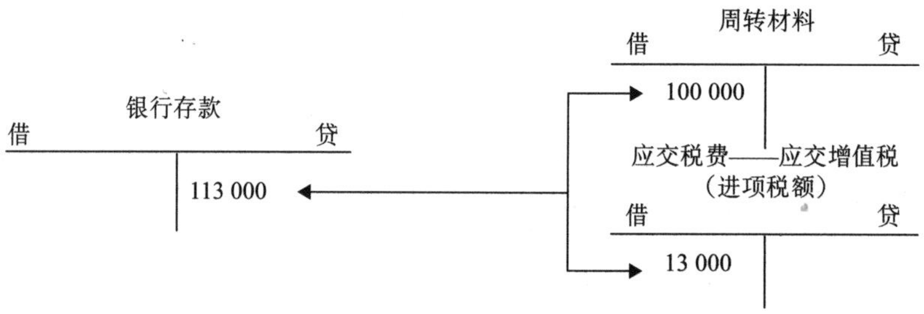

[**核心提示**]“周转材料”科目核算权益周转使用的包装物、低值易耗品，以及企业（建造承包商）的钢模板、木模板、脚手架等，比照“原材料”的相关规定进行处理。企业的包装物、低值易耗品，也可以单独设置“包装物”“低值易耗品”科目。

[**例2-7**] 大华食品公司（增值税一般纳税人）2019年5月10日收购农民玉米100吨用于深加工适用基本税率的食品，开具税务机关批准使用的农产品收购发票注明买价200 000元，以现金支付货款，已验收入库，企业采用实际成本计价。会计处理如下：

借：原材料	180 000	
应交税费——应交增值税（进项税额）	20 000	
贷：库存现金		200 000

丁字账图示如下：

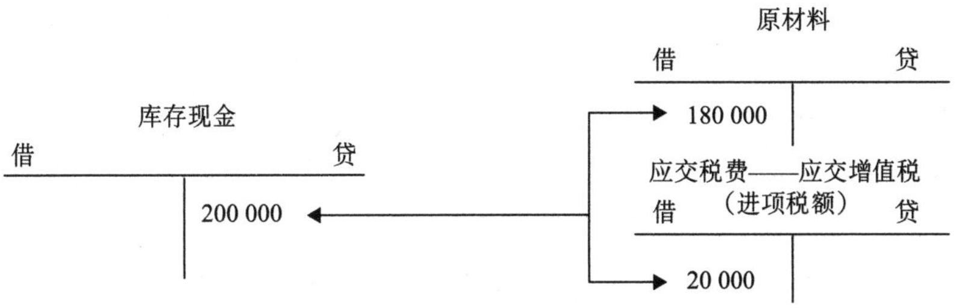

［**核心提示**］2019 年 4 月 1 日后购进农产品用于深加工适用基本税率的货物，按照农产品收购发票或者销售发票上注明的农产品买价和 10% 的扣除率计算进项税额。所称买价，包括纳税人购进农产品在农产品收购发票或者销售发票上注明的价款和按规定缴纳的烟叶税。发生的运输费用按照规定进行抵扣。

［**例 2－8**］光明机械公司（增值税一般纳税人）进口一台设备，设备价格 900 000 元，关税 100 000 元，海关进口增值税专用缴款书注明增值税税额 130 000 元。以银行存款支付货款及税款，设备已投入使用。

借：固定资产	1 000 000	
应交税费——应交增值税（进项税额）	130 000	
贷：银行存款		1 130 000

丁字账图示如下：

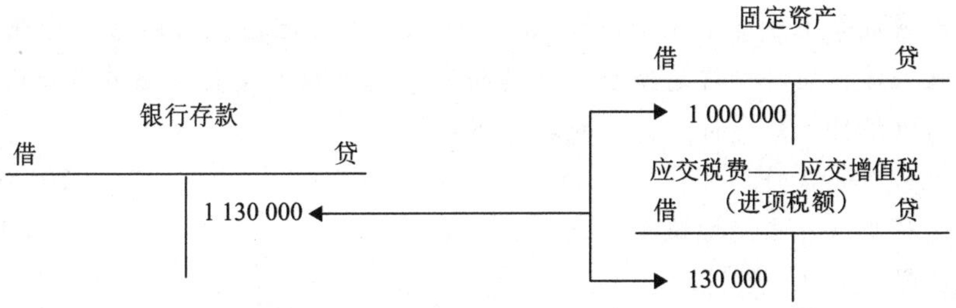

［**核心提示**］从海关取得的海关进口增值税专用缴款书上注明的增值税额允许抵扣。按照凭票抵扣的原则，纳税人进口货物后，应当自海关填发海关进口增值税专用缴款书之日起 15 日内缴纳税款。

［**例 2－9**］大华公司为增值税一般纳税人，2019 年 6 月购入一批包装物材料，取得的增值税专用发票上注明价款 300 000 元，增值税款 39 000 元，又取得货物运输企业开具的增值税专用发票标明运费 4 000 元，增值税款 360 元。货款和运费均以银行存款支付。在入库前进行挑选整理，实际包装物材料入库 295 000 元，合理损耗包装物材料 5 000 元。发生人工费 1 200 元。企业采用实际成本计价。会计处理如下：

包装材料验收入库、并支付货款和运杂费：

借：原材料——包装物材料	304 000	
应交税费——应交增值税（进项税额）	39 360	
贷：银行存款		343 360

丁字账图示如下：

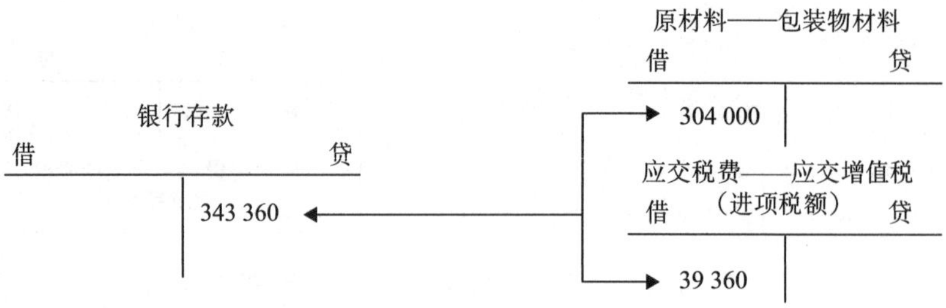

挑选整理发生的人工费：

借：原材料——包装物材料（人工费）　　1 200

　　贷：应付职工薪酬　　1 200

丁字账图示如下：

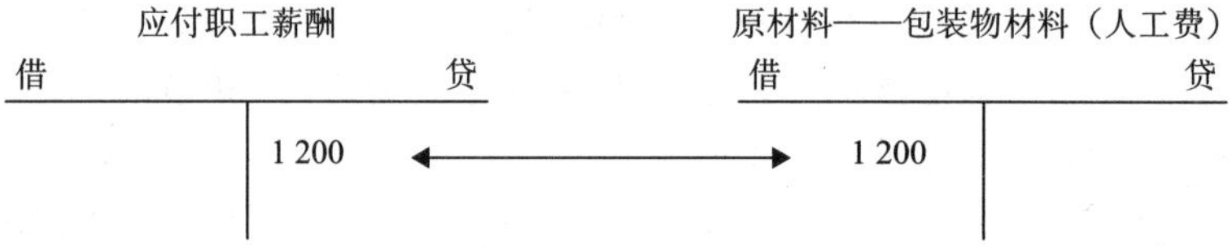

[**核心提示**] 营改增后购进运输服务，支付运输费用的，2019 年 4 月 1 日后适用 9% 税率。

[**例 2 –10**] 家安水泥有限公司（增值税一般纳税人）2020 年 2 月购进水泥熟料 100 吨，取得的增值税专用发票上注明价款 200 000 元，增值税款 26 000 元，以银行存款支付货款，已验收入库，同时取得运输企业开具的增值税专用发票标明运费 5 000 元，增值税款 450 元。均以银行存款支付。会计处理如下：

借：原材料——熟料　　205 000

　　应交税费——应交增值税（进项税额）　　26 450

　　贷：银行存款　　231 450

丁字账图示如下：

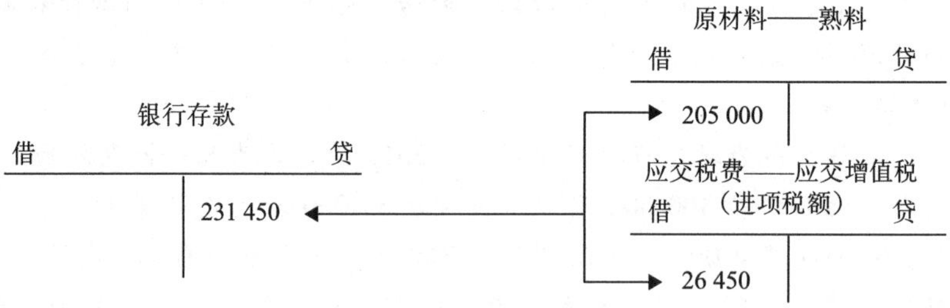

[**例 2 –11**] 宏达公司（增值税一般纳税人）2020 年 3 月以银行存款支付 A 修理厂机器设备修理费，取得的增值税专用发票上注明价款 10 000 元，增值税款 1 300 元。会计处理如下：

借：制造费用　　10 000

　　应交税费——应交增值税（进项税额）　　1 300

　　贷：银行存款　　11 300

丁字账图示如下：

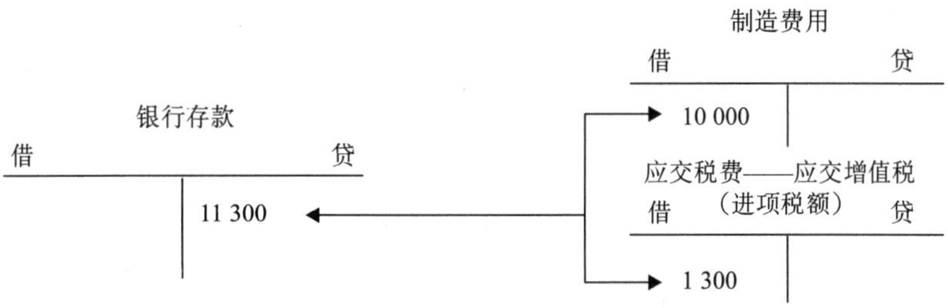

［例 2－12］众成公司（增值税一般纳税人）2020 年 3 月份以银行存款支付电费，取得的增值税专用发票上注明的价款 20 000 元，增值税款 2 600 元。其中管理部门电费 2 000 元，其他为生产 A 产品所用。会计处理如下：

借：管理费用　　2 000

　　制造费用　　18 000

　　应交税费——应交增值税（进项税额）　　2 600

　　贷：银行存款　　22 600

丁字账图示如下：

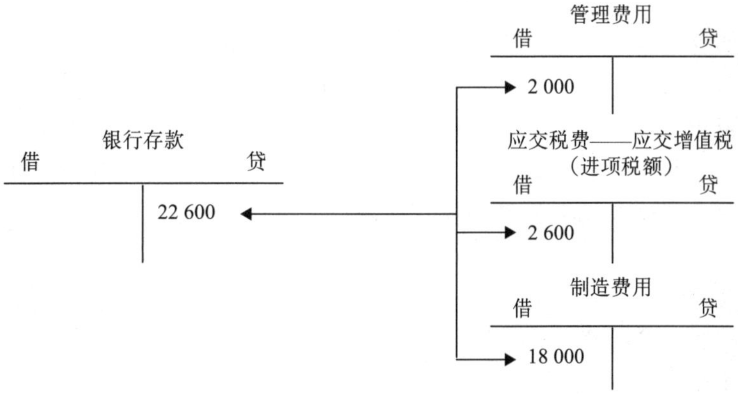

二、委托加工方式取得进项税额的会计处理

工业企业由于自身设备或技术等方面原因，经常需要委托其他单位为其加工半成品、库存商品等，以支付加工费方式取得进项税额。委托加工业务是由委托方提供原料和主要材料，受托方按照委托方的要求制造货物并收取加工费的业务。工业企业委托加工业务一般要经过“原材料的发出——加工改制——收回入库”这一过程，在这一过程的核算中使价值相应增加。因此，企业进行委托加工材料的核算要正确反映和监督拨付加工材料、支付加工费用和税金、收回加工材料和剩余材料等几个环节。

（1）委托加工材料的实际成本包括：

①加工中实际耗用材料的成本；

②支付的加工费用；

③应由成本负担的税金（包括按税法规定应计入成本的增值税和消费税等）；

④支付的往返运杂费。

（2）委托加工物资的账务处理：

企业发给外单位加工的物资，按实际成本，借记“委托加工物资”科目，贷记“原材料”“库存商品”等科目；按计划成本或售价核算的，还应同时结转材料成本差异或商品进销差价。

支付加工费、运杂费等，借记“委托加工物资”科目，贷记“银行存款”等科目；需要缴纳消费税的委托加工物资，由受托方代收代缴的消费税，借记“委托加工物资”科目（收回后用于直接销售的）或“应交税费——应交消费税”科目（收回后用于继续加工的），贷记“应付账款”“银行存款”等科目。

加工完成验收入库的物资和剩余的物资，按加工收回物资的实际成本和剩余物资的实际成本，借记“原材料”“库存商品”等科目，贷记“委托加工物资”科目。

采用计划成本或售价核算的，按计划成本或售价，借记“原材料”或“库存商品”科目，按实际成本，贷记“委托加工物资”科目，按实际成本与计划成本或售价之间的差额，借记或贷记“材料成本差异”科目。

[例 2－13] 甲企业委托乙企业加工一批货物，甲企业提供原材料，实际成本 100 000 元，取得的增值税专用发票上注明的加工费 10 000 元，增值税款 1 300 元。款项尚未支付。委托加工物资已入库。会计处理如下：

借：委托加工物资　　100 000
　　贷：原材料　　100 000
借：委托加工物资　　10 000
　　应交税费——应交增值税（进项税额）　　1 300
　　贷：应付账款　　11 300
借：库存商品　　110 000
　　贷：委托加工物资　　110 000

丁字账图示如下：

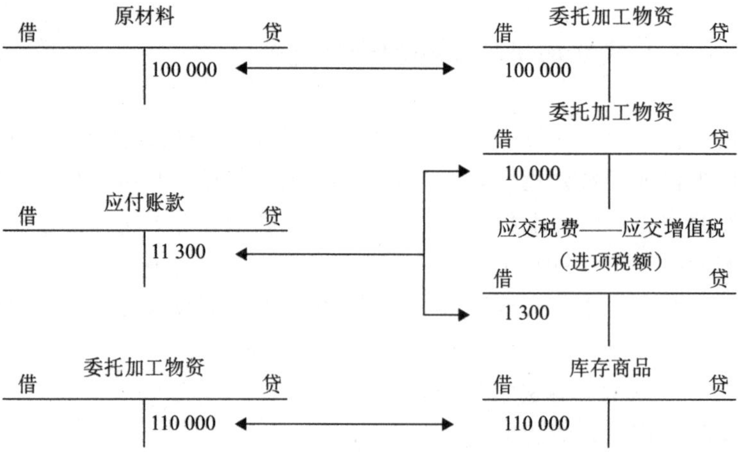

[例 2－14] 建新修造厂 2019 年 6 月 10 日委托海河包装箱加工厂加工包装木箱一批，发出木材的实际成本 150 200 元，同年 7 月 5 日取得增值税发票上注明加工费 15 000 元，增值税额 1 950 元。7 月 20 日收回已加工完成木箱。受托加工单位退回一部分木材实际成

本2 200元，已验收入库。会计处理如下：

(1) 发出委托加工材料：

借：委托加工物资　　150 200

　　贷：原材料　　150 200

丁字账图示如下：

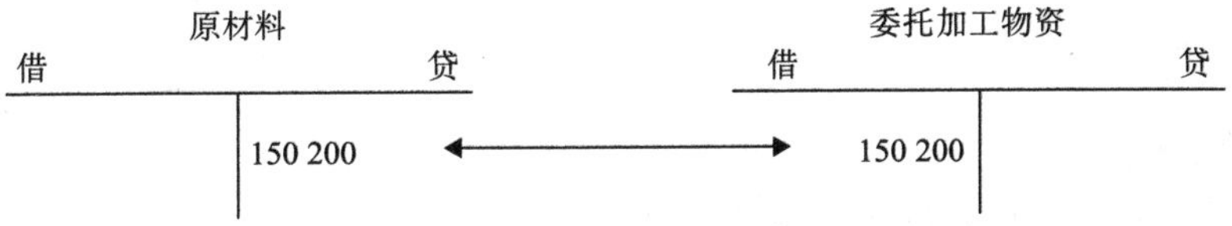

(2) 支付加工费和增值税额：

借：委托加工物资　　15 000

　　应交税费——应交增值税（进项税额）　　1 950

　　贷：银行存款　　16 950

丁字账图示如下：

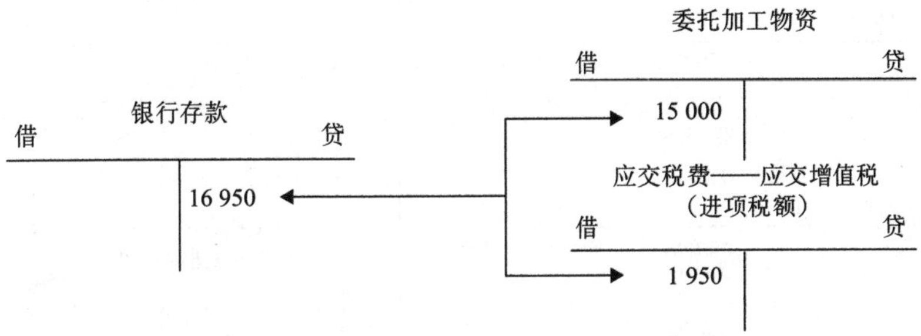

(3) 收回剩余部分木材：

借：原材料　　2 200

　　贷：委托加工物资　　2 200

丁字账图示如下：

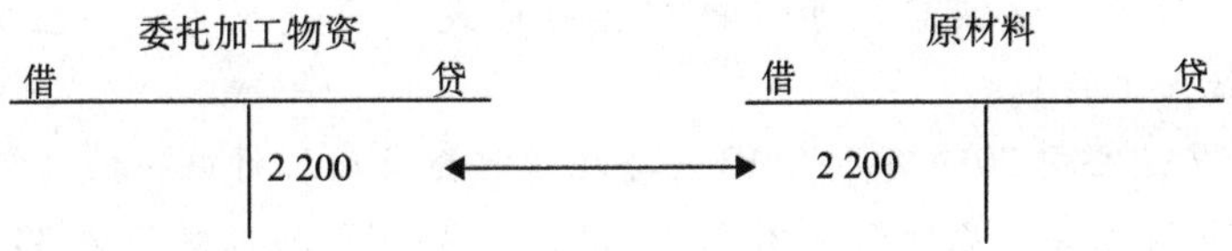

(4) 收回加工完成木箱：

借：周转材料——木箱　　163 000

　　贷：委托加工物资　　163 000

丁字账图示如下：

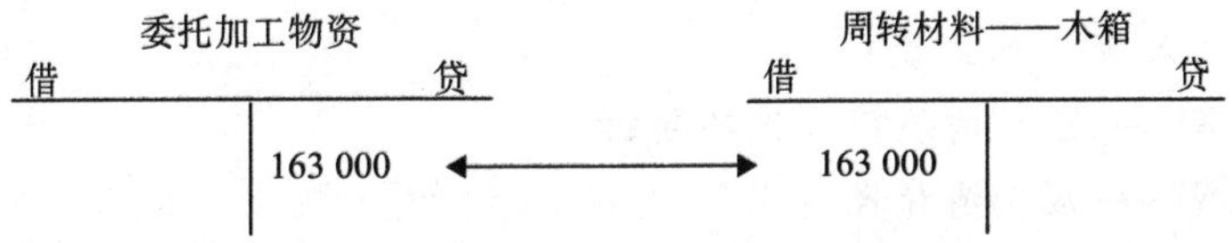

[核心提示]“委托加工物资”科目核算企业委托外单位加工的各种材料、商品等物资的实际成本。发出和收回时，对于按计划成本或售价核算的，还应同时结转材料成本差异或商品进销差价。

［例 2－15］甲企业委托乙企业加工一批用于直接销售的高档化妆品，甲企业提供原材料，实际成本 100 000 元，取得的增值税专用发票上注明的加工费 10 000 元，增值税款 1 300 元。以银行存款支付。委托加工物资已入库，该批货物市场不含税销售价格 150 000 元，乙企业已代扣代缴消费税。会计处理如下：

乙企业代扣代缴的消费税＝150 000×15%＝22 500（元）

借：委托加工物资	100 000	
贷：原材料		100 000
借：委托加工物资	32 500	
应交税费——应交增值税（进项税额）	1 300	
贷：银行存款		33 800
借：库存商品	132 500	
贷：委托加工物资		132 500

丁字账图示如下：

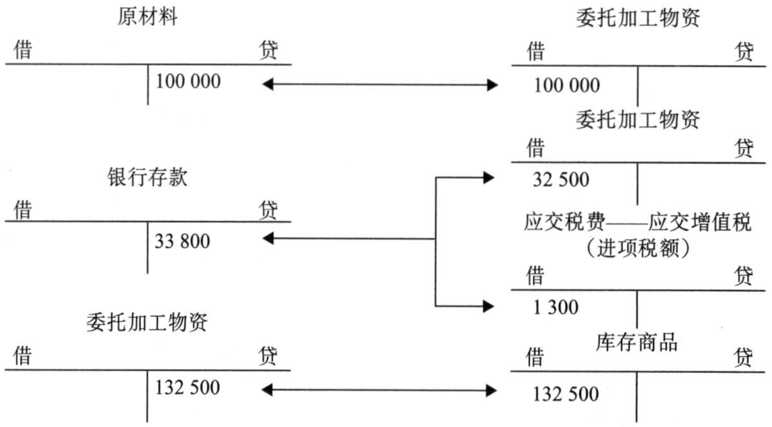

［核心提示］需要缴纳消费税的委托加工物资，由受托方代收代缴的消费税，借记"委托加工物资"科目（收回后用于直接销售的）或"应交税费——应交消费税"科目（收回后用于继续加工的）。

［例 2－16］宏达公司 2019 年 5 月 10 日委托海河公司加工材料一批（属于应税消费品）用于连续生产应税消费品。原材料成本 220 000 元，支付的加工费用为 33 000 元，增值税 4 290元，海河公司代扣代缴消费税 3 300 元，材料加工完验收入库，加工费已经支付。宏达公司按规定取得相应的发票，对原材料按实际成本进行日常核算。会计处理如下：

借：委托加工物资	220 000	
贷：原材料		220 000
借：委托加工物资（加工费）	33 000	
应交税费——应交增值税（进项税额）	4 290	
应交税费——应交消费税（代扣）	3 300	
贷：银行存款		40 590
借：原材料	253 000	
贷：委托加工物资		253 000

丁字账图示如下：

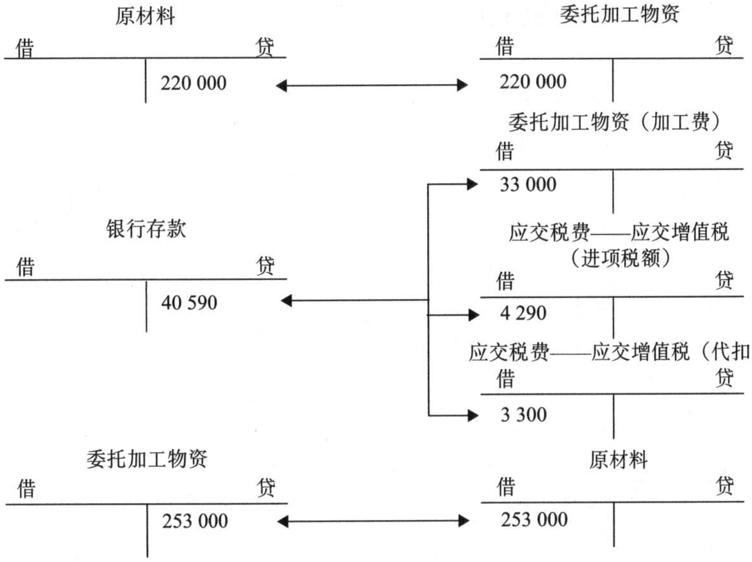

［**例 2－17**］富强公司（增值税一般纳税人）委托胜利铁制品加工部（增值税小规模纳税人）加工包装盒一批，提供原材料实际成本 10 000 元，取得税务机关代开的增值税专用发票上注明加工费 1 000 元，增值税款 30 元。款项用银行存款支付。委托加工物资已入库。会计处理如下：

借：委托加工物资　　10 000
　　贷：原材料　　10 000
借：委托加工物资　　1 000
　　应交税费——应交增值税（进项税额）　　30
　　贷：银行存款　　1 030
借：库存商品　　11 000
　　贷：委托加工物资　　11 000

丁字账图示如下：

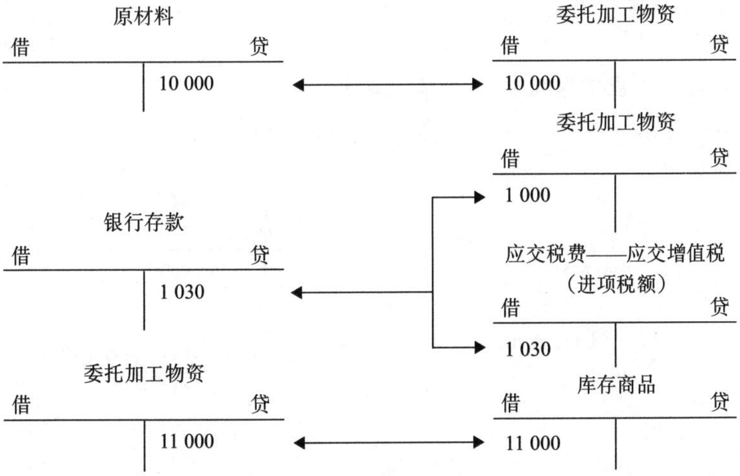

三、其他方式取得进项税额的会计处理

［**例2－18**］天天公司2019年7月1日接受利达公司投入的原材料，投资各方协议确认的投资者投入原材料价值为3 000 000元，专用发票上注明的增值税额为390 000元，假定投资协议规定出资额2 500 000元，该批原材料已验收入库。会计处理如下：

借：原材料　　3 000 000

　　应交税费——应交增值税（进项税额）　　390 000

　　贷：实收资本——法人资本　　2 500 000

　　　　资本公积——资本溢价　　890 000

丁字账图示如下：

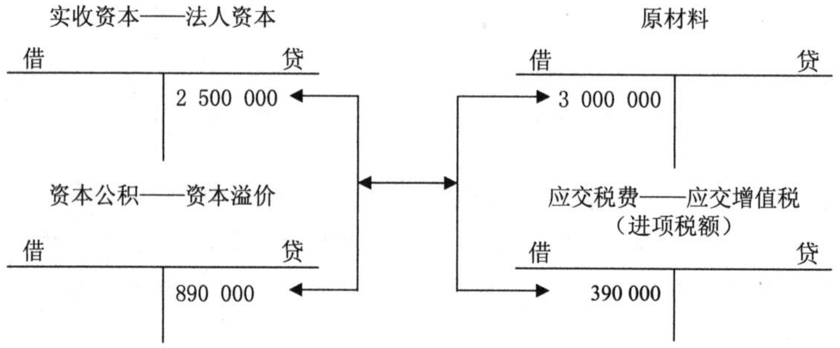

［**核心提示**］接受投资者投入的原材料等存货，被投资方按投资者各方确认的价值，借记“原材料”“库存商品”“周转材料”“固定资产”科目，按专用发票上注明的增值税额，借记“应交税费——应交增值税（进项税额）”科目，按照投资合同或协议确认的价值加上投入材料的进项税额，贷记“实收资本（或股本）”科目，若投资者投入原材料的价值超过投资合同或协议出资额的部分，贷记“资本公积”科目。

［**例2－19**］光大公司2020年2月1日接受海宁公司投资，双方协议，投入设备一台，价值为1 000 000元，专用发票上注明的增值税额为130 000元，假定投资协议规定出资额1 130 000元。会计处理如下：

借：固定资产　　1 000 000

　　应交税费——应交增值税（进项税额）　　130 000

　　贷：实收资本　　1 130 000

丁字账图示如下：

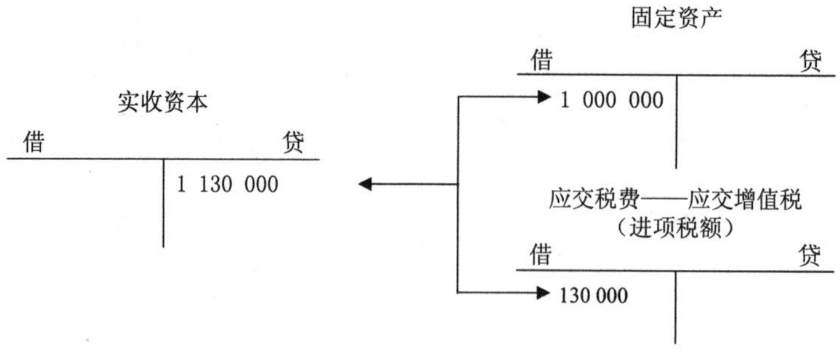

［**例 2－20**］利达公司 2019 年 6 月 1 日接受有关单位转入捐赠固定资产一台，价款 300 000 元，专用发票上注明的增值税进项税额 39 000 元。以银行存款支付相关费用 5 000 元。该设备在 2019 年 6 月 10 日投入使用。会计处理如下：

借：固定资产	305 000	
应交税费——应交增值税（进项税额）	39 000	
贷：营业外收入		339 000
银行存款		5 000

丁字账图示如下：

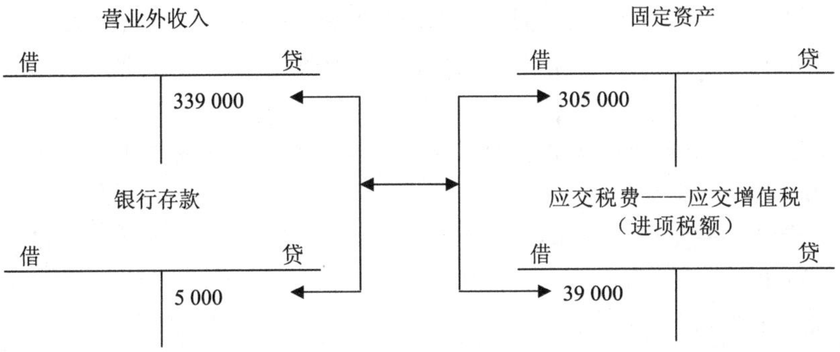

［**核心提示**］根据《企业会计制度》规定，企业接受捐赠利得通过“营业外收入”科目核算。按确定的实际成本，借记“原材料”“库存商品”“周转材料”“固定资产”科目，按实际支付的相关税费，贷记“银行存款”等科目，按其差额，贷记“营业外收入”科目。

［**例 2－21**］鑫盛公司接受有关单位无偿赠送 A 原材料一批，价款 300 000 元，专用发票上注明的增值税进项税额 39 000 元。会计处理如下：

借：原材料——A	300 000	
应交税费——应交增值税（进项税额）	39 000	
贷：营业外收入		339 000

丁字账图示如下：

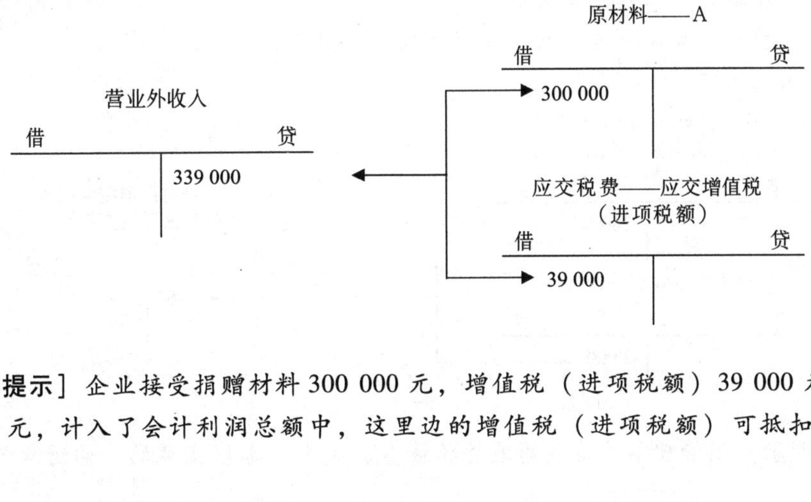

［**核心提示**］企业接受捐赠材料 300 000 元，增值税（进项税额）39 000 元，价税合计 339 000 元，计入了会计利润总额中，这里边的增值税（进项税额）可抵扣销项税额，

企业实际的受赠总额为339 000元，一并计入会计利润总额，计算企业所得税。

四、不得抵扣进项税额的会计处理

根据《增值税暂行条例》规定，对用于非增值税应税项目、免征增值税项目、集体福利或者个人消费的购进货物或者应税劳务的进项税额；非正常损失的购进货物及相关的应税劳务的进项税额；非正常损失的在产品、产成品所耗用的购进货物或者应税劳务的进项税额；国务院财政、税务主管部门规定的纳税人自用消费品的进项税额以及上述各项规定的货物的运输费用和销售免税货物的运输费用的进项税额不得从销项税额中抵扣，对于已经抵扣了的进项税额，在会计处理中要通过“应交税费——应交增值税（进项税额转出）”科目进行核算。

[例2－22] 明月公司为职工公寓购入空调1台，取得专用发票上注明价款10 000元，增值税额1 300元。会计处理如下：

借：固定资产——空调（职工公寓）　　11 300

　　贷：银行存款　　11 300

丁字账图示如下：

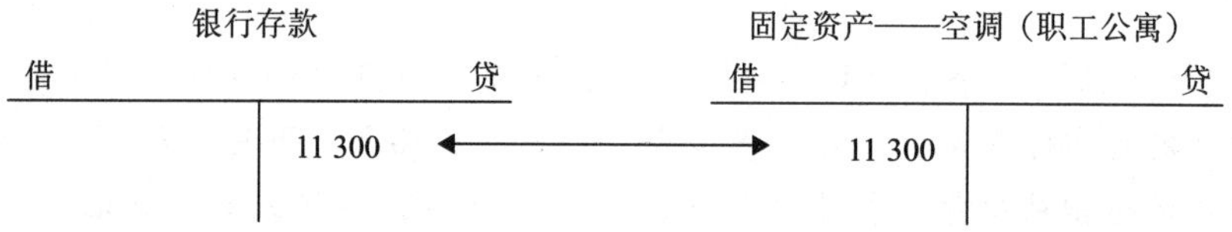

[核心提示] 用于集体福利或者个人消费的购进货物或者应税劳务的进项税额不得从销项税额中抵扣。

[例2－23] 大明公司由于管理不善，导致外购包装物材料部分丢失，损失包装物材料2 000元，增值税税率13%，其进项税额已经抵扣，企业采用实际成本核算。会计处理如下：

借：待处理财产损溢——待处理流动资产损溢　　2 260

　　贷：原材料——包装物材料　　2 000

　　　　应交税费——应交增值税（进项税额转出）　　260

丁字账图示如下：

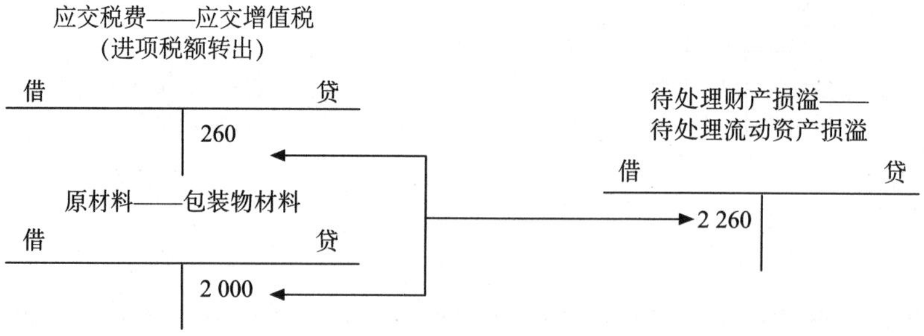

[核心提示] 因管理不善造成购进货物被盗、丢失、霉烂变质的，购进货物的进项税

额不得从销项税额中抵扣。

［例 2－24］ 辉煌公司外购生产用淀粉，被食堂领用，价值 100 元。该淀粉的进项税额已经抵扣。企业采用实际成本核算。会计处理如下：

借：应付职工薪酬——应付福利费　　113

　贷：原材料——淀粉　　100

　　应交税费——应交增值税（进项税额转出）　　13

丁字账图示如下：

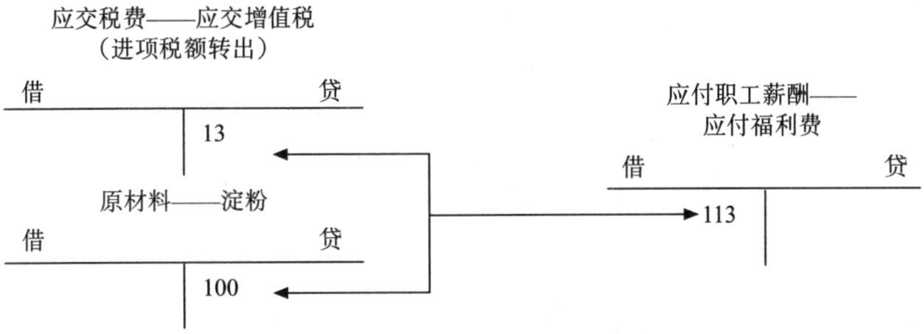

［核心提示］ 用于非增值税应税项目、免征增值税项目、集体福利或者个人消费的购进货物或者应税劳务的进项税额不得从销项税额中抵扣。但将自产、委托加工的货物用于非增值税应税项目、集体福利和个人消费的视同销售。

［例 2－25］ 凤鸣公司由于管理不善，导致 A 产品受到损坏损失 10 000 元，其成本中外购材料成本为 8 000 元，外购材料成本中含运费 1 000 元，并取得运输企业开具的增值税专用发票，外购材料适用增值税税率 13%，企业采用实际成本核算。会计处理如下：

A 产品所含进项税额 =（8 000 − 1 000）× 13% + 1 000 × 9% = 910 + 90 = 1 000（元）

借：待处理财产损溢——待处理流动资产损溢　　11 000

　贷：库存商品——A　　10 000

　　应交税费——应交增值税（进项税额转出）　　1 000

丁字账图示如下：

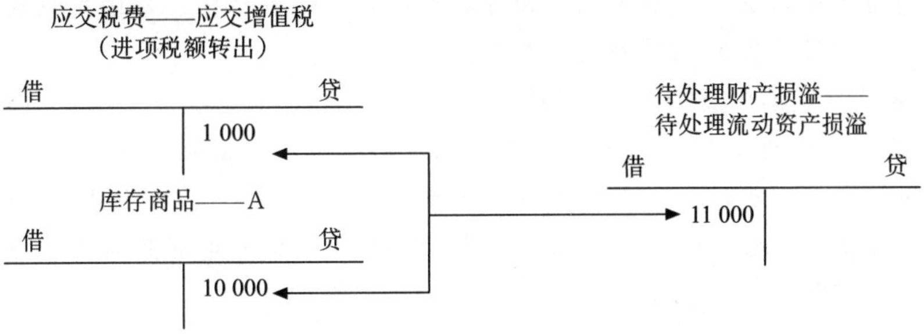

［核心提示］ 非正常损失的在产品、产成品所耗用的购进货物或者应税劳务的进项税额不得抵扣，同时不得抵扣其运输费用所含的进项税额。

［例 2－26］ 龙腾公司购进一台红旗轿车，取得机动车统一发票，注明价款 200 000 元，增值税税款 26 000 元。企业以银行存款支付。会计处理如下：

借：固定资产——红旗轿车　　226 000

贷：银行存款　　226 000

丁字账图示如下：

银行存款			固定资产——红旗轿车	
借	贷		借	贷
	226 000	←→	226 000	

［核心提示］纳税人自用的应征消费税的摩托车、汽车、游艇，其进项税额准予从销项税额中抵扣。

第二节　销项税额会计处理

纳税人销售货物或者应税劳务，按照销售额和《增值税暂行条例》规定的税率计算并向购买方收取的增值税额，为销项税额。其含义：一是销项税额是计算出来的，对销售方来讲，在没有依法抵扣其进项税额前，销项税额不是其应纳增值税额，而是销售货物或应税劳务的整体税负；二是销售额是不含销项税额的销售额，是从购买方收取的，体现了价外税性质。

工业企业销项税额的取得方式主要包括销售货物或应税劳务、视同销售行为以及其他价外收入。由于取得方式的不同，其会计核算有很大差异，下面按照取得方式分类举例介绍。

一、销售货物或应税劳务销项税额的会计处理

企业销售货物按货款结算方式不同可以分为采取直接收款方式销售货物、采用委托收款和托收承付方式销售货物、采用赊销和分期收款方式销售货物、采用预收货款方式销售货物等方式，其会计核算分别举例说明如下：

1. 直接收款方式销售货物的会计核算。

［例2－27］红光电器厂（增值税一般纳税人）本月向甲企业销售10台电器，每台不含税单价6 000元，红光电器厂给甲企业开出增值税专用发票，注明价款60 000元，税率13%，增值税额7 800元。甲企业以现金支付67 800元，红光电器厂将提货单、发票交给甲企业。会计处理如下：

借：库存现金　　67 800

　　贷：主营业务收入　　60 000

　　　　应交税费——应交增值税（销项税额）　　7 800

丁字账图示如下：

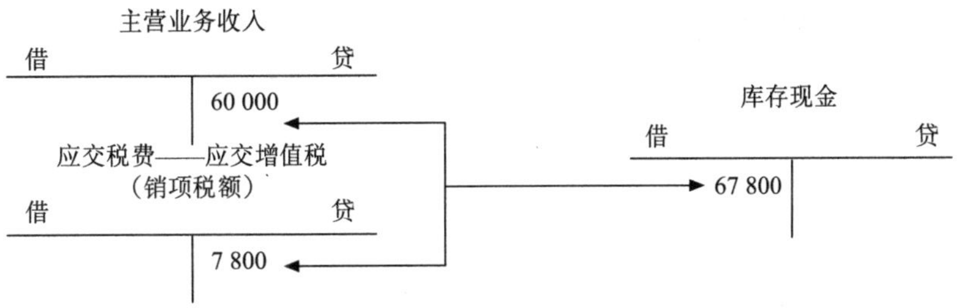

［**核心提示**］采取这种方式销售货物，无论货物是否发出，均以收到销售款或取得索取销售款凭据的当天，作为纳税义务发生时间，先开具发票的以发票开具当天作为纳税义务发生时间。收到货款时，借记“库存现金”“银行存款”“应收票据”等科目，贷记“主营业务收入”“应交税费——应交增值税（销项税额）”科目。

2. 委托收款和托收承付方式销售货物。

［**例 2－28**］大明公司 2019 年 7 月份用托收承付结算方式，发出产品一批，不含税价款 100 000 元，增值税额 13 000 元，另代垫运费 2 000 元，现托收手续已办理完毕。会计处理如下：

借：应收账款	115 000	
贷：主营业务收入		100 000
应交税费——应交增值税（销项税额）		13 000
银行存款		2 000

丁字账图示如下：

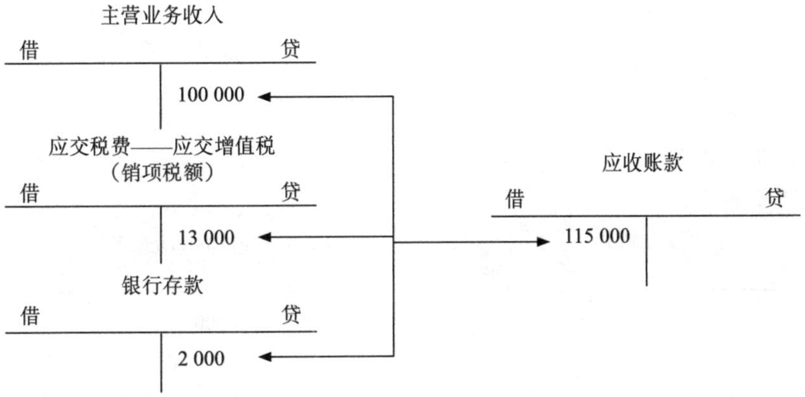

［**核心提示**］采取这种方式销售货物，纳税人按合同规定向购货方发出货物后，凭开具的销售发票和运输单据等向银行办理托收手续，银行受理后，即可认为取得了收款的权利，应确认销售收入的实现，同时，应确认收入和税金。按照实现的销售收入和按规定收取的增值税额，借记“应收账款”科目，按照实现的销售收入，贷记“主营业务收入”科目，按照规定收取的增值税额，贷记“应交税费——应交增值税（销项税额）”科目。

3. 赊销和分期收款方式销售货物。

［**例 2－29**］丽都公司于 2019 年 6 月 1 日采取分期收款结算方式发出产品一批，实际成本为 70 000 元，不含税销售价格为 100 000 元。合同约定对方应分别于 6 月 1 日、8 月 1 日、

10 月 1 日、12 月 1 日四次等额付款，收到货款时开具增值税专用发票。则会计处理如下：

（1）4 月 1 日发出产品时：

借：发出商品　　70 000

　　贷：库存商品　　70 000

丁字账图示如下：

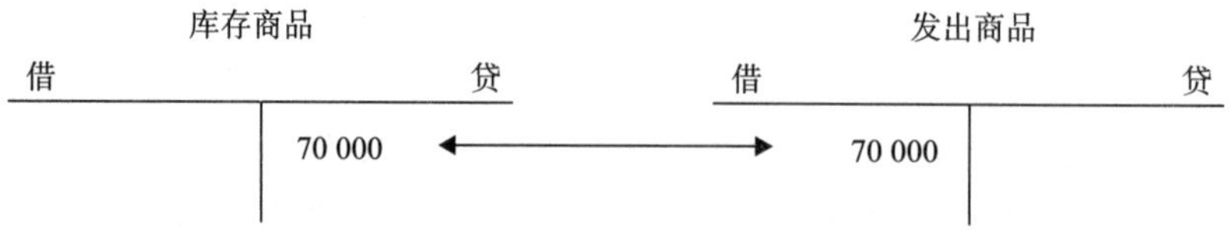

（2）6 月 1 日收到货款时：

借：银行存款　　28 250

　　贷：主营业务收入　　25 000

　　　　应交税费——应交增值税（销项税额）　　3 250

丁字账图示如下：

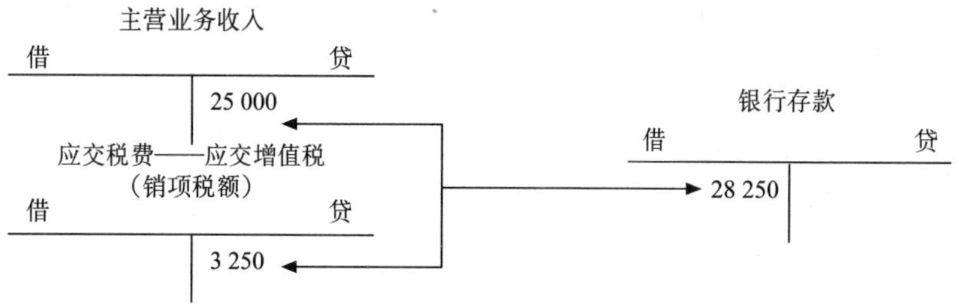

（3）结转成本时：

借：主营业务成本　　17 500

　　贷：发出商品　　17 500

丁字账图示如下：

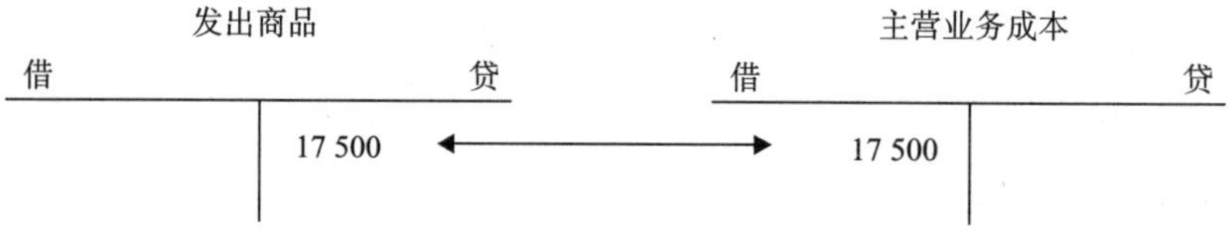

（4）8 月 1 日、10 月 1 日、12 月 1 日会计处理同上。

［核心提示］ 采取这种方式销售货物，其纳税义务发生时间为销售合同规定收款日期的当天。因此，纳税人在发出商品时，按发出商品成本借记“发出商品”科目，贷记“库存商品”科目。在合同约定的收款日期，按照实现的销售收入和按规定收取的增值税额，借记“银行存款”等科目，贷记“主营业务收入”“应交税费——应交增值税（销项税额）”等科目，同时按规定结转成本，借记“主营业务成本”科目，贷记“发出商品”科目。

［例 2－30］ 龙王水电设备公司（增值税一般纳税人）于 2015 年 1 月 1 日采取分期收款结算方式销售给大湾水电站（增值税一般纳税人）水电机组一台，实际成本为

10 000 000元，不含税销售价格为 12 000 000 元；合同约定不含税售价 12 600 000 元，付款期限为三年，应分别于每年 12 月 1 日三次等额付款。按照合同约定收款时间分次开具增值税专用发票。（企业应当用实际利率法按期确认利息收入，为了计算简便，确定为 200 000 元/年）。则会计处理如下：

（1）1 月 1 日发出设备时：

借：长期应收款　　12 600 000

　　贷：主营业务收入　　12 000 000

　　　　未实现融资收益　　600 000

借：主营业务成本　　10 000 000

　　贷：库存商品　　10 000 000

丁字账图示如下：

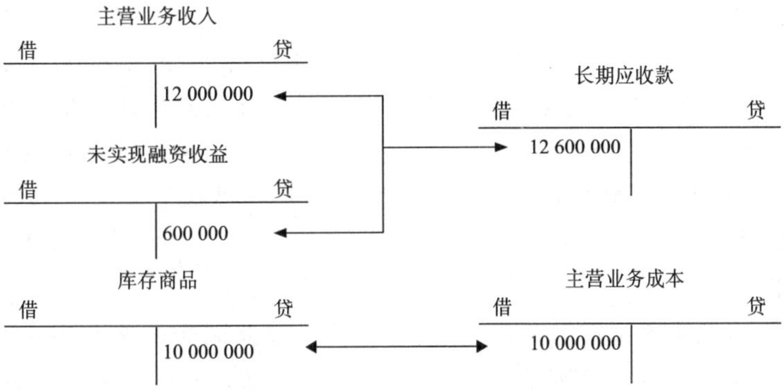

（2）2015 年 12 月 1 日收到货款并开具发票时：

借：银行存款　　4 914 000

　　贷：长期应收款　　4 200 000

　　　　应交税费——应交增值税（销项税额）　　714 000

2015 年应当确定的利息收入 200 000 元。

借：未实现融资收益　　200 000

　　贷：财务费用　　200 000

丁字账图示如下：

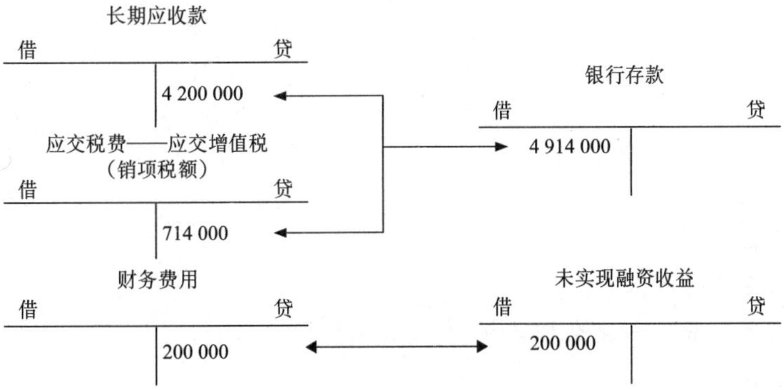

（3）2016年12月1日、2017年12月1日会计处理同上。

［**核心提示**］分期收款销售商品收入的会计处理与税务处理存在一定的差异，新会计准则的收入准则中关于企业以分期收款方式销售货物的：商品已经交付，货款分期收回，如果延期收取的货款具有融资性质，其实质是企业向购货方提供免息的信贷时，企业应当按照应收的合同或协议价款的公允价值确定收入金额，即企业不需要分期确认销售商品的收入。这里“延期收取的货款具有融资性质”应理解为：若不分期收款即现销，则以当前的正常售价确认为收入的实现（不含增值税，下同），这里的“正常售价”即分期收款总额的折现值，也就是收入准则中所说的“应当按照应收的合同或协议价款的公允价值确定收入金额”；而当采用分期收款时，则分期收款总额（终值）要大于不分期收款的货款总额（现值），这部分差额即为“延期收取的货款具有融资性质”而在销售方来说即为得到的融资补偿，即在销售时以正常售价确认为收入，而分期收款总额与其折现值之差额企业作为融资补偿需记入“未实现融资收益”科目进行核算，并将其在全部收款期内按实际利率法在资产负债表日分别摊入当期损益即冲减“财务费用”。用递延方式分期收款销售商品或提供劳务等经营活动产生的长期应收款，满足收入确认条件的，按应收的合同或协议价款，借记“长期应收款”科目，按应收合同或协议价款的公允价值（折现值），贷记“主营业务收入”等科目，按其差额，贷记“未实现融资收益”科目。涉及增值税的，还应进行相应的处理。

4. 预收货款方式销售货物。

［**例2－31**］不老泉酒业有限公司2019年5月1日收到预收账款304 200元，该公司按合同规定于2019年6月1日发出粮食白酒一批，价款300 000元，对方按差额补足货款，则该公司会计处理如下：

（1）2019年5月1日收到预收账款时：

借：银行存款　　304 200

　　贷：预收账款　　304 200

丁字账图示如下：

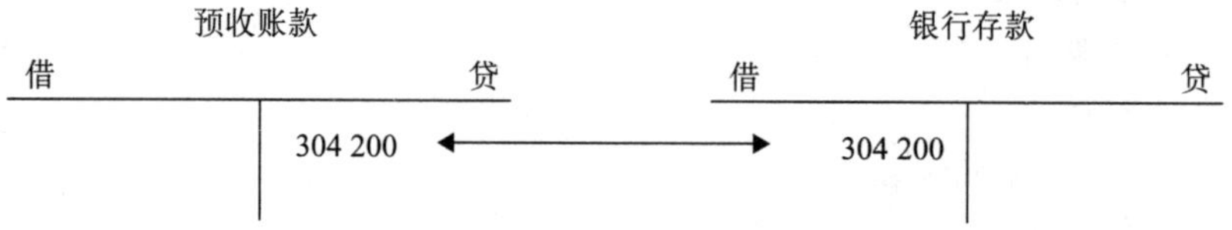

（2）2019年6月1日发货时：

借：预收账款　　304 200

　　银行存款　　34 800

　　贷：主营业务收入　　300 000

　　　　应交税费——应交增值税（销项税额）　　39 000

丁字账图示如下：

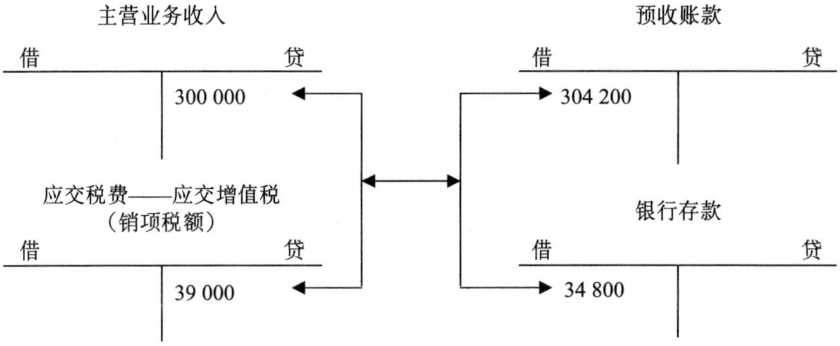

［**核心提示**］采取这种方式销售货物，纳税人要按合同规定日期确认收入并计算缴纳增值税，若无书面合同的，以货物发出当天作为确认收入的日期。纳税人在收到预收款项时，借记“银行存款”科目，贷记“预收账款”科目，在发出产品时，确认收入和补收货款，借记“预收账款”“银行存款”等科目，贷记“主营业务收入”“应交税费——应交增值税（销项税额）”等科目，其会计处理同一般销售业务。

5. 销货退回。

［**例 2－32**］凯华公司上月销售给美华公司的一台电机被退回，货款 880 000 元，适用增值税税率为 13%。美华公司提供主管税务机关出具的《开具红字增值税专用发票信息表》。凯华公司已通过银行支付上述款项。则会计处理如下：

借：主营业务收入　　880 000
　　应交税费——应交增值税（销项税额）　　114 400
　　贷：银行存款　　994 400

丁字账图示如下：

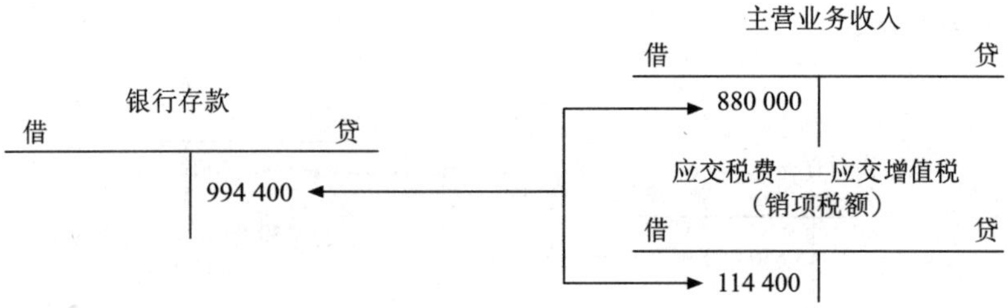

二、出口货物销项税额的会计处理

目前，我国对生产企业出口自产货物的增值税一律实行“免、抵、退”税管理办法。税法上，对“免、抵、退”税办法有三步处理公式：一是，当期应纳税额＝当期内销售货物销项税额－（当期全部进项税额－当期不得免征和抵扣的税额）－上期留抵税额；二是，免抵退税额＝出口货物离岸价×外汇人民币牌价×出口货物退税率；三是，当期免抵税额＝当期免抵退税额－当期应退税额。

会计上，实行“免、抵、退”政策的会计处理也相应有三种处理办法。

一是，应纳税额为正数，即免抵后仍应缴纳增值税，免抵税额＝免抵退税额，即没有可退税额（因为没有留抵税额）。此时，应借记“应交税费——应交增值税（转出未交增值税）”科目，贷记“应交税费——未交增值税”科目；再借记“应交税费——应交增值税（出口抵减内销产品应纳税额）”科目，贷记“应交税费——应交增值税（出口退税）”科目。

二是，应纳税额为负数，即期末有留抵税额，对于未抵扣完的进项税额，不做会计分录；当留抵税额大于“免、抵、退”税额时，可全部退税，免抵税额为0。此时，借记“其他应收款——应收出口退税”科目，贷记“应交税费——应交增值税（出口退税）”科目。

三是，应纳税额为负数，即期末有留抵税额，对于未抵扣完的进项税额，不做会计分录；当留抵税额小于“免、抵、退”税额时，可退税额为留抵税额，免抵税额＝免抵退税额－留抵税额。此时，借记“其他应收款——应收出口退税”“应交税费——应交增值税（出口抵减内销产品应纳税额）”等科目，贷记“应交税费——应交增值税（出口退税）”科目。

通过以上三种情况的分析与处理可看出，如果不计算出“免抵税额”，会计处理上将无法平衡。

［例2－33］ 王氏集团是具有进出口经营权的生产企业，对自产货物经营出口销售及国内销售。该企业2019年5月份购进所需原材料等货物，允许抵扣的进项税额为65万元，内销产品取得销售额300万元（不含税），出口货物离岸价折合人民币2 400万元。假设上期留抵税款5万元，增值税税率13%，退税率10%，则会计处理如下：

（1）外购原材料等货物时：

借：原材料　　5 000 000

　　应交税费——应交增值税（进项税额）　　650 000

　　贷：银行存款　　5 650 000

丁字账图示如下：

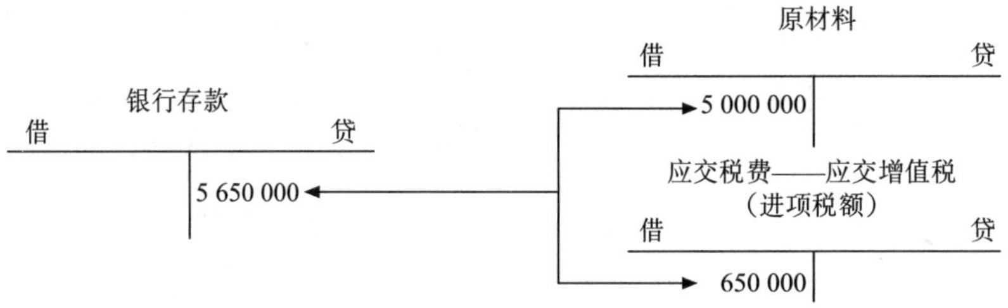

（2）产品外销时：

免征本销售环节的销项税额。

借：应收账款　　24 000 000

　　贷：主营业务收入　　24 000 000

丁字账图示如下：

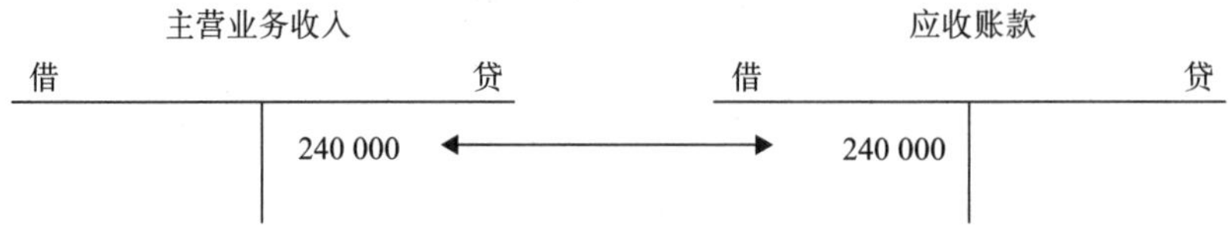

(3) 产品内销时：

借：银行存款　　3 390 000

　　贷：主营业务收入　　3 000 000

　　　　应交税费——应交增值税（销项税额）　　390 000

丁字账图示如下：

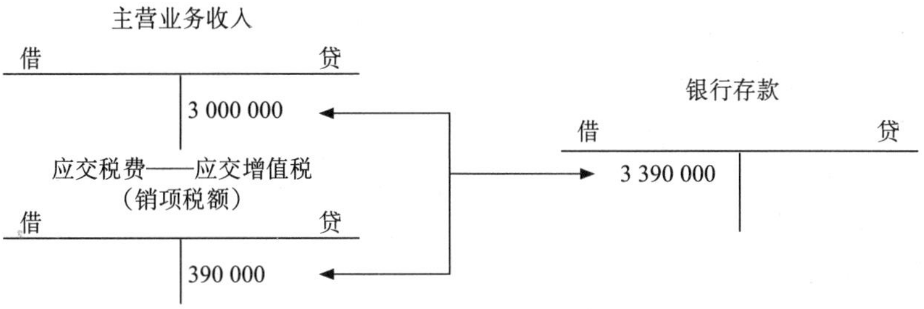

(4) 月末，计算当月出口货物不予抵扣和退税的税额：

不得免征和抵扣税额 = 当期出口货物离岸价 × 人民币外汇牌价 ×（征税率 − 退税率）

$= 2\ 400 \times (13\% - 10\%) = 72$（万元）

借：主营业务成本　　720 000

　　贷：应交税费——应交增值税（进项税额转出）　　720 000

丁字账图示如下：

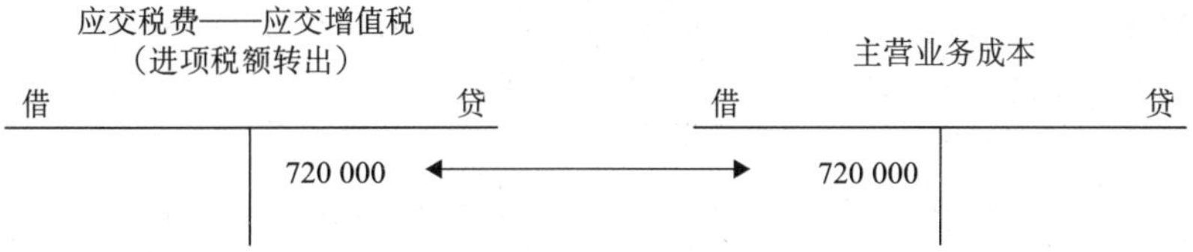

(5) 计算应纳税额或当期期末留抵税额：

本月应纳税额 = 销项税额 − 进项税额 = 当期内销货物的销项税额 −（当期进项税额 + 上期留抵税款 − 当期不予抵扣或退税的金额）$= 39 - (65 + 5 - 72) = 41$（万元）

借：应交税费——应交增值税（转出未交增值税）　　410 000

　　贷：应交税费——未交增值税　　410 000

丁字账图示如下：

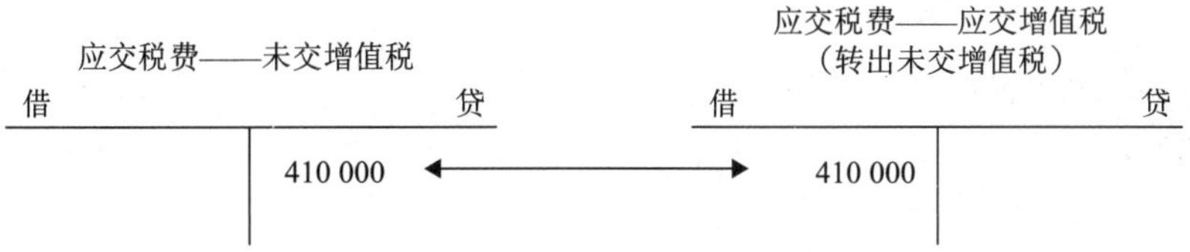

(6) 实际缴纳时：

借：应交税费——未交增值税　　410 000

　　贷：银行存款　　410 000

丁字账图示如下：

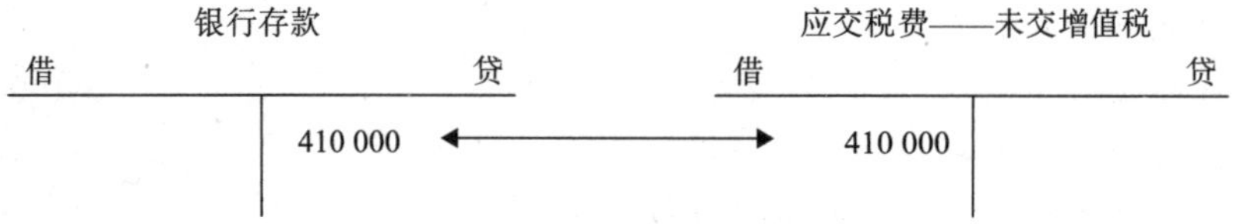

[**例 2－34**] 依上例，如果本期外购货物的进项税额为 140 万元，其他不变，则 1 至 4 步分录同上，其余账务处理如下：

(1) 计算应纳税额或当期期末留抵税额：

本月应纳税额＝销项税额－进项税额＝当期内销货物的销项税额－(当期进项税额＋上期留抵税款－当期不予抵扣或退税的金额)＝300×13%－[140＋5－2 400×(13%－10%)]＝－34（万元）

由于应纳税额小于零，说明当期“期末留抵税额”为 34 万元，不需做会计分录。

(2) 计算应退税额和应免抵税额：

免抵退税额＝出口货物离岸价×外汇人民币牌价×出口货物退税率

＝2 400×10%＝240（万元）

当期期末留抵税额 34 万元＜当期免抵退税额 240 万元

当期应退税额＝当期期末留抵税额＝34（万元）

当期免抵税额＝当期免抵退税额－当期应退税额＝240－34＝206（万元）

借：其他应收款——应收出口退税　　340 000

　　应交税费——应交增值税（出口抵减内销产品应纳税额）　　2 060 000

　　贷：应交税费——应交增值税（出口退税）　　2 400 000

丁字账图示如下：

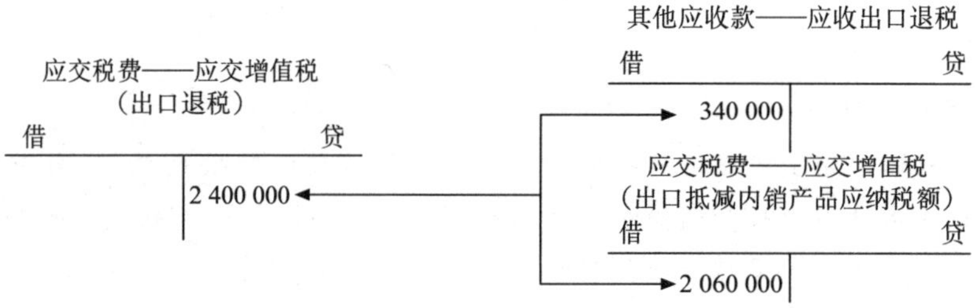

(3) 收到退税款时：

借：银行存款　　340 000

　　贷：其他应收款——应收出口退税　　340 000

丁字账图示如下：

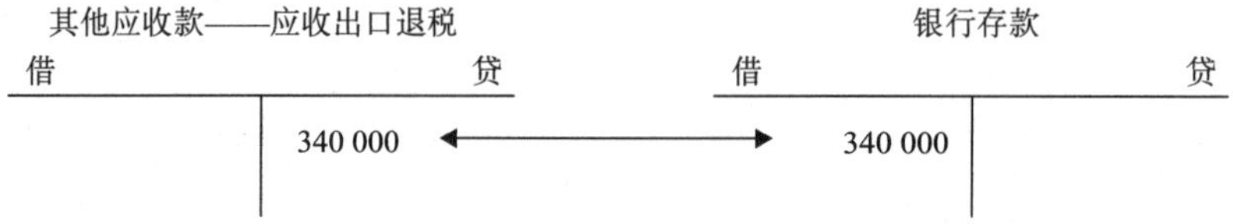

[**例 2－35**] 依上例，如果本期外购货物的进项税额为 506 万元，其他不变，则 1 至 4

步分录同上，其余5、6、7步账务处理如下：

（1）计算应纳税额或当期期末留抵税额：

本月应纳税额 = 销项税额 - 进项税额 = 当期内销货物的销项税额 -（当期进项税额 + 上期留抵税款 - 当期不予抵扣或退税的金额）= 300 × 13% - [506 + 5 - 2 400 ×（13% - 10%）] = -400（万元），由于应纳税额小于零，不需做会计分录。

（2）计算应退税额和应免抵税额：

免抵退税额 = 出口货物离岸价 × 外汇人民币牌价 × 出口货物退税率

= 2 400 × 10% = 240（万元）

当期期末留抵税额400万元 > 当期免抵退税额240（万元）

当期应退税额 = 当期免抵税额 = 240（万元）

当期免抵税额 = 当期免抵退税额 - 当期应退税额 = 240 - 240 = 0（万元）

借：其他应收款——应收出口退税　　2 400 000

　　贷：应交税费——应交增值税（出口退税）　　2 400 000

丁字账图示如下：

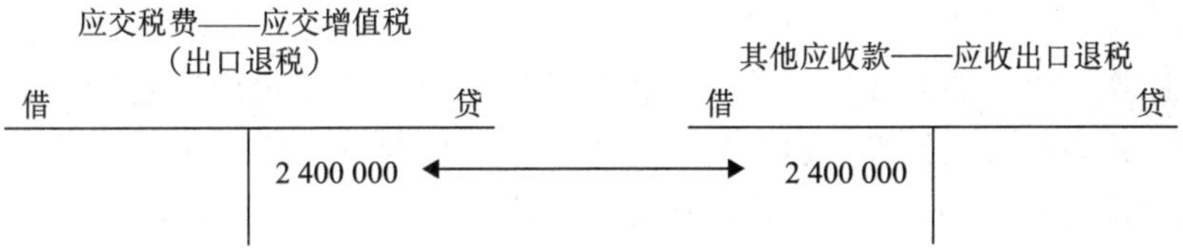

（3）收到退税款时：

借：银行存款　　2 400 000

　　贷：其他应收款——应收出口退税　　2 400 000

丁字账图示如下：

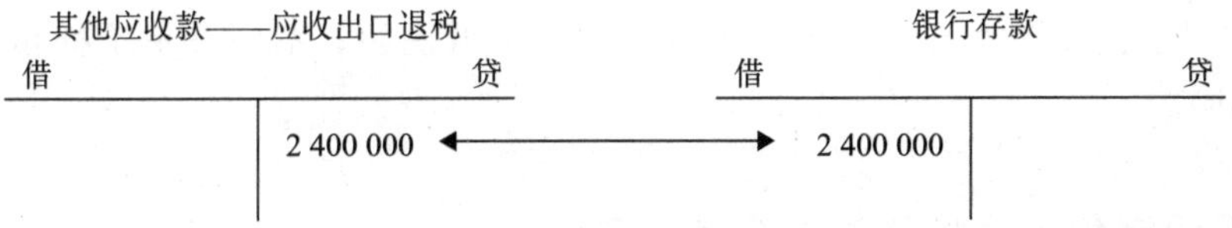

［**核心提示**］免抵退税的会计调整如下：

（一）退免税依据差异的会计调整

出口货物退（免）税的计税依据，以出口发票离岸价为准，如不符合此规定的，都要进行免抵退税的调整，最终归集为出口发票离岸价。由于在征税申报和退税申报时分别先按出口发票和报关单金额进行出口销售额的申报，均不考虑成交方式，两者金额差异是普遍存在的，因此先要对出口发票金额和报关单金额的差异进行调整。应调整免抵退税金 =（出口报关单人民币金额 - 出口发票人民币金额）× 退税率。国税机关退税申报受理部门在接到退税审批部门出具的《生产企业出口货物税收调整通知》和审核反馈清单后，应与出口企业进行核对，并书面通知企业进行相关调整。对采用收到《免抵退税通知书》进行会计处理的企业不作任何会计调整处理；对采用按退税申报数进行会计处理的企业，按差额乘以退税率分以下两种情况进行会计调整处理：

1. 报关单金额大于发票金额。调减“免抵退税额”，应借记“应交税费——应交增值税（出口抵减内销产品应纳税额）”（红字）科目，贷记“应交税费——应交增值税（出口退税）”（红字）科目。

2. 报关单金额小于发票金额。调增“免抵退税额”，应借记“应交税费——应交增值税（出口抵减内销产品应纳税额）”科目，贷记“应交税费——应交增值税（出口退税）”科目。

（二）运保佣冲减的会计调整

因退税审核和审批均不考虑运保佣冲减这一因素，因此在退税审批后还要对国外运保佣冲减进行调整。对国外运保佣的冲减有两种方法，第一种是冲减时不考虑不予抵扣税额冲减数，而留待年末调整；第二种是冲减同时同步计算不予抵扣税额冲减数。在运保佣的处理上，两种方法都要补征已冲减部分的已退税款，第一种方法还要对不予抵扣税额进行调整。

1. 冲减时未同步计算不予抵扣税额，首先应将免税申报时多计算的不予抵扣税额根据以下公式计算调出。同时按冲减乘以退税率的结果对“免抵税额”进行调整，收到调整通知的当期主管国税机关批准有退税的，应先将应调整部分在应退税中扣减，应退税不够扣减的调减“应免抵税额”：应调减不予抵扣税额 = 冲减金额 ×（征税率 - 退税率）。根据以上公式及计算的结果，应借记“主营业务成本——一般贸易（或进料加工贸易）出口”（红字）科目，贷记“应交税费——应交增值税（进项税额转出）”（红字）科目。

其次，对冲减的运保佣部分按适用退税率计算调整“免抵税额”，应借记“应交税费——应交增值税（出口抵减内销产品应纳税额）”（红字）科目，贷记“应交税费——应交增值税（出口退税）”（红字）科目。

2. 冲减时已同步计算不予抵扣税额，只调减免抵税额，不调整不予抵扣税额，调整方法与 1 相同。

三、视同销售行为增值税的会计处理

一般纳税人企业在计算缴纳增值税时，其标准的计算公式为：当期应纳增值税额 = 当期销项税额 - 当期可以抵扣的进项税额。也就是说，一般纳税人企业增值税计算缴纳的关键在于正确计算当期销项税额和确认当期可以抵扣的进项税额。在企业日常经济活动中，除了常规购销业务之外，按照税法规定一些特殊业务也会涉及增值税的计算缴纳，而且往往是企业会计人员进行增值税计算、申报、缴纳的重点和难点。

（一）受托代销与委托代销业务

根据税法规定，委托他人代销货物和受托为他人代销货物，都属于视同销售行为，都需要计算销项税。在实际工作中，代销的方式主要是两种：视同买断方式和收取手续费方式。两种不同的代销方式在销项税的计算及核算上也不相同，需要分别进行处理。

1. 视同买断方式代销。视同买断方式代销是指由委托方和受托方签订协议，委托方按协议价格收取代销货款，实际售价可由受托方自定，实际售价与协议价之间的差额归受托方所有。从增值税计算的角度看，这种代销方式相当于产生了两个销售额，一是委托方将货物按协议价出售给受托方；二是受托方将货物按实际售价出售，所以双方都需要计算销项税。从账务处理过程来看有两个特点：一是双方都产生了销售收入，都需结转销售成本；二是委托方的销项税额与受托方的进项税额相等。

[例 2-36] 宏志公司（增值税一般纳税人）将生产的产品委托百盛商场（增值税一般纳税人）代销，商品生产成本为 120 000 元，协议代销价 200 000 元，商场实际售价为 240 000 元，增值税率 13%。

作为委托方宏志公司，相当于将生产成本为 120 000 元的产品以 200 000 元的价格出售给商场，所以应在收到代销清单时确认营业收入，同时计算销项税入账。则相关账务处理如下：

（1）发出产品时：

借：发出商品　　120 000

　　贷：库存商品　　120 000

丁字账图示如下：

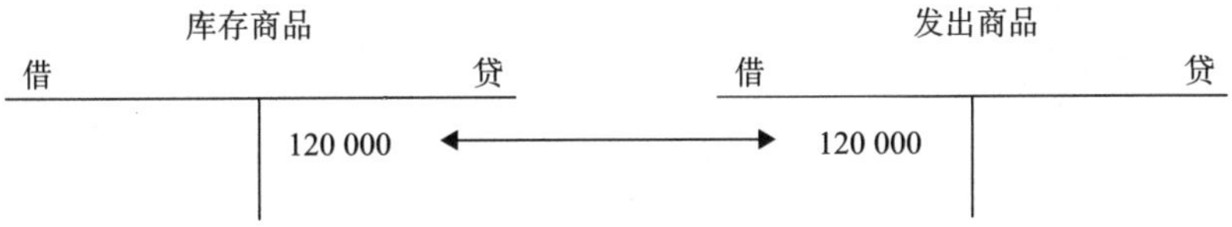

（2）收到商场交来的货物代销清单时：

开具增值税专用发票交给商场，发票上注明售价 200 000 元，增值税额 26 000 元。

借：应收账款　　226 000

　　贷：主营业务收入　　200 000

　　　　应交税费——应交增值税（销项税额）　　26 000

丁字账图示如下：

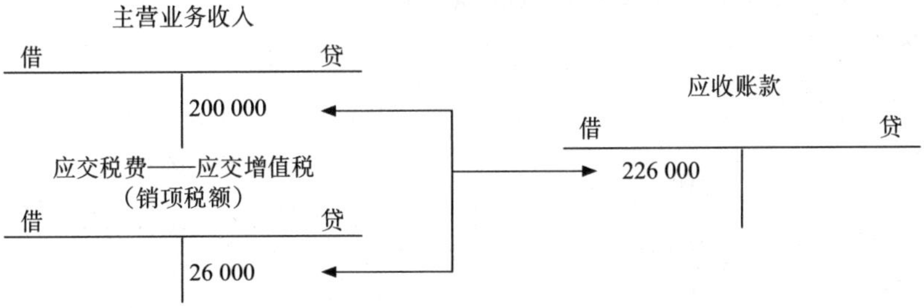

同时结转销售成本：

借：主营业务成本　　120 000

　　贷：发出商品　　120 000

丁字账图示如下：

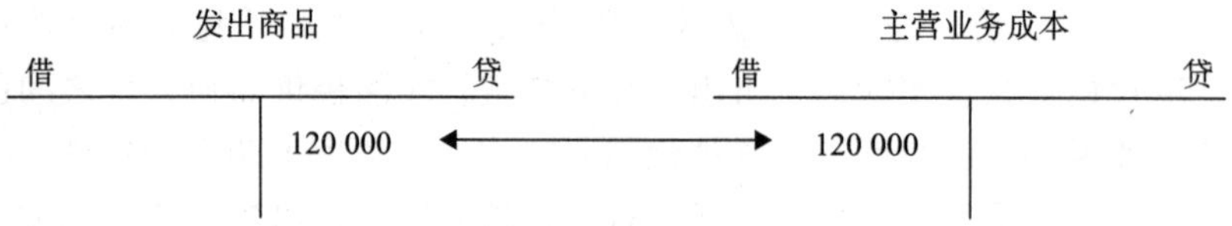

（3）收到商场代销款时：

借：银行存款　　226 000

　　贷：应收账款　　226 000

丁字账图示如下：

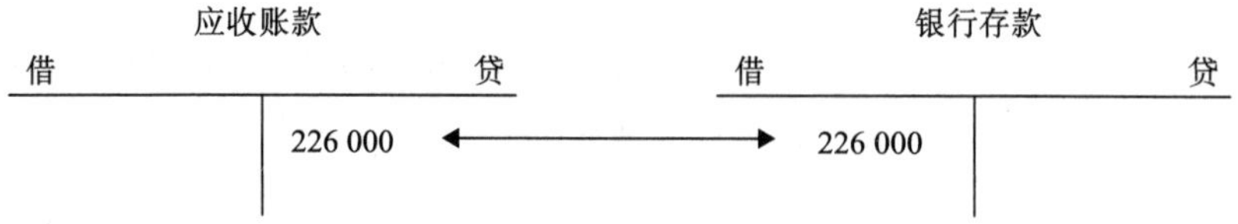

作为受托方百盛商场，相当于以 200 000 元的价格从生产厂家购进商品，然后以 240 000元的价格出售。则相关账务处理如下：

（1）收到生产厂家代销产品时：

借：库存商品　　200 000

　　贷：应付账款　　200 000

丁字账图示如下：

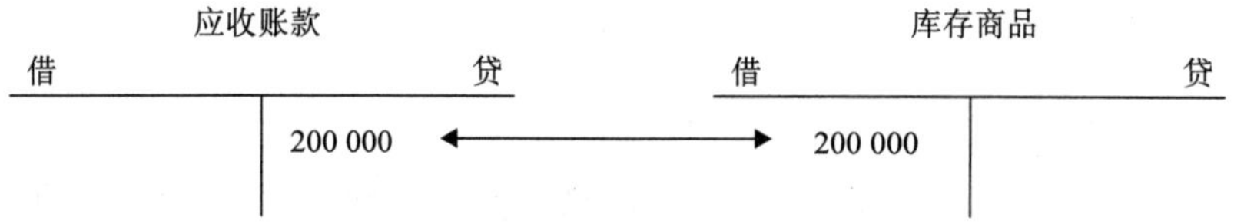

（2）实际销售产品时：

借：银行存款　　271 200

　　贷：主营业务收入　　240 000

　　　　应交税费——应交增值税（销项税额）　　31 200

丁字账图示如下：

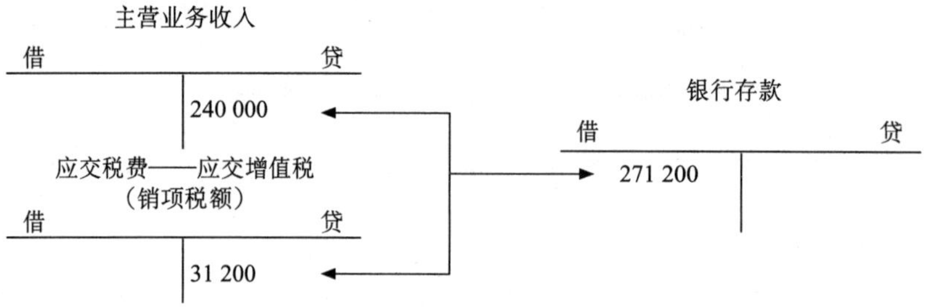

同时结转销售成本：

借：主营业务成本　　200 000

　　贷：库存商品　　200 000

丁字账图示如下：

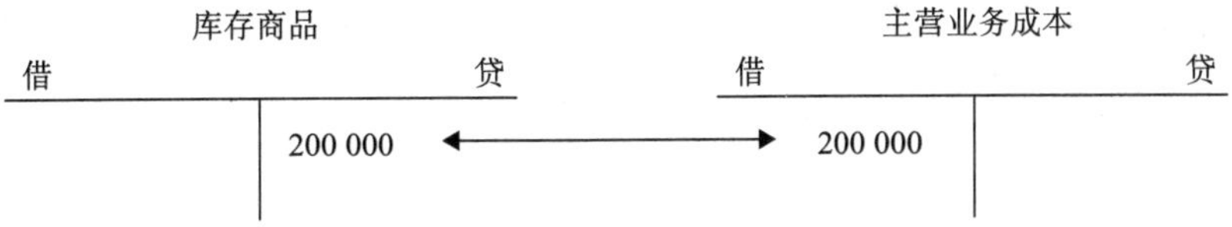

(3) 将代销清单交给生产厂家并取得增值税专用发票时：

借：应交税费——应交增值税（进项税额）　　26 000

　　贷：应付账款　　26 000

丁字账图示如下：

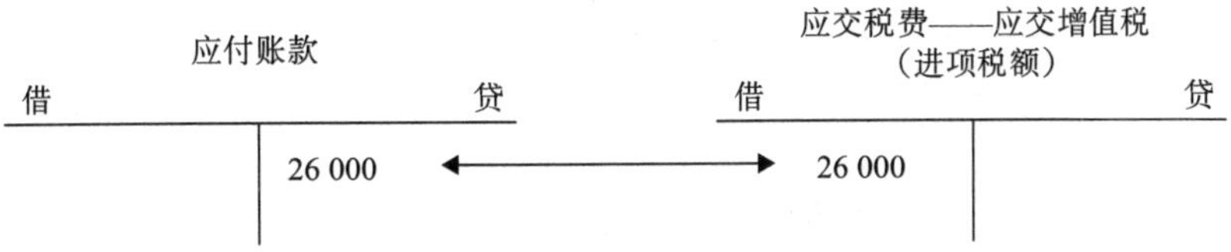

(4) 将合同协议款交给生产厂家时：

借：应付账款　　226 000

　　贷：银行存款　　226 000

丁字账图示如下：

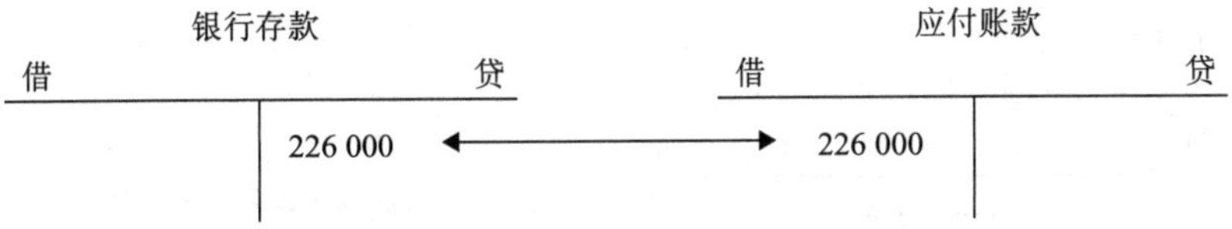

2. 收取手续费方式代销。收取手续费方式代销是指受托方按照委托方规定的价格销售商品，然后根据实际代销商品的数量向委托方收取手续费。按照税法规定无论采用什么方式代销，委托、受托双方都要计算销项税。

[例 2－37] 光明电视机厂（增值税一般纳税人）将生产的电视委托百盛商场（增值税一般纳税人）代销，生产成本为 120 000 元，代销合同约定商场按 200 000 元的价格出售电视，光明电视机厂按照销售额的 10% 向百盛商场支付手续费。增值税率 13%。则相关账务处理如下：

(1) 收到生产厂家代销商品时：

借：受托代销商品　　200 000

　　贷：受托代销商品款　　200 000

丁字账图示如下：

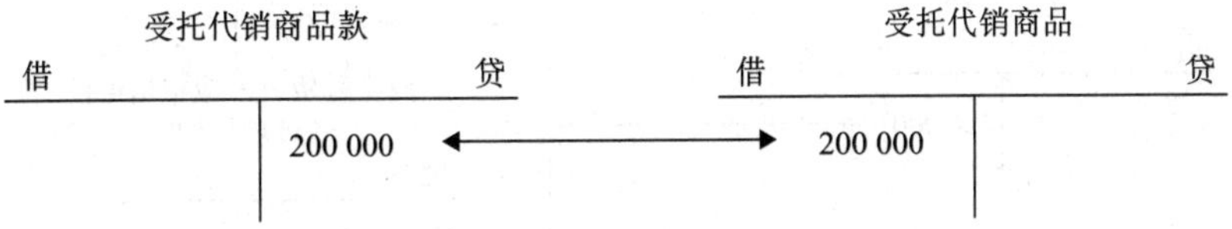

（2）实际销售商品时：

借：银行存款　　226 000

　　贷：受托代销商品　　200 000

　　　　应交税费——应交增值税（销项税额）　　26 000

丁字账图示如下：

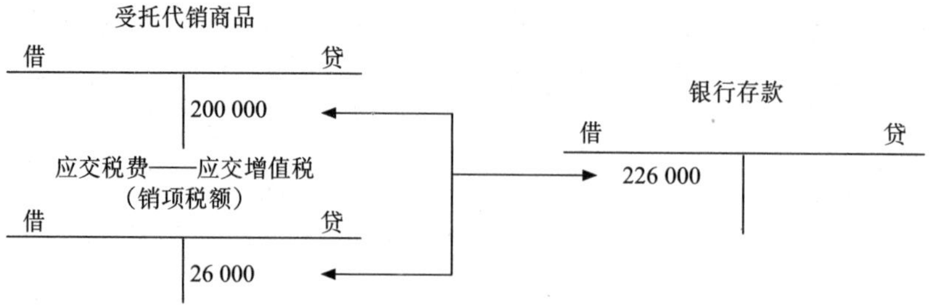

（3）计算手续费收入及相关税费：

手续费收入 = 200 000 × 10% = 20 000（元）

20 000 ÷ (1 + 6%) × 6% = 1 132.08（元）

借：应收账款——手续费　　20 000

　　贷：其他业务收入　　18 867.92

　　　　应交税费——应交增值税（销项税额）　　1 132.08

丁字账图示如下：

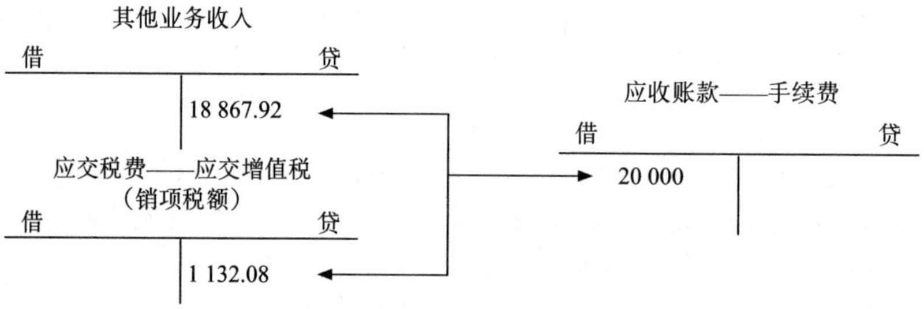

（4）开具代销清单，结算代销货款并取得专用发票时：

借：应交税费——应交增值税（进项税额）　　26 000

　　受托代销商品款　　200 000

　　贷：银行存款　　226 000

丁字账图示如下：

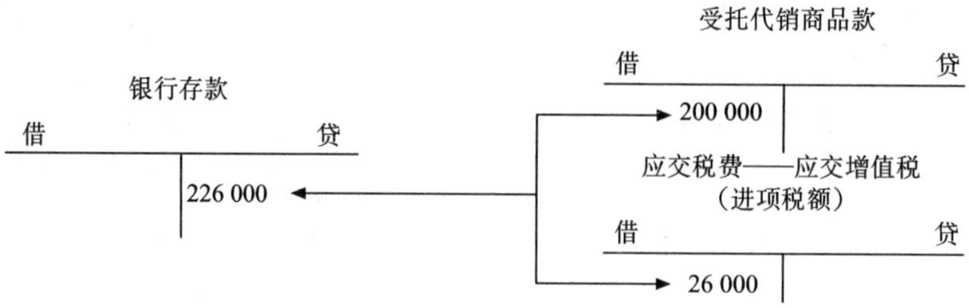

（5）收到厂家代销货款时：

借：银行存款　　　　20 000

　　贷：应收账款——手续费　　　　20 000

丁字账图示如下：

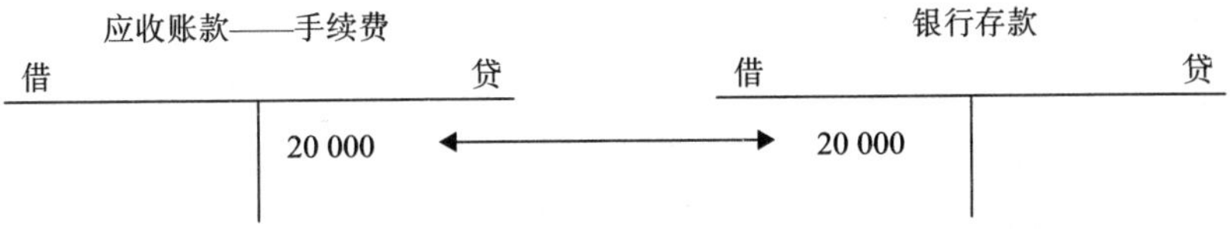

［**核心提示**］生产厂家只需在收到商场提交的代销清单时确认营业收入并计算销项税入账，同时另行支付手续费20 000元（200 000×10%）给商场。所以生产厂家进行账务处理时会计分录与视同买断的代销方式相同，采用支付手续费方式委托其他单位代销的商品，也可以单独设置“委托代销商品”科目进行核算。同时要注意在支付手续费时不得从销售额中坐支手续费。受托方商场在该项业务中不能确认销售收入，只有提供服务产生的手续费收入20 000元，对商业企业向供货方收取的与商品销售量、销售额挂钩（如以一定比例、金额、数量计算）的各种返还收入，均应按照平销返利行为的有关规定冲减当期增值税进项税额。

（二）异地销售业务

［**例2－38**］A市曙光公司（增值税一般纳税人）将自产的冰箱发到位于H县的下属旭日公司（增值税一般纳税人）对外销售，成本250 000元，规定对外销售不含税收入为300 000元。由旭日公司向购买方收取货款和开具发票。则相关账务处理如下：

借：内部往来（或应收账款）　　　　289 000

　　贷：库存商品　　　　2 500 000

　　　　应交税费——应交增值税（销项税额）　　　　39 000

丁字账图示如下：

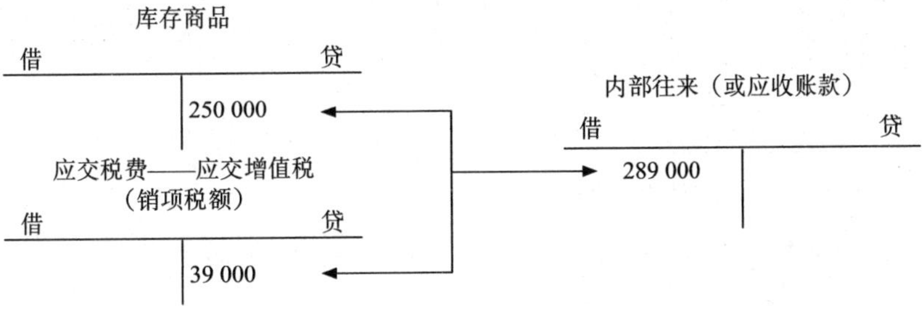

［**核心提示**］根据《增值税暂行条例实施细则》的规定，设有两个以上机构（相关机构设在同一县、市的除外）并实行统一核算的纳税人，将货物移送给其他机构用于销售，应当视同销售，按规定计算缴纳增值税。这种视同销售行为称作异地销售。

《国家税务局关于企业所属机构间移送货物征收增值税问题的通知》（国税发〔1998〕137号）规定：“《中华人民共和国增值税暂行条例实施细则》第四条，视同销售货物行为的第（三）项所称的用于销售，是指受货机构发生以下情形之一的经营行为：一是向购货方开具发票；二是向购货方收取货款。受货机构的货物移送行为有上述两项情形之一的，应当向所在地税务机关缴纳增值税；未发生上述两项情形的，则应由总机构统一缴纳增值税。如果受货机构只就部分货物向购买方开具发票或收取货款，则应当区别不同情况计算，并分别向总机构所在地或分支机构所在地缴纳税款。”另外，《国家税务总局关于纳税人以资金结算网络方式收取货款增值税纳税地点问题的通知》（国税函〔2002〕802号）还规定：“纳税人以总机构的名义在各地开立账户，通过资金结算网络在各地向购货方收取货款，由总机构直接向购货方开具发票的行为，不具备《国家税务总局关于企业所属机构间移送货物征收增值税问题的通知》（国税发〔1998〕137号）文件规定的受货机构向购货方开具发票、向购货方收取货款两种情形之一的，其取得的应税收入应当在总机构所在地缴纳增值税。”

从以上规定可以看出，异地销售视同销售需符合两个条件：一是向购货方开具发票；二是向购货方收取货款，否则由总机构缴纳增值税。根据《企业会计准则第14号——收入》的规定，符合这两个条件，也同时确认收入。这种销售行为会计核算应视同正常销售行为，在此不再赘述。

（三）将自产或委托加工的货物用于非应税项目

此类视同销售业务主要包括将自产或购入的货物用于在建工程、管理部门、非生产机构、提供劳务或用于馈赠、赞助等增值税非应税项目。这类业务是一种内部结转关系，不得开具增值税专用发票，但需要按规定计算销项税额。

［例2－39］ 曙光公司将自产的产品用于在建工程项目，该批产品的成本价为2 000 000元，市场售价为3 000 000元。假设甲公司为一般纳税人，增值税税率为13%。会计处理如下：

借：在建工程　　2 390 000

　　贷：库存商品　　2 000 000

　　　　应交税费——应交增值税（销项税额）　　390 000

丁字账图示如下：

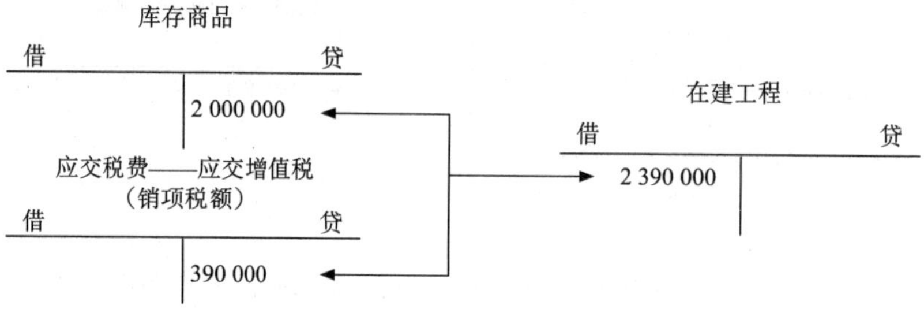

［核心提示］ 在视同销售行为中，要对视同销售行为确认核算利润，会影响所得税的计算与缴纳。

（四）将自产、委托加工或购买的货物作为投资，提供给其他单位或个体经营者；

［**例 2－40**］中泰公司将一批甲产品，作为投资，提供给某公司，双方协议价格为 100 000元（协议公允），按企业销售的同类货物销售价格计算，该批货物销售价格为 70 000元，增值税额为 9 100。该批货物生产成本为 60 000 元。会计处理如下：

借：长期股权投资　　100 000

　　贷：主营业务收入　　70 000

　　　　营业外收入　　20 900

　　　　应交税费——应交增值税（销项税额）　　9 100

丁字账图示如下：

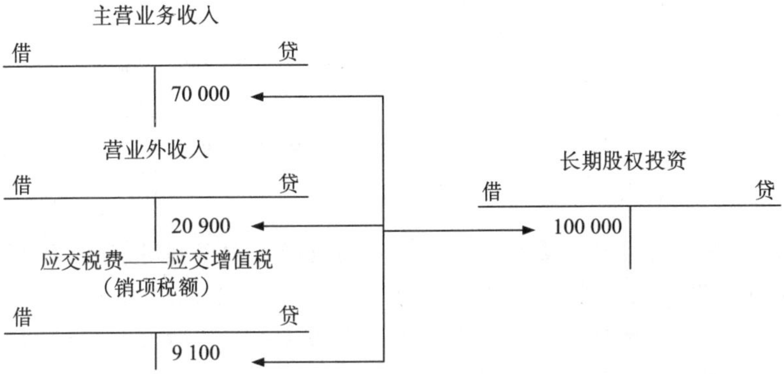

同时结转成本：

借：主营业务成本　　60 000

　　贷：库存商品　　60 000

丁字账图示如下：

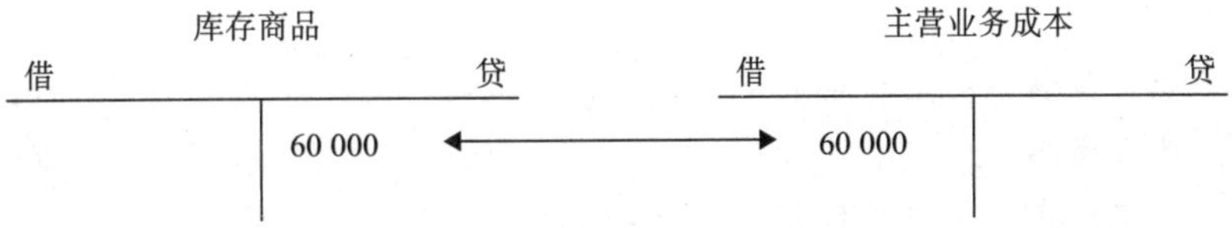

［**核心提示**］按照税法规定，纳税人将自产、委托加工或购买的货物作为投资提供给其他单位或个体经营者，应视同销售货物，征收增值税。

（五）将自产、委托加工或购买的货物分配给股东或投资者

［**例 2－41**］某企业将自产的产品 200 件作为利润分配给投资者，该产品单位成本 360 元，不含税单价为 540 元，增值税税率为 13%。会计处理如下：

借：应付股利　　122 040

　　贷：主营业务收入　　108 000

　　　　应交税费——应交增值税（销项税额）　　14 040

丁字账图示如下：

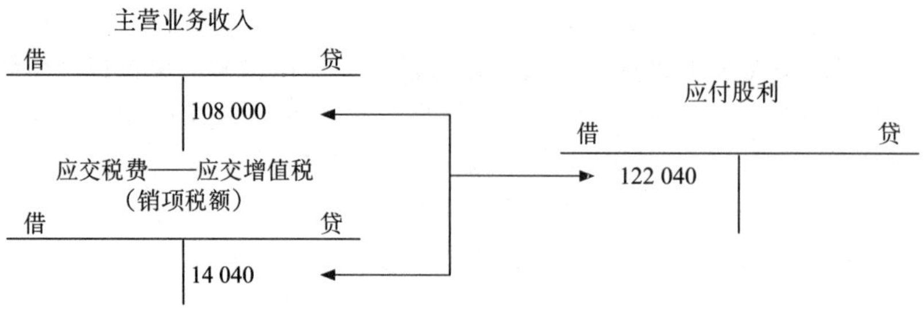

同时结转成本：

借：主营业务成本　　72 000

　　贷：库存商品　　72 000

丁字账图示如下：

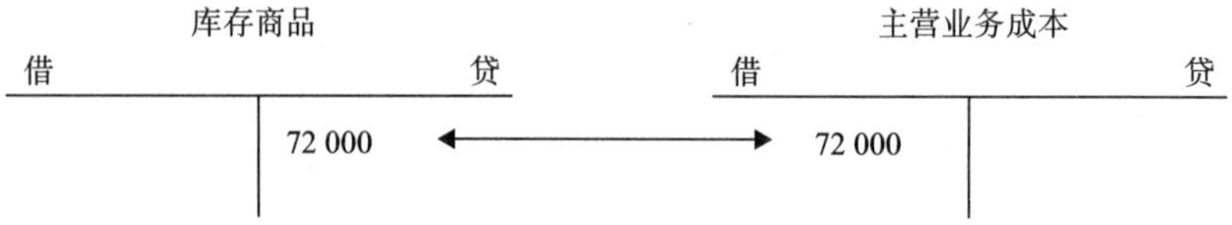

［**核心提示**］对于将自产、委托加工或购买的货物分配给股东或投资者，其会计核算通常认为应视为正常销售，先确认收入再结转成本。则借记“应付股利”科目，贷记“主营业务收入”“应交税费——应交增值税（销项税额）”科目；同时结转成本，借记“主营业务成本”科目，贷记“库存商品”科目。

（六）将自产、委托加工的货物用于集体福利或个人消费

［**例 2－42**］华为食品有限公司为增值税一般纳税人，适用 13% 的增值税税率，2019 年 6 月份食堂部门领用自产的奶粉 10 千克，成本为 20 元/千克，售价为 40 元/千克。会计处理如下：

借：应付职工薪酬——应付福利费　　252

　　贷：库存商品　　200

　　　　应交税费——应交增值税（销项税额）　　52

丁字账图示如下：

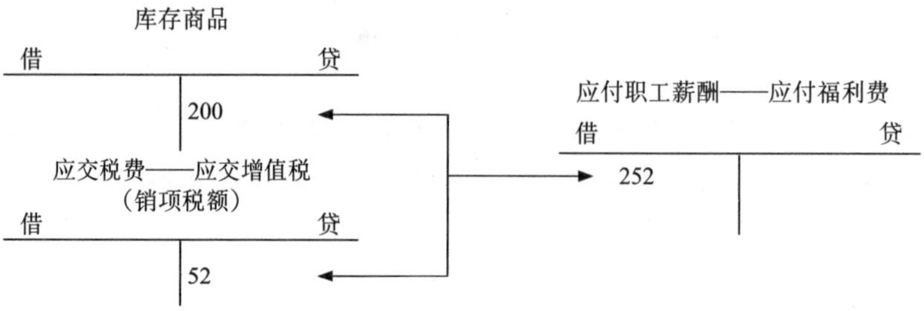

［**例 2－43**］某企业为增值税一般纳税人，适用 13% 的增值税税率，本月将自产的加湿器 500 台，作为职工福利发给职工，加湿器的成本为 200 元/台，售价为 240 元/台。会

计处理如下：

借：应付职工薪酬——非货币性福利　　135 600

　　贷：主营业务收入　　120 000

　　　　应交税费——应交增值税（销项税额）　　15 600

丁字账图示如下：

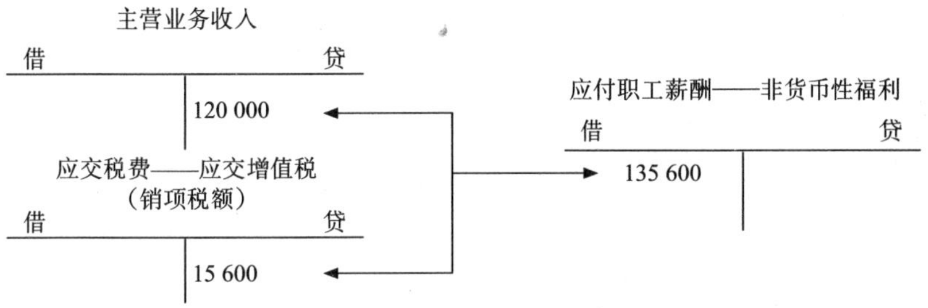

同时结转成本：

借：主营业务成本　　100 000

　　贷：库存商品——加湿器　　100 000

丁字账图示如下：

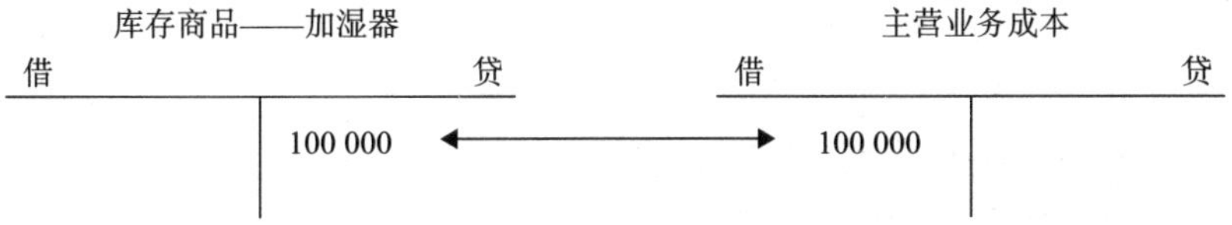

［**核心提示**］这类业务按财务会计制度规定，不属于销售，不能确认收入。但按税法规定，应视同销售货物计算缴纳增值税。根据《企业会计准则》规定，企业以其自产产品作为非货币性福利发放给职工的，应当按照该产品的公允价值确认应付职工薪酬。按照该产品的公允价值和计算的销项税额，借记“应付职工薪酬——应付福利费”科目，按照该产品的公允价值，贷记“主营业务收入”科目，按适用税率计算的销项税额，贷记“应交税费——应交增值税（销项税额）”科目；同时，按产品成本，借记“主营业务成本”科目，贷记“库存商品”科目。

（七）将自产、委托加工或购买的货物无偿赠送他人

［**例 2－44**］某企业为增值税一般纳税人，适用 13% 的增值税税率，本月将自产的一批 B 产品无偿赠送他人，该批 B 产品的成本为 80 000 元，售价为 100 000 元。会计处理如下：

借：营业外支出　　93 000

　　贷：库存商品　　80 000

　　　　应交税费——应交增值税（销项税额）　　13 000

丁字账图示如下：

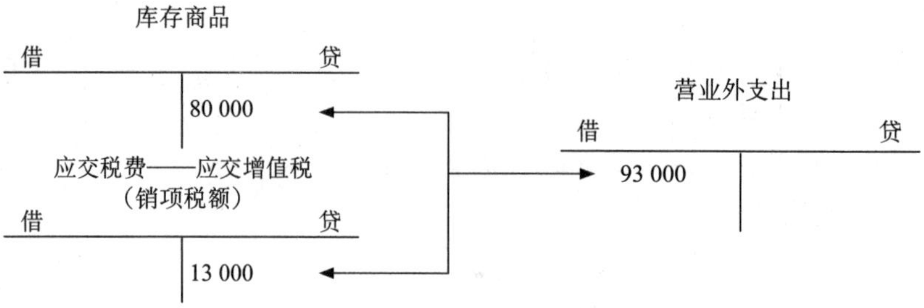

[**核心提示**] 这类业务应按所赠货物的成本与所赠货物计税价格乘以税率计算的应纳增值税之和，借记“营业外支出”科目；按所赠货物成本，贷记“库存商品”“原材料”等科目；按应纳增值税税额，贷记“应交税费——应交增值税（销项税额）”科目。

四、包装物及押金的销项税额的会计处理

1. 随同产品销售并单独计价的包装物。

[**例 2－45**] 天华厂销售给本市天众厂带包装物的丁产品 600 件，包装物单独计价，开出增值税专用发票列明：产品销售价款 96 000 元，包装物销售价款 10 000 元，增值税税额 18 020 元，款未收到。会计处理如下：

借：应收账款——天众厂	119 780
贷：主营业务收入——丁产品	96 000
其他业务收入——包装物销售	10 000
应交税费——应交增值税（销项税额）	13 780

丁字账图示如下：

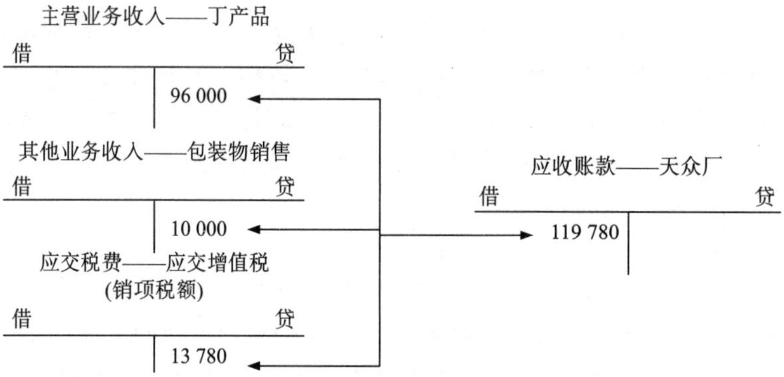

[**核心提示**] 按税法的规定，包装物单独计价应作为销售计算缴纳增值税，借记“银行存款”“应收账款”科目，贷记“主营业务收入”“其他业务收入”“应交税费——应交增值税（销项税额）”科目。不单独计价时，作为产品销售。

2. 销售产品，包装物出租。

[**例 2－46**] 天华厂采用银行汇票结算方式，销售给东平机械厂甲产品 400 件，400 元/件，增值税税额为 20 800 元，包装物 400 个出租，承租期为两个月，共计租金 4 520 元，

一次收取包装物押金22 600元。会计处理如下：

包装物租金销售额 =4 520 ÷（1 +13%）=4 000（元）

包装物租金应计销项税额 =4 000 ×13% =520（元）

借：银行存款	207 920	
贷：主营业务收入		160 000
其他业务收入		4 000
应交税费——应交增值税（销项税额）		21 320
其他应付款——存入保证金		22 600

丁字账图示如下：

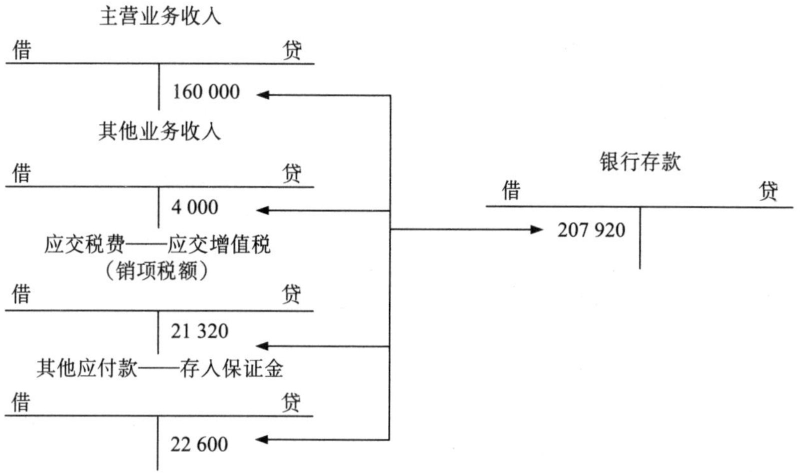

［**核心提示**］按税法规定，计税的销售额为纳税人销售货物或应税劳务向购买方收取的全部价款和价外费用。而按《增值税条例实施细则》第十二条规定，包装物租金属于价外费用，应缴纳增值税。

3. 包装物押金的销项税额的会计处理。按现行财务会计制度的规定，包装物押金可分为三大类：

（1）销售酒类产品而收取的押金。它又分为两种情况：一是啤酒、黄酒，其计税要求、会计处理方法同第二类；二是其他酒类，对这类货物销售时收取的包装物押金，无论将来押金是否返回或按时返回，以及财务会计上如何核算，均应并入当期销售额计税。

（2）销售酒类产品之外的货物而收取的押金。当包装物逾期未收回时，没收押金，按适用税率计算销项税额。“逾期”以一年为限，收取押金超过一年时，无论是否退回，均应并入销售额计税。

（3）加收押金。它指包装物已随产品售出并已计税，但为了督促购方退回包装物，在销售产品时又加收一定数额的押金。待购方按时退回包装物时，除了如数退回加收的押金外，还应按一定比例退回收取的包装物价款；若逾期未退回包装物，则没收加收的包装物押金。“逾期”的含义同第二类，只是会计科目（账户）有所不同。

［**例2 –47**］某企业销售A产品100件，成本价350元/件，售价500元/件，每件收

取包装物押金 90.40 元，包装物成本价为 70 元/件。该产品是征收消费税产品，税率为 10%。会计处理如下：

（1）销售产品时：

借：银行存款　　65 540

　　贷：主营业务收入——A 产品　　50 000

　　　　应交税费——应交增值税（销项税额）　　6 500

　　　　其他应付款——存入保证金　　9 040

丁字账图示如下：

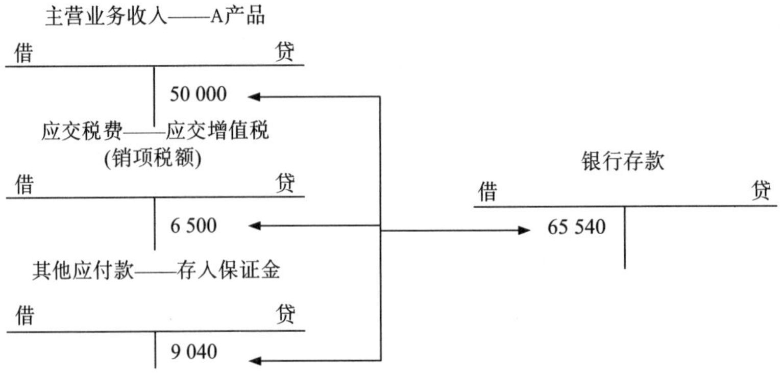

（2）结转销售成本时：

借：主营业务成本——A 产品　　35 000

　　贷：库存商品——A 产品　　35 000

丁字账图示如下：

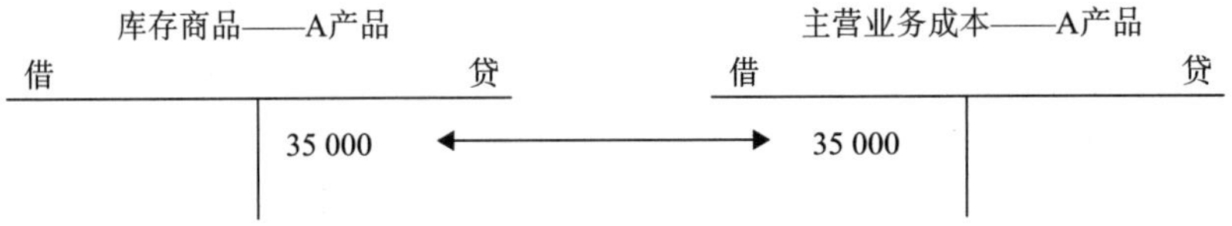

（3）计提消费税时：

借：税金及附加　　5 000

　　贷：应交税费——应交消费税　　5 000

丁字账图示如下：

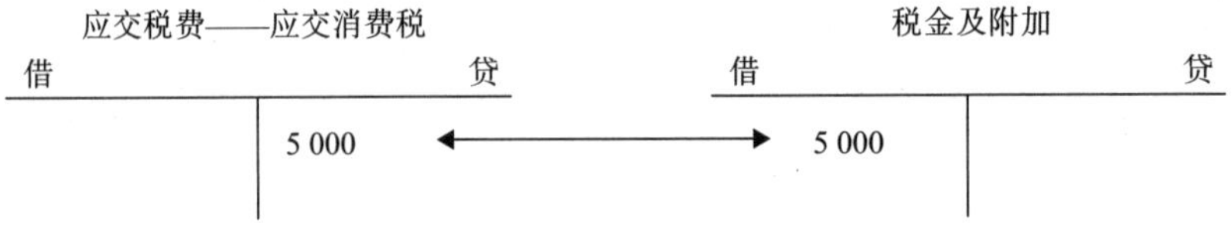

（4）逾期未退还包装物没收押金时：

借：其他应付款——存入保证金　　9 040

　　贷：其他业务收入　　8 000

　　　　应交税费——应交增值税（销项税额）　　1 040

丁字账图示如下：

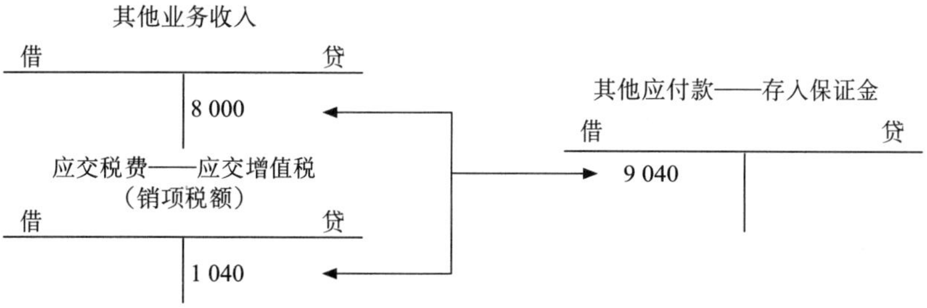

（5）结转包装物成本时：

借：其他业务成本　　7 000

　　贷：周转材料——出租出借　　7 000

丁字账图示如下：

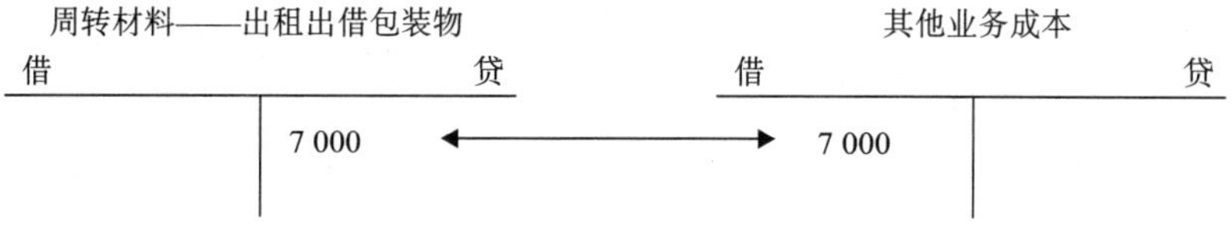

（6）计提消费税时：

借：其他业务成本　　800

　　贷：应交税费——应交消费税　　800

丁字账图示如下：

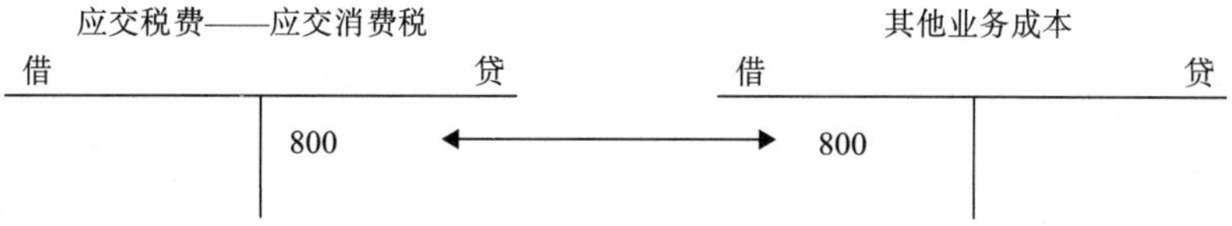

［**核心提示**］此类业务应注意三点：①收取包装物押金是含税的，没收时应将包装物押金还原为不含税价格，再并入其他业务收入征税；②没收包装物押金适用的税率是包装货物的适用税率，因为没收包装物押金的行为是延期提高了该包装货物的售价；③对没收包装物押金而计提消费税，应计入“其他业务成本”科目，而不能计入“税金及附加”科目，这符合会计核算的收入与支出配比原则。

［**例 2－48**］企业上年 6 月销售一批 B 产品，包装物押金收 2 260 元。今年 4 月，逾期没收押金时（设该产品消费税率 10%、增值税率 13%）。会计处理如下：

借：其他应付款——存入保证金　　2 260

　　贷：营业外收入　　1 800

　　　　应交税费——应交增值税（销项税额）　　260

　　　　应交税费——应交消费税　　200

丁字账图示如下：

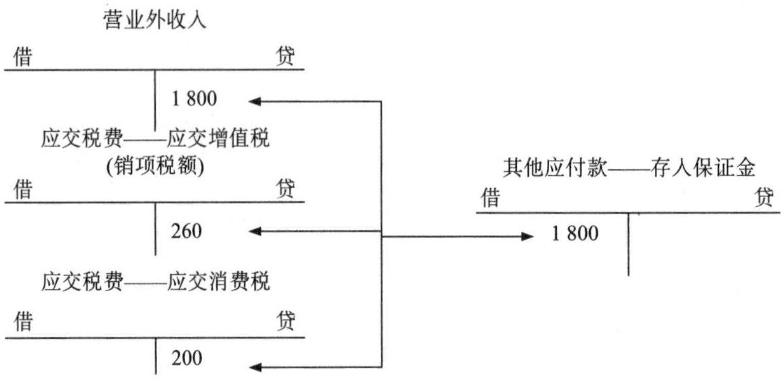

五、非货币性交易的会计处理

[**例 2－49**] 天天公司（增值税一般纳税人）2010 年 8 月以一台设备（2009 年 1 月购入）换取 X 煤炭公司（增值税一般纳税人）一批煤炭生产原料。原料公允价值为 1 000 000元，取得专用发票上注明的增值税进项税额 130 000 元。设备原价 1 000 000 元，累计折旧 200 000 元，无减值准备。以银行存款支付相关费用 5 000 元。会计处理如下：

借：固定资产清理	800 000	
累计折旧	200 000	
贷：固定资产		1 000 000
借：固定资产清理	130 000	
贷：应交税费——应交增值税（销项税额）		130 000
借：固定资产清理	5 000	
贷：银行存款		5 000
借：原材料——煤炭	1 000 000	
应交税费——应交增值税（进项税额）	130 000	
贷：固定资产清理		935 000
营业外收入		195 000

丁字账图示如下：

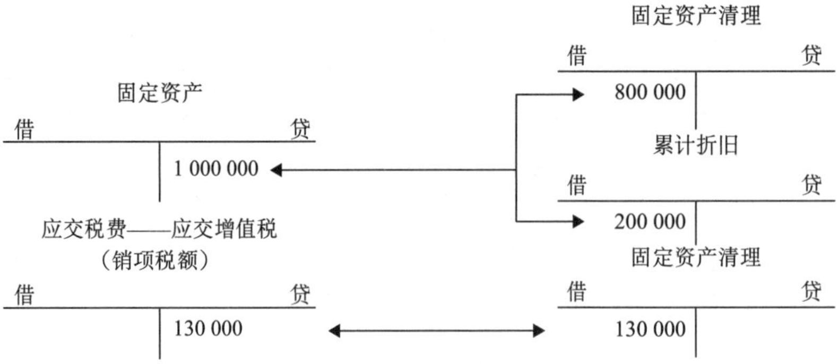

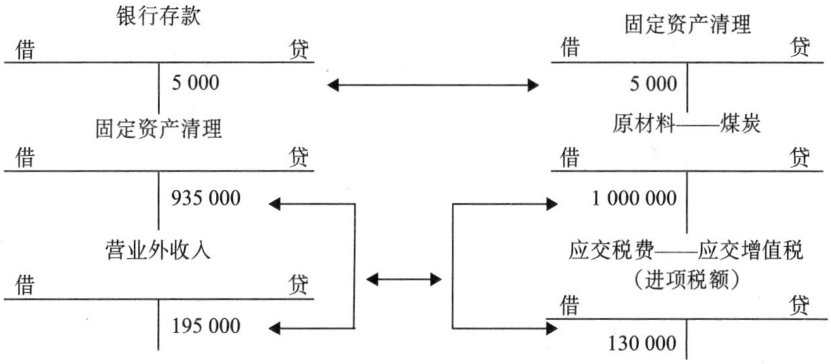

［**核心提示**］非货币性资产交换是指交易双方通过存货、固定资产、无形资产和长期股权投资等非货币性资产进行的交换，有时也涉及少量货币性资产（即补价）。认定涉及少量货币性资产的交换为非货币性资产交换，通常以补价占整个资产交换金额的比例低于25%作为参考。

1. 非货币性资产交换具有商业实质且公允价值能够可靠计量的，在发生补价的情况下，支付补价方，应当以换出资产的公允价值加上支付的补价（或换入资产的公允价值）和应支付的相关税费，作为换入资产的成本；收到补价方，应当以换出资产的公允价值减去补价（ 或换入资产的公允价值）加上应支付的相关税费，作为换入资产的成本。

换出资产公允价值与其账面价值的差额，应当分不同情况处理：

换出资产为存货的，应当作为销售处理，按照《企业会计准则第14号——收入》以其公允价值确认收入，同时结转相应的成本。

换出资产为固定资产、无形资产的，换出资产公允价值与其账面价值的差额，计入营业外收入或营业外支出。换出资产为长期股权投资的，换出资产公允价值与其账面价值的差额，计入投资损益。

2. 对不具有商业实质或者换入资产或换出资产的公允价值不能够可靠计量的，应当以换出资产的账面价值和应支付的相关税费作为换入资产的成本，不确认损溢。

［**例2－50**］清风公司（增值税一般纳税人）2019年9月以库存积压原材料A换取通用设备公司（增值税一般纳税人）一台B设备。产品账面成本为80 000元，不含税售价100 000元。B设备公允价值110 000元。取得专用发票上注明的增值税进项税额14 300元。以银行存款支付补价11 300元。会计处理如下：

判断该交易的性质：补价与换入资产的公允价值的比例＝11 300÷110 000＝10.27%小于25%，该交易为非货币性资产交换。

借：固定资产	110 000	
应交税费——应交增值税（进项税额）	14 300	
贷：其他业务收入		100 000
应交税费——应交增值税（销项税额）		13 000
银行存款		11 300
借：其他业务成本	80 000	
贷：原材料		80 000

丁字账图示如下：

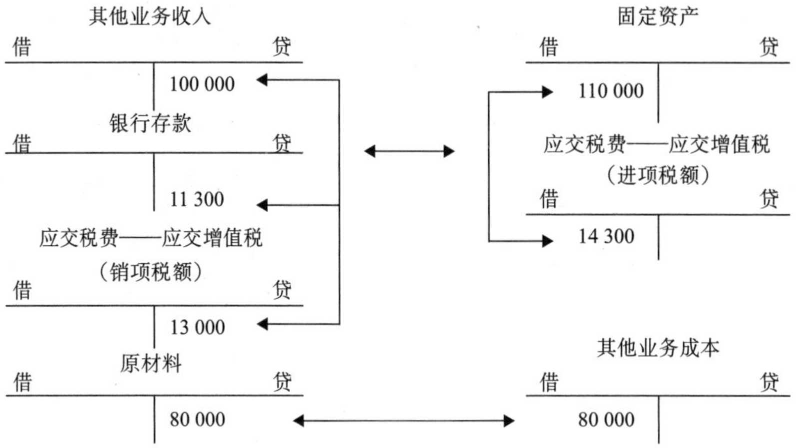

六、债务重组的会计处理

［例 2－51］华城公司（增值税一般纳税人）与方圆公司（增值税一般纳税人）达成债务重组协议，方圆公司以公允价值 100 000 元的产品偿还其欠华城公司的债务 150 000 元。产品已经验收入库，取得专用发票注明增值税进项税额 17 000 元。华城公司已计提坏账准备 15 000 元。会计处理如下：

借：库存商品　100 000

　　应交税费——应交增值税（进项税额）　13 000

　　坏账准备　15 000

　　营业外支出　22 000

　　贷：应收账款　150 000

丁字账图示如下

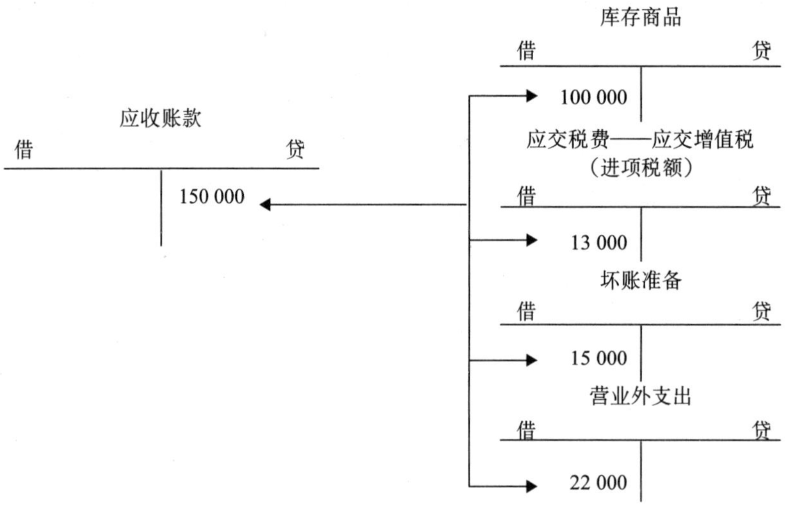

［核心提示］ 在债务重组活动中，以非现金资产清偿债务会涉及进项税额的账务处理。债权人应当将重组债权的账面余额与受让资产的公允价值、所转股份的公允价值或者重组后债权的账面价值之间的差额，计入营业外支出（债务重组损失）。

重组债权已计提减值准备的，应当先将上述差额冲减已计提的减值准备，冲减后仍有损失的，计入营业外支出（债务重组损失）；冲减后减值准备仍有余额的，应予转回并抵减当期资产减值损失。

债权人收到存货、固定资产、无形资产、长期股权投资等非现金资产的，应当以其公允价值入账。

［例 2－52］ 大华公司（增值税一般纳税人）与北方公司（增值税一般纳税人）2020年3月10日达成债务重组协议，北方公司以新购入的价值100 000元的固定资产偿还其欠大华公司的债务120 000元。取得专用发票上注明的增值税进项税额13 000元。大华公司未计提坏账准备。会计处理如下：

借：固定资产　100 000
　　应交税费——应交增值税（进项税额）　13 000
　　营业外支出　7 000
　　贷：应收账款　120 000

丁字账图示如下：

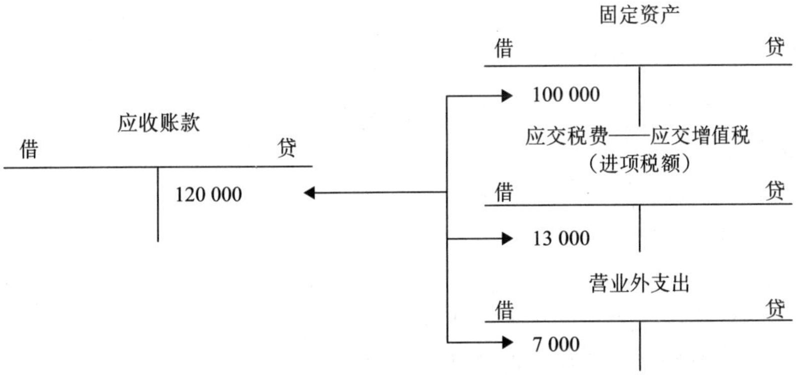

［核心提示］ 在债务重组活动中，以非现金资产清偿债务会涉及进项税额的账务处理。债权人应当将重组债权的账面余额与受让资产的公允价值、所转股份的公允价值或者重组后债权的账面价值之间的差额，计入营业外支出（债务重组损失）。

［例 2－53］ 长江公司（增值税一般纳税人）与华山公司（增值税一般纳税人）2019年5月25日达成债务重组协议，华山公司以价值10 000元的固定资产偿还其欠长江公司的债务12 000元。取得专用发票上注明的增值税进项税额1 300元。长江公司计提坏账准备1 000元。会计处理如下：

借：固定资产　10 000
　　应交税费——应交增值税（进项税额）　1 300
　　坏账准备　1 000
　　贷：应收账款　12 000

资产减值损失　　300

丁字账图示如下：

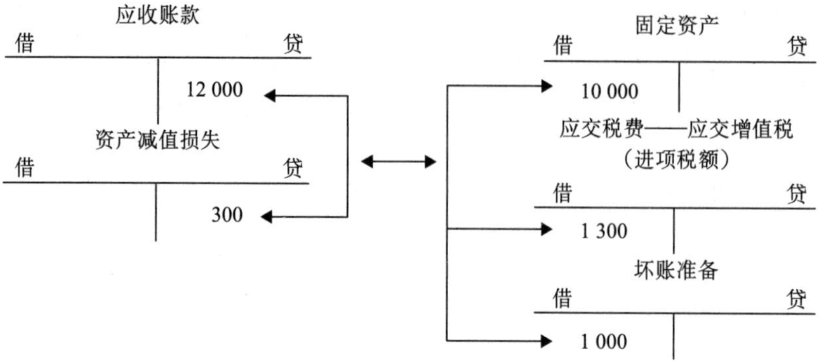

［**核心提示**］在债务重组活动中，以非现金资产清偿债务会涉及进项税额的账务处理。债权人应当将重组债权的账面余额与受让资产的公允价值、所转股份的公允价值或者重组后债权的账面价值之间的差额，计入营业外支出（债务重组损失）。

重组债权已计提减值准备的，应当先将上述差额冲减已计提的减值准备，冲减后仍有损失的，计入营业外支出（债务重组损失）；冲减后减值准备仍有余额的，应予转回并抵减当期资产减值损失。

［**例 2－54**］强华公司欠黄河公司购货款 800 000 元。经协商，强华公司以其产品偿还债务，该产品的公允价值（即计税价格）为 600 000 元，实际成本为 400 000 元，未计提存货跌价准备。两公司均为一般纳税人企业，增值税税率为 13%，黄河公司对应收强华公司货款未计提坏账准备，接受强华公司以产品偿还债务时，将该产品作为商品入库。不考虑其他相关税费，根据上述资料，强华公司应作如下账务处理：

借：应付账款——黄河公司　　800 000

　贷：主营业务收入　　600 000

　　营业外收入——债务重组利得　　122 000

　　应交税费——应交增值税（销项税额）　　78 000

丁字账图示如下：

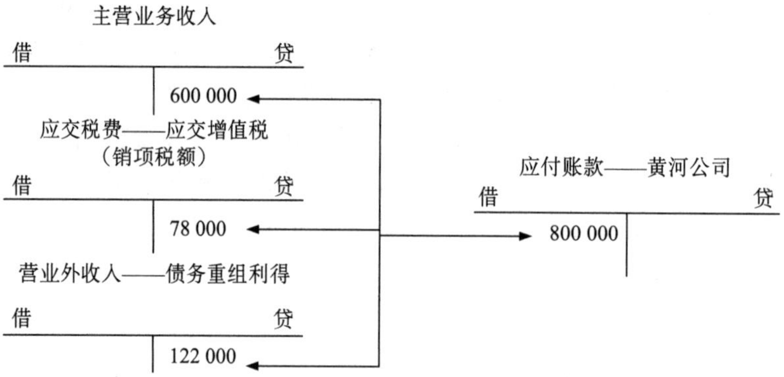

［**核心提示**］在债务重组活动中，以非现金资产清偿债务会涉及进项税额的账务处理。

债权人应当将重组债权的账面余额与受让资产的公允价值、所转股份的公允价值或者重组后债权的账面价值之间的差额，计入营业外支出（债务重组损失），债务人计入营业外收入（债务重组利得）。

七、纳税人销售已使用固定资产的会计处理

（一）纳税人销售已使用固定资产的增值税政策

纳税人销售自己使用过的固定资产（以下简称已使用过的固定资产），应区分不同情形征收增值税：

1. 按规定允许抵扣进项税额的固定资产再转让，销项税额 = 含税销售额 ÷（1 + 税率）× 税率。

2. 按规定不得抵扣且未抵扣过进项税额的固定资产再转让，应纳税额 = 含税销售额 ÷（1 +3%）×2%。

3. 除其他个人外，小规模纳税人销售自己使用过的固定资产，按照 3% 征收率减按 2% 征收增值税。

（二）纳税人销售已使用固定资产应交增值税的会计处理

不同身份的纳税人销售已使用固定资产增值税适用政策不同，其会计处理也存在区别。其中小规模纳税人销售已使用固定资产，及一般纳税人销售已使用固定资产按照适用税率征收增值税的，应交增值税的会计处理与销售其他货物的处理一样，即小规模纳税人应通过“应交税费——应交增值税”科目核算，一般纳税人应通过“应交税费——应交增值税（销项税额）”科目核算。这里需要关注的是一般纳税人销售已使用固定资产按简易办法征收时，如何进行应交增值税的会计处理。

[例 2 –55] 甲公司系一般纳税人，2018 年 4 月份出售于 2017 年 1 月份购买的某设备，该设备用于生产一种免征增值税的产品，购买时未抵扣进项税额。设备原值 20 万元，已计提折旧 5 万元，售价 12 万元，适用 17% 的增值税税率。甲公司对该业务的会计处理：

（1）出售设备转入清理：

借：固定资产清理	150 000	
累计折旧	50 000	
贷：固定资产		200 000

丁字账图示如下：

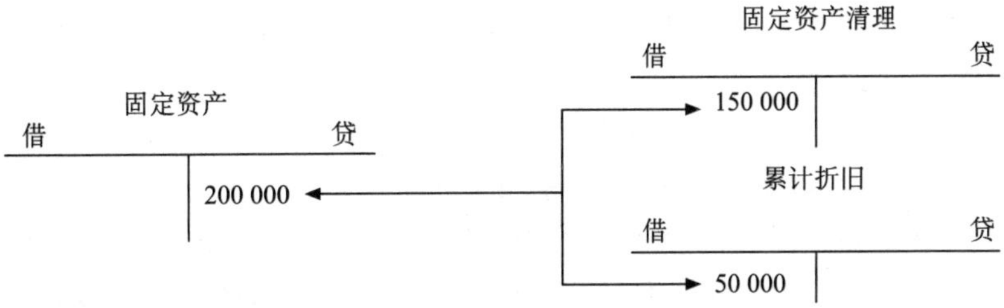

（2）收到出售设备价款：

借：银行存款　　120 000

　　贷：固定资产清理　　120 000

丁字账图示如下：

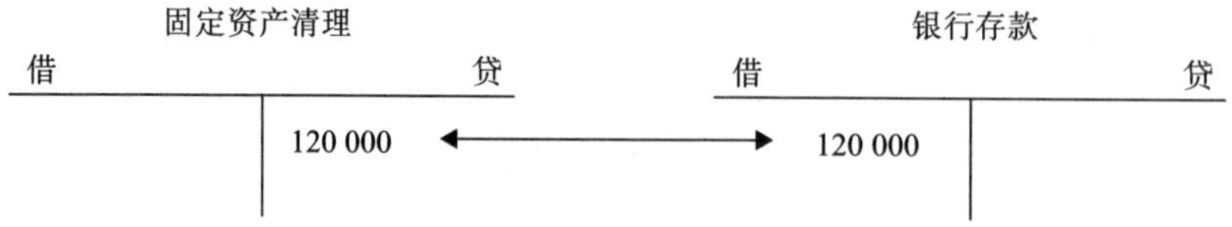

（3）该公司应纳增值税额：

120 000 ÷（1 +3%）×2% =2 330.1（元）

应交增值税的处理：

借：固定资产清理　　2 330.1

　　贷：应交税费——简易计税　　2 330.1

丁字账图示如下：

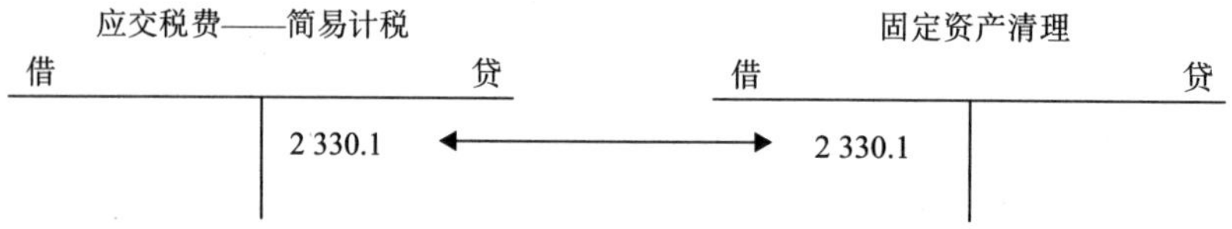

（4）结转固定资产清理：

借：营业外支出　　32 330.1

　　贷：固定资产清理　　32 330.1

丁字账图示如下：

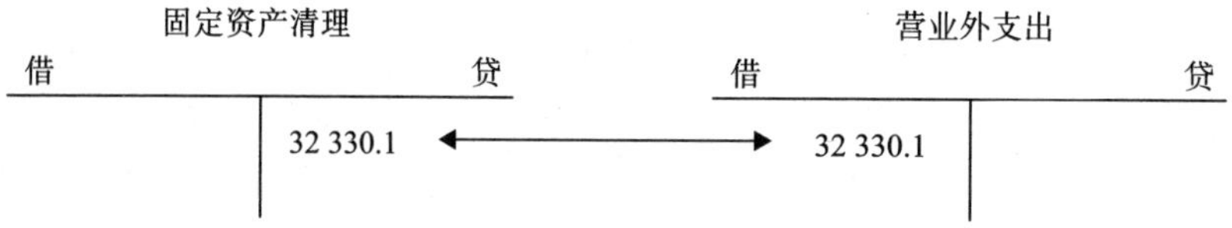

［核心提示］ 纳税人销售自己使用过的固定资产（以下简称已使用过的固定资产），应区分不同情形征收增值税：

按规定允许抵扣进项税额的固定资产再转让，销项税额 = 含税销售额 ÷（1 + 税率）× 税率；

按规定不得抵扣且未抵扣过进项税额的固定资产再转让，应纳税额 = 含税销售额 ÷（1 +3%）×2%。

［例 2 –56］ 甲企业出售一台使用过的设备，原价 234 000 元（含增值税），购入时间为 2015 年 2 月。设备折旧年限为 10 年，采用直线法折旧，不考虑净残值。假定 2018 年 2 月，甲企业出售该设备，该设备恰好已使用 3 年，售价为 210 600 元（含增值税），适用 17% 的增值税税率。该项固定资产取得时，增值税进项税额已记入“应交税费——应交增值税（进项税额）”科目。会计处理如下：

(1) 固定资产清理的会计处理：

由于固定资产是在增值税转型后购入的，则固定资产原价为 200 000 元，3 年累积计提折旧 =(200 000 ÷ 10) × 3 = 60 000（元）

销售时缴纳增值税 = [210 600 ÷ (1 + 17%)] × 17% = 30 600（元）

借：固定资产清理　　140 000

　　累计折旧　　60 000

　　贷：固定资产　　200 000

丁字账图示如下：

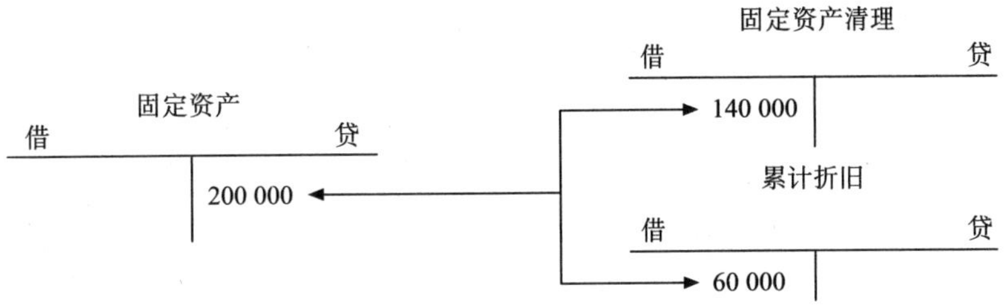

(2) 收到价款时的会计处理：

借：银行存款　　210 600

　　贷：固定资产清理　　180 000

　　　　应交税费——应交增值税（销项税额）　　30 600

丁字账图示如下：

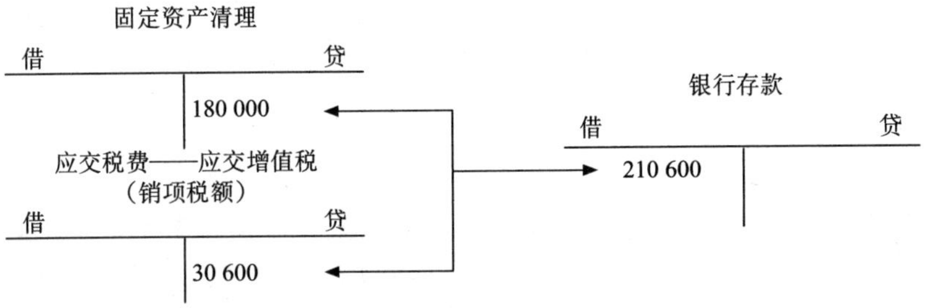

同时

借：固定资产清理　　40 000

　　贷：营业外收入　　40 000

丁字账图示如下：

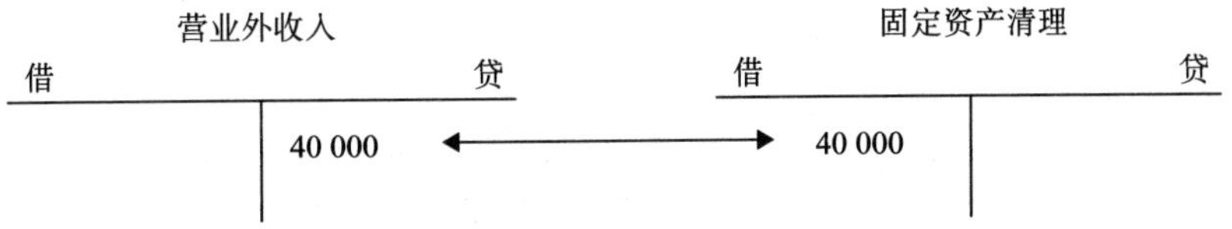

第三节 增值税缴纳会计处理

一、缴纳增值税的会计处理

增值税一般纳税人按照增值税税法规定计算企业纳税期应纳税款后，进行账务处理。在填制“增值税纳税申报表”或有关报表后，自行或由税务机关填制税收缴款书等税收缴款凭证进行缴纳税款。纳税人按照实际缴纳的税款的税收缴款凭证进行账务处理。

（一）月终增值税税金的处理

［**例2－57**］江河公司2019年6月份计算应交增值税税金39 000元，期末未缴纳。会计分录如下：

借：应交税费——应交增值税（转出未交增值税）　　39 000

　　贷：应交税费——未交增值税　　39 000

丁字账图示如下：

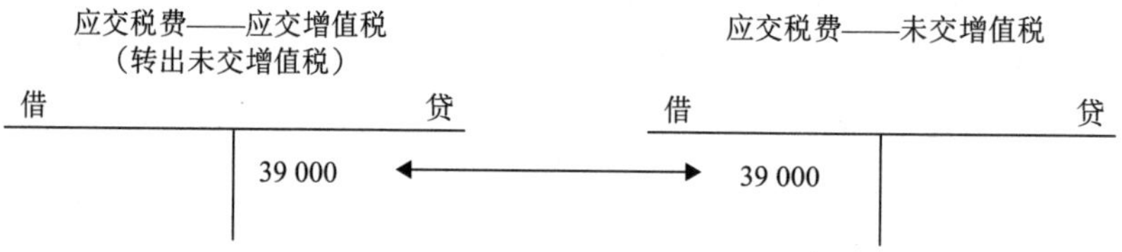

［**核心提示**］月份终了，企业计算出当月应交未交的增值税，借记“应交税费——应交增值税（转出未交增值税）”科目，贷记“应交税费——未交增值税”科目；当月多交的增值税，借记“应交税费——未交增值税”科目，贷记“应交税费——应交增值税（转出多交增值税）”科目。

［**例2－58**］2019年6月，双丰公司（增值税一般纳税人）应交增值税税金5 000元，已通过银行预缴当月增值税税金8 000元。企业多缴税金为3 000元。会计分录如下：

（1）当月预缴增值税时：

借：应交税费——应交增值税（已交税金）　　8 000

　　贷：银行存款　　8 000

丁字账图示如下：

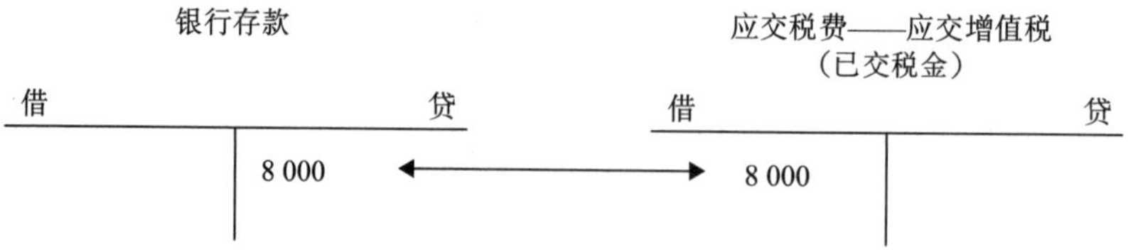

（2）转出当月多交增值税时：

借：应交税费——未交增值税　　3 000

　　贷：应交税费——应交增值税（转出多交增值税）　　3 000

丁字账图示如下：

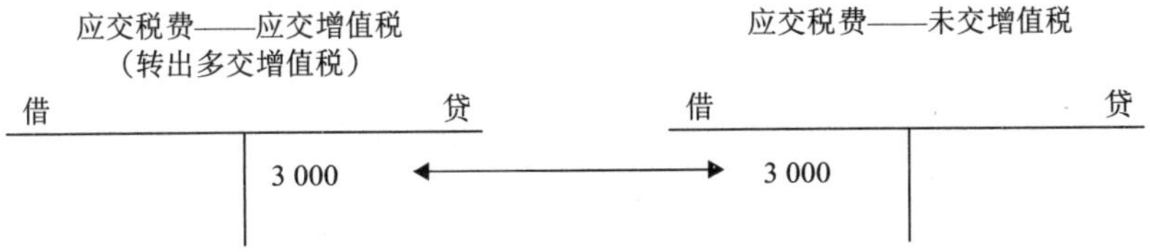

［核心提示］当月缴纳当月增值税时，借记“应交税费——应交增值税（已交税金）”科目，贷记“银行存款”科目。收到退回多缴的增值税，作相反的会计分录。月份终了，“应交税费——应交增值税”科目的余额，反映企业尚未抵扣的增值税。“应交税费——未交增值税”科目的期末借方余额，反映多交的增值税，贷方余额，反映未交的增值税。

（二）增值税缴纳的处理

［例2－59］ 达远公司（增值税一般纳税人）2018年3月以银行存款上交2月未交增值税32 000元。会计分录如下：

借：应交税费——未交增值税　　32 000

　　贷：银行存款　　32 000

丁字账图示如下：

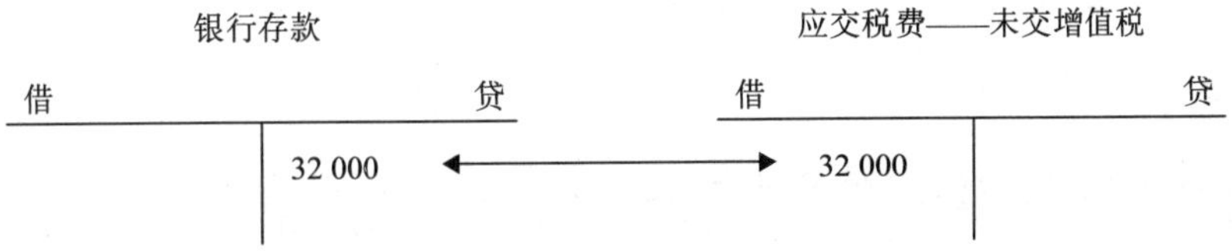

［核心提示］当月缴纳以前各期未交的增值税时，借记“应交税费——未交增值税”科目，贷记“银行存款”科目。收到退回多缴的增值税，做相反的会计分录。

［例2－60］ 远大公司（增值税一般纳税人）2018年3月份欠缴增值税税金10 000元，4月份企业增值税期末留抵税款12 000元。企业依据《增值税进项留抵税额抵减增值税欠税通知书》抵减欠税10 000元，抵减滞纳金100元，抵减总额为10 100元。会计分录如下：

借：应交税费——应交增值税（进项税额）　　10 100

　　营业外支出　　100

　　贷：应交税费——未交增值税　　10 000

丁字账图示如下：

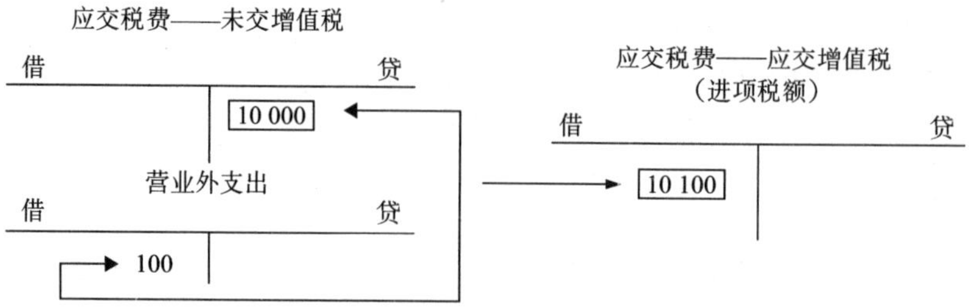

［例 2－61］诚信公司（增值税一般纳税人）2019 年 1 月上交以前月份欠缴增值税 30 000元，滞纳金 2 000 元，通过银行存款支付。会计分录如下：

借：应交税费——未交增值税　　30 000
　　营业外支出　　2 000
　　贷：银行存款　　32 000

丁字账图示如下：

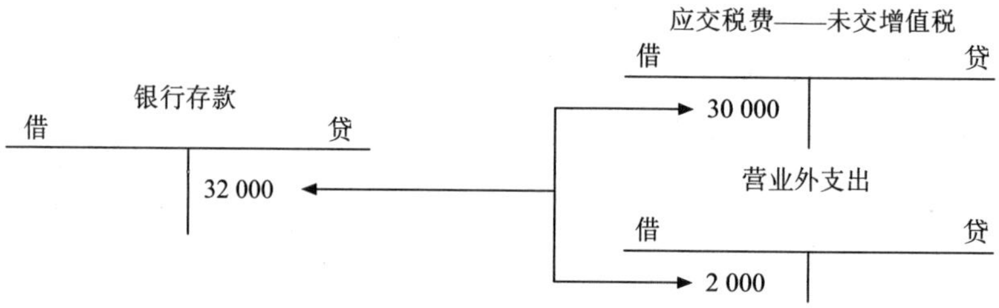

［核心提示］企业如果发生税款滞纳或涉税罚款等情况，缴纳罚款和滞纳金时，借记“营业外支出”科目，贷记“银行存款”等科目。

二、返还及减免增值税的会计处理

企业实际收到即征即退、先征后退和先征税后返还的增值税时，借记“银行存款”科目，贷记“营业外收入”科目。对于直接减免的增值税，企业应借记“应交税费——应交增值税（减免税款）”科目，贷记“营业外收入”科目。“营业外收入”科目属损益类账户，期末结转当期损益时，借记“营业外收入”科目，贷记“本年利润”科目。

［例 2－62］凯旋公司采用先征税后返还增值税的方法，当期收到返还的增值税26 000元，当期直接减免增值税 95 000 元。做如下会计分录：

收到返还增值税款时：

借：银行存款　　26 000
　　应交税费——应交增值税（减免税款）　　95 000
　　贷：营业外收入　　121 000

丁字账图示如下：

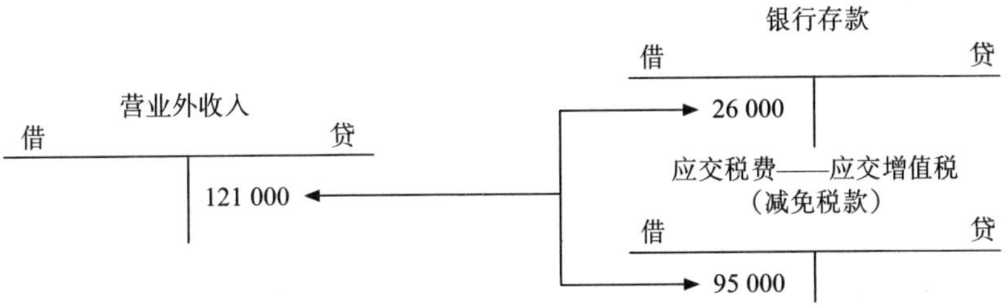

三、增值税检查调整会计处理

［**例 2-63**］经税务机关 2019 年稽查，发现嘉合公司 2018 年 3 月少记增值税销项税额 40 000 元，该月“应交税费——应交增值税”无余额。无其他调整项目。嘉合公司应根据检查情况，做如下会计分录：

借：以前年度损益调整　　40 000

　　贷：应交税费——增值税检查调整　　40 000

对“应交税费——增值税检查调整”账户余额进行处理时：

借：应交税费——增值税检查调整　　40 000

　　贷：应交税费——未交增值税　　40 000

丁字账图示如下：

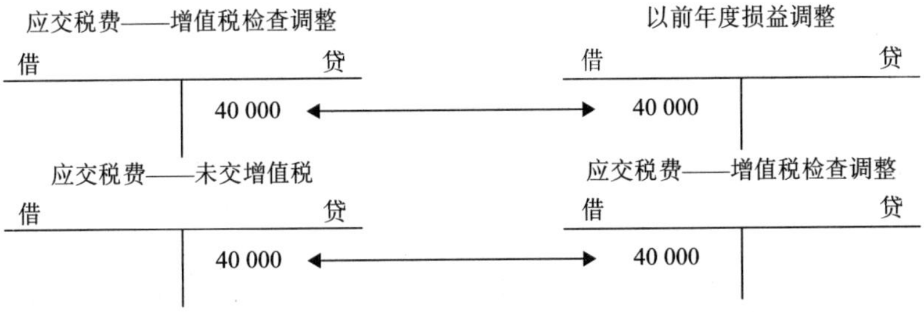

［**例 2-64**］经税务机关 2019 年稽查，发现嘉合公司 2018 年 12 月，将“固定资产”进项税额 20 000 元抵扣进项税税金，该月“应交税费——应交增值税”账户有借方余额 10 000 元。无其他调整项目。嘉合公司应根据检查情况，做如下会计分录：

借：固定资产　　20 000

　　贷：应交税费——增值税检查调整　　20 000

对“应交税费——增值税检查调整”账户余额进行处理时：

借：应交税费——增值税检查调整　　20 000

　　贷：应交税费——应交增值税　　10 000

　　　　应交税费——未交增值税　　10 000

丁字账图示如下：

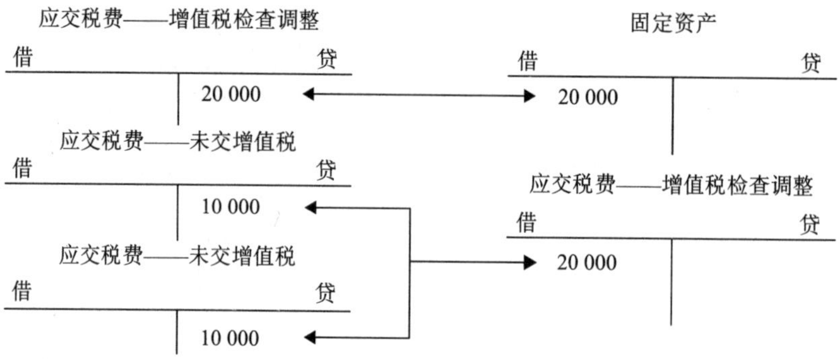

[例2－65] 经税务机关2010年稽查，发现嘉合公司2009年1月，发现少记固定资产增值税进项税额10 000元，该月“应交税费——应交增值税”账户无余额。无其他调整项目。嘉合公司应根据检查情况，做如下会计分录：

借：应交税费——增值税检查调整　　10 000

　　贷：固定资产　　10 000

对“应交税费——增值税检查调整”账户余额进行处理时：

借：应交税费——应交增值税（进项税额）　　10 000

　　贷：应交税费——增值税检查调整　　10 000

丁字账图示如下：

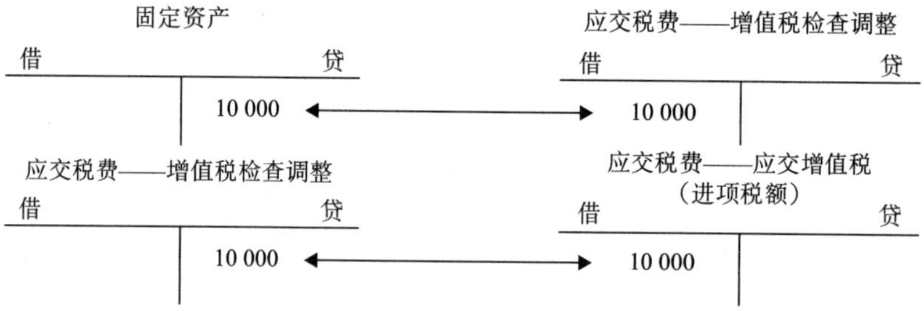

[例2－66] 某工厂2017年2月份组建并开始进行生产，发生如下经济业务：

(1) 2月2日，工厂从本市购入甲材料一批，共5 000千克，单价40元，增值税专用发票注明增值税额为34 000元，贷款已经支付。

假定该企业材料按实际成本计价，则：

借：原材料——甲材料　　200 000

　　应交税费——应交增值税（进项税额）　　34 000

　　贷：银行存款　　234 000

丁字账图示如下：

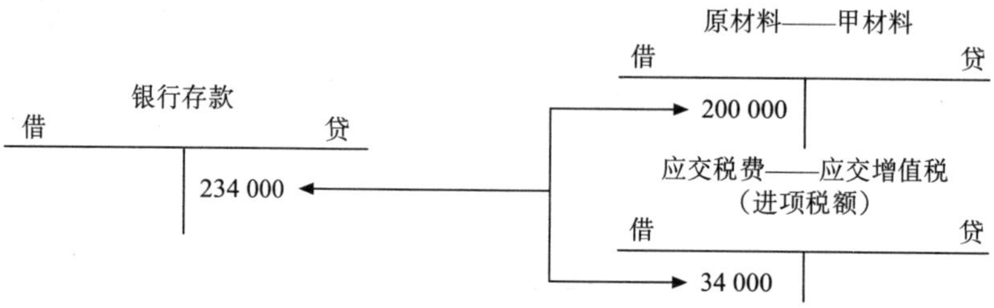

假定该企业材料按计划成本核算，则：

借：材料采购　200 000

　　应交税费——应交增值税（进项税额）　34 000

　　贷：银行存款　234 000

丁字账图示如下：

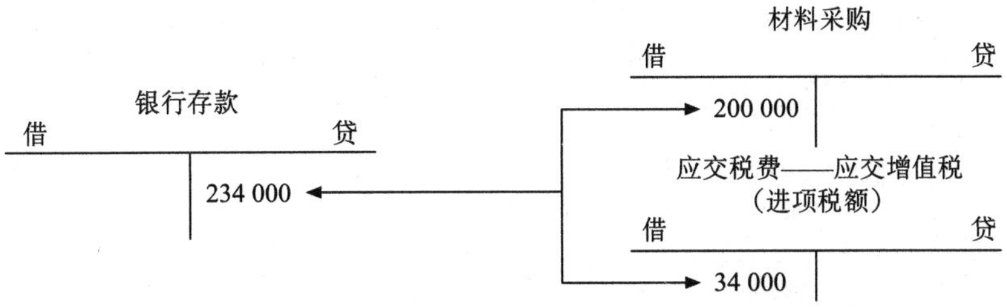

（2）2月3日，企业从外地某工厂购入乙种材料一批，共100吨，单价5 000元，增值税额为85 000元。该工厂支付运输费20 000元，取得运输企业开具的增值税专用发票，增值税额2 200元。按实际成本计价会计处理如下：

借：原材料——乙材料　520 000

　　应交税费——应交增值税（进项税额）　87 200

　　贷：应付账款——某工厂　607 200

丁字账图示如下：

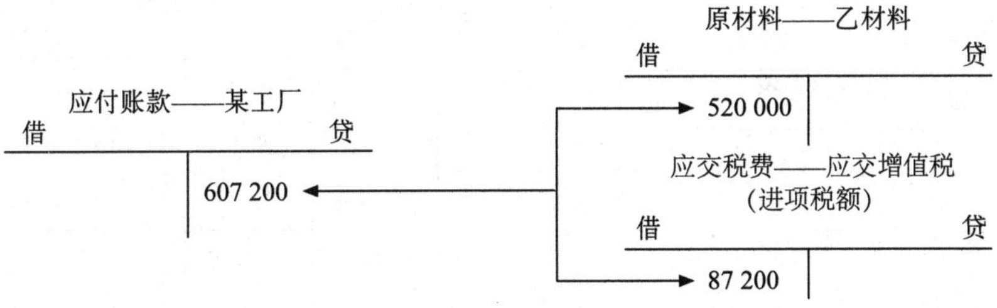

按计划成本计价会计处理如下

借：材料采购　520 000

　　应交税费——应交增值税（进项税额）　87 200

　　贷：应付账款——某工厂　607 200

丁字账图示如下：

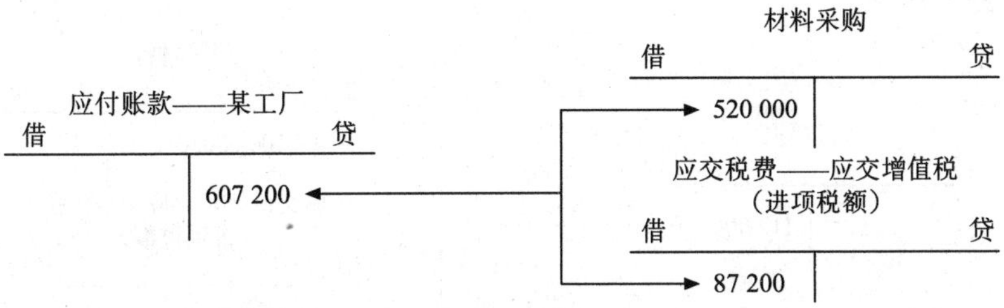

（3）2月4日，企业因材料质量问题将甲材料1 000千克退还给供货方，收回价款

40 000元，增值税额为 6 800 元。则：

借：银行存款　　46 800

　　贷：材料采购（或原材料）　　40 000

　　　　应交税费——应交增值税（进项税额）　　6 800

丁字账图示如下：

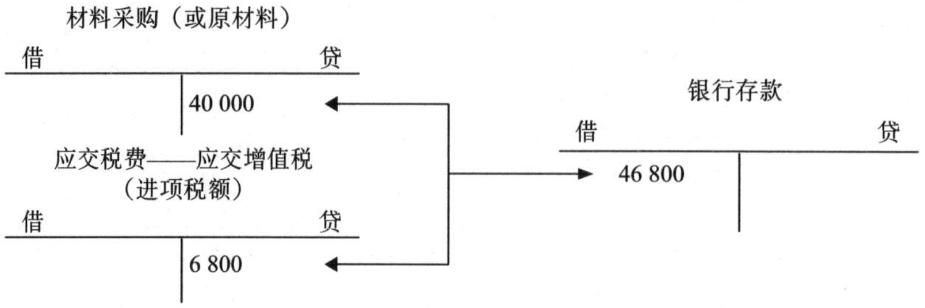

（4）2 月 4 日，企业以商业汇票方式购入包装物一批，价款为 60 000 元，增值税额为 10 200 元。则：

借：周转材料　　60 000

　　应交税费——应交增值税（进项税额）　　10 200

　　贷：应付票据　　70 200

丁字账图示如下：

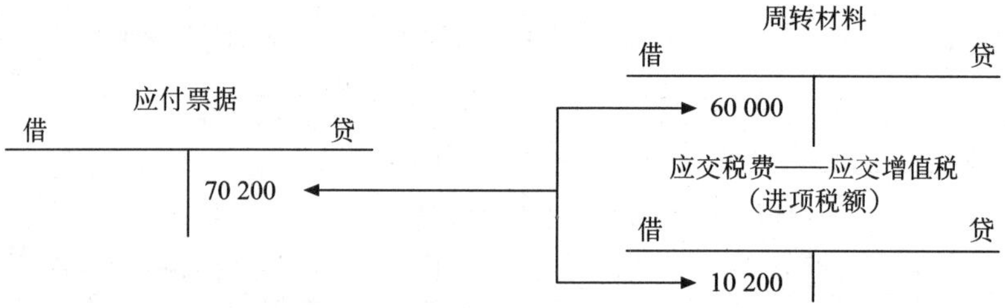

（5）2 月 4 日，企业购入低值易耗品一批，价款为 100 000 元，增值税额为 17 000 元，款项未付。则：

借：周转材料　　100 000

　　应交税费——应交增值税（进项税额）　　17 000

　　贷：应付账款　　117 000

丁字账图示如下：

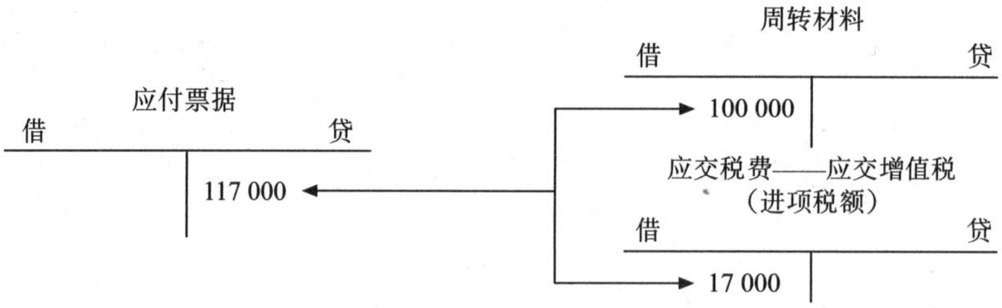

(6) 2月6日，企业收到其投资者作为投资转入的货物一批，其中：机器一台，双方确认的价值为200 000元，专用发票上注明的增值税额为34 000元；原材料一批，投资者提供的专用发票上注明价款100 000元，增值税额17 000元。则：

借：固定资产　　200 000
　　原材料　　100 000
　　应交税费——应交增值税（进项税额）　　51 000
　　贷：实收资本　　351 000

丁字账图示如下：

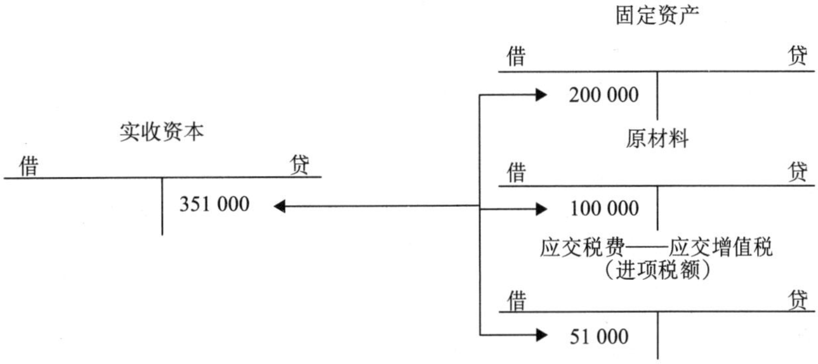

(7) 2月8日，企业收到某客商赠送低值易耗品一批，双方确认的货物价值为20 000元，增值税专用发票上注明的增值税额为3 400元。则：

借：周转材料　　20 000
　　应交税费——应交增值税（进项税额）　　3 400
　　贷：营业外收入　　23 400

丁字账图示如下：

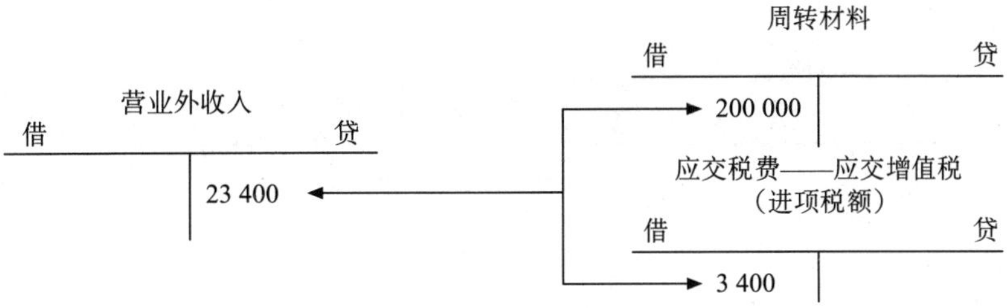

(8) 2月9日，企业购入办公用品一批，价款为6 000元，增值税专用发票注明的增值税额为1 020元。则：

借：管理费用　　6 000
　　应交税费——应交增值税（进项税额）　　1 020
　　贷：银行存款　　7 020

丁字账图示如下：

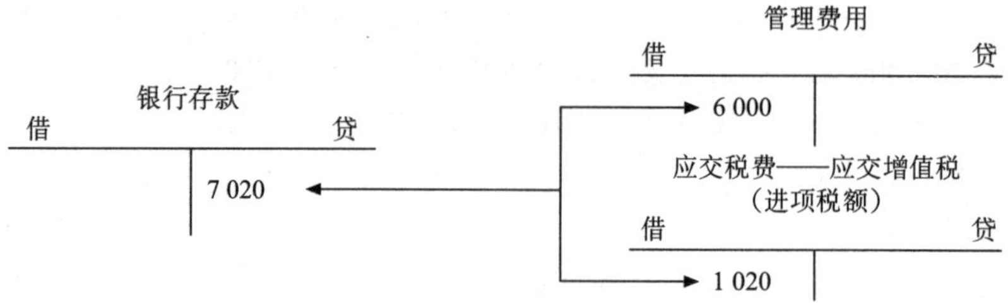

（9）2 月 15 日，企业汽车损坏，委托某修理厂进行修理，支付修理费 8 000 元，增值税专用发票注明的增值税额为 1 360 元。则：

借：管理费用　　8 000

　　应交税费——应交增值税（进项税额）　　1 360

　　贷：银行存款　　9 360

丁字账图示如下：

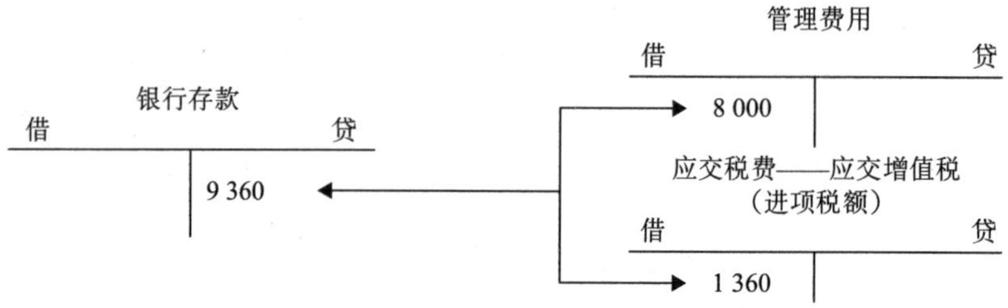

（10）2 月 16 日，企业购入轿车一辆，价款为 250 000 元，机动车销售统一发票上注明增值税额为 42 500 元，货款未付。则：

借：固定资产　　250 000

　　应交税费——应交增值税（进项税额）　　42 500

　　贷：应付账款　　292 500

丁字账图示如下：

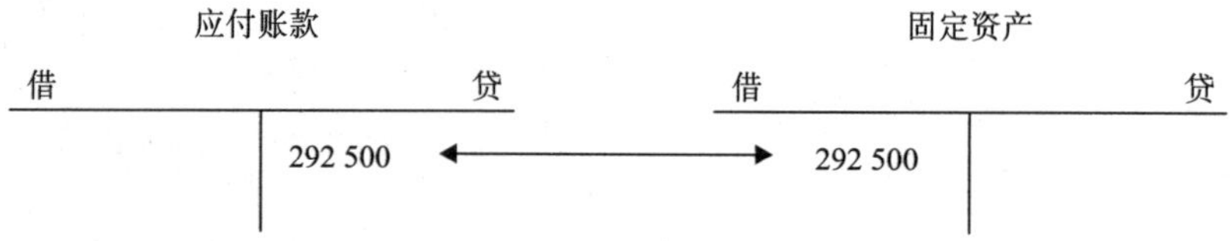

（11）2 月 18 日，企业购入在建厂房建筑材料一批，价款为 90 000 元，专用发票上注明增值税额为 15 300 元，用于企业在建工程，货款已付。则：

借：在建工程　　90 000

　　应交税费——应交增值税（进项税额）　　9 180

　　应交税费——待抵扣进项税额　　6 120

　　贷：银行存款　　105 300

丁字账图示如下：

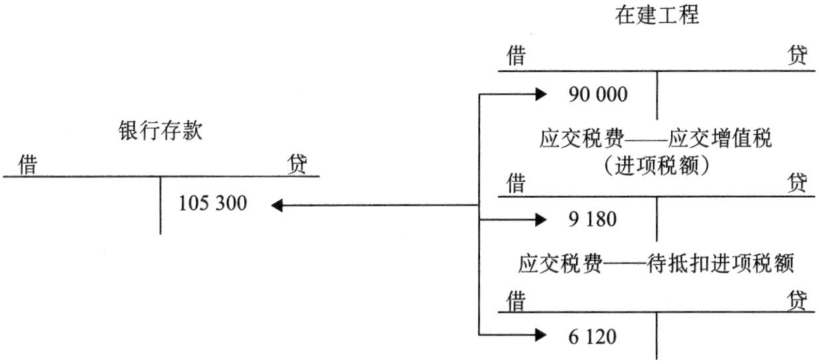

［**核心提示**］适用一般计税方法的试点纳税人，2016 年 5 月 1 日后取得并在会计制度上按固定资产核算的不动产或者 2016 年 5 月 1 日后取得的不动产在建工程，其进项税额应自取得之日起分两年从销项税额中抵扣，第一年抵扣比例为 60%，第二年抵扣比例为 40%。

政策依据：《财政部　国家税务总局关于全面推开营业税改征增值税试点的通知》（财税〔2016〕36 号）。

2019 年 3 月 21 日，财政部、税务总局、海关总署联合发布《关于深化增值税改革有关政策的公告》（财政部、国家税务总局、海关总署公告 2019 年第 39 号）文件，推进增值税实质性减税，正式实施 2019 年增值税改革，不动产或者不动产在建工程的进项税额不再分期抵扣。

（12）2 月 18 日，企业对外销售 A 产品一批，收取价款 880 000 元，代垫运输费 20 000元。则：

借：银行存款　　1 029 600

　　贷：主营业务收入　　880 000

　　　　应交税费——应交增值税（销项税额）　　149 600

丁字账图示如下：

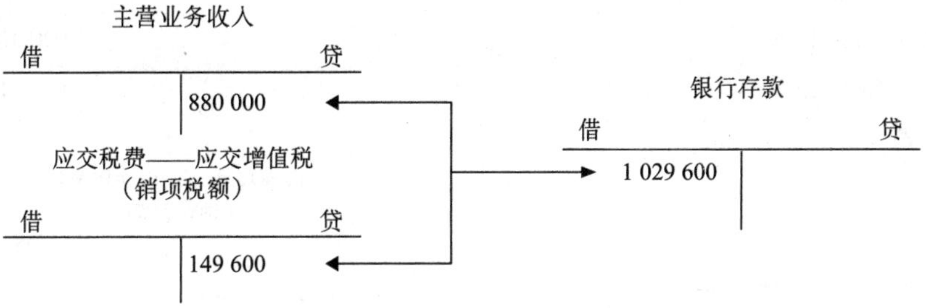

借：其他应收款　　20 000

　　贷：银行存款　　20 000

丁字账图示如下：

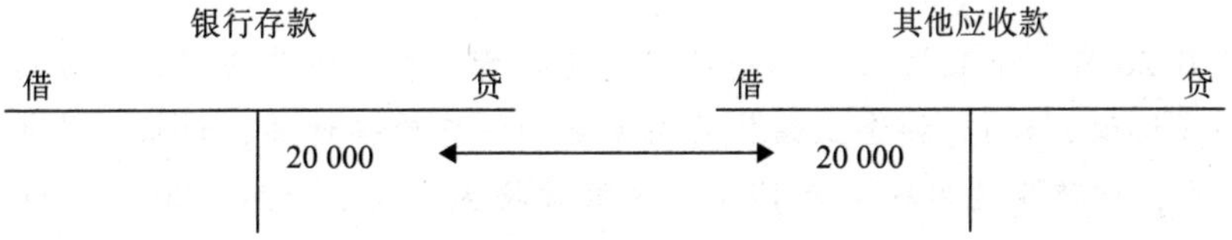

收回代垫运输费后：

借：银行存款　　20 000

　　贷：其他应收款　　20 000

丁字账图示如下：

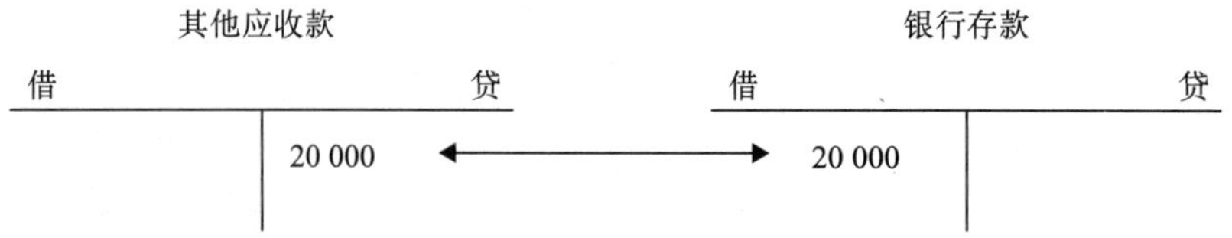

（13）2月19日，企业将B产品一批，用于企业在建工程，按企业销售同类产品的价格计算，价款为60 000元。该批产品生产成本为35 000元。则：

借：在建工程　　45 200

　　贷：库存商品　　35 000

　　　　应交税费——应交增值税（销项税额）　　10 200

丁字账图示如下：

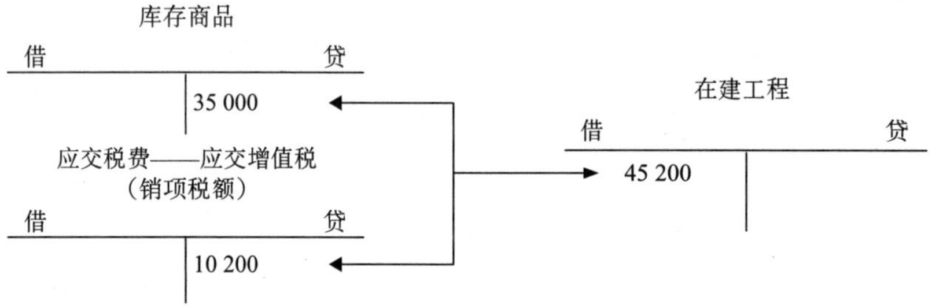

（14）2月20日，某单位将A产品一部分退还给企业，价款为100 000元，增值税额为17 000元，退货款已支付。则：

借：应交税费——应交增值税（销项税额）　　17 000

　　主营业务收入　　100 000

　　贷：银行存款　　117 000

丁字账图示如下：

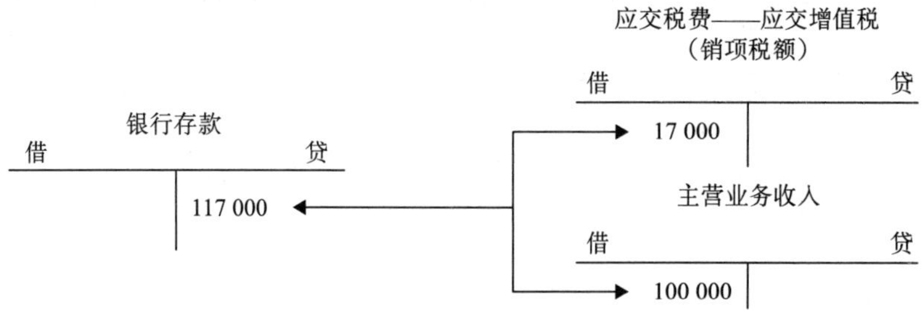

（15）2月20日，企业将A产品一批，作为投资，提供给某公司，双方协议含税价格为90 000元（协议公允），按企业销售的同类货物销售价格计算，该批货物不含税销售价格为80 000元，增值税适用税率为17%。该批货物生产成本为50 000元。则：

借：长期股权投资　　90 000

　　营业外支出　　3 600

　　贷：主营业务收入　　80 000

　　　　应交税费——应交增值税（销项税额）　　13 600

丁字账图示如下：

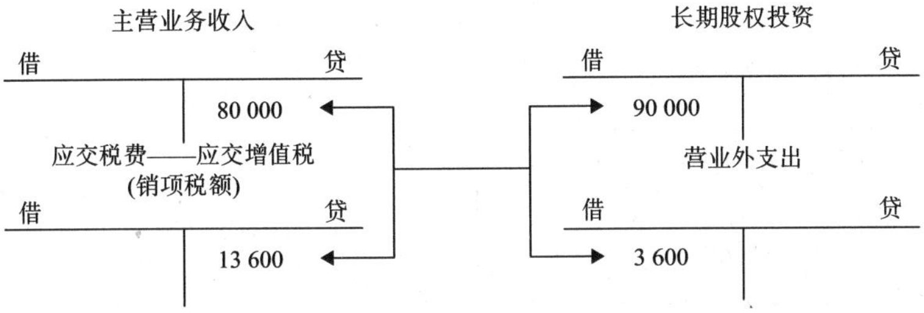

同时结转成本：

借：主营业务成本　　50 000

　　贷：库存商品　　50 000

丁字账图示如下：

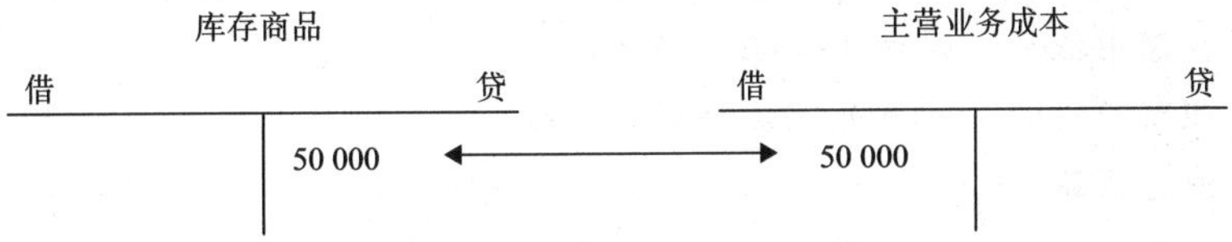

（16）2 月 21 日，企业销售 B 产品一批，价款 600 000 元，随同产品出售但单独计价包装物 10 000 个，每个 5 元，货款未收。

［**核心提示**］按照税法规定，纳税人销售货物，其应纳增值税的销售额包括价外收取的包装费。

随产品出售并单独计价的包装物收入，按会计制度规定，计入其他业务收入。则：

借：应收账款　　760 500

　　贷：主营业务收入　　600 000

　　　　其他业务收入　　50 000

　　　　应交税费——应交增值税（销项税额）　　110 500

丁字账图示如下：

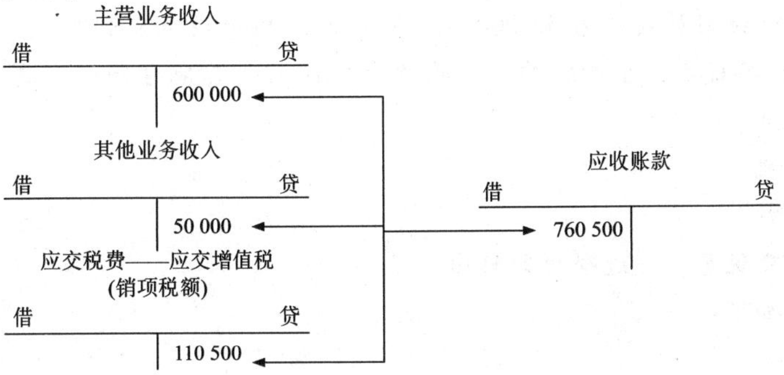

(17) 2 月 23 日，企业将某单位逾期未退还包装物押金 4 000 元转作其他业务收入。

[**核心提示**] 按规定，企业将逾期未退还包装物押金转作收入时，应征收增值税。则：

借：其他应付款　　4 000

　　贷：其他业务收入　　3 418.80

　　　　应交税费——应交增值税（销项税额）　　581.20

丁字账图示如下：

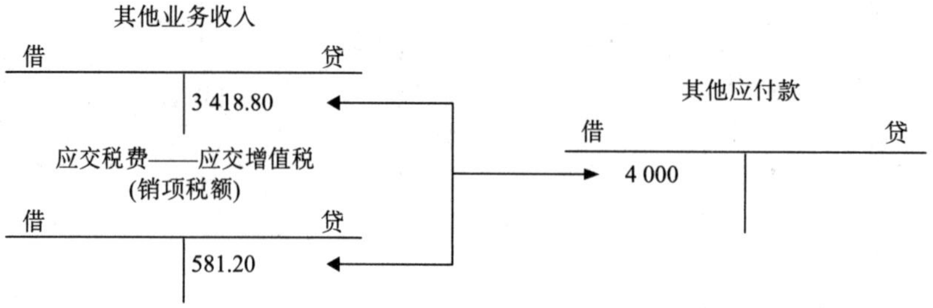

(18) 2 月 25 日，由于仓库倒塌损毁 A 产品、B 产品一批，成本为 80 000 元，经过计算，其所耗用的材料和有关货物的进项税额为 5 600 元。

[**核心提示**] 按规定，非正常损失的产成品所耗用的购进货物或者应税劳务的进项税额不得从销项税额中抵扣。则发生非正常损失时：

借：待处理财产损溢——待处理流动资产损溢　　85 600

　　贷：库存商品　　80 000

　　　　应交税费——应交增值税（进项税额转出）　　5 600

丁字账图示如下：

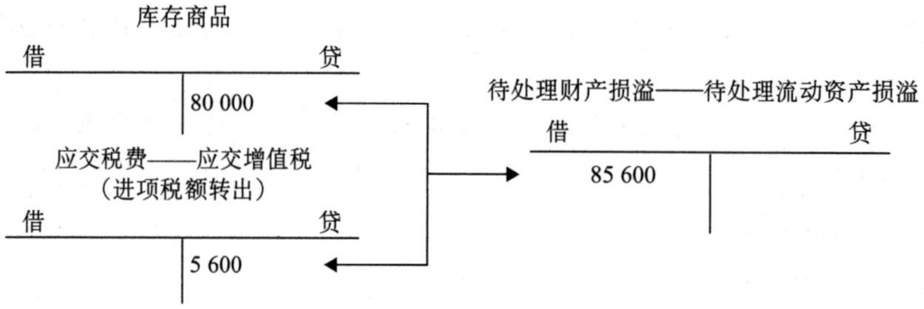

(19) 2 月 25 日，企业将购进的乙材料 10 吨，转用于企业在建工程。按企业材料成本计算方法确定，该材料成本为 52 000 元，已抵扣进项税额为 8 840 元。

[**核心提示**] 按规定，企业将购进货物改变用途用于其他方面的，其进项税额应相应转入有关科目。则：

借：在建工程　　60 840

　　贷：原材料　　52 000

　　　　应交税费——进项税额转出　　8 840

丁字账图示如下：

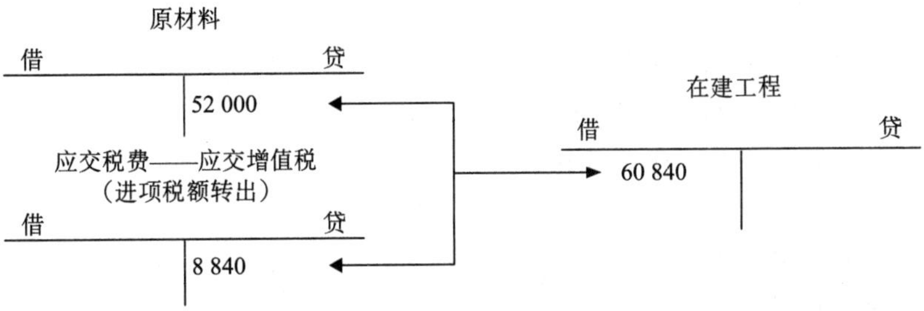

（20）2 月 26 日企业购入一批包装物材料，取得的增值税专用发票上注明的价款 300 000元，增值税款 51 000 元；又取得运输企业开具的增值税专用发票注明运费 4 000 元，增值税额 440 元。上述款项均以银行存款支付。企业采用实际成本计价。

另外，部分包装物材料在运输途中被盗，在入库前进行挑选整理，实际包装物材料入库 275 000 元。损失包装物材料 25 000 元，发生人工费 1 200 元。根据上述资料，应编制会计分录如下：

包装物材料验收入库、并支付货款和运杂费时：

借：原材料——包装物材料　　　　275 000

　　应交税费——应交增值税（进项税额）　　　　51 000

　　待处理财产损溢　　　　25 000

　　贷：银行存款　　　　351 000

丁字账图示如下：

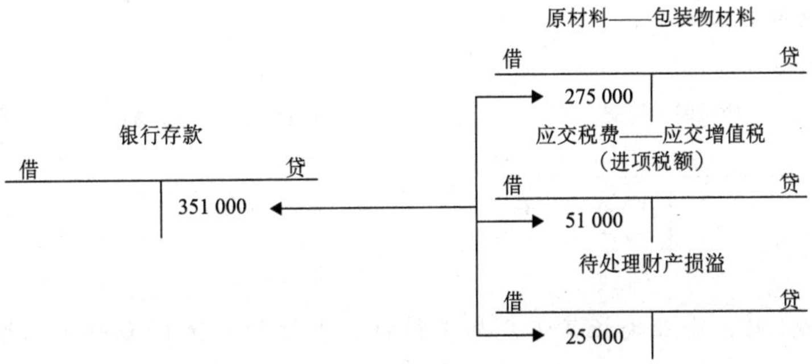

支付运费时：

借：原材料——包装物材料运费　　　　4 000

　　应交税费——应交增值税（进项税额）　　　　440

　　贷：银行存款　　　　4 440

丁字账图示如下：

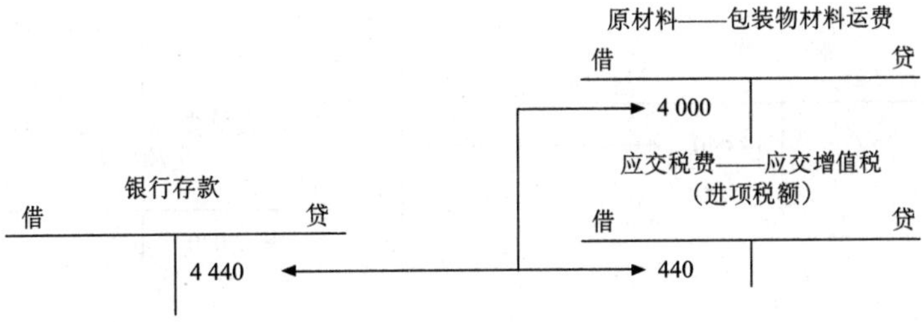

损失包装物材料应负担的税费的计算。

损失包装物材料应负担的运费：

$4\ 000 \div 300\ 000 \times 25\ 000 = 333.33$（元）

损失包装物材料应负担的进项税额：

$25\ 000 \times 17\% + 440 \div 300\ 000 \times 25\ 000 = 4\ 250 + 23.33 = 4\ 286.67$（元）

根据以上计算应编制如下分录：

借：待处理财产损溢　　4 620

　　贷：原材料——包装物材料（运费）　　333.33

　　　　应交税费——应交增值税（进项税额转出）　　4 286.67

丁字账图示如下：

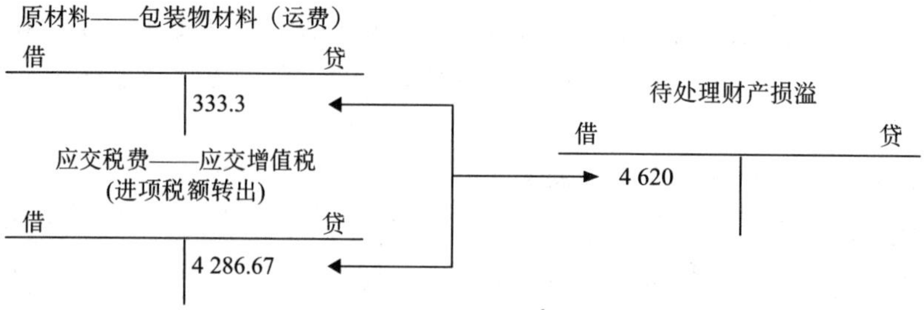

挑选整理发生的人工费：

借：原材料——包装物材料（人工费）　　1 200

　　贷：应付职工薪酬　　1 200

丁字账图示如下：

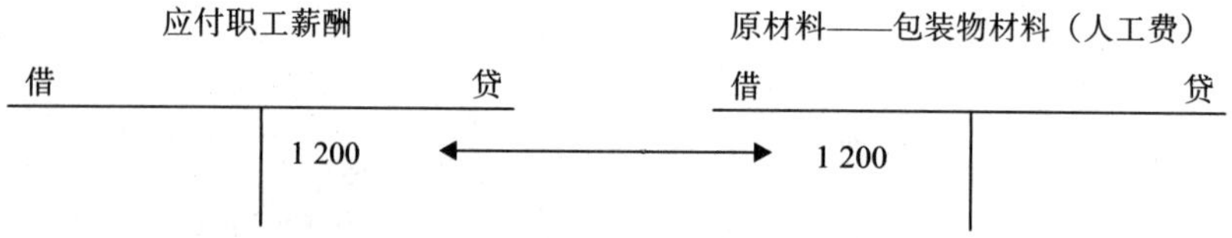

（21）2月27日，企业委托某工厂加工材料，支付加工费12 000元，增值税专用发票注明的增值税额为2 040元。根据上述资料，应编制会计分录如下：

借：委托加工物资　　12 000

　　应交税费——应交增值税（进项税额）　　2 040

　　贷：银行存款　　14 040

丁字账图示如下：

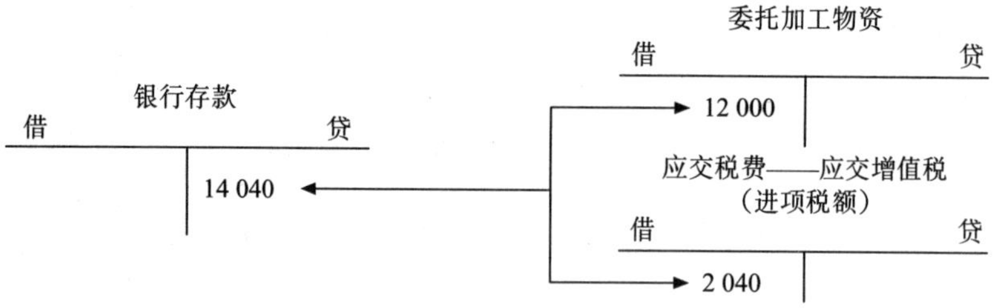

（22）2月28日，企业支付本月电费24 000元，其中车间用电16 000元，厂部用电8 000元，增值税专用发票注明增值税额为4 080元；支付本月水费10 000元，其中车间用水8 000元，厂部用水2 000元，增值税专用发票注明增值税额为1 300元；本月支付取暖费2 000元，其中车间负担1 400元，厂部负担600元，专用发票注明增值税额为260元。则：

借：制造费用　　25 400
　　管理费用　　10 600
　　应交税费——应交增值税（进项税额）　　5 640
　　贷：银行存款　　41 640

丁字账图示如下：

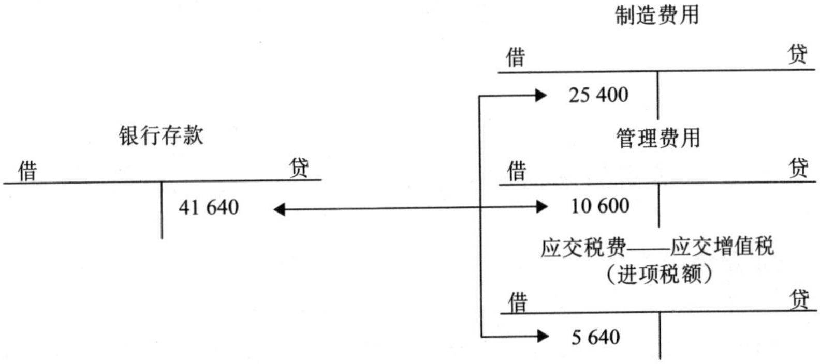

2月28日，企业“应交税费——应交增值税”账户贷方余额为29 654. 53元。

月末转出未交增值税，则：

借：应交税费——应交增值税（转出未交增值税）　　29 654. 53
　　贷：应交税费——未交增值税　　29 654. 53

丁字账图示如下：

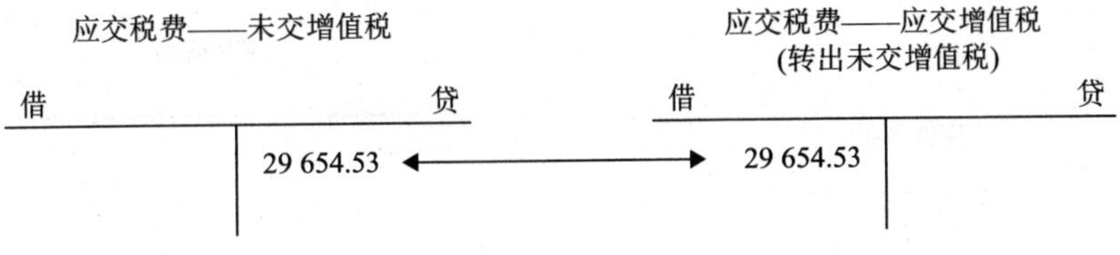

下月企业交纳税额时：

借：应交税费——未交增值税　　29 654. 53
　　贷：银行存款　　29 654. 53

丁字账图示如下：

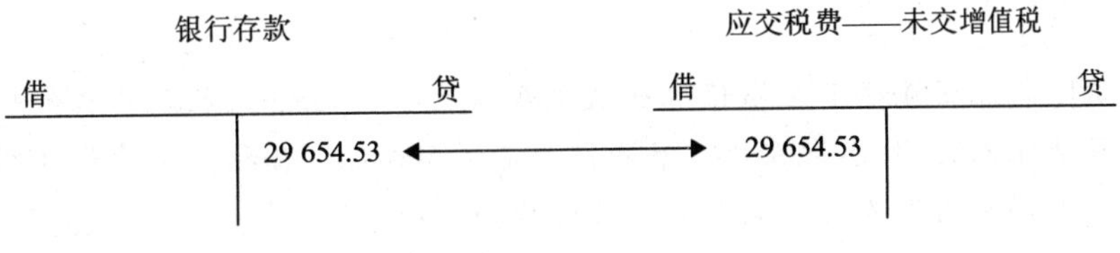

第三章　商业企业增值税会计处理

第一节　进项税额会计处理

一、国内购进一般商品增值税的会计处理

（一）批发企业会计处理

［**例 3－1**］先科商贸公司为商业批发企业，是增值税一般纳税人，2020 年 1 月从本市某电冰柜厂购进电冰柜 10 台，每台不含税买价 700 元，总计 7 000 元。进项税额 910 元，收到增值税专用发票后，开出商业汇票 1 张，承兑期限为 3 个月。商品已提回验收入库。

根据增值税专用发票及入库单和商业汇票等，该企业会计处理如下：

借：库存商品　　7 000

　　应交税费——应交增值税（进项税额）　　910

　　贷：应付票据　　7 910

丁字账图示如下：

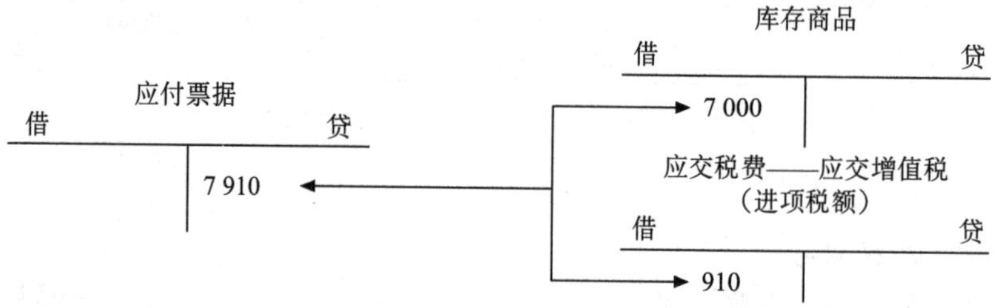

（二）零售企业会计处理

1. 购进业务的会计处理。

［**例 3－2**］新荣百货超市为增值税一般纳税人企业，该企业采用“售价核算”，2019 年 8 月家电营业组采购 20 台微波炉，采购价为每台 500 元，含税售价为每台 520 元。

根据企业取得专用发票时，该企业会计处理如下：

借：在途物资——甲营业柜组　　10 000

　　应交税费——应交增值税（进项税额）　　1 300
　　贷：银行存款　　11 300

丁字账图示如下：

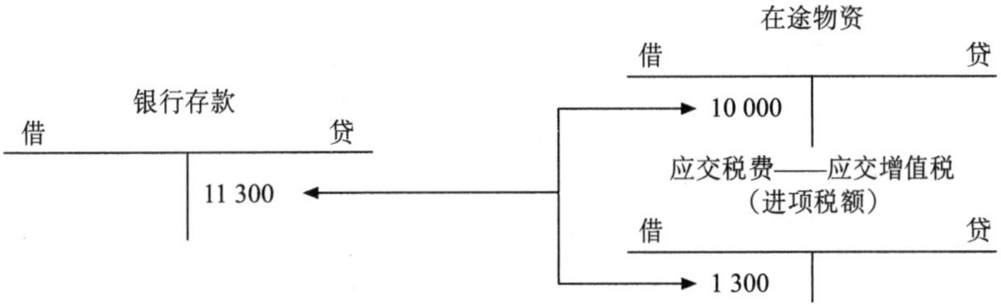

根据入库单等做分录如下：

借：库存商品　　10 400
　　贷：在途物资　　10 000
　　　　商品进销差价　　400

丁字账图示如下：

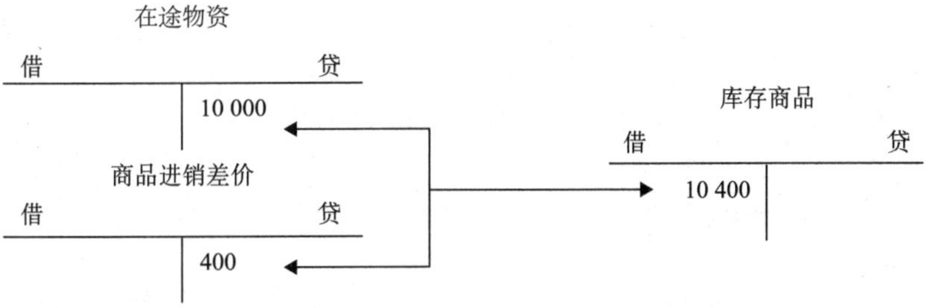

［**核心提示**］商业零售企业库存商品的核算大多采用“售价记账、实物负责制”，而且商品的销售收入采用一手交钱一手交货的方式，实行增值税以后，进销业务的核算与其他企业相比有一定的复杂性。企业应设置“商品进销差价”科目核算商品的售价与进价之间的差额，并在月末分摊已销商品的进销差价。

企业购进商品仍按不含税成本借记“在途物资”科目，按进项税额借记“应交税费——应交增值税（进项税额）”科目，按已付的全部款项贷记“银行存款”等科目；商品入库时，仍按原来的含税售价借记“库存商品”科目，按不含税的进价贷记“在途物资”科目，再按含税的进销差价贷记“商品进销差价”科目。

2. 进货退出的会计处理。

［**例3－3**］美美零售商业企业为增值税一般纳税人，本月上旬购进A种商品2 000件，每件进价50元，增值税额6.50元，含税售价63.28元，经甲营业柜组拆包上柜时，发现有200件质量上有严重缺陷，经与供货单位协商，同意退货。如数退回该商品后，收回价款存入银行。根据有关单证，企业会计处理如下：

借：银行存款　　11 300
　　商品进销差价　　2 656
　　贷：库存商品——甲营业柜组　　12 656

应交税费——应交增值税（进项税额）　1 300

丁字账图示如下：

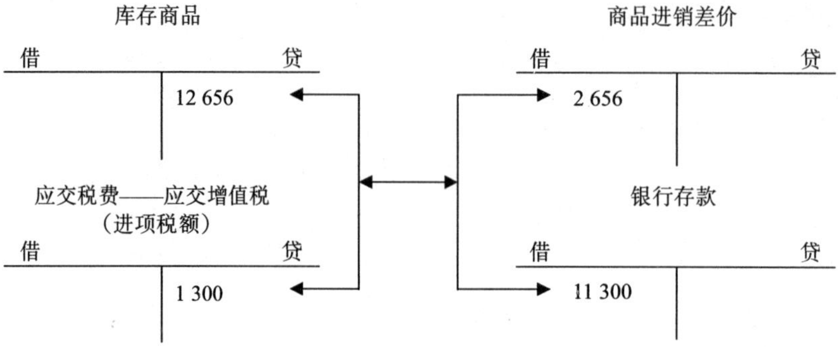

［**核心提示**］此业务在登记“应交税费——应交增值税”明细账时，应在“进项税额”专栏用红字反映。

在实务中，为了真实反映每个供货单位提供商品的质量状况，一般将上述一笔会计分录分为两笔进行会计处理，即：

借：银行存款　11 300

　贷：在途物资　10 000

　　应交税费——应交增值税（进项税额）　1 300

丁字账图示如下：

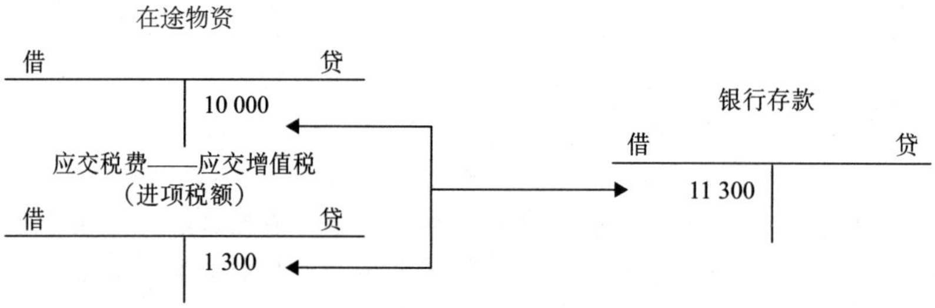

借：商品进销差价　2 656

　在途物资——××供货方　10 000

　贷：库存商品——甲营业柜组　12 656

丁字账图示如下：

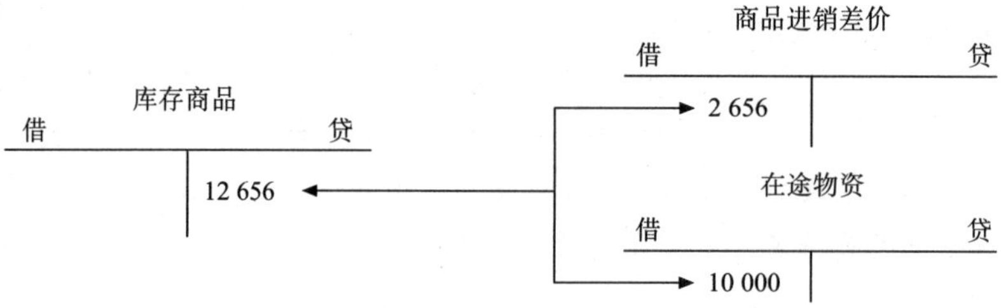

［**核心提示**］零售企业购进的商品在验收入库后，由于各种原因，要向供货方提出退

货要求，经同意后，可将原购进商品退还原供货单位。发生进货退出时，应按商品含税零售价冲减“库存商品”科目，相应调整“商品进销差价”科目。同时还应将收回的已付进项税额予以冲销。

二、进口商品增值税的会计处理

［**例 3－4**］美琪化妆品批发公司，为增值税一般纳税人，2019 年 8 月进口一批高档化妆品，买价 85 万元，境外运费及保险费共计 5 万元，海关于 8 月 15 日开具了完税凭证，美琪公司缴纳进口环节税金后海关放行。（关税税率为 50%，消费税税率为 15%）会计处理：

①根据海关开具完税凭证和银行汇款单做分录如下：

借：在途物资　　1 588 200

　　应交税费——应交增值税（进项税额）　　206 500

　　贷：银行存款　　1 794 700

丁字账图示如下：

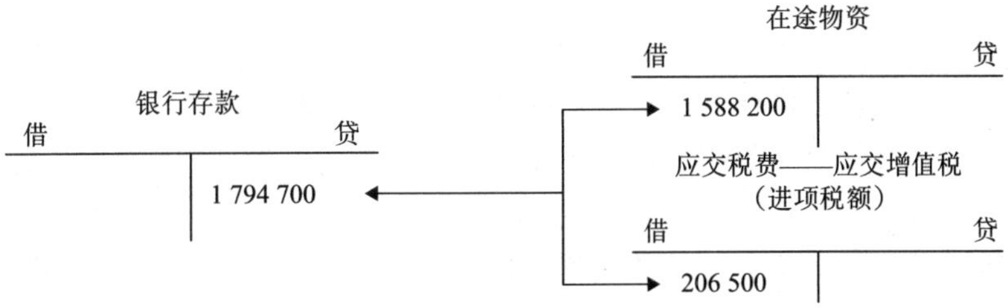

②根据入库单等做分录如下：

借：库存商品　　1 588 200

　　贷：在途物资　　1 588 200

丁字账图示如下：

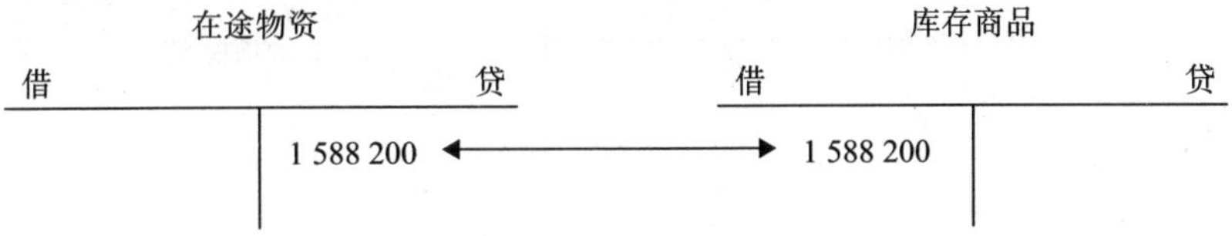

［**核心提示**］企业进口商品，其采购成本一般包括进口商品的国外进价（一律以到岸价格为基础）和应缴纳的关税。若进口商品是应税消费品，则其采购成本中还应包括应纳消费税。关税完税价格为 90 万元（85＋5），组成计税价格为 158.82 万元［90×(1＋50%)÷(1－15%)］，进口环节缴纳增值税为 20.65 万元（158.82×13%）。另外注意进口商品抵扣进项税额时的依据不是增值税专用发票，而是海关出具的完税凭证。

三、收购免税农产品业务的会计处理

[**例 3－5**] 汇邦商贸公司为农副产品购销企业，是增值税一般纳税人，2019 年 5 月共收购农民种植的农副产品 3 000 千克，收购金额 8 850 元，货物已验收入库，相关会计处理如下：

借：库存商品　　8 053.50

　　应交税费——应交增值税（进项税额）　　796.50

　　贷：银行存款　　8 850

丁字账图示如下：

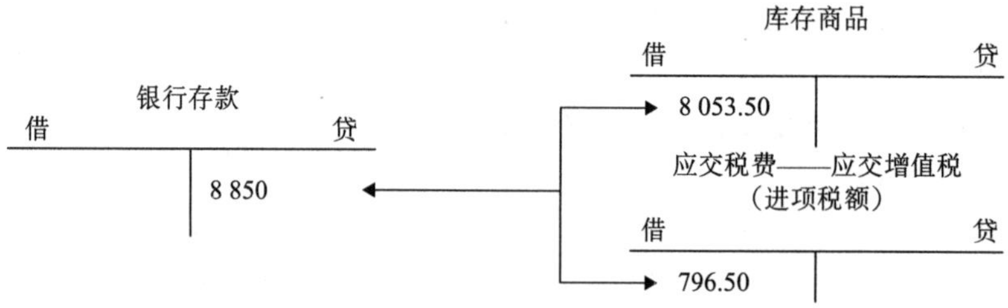

[**例 3－6**] 某大型连锁超市企业，为增值税一般纳税人，2019 年 3 月向农业生产者收购农业产品，支付的价款为 200 万元，货物已验收入库，相关会计处理如下：

借：库存商品　　1 800 000

　　应交税费——应交增值税（进项税额）　　200 000

　　贷：银行存款　　2 000 000

丁字账图示如下：

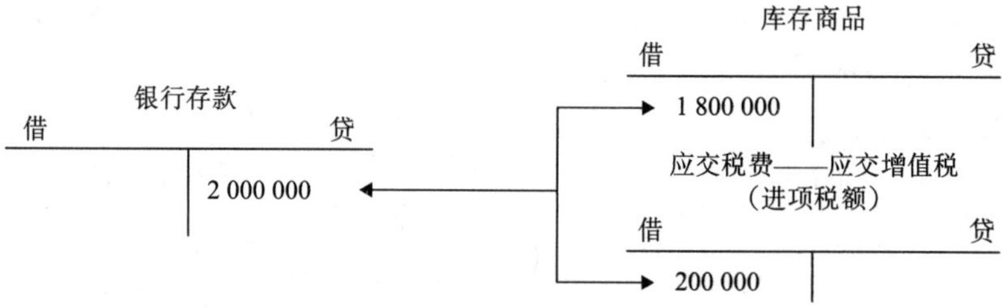

[**核心提示**] 企业收购免税农产品，与购买一般商品主要区别在于购进初级农产品或者是直接从农业生产者那里收购农产品，通常无法取得增值税专用发票，其进项税额根据购进的农产品的买价乘以10%的一般扣除率（2019 年 4 月 1 日后为9%）加以确定，本例中进项税额为 20 万元（200 ×10%）。

四、购入固定资产增值税的会计处理

[**例 3－7**] 丰慧粮食商贸公司 2019 年 7 月从国内一企业采购粮食清选设备一台自己使用，专用发票上注明价款 50 000 元，增值税 6 500 元，购进固定资产所支付的运输费用

500 元，安装费 1 000 元，均取得专用发票，增值税 135 元，均用银行存款支付。

（1）根据专用发票，该企业会计处理如下：

借：在建工程　　50 000
　　应交税费——应交增值税（进项税额）　　6 500
　　贷：银行存款　　56 500

丁字账图示如下：

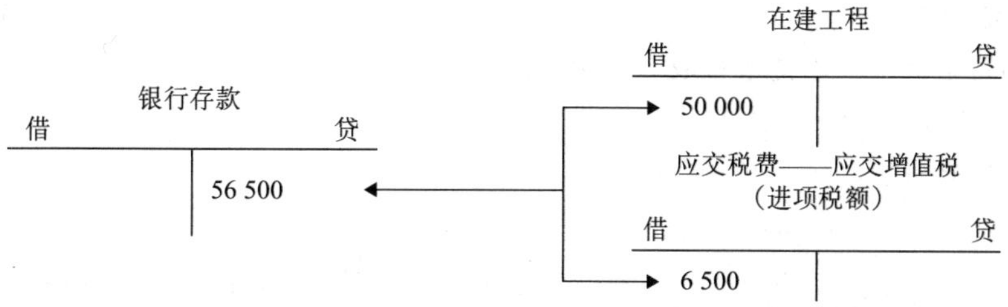

（2）支付运费及安装费时，该企业会计处理如下：

借：在建工程　　1 500
　　应交税费——应交增值税（进项税额）　　135
　　贷：银行存款　　1 635

丁字账图示如下：

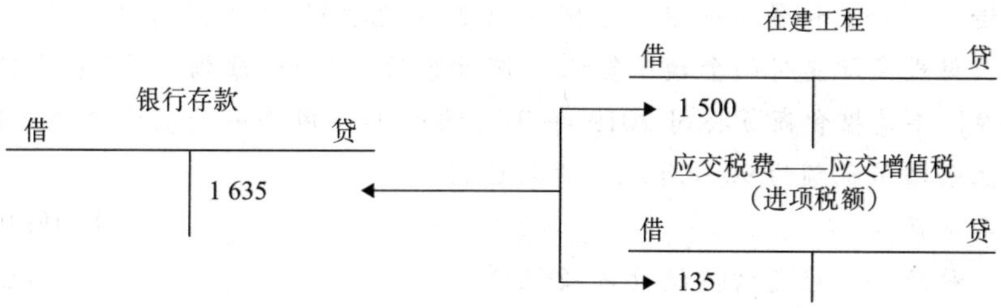

（3）达到预计可使用状态时，该企业会计处理如下：

借：固定资产　　51 500
　　贷：在建工程　　51 500

丁字账图示如下：

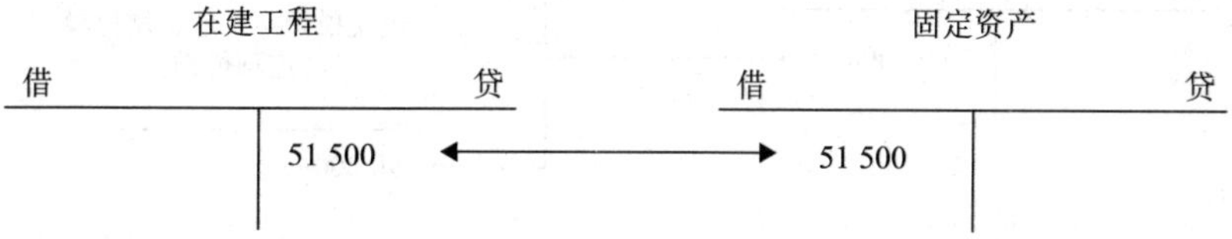

[核心提示] 根据《中华人民共和国增值税暂行条例》（国务院令 2008 年第 538 号）的规定，企业自 2009 年 1 月 1 日后新购进的设备，将允许其抵扣进项税额，本期未抵扣完的进项税额可以结转下期继续抵扣。

企业增加固定资产时，支付增值税进项税并取得增值税专用发票的，可采用与增加存货相一致的会计处理方法。比如外购时，借记“应交税费——应缴增值税（进项税额）”

科目，按照专用发票上记载的应计入固定资产价值的金额，借记“固定资产”等科目，按照应付或实际支付的金额，贷记“应付账款”“应付票据”“银行存款”等科目。

［**例3－8**］丰慧粮食商贸公司2019年7月从国外购入粮食清选设备一台，公司自己使用，海关进口增值税专用缴款书上注明价款20 000元，增值税3 400元，支付运费2 000元，增值税180元，取得运输企业开具的增值税专用发票。款项均以银行存款支付。企业会计处理如下：

借：固定资产　　22 000

　　应交税费——应交增值税（进项税额）　　3 580

　　贷：银行存款　　25 580

丁字账图示如下：

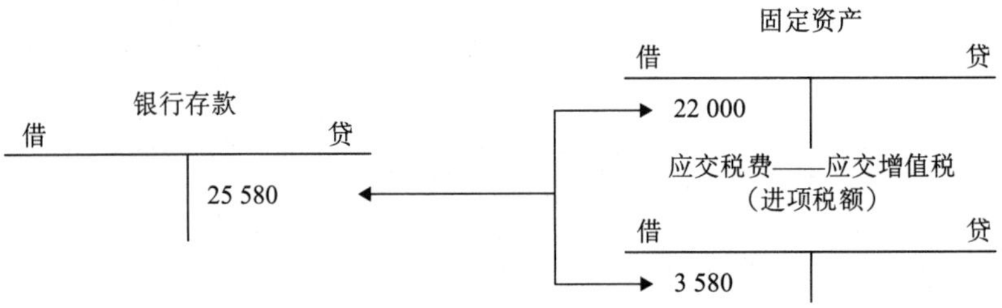

［**核心提示**］进口固定资产，按照从海关取得的海关进口增值税专用缴款书上注明的增值税额，借记“应交税费——应交增值税（进项税额）”“固定资产”“工程物资”等科目，按照应付或实际支付的金额，贷记“应付账款”“应付票据”“银行存款”等科目。

［**例3－9**］丰慧粮食商贸公司2019年7月购入办公用房一处，价款为1 000 000元，专用发票上注明增值税额为90 000元，货款已付。则：

借：固定资产　　1 000 000

　　应交税费——应交增值税（进项税额）　　90 000

　　贷：银行存款　　1 090 000

丁字账图示如下：

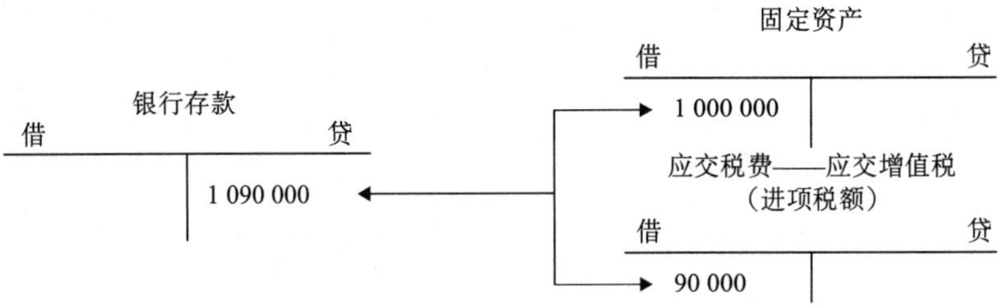

［**核心提示**］适用一般计税方法的试点纳税人，2016年5月1日后取得并在会计制度上按固定资产核算的不动产或者2016年5月1日后取得的不动产在建工程，其进项税额应自取得之日起分两年从销项税额中抵扣，第一年抵扣比例为60%，第二年抵扣比例为40%。2019年4月1日后不动产或者不动产在建工程的进项税额不再分期抵扣。

五、特殊购进业务增值税会计处理

1. “平销返利”的会计处理。

［**例3－10**］东联百货公司（一般纳税人），2019年8月从服装厂以每件不含税200元购进衬衫400件，对外平价销售。双方约定按销售收入的5%给东联百货公司返利。

（1）采购时会计处理：

借：库存商品　　80 000

　　应交税费——应交增值税（进项税额）　　10 400

　　贷：银行存款　　90 400

丁字账图示如下：

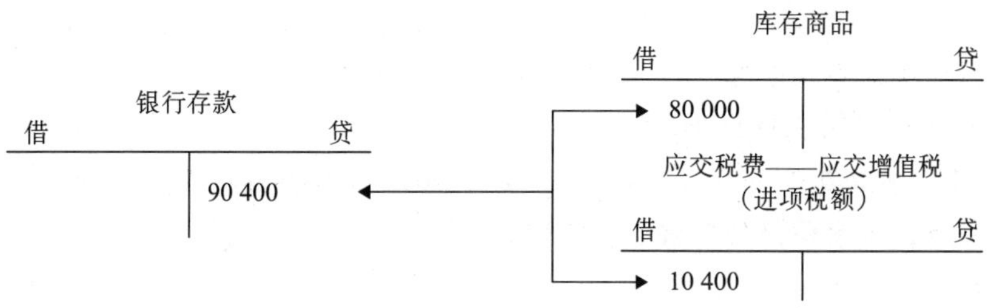

（2）销售时会计处理：

借：银行存款　　90 400

　　贷：主营业务收入　　80 000

　　　　应交税费——应交增值税（销项税额）　　10 400

丁字账图示如下：

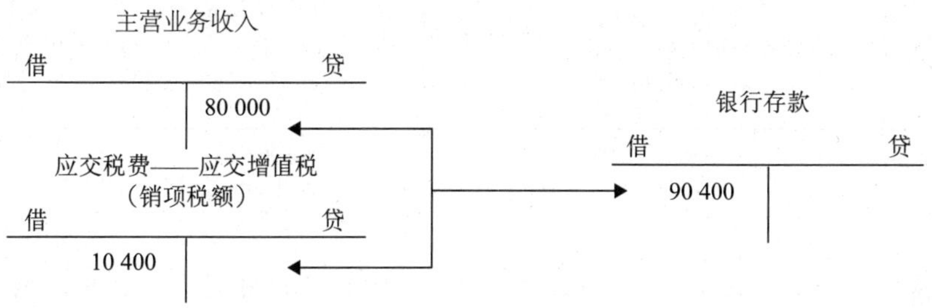

（3）返利时会计处理：

借：银行存款　　4 000

　　贷：主营业务成本　　3 539.82

　　　　应交税费——应交增值税（进项税额转出）　　460.18

丁字账图示如下：

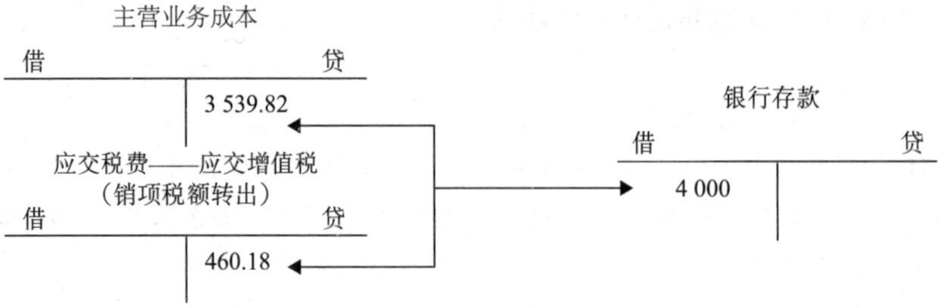

［核心提示］对商业企业向供货方收取的与商品销售量、销售额挂钩（如以一定比例、金额、数量计算）的各种返还收入，按平销返利行为的有关规定冲减当期增值税进项税金。应冲减进项税金的计算公式调整为：当期应冲减进项税金＝当期取得的返还资金÷(1＋所购货物适用增值税税率)×所购货物适用增值税税率，当期应冲减进项税金为460.18元｛［200×5%÷(1＋13%)×13%］×400｝，商业企业向供货方收取的各种收入，一律不得开具增值税专用发票。

2. 投资转入商品的会计处理。

［例3－11］东联百货公司（一般纳税人），2019年8月接受华美集团实物投资，投资金杯客货车一辆，双方合同约定投资价50 000元。

借：固定资产	50 000	
应交税费——应交增值税（进项税额）	6 500	
贷：实收资本		50 000
资本公积		6 500

丁字账图示如下：

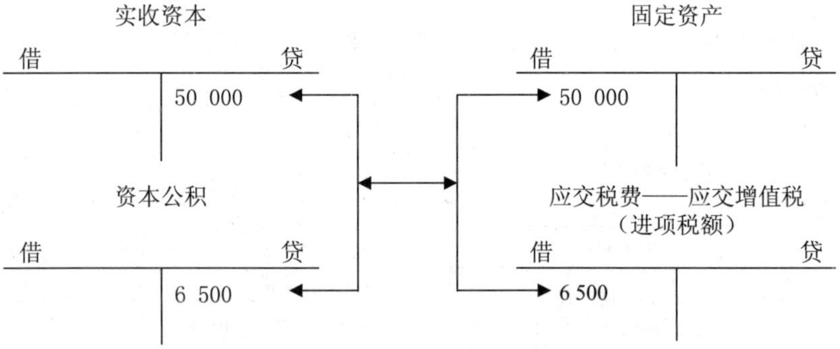

［核心提示］纳税人接受投资转入的物资，按增值税专用发票上注明的增值税额，借记“应交税费——应交增值税（进项税额）”科目，按照实际确认的物资价值（扣除增值税），借记“库存商品”“固定资产”等科目，按其在注册资本中所占的份额，贷记“实收资本”科目，按其差额，贷记“资本公积”科目。

3. 捐赠转入商品的会计处理。

［例3－12］东联百货公司（一般纳税人），2019年8月接受华美集团捐赠品牌电脑2台，该品牌电脑市场价为每台5 000元。

借：库存商品　　10 000

　　应交税费——应交增值税（进项税额）　　1 300

　　贷：营业外收入　　11 300

丁字账图示如下：

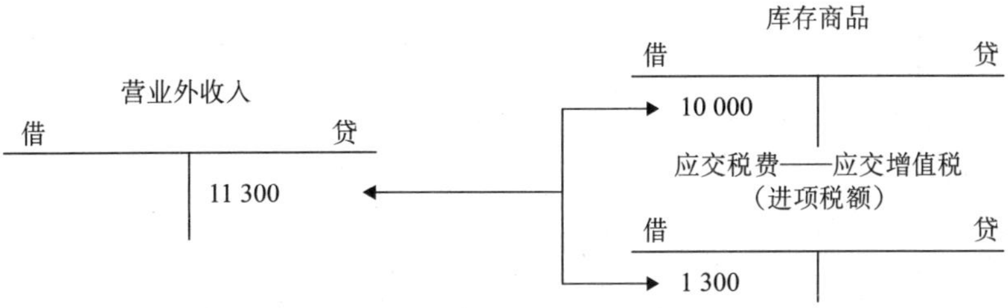

［**核心提示**］纳税人接受捐赠转入的货物，若不能取得增值税专用发票（或海关开具的完税凭证），则不能计算进项税额，若取得上述扣税凭证，则按扣税凭证上注明的增值税额，借记“应交税费——应交增值税（进项税额）”科目，按确认的捐赠货物的价值，借记“库存商品”等科目，按增值税额与货物价值的合计数，贷记“营业外收入”科目。

［**例 3－13**］国华商贸公司 2019 年 8 月 2 日收到北疆水泥有限公司分来的投资利润，用产品水泥代替，共 100 吨，单价 260 元，开具增值税专用发票一张。该水泥用于销售，货物已验收入库。会计分录如下：

借：库存商品　　26 000

　　应交税费——应交增值税（进项税额）　　3 380

　　贷：投资损益　　29 380

丁字账图示如下：

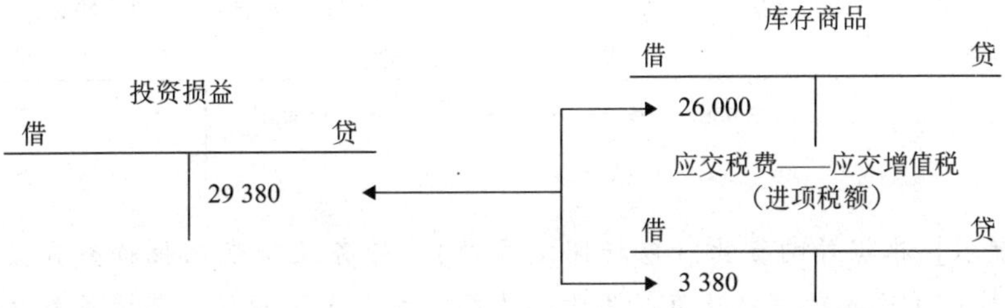

［**核心提示**］纳税人接受被投资企业利润分配转入的货物，按增值税专用发票上注明的增值税额，借记“应交税费——应交增值税（进项税额）”科目，按价款借记“原材料”“库存商品”等科目，按价税合计数，贷记“投资损益”等科目。

六、外购货物、劳务及接受应税服务用于非应税项目或免税项目的增值税会计处理

根据外购货物（包括固定资产）、劳务及接受应税服务用于非应税项目或免税项目的不同情形，纳税人的账务处理有不同方法。

（一）直接用于非应税项目或直接用于免税项目以及直接用于集体福利和个人消费的会计处理

［例3－14］ 南海商贸公司2019年6月购买100吨水泥用于维修本公司商品仓库，不含税每吨水泥260元，取得增值税专用发票一张，货物已验收入库。则相关会计处理如下：

借：工程物资　　29 380

　贷：银行存款　　29 380

丁字账图示如下：

银行存款 借	银行存款 贷		工程物资 借	工程物资 贷
	29 380	←→	29 380	

［核心提示］ 根据外购货物（包括固定资产）、劳务及接受应税服务直接用于非应税项目，或直接用于免税项目以及直接用于集体福利和个人消费的，其专用发票上注明的增值税额，计入成本。

［例3－15］ 新荣百货超市为增值税一般纳税人企业，该企业采购20辆A品牌电动自行车准备“三八”节给女职工搞福利，采购价为每辆不含税1 500元，取得专用发票注明价税合计33 900元，A品牌电动自行车市场价为每辆不含税1 800元，则相关分录为：

借：应付职工薪酬——非货币性福利　　33 900

　贷：银行存款　　33 900

丁字账图示如下：

银行存款 借	银行存款 贷		应付职工薪酬——非货币性福利 借	应付职工薪酬——非货币性福利 贷
	33 900	←→	33 900	

［核心提示］ 根据外购货物（包括固定资产）、劳务及接受应税服务直接用于非应税项目，或直接用于免税项目以及直接用于集体福利和个人消费的，其专用发票上注明的增值税额，计入成本。

（二）不能直接认定其进项税额能否抵扣的，其进项税额抵扣后，用于非应税项目或用于免税项目以及用于集体福利和个人消费的会计处理

［例3－16］ 先科商贸公司为商业批发企业，是增值税一般纳税人，2019年8月1日由本市电冰柜厂购进电冰柜10台，每台不含税买价7 000元，总计70 000元。进项税额9 100元，商品已验收入库，取得的增值税专用发票当月已认证抵扣。由于10年店庆，9月2日公司临时决定，把这批冰柜奖励给本公司优秀售货员，相关会计处理如下：

（1）8月1日购进时，会计处理如下：

借：库存商品　　70 000

应交税费——应交增值税（进项税额）　　9 100

贷：银行存款　　79 100

丁字账图示如下：

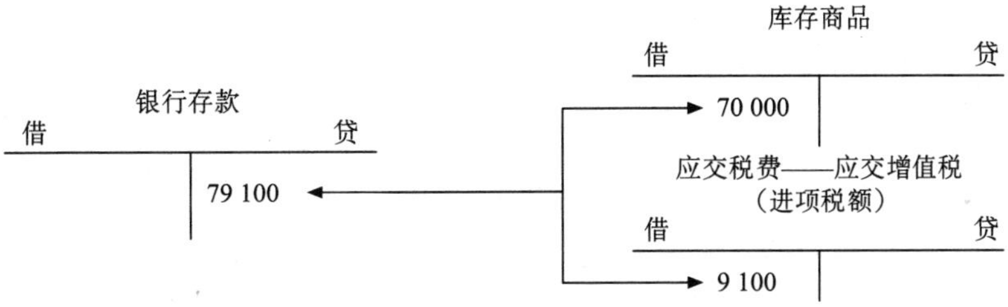

（2）9 月 2 日，用于奖励优秀售货员，则：

借：应付职工薪酬——非货币性福利　　79 100

贷：应交税费——应交增值税（进项税额转出）　　9 100

库存商品　　70 000

丁字账图示如下：

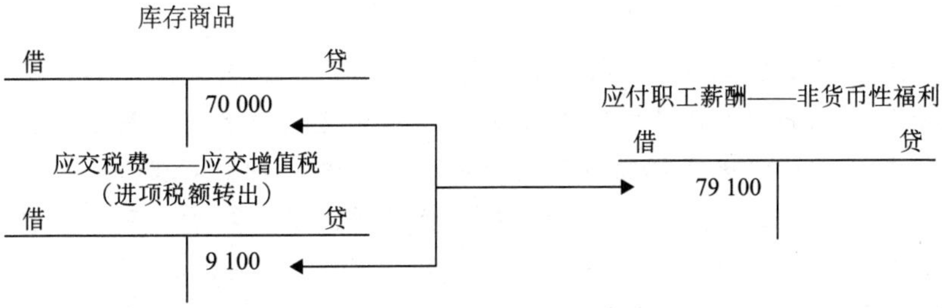

［**核心提示**］企业购入货物（包括固定资产）、劳务及接受应税服务，其进项税额抵扣后，用于非应税项目或用于免税项目以及用于集体福利和个人消费的，应作进项税额转出

［**例 3 – 17**］华兴物资公司 2018 年 2 月份购入一批水泥价值 40 000 元（已取得专用发票），同年 4 月将其中 50% 用于本企业的库房改扩建，另外 50% 发生非正常损失，增值税税率为 17%，则会计处理如下：

借：在建工程　　20 000

应交税费——应交增值税（待抵扣进项税额）　　1 360

待处理财产损溢——待处理流动资产损溢　　23 400

贷：库存商品　　40 000

应交税费——应交增值税（进项税额转出）　　4 760

丁字账图示如下：

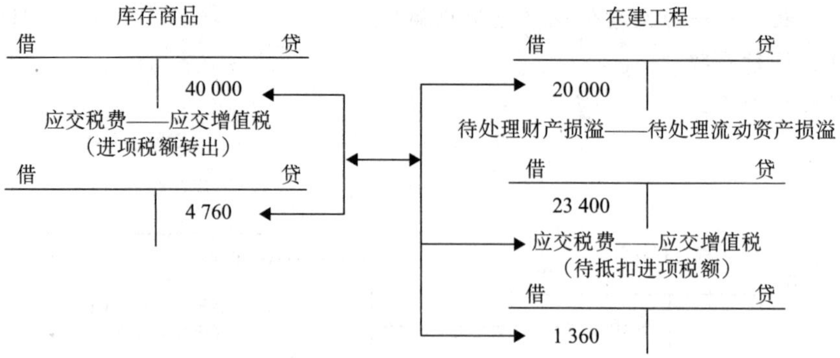

借：营业外支出　　23 400

　　贷：待处理财产损溢——待处理流动资产损溢　　23 400

丁字账图示如下：

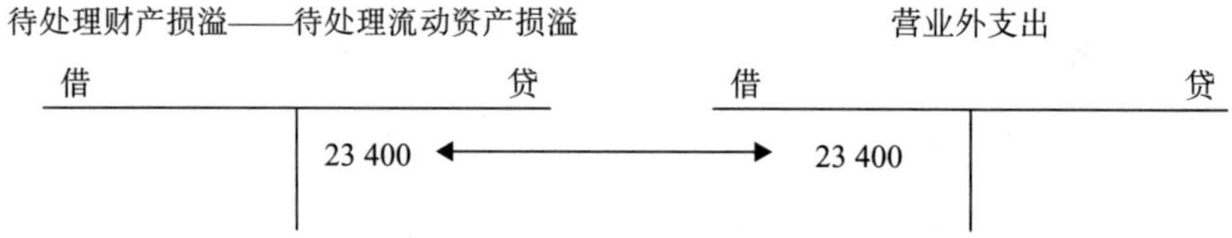

［**核心提示**］企业购入货物（包括固定资产）由于不能直接认定其进项税额能否抵扣的，其进项税额抵扣后，用于非应税项目，或用于免税项目以及用于集体福利和个人消费的，应将其原已计入进项税额并已支付的增值税进行转出处理，一般货物按照专用发票上注明的增值税额，计入购入货物及接受劳务的成本。对于纳税人已抵扣进项税额的固定资产，应当计算不得抵扣的进项税额，计入购入货物及接受劳务的成本，贷记"应交税费——应交增值税（进项税额转出）"科目，借记相关科目。对于用于非应税项目，或用于免税项目以及用于集体福利和个人消费的外购货物的运输费用同时应当进行转出处理。

七、购进货物在运输途中发生短缺或溢余的会计处理

［**例 3－18**］百花百货批发公司购进商品一批，全部款项 12 330 元，其中专用发票上注明的价款为 10 000 元，税额为 1 300 元，对方代垫运费 1 030 元，取得承运部门开具的普通发票一张，价税款合计及代垫运费已由银行划拨，则企业账务处理如下：

借：在途物资　　11 000

　　应交税费——应交增值税（进项税额）　　1 330

　　贷：银行存款　　12 330

丁字账图示如下：

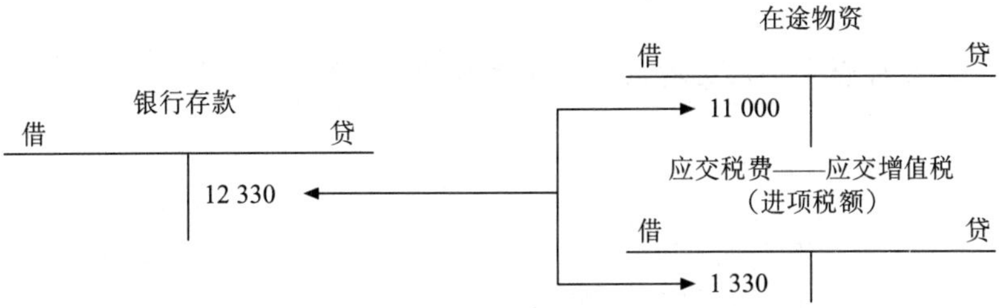

上述货物验收入库时，发现有1 000元的货物毁损，根据毁损商品报告单，企业做分录为：

实际入库商品：

借：库存商品　　9 900

　　贷：在途物资　　9 900

丁字账图示如下：

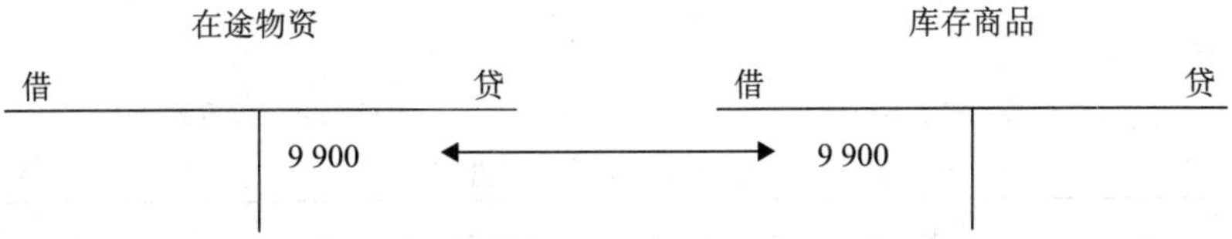

毁损商品：

借：待处理财产损溢　　1 233

　　贷：在途物资　　1 100

　　　　应交税费——应交增值税（进项税额转出）　　133

丁字账图示如下：

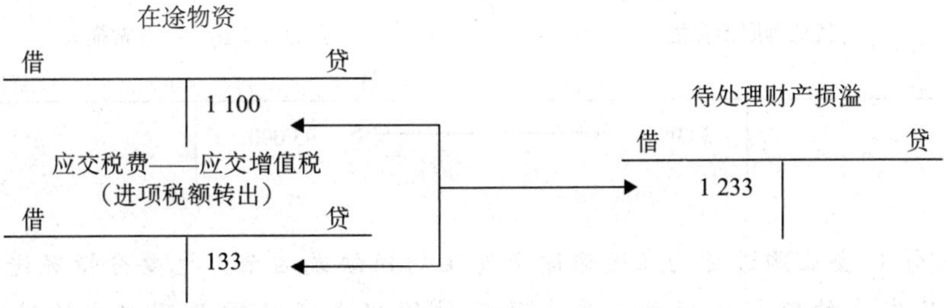

[核心提示] 企业购进货物在运输途中发生的短缺或溢余，也要分情况进行处理。企业购进的商品发生的毁损与短缺，应当将已付的损失商品货款及相应的进项税额一起转出。

[例3－19] 家乐商贸企业在财产清查中，发现短缺商品价值100 000元（不含税成本），转入"待处理财产损溢"账户。经查明，该批商品为仓库保管员保管不善丢失。责成仓库保管员赔偿10 000元，保险公司赔偿10 000元，非常损失93 000元。经有关单位批准，企业账务处理如下：

（1）待转处理时：

借：待处理财产损溢　　113 000

贷：库存商品 100 000

　　应交税费——应交增值税（进项税额转出） 13 000

丁字账图示如下：

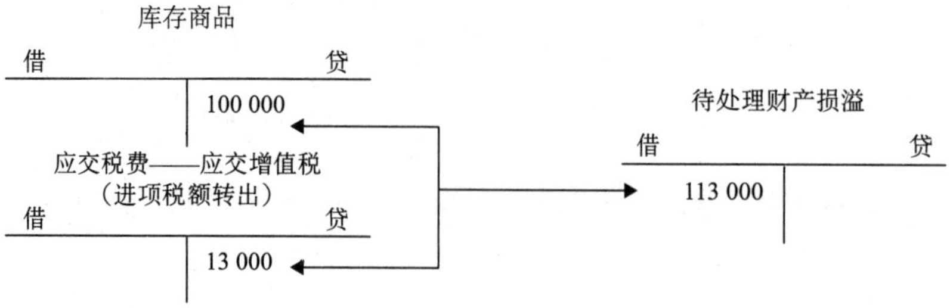

（2）收回保险公司和过失人赔款时：

借：银行存款（或库存现金） 20 000

　　贷：待处理财产损溢 20 000

丁字账图示如下：

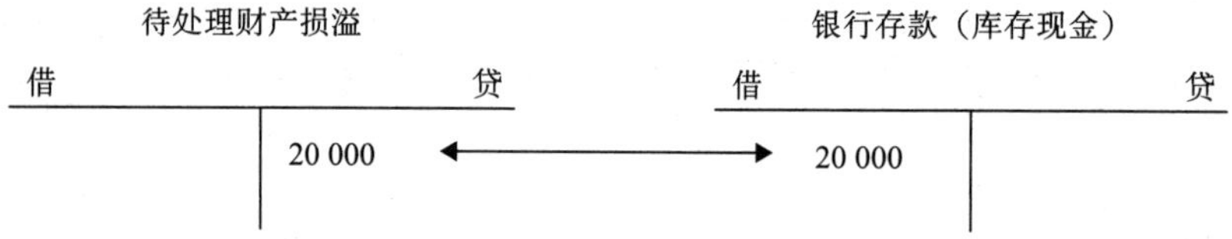

（3）处理非常损失时：

借：营业外支出——非常损失 93 000

　　贷：待处理财产损溢 93 000

丁字账图示如下：

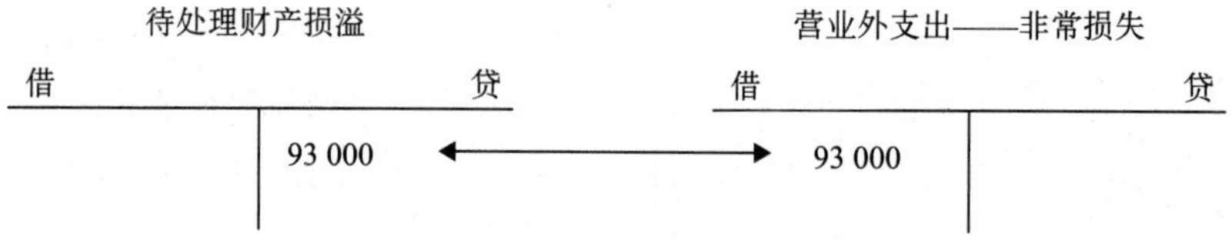

［**核心提示**］企业购进货物在运输途中发生的短缺或溢余，也要分情况进行处理。企业购进的商品发生的毁损与短缺，应当将已付的损失商品货款及相应的进项税额一起转出。

发生的溢余按不含税的价款记入“待处理财产损溢”科目的贷方，查明原因后进行转销，待处理财产溢余的处理一般不考虑增值税的问题。

八、购销商品支付运输费用的会计处理

［**例 3－20**］泰康医药公司为增值税一般纳税人，2019 年 1 月从英平集团购入风湿关节炎片一批，取得增值税专用发票注明的价款为 400 000 元，增值税 64 000 元，取得运输企业开具的专用发票注明运费 20 000 元，增值税 2 000 元。

借：库存商品　　420 000

　　应交税费——应交增值税（进项税额）　　66 000

　　贷：银行存款　　486 000

丁字账图示如下：

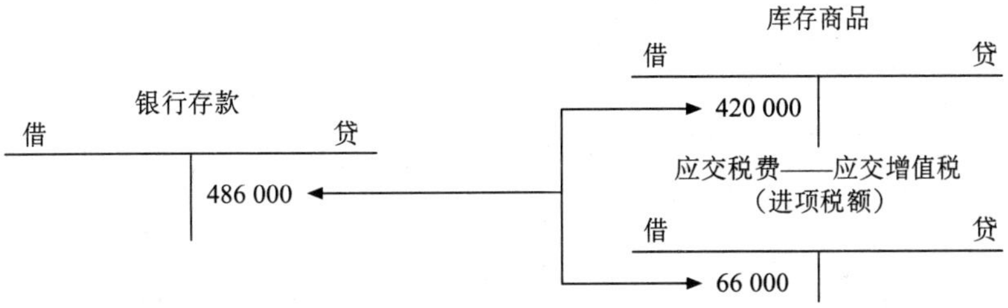

［**核心提示**］对增值税一般纳税人外购货物所支付的运输费用，取得运输企业开具的专用发票注明的税额准予计算进项税额予以扣除。

［**例 3－21**］泰康医药公司 2019 年 2 月份销售给济南泰华药业双黄连粉剂一批，采用托收承付结算方式。货已发出，托收手续办理完毕，货款 100 000 元，铁路部门承运，承运部门将发票开给购货方。运费 8 000 元，增值税 800 元。康寿医药公司先代济南泰华药业垫付运费 8 800 元。会计处理如下：

借：应收账款　　124 800

　　贷：主营业务收入　　100 000

　　　　应交税费——应交增值税（销项税额）　　16 000

　　　　银行存款　　8 800

丁字账图示如下：

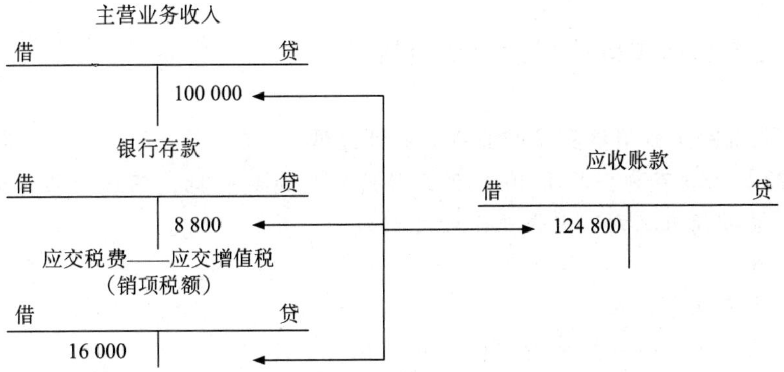

［**例 3－22**］泰康医药公司 2019 年 3 月份销售给河北峻峰药业公司药物一批，已收到货款 300 000 元，取得运输企业开具的专用发票注明的运费价税合计 11 000 元。则相关会计处理如下：

借：银行存款　　348 000

　　贷：主营业务收入　　300 000

　　　　应交税费——应交增值税（销项税额）　　48 000

借：销售费用　　10 000

　　应交税费——应交增值税（进项税额）　　1 000

贷：银行存款　　11 000

丁字账图示如下：

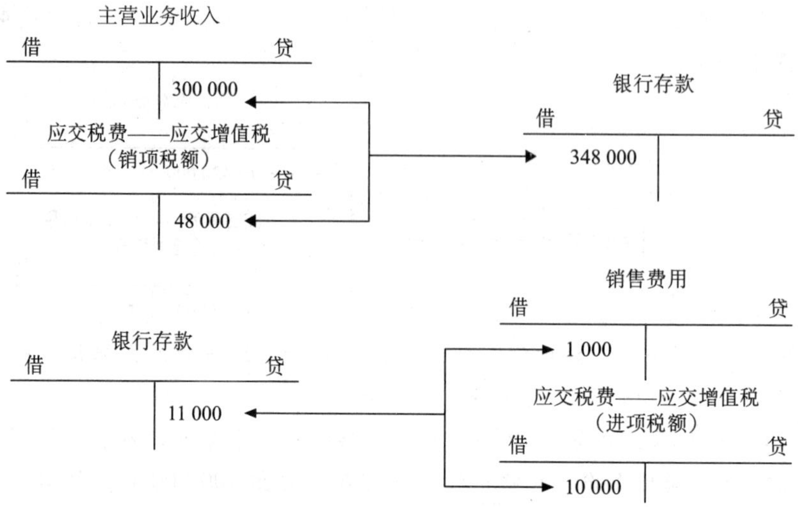

［**核心提示**］对增值税一般纳税人外购货物所支付的运输费用，取得运输企业开具的专用发票注明的税额准予计入进项税额予以扣除。

第二节　销项税额会计处理

一、一般商品销售增值税的会计处理

（一）商业批发企业销售商品增值税的会计处理

［**例 3－23**］东联百货公司于 2019 年 5 月份销售商品一批，不含税售价为 50 000 元，货物已发出，货款尚未收到，则企业会计处理如下：

借：应收账款　　56 500

　贷：主营业务收入　　50 000

　　应交税费——应交增值税（销项税额）　　6 500

丁字账图示如下：

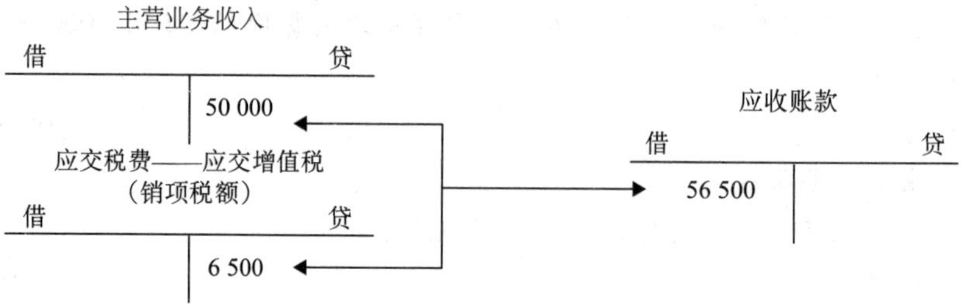

［**核心提示**］根据《增值税暂行条例实施细则》第三十八条第三款规定，企业采取赊

销和分期收款方式销售货物，纳税义务发生时间为按合同约定的收款日期的当天，无书面合同的或者书面合同没有约定收款日期的，为货物发出的当天。

（二）商业零售企业销售商品增值税的会计处理

［**例 3-24**］福建龙泉茶庄采用售价金额核算，主营黄茶，2019 年 8 月份购进君山银针一批，进价 10 000 元，支付的进项税额为 1 300 元，同时支付运费 103 元，取得承运部门开具的普通发票，款项通过银行转账，该批商品的含税售价为 14 000 元。9 月 20 日，该批君山银针全部售出，并收到货款，增值税税率 13%。假设 9 月初无期初同类商品的存货，则该零售店应作如下会计处理：

（1）购进商品支付货款时：

借：在途物资　　10 100
　　应交税费——应交增值税（进项税额）　　1 303
　　贷：银行存款　　11 403

丁字账图示如下：

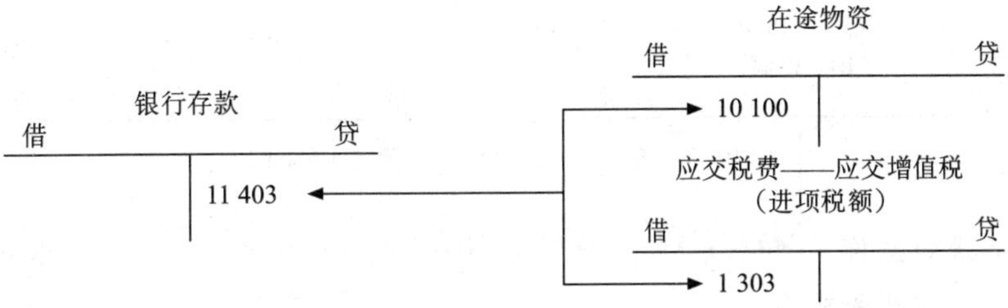

（2）商品验收入库时：

借：库存商品　　14 000
　　贷：在途物资　　10 100
　　　　商品进销差价　　3 900

丁字账图示如下：

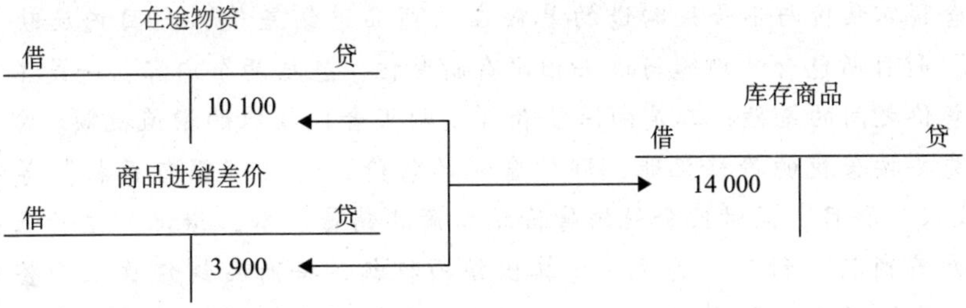

（3）商品售出收到销货款时：

借：银行存款　　14 000
　　贷：主营业务收入　　14 000

丁字账图示如下：

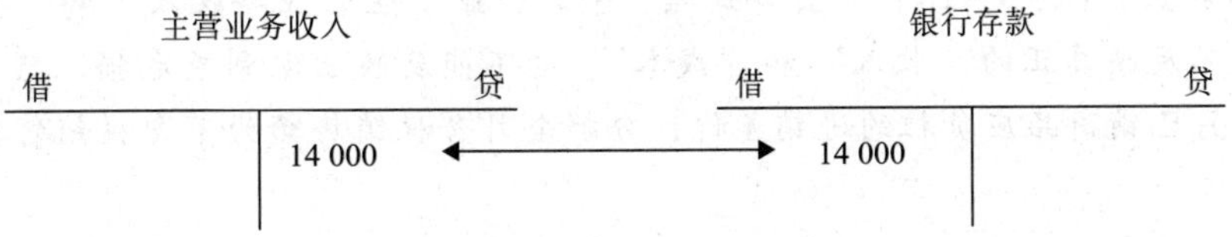

借：主营业务成本　　　　14 000

　　贷：库存商品　　　　14 000

丁字账图示如下：

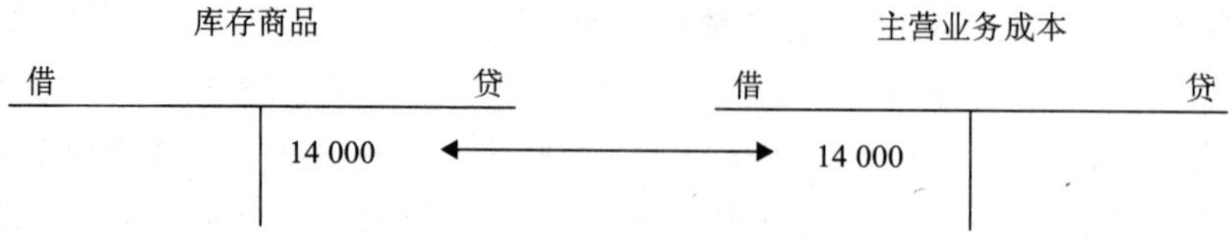

月末终了，按规定的方法计算不含税销售额和销项税额：

不含税销售额 = 14 000 ÷ (1 + 13%) = 12 389.38（元）

销项税额 = 12 389.38 × 13% = 1 610.62（元）

会计处理如下：

借：主营业务收入　　　　1 610.62

　　贷：应交税费——应交增值税（销项税额）　　　　1 610.62

丁字账图示如下：

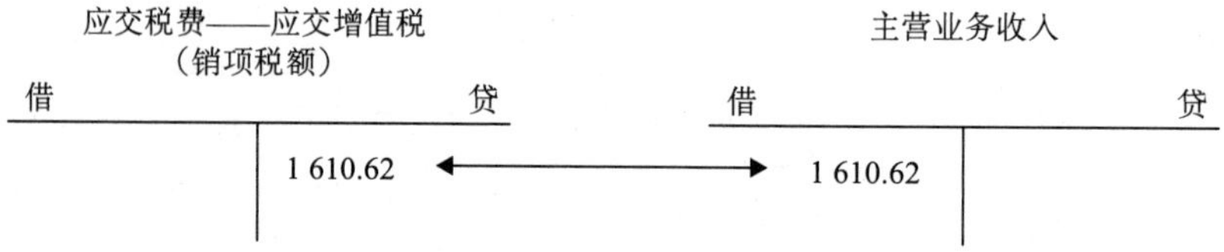

借：商品进销差价　　　　3 900

　　贷：主营业务成本　　　　3 900

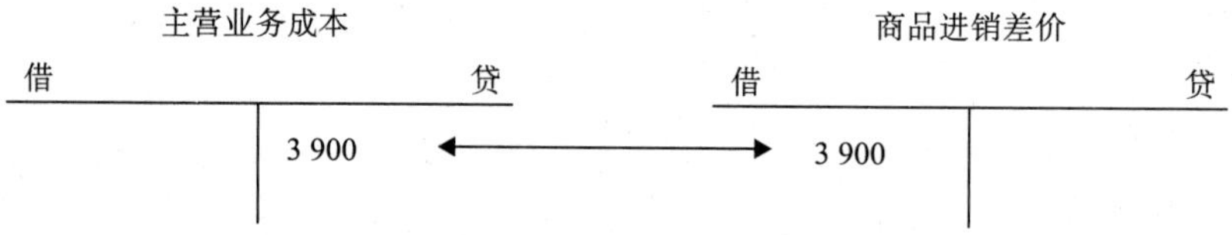

［**核心提示**］1. 实行售价金额核算的零售企业，其“库存商品”科目是按含税售价记载的，商品含税零售价与不含税购进的差额在“商品进销差价”科目内反映。这样“商品进销差价”科目所包含的内容与过去相比有新变化，包括两个内容：一是不含税的进价与不含税的售价之间的差额；二是向消费者（或购买者）收取的增值税额。零售企业销售商品时，首先要按含税的价格记账，即按含税的售价，借记“银行存款”等科目，贷记“主营业务收入”科目，同时按含税的售价结转商品销售成本，借记“主营业务成本”科目，贷记“库存商品”科目。其次，计算出销项税额，将商品销售收入调整为不含税收入，借记“主营业务收入”科目，贷记“应交税费——应交增值税（销项税额）”科目。再次，月末，按含税的商品进销差价率计算已销商品应分摊的进销差价，根据计算出来的已销商品应分摊的进销差价，调整商品销售成本，即借记“商品进销差价”科目，贷记“主营业务成本”科目。

2. 应当指出，［例 3 - 23］的会计处理，平时企业“主营业务收入”和“主营业务成本”科目并不反映真正的“收入”和“成本”，也不能反映出毛利或毛损，只有到月终计算并结转全月已销商品应负担的进销差价，分解全月含税销售额为不含税销售额和销项税额，并将销项税额自“主营业务收入”科目转入“应交税费——应交增值税（销项税额）”科目后，才能反映已销商品的毛利或毛损。但其优点在于能保持零售企业在税制改革前的合理核算秩序，并且简化了核算手续。

［**例 3－25**］鹏飞商贸公司采用分期收款方式销售商品，2019 年 5 月发出商品 200 件，每件售价 100 元，销售成本率 80%，增值税率 13%，合同约定分 7 次付款，产品发出时付款 40%（含增值税款），以后 6 个月每月一日各付 10%。要求编制此业务销售时的会计处理以及各期收款时的会计处理。

（1）发出商品时，会计处理为：

借：发出商品　　16 000

　　贷：库存商品　　16 000

丁字账图示如下：

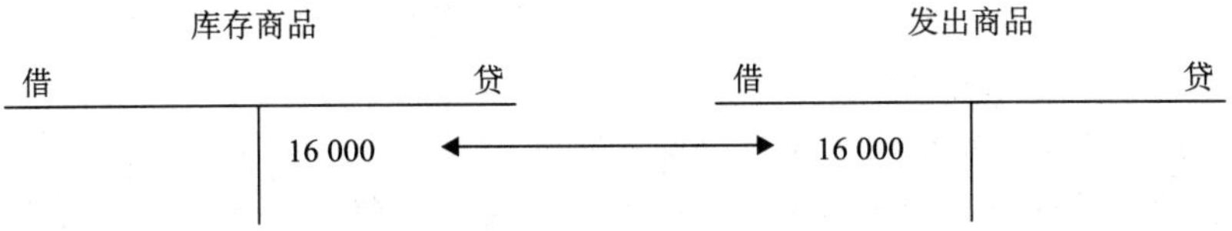

（2）在实现销售时，会计处理为：

借：银行存款　　9 040

　　贷：主营业务收入　　8 000

　　　　应交税费——应交增值税（销项税额）　　1 040

借：主营业务成本　　6 400

　　贷：发出商品　　6 400

丁字账图示如下：

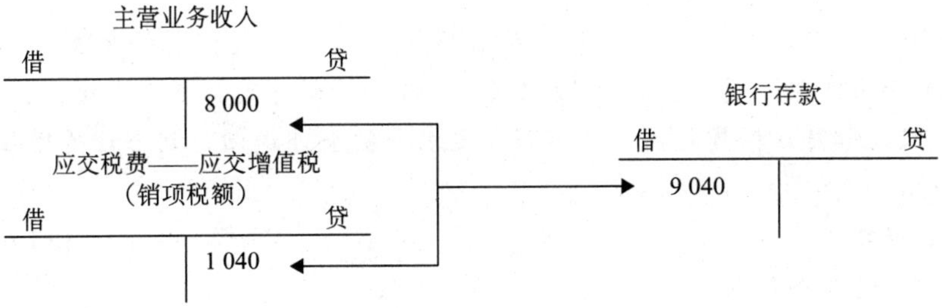

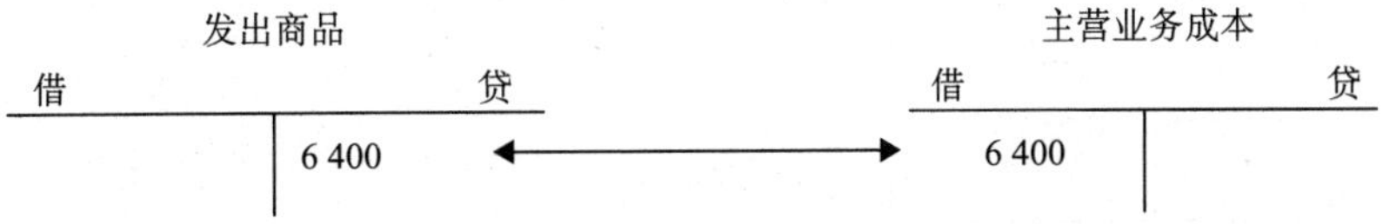

（3）以后期间每次收款时，会计分录为：

借：银行存款　　2 260

　　贷：应交税费——应交增值税（销项税额）　　260

　　　　主营业务收入　　2 000

借：主营业务成本　　1 600

贷：发出商品　　1 600

丁字账图示如下：

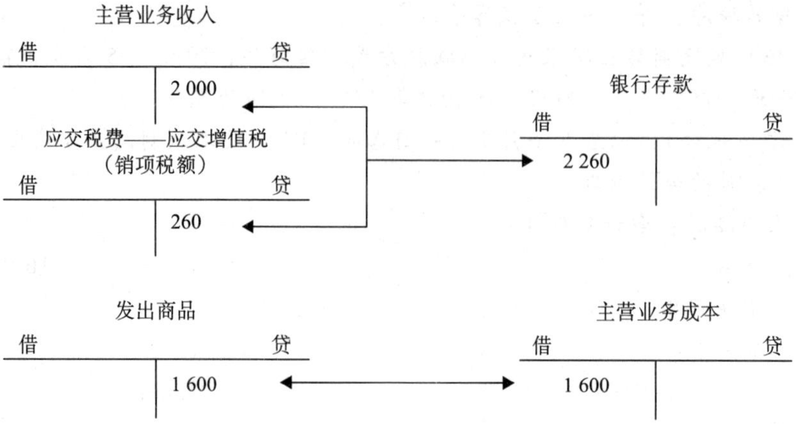

［**核心提示**］根据《增值税暂行条例实施细则》第三十八条第三款规定，企业采取赊销和分期收款方式销售货物，纳税义务发生时间为按合同约定的收款日期的当天，无书面合同的或者书面合同没有约定收款日期的，为货物发出的当天。本例总价款为 20 000 元（200×100），所以 40% 的价款部分对应的增值税销项税额为 1 040 元（20 000×40%×13%），以后每期应当计算缴纳的增值税销项税额为 260 元（20 000×60%×13%÷6）。

（三）发生销售退回增值税的会计处理

销货退回，退回的销项税额可以扣减。

1. 已确认收入的销售商品退回，分以下几种情况：

（1）当月销售，当月退回。

［**例 3-26**］2019 年 5 月 3 日蓝天药业采用托收承付方式销售给康泰公司药品一批，开具的增值税专用发票注明的货款为 12 万元，税额 1.56 万元，货已发出，该批货物成本为 10 万元。假设当月该批货物因质量不符合要求，被全部退回。则会计处理如下：

①销售时：

借：应收账款　　135 600

　贷：主营业务收入　　120 000

　　应交税费——应交增值税（销项税额）　　15 600

丁字账图示如下：

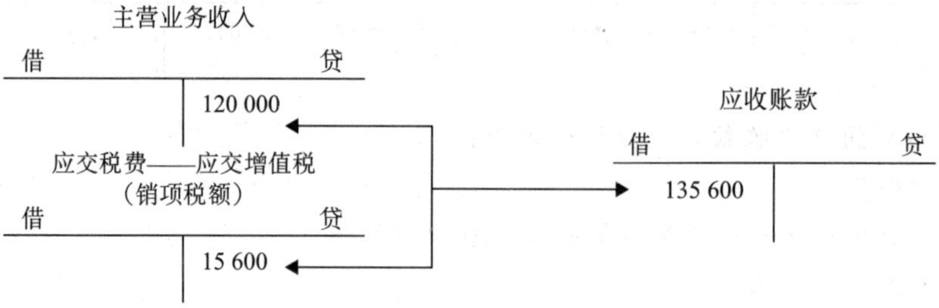

②发生退回时：

借：主营业务收入　　120 000

　　应交税费——应交增值税（销项税额）　　15 600

　　贷：应收账款　　135 600

丁字账图示如下：

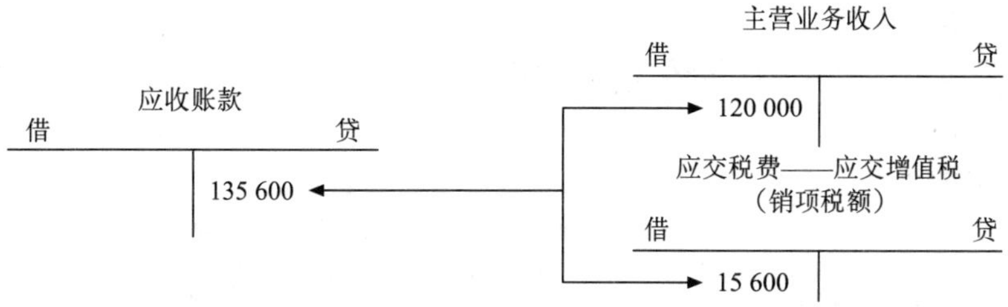

[**核心提示**] 当月销售的商品，当月发生退回的，做相反的会计分录即可。

（2）以前月份销售商品当月退回。

[**例3－27**] 2019年5月3日蓝天药业采用托收承付方式销售给康泰公司药品一批，开具的增值税专用发票注明的货款为12万元，税额1.56万元，货已发出，款项已存入银行。该批货物成本为10万元。假设6月20日该批货物因质量不符合要求，被全部退回。则会计处理如下：

借：主营业务收入　　120 000

　　应交税费——应交增值税（销项税额）　　15 600

　　贷：银行存款　　135 600

丁字账图示如下：

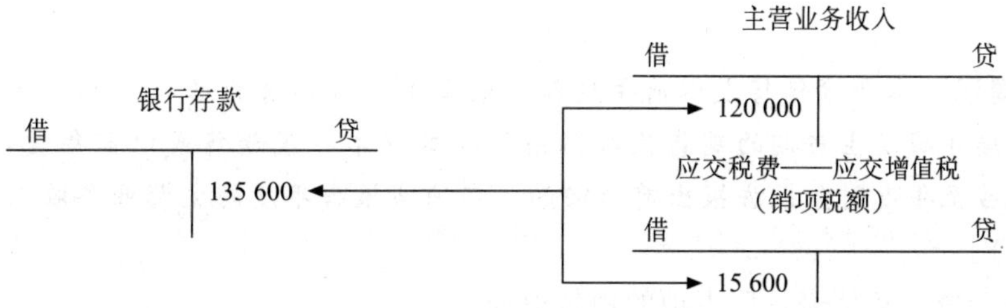

同时冲减成本：

借：库存商品　　100 000

　　贷：主营业务成本　　100 000

丁字账图示如下：

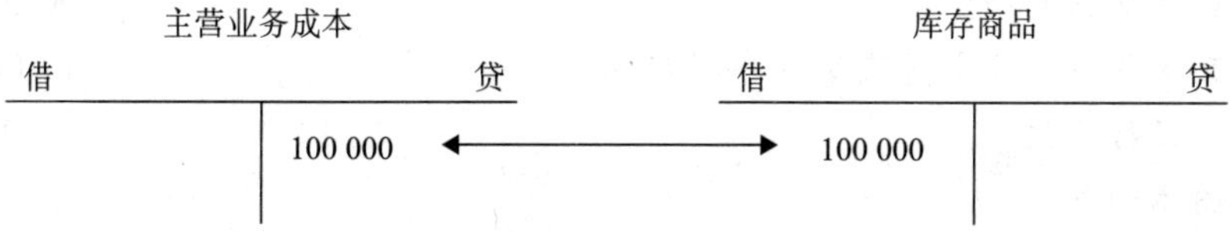

[**核心提示**] 以前月份销售的商品，当月发生退回的，一般情况下直接冲减发生当期

的成本。

（3）本年度销售或以前年度销售的商品，在财务报告报出后发生退回。

［**例3-28**］华夏百货商场2018年1月20日收到某单位退回的2017年销售的商品一批，价款为10 000元，增值税税额为1 700元，款项已退回。该批商品的成本为8 000元。

会计处理如下：

借：主营业务收入　　10 000

　　应交税费——应交增值税（销项税额）　　1 700

　　贷：银行存款　　11 700

丁字账图示如下：

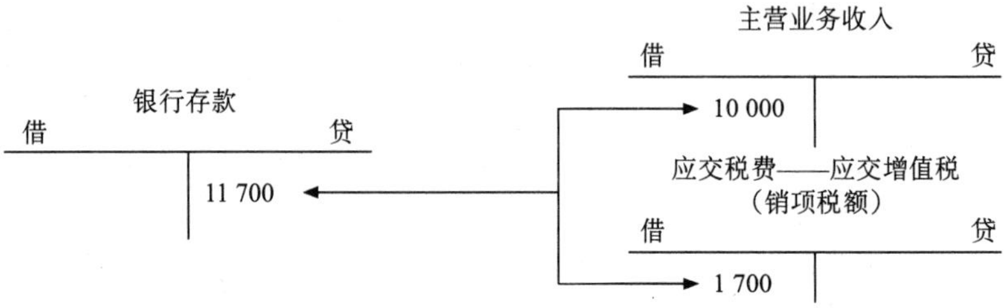

借：库存商品　　8 000

　　贷：主营业务成本　　8 000

丁字账图示如下：

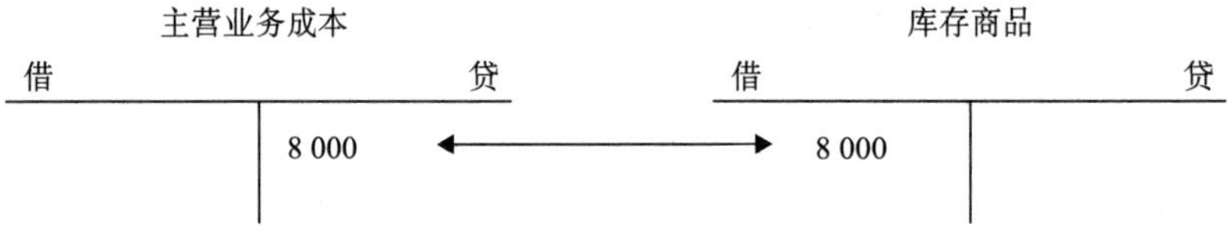

［**核心提示**］本年度销售或以前年度销售的商品，在财务报告报出后发生退回的，一般情况下直接冲减发生当期的销售收入、销售成本（本年度销售或以前年度销售的商品，在年度终了后至年度财务报告报出前退回的，应冲减报告年度的主营业务收入以及相关的成本、税金）。

（4）属于资产负债表日后事项的销售退回。

［**例3-29**］红阳贸易公司为增值税一般纳税人，于2017年12月19日赊销给宏大商贸公司商品一批，售价为100 000元，适用增值税税率为17%，其成本为52 000元。假设宏大商贸公司的销售退回发生在2018年3月13日，适用所得税税率为25%，分别按净利润的10%和5%提取法定盈余公积和法定公益金，收到退货时，相关会计处理如下：

借：以前年度损益调整　　100 000

　　应交税费——应交增值税（销项税额）　　17 000

　　贷：银行存款　　117 000

丁字账图示如下：

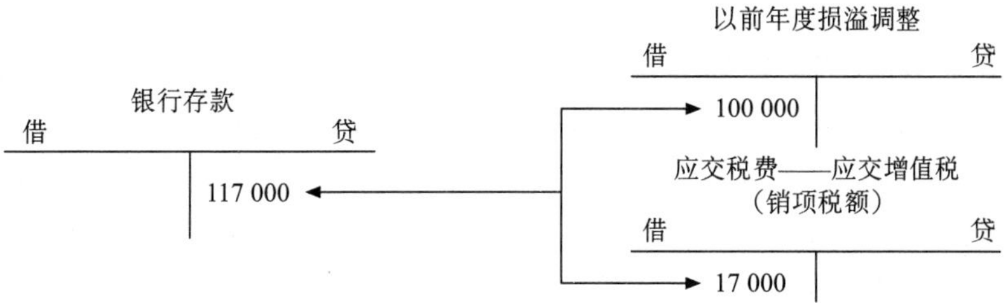

借：库存商品　　52 000
　　贷：以前年度损溢调整　　52 000

丁字账图示如下：

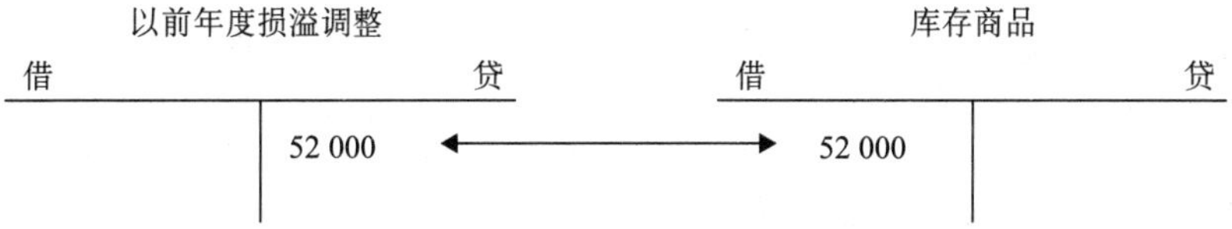

借：应交税费——应交所得税　　12 000
　　贷：以前年度损益调整　　12 000

丁字账图示如下：

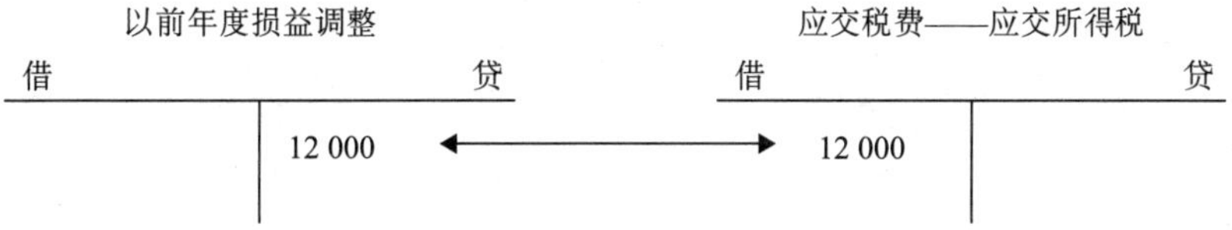

借：利润分配——未分配利润　　36 000
　　贷：以前年度损溢调整　　36 000

丁字账图示如下：

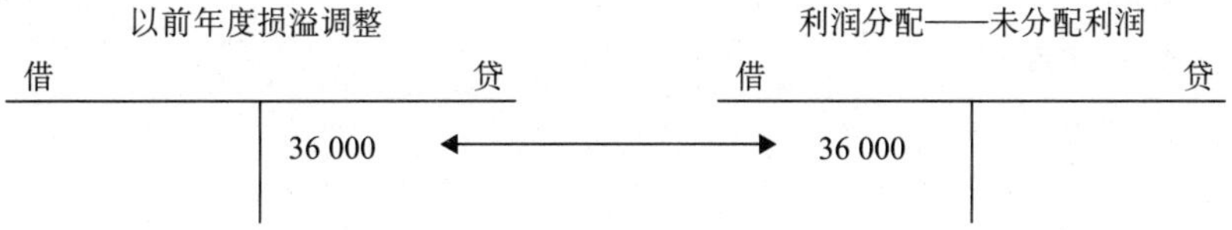

借：盈余公积　　5 400
　　贷：利润分配——未分配利润　　5 400

丁字账图示如下：

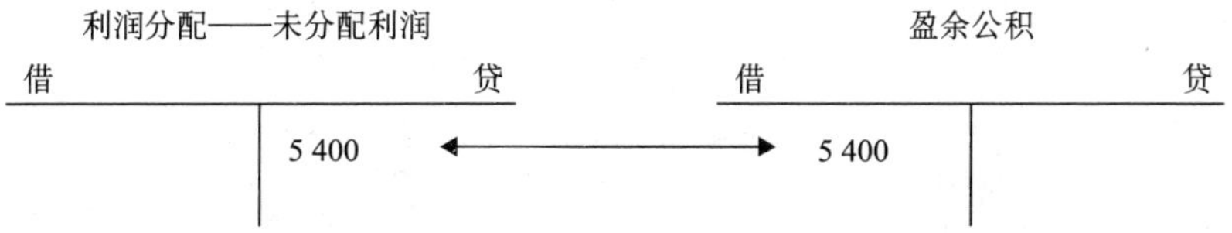

[核心提示] 这种销售退回是指资产负债表日及以前已确认收入的商品销售，在资产负债表日后涵盖期间发生退回。此种销售退回属于资产负债表日后事项中的调整事项，应

按照调整事项的处理原则，通过“以前年度损益调整”科目核算。

2. 未确认收入的已发出商品的退回。

[**例3-30**] 运达公司于2019年4月1日采用委托银行收款方式将一套商品出售给光华商贸公司，货款不含税价20万元，成本14万元，增值税专用发票注明增值税2.6万元。当日发货，双方商定，1个月内如不满意可以退货。已知2019年4月15日因该商品不符合使用要求，光华商贸公司将货物退回给运达公司。则运达公司的会计处理如下：

(1) 发出商品时：

借：发出商品　　140 000

　　贷：库存商品　　140 000

丁字账图示如下：

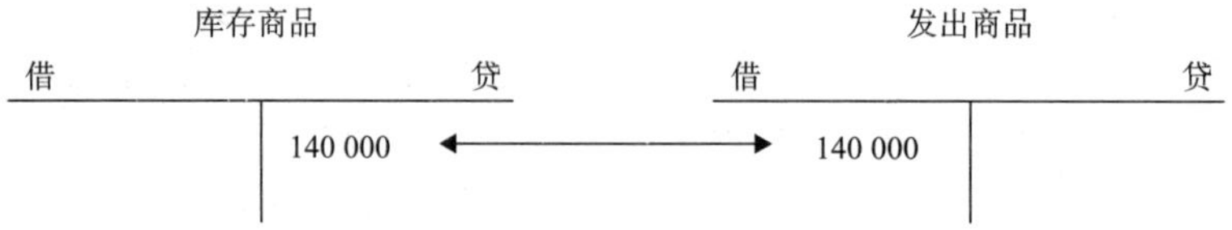

同时，根据发票注明金额作如下处理：

借：应收账款　　26 000

　　贷：应交税费——应交增值税（销项税额）　　26 000

丁字账图示如下：

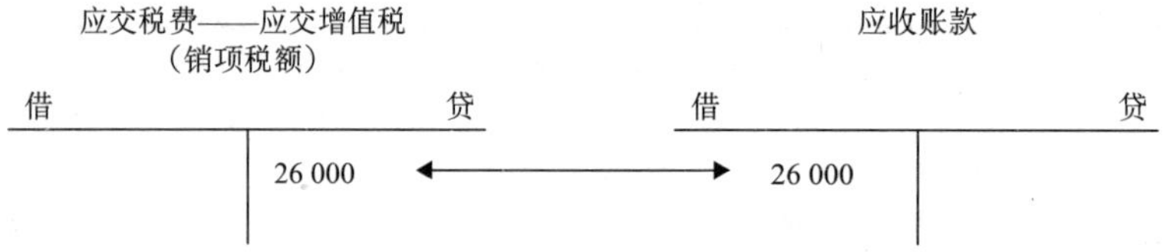

(2) 发生退货时：

借：库存商品　　140 000

　　贷：发出商品　　140 000

丁字账图示如下：

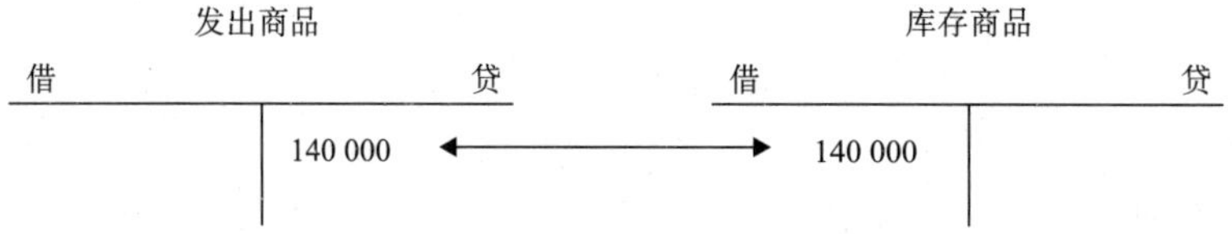

借：应交税费——应交增值税（销项税额）　　26 000

　　贷：应收账款　　26 000

丁字账图示如下：

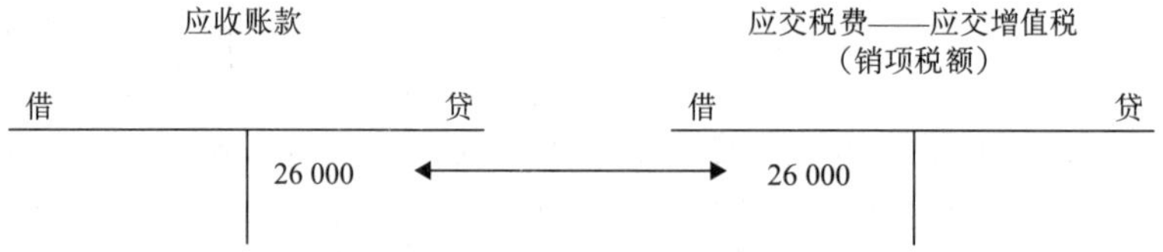

[**核心提示**] 未确认收入的已发出商品仍需核算销项税额，发生退回时做相反的会计分录。

3. 小规模纳税人销货退回。

[**例 3-31**] 2019 年 3 月 4 日天宇日杂店 3 日前售给财政局的 10 把拖布（每把 20 元）因质量不合格无法使用，财政局退回 10 把拖布，天宇日杂退回财政局 200 元后账务处理如下：

借：主营业务收入 194.17
　　应交税费——应交增值税 5.83
　　贷：银行存款 200

丁字账图示如下：

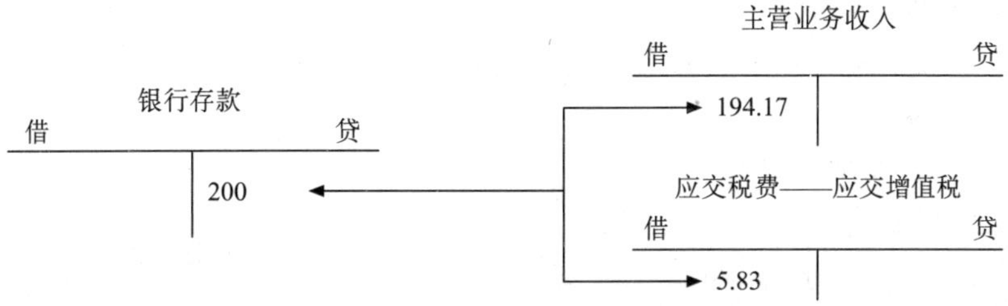

[**核心提示**] 在实际工作中，小规模纳税人发生销货退回时，财会部门凭“验收入库单”或“企业进货退出及索取折让证明单”等，开具红字发票，办理付款手续。会计分录与销售时相反。

[**例 3-32**] 百汇电脑商贸公司 2019 年 8 月 29 日销售电脑 20 台，每台不含税售价 5 000元，货物已发出，货款已入账，9 月 2 日采购方入库商品发现有 2 台电脑质量存在问题，则将这 2 台电脑退回百汇电脑商贸公司，则退货会计处理如下：

借：主营业务收入 10 000
　　应交税费——应交增值税（销项税额） 1 300
　　贷：应收账款 11 300

丁字账图示如下：

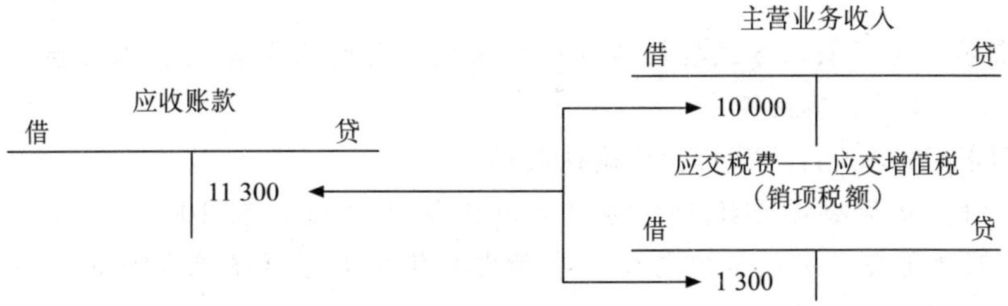

[**核心提示**] 已确认收入的已销售商品发生退回时，会计分录与销售时相反。

二、视同销售行为增值税的会计处理

（一）委托代销商品

1. 视同买断方式。

（1）视同买断方式且符合销售确认条件。

［**例 3－33**］京华公司委托光明商贸公司代销 A 品牌服装 100 件，协议价每件 1 000 元，服装成本每件 850 元，光明商贸公司自定对外售价，京华公司发出商品当日向光明商贸公司开具专用发票。增值税率 13%。则相关会计处理如下：

借：应收账款——光明商贸公司　　113 000

　　贷：主营业务收入　　100 000

　　　　应交税费——应交增值税（销项税额）　　13 000

丁字账图示如下：

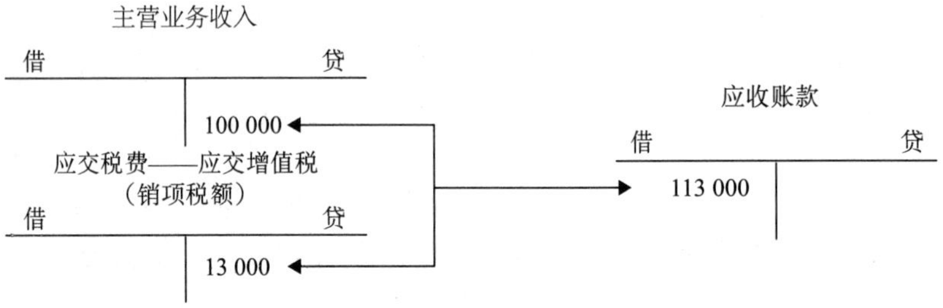

借：主营业务成本　　85 000

　　贷：库存商品　　85 000

丁字账图示如下：

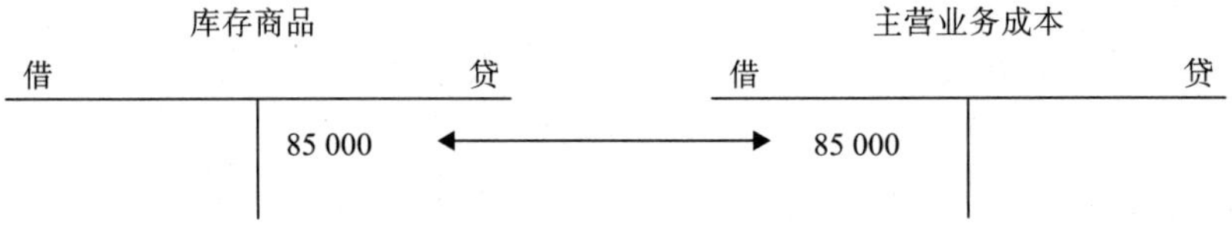

［**核心提示**］采用买断方式委托其他纳税人代销货物且符合销售确认条件，应确认销售收入并计算增值税销项税额。

（2）视同买断方式且不符合销售确认条件。

［**例 3－34**］京华公司委托光明商贸公司代销 A 品牌服装 100 件，协议规定，每件 1 000元，光明商贸公司有权自定售价，半年内未售出部分返给京华公司。服装成本每件 850 元。则相关会计处理如下：

商品发出时：

借：发出商品　　85 000

　　贷：库存商品　　85 000

丁字账图示如下：

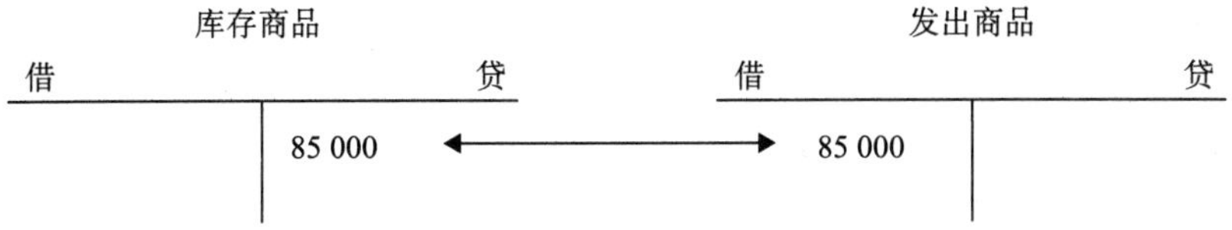

收到代销清单（销售60件）时：

借：应收账款——光明商贸公司　　67 800

　　贷：主营业务收入　　60 000

　　　　应交税费——应交增值税（销项税额）　　7 800

丁字账图示如下：

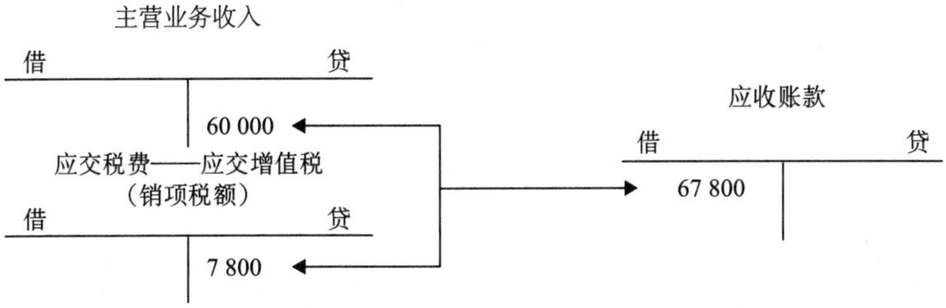

借：主营业务成本　　51 000

　　贷：发出商品　　51 000

丁字账图示如下：

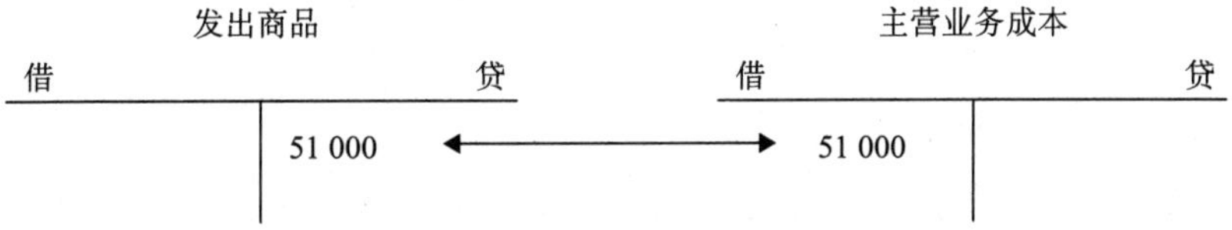

［核心提示］ 采用买断方式委托其他纳税人代销货物但不符合销售确认条件的，收到代销清单时，应确认销售收入并计算增值税销项税额。

2. 收取手续费方式。

［例3－35］ 京华公司委托光明商贸公司代销A品牌服装100件，协议价每件1 000元，光明商贸公司按协议价销售，每件收70元手续费。服装成本每件850元。则相关会计处理如下：

商品发出时：

借：发出商品　　85 000

　　贷：库存商品　　85 000

丁字账图示如下：

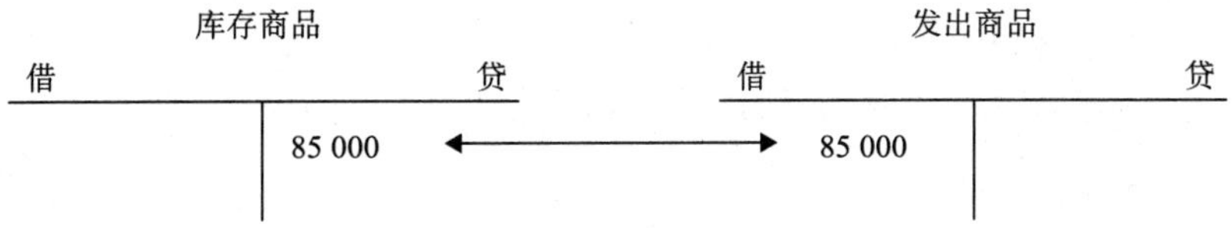

60天后收到代销清单（售80件）时：

借：应收账款　　84 800

　　销售费用　　5 600

　　贷：主营业务收入　　80 000

　　　　应交税费——应交增值税（销项税额）　　10 400

丁字账图示如下：

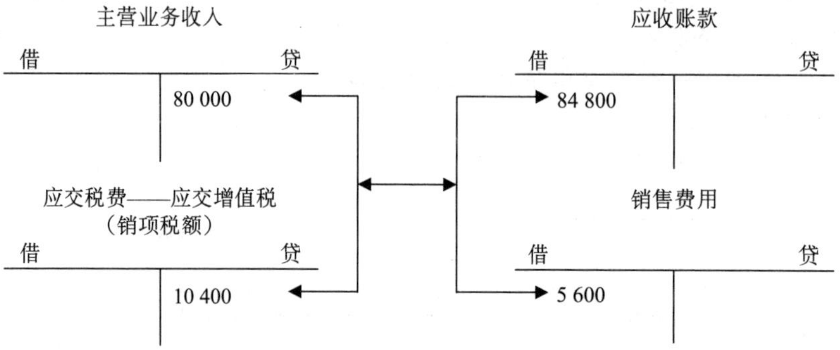

借：主营业务成本　　68 000

　　贷：发出商品　　68 000

丁字账图示如下：

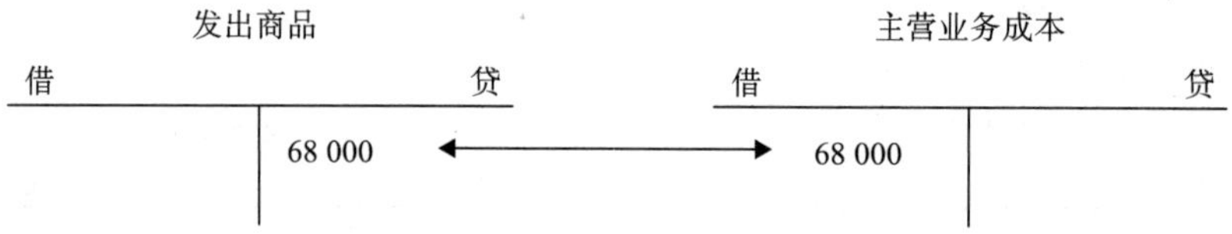

［**核心提示**］将商品交付他人代销，是指纳税人以支付手续费等经济利益为条件，委托他人代销商品而将自己的商品交付受托人的行为。将商品移交他人代销，应当在收到代销单位转来的代销清单时，计算销售额和销项税额。根据计算的销售额和销项税额，借记“应收账款”或“银行存款”科目，贷记“主营业务收入”“应交税费——应交增值税（销项税额）”科目，同时手续费借记“销售费用”科目。

［**例3-36**］万达百货商场委托某代销商店代销洗衣机20台，双方合同约定，每台洗衣机不含税价1 000元，每销售1台，商场付给代销店手续费50元。本月末，商场收到代销店转来的代销清单1张注明销售了10台，并收到收取手续费的结算发票1张，注明手续费金额500元。百货商场应根据结算清单向代销店开具增值税专用发票，并结转收入。相关会计处理如下：

①根据收到的代销清单会计处理：

借：应收账款——某代销店　　11 300

　　贷：主营业务收入　　10 000

　　　　应交税费——应交增值税（销项税额）　　1 300

丁字账图示如下：

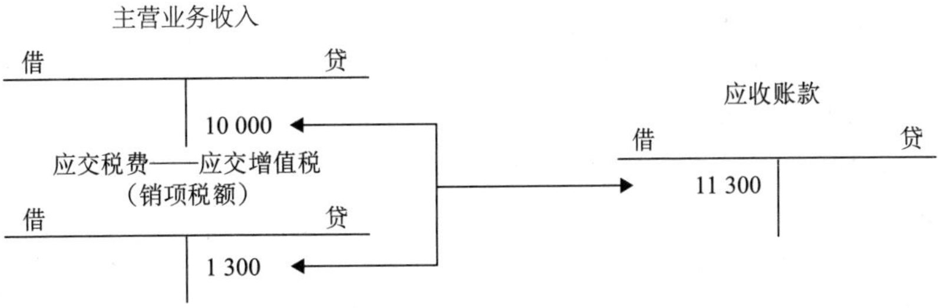

②收到手续费结算发票时：

借：销售费用　500

　　贷：应收账款——某代销店　500

丁字账图示如下：

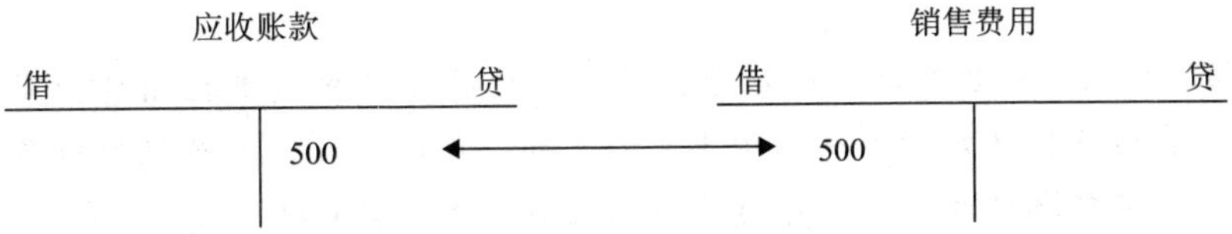

［**核心提示**］根据《增值税暂行条例实施细则》第三十八条第五款及财税〔2005〕165号文件规定，委托其他纳税人代销货物，纳税义务发生时间为收到代销单位的代销清单或者收到全部或者部分货款的当天。未收到代销清单及货款的，为发出代销货物满180天的当天。将商品交付他人代销，是指纳税人以支付手续费等经济利益为条件，委托他人代销商品而将自己的商品交付受托人的行为。将商品移交他人代销，应当在收到代销单位转来的代销清单时，计算销售额和销项税额。根据计算的销售额和销项税额，借记“应收账款”或“银行存款”科目，贷记“主营业务收入”“应交税费——应交增值税（销项税额）”科目。

（二）销售代销商品

［**例 3－37**］仍以［例 3－35］为例，代销店的会计处理如下：

①销售代销商品：

借：银行存款　11 300

　　贷：应付账款——万达百货商场　10 000

　　　　应交税费——应交增值税（销项税额）　1 300

丁字账图示如下：

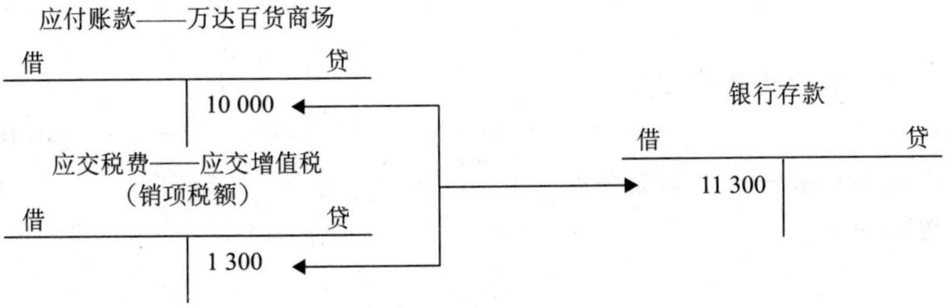

②结转应收手续费收入：

借：应付账款——万达百货商场　500

　　贷：其他业务收入　471.7

　　　　应交税费——应交增值税（销项税额）　28.3

丁字账图示如下：

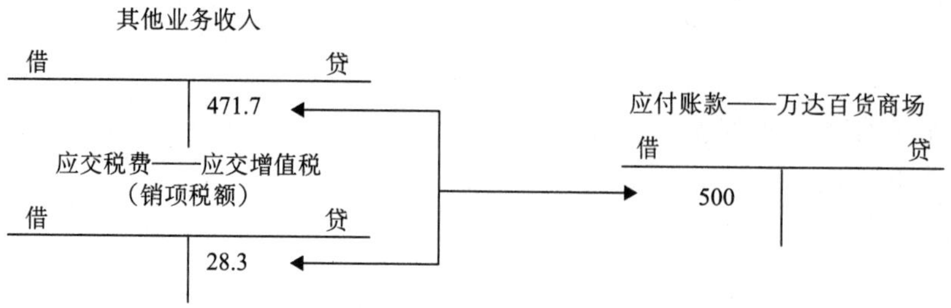

［**核心提示**］销售代销商品，是指受托销售单位将委托单位委托销售的商品进行销售的行为。由于销售价格是双方在合同中事先商定的，所以受托方无论采取进价核算还是售价核算，其会计处理都是相同的。手续费收入按6%计征增值税。

（三）异地销售

［**例3－38**］北京祥瑞商贸公司向上海销售处（异地）发出白糖50吨，上海销售处按每吨不含税售价10 000元对外出售给上海佳乐食品公司。北京祥瑞商贸公司白糖采购成本为每吨7 500元。

（1）上海销售处收取货款或开具发票给购货方时，祥瑞公司会计处理如下：

①发出商品时：

借：内部往来——上海销售处　440 000

　　贷：库存商品　375 000

　　　　应交税费——应交增值税（销项税额）　65 000

丁字账图示如下：

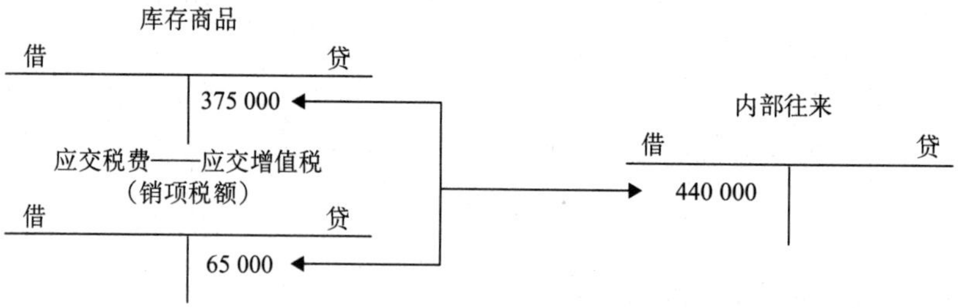

②收到上海销售处转来的货款：

借：银行存款　440 000

　　贷：内部往来——上海销售处　440 000

丁字账图示如下：

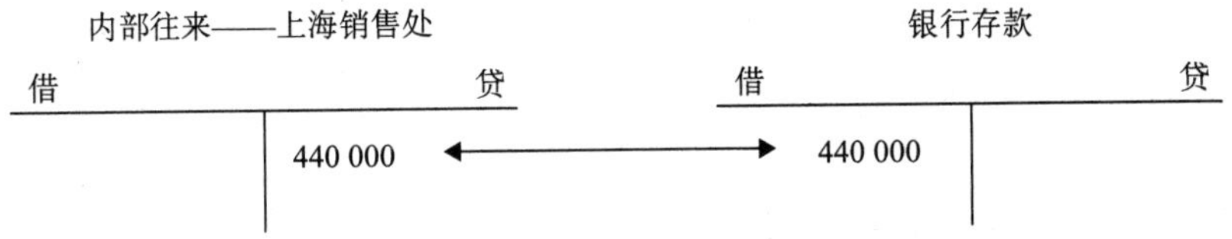

[**例 3－39**] 接上例。

(2) 上海销售处不收取货款也不开具发票给购货方时，祥瑞公司会计处理如下：

①向上海销售处发出商品时：

借：发出商品　　375 000

　　贷：库存商品　　375 000

丁字账图示如下：

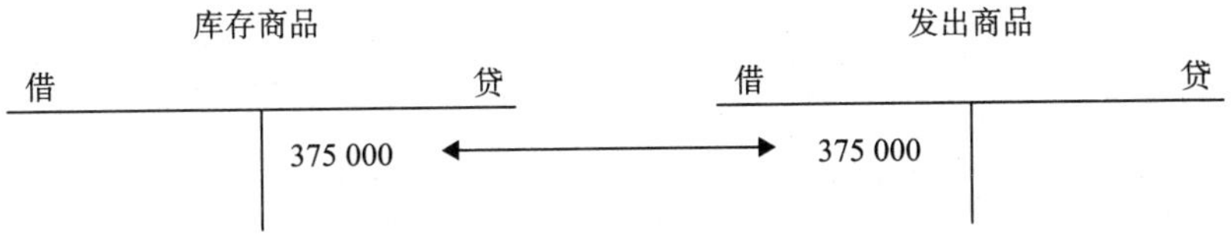

②祥瑞公司收款并开发票时：

借：银行存款　　565 000

　　贷：主营业务收入　　500 000

　　　　应交税费——应交增值税（销项税额）　　65 000

丁字账图示如下：

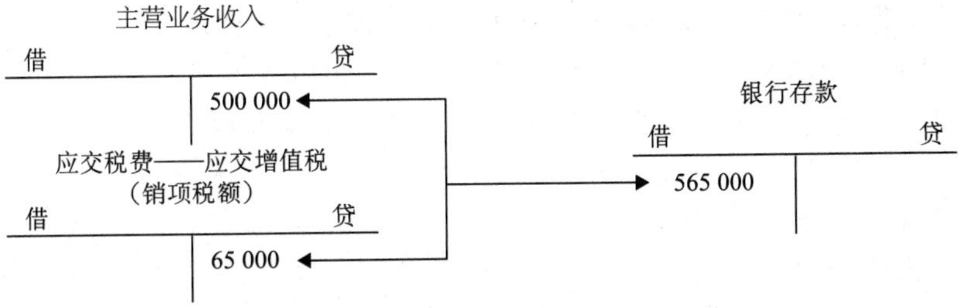

借：主营业务成本　　375 000

　　贷：发出商品　　375 000

丁字账图示如下：

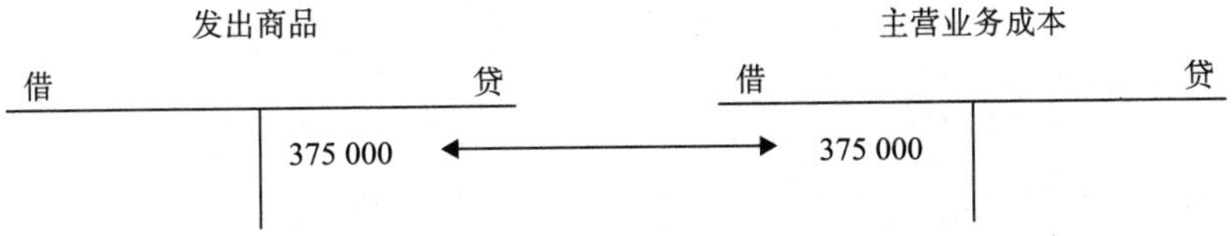

[**核心提示**] 设有两个以上机构并实行统一核算的纳税人，将货物从一个机构移送其他机构用于销售［相关机构设在同一县（市）的除外］，视同销售货物，应当征收增值税。国税发〔1998〕137 号文件规定，用于销售，是指受货机构发生以下情形之一的经营

行为：一、向购货方开具发票；二、向购货方收取货款。受货机构的货物移送行为有上述两项情形之一的，应当向所在地税务机关缴纳增值税。

（四）外购的货物无偿赠送他人视同销售

[**例 3－40**] 振华商贸企业为增值税一般纳税人，2019 年 8 月通过市民政局向灾区再次捐赠被单 1 000 条，每条采购成本 60 元，不含税售价 100 元。会计处理如下：

借：营业外支出　　73 000

　　贷：库存商品　　60 000

　　　　应交税费——应交增值税（销项税额）　　13 000

丁字账图示如下：

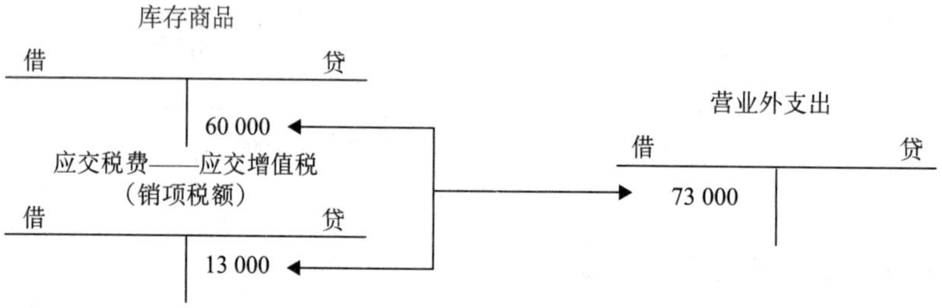

[**核心提示**]《增值税暂行条例实施细则》第四条规定，单位或者个体工商户将自产、委托加工或者购进的货物无偿赠送其他单位或者个人，视同销售货物，应当征收增值税。

（五）将购进的货物作为投资，提供给其他单位或个体工商户

[**例 3－41**] 振华商贸企业为增值税一般纳税人，2019 年 8 月，采购 20 辆商务车，每辆车采购成本 50 000 元，本月该公司用 10 辆商务车向山海礼仪公司进行实物投资，每辆车加价 10% 作为不含税的投资额。会计处理如下：

借：长期股权投资　　621 500

　　贷：主营业务收入　　550 000

　　　　应交税费——应交增值税（销项税额）　　71 500

丁字账图示如下：

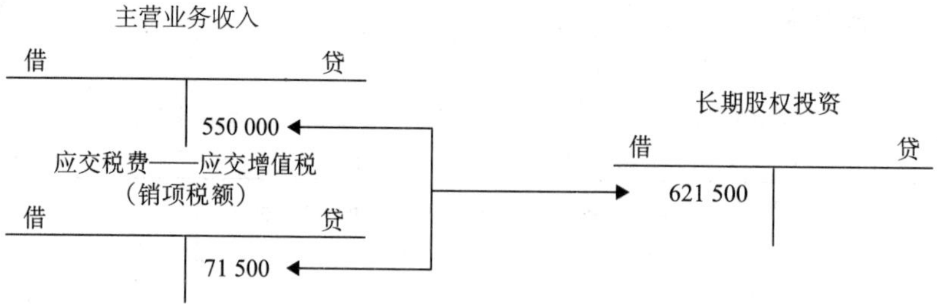

[**核心提示**]《增值税暂行条例实施细则》第四条规定，单位或者个体工商户将购进的货物作为投资，提供给其他单位或个体工商户，视同销售货物，应当征收增值税。

（六）将购进的货物分配给股东或者投资者

［**例 3－42**］振华商贸企业为增值税一般纳税人，2019 年 8 月，采购 10 辆商务车，每辆车采购成本 50 000 元，本月该公司用 10 辆商务车向投资者分配利润，该车不含税销售价为每辆车 55 000 元。相关会计处理如下：

借：应付股利　　621 500

　　贷：主营业务收入　　550 000

　　　　应交税费——应交增值税（销项税额）　　71 500

丁字账图示如下：

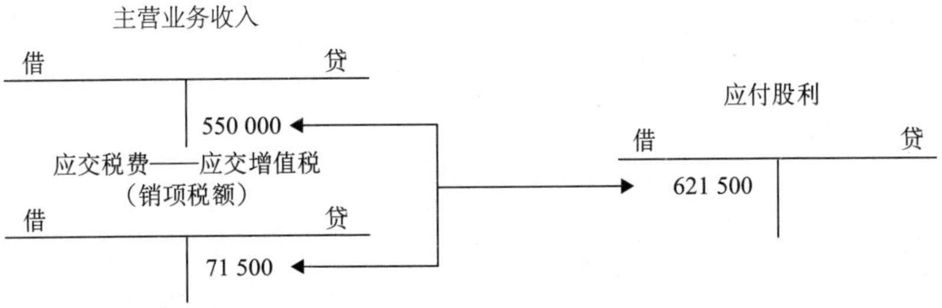

［**核心提示**］《增值税暂行条例实施细则》第四条规定，单位或者个体工商户将购进的货物分配给股东或者投资者，视同销售货物，应当征收增值税。

三、特殊销售行为增值税的会计处理

（一）以折扣方式销售货物

［**例 3－43**］A 牌服装二级区域销售公司本月销售给某专卖商店 A 牌服装一批，不含税销售额 250 万元。由于货款回笼及时，根据合同规定，给予专卖商店不含税销售额 2% 折扣，该公司实际取得不含税销售额 245 万元，计算计税销售额。相关会计处理如下：

借：财务费用　　50 000

　　银行存款　　2 775 000

　　贷：主营业务收入　　2 500 000

　　　　应交税费——应交增值税（销项税额）　　325 000

丁字账图示如下：

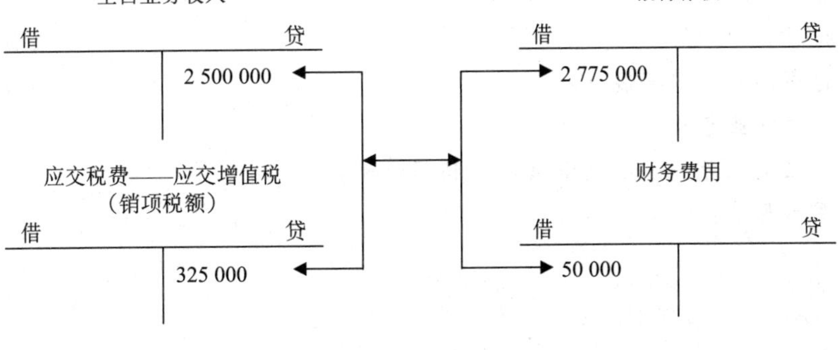

[**核心提示**] 销售折扣（会计称之为现金折扣）：销售折扣不能从销售额中扣除。本例中计税销售额为250万元（245÷98%），销项税额为32.5万元（250×13%），按不含税销售额给予2%是销售折扣，折扣金额为5万元。实际工作中，给予销售折扣一般是按价税合计的全部金额进行折扣，按此计算本例，折扣额为5.85万元。因此销售折扣计算要注意折扣基数的确定。

[**例3－44**] 2019年3月1日，新华书店批发图书一批，每册标价20元，共计1 000册，由于购买方购买数量多，按七折优惠价格成交，并将折扣部分与销售额同开在一张发票上。10日内付款2%折扣，购买方3月20日付款。相关会计处理如下：

借：银行存款　　14 000

　　贷：主营业务收入　　12 727.27

　　　　应交税费——应交增值税（销项税额）　　1 272.73

丁字账图示如下：

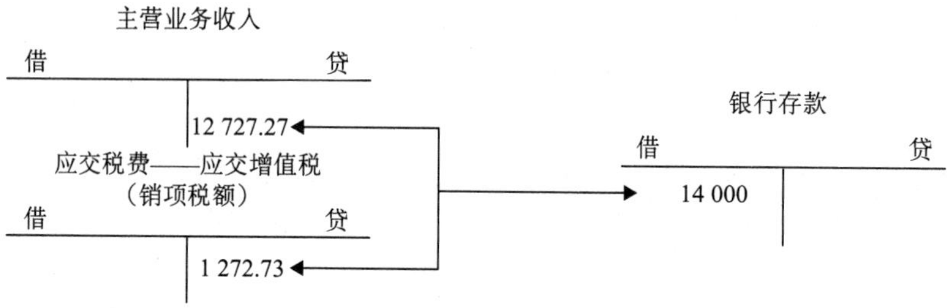

[**核心提示**] 折扣销售（会计称之为商业折扣）：同一张发票上分别注明的，可以按折扣后的销售额征收增值税；如果将折扣额另开发票，不论其财务上如何处理，均不得从销售额中减除折扣额。本例中计税销售额为12 727.27元[20×70%×1 000÷(1＋10%)]，销项税额为1 272.73元（12 727.27×10%）。销售折让可以从销售额中扣除。

（二）以旧换新销售货物

[**例3－45**] 某金店（中国人民银行批准的金银首饰经销单位）为增值税一般纳税人，采取“以旧换新”方式销售24K纯金项链1条，新项链对外销售价格5 000元，旧项链作价3 000元，从消费者手中收取新旧差价款2 000元，计算销项税额。相关会计处理如下：

销项税额＝2 000÷1.13×13%＝230.09（元）

借：银行存款　　2 000

　　库存商品——旧项链　　3 000

　　贷：主营业务收入　　4 769.91

　　　　应交税费——应交增值税（销项税额）　　230.09

丁字账图示如下：

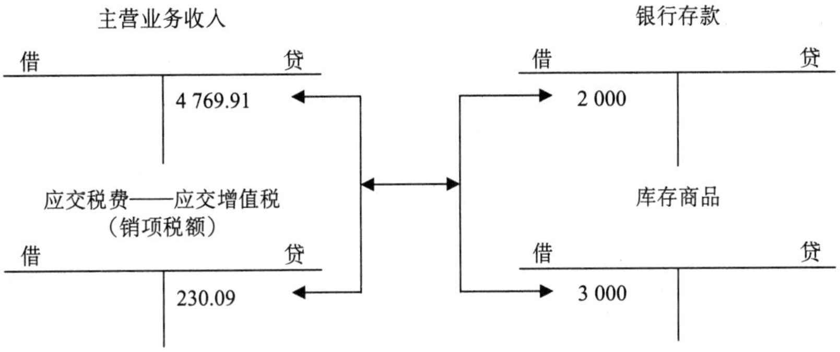

［**核心提示**］纳税人采取以旧换新方式销售货物的，应按折价款冲减货物价款之后的余额确定销售额。

［**例 3－46**］光明家电销售公司为增值税一般纳税人，本月采用以旧换新方式促销，销售电视机 100 台，每台不含税销售价 10 000 元，回收每台旧电视机作价 2 000 元，按照新电视机价扣除旧货收购价实际取得不含税销售收入 800 000 元。相关会计处理如下：

借：银行存款	930 000	
库存商品	200 000	
贷：主营业务收入		1 000 000
应交税费——应交增值税（销项税额）		130 000

丁字账图示如下：

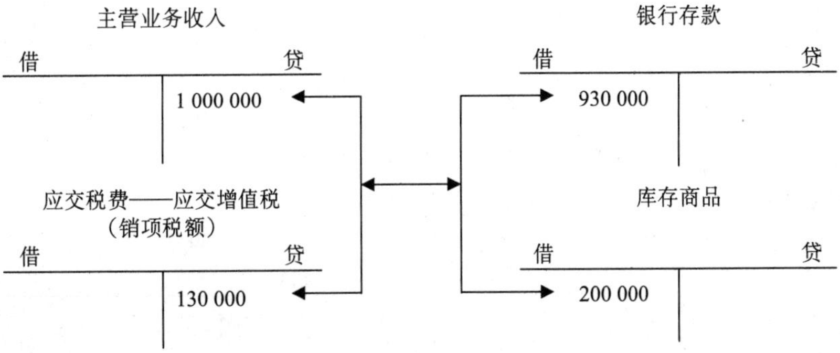

［**核心提示**］以旧换新销售，是纳税人在销售过程中，折价收回同类旧货物，并以折价款部分冲减货物价款的一种销售方式。税法规定：纳税人采取以旧换新方式销售货物的（金银首饰除外），应按新货物的同期销售价格确定销售额。

1. 一般商品以旧换新的会计处理。

［**例 3－47**］2019 年 1 月东联商场对某品牌彩电采取以旧换新的方式销售，旧货折价 600 元，新彩电售价 2 825 元，当月采用此方法销售彩电 200 台。相关会计处理如下：

借：库存现金	445 000	
库存商品——旧彩电	120 000	
贷：主营业务收入		500 000
应交税费——应交增值税（销项税额）		65 000

丁字账图示如下：

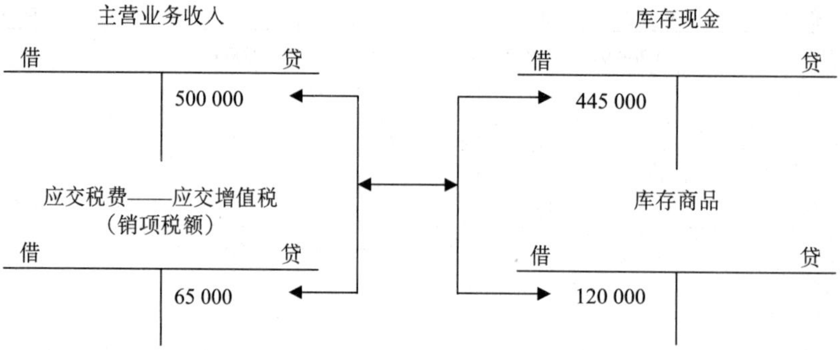

［**核心提示**］税法规定：纳税人采取以旧换新方式销售货物的（金银首饰除外），应按新货物的不含税销售价格确定销售额。

2. 金银首饰以旧换新业务的特殊情况。

［**例 3－48**］某金银首饰零售商店为小规模纳税人，2019 年 5 月取得含税销售收入 1 030元，以旧换新业务收入 715 元（含税），其中收回旧首饰折价 200 元，实收 515 元。相关会计处理如下：

应缴增值税＝(含税销售收入＋以旧换新实际收取的含税销售收入)÷(1＋征收率 3%)×征收率 3%＝(1 030＋515)÷(1＋3%)×3%＝45（元）

商品销售收入＝(1 030＋515)÷(1＋3%)＋200＝1 700（元）

借：银行存款　　1 545

　　库存商品——旧金银首饰　　200

　　贷：主营业务收入——金银首饰　　1 700

　　　　应交税费——应交增值税　　45

丁字账图示如下：

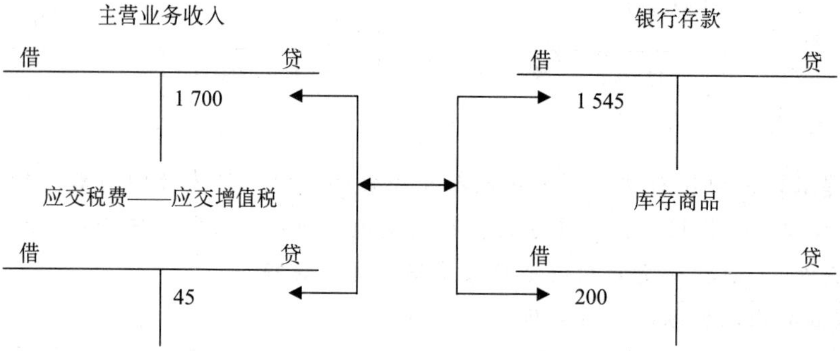

［**核心提示**］一般商品以旧换新的会计处理，以旧换新销售方式，就是企业在销售自己的货物时，有偿收回旧货物的行为。根据《国家税务总局关于增值税若干具体问题的规定》(国税发〔1993〕154 号）规定："纳税人采取以旧换新方式销售货物，应按新货物的同期销售价格确定销售额。"销售货物与有偿收购旧的货物是两项不同的业务活动，销售额与收购额不能相互抵减。应特别注意的是：收回的旧货不能计算进项税额。《财政部　国家税

务总局关于金银首饰等货物征收增值税问题的通知》明确规定，对金银首饰以旧换新业务，按销售方实际收取的不含增值税的全部价款计缴增值税。

（三）以货抵债

1. 一般的以物抵债。

[例 3-49] 康泰公司欠蓝天药业货款 113 000 元，康泰公司以自己的冰箱 100 台，每台售价 1 000 元（成本 800 元），抵债给蓝天药业。相关会计处理如下：

借：应付账款——蓝天药业　113 000
　贷：主营业务收入　100 000
　　应交税费——应交增值税（销项税额）　13 000

丁字账图示如下：

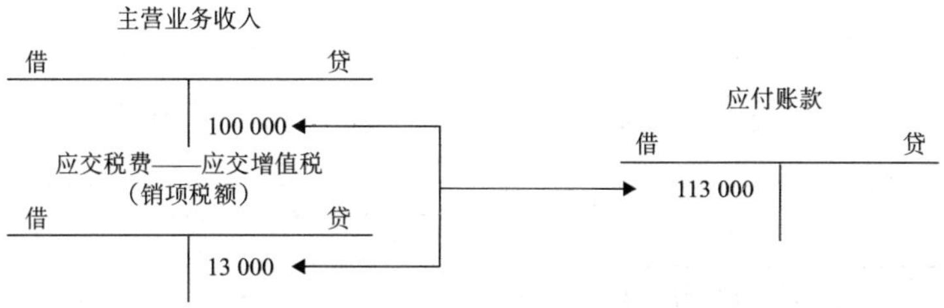

[核心提示] 企业以货抵债，应视同销售行为，在会计上做销售处理。国家税务总局令第 6 号规定，债务人以非现金资产清偿债务，应当分解为按公允价值转让非现金资产，再以与非现金资产公允价值相当的金额偿还债务两项经济业务进行所得税处理。

2. 债务重组。

[例 3-50] 北京南风公司欠天津通达公司货款 35 000 元。双方签订债务重组协议：天津通达公司同意北京南风公司以公允价值 20 000 元的产品偿还债务。产品成本 12 000 元，增值税率 13%，北京南风公司会计处理如下：

借：应付账款　35 000
　贷：主营业务收入　20 000
　　营业外收入　12 400
　　应交税费——应交增值税（销项税额）　2 600

丁字账图示如下：

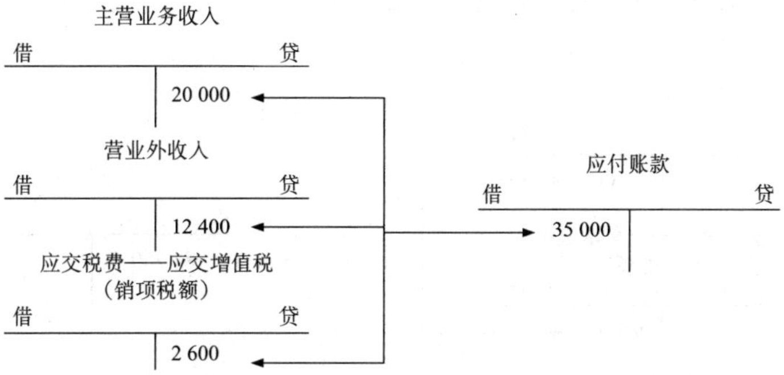

［**核心提示**］在债务重组活动中，债务人应当将重组债务的账面余额与出让资产的公允价值之间的差额，计入营业外收入（债务重组利得）。

（四）还本销售

［**例 3－51**］光明家电销售公司为增值税一般纳税人，本月采取“还本销售”方式销售电视机，开了普通发票 20 张，共收取了贷款 25 000 元。企业扣除还本准备金后按规定 23 000 元作为销售处理。相关会计处理如下：

借：银行存款　　25 000

　贷：主营业务收入　　22 123.89

　　应交税费——应交增值税（销项税额）　　2 876.11

丁字账图示如下：

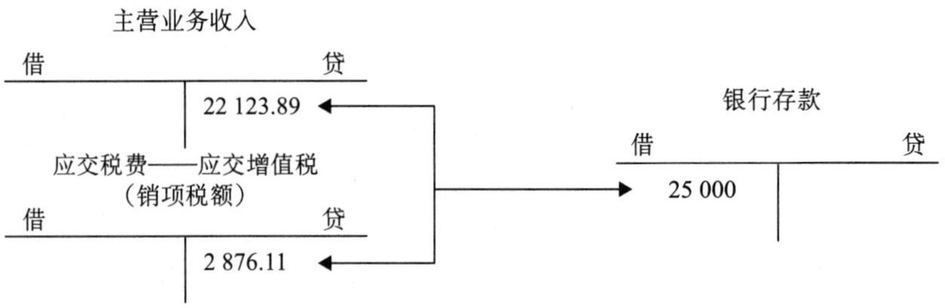

［**核心提示**］还本销售，指销货方将货物出售之后，按约定的时间，一次或分次将购货款部分或全部退还给购货方，退还的货款即为还本支出。税法规定：还本支出不得从销售额中减除还本支出。本例中销售额为 22 123.89 元［25 000÷(1＋13%)］。

（五）以物易物

［**例 3－52**］2019 年 8 月 4 日，光明家电销售公司用 15 台电视机与坦途轿车销售公司换取等额微型车一辆，双方均开具增值税专用发票，不含税销售额为 75 000 元，电视机已发出，微型货车已入库。相关会计处理如下：

①发出电视机做分录：

借：应收账款　　84 750

　贷：主营业务收入　　75 000

　　应交税费——应交增值税（销项税额）　　9 750

丁字账图示如下：

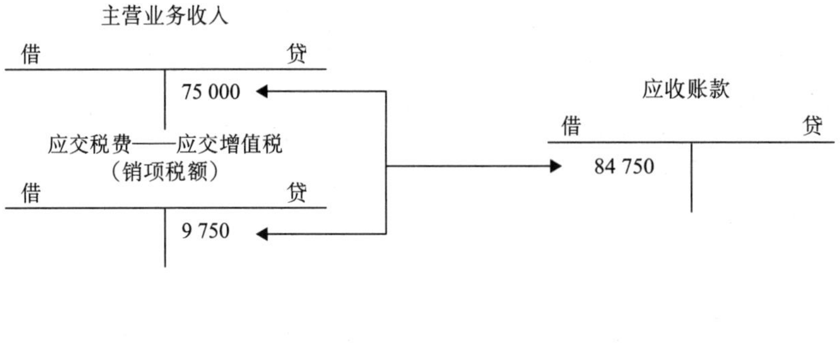

②微型货车入库时：

借：固定资产　　75 000

　　应交税费——应交增值税（进项税额）　　9 750

　　贷：应收账款　　84 750

丁字账图示如下：

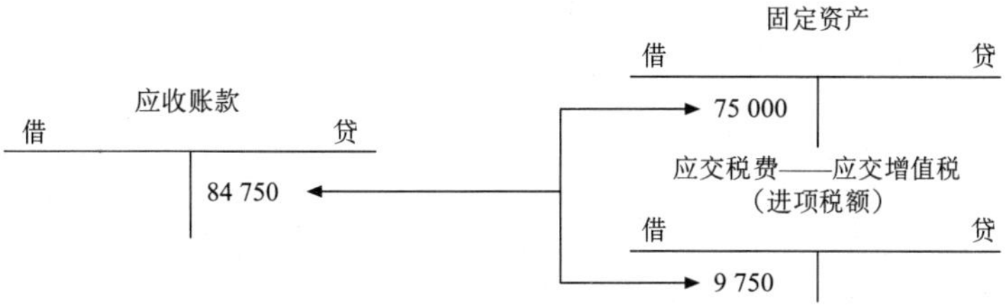

［**核心提示**］税法规定：双方都应作购销处理。以各自发出的货物核算销售额并计算销项税额，以各自收到的货物核算购货额并计算进项税额。本例中销项税额为 9 750 元（75 000 × 13%），进项税额为 9 750 元（75 000 × 13%），应纳增值税为 0（9 750 - 9 750）。

（六）销售自己使用过的固定资产的会计处理

［**例 3-53**］某商贸企业为增值税一般纳税人，2019 年 8 月资产盘点过程中将 2014 年购入的一辆货车进行处理，该车原值 80 000 元，现折旧后净值为 40 000 元，销售价格为 45 200 元，如果不考虑其他税费。相关会计处理如下：

应纳增值税 = 45 200 ÷（1 + 13%） × 13% = 5 200（元）

借：固定资产清理　　40 000

　　累计折旧　　40 000

　　贷：固定资产　　80 000

丁字账图示如下：

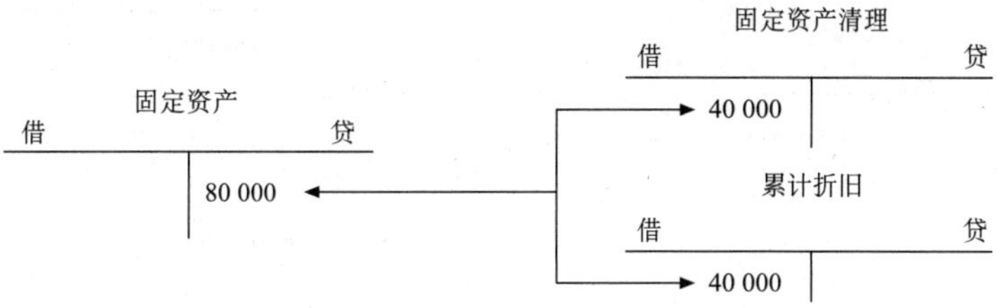

借：银行存款　　45 200

　　贷：固定资产清理　　45 200

丁字账图示如下：

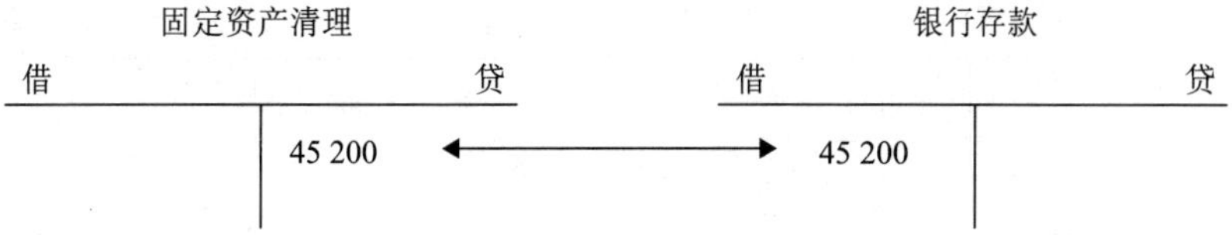

借：固定资产清理 5 200

　　贷：应交税费——应交增值税（销项税额） 5 200

丁字账图示如下：

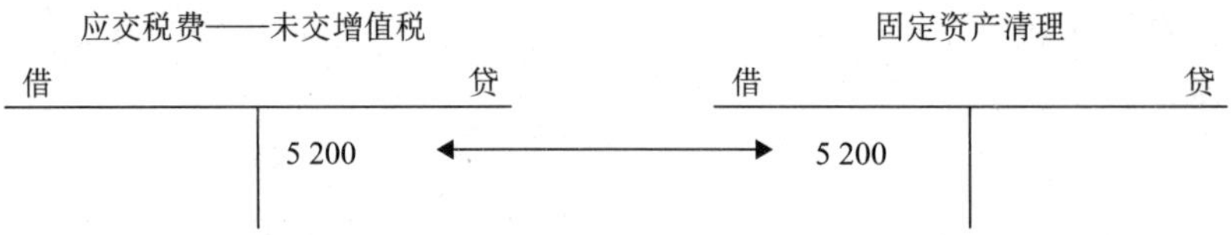

借：固定资产清理 3 153.85

　　贷：营业外收入 3 153.85

丁字账图示如下：

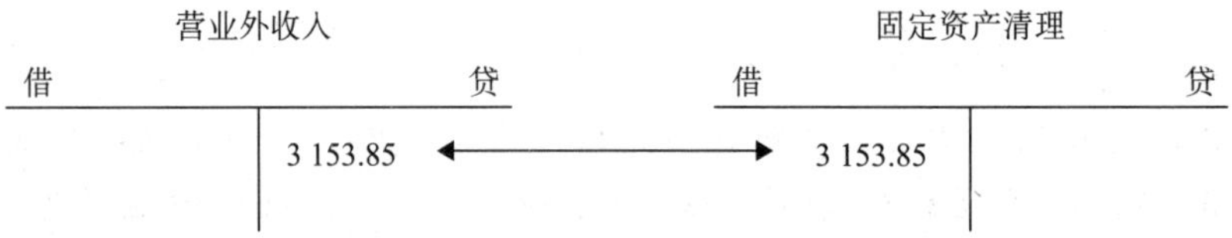

[**核心提示**] 一般纳税人销售自己使用过的允许抵扣进项税额的固定资产，销项税额＝含税销售额÷(1＋税率)×税率。

[**例 3－54**] 黄金宫商贸企业为增值税一般纳税人，2017 年 8 月在资产盘点过程中将 2017 年 1 月购入的一辆货车进行处理，该车原值 80 000 元，现折旧后净值为 76 000 元，含税销售价格为 75 000 元，不考虑其他税费。相关会计处理如下：

借：固定资产清理 76 000

　　累计折旧 4 000

　　贷：固定资产 80 000

丁字账图示如下：

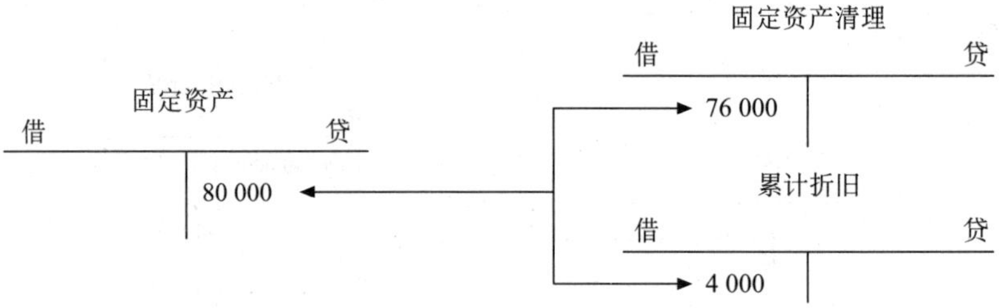

借：银行存款 75 000

　　贷：固定资产清理 75 000

丁字账图示如下：

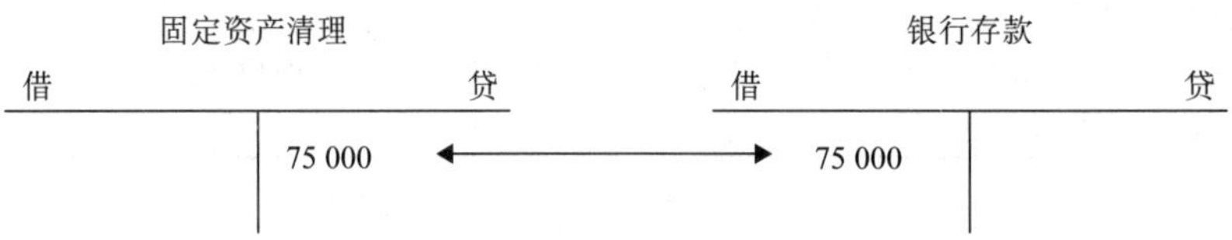

借：固定资产清理　　10 897.44

　　贷：应交税费——应交增值税（销项税额）　　10 897.44

丁字账图示如下：

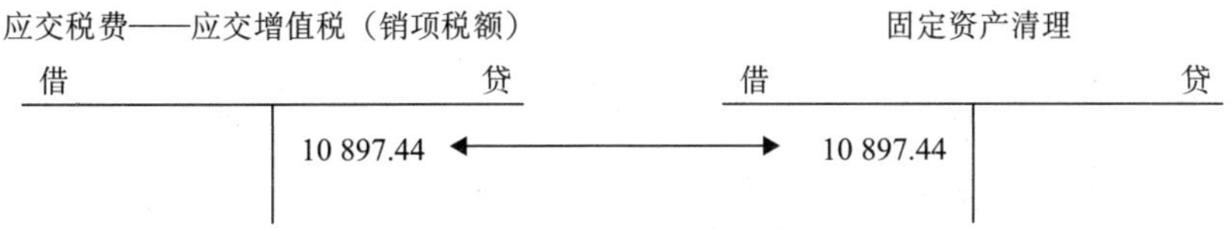

借：营业外支出　　11 897.44

　　贷：固定资产清理　　11 897.44

丁字账图示如下：

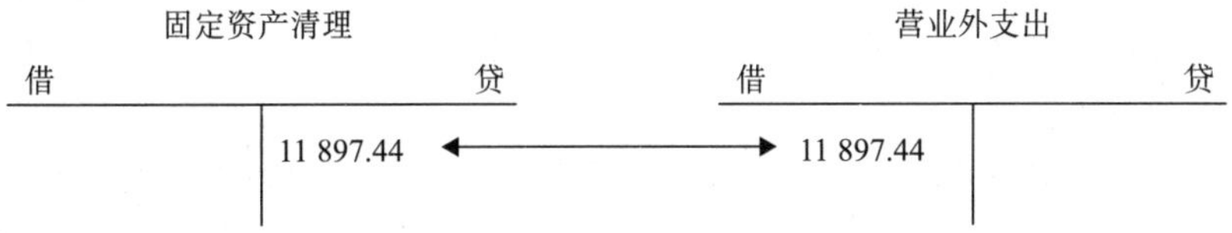

[**核心提示**] 一般纳税人销售自己使用过的允许抵扣进项税额的固定资产，销项税额 = 含税销售额 ÷(1 + 税率) × 税率。本例中销项税额为 10 897.44 元［75 000 ÷(1 + 17%) × 17%］。

[**例 3 – 55**] 冰冰冷饮批发公司 2017 年 1 月购入大型冷冻冰柜，专用发票开具日期为 2017 年 1 月 5 日，价款 50 000 元。提取折旧 3 000 元，2017 年 12 月出售该设备，收到价款 45 000 元，在不考虑其他税费下，则相关增值税会计处理如下：

借：固定资产清理　　47 000

　　累计折旧　　3 000

　　贷：固定资产　　50 000

丁字账图示如下：

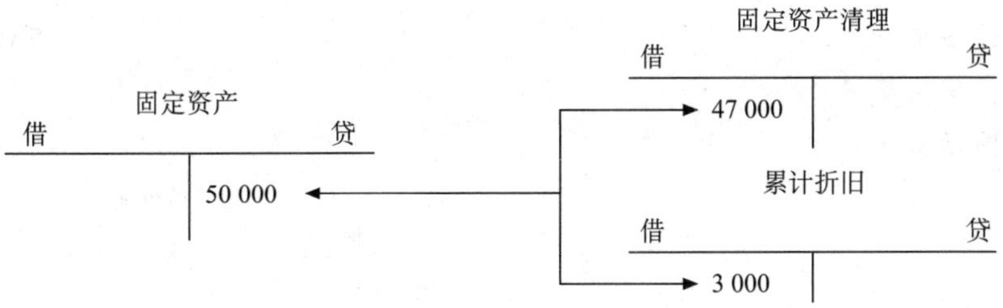

借：银行存款　　45 000

　　贷：固定资产清理　　45 000

丁字账图示如下：

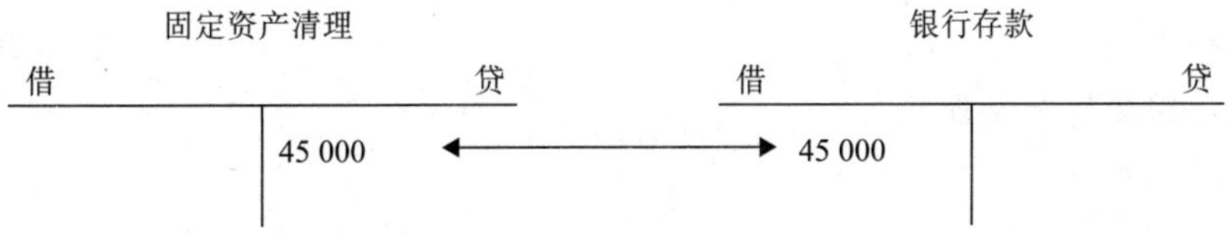

计提增值税 = 45 000 ÷ 1.17 × 17% = 6 538.46（元）

借：固定资产清理 6 538.46

　　贷：应交税费——应交增值税（销项税额） 6 538.46

丁字账图示如下：

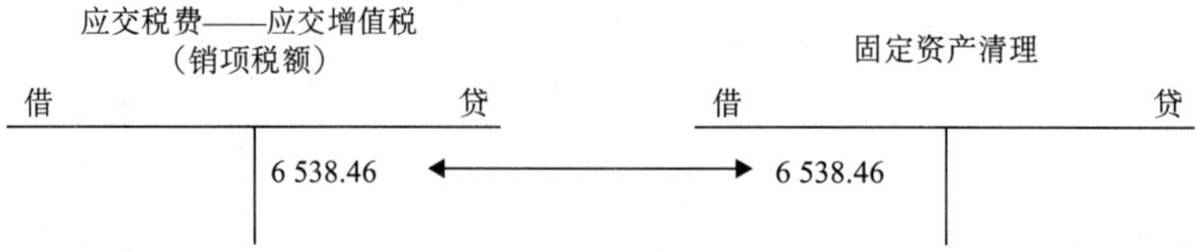

结转净损益：

借：营业外支出 6 538.46

　　贷：固定资产清理 6 538.46

丁字账图示如下：

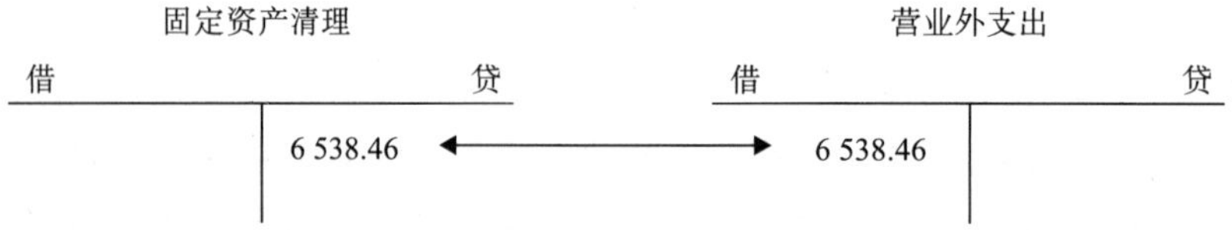

［**核心提示**］一般纳税人销售自己使用过的允许抵扣进项税额的固定资产，销项税额 = 含税销售额 ÷（1 + 税率）× 税率。借记“固定资产清理”科目，贷记“应交增值税”科目。

［**例 3 - 56**］冰冰冷饮批发公司 2008 年未纳入扩大增值税抵扣试点。2009 年 1 月转让 2008 年购入原价 300 000 元的小轿车，已提折旧 5 000 元，转让价 291 200 元，未计提资产减值准备。不考虑其他税费。相关会计处理如下：

借：固定资产清理 295 000

　　累计折旧 5 000

　　贷：固定资产 300 000

丁字账图示如下：

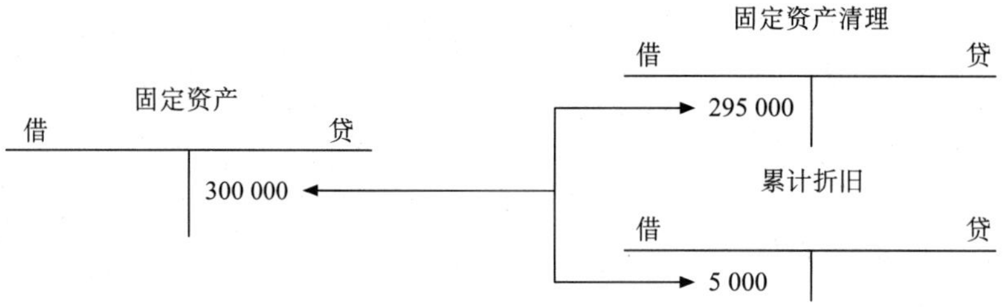

借：银行存款 291 200

　　贷：固定资产清理 291 200

丁字账图示如下：

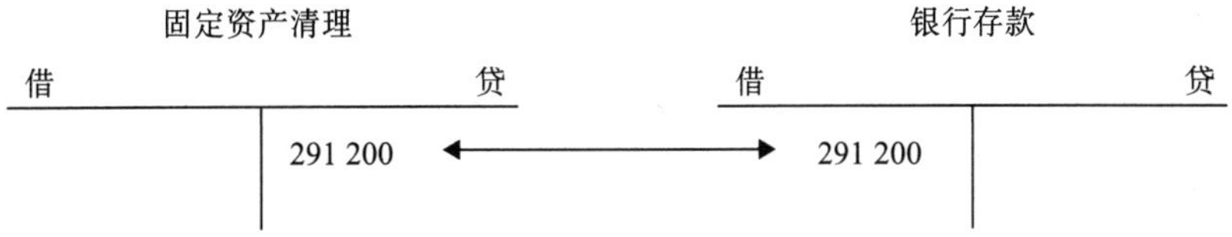

固定资产应纳税额为：291 200 ÷（1 +4%）×4% ×50% =5 600（元）

借：固定资产清理　　5 600

　　贷：应交税费——未交增值税　　5 600

丁字账图示如下：

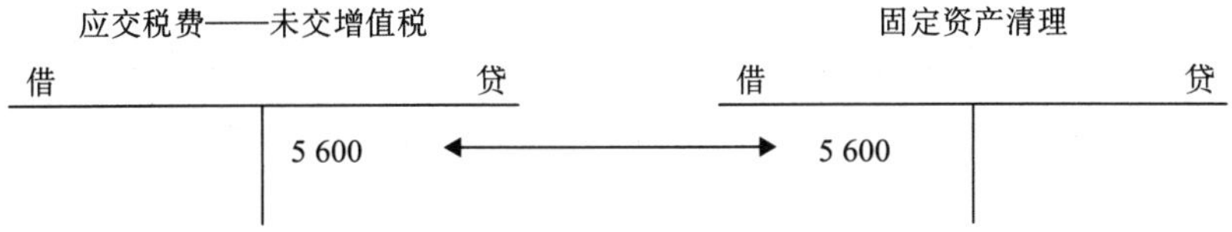

净损失 =291 200 –295 000 –5 600 =9 400（元）

借：营业外支出　　9 400

　　贷：固定资产清理　　9 400

丁字账图示如下：

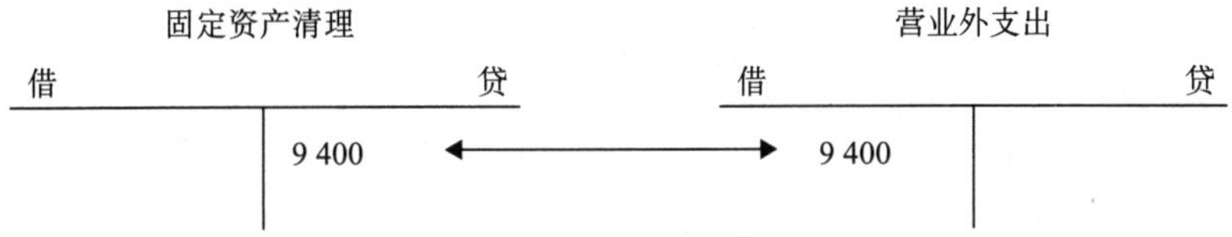

［**核心提示**］纳税人销售自己使用过的固定资产（以下简称已使用过的固定资产），应区分不同情形征收增值税：

一般纳税人销售自己使用过的允许抵扣进项税额的固定资产，销项税额 = 含税销售额 ÷（1 + 税率）× 税率；销售自己使用过的按规定不得抵扣且未抵扣过进项税额的固定资产，应纳税额 = 含税销售额 ÷（1 +3%）×2%。小规模纳税人销售自己使用过的固定资产，应纳税额 = 含税销售额 ÷（1 +3%）×2%。

纳税人销售自己使用过的固定资产，适用简易办法依照 3% 征收率减按 2% 征收增值税的，可以放弃减税，按照简易办法依照 3% 征收率缴纳增值税，并可以开具增值税专用发票。所称已使用过的固定资产，是指纳税人根据财务会计制度已经计提折旧的固定资产。

（七）混合销售行为与兼营业务的会计处理

［**例 3 –57**］天津大润发批发贸易公司，为增值税一般纳税人，2017 年该公司采购一批货物并用本公司的货车运输，销售给北京一货物销售商，货物销售价为不含税价 50 000 元，另外收取运输费用 2 000 元，则相关会计处理如下：

借：银行存款　　60 500

　　贷：主营业务收入　　51 709.40

应交税费——应交增值税（销项税额） 8 790.60

丁字账图示如下：

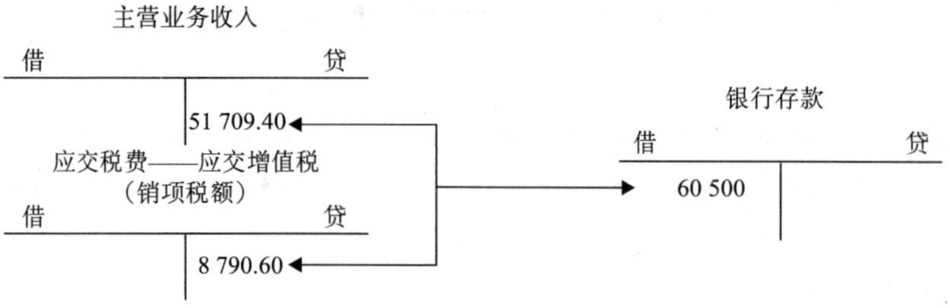

[**核心提示**] 根据《增值税暂行条例实施细则》第五条规定，从事货物的生产、批发或者零售的企业、企业性单位和个体工商户的混合销售行为，视同销售货物，应当缴纳增值税。

根据《增值税暂行条例实施细则》第六条规定，混合销售行为纳税人发生“销售自产货物并同时提供建筑业劳务”以及“财政部、国家税务总局规定的其他情形”两种混合销售行为的，应当分别核算货物的销售额和非增值税应税劳务的营业额，并根据其销售货物的销售额计算缴纳增值税，非增值税应税劳务的营业额不缴纳增值税；未分别核算的，由主管税务机关核定其货物的销售额。

[**例 3－58**] A 品牌汽车销售商销售汽车 5 辆，每辆不含税价格为 100 000 元。同时，该企业取得独立核算运输部门的收入 109 000 元，款项已收到。则相关会计处理如下：

借：银行存款 565 000

　贷：主营业务收入 500 000

　　应交税费——应交增值税（销项税额） 65 000

借：银行存款 109 000

　贷：其他业务收入 100 000

　　应交税费——应交增值税（销项税额） 9 000

丁字账图示如下：

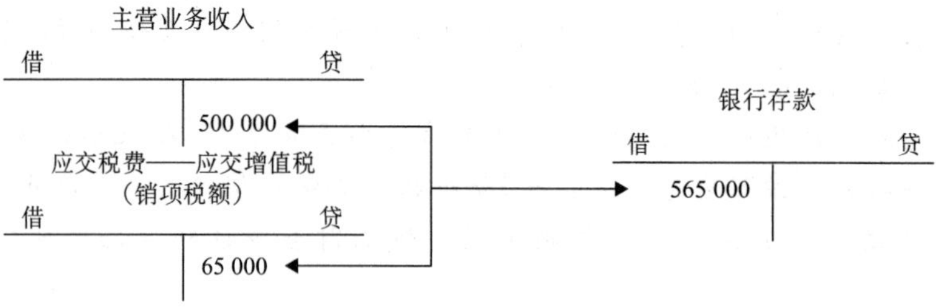

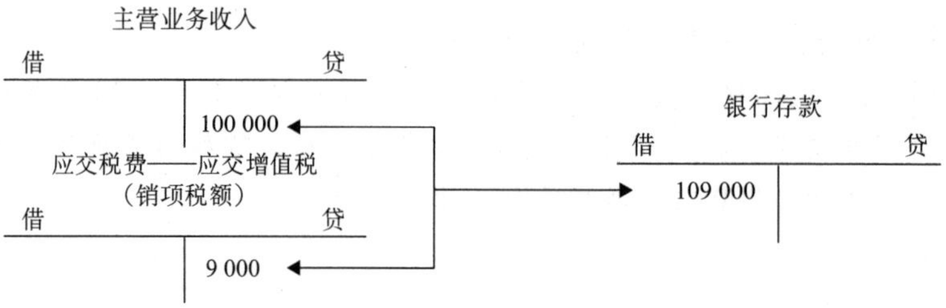

［**核心提示**］兼营非增值税应税项目，是指纳税人的经营范围包括销售货物或者应税劳务，又包括提供非增值税应税项目。但是，销售货物或者应税劳务与提供非增值税应税项目不同时发生在同一购买者身上，即不发生在同一项销售行为中。

《增值税暂行条例实施细则》第七条规定，纳税人兼营非增值税应税项目，应分别核算货物或者应税劳务的销售额和非增值税应税项目的营业额；未分别核算的，由主管税务机关核定货物或者应税劳务的销售额。

四、带包装物销售货物的会计处理

［**例3－59**］本市百花百货公司，在中秋节前夕购进一批月饼，又单独购进了一批礼品盒，打成包装向外销售，当月销售月饼不含税价50 000元，随同商品单独计价的礼品盒1 000个，普通发票上注明单价为每个10元，全部款项已存入银行。则相关会计处理如下：

借：银行存款	66 500	
贷：主营业务收入		50 000
其他业务收入		8 850
应交税费——应交增值税（销项税额）		7 650

丁字账图示如下：

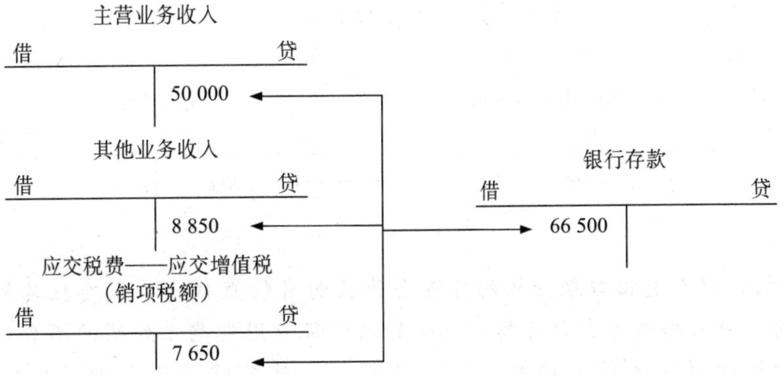

［**核心提示**］随同商品出售单独计价的包装物，按规定应缴纳增值税。

［**例3－60**］本市海河酒业经销公司本月清理出租出借包装物，将某个体商店逾期未退还包装物押金2 000元予以没收，则相关会计处理如下：

借：其他应付款	2 000	
贷：其他业务收入		1 769.91
应交税费——应交增值税（销项税额）		230.09

丁字账图示如下：

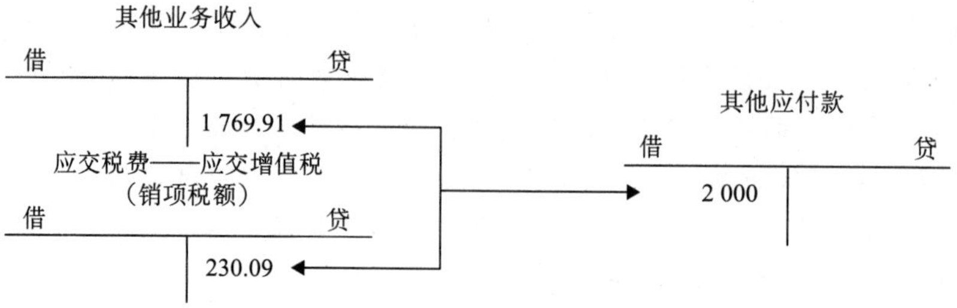

［**核心提示**］随同商品出售单独计价的包装物，按规定应缴纳增值税。对于出租、出借包装物收取的押金，因逾期未收回包装物而没收的部分，应计入其他业务收入，企业收取押金时，借记“银行存款”科目，贷记“其他应付款”科目，因逾期未收回包装物而没收押金时，借记“其他应付款”，贷记“其他业务收入”等科目，按规定收取的增值税额，贷记“应交税费——应交增值税”科目。

五、增值税出口退税业务会计处理

［**例3－61**］长征商贸公司有进出口经营权，2019年8月出口到韩国一批儿童玩具，共2 000件，公司进货专用发票列明单价为20元/件，该儿童玩具出口退税率为11%，退税款已收到，则相关会计处理如下：

借：银行存款　　4 400

　　贷：应交税费——应交增值税（出口退税）　　4 400

丁字账图示如下：

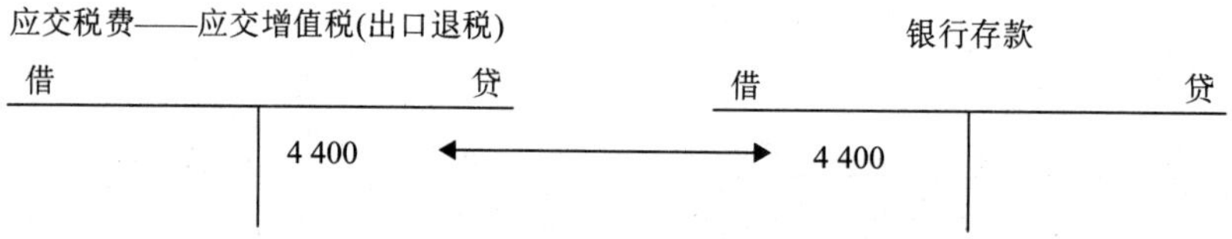

［**核心提示**］对有进出口经营权的外贸企业收购货物直接出口或委托其他外贸企业代理出口货物的，应依据购进出口货物所取得的增值税专用发票上列明的不含增值税购进金额和该货物适用的退税率计算退税。即应退税额＝外贸收购不含增值税购进金额×退税率。

第三节　增值税缴纳会计处理

一、一般纳税人应交增值税会计处理

［**例3－62**］洪源商贸公司2019年8月采购摩托车10辆，每辆不含税价2 000元，取

得增值税专用发票两张，税额 2 600 元，增值税专用发票当月均以认证，8 月初“应交税费——应交增值税”明细账借方余额为 5 400 元，本月销售摩托车 20 辆，销售价每辆 3 500元，销项税为 9 100 元。则相关会计处理如下：

应交增值税 = 9 100 - (5 400 + 2 600) = 1 100（元）

借：应交税费——应交增值税（转出未交增值税）　　1 100
　　贷：应交税费——未交增值税　　1 100

9 月 5 日申报期，企业依法缴纳上月应缴未缴的增值税 1 100 元：

借：应交税费——未交增值税　　1 100
　　贷：银行存款　　1 100

丁字账图示如下：

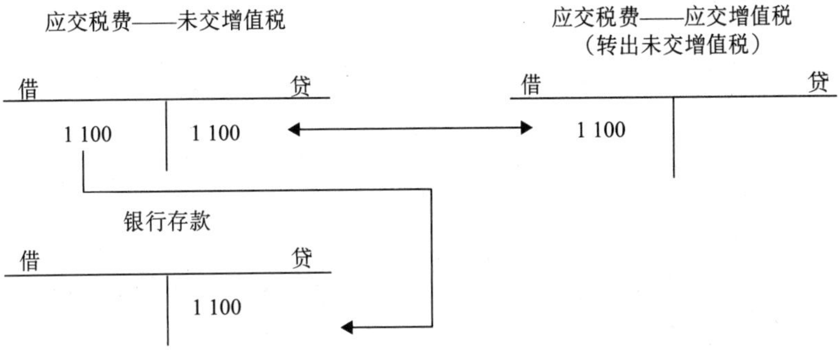

［**核心提示**］当期应纳税额 = 当期销项税额 - 当期进项税额。

二、小规模纳税人应交增值税会计处理

［**例 3 - 63**］正大鞋城为增值税小规模纳税人，从事鞋类零售业务。2019 年 8 月销售 100 双旅游鞋，取得价款 10 000 元，则相关会计处理为：

借：银行存款　　10 000
　　贷：主营业务收入　　9 708.74
　　　　应交税费——应交增值税　　291.26

9 月 5 日申报期，上缴 8 月应缴增值税 291.26 元，做分录为：

借：应交税费——应交增值税　　291.26
　　贷：银行存款　　291.26

丁字账图示如下：

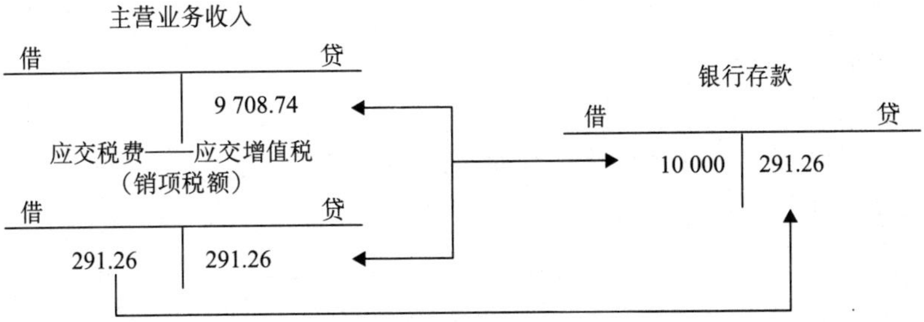

［**核心提示**］小规模纳税人计算当期应纳增值税比较简单，计算公式为：当期应纳税额＝含税销售额÷(1＋3%)×3%。从2009年1月1日起增值税小规模纳税人的征收率统一调整为3%。

［**例3－64**］远大购物商场（一般纳税人），经营地点在市区，经营批发、零售各种商品，该商场2019年8月购销情况如下（外购商品均已验收入库，本月取得的相关票据均在本月认证抵扣）：

1. 采用分期收款方式批发商品，合同规定不含税销售额为200万元，购货方应本月支付100万元，其余货款分别于9月20日和10月20日各支付50万元。由于购货方资金紧张，本月实际收回含税销售额56.50万元，款已存入银行。

2. 本月收到康佳家电商店代销的款项50万元，还没有收到代销清单，该批货物为2019年5月发给康佳家电商店的，款项共计100万元。

3. 商场采取以旧换新方式销售家电实际取得含税收入50万元，收购的旧家电作价5万元。款项存入银行。

4. 商场采取“买一赠一”方式销售冰箱25台，每台不含税销售价2 000元，购买一台冰箱赠送一个电饭锅，赠品电饭锅不含税售价80元，电饭锅成本为50元。

5. 本月其他零售收入为800万元。

6. 将2019年7月购入的成本为2万元的免税农产品作为福利发放给职工。

7. 上月售出的彩电有10台因质量问题顾客要求退货（原零售价每台0.4万元），商场已将彩电退回厂家（原购进的不含税价格每台0.25万元），并提供了税务机关开具的证明单，已取得厂家开出的红字专用发票。

8. 本月向X汽车贸易中心购进小轿车一辆商场自用，并取得机动车销售统一发票，注明不含税价款35万元，增值税额4.55万元，由于该中心开展“一条龙”服务，代办车辆上牌等事宜，收取新车登记费、上牌办证费、仓储保管费、送车费3.39万元，取得了中心开具的合法发票。

9. 从某供货商购进的货物发生非正常损失，账面成本3万元。

10. 当月购进货物取得防伪税控系统开具的增值税专用发票20张，上面注明销售额共计300万元。

计算该企业8月应纳的增值税、城建税、教育税附加、车购税（税率为10%），编写与其相关的计算及缴纳各项税费的会计处理：

（1）分期收款取得收入1 000 000元：

销项税额＝1 000 000×13%＝130 000（元）

借：应收账款	565 000	
银行存款	565 000	
贷：主营业务收入		1 000 000
应交税费——应交增值税（销项税额）		130 000

丁字账图示如下：

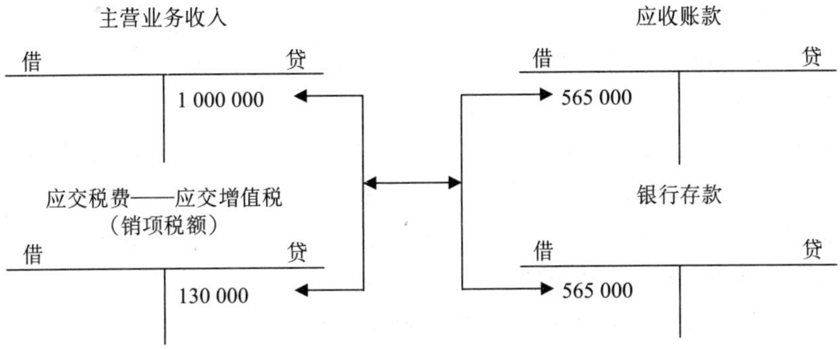

（2）没有收到代销清单，以收到的部分货款计收入：

销项税额 = 500 000 × 13% = 65 000（元）

借：应收账款——康佳公司　565 000

　　贷：主营业务收入　500 000

　　　　应交税费——应交增值税（销项税额）　65 000

丁字账图示如下：

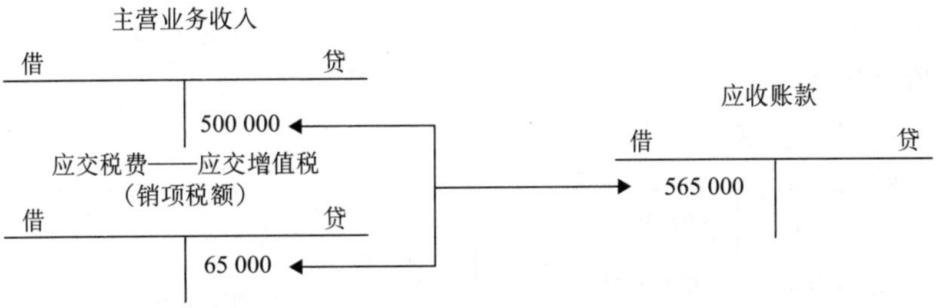

（3）全部价款 550 000 元计收入：

销项税额 = 550 000 ÷ 1.13 × 13% = 63 274.34（元）

借：银行存款　500 000

　　库存商品——旧彩电　50 000

　　贷：主营业务收入　486 725.66

　　　　应交税费——应交增值税（销项税额）　63 274.34

丁字账图示如下：

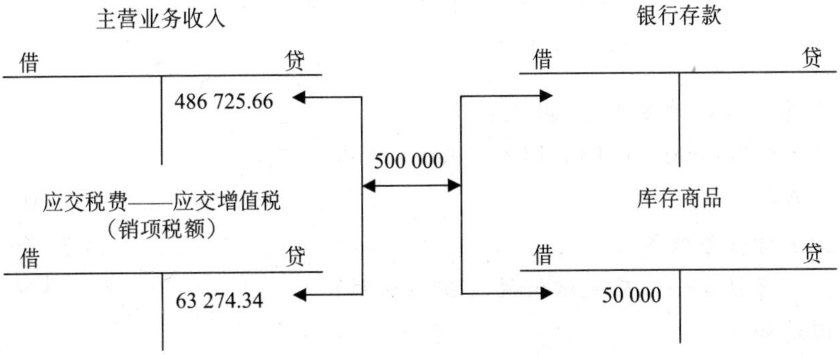

（4）“买一赠一”方式：

根据《增值税暂行条例实施细则》第四条（八）规定，将自产、委托加工或者购进的货物无偿赠送其他单位或个人视同销售。另根据《国家税务总局关于确认企业所得税收入若干问题的通知》（国税〔2008〕875号）中明确，企业买一赠一销售商品不属于捐赠，应将总的销售金额按各项商品的公允价值比例来分摊。

因此本题计算如下25台冰箱价值50 000元（不含税价），赠品电饭锅价值2 000元（不含税价），增值税计算及会计处理如下：

销项税额 =（50 000 + 2 000）× 13% = 6 760（元）

收入分摊如下：冰箱：50 000 × 50 000 ÷ 52 000 = 48 076.93（元）

赠品电饭锅：2 000 × 50 000 ÷ 52 000 = 1 923.77（元）

借：银行存款　　56 500
　　营业外支出　　260
　　贷：主营业务收入——冰箱　　48 076.93
　　　　　　　　　——赠品　　1 923.77
　　　　应交税费——应交增值税（销项税额）——冰箱　　6 500
　　　　　　　　　　　　　　　　　　　——赠品电饭锅　　260

丁字账图示如下：

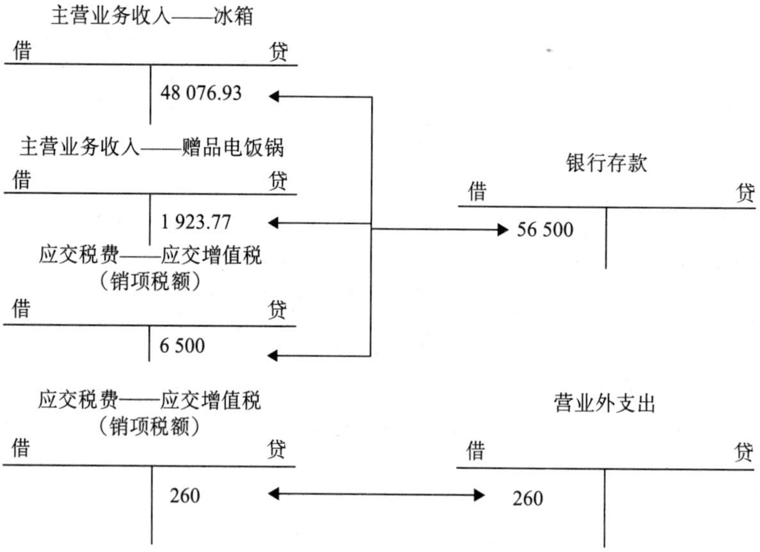

（5）本月零售收入为8 000 000元：

销项税额 = 8 000 000 ÷ 1.13 × 13% = 920 353.98（元）

借：银行存款　　8 000 000
　　贷：主营业务收入　　7 079 646.02
　　　　应交税费——应交增值税（销项税额）　　920 353.98

丁字账图示如下：

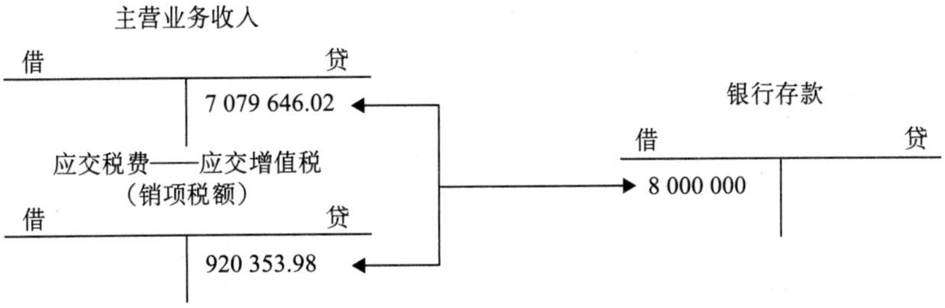

(6) 用于职工福利做进项税额转出处理：

进项税额转出 =20 000 ÷(1 −9%)×9% =1 978.02（元）

借：应付职工薪酬　　21 978.02

　　贷：库存商品　　20 000

　　　　应交税费——应交增值税（进项税额转出）　　1 978.02

丁字账图示如下：

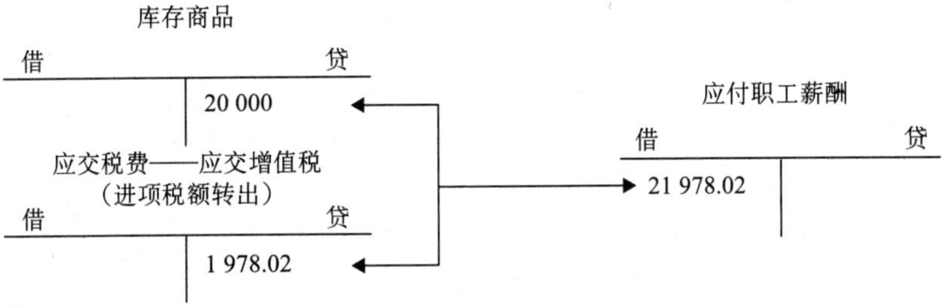

(7) ①退回商场会计处理：

红字冲销项税 =4 000 ÷1.13 ×13% ×10 =4 601.77（元）

借：主营业务收入　　35 398.23

　　应交税费——应交增值税（销项税额）　　4 601.77

　　贷：银行存款　　40 000

丁字账图示如下：

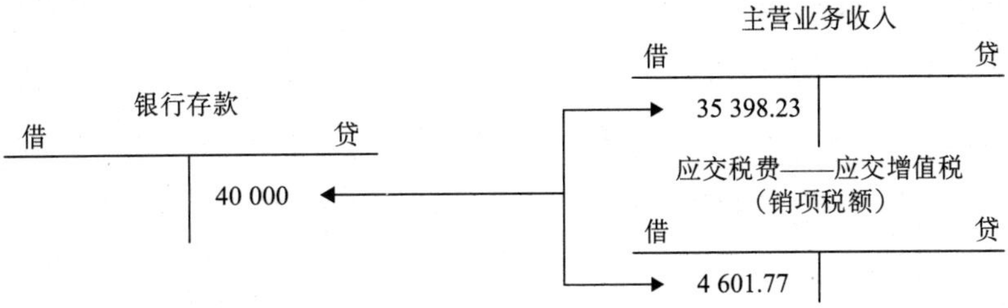

②退回生产厂家会计处理：

红字冲进项税 =2 500 ×13% ×10 =3 250（元）

借：银行存款　　28 250

　　贷：库存商品　　25 000

　　　　应交税费——应交增值税（进项税额）　　3 250

丁字账图示如下：

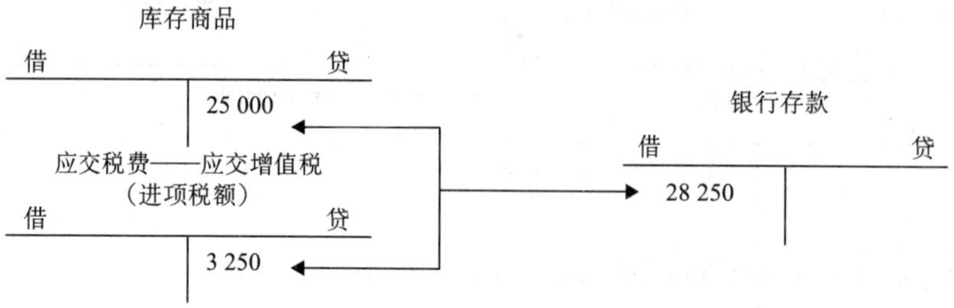

（8）①由于购进固定资产属于应缴消费税的小汽车允许抵扣增值税会计处理：

借：固定资产　　380 000

　　应交税费——应交增值税（进项税额）　　49 400

　　贷：银行存款　　429 400

丁字账图示如下：

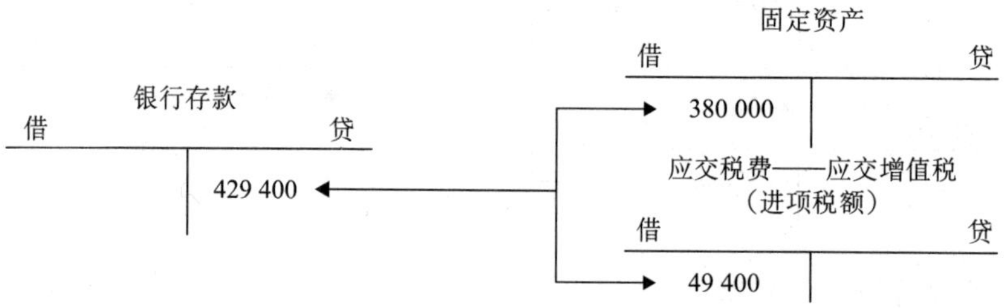

②车购税的会计处理：

车购税 =（350 000 + 33 900 ÷ 1.13）× 10% = 38 000（元）

借：固定资产　　38 000

　　贷：银行存款　　38 000

丁字账图示如下：

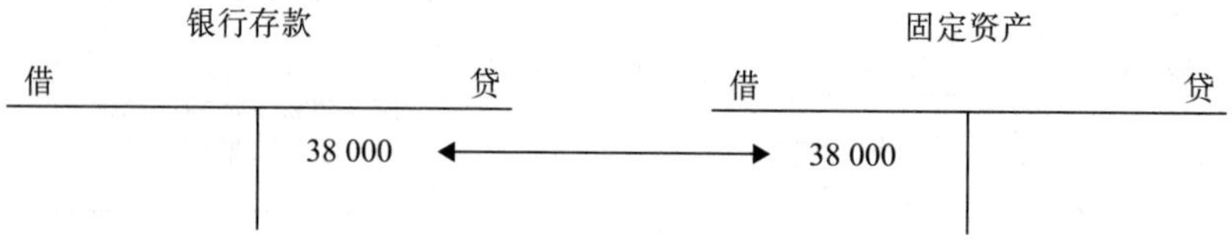

（9）非正常损失作进项税额转出：

进项税额转出 = 30 000 × 13% = 3 900（元）

借：营业外支出　　33 900

　　贷：库存商品　　30 000

　　　　应交税费——应交增值税（进项税额转出）　　3 900

丁字账图示如下：

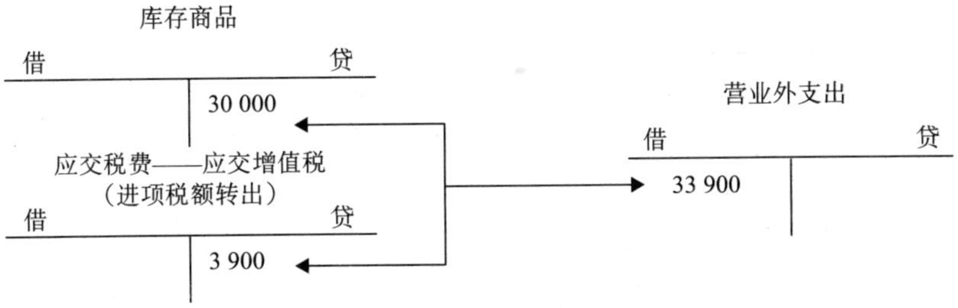

（10）购进货物取得进项税额会计处理：

进项税 = 3 000 000 × 13% = 390 000（元）

借：库存商品　　3 000 000

　　应交税费——应交增值税（进项税额）　　390 000

　　贷：银行存款　　3 390 000

丁字账图示如下：

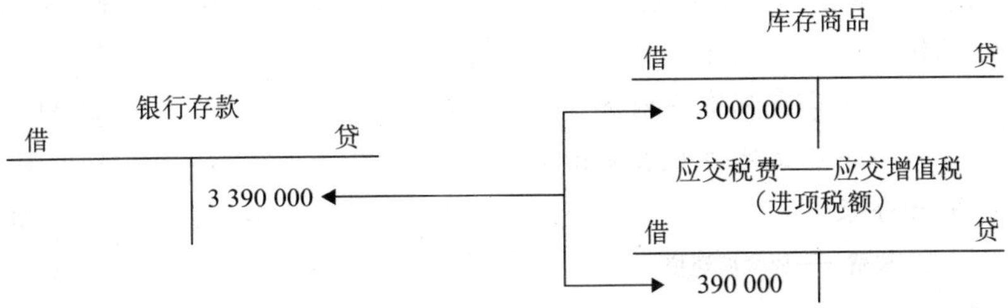

8 月末，计算应纳增值税额：

销项税额 = 130 000 + 65 000 + 63 274.34 + 6 760 + 920 353.98 − 4 601.77

　　= 1 180 786.55（元）

进项税额 = 390 000 − 1 978.02 − 3 250 − 3 900 + 49 400 = 430 271.98（元）

应纳增值税 = 1 180 786.55 − 430 271.98 = 750 514.57（元）

应纳城建税 = 750 514.57 × 7% = 52 536.02（元）

应纳教育费附加 = 750 514.57 × 3% = 22 515.44（元）

应纳地方教育费附加 = 750 514.57 × 2% = 15 010.29（元）

缴纳增值税的会计处理如下：

借：应交税费——应交增值税（转出未交增值税）　　750 514.57

　　贷：应交税费——未交增值税　　750 514.57

9 月申报期，企业依法缴纳上月应缴未缴的增值税 750 514.57 元后，应做如下分录：

借：应交税费——未交增值税　　750 514.57

　　贷：银行存款　　750 514.57

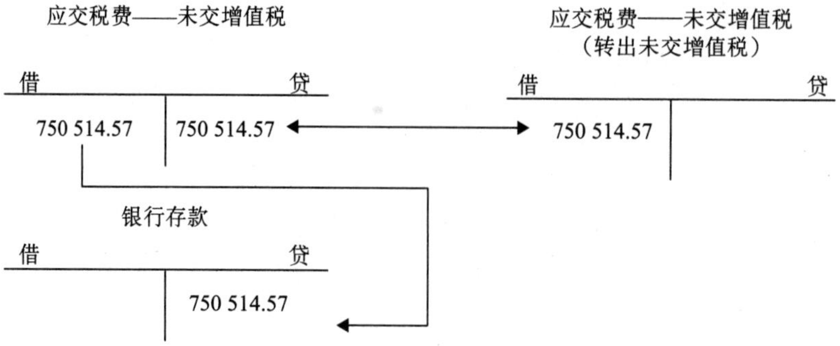

缴纳其他税费的会计处理如下：

借：税金及附加　　90 061.75
　　贷：应交税费——应交城建税　　52 536.02
　　　　　　　　——应交教育费附加　　22 515.44
　　　　　　　　——应交地方教育费附加　　15 010.29

9 月申报期，企业依法缴纳税金及附加 90 061.75 元后，应做如下分录：

借：应交税费——应交城建税　　52 536.02
　　　　　　——应交教育费附加　　22 515.44
　　　　　　——应交地方教育费附加　　15 010.29
　　贷：银行存款　　90 061.75

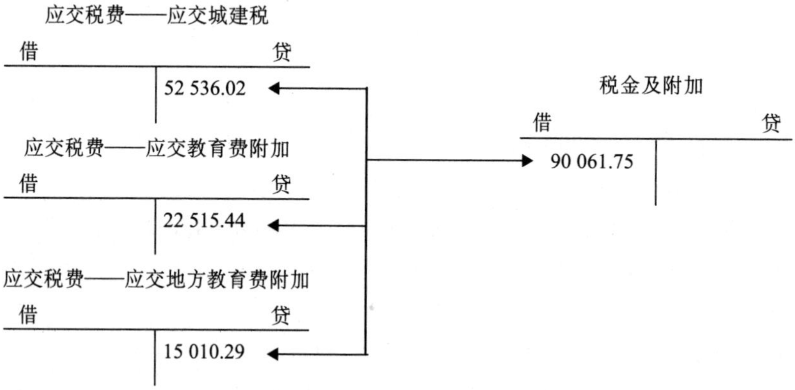

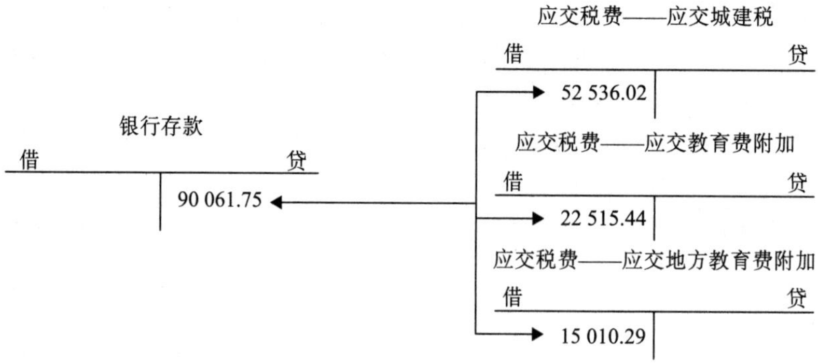

第四章　房地产开发企业增值税会计处理

第一节　进项税额会计处理

纳税人购进货物、劳务、服务、无形资产、不动产支付或者负担的增值税额，为进项税额。

下列进项税额准予从销项税额中抵扣：

1. 从销售方取得的增值税专用发票上注明的增值税额。

2. 从海关取得的海关进口增值税专用缴款书上注明的增值税额。

3. 购进农产品，除取得增值税专用发票或者海关进口增值税专用缴款书外，按照农产品收购发票或者销售发票上注明的农产品买价和相应的扣除率计算的进项税额，国务院另有规定的除外。

4. 自境外单位或者个人购进劳务、服务、无形资产或者境内的不动产，从税务机关或者扣缴义务人取得的代扣代缴税款的完税凭证上注明的增值税额。

房地产开发企业进项税额特殊规定：

一般纳税人销售自行开发的房地产项目，兼有一般计税方法计税、简易计税方法计税、免征增值税的房地产项目而无法划分不得抵扣的进项税额的，应以《建筑工程施工许可证》注明的"建设规模"为依据进行划分。

不得抵扣的进项税额 = 当期无法划分的全部进项税额 ×（简易计税、免税房地产项目建设规模 ÷ 房地产项目总建设规模）

一、房地产开发企业外购方式取得进项的会计处理

房地产开发企业购入材料，按应计入材料采购成本的金额，借记"原材料""在途物资""管理费用"等科目，按实际支付或应支付的金额，贷记"银行存款""库存现金""应付账款""应付票据""预付账款"等科目。为了保证所购物资在数量、质量方面不出差错，企业购买的各项材料物资，一般要等货物验收入库后才进行会计处理。期末，企业应将仓库转来的外购收料凭证，按照材料科目并分情况进行汇总。

［例 4 -1］ 蓝天房地产开发公司为增值税一般纳税人，2019 年 5 月从本地购进用于商

品房开发的装饰材料 A 一批，增值税专用发票注明的材料价款为 40 000 元（含税），增值税额 5 200 元，材料已验收入库，发票账单等结算凭证已收到，货款已通过银行支付。

相关会计处理如下：

借：原材料——装饰材料 A　　40 000

　　应交税费——应交增值税（进项税额）　　5 200

　　贷：银行存款　　45 200

丁字账图示如下：

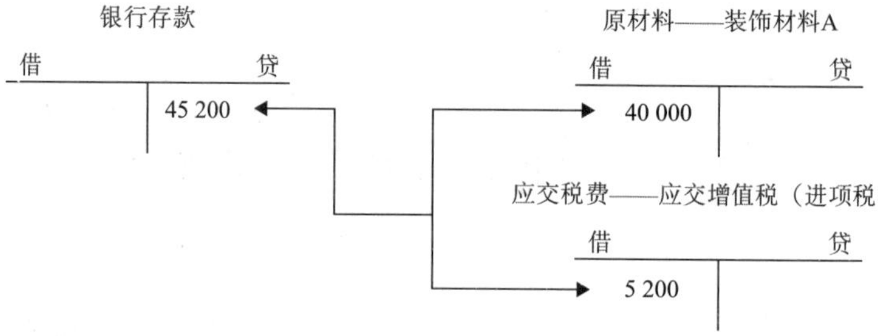

材料领用时的会计处理：

借：开发成本　　40 000

　　贷：原材料——装饰材料 A　　40 000

丁字账图示如下：

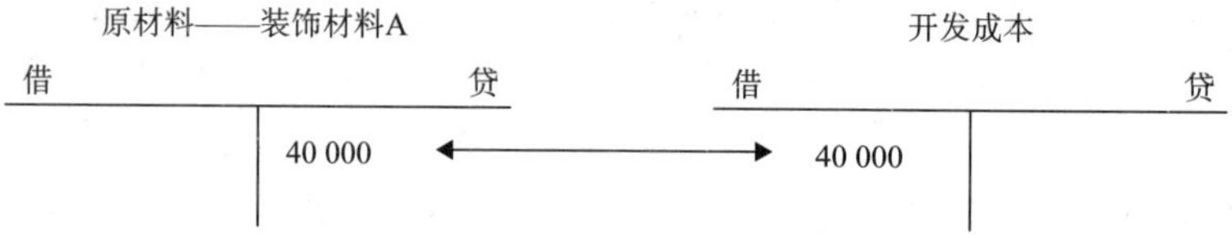

[**核心提示**] 房地产开发企业领用原材料应计入“开发成本”科目，待材料领用时，借“开发成本”（明细科目为当前开发商品房）贷“原材料”科目。

[**例 4－2**] 某房地产开发公司为增值税一般纳税人，2019 年 10 月从外地购进用于房屋开发的建筑涂料一批，材料价款为 23 400 元，已取得对方开具增值税专用发票。材料尚未入库，发票账单等结算凭证已收到，货款已通过现金支付。相关会计处理如下：

借：在途物资　　23 400

　　应交税费——应交增值税（进项税额）　　2 692.04

　　贷：库存现金　　26 092.04

丁字账图示如下：

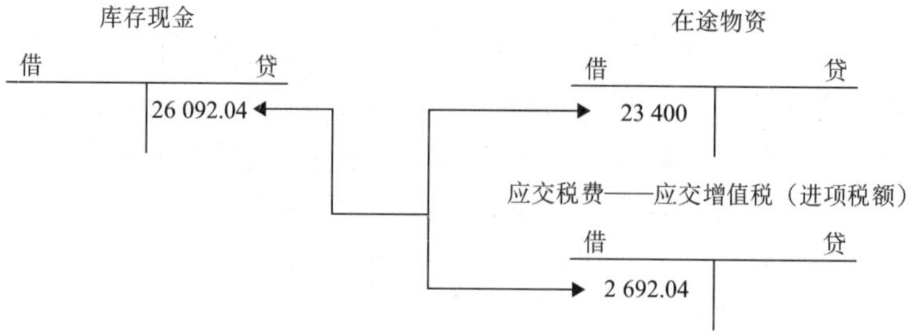

材料入库时的会计处理：

借：原材料　　23 400

　　贷：在途物资　　23 400

丁字账图示如下：

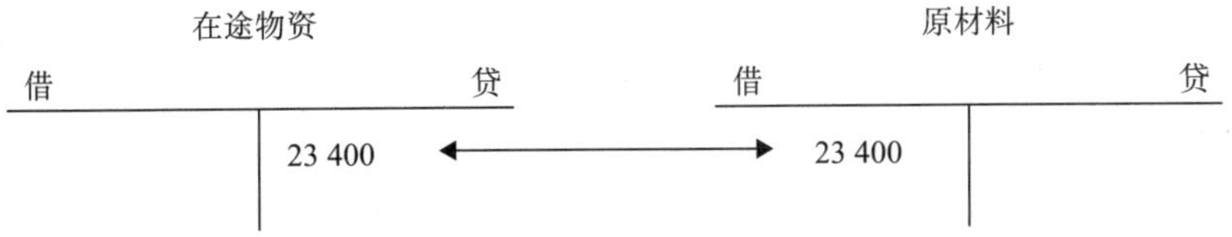

材料领用时的会计处理：

借：开发成本　　23 400

　　贷：原材料　　23 400

丁字账图示如下：

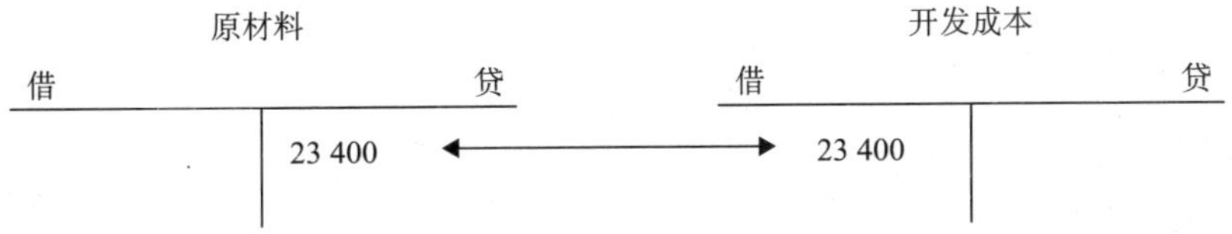

［**核心提示**］（1）根据《企业会计准则第 1 号——存货》第六条规定：存货的采购成本，包括购买价款、相关税费、运输费、装卸费、保险费以及其他可归属于存货采购成本的费用。若有运费，应直接计入原材料成本。（2）支付运费取得普通发票，不允许抵扣进项税额。（3）材料验收入库时由“在途物资”科目结转至“原材料”科目。（4）材料价款 23 400元为含税价款，需先剔除增值税 23 400÷(1+13%)×13% 得出进项税 2 692.04 元。

［**例 4－3**］盛达房地产开发企业为增值税一般纳税人，2019 年 6 月从某企业采购办公用品一批，价税款合计数为 22 600 元，货款及税款未付，材料当日运达企业已验收。相关会计处理如下：

借：管理费用——办公用品　　20 000

　　应交税费——应交增值税（进项税额）　　2 600

　　贷：应付账款　　22 600

丁字账图示如下：

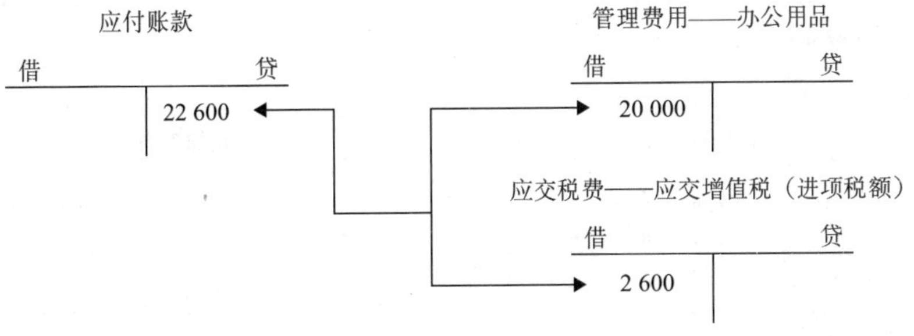

［**例 4－4**］张强为荣盛房地产公司的一名员工，8 月底去外地出差，收到一般纳税人

酒店自行开具的“住宿费”增值税专用发票一张，住宿费 900 元，税款 54 元。9 月初该员工到公司报销差旅费。

相关会计分录如下：

借：管理费用——差旅费　　900

　　应交税费——应交增值税（进项税额）　　54

　　贷：库存现金　　954

丁字账图示如下：

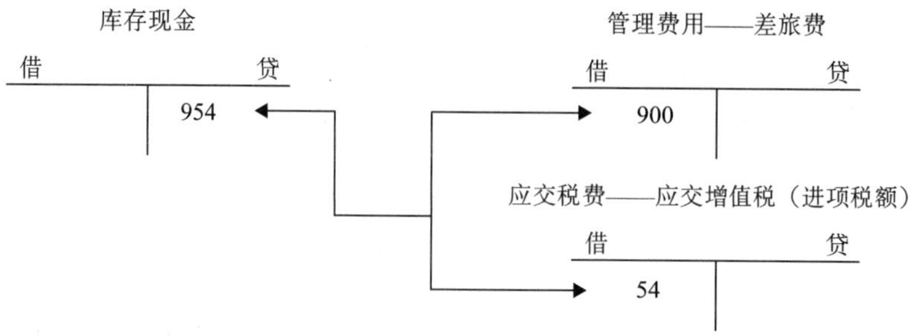

［**核心提示**］抵扣进项税额 54 元（900 ×6%），员工因公出差，住宿费取得增值税专用发票，可以按规定 6% 抵扣进项。

二、房地产开发企业委托加工方式取得进项的会计处理

委托外加工材料，在发出委托外单位加工的材料时，按实际成本，借记“委托加工物资”科目，贷记“原材料”科目；支付加工费、运杂费等时，借记“委托加工物资”科目，贷记“银行存款”科目；加工完成并已验收入库时，按实际成本，借记“原材料”科目，按实际成本，贷记“委托加工物资”科目。

［**例 4 –5**］昌盛房地产开发公司为增值税一般纳税人，本月委托甲公司加工一批材料，原材料成本为 100 000 元，支付的加工费为 8 000 元（不含增值税），材料加工完成验收入库，收到对方开具增值税专用发票一张，货款已通过银行支付。

相关会计处理如下：

（1）发出委托加工材料时：

借：委托加工物资　　100 000

　　贷：原材料　　100 000

丁字账图示如下：

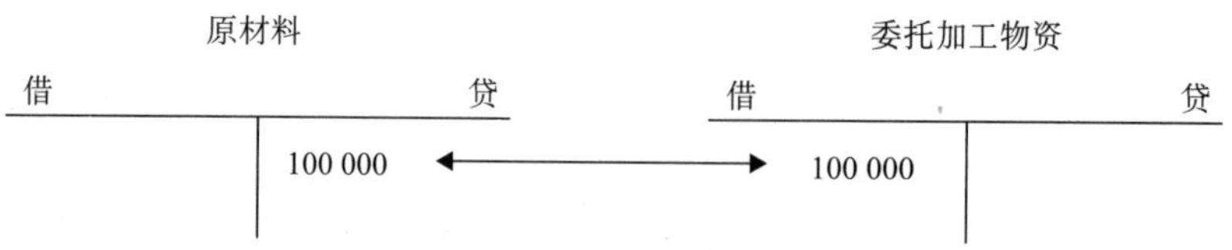

（2）收到增值税专用发票并支付款项时：

借：委托加工物资　　8 000

　　应交税费——应交增值税（进项税额）　　　　　　　　　1 040

　　贷：银行存款　　　　　　　　　　　　　　　　　　　　　　9 040

丁字账图示如下：

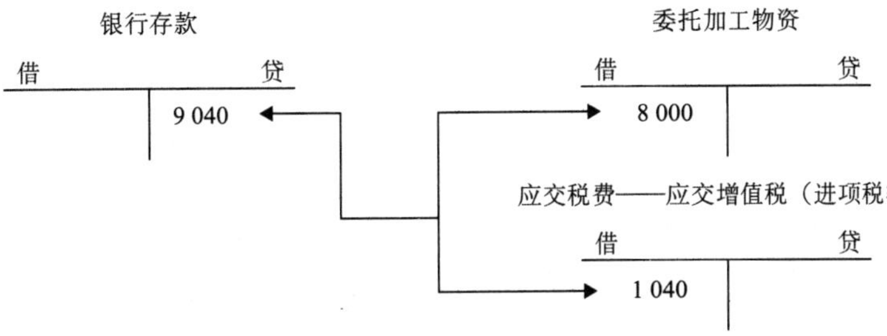

(3) 收回加工后的材料验收入库时：

借：原材料　　　　　　　　　　　　　　　　　　　　　　108 000

　　贷：委托加工物资　　　　　　　　　　　　　　　　　　　108 000

丁字账图示如下：

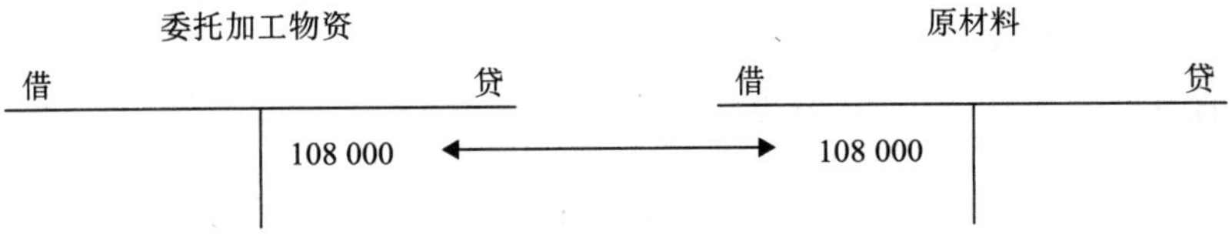

[**例 4-6**] 甲公司和丁公司为增值税一般纳税人，2019 年末甲公司委托丁公司加工金属件一批共 10 000 件，1 月发出材料一批，计划成本为 600 000 元，材料成本差异率为 -3%。2 月支付商品加工费不含税 12 000 元，3 月用银行存款支付往返运杂费 1 000 元。

(1) 发出委托加工材料时：

借：委托加工物资　　　　　　　　　　　　　　　　　　600 000

　　贷：原材料　　　　　　　　　　　　　　　　　　　　　　600 000

丁字账图示如下：

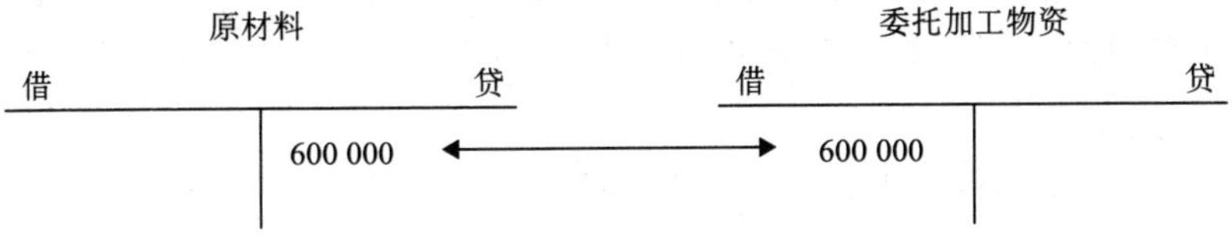

(2) 结转发出材料应分摊的材料成本差异：

借：材料成本差异　　　　　　　　　　　　　　　　　　18 000

　　贷：委托加工物资　　　　　　　　　　　　　　　　　　　18 000

丁字账图示如下：

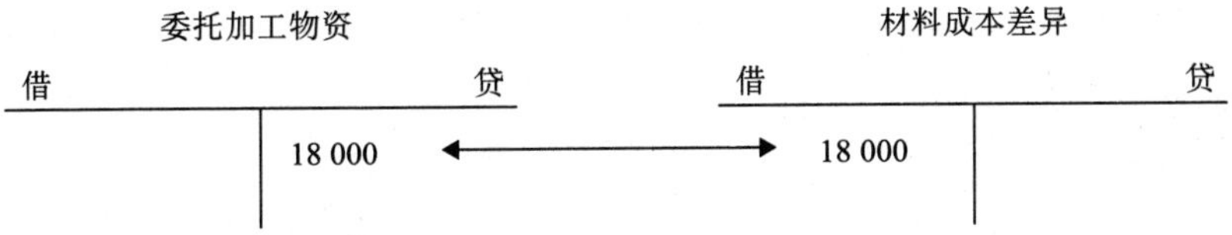

借：委托加工物资　　12 000

　　应交税费——应交增值税（进项税额）　　1 560

　　贷：银行存款　　13 560

丁字账图示如下：

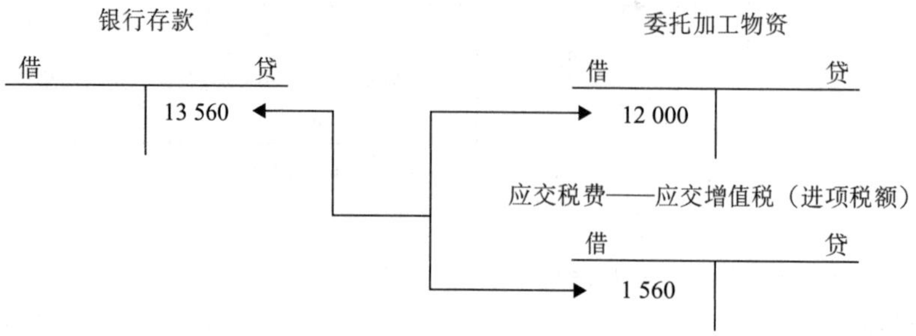

（3）用银行存款支付往返运杂费：

借：委托加工物资　　1 000

　　贷：银行存款　　1 000

丁字账图示如下：

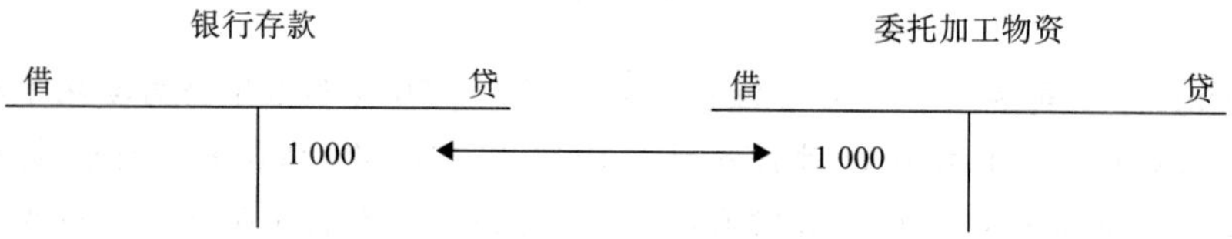

［**核心提示**］材料成本差异账户用于核算企业各种材料的实际成本与计划成本的差异，借方登记实际成本大于计划成本的差异额（超支额）及发出材料应负担的节约差异，以及调整库存材料计划成本时，调整减少的计划成本。贷方登记实际成本小于计划成本的差异额（节约额）、发出材料应负担的超支差异，以及调整库存材料计划成本时，调整增加的计划成本（节约用红字，超支用蓝字）。

三、房地产企业租赁固定资产会计处理

［**例4－7**］甲房地产开发企业为增值税一般纳税人，2019年7月租入一台施工设备，银行存款支付了租赁费113万元，取得增值税专用发票上记载的进项税额13万元，这台设备既用于简易计税方法计税项目，又用于一般计税方法计税项目。相关会计分录如下：

借：管理费用——租金　　1 000 000

　　应交税费——应交增值税（进项税额）　　130 000

　　贷：银行存款　　1 130 000

丁字账图示如下：

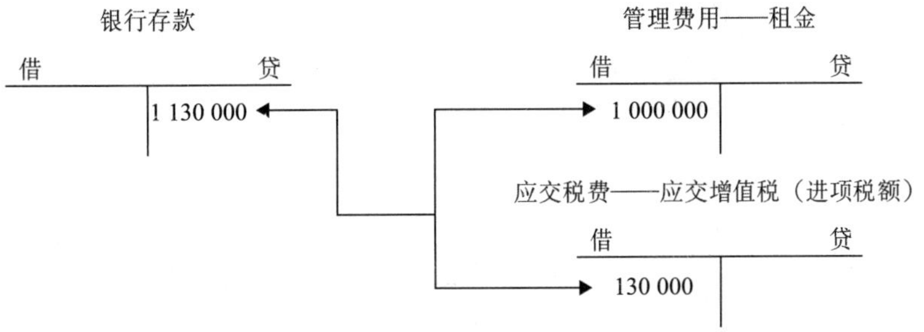

［**核心提示**］财税〔2017〕90号文件第一条：自2018年1月1日起，纳税人租入固定资产、不动产，既用于一般计税方法计税项目，又用于简易计税方法计税项目、免征增值税项目、集体福利或者个人消费的，其进项税额准予从销项税额中全额抵扣。

［**例4-8**］元达房地产开发企业增值税一般纳税人销项业务适用一般计税方法计税，2019年11月租入房屋一栋，既用于公司办公，又用于职工食堂，支付房租1 090万元，取得增值税专用发票上记载的进项税额90万元，款项以银行存款支付。相关会计分录如下：

借：管理费用——租金　　10 000 000
　　应交税费——应交增值税（进项税额）　　900 000
　　贷：银行存款　　10 900 000

丁字账图示如下：

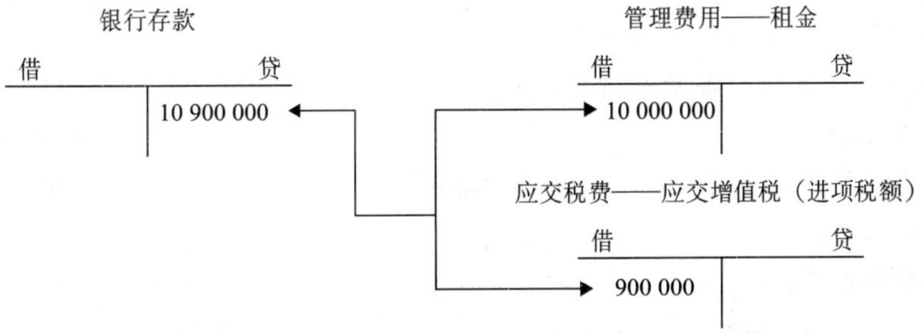

［**核心提示**］有形动产经营租赁自2019年5月1日后为税率调整为13%，不动产经营租赁税率为9%。

［**例4-9**］甲公司为增值税一般纳税人，购买设备适用的增值税税率为17%。甲公司于2016年年初购入一台不需安装的生产用设备，总价款为1 000万元（不含增值税），分三次付款，2016年末支付400万元，2017年末支付300万元，2018年末支付300万元。根据税法规定，增值税在合同约定的付款时间按约定的付款额计算缴纳。假定同类交易的市场实际利率为10%，不考虑其他相关税费。相关会计分录如下：

（1）确认固定资产：

借：固定资产　　8 369 600
　　未确认融资费用　　1 630 400
　　贷：长期应付款　　10 000 000

丁字账图示如下：

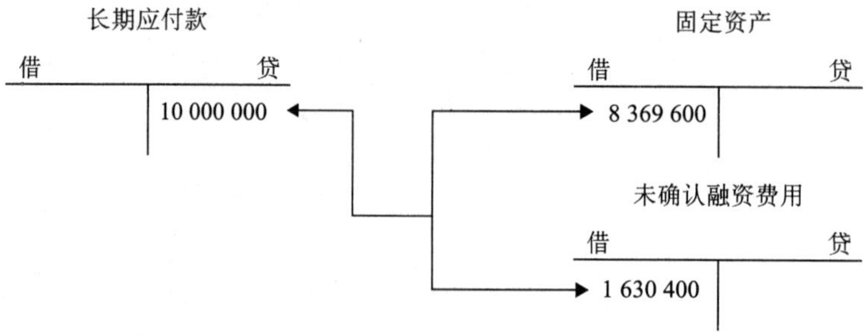

[**核心提示**] 购买价款总额的现值为 836.96 万元 [400 ÷ (1 + 10%) + 300 ÷ (1 + 10%) × 2 + 300 ÷ (1 + 10%) × 3]，未确认融资费用金额为 163.04 万元(1 000 − 836.96)。

(2) 2016 年确认利息费用时：

借：财务费用　　　　837 000

　　贷：未确认融资费用　　　　837 000

丁字账图示如下：

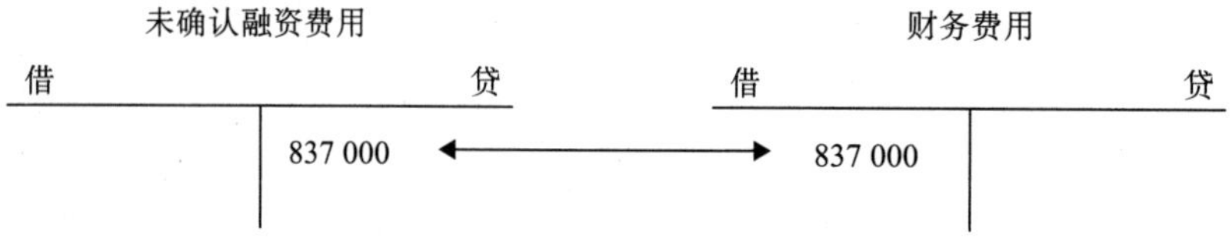

[**核心提示**] 2016 年年初摊余成本为 836.96 万元 (1 000 − 163.04)，2016 年确认利息费用为 83.7 万元 (836.96 × 10%)。

(3) 2016 年末支付设备款及增值税时：

借：长期应付款　　　　4 000 000

　　应交税费——应交增值税 (进项税额)　　　　680 000

　　贷：银行存款　　　　4 680 000

丁字账图示如下：

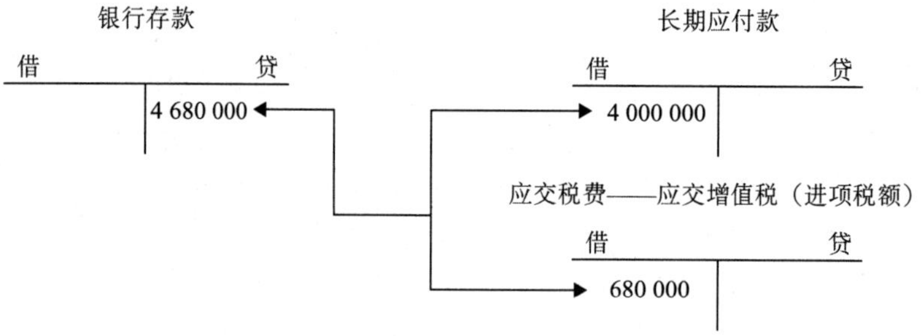

(4) 2017 年确认利息费用时：

借：财务费用　　　　520 700

　　贷：未确认融资费用　　　　520 700

丁字账图示如下：

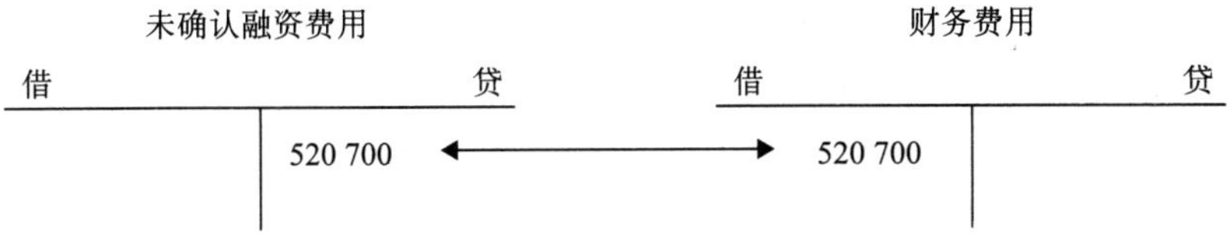

［**核心提示**］2017 年年初摊余成本为 520.66 万元（836.96 + 83.7 - 400），2017 年确认利息费用为 52.07 万元（520.66 × 10%）。

（5）2017 年末支付设备款及增值税时：

借：长期应付款　　3 000 000

　　应交税费——应交增值税（进项税额）　　510 000

　　贷：银行存款　　3 510 000

丁字账图示如下：

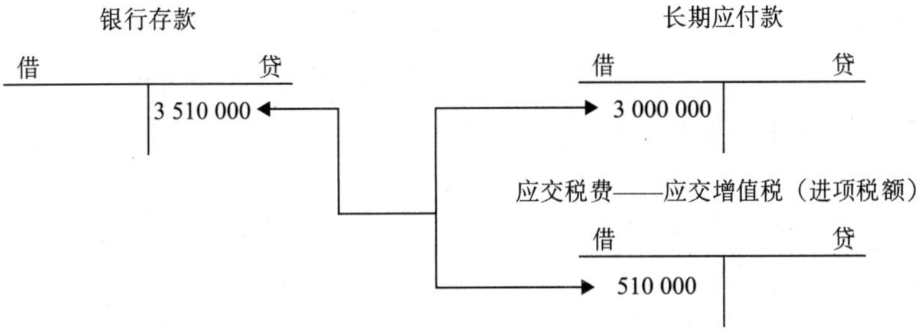

（6）2018 年确认利息费用时：

借：财务费用　　272 700

　　贷：未确认融资费用　　272 700

丁字账图示如下：

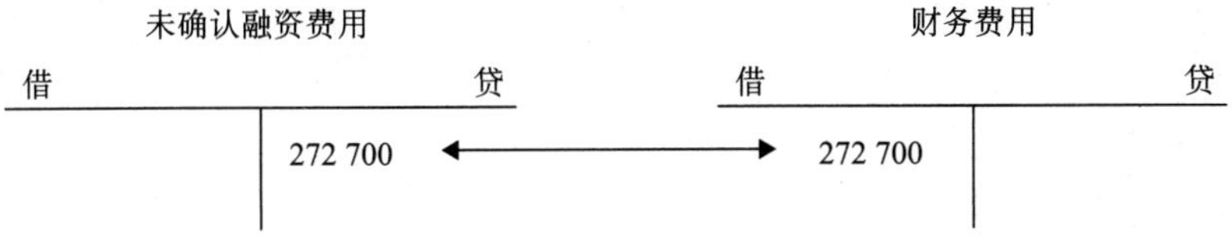

［**核心提示**］2018 年年初摊余成本为 27.27 万元（163.04 - 83.7 - 52.07）。

（7）2018 年末支付设备款及增值税时：

借：长期应付款　　3 000 000

　　应交税费——应交增值税（进项税额）　　510 000

　　贷：银行存款　　3 510 000

丁字账图示如下：

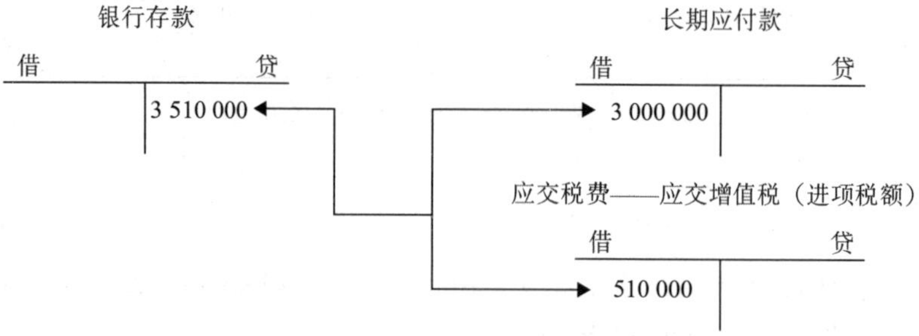

四、房地产开发企业购进固定资产会计处理

购入不需要安装固定资产的核算。不需要安装固定资产在购入后即可直接交付使用，将其实际支付的价款（包括买价、支付的包装费、运输费、税金等）作为固定资产的原值，记入“固定资产”科目的借方和“银行存款”等科目的贷方。

购入需要安装固定资产的核算。需要安装固定资产在购入后要经过安装以后才能交付使用。在核算上，对购入需要安装固定资产的价款以及发生的安装费用，均应通过“固定资产购建支出”或“在建工程”科目（采用企业会计制度的开发企业通过“在建工程”科目），视同自行建造固定资产进行核算。

如购入的是已使用过的固定资产，则应按售出单位的固定资产账面原值，作为固定资产的原值，记入“固定资产”科目的借方；实际支付的价款，记入“银行存款”等科目的贷方，并视为固定资产净值；其差额作为已提折旧，记入“累计折旧”科目的贷方。如实际支付的价款大于售出单位的固定资产原值，则应以实际支付的价款作为购入固定资产的原值，记入“固定资产”科目的借方。

[例 4 - 10] 甲公司为增值税小规模纳税人，2019 年 9 月购买一辆宣传用车，支付不含税价款 43 000 元，另支付车辆保险 3 000 元，已取得汽车销售公司开具的机动车销售统一发票，并支付现金。相关会计处理如下：

借：固定资产　　47 300
　　管理费用　　3 000
　　贷：库存现金　　50 300

丁字账图示如下：

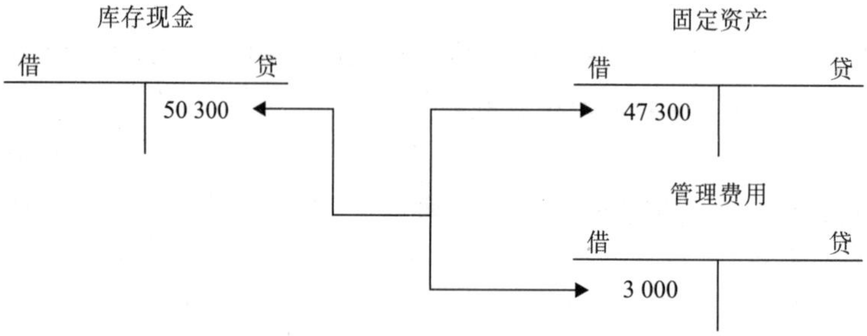

[核心提示]（1）一般来说，公司购买汽车通常会发生的费用包括：汽车价、车辆购

置税、强险、保险费，办理汽车的牌照费、检测费、车船使用税、维修费、汽油费等。本题中小规模纳税人不得抵扣进项税额，车辆购置税额 4 300 元（43 000 × 10%）。购买汽车时，汽车价、车辆购置税，汽车装具记入“固定资产”科目。汽车交强险、保险费，办理汽车的牌照费、检测费等记入“管理费用”科目。（2）代收款项应区别征税，凡使用代收单位（受托方）票据收取的款项，应视作代收单位的价外费用，并入计税依据一并纳税；凡使用委托方票据收取，受托方只履行代收义务，不作为价外费用并入计税依据计算缴纳车辆购置税。

［例 4 - 11］ 某房地产开发公司为增值税一般纳税人，购买工程用车，支付含增值税的价款 175 500 元，另支付购置工具件和零配件价款 2 340 元，车辆装饰费 4 000 元，各项价款均由销售公司开具统一发票。款项由银行转入对方账户。相关会计处理如下：

借：固定资产　　181 840
　　应交税费——应交增值税（进项税额）　　16 092.04
　　贷：银行存款　　197 932.04

丁字账图示如下：

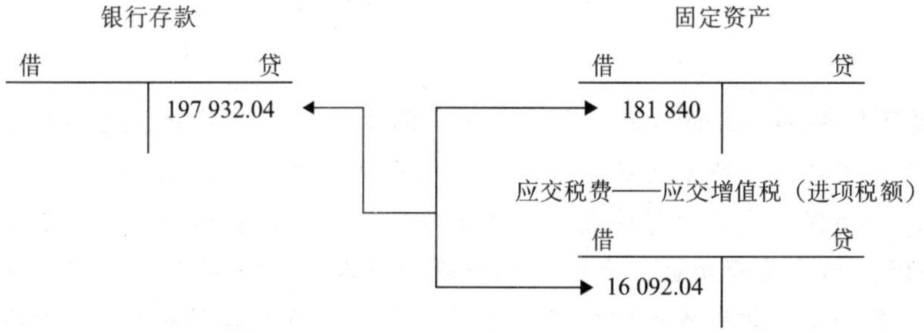

［核心提示］（1）车辆购置税纳税人购买自用的应税车辆的计税价格，为纳税人购买应税车辆而支付给销售者的全部价款和价外费用，不包括增值税税款。因此，甲公司应纳车辆购置税 16 092.04（元）［（175 500 + 2 340 + 4 000）÷（1 + 13%）× 10%］。

（2）购入的汽车可以既用于应税项目，又用于非增值税应税项目、免税项目、集体福利、个人消费。例题中购买车辆为工程用小轿车，是可以抵扣进项税的，但对仅用于接送职工上下班的班车就属用于职工福利，不能抵扣进项税。

［例 4 - 12］ 宏大公司为增值税一般纳税人，2019 年底购入一台需要安装的生产设备，买价 250 000 元，增值税进项税额 32 500 元，支付安装设备等费用 5 000 元，安装完毕后设备达到预定可使用状态，取得销货方开出的增值税专用发票，货款暂未支付。相关会计处理如下：

（1）购入设备时：

借：在建工程　　255 000
　　应交税费——应交增值税（进项税额）　　32 500
　　贷：应付账款　　287 500

丁字账图示如下：

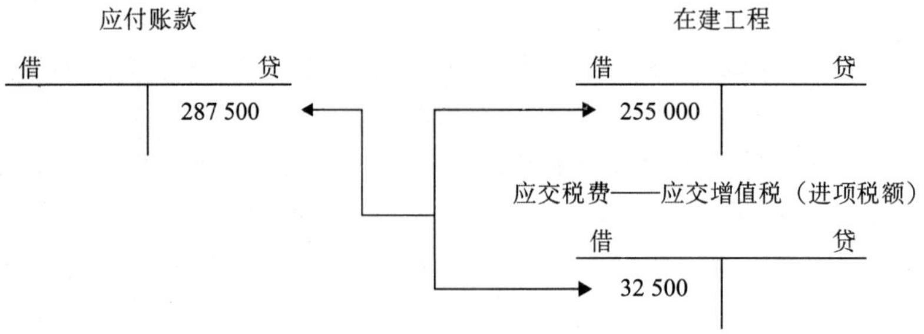

（2）安装完毕达到预定可使用状态时：

借：固定资产　　287 500

　　贷：在建工程　　287 500

丁字账图示如下：

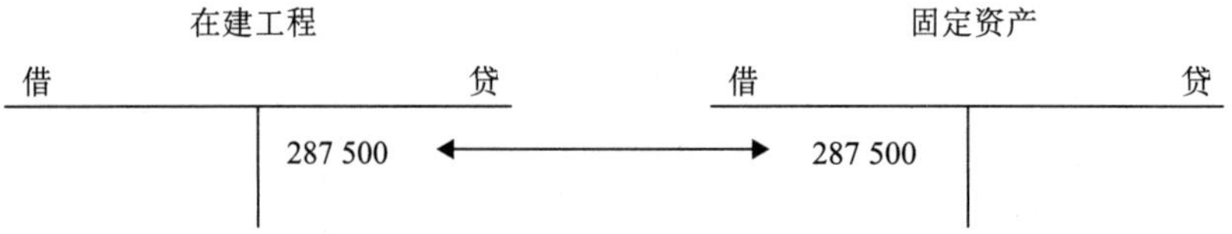

［**核心提示**］企业外购的固定资产，应按实际支付的购买价款、相关税费、使固定资产达到预定可使用状态前所发生的可归属于该项资产的运输费、装卸费、安装费和专业人员服务费等，作为固定资产的取得成本，成本不包括可以抵扣的增值税进项税额。

［**例 4－13**］丙房屋开发企业为增值税一般纳税人，2019 年 9 月购入用于建设商品房的起重吊装设备一批，该设备无需安装，可直接使用。价税合计金额 452 000 元，款项已用银行存款支付。相关会计处理如下：

借：固定资产　　400 000

　　应交税费——应交增值税（进项税额）　　52 000

　　贷：银行存款　　452 000

丁字账图示如下：

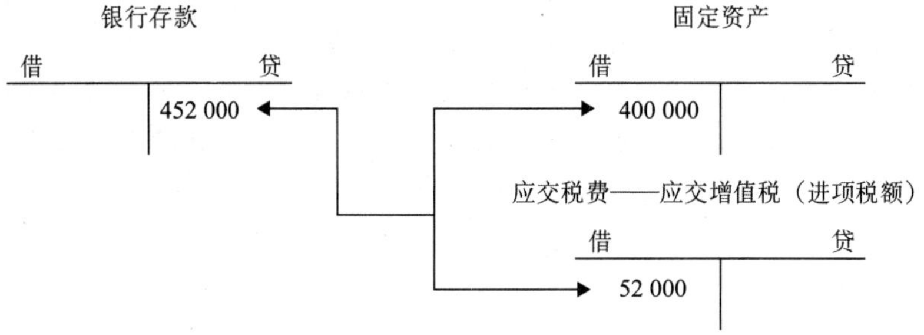

［**核心提示**］购入不需安装的固定资产时，直接通过“固定资产”科目核算，不需要先计入“在建工程”科目。

五、房地产开发企业进口物资会计处理

企业进口货物，按照海关提供的完税凭证上注明的增值税额，借记“应交税金——应交增值税（进项税额）”科目，按照进口货物应计入采购成本的金额，借记“材料采购”“商品采购”“原材料”等科目，按照应付或实际支付的金额，贷记“应付账款”“银行存款”等科目。其具体会计处理方法与国内购进货物的处理方法相同，只是扣税依据不同。

[例4－14] 某公司委托其他商贸公司从国外购进（一般贸易方式）工程原料10吨，境外成交价1 000元/吨，共10 000元；进口时海关估价为1 200元/吨，共12 000元；进口关税共5 000元，增值税3 000元。已开出承兑汇票给代理公司 。相关会计处理如下：

借：工程物资　　15 000

　　应交税费——应交增值税（进项税额）　　3 000

　　贷：应付票据——某外贸公司　　18 000

丁字账图示如下：

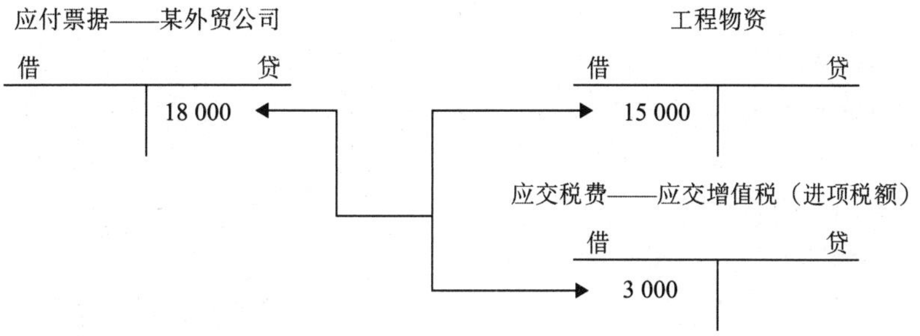

付汇时会计处理如下：

借：应付票据——某外贸公司　　18 000

　　贷：银行存款　　18 000

丁字账图示如下：

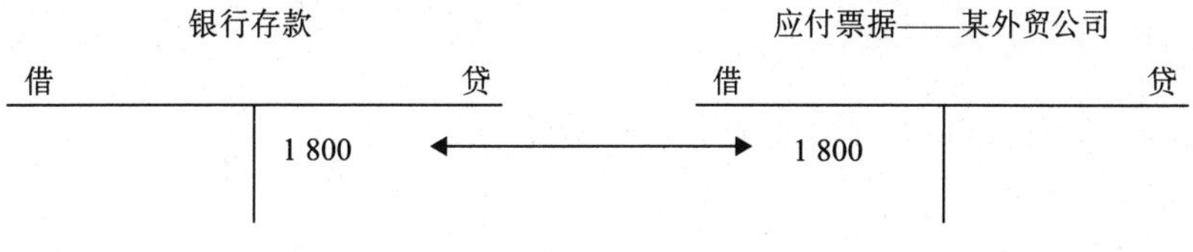

[核心提示] 原材料的进价，根据会计制度规定，应按材料实际发生额确定。海关的“估价”是关税的计税价，并非购买材料的实际发生额，因此应以10 000元作为记账依据。

[例4－15] 进口一批商品报关价格为3 000美元，海关完税价格为19 500元（含关税）增值税500元，税款以银行存款支付，第二月付汇给外方3 000美元，银行手续费用200元，支付国际海运费100美元，国内运费人民币100元（以海关完税价格入成本，汇率为6.3）。相关会计处理如下：

借：原材料　　38 400

应交税费——应交增值税（进项税额）　　500

贷：银行存款　　20 000

　　应付账款——某供应商　　18 900

丁字账图示如下：

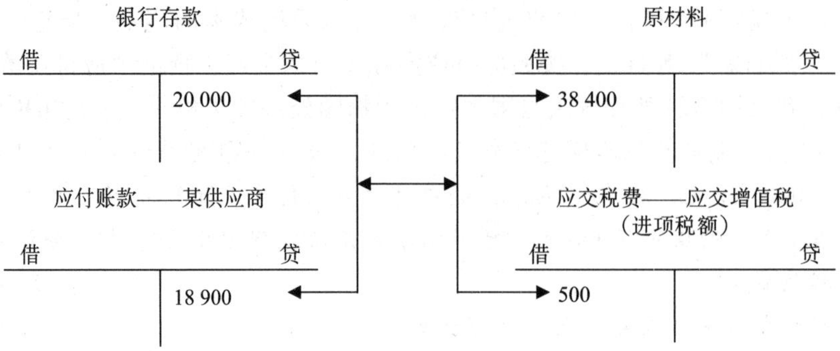

[核心提示] 原材料价格18 900元（3 000×6.3），当月未支付款项计入“应付账款”科目。

支付时会计处理：

借：应付账款——某供应商　　18 900

　　财务费用——银行手续费　　200

　　贷：银行存款　　19 100

丁字账图示如下：

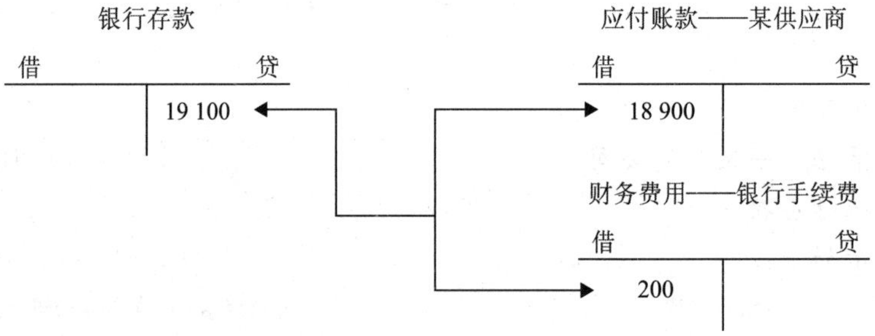

[核心提示] 支付的银行手续费应计入“财务费用”科目。

付运费时会计处理：

借：原材料　　730

　　贷：银行存款　　730

丁字账图示如下：

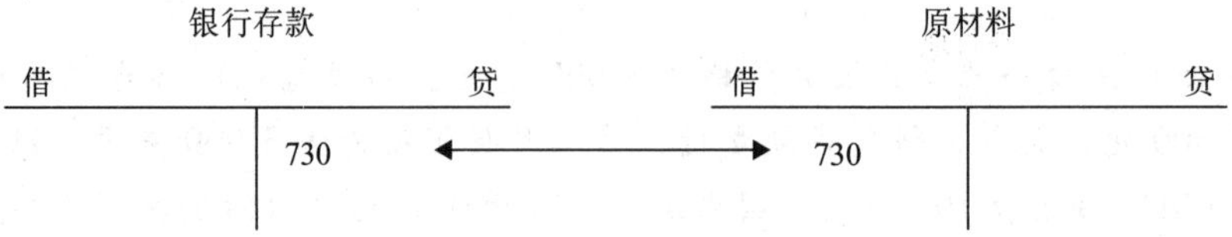

[核心提示] 海外运费630元（100×6.3），运费计入原材料成本。

六、房地产开发企业购入土地使用权的会计处理

根据《企业会计准则讲解》，企业取得的土地使用权通常应确认为无形资产。土地使用权用于自行开发建造厂房等地上建筑物时，土地使用权的账面价值不与地上建筑物合并计算其成本，而仍作为无形资产进行核算，土地使用权与地上建筑物分别进行摊销和提取折旧，但下列情况除外：

1. 房地产开发企业取得的土地使用权用于建造对外出售的房屋建筑物，相关的土地使用权应当计入所建造的房屋建筑物成本。

2. 企业外购的房屋建筑物，实际支付的价款中包括土地以及建筑物的价值，则应当对支付的价款按照合理的方法（例如，公允价值）在土地和地上建筑物之间进行分配；如果确实无法在地上建筑物与土地使用权之间进行合理分配的，应当全部作为固定资产核算。

3. 企业改变土地使用权的用途，将其作为用于出租或增值目的时，应将其转为投资性房地产。

[例 4－16] A 企业因扩大企业规模准备购入土地，土地用途待定。2018 年 1 月向土地管理部门缴纳土地出让金 100 万元，土地出让合同规定的使用年限为 50 年，款项以银行存款支付。相关会计处理为：

借：无形资产——土地使用权　　1 000 000

　贷：银行存款　　1 000 000

丁字账图示如下：

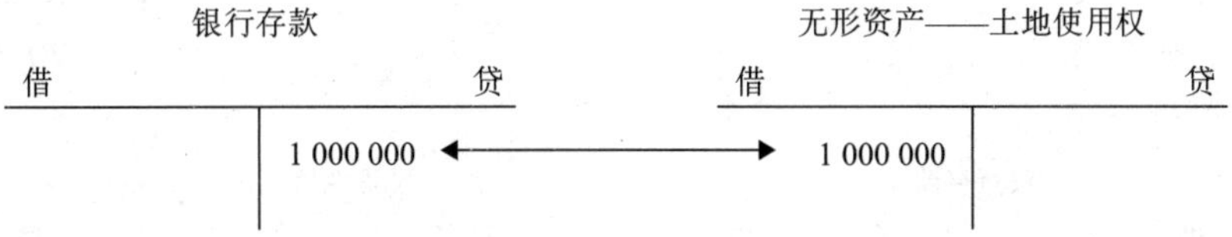

[核心提示]《企业会计准则第 6 号——无形资产》应用指南：第六条“土地使用权的处理”规定，企业取得的土地使用权通常应确认为无形资产。企业购入未知用途的土地应先计入无形资产，每年按照规定进行摊销。

摊销时：

借：管理费用——无形资产摊销　　20 000

　贷：无形资产——土地使用权　　20 000

丁字账图示如下：

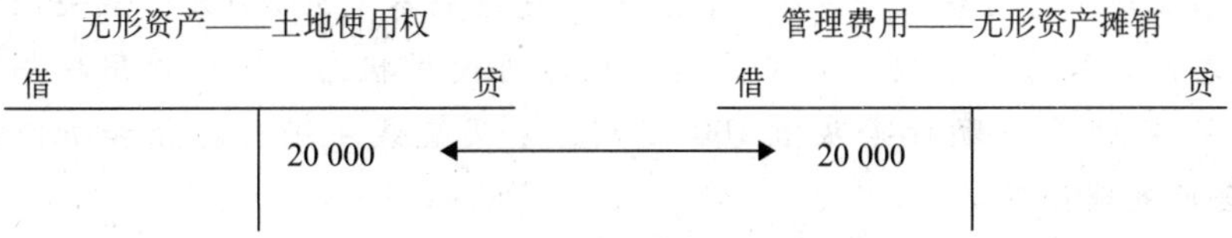

[核心提示] 外购的土地使用权作为无形资产单独核算，应按要求计提摊销。土地出

让合同规定的使用年限为 50 年。那么该企业每年可摊销无形资产 2 万元，直到摊销完为止。

［**例 4－17**］A 房地产开发企业为建造一批商品房，于 2018 年 1 月购入一块商业用地（土地出让年限 50 年），价款 8 000 万元，以银行存款支付，2019 年 1 月新楼盘开始开发。相关会计处理如下：

借：开发成本　　　　　　　　　　　　　　　　80 000 000

　　贷：银行存款　　　　　　　　　　　　　　　　80 000 000

丁字账图示如下：

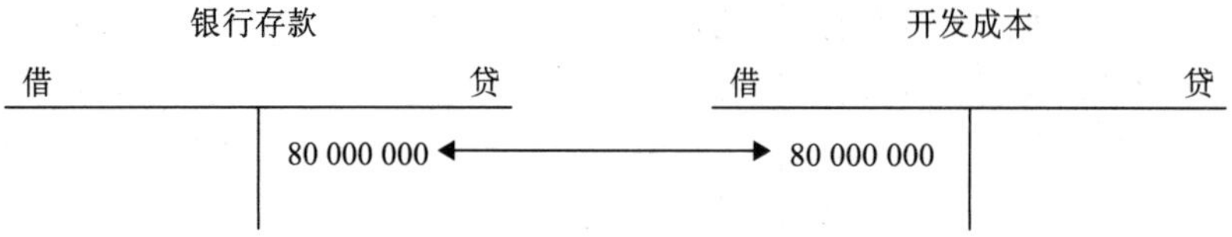

［**核心提示**］房地产企业，其主营业务是商品房的交易，而商品房交易时必然伴随着土地使用权的交易，企业在结转商品房成本时，是要将土地使用权算进去的，此时的土地使用权是相当于存货性质的资产。因此，房地产开发企业取得待开发的土地用于建造对外出售的商品房，相关的土地使用权账面价值应当计入所建造的房屋建筑物成本。

［**例 4－18**］2017 年 4 月 20 日乙公司购买一块商业用地的土地使用权，购买价款为 2 000万元，支付相关手续费 30 万元，款项全部以银行存款支付。企业购买后准备等待增值再转让。相关会计处理如下：

2017 年 4 月 20 日购入时：

借：投资性房地产——成本　　　　　　　　　　20 300 000

　　贷：银行存款　　　　　　　　　　　　　　　　20 300 000

丁字账图示如下：

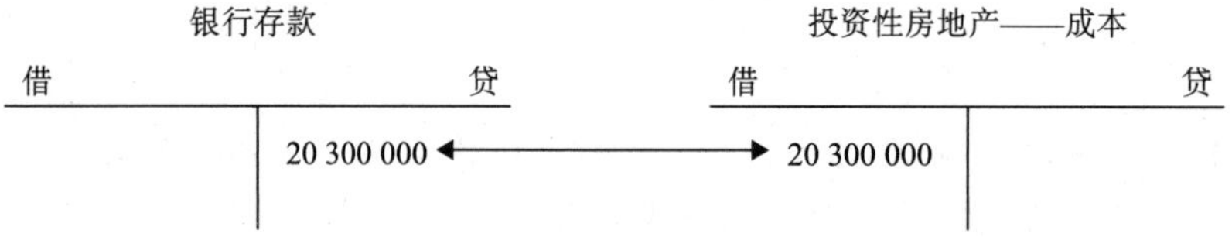

［**核心提示**］企业会计准则第 6 号——无形资产应用指南：第六条“土地使用权的处理”规定，改变土地使用权用途，用于赚取租金或资本增值的，应当将其转为投资性房地产。

［**例 4－19**］2018 年，致远房地产公司以出让方式取得土地一宗，银行存款支付 500 万元，并在该土地上自行建造一栋办公楼，发生建筑成本 1 300 万元，相关款项都以银行转账的方式结清，目前办公楼已完工并达到预定可使用状态。土地使用权年限为 50 年，写字楼使用年限 25 年，预计净残值 100 万元，采用直线法进行摊销和折旧。契税税率 3%。相关会计处理如下：

借：无形资产——土地使用权　　　　　　　　　5 150 000

　　贷：银行存款　　　　　　　　　　　　　　　　5 150 000

丁字账图示如下：

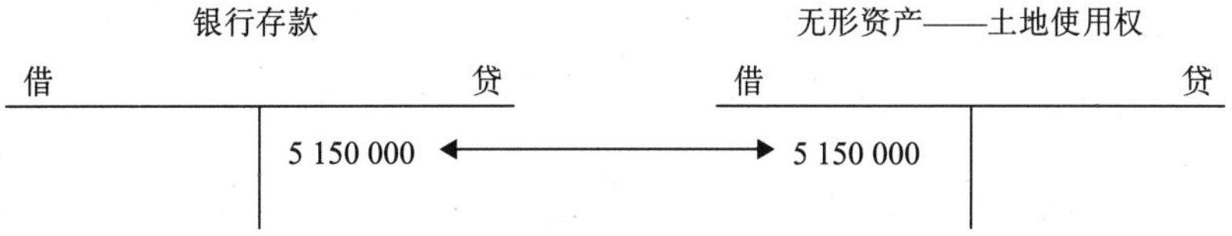

[**核心提示**] 应缴纳契税 15 万元（500×3%），记入“无形资产——土地使用权”科目。

借：在建工程　　13 000 000

　　贷：银行存款　　13 000 000

丁字账图示如下：

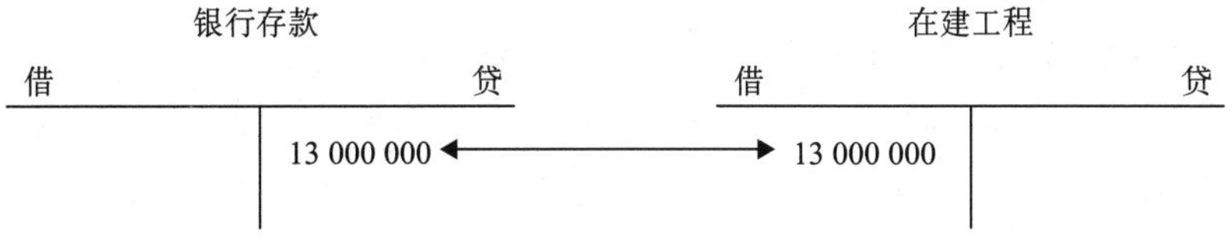

[**核心提示**] 办公楼未完工时计入“在建工程”科目。

借：固定资产　　11 000 000

　　贷：在建工程　　11 000 000

丁字账图示如下：

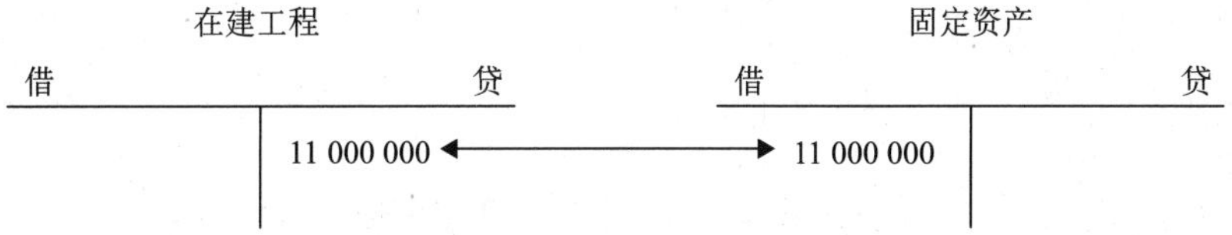

[**核心提示**] 办公楼达到预定可使用状态时，由“在建工程”科目转入“固定资产”科目。

每年分摊和计提折旧：

借：管理费用　　583 000

　　贷：累计折旧　　480 000

　　　　累计摊销　　103 000

丁字账图示如下：

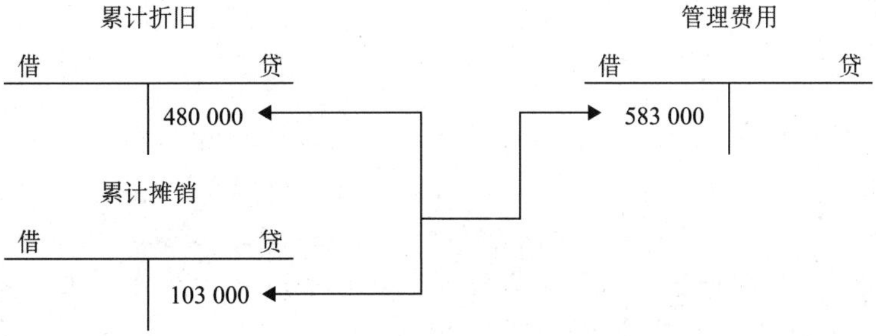

［**核心提示**］房地产开发企业取得的土地使用权用于自建用房等地上建筑时，土地使用权的成本直接计入“无形资产”账户，且土地使用权的账面价值不与地上建筑物合并计算成本而仍作为无形资产进行核算，土地使用权与建筑物分别进行摊销和提取折旧。

七、房地产开发企业进项转出的会计处理

企业购进的货物发生非正常损失（非经营性损失），以及将购进货物改变用途（如用于非应税项目、集体福利或个人消费等），其抵扣的进项税额应通过“应交税费——应交增值税（进项税额转出）”科目转入有关科目，不予以抵扣。

当纳税人购进的货物或接受的应税劳务不是用于增值税应税项目，而是用于非应税项目、免税项目或用于集体福利、个人消费等情况时，其支付的进项税就不能从销项税额中抵扣。实际工作中，经常存在纳税人当期购进的货物或应税劳务事先并未确定将用于生产或非生产经营，但其进项税税额已在当期销项税额中进行抵扣的情况，当已抵扣进项税税额的购进货物或应税劳务改变用途，用于非应税项目、免税项目、集体福利或个人消费等，购进货物发生非正常损失，在产品和产成品发生非正常损失时，应将购进货物或应税劳务的进项税税额从当期发生的进项税税额中扣除，在会计处理中记入“进项税额转出”。

［**例 4－20**］2018 年 1 月，乙房地产开发公司在工程完工后对工程物资进行清查，发现工程物资减少 20 000 元，经调查属保管员过失造成，根据企业管理规定，保管员应赔偿 5 000 元。剩余工程物资转用于乙公司正在建造的一栋职工宿舍。相关账务处理如下：

借：营业外支出——盘亏损失　　18 400
　　其他应收款——保管员　　5 000
　　贷：工程物资　　20 000
　　　　应交税费——应交增值税（进项税额转出）　　3 400

丁字账图示如下：

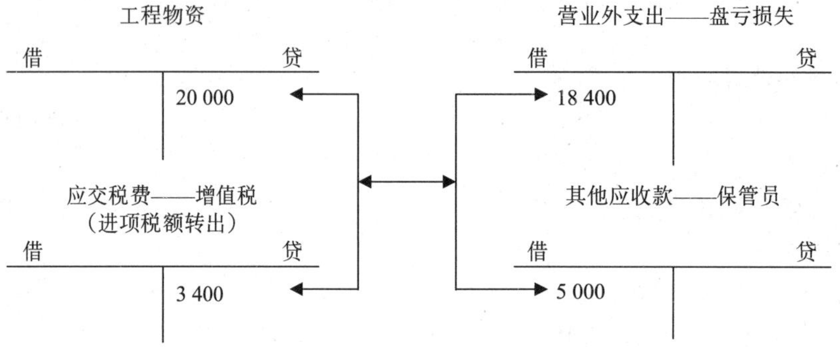

［**核心提示**］因为企业自身保管不善的原因造成工程物资盘亏、报废及毁损净损失，其对应的进项税额应列入损失。

［**例 4－21**］天虹房地产开发公司为增值税一般纳税人，适用一般计税方法，2019 年 5 月购进一批材料，取得增值税专用发票列明金额 10 000 元，当月认证抵扣。7 月将购进的这批材料用于维修职工食堂。相关会计处理如下：

借：应付职工薪酬——职工福利费　　10 000

　贷：原材料　　8 700

　　应交税费——应交增值税（进项税额转出）　　1 300

丁字账图示如下：

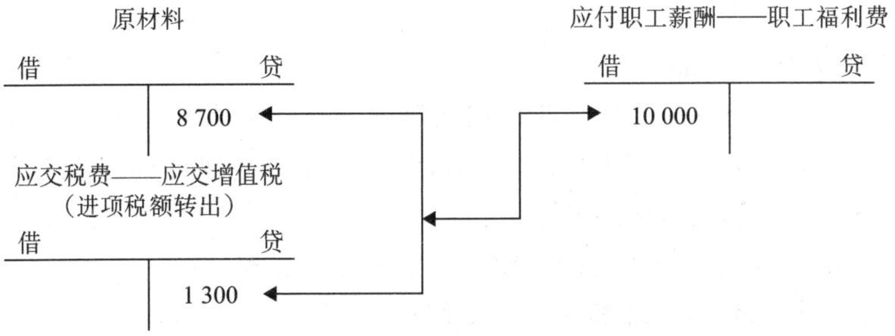

［**核心提示**］企业将购进货物用于非增值税应税项目免征增值税项目集体福利或者个人消费不得抵扣进项税，要在发出领用这些货物时，将已确认的增值税进项做转出处理。

第二节　销项税额会计处理

房地产开发企业中的一般纳税人（以下简称一般纳税人）销售自行开发的房地产项目，适用一般计税方法计税，按照取得的全部价款和价外费用，扣除当期销售房地产项目对应的土地价款后的余额计算销售额。销售额的计算公式如下：

销售额 =（全部价款和价外费用 - 当期允许扣除的土地价款）÷（1 +9%）

价外费用是指价外收取的各种性质的收费，但不包括以下项目：

（1）代为收取并符合国家税务总局公告（2016 第 18 号）第十条规定的政府性基金或者行政事业性收费。

（2）以委托方名义开具发票，代委托方收取的款项。

当期允许扣除的土地价款按照以下公式计算：

当期允许扣除的土地价款 =（当期销售房地产项目建筑面积 ÷ 房地产项目可供销售建筑面积）× 支付的土地价款

当期销售房地产项目建筑面积，是指当期进行纳税申报的增值税销售额对应的建筑面积。

房地产项目可供销售建筑面积，是指房地产项目可以出售的总建筑面积，不包括销售房地产项目时未单独作价结算的配套公共设施的建筑面积。

支付的土地价款，是指向政府、土地管理部门或受政府委托收取土地价款的单位直接支付的土地价款。

在计算销售额时从全部价款和价外费用中扣除土地价款，应当取得省级以上（含省级）财政部门监（印）制的财政票据。

一般纳税人应建立台账，登记土地价款的扣除情况，扣除的土地价款不得超过纳税人实际支付的土地价款。

一、房地产开发企业销售商品房会计处理

（一）预售方式销售商品房

商品房预售，是指房地产开发企业将正在建设中的房屋预先出售给承购人，由承购人支付定金或房价款的行为。《城市商品房预售管理办法》（建设部令第 131 号修改发布）第五条规定，商品房预售应当符合以下条件：

1. 已交付全部土地使用权出让金，取得土地使用权证书；

2. 持有建设工程规划许可证和施工许可证；

3. 按提供预售的商品房计算，投入开发建设的资金达到工程建设总投资的 25% 以上，并已经确定施工进度和竣工交付日期。

一般纳税人采取预收款方式销售自行开发的房地产项目，应在收到预收款时按照 3% 的预征率预缴增值税。

应预缴税款按照以下公式计算：

应预缴税款 = 预收款 ÷（1 + 适用税率或征收率）×3%

适用一般计税方法计税的，按照 9% 的适用税率计算；适用简易计税方法计税的，按照 5% 的征收率计算。

一般纳税人应在取得预收款的次月纳税申报期向主管税务机关预缴税款。

[例 4－22] 某房地产开发企业开发新项目，适用一般计税方法。该项目 2018 年 12 月开始预售，预售期间共收取首付款 2 200 万元。2019 年 4 月此项目竣工交付，确认收入价税合计 8 720 万元，允许扣除的土地成本 2 180 万元，已认证应抵扣进项税额 450 万元。款项通过银行存款方式缴纳。相关会计处理如下：

（1）收到预收款时：

借：银行存款　　　　　　　　　　　　　　　　　22 000 000

　　贷：预收账款　　　　　　　　　　　　　　　　　22 000 000

丁字账图示如下：

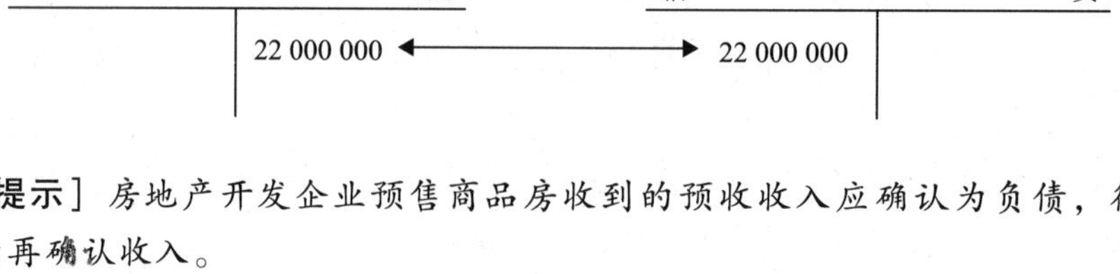

[核心提示] 房地产开发企业预售商品房收到的预收收入应确认为负债，待预售房屋竣工交付后再确认收入。

（2）预缴增值税：

借：应交税费——预交增值税　　　　　　　　　　　600 000

　　贷：银行存款　　　　　　　　　　　　　　　　　600 000

丁字账图示如下：

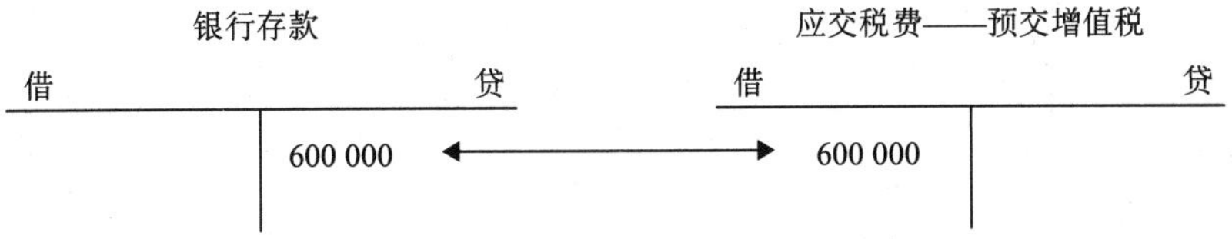

［核心提示］预售房款应当预缴3%的增值税，预售房款应预缴增值税60万元［2 200÷(1+10%)×3%］。一般计税方法下，当期销项税额大于进项税额应缴纳增值税时，先抵减已预缴的增值税，抵减后仍有余额的再缴纳。

(3) 确认收入及销项税额：

借：预收账款　　87 200 000

　贷：主营业务收入　　80 000 000

　　应交税费——应交增值税（销项税额）　　7 200 000

丁字账图示如下：

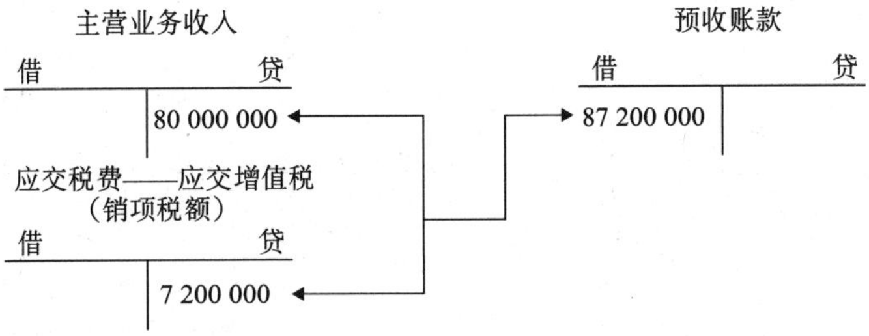

(4) 土地价款抵扣增值税：

借：应交税费——应交增值税（销项税额抵减）　　1 800 000

　贷：主营业务成本　　1 800 000

丁字账图示如下：

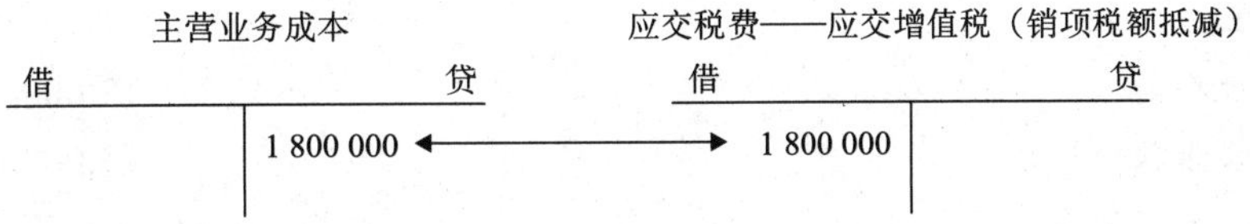

(5) 缴纳增值税：

借：应交税费——应交增值税（销项税额）　　300 000

　贷：银行存款　　300 000

丁字账图示如下：

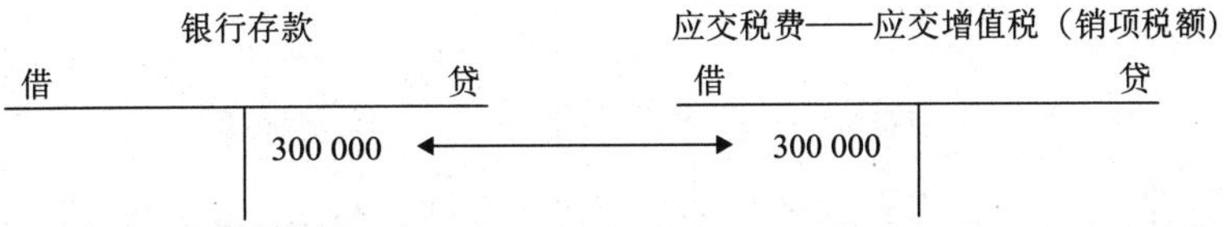

［核心提示］销项税额720万元［8 720÷(1+9%)×9%］，按照已销售房地产项目建筑面积占房地产项目可供销售建筑面积的比例，土地价款抵扣增值税金额为180万元

[2 180 ÷ (1 +9%) ×9%]，当月实际销项税额 540 万元（720 − 180），假设认证应抵扣的进项税额为 450 万元，当月应交增值税 90 万元（540 − 450），扣除预售期间已预缴增值税 60 万元，当月应补缴交增值税 30 万元（90 − 60）。

[例 4 − 23] 天和房地产开发公司为增值税一般纳税人，销售房地产适用一般计税方法。2018 年 8 月份销售商品房，销售收入 3 000 万元，收到预收款 1 500 万元，当期允许抵扣的土地价款为 600 万元，假设可抵扣的进项税额为 50 万元。相关会计处理如下：

(1) 收到预收放款时：

借：银行存款 15 000 000

　　贷：预收账款 15 000 000

丁字账图示如下：

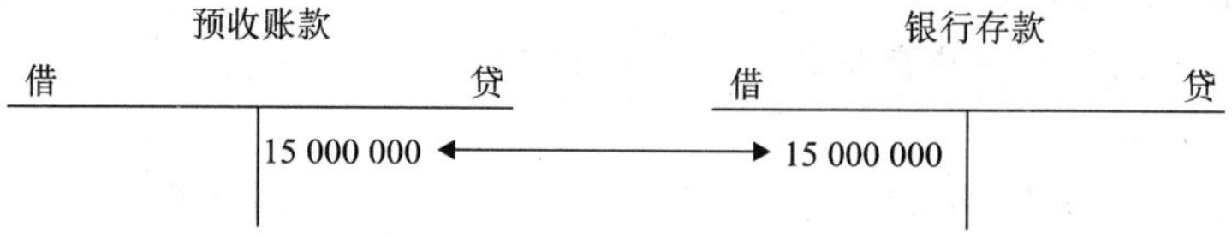

(2) 预缴增值税时：

借：应交税费——预交增值税 409 100

　　贷：银行存款 409 100

丁字账图示如下：

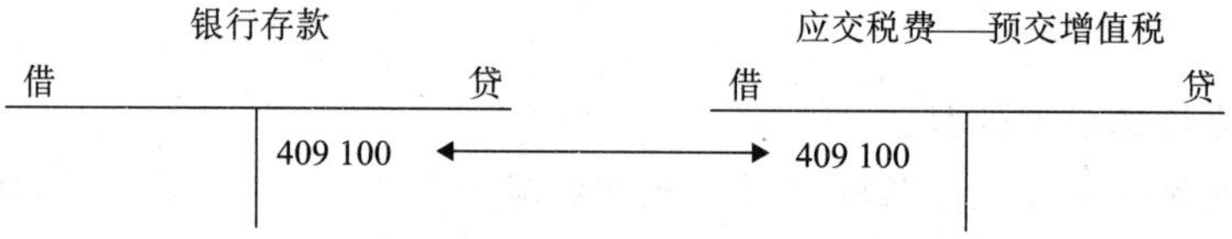

[核心提示] 2016 年 9 月该公司预缴增值税 40.91 万元 [1 500 ÷ (1 +10%) ×3%]。

(3) 竣工交房时：

借：银行存款 15 000 000

　　预收账款 15 000 000

　　贷：主营业务收入 27 272 800

　　　　应交税费——应交增值税（销项税额） 2 727 200

丁字账图示如下：

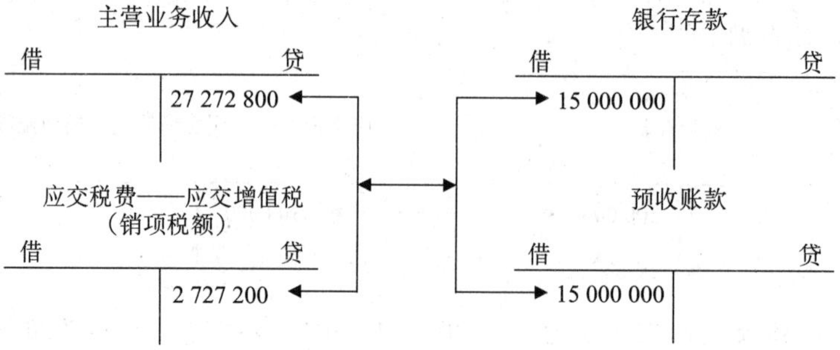

[核心提示] 竣工交房时，结转当月收入并补齐房款差额 800 万元，应交增值税 272.72 万元［3 000 ÷ (1 + 10%) × 10%］。

(4) 抵扣土地价款：

借：应交税费——应交增值税（销项税额抵扣） 409 100

　　贷：主营业务成本 409 100

丁字账图示如下：

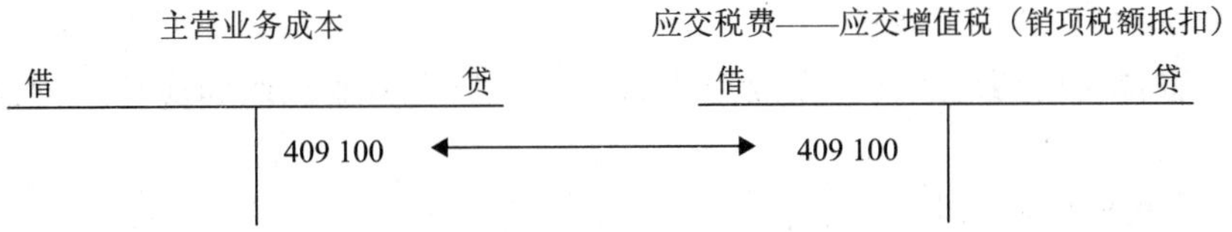

借：应交税费——未交增值税 545 500

　　贷：应交税费——预交增值税 545 500

丁字账图示如下：

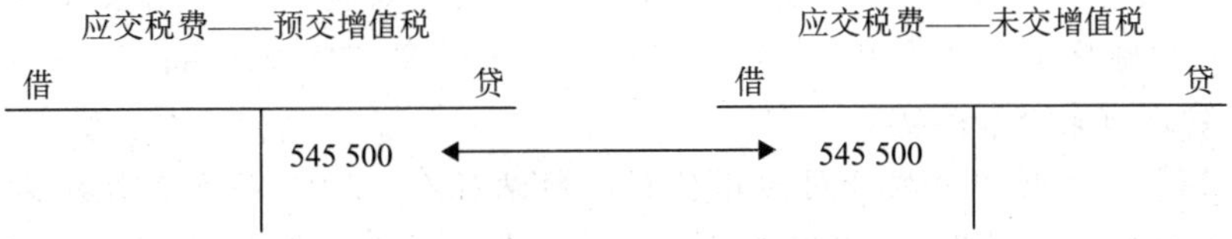

[核心提示] 本期允许扣除的土地价款为 600 万元，相应的抵扣额 54.55 万元［600 ÷ (1 + 10%) × 10%］，同时将预交增值税结转至未交增值税。

(5) 转出未交增值税：

借：应交税费——应交增值税 1 681 700

　　贷：应交税费——未交增值税 1 681 700

丁字账图示如下：

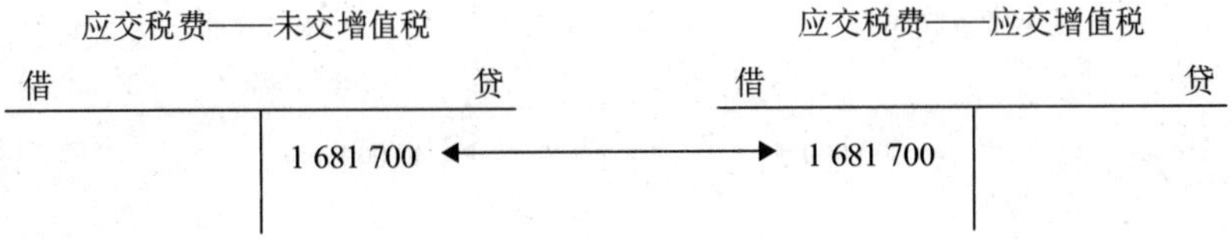

[核心提示] 本月可以抵扣的进项税额为 50 万元，应转出的未交增值税 168.17 万元 (272.72 − 50 − 54.55)。

(6) 缴纳增值税：

借：应交税费——未交增值税 1 272 600

　　贷：银行存款 1 272 600

丁字账图示如下：

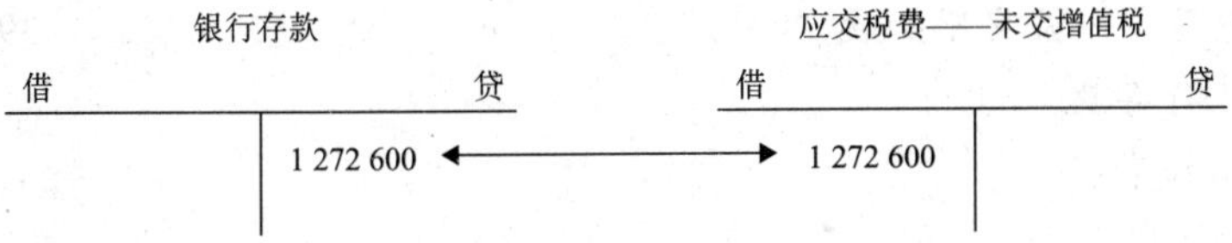

［**核心提示**］扣减掉预交增值税 40.91 万元，应纳税额 127.26 万元（168.17 - 40.91）。

（二）以现售方式销售商品房

商品房现售，是指房地产开发企业将竣工验收合格的商品房出售给买受人，并由买受人支付房价款的行为。根据《商品房销售管理办法》（建设部令第 88 号）第七条的规定，商品房现售，应当符合以下条件：

1. 现售商品房的房地产开发企业应当具有企业法人营业执照和房地产开发企业资质证书；

2. 取得土地使用权证书或者使用土地的批准文件；

3. 持有建设工程规划许可证和施工许可证；

4. 已通过竣工验收；

5. 拆迁安置已经落实；

6. 供水、供电、供热、燃气、通信等配套基础设施具备交付使用条件，其他配套基础设施和公共设施具备交付使用条件或者已确定施工进度和交付日期；

7. 物业管理方案已经落实。

［**例 4-24**］某房地产开发公司为增值税一般纳税人，2019 年 5 月开发商品房对外出售，按转让产权合同取得收入 4 000 万元，支付取得土地使用权的金额 800 万元，开发成本 1 500 万元，计算得出能够税前扣除的开发费用 250 万元。相关账务处理如下：

（1）取得销售款项：

借：银行存款　　40 000 000

　　贷：主营业务收入　　40 000 000

丁字账图示如下：

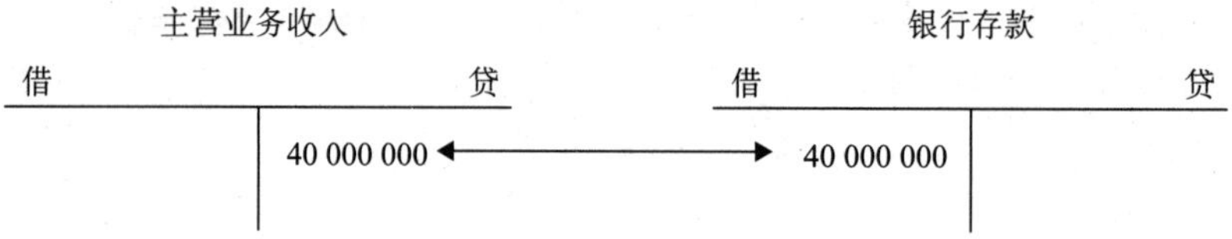

［**核心提示**］现房销售是指，在不动产达到交付条件后进行的销售。现房销售应按纳税义务发生时间计算缴纳增值税。现房销售收取的销售款项不同于预收款方式销售不动产所收取的预收款，不应按照 3% 的预征率预缴增值税，应按适用税率征税。

（2）缴纳相关税费：

借：应交税费——应交增值税（销项税额）　　3 302 800

　　应交税费——应交附加税　　396 300

　　贷：银行存款　　3 699 100

丁字账图示如下：

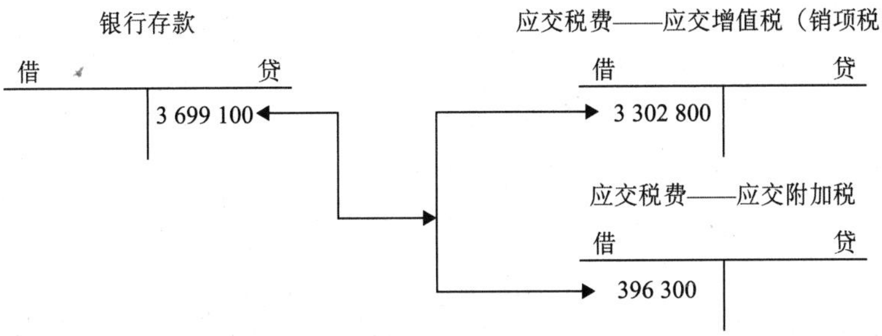

［**核心提示**］计算应缴纳的有关税金如下：

（1）应缴纳增值税：4 000 ÷ (1 + 9%) × 9% = 330.28（万元）

（2）应缴纳附加税：330.28 × (7% + 3% + 2%) = 39.63（万元）

［**例 4 - 25**］碧水房地产开发公司为增值税一般纳税人，2017 年 12 月对外转让 2016 年 6 月开发的写字楼，取得转让收入含税价款 30 000 万元，该公司取得土地使用权支付的金额为 6 000 万元，房地产开发成本 8 000 万元，其中拆迁补偿 500 万元，开发成本 7 500 万元，可抵扣的增值税进项税额 660 万元，房地产开发费用 1 400 万元，增值税进项税额 80 万元（以上均取得正规票据）。

相关会计处理如下：

（1）取得房地产销售收入时：

借：银行存款　　300 000 000

　　贷：主营业务收入　　270 270 300

　　　　应交税费——应交增值税（销项税额）　　29 729 700

丁字账图示如下：

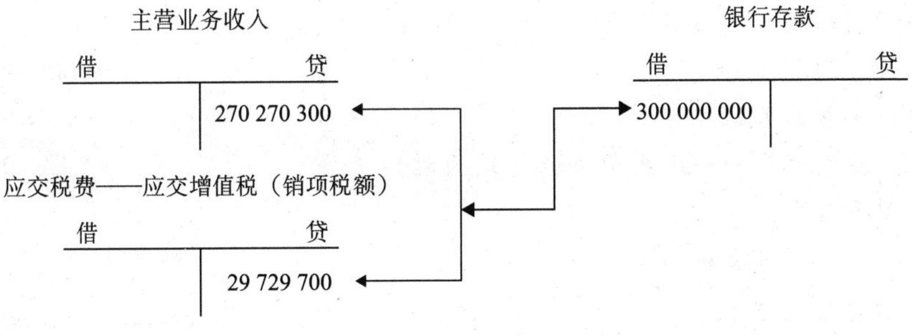

［**核心提示**］取得房款收入应缴纳增值税 2 972.97 万元［30 000 ÷ (1 + 11%) × 11%］。

（2）支付土地出让价款和拆迁补偿费，取得凭证时：

借：开发成本　　58 558 600

　　应交税费——应交增值税（销项税额抵减）　　6 441 400

　　贷：银行存款　　65 000 000

丁字账图示如下：

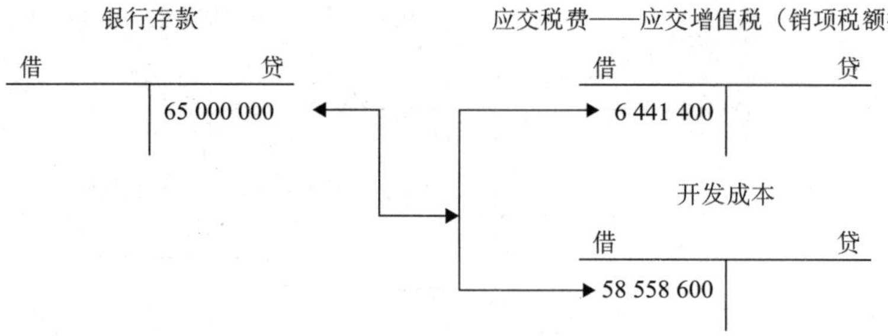

［**核心提示**］开发成本5 855.86万元［6 500÷(1+11%)］，销项税额抵减644.14万元［6 500÷(1+11%)×11%］。

二、房地产开发企业特殊销售方式会计处理

（一）以支付手续费的方式委托销售

采用支付手续费代销方式下，委托方在商品所有权上的主要风险和报酬并未转移给受托方的情况下通常不应确认销售商品收入，而应在收到受托方开出的代销清单时确认销售收入，同时将应支付的代销手续费计入销售费用。借记“应收账款”或“银行存款”科目，贷记“主营业务收入”“应交税金——应交增值税（销项税额）”科目。收到受托单位开来的手续费发票后，借记“销售费用”科目，贷记“应收账款”或“银行存款”等科目。

［**例4－26**］甲房地产公司2017年开发住宅小区，选择一般计税方法计征增值税，甲公司与A房屋销售公司签订现房销售代理销售合同约定：A公司按销售额5%收取手续费。2017年7月销售房屋2 000平方米，每平方米5 000元。A公司将销售清单提交给甲公司，并按合同约定转交售房款950万元。相关账务处理如下：

借：银行存款　　10 000 000

　　贷：主营业务收入　　9 010 000

　　　　应交税费——应交增值税（销项税）　　990 000

丁字账图示如下：

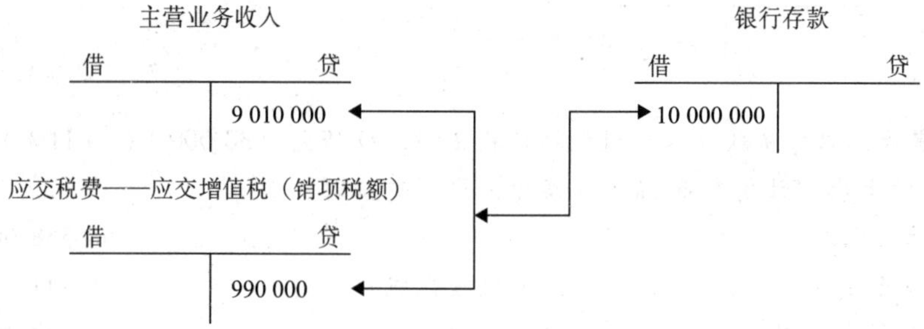

借：销售费用——代销佣金　　471 700

　　应交税费——应交增值税（进项税额）　　28 300

　　贷：银行存款　　500 000

丁字账图示如下：

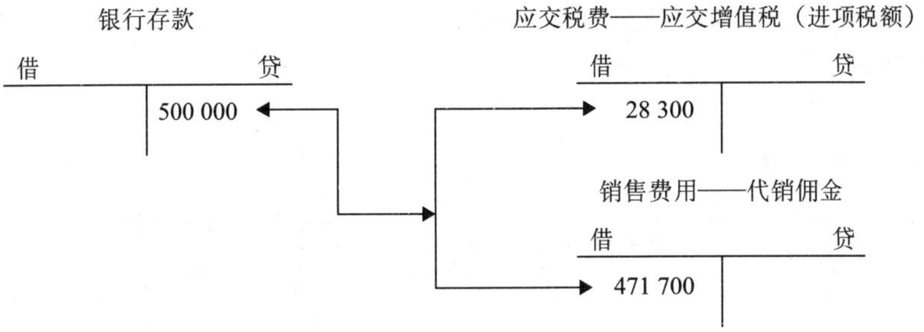

[**核心提示**] 根据《房地产开发经营业务企业所得税处理办法》（国税发〔2009〕31号）第六条第（四）项第一款规定，采取支付手续费方式委托销售开发产品的，应按销售合同或协议中约定的价款于收到受托方已销开发产品清单之日确认收入的实现。另外，《财政部 国家税务总局关于企业手续费及佣金支出税前扣除政策的通知》（财税〔2009〕29号）第五条规定，"企业支付的手续费及佣金不得直接冲减服务协议或合同金额，并如实入账"。

（二）以视同买断的方式委托销售

视同买断方式的代销指由委托方和受托方签订协议，委托方按协议价收取所代销的货款，实际售价可由受托方自定，实际售价与协议价之间的差额归受托方所有的销售方式。

如果委托方和受托方之间的协议明确标明，受托方在取得代销商品后，无论是否能够卖出、是否获利，均与委托方无关，那么委托方和受托方之间的代销商品交易，与委托方直接销售商品给受托方没有实质区别，在符合销售商品收入确认条件时，委托方应确认相关销售商品收入。

[**例 4－27**] 甲房地产公司2016年开发住宅小区，选择一般计税方法计征增值税，甲房地产公司与B公司签订现房销售代理合同约定：B公司采取买断方式代理销售，买断价为每平方米4 500元，销售时由委托方、受托方、买房共同签订协议。2017年9月B公司将开发产品销售清单提交甲公司时，销售房屋2 000平方米，实现销售收入1 000万元，平均售价5 000元。相关账务处理如下：

借：银行存款　　10 000 000

　贷：主营业务收入　　9 010 000

　　应交税费——应交增值税（销项税额）　　990 000

丁字账图示如下：

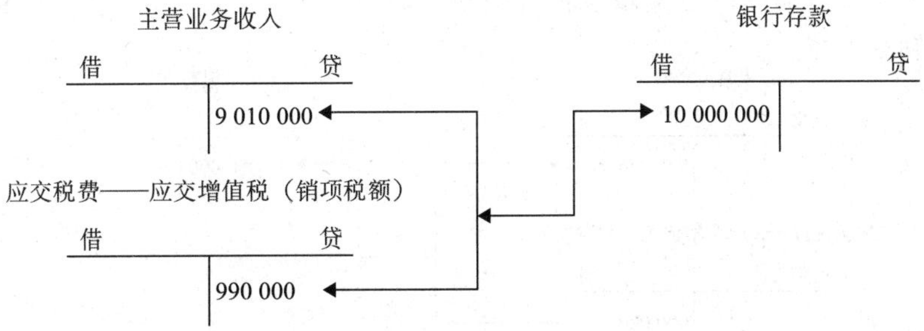

借：销售费用——代销佣金　943 400
　　应交税费——应交增值税（进项税额）　56 600
　　贷：银行存款　1 000 000

丁字账图示如下：

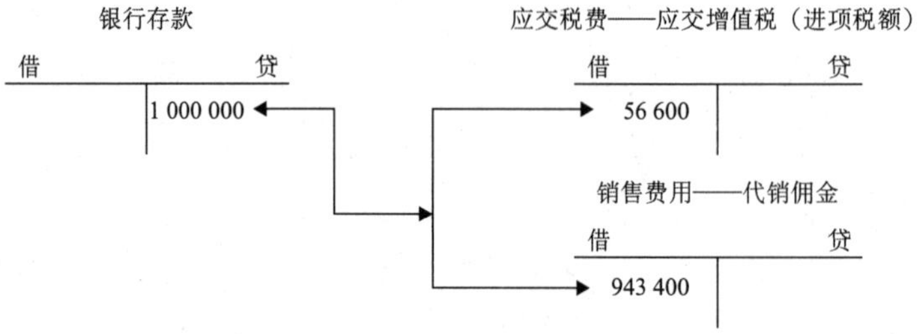

[**核心提示**] 采取视同买断方式委托销售开发产品的，属于企业与购买方签订销售合同或协议，或企业、受托方、购买方三方共同签订销售合同或协议的，如果销售合同或协议中约定的价格高于买断价格，应按销售合同或协议中约定的价格计算的价款于收到受托方已销开发产品清单之日确认收入的实现；如果属于前两种情况中销售合同或协议中约定的价格低于买断价格，以及属于受托方与购买方签订销售合同或协议的，则应按买断价格计算的价款于收到受托方已销开发产品清单之日确认收入的实现。

（三）以超基价分成的方式委托销售

基价（保底价）并实行超基价双方分成方式销售，基价由购销双方协定约定，大宗商品销售，如商品房销售经常用到此方法。收到代销清单时，借记“应收账款”科目，贷记“主营业务收入”“应交税费——应交增值”科目。

[**例4－28**] 甲房地产公司2016年开发住宅小区，选择一般计税方法计征增值税，甲房地产公司与C公司签订现房销售代理合同，合同约定：采取基价（保底价）并实行超基价双方分成方式委托销售开发产品。销售保底价每平方米4 500元，并由C公司直接与客户签订销售合同，超过保底价部分受托方和委托方按三七分成。2017年9月C公司提交销售清单时，销售房屋2 000平方米，实现销售收入1 000万元，平均售价5 000元。相关账务处理如下：

借：银行存款　10 000 000
　　贷：主营业务收入　9 010 000
　　　　应交税费——应交增值税（销项税额）　990 000

丁字账图示如下：

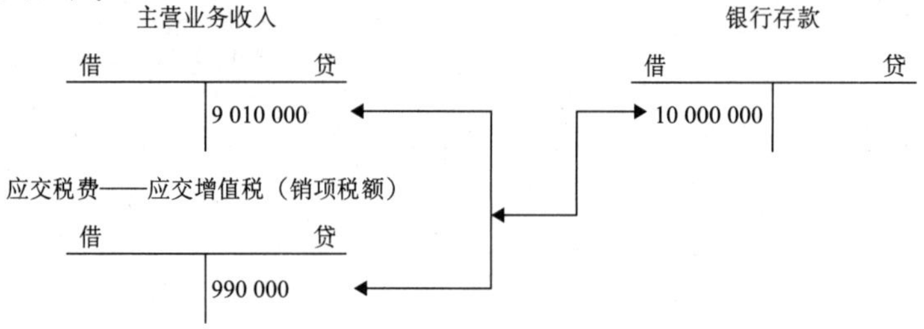

借：销售费用——代销佣金　　283 000

　　应交税费——应交增值税（进项税额）　　17 000

　　贷：银行存款　　300 000

丁字账图示如下：

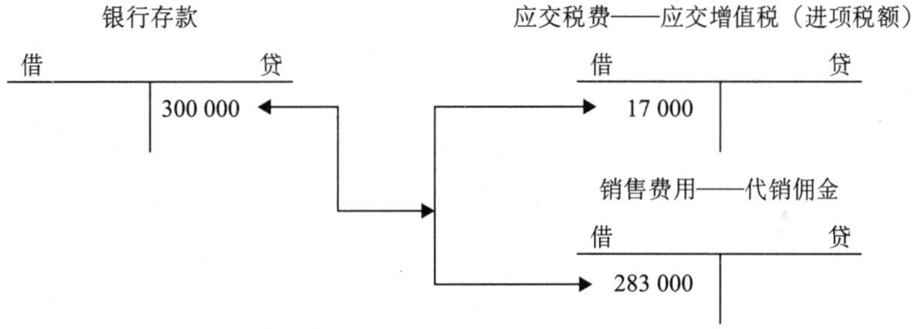

［**核心提示**］采取基价（保底价）并实行超基价双方分成方式委托销售开发产品的，属于由企业与购买方签订销售合同或协议，或企业、受托方、购买方三方共同签订销售合同或协议的，如果销售合同或协议中约定的价格高于基价，应按销售合同或协议中约定的价格计算的价款于收到受托方已销开发产品清单之日确认收入的实现，企业按规定支付受托方的分成额，不得直接从销售收入中减除；如果销售合同或协议约定的价格低于基价，则应按基价计算的价款于收到受托方已销开发产品清单之日确认收入的实现。属于由受托方与购买方直接签订销售合同的，则应按基价加上按规定取得的分成额于收到受托方已销开发产品清单之日确认收入的实现。

（四）以包销的方式委托销售

按包销方购买房源的方式上分类，可分为阶段包销、一次性直接买断后更名式包销以及“交纳保证金/定金＋兜底式包销”的模式。从包销商收取费用的方式角度来看，包销可以划分为收取溢价式包销以及收取溢价和代理费式包销。从是否约定对赌角度，还存在对赌包销。受托方实际销售商品，委托方收到代销清单时，借记“应收账款”“银行存款”等科目，贷记“主营业务收入”“应交税费——应交增值税”科目。支付手续费时借记“销售费用”“应交税费——应交增值税（进项税额）”科目，贷记“银行存款”“库存现金”等科目。

［**例4－29**］甲房地产公司2016年开发住宅小区，选择一般计税方法计征增值税，甲房地产公司与D公司签订现房销售代理合同。合同约定：D公司采取包销方式代理销售现房，受托方与客户签订售房合同，D公司包销甲公司2 000平方米房屋，以每平方米销售价4 500元向甲房地产公司结账；如果截至2017年9月15日销售不完，房屋归D公司，并由D公司于期满日起10日内付清房款。截至2017年9月底，D公司提交销售清单时，当月销售房屋1 700平方米，实现销售收入850万元，平均售价5 000元，还有300平方米未售出。相关账务处理如下：

借：银行存款　　9 850 000

　　贷：主营业务收入　　8 873 900

应交税费——应交增值税（销项税额） 976 100

丁字账图示如下：

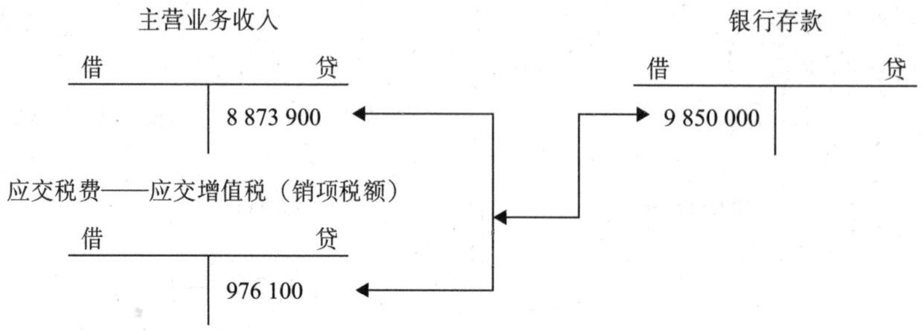

借：销售费用——代销佣金 801 900

应交税费——应交增值税（进项税额） 48 100

贷：银行存款 850 000

丁字账图示如下：

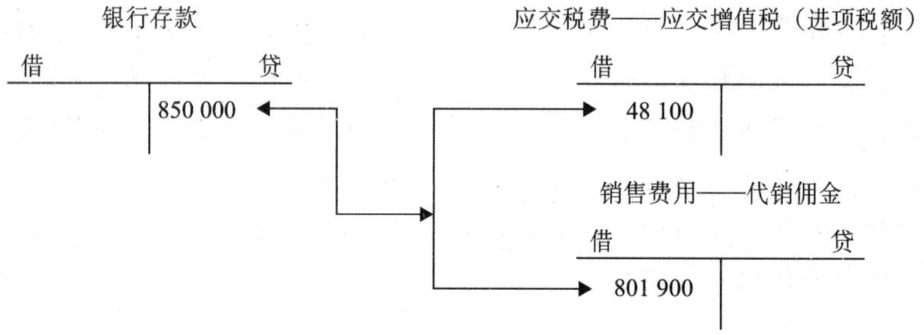

［**核心提示**］包销期内：包销期内可根据包销合同的有关约定，参照收取手续费、视同买断和超基价分成方式的税法的规定确认收入的实现；包销期外：包销期满后尚未出售的开发产品，企业应根据包销合同或协议约定的价款和付款方式确认收入的实现。也就是说，包销期外按照包销协议执行，等于将房屋卖给了包销方。包销的全部收入为包销期内应实现收入加上包销期满后应实现收入之和。

（五）销售精装房屋的会计处理

纳税人销售已装修的房屋，其发生的合理的装修费用可以计入房地产开发成本。

（1）纳税人销售已装修房屋，应当在《房地产买卖合同》或补充合同中明确约定。没有明确约定的，其装修费用不得计入房地产开发成本。

上述装修费用不包括纳税人自行采购或委托装修公司购买的家用电器、可移动家具、日用品、可移动装饰用品（如窗帘、装饰画等）所发生的支出。

（2）纳税人销售已装修的房屋时，随房屋一同出售的家具、家电，如果安装后不可移动，成为房屋的组成部分，并且拆除后影响或丧失其使用功能的，如整体中央空调、户式小型中央空调、固定式衣柜橱柜等，其外购成本计入开发成本予以扣除。

［**例 4－30**］2019 年 10 月，某房地产企业销售一批精装修房产，合同约定：房产价款为 9 000 万元，赠送业主价值 565 万元的各种装修家电。该房产装修前的价值为 7 500 万

元（均为含税价格）。相关账务处理如下：

（1）购入家电时：

借：库存商品　5 000 000

　　应交税费——应交增值税（进项税额）　650 000

　　贷：银行存款　5 650 000

丁字账图示如下：

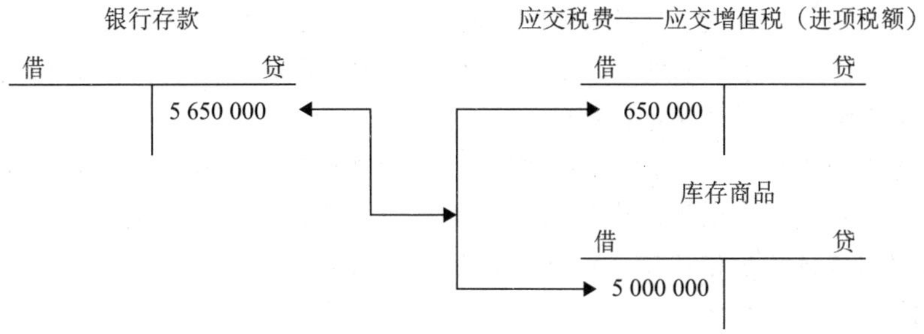

（2）销售房产时：

借：银行存款　90 000 000

　　贷：主营业务收入　82 568 800

　　　　应交税费——应交增值税（销项税额）　7 431 200

丁字账图示如下：

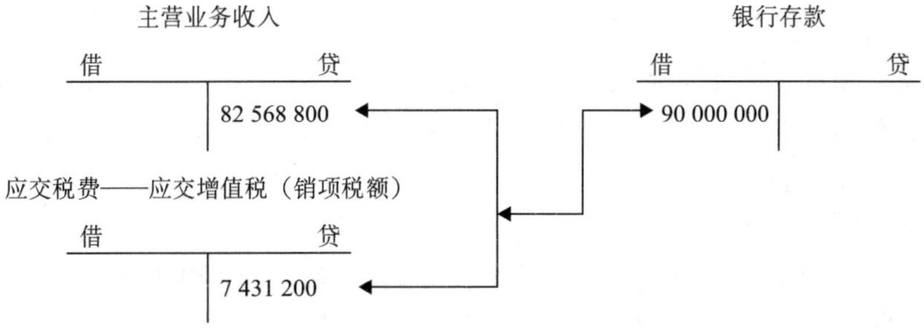

［核心提示］ 如果房地产公司销售精装修房，已在《商品房买卖合同》中注明的装修费用包含在房价中，应当与销售房地产一并按照适用税率计算缴纳增值税。如果房地产公司在销售精装房的同时还另外赠送家具、家电，因这一部分不属于税法中所称的无偿赠送，无需视同销售，不用单独计价。但是，如果房地产公司将销售精装修房和房屋中的家具、家电等分别进行开票，则精装修房按销售不动产适用税率，房中的家具、家电等按销售货物适用税率。

企业应计算的增值税销项税额为743.12万元［9 000÷(1+9%)×9%］，应确认的销售收入为8 256.88万元（9 000－743.12），赠送的家电产品无需单独缴纳增值税。

三、房地产开发企业视同销售会计处理

根据《财政部　国家税务总局关于全面推开营业税改征增值税试点的通知》（财税

〔2016〕36号）第十四条规定，下列情形视同销售服务、无形资产或者不动产：

（1）单位或者个体工商户向其他单位或者个人无偿提供服务，但用于公益事业或者以社会公众为对象的除外。

（2）单位或者个人向其他单位或者个人无偿转让无形资产或者不动产，但用于公益事业或者以社会公众为对象的除外。

（3）财政部和国家税务总局规定的其他情形。

根据财税〔2016〕36号文件第四十四条规定，纳税人发生应税行为价格明显偏低或者偏高且不具有合理商业目的的，或者发生本办法第十四条所列行为而无销售额的，主管税务机关有权按照下列顺序确定销售额：

（1）按照纳税人最近时期销售同类服务、无形资产或者不动产的平均价格确定。

（2）按照其他纳税人最近时期销售同类服务、无形资产或者不动产的平均价格确定。

（3）按照组成计税价格确定。组成计税价格的公式为：

组成计税价格＝成本×（1＋成本利润率）

成本利润率由国家税务总局确定。

不具有合理商业目的，是指以谋取税收利益为主要目的，通过人为安排，减少、免除、推迟缴纳增值税税款，或者增加退还增值税税款。

［例4－31］ 2017年12月，某房地产企业销售一批精装修商品房，合同约定：房产价款为5 000万元，同时赠送业主价值800万元的汽车。相关账务处理如下：

（1）购入汽车时：

借：库存商品　　8 000 000

　　应交税费——应交增值税（进项税额）　　1 360 000

　　贷：银行存款　　9 360 000

丁字账图示如下：

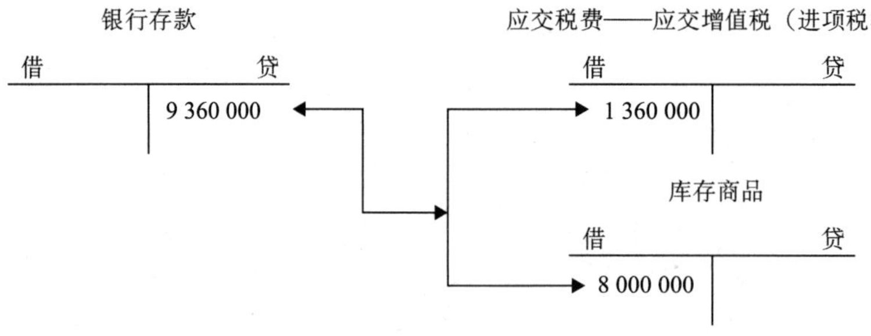

（2）销售房产时：

借：银行存款　　50 000 000

　　贷：主营业务收入　　45 045 000

　　　　应交税费——应交增值税（销项税额）　　4 955 000

丁字账图示如下：

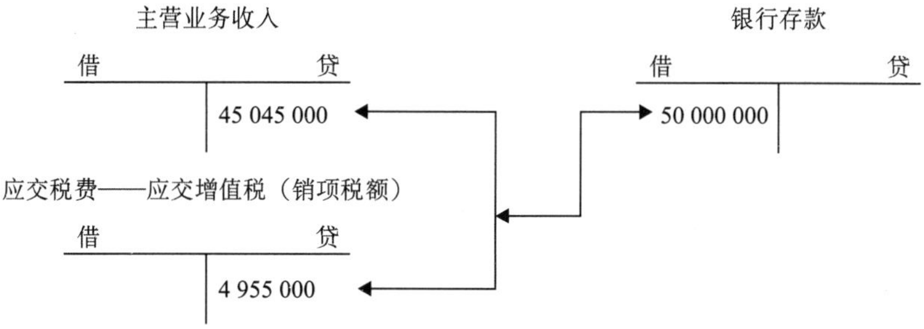

（3）赠送汽车时：

借：销售费用　　9 360 000

　　贷：库存商品　　8 000 000

　　　　应交税费——应交增值税（销项税额）　　1 360 000

丁字账图示如下：

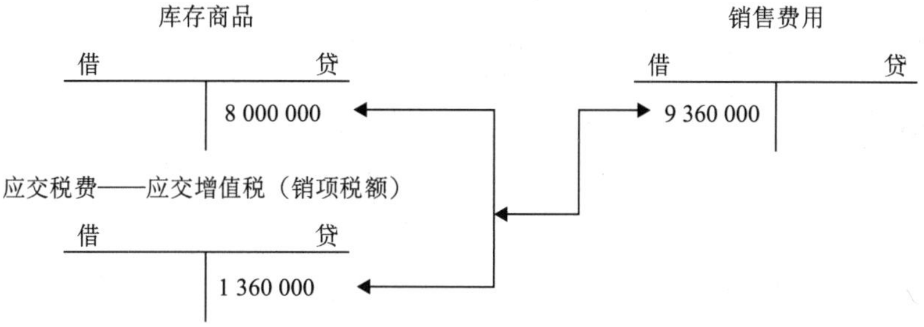

［**核心提示**］企业应计算的增值税销项税额为495.5万元（5 000 ÷ 1.11 × 11%），确认的销售收入为4 504.5万元（5 000 − 495.5）。对赠送的汽车应单独缴纳增值税116.24万元（800 ÷ 1.17 × 17%）。

四、房地产开发企业一般计税方式会计处理

房地产开发企业中的一般纳税人，适用一般计税方法计税，按照9%税率计算应纳税额，进项税额可以抵扣。采取预收款方式销售所开发的房地产项目，在收到预收款时按照3%税率预缴增值税。借记“银行存款”“应收账款”科目，贷记“预收账款”科目。预缴税款时，借“应交税费——预交增值税”科目，贷记“银行存款”等科目。竣工交房时结转至“主营业务收入”科目，并扣除土地价款、进项税额，缴纳剩余税费。

一般计税方式下，房地产开发企业增值税 =（全部价款和价外费用 − 当期允许扣除的土地价款）÷（1 + 9%）

［**例4－32**］甲某房地产开发公司是增值税一般纳税人开发商品房新项目，适用一般计税方法。2019年10月销售商品房，销售收入2 000万元，收到预收款1 200万元，当期允许抵扣的土地价款为400万元，可抵扣的进项税额为20万元。相关账务处理如下：

（1）收到预收放款时：

借：银行存款　　12 000 000

贷：预收账款 12 000 000

丁字账图示如下：

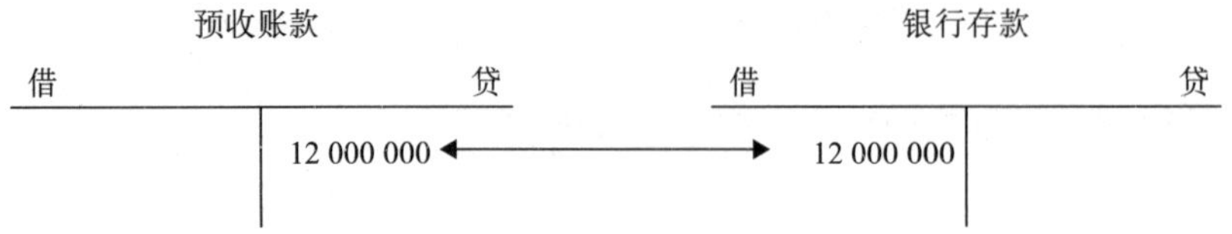

（2）预缴增值税：

借：应交税费——预交增值税 330 300

贷：银行存款 330 300

丁字账图示如下：

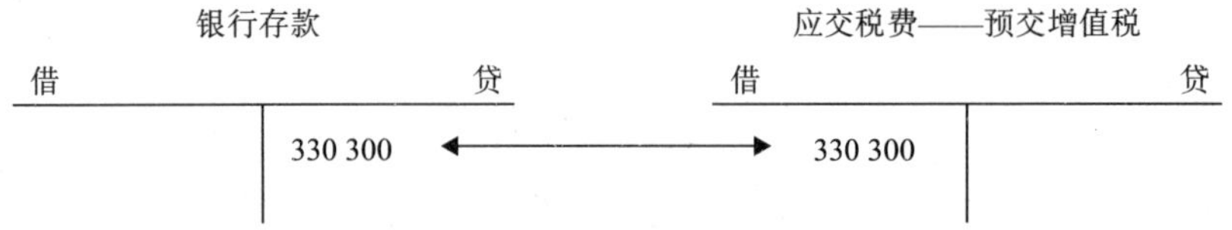

［**核心提示**］2019 年 9 月该公司预缴增值税 33.03 万元［120 ÷（1 +9%）］×3%。

（3）竣工交房时：

借：银行存款 8 000 000

预收账款 12 000 000

贷：主营业务收入 18 348 600

应交税费——应交增值税（销项税额） 1 651 400

丁字账图示如下：

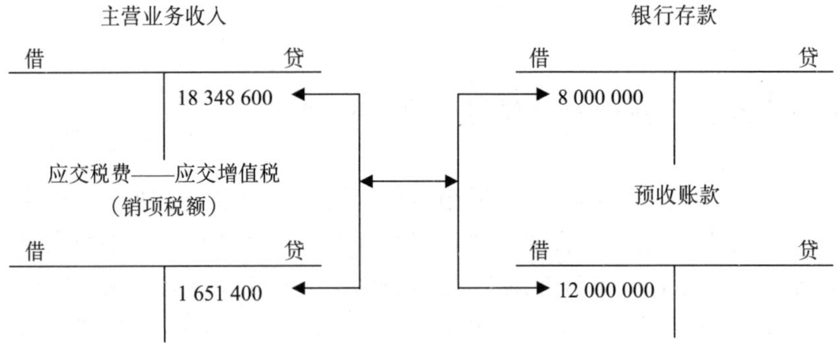

［**核心提示**］结转当月收入并补齐房款差额 800 万元，应交增值税 14 万元［2 000 ÷（1 +9%）×9%］。

（4）抵扣土地价款：

借：应交税费——应交增值税（销项税额抵扣） 330 300

贷：主营业务成本 330 300

丁字账图示如下：

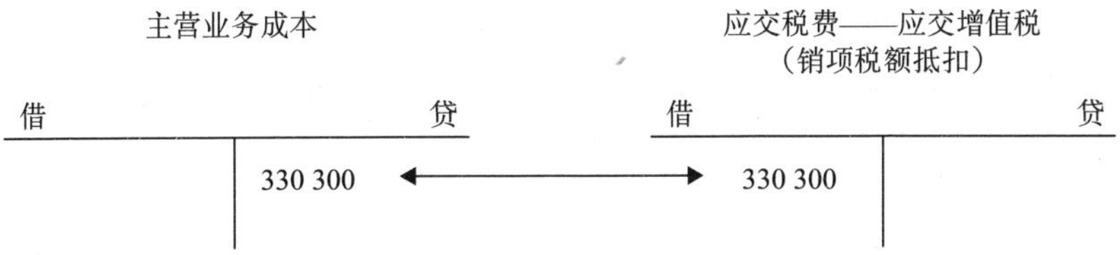

（5）将预交增值税结转至未交增值税：

借：应交增值税——未交增值税　　330 300

　　贷：应交增值税——预交增值税　　330 300

丁字账图示如下：

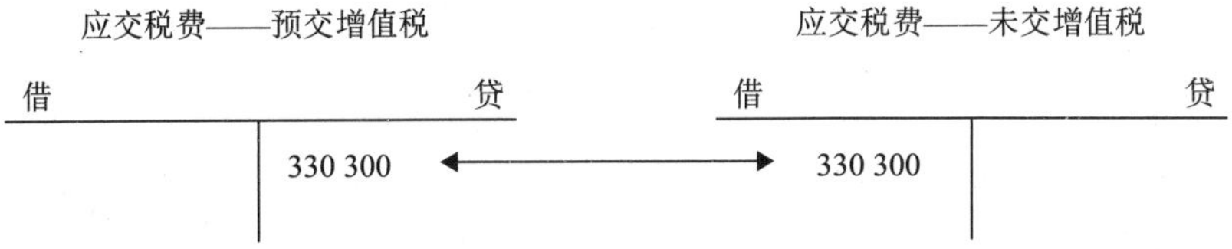

［**核心提示**］期允许扣除的土地价款为400万元，相应的抵扣额为33.03万元［400÷（1+9%）×9%］。

（6）转出未缴纳增值税：

借：应交税费——应交增值税（转出未交增值税）　　1 121 100

　　贷：应交税费——未交增值税　　1 121 100

丁字账图示如下：

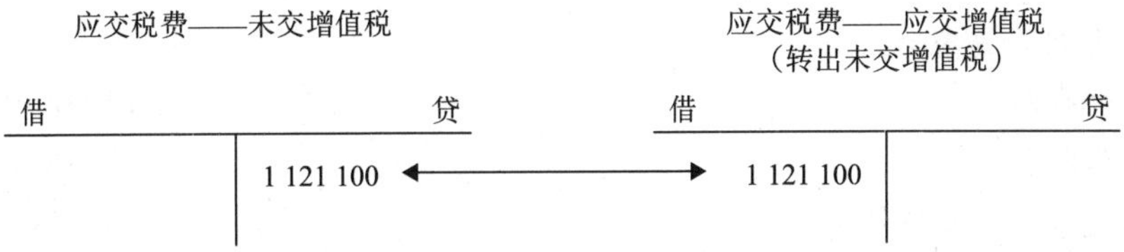

［**核心提示**］本月可以抵扣的进项税额为20万元，应转出的未交增值税112.11万元（165.14－20－33.03）。

（7）缴纳应纳增值税：

借：应交税费——未交增值税　　790 800

　　贷：银行存款　　790 800

丁字账图示如下：

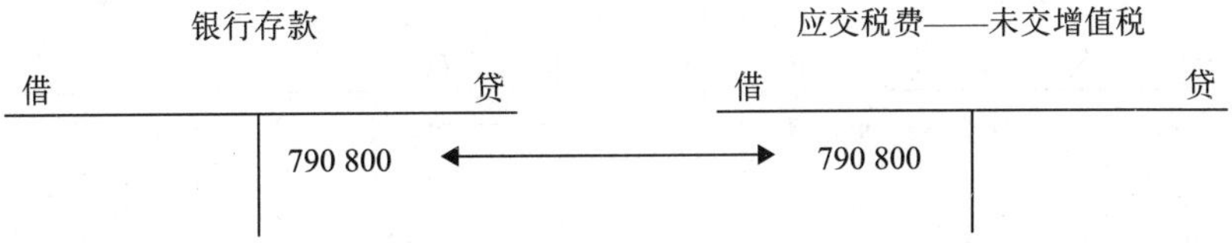

［**核心提示**］扣减掉预交增值税33.03万元，应纳税额79.08万元（112.11－33.03）。

［**例4－33**］雨润房地产开发公司为一般纳税人，2018年初开发甲房地产项目，适用一般计税方法。2018年3月18日，预售房屋一套，售价1 600万元，按照20%收取客户

交付的预售款320万元。2018年8月项目竣工，收取剩余房款1 280万元。本期允许扣除的土地价款10万元，应抵扣的进项税额5万元。相关账务处理如下：

（1）2018年3月18日收到预收房款时：

借：银行存款　　3 200 000

　　贷：预收账款　　3 200 000

丁字账图示如下：

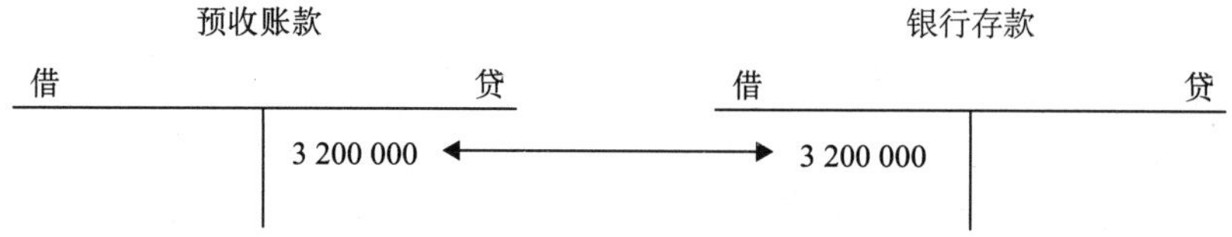

（2）预交增值税时：

借：应交税费——预交增值税　　86 500

　　贷：银行存款　　86 500

丁字账图示如下：

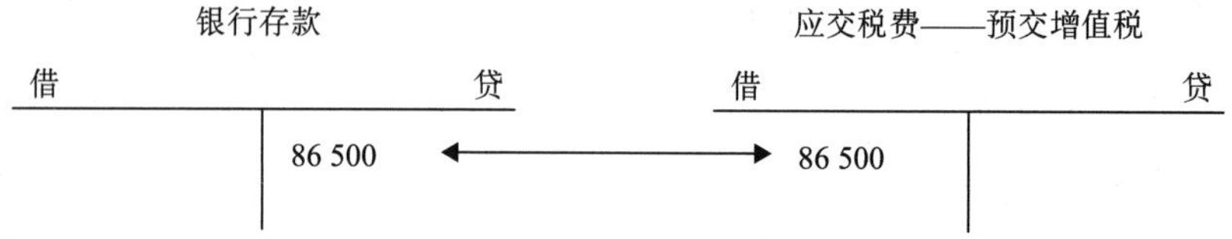

［核心提示］ 2018年3月预交增税8.65万元［320÷(1+11%)×3%］。

（3）收取剩余房款时：

借：银行存款　　12 800 000

　　预收账款　　3 200 000

　　贷：主营业务收入　　14 414 400

　　　　应交税费——应交增值税（销项税额）　　1 585 600

丁字账图示如下：

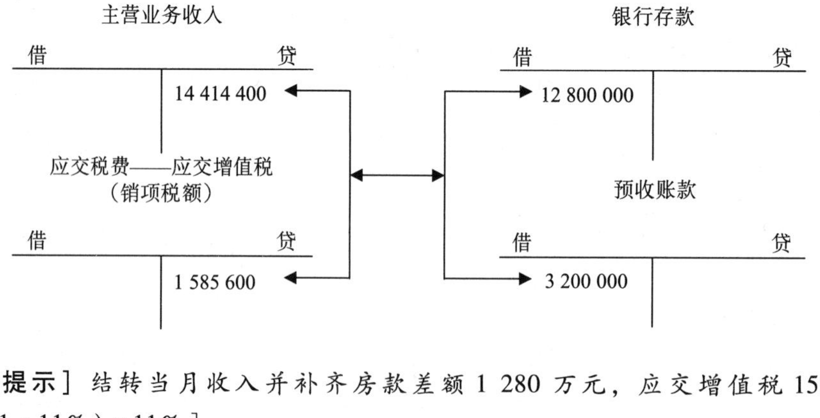

［核心提示］ 结转当月收入并补齐房款差额1 280万元，应交增值税158.56万元［1 600÷(1+11%)×11%］。

（4）抵扣土地价款时：

借：应交税费——应交增值税（销项税额）　　9 900

　　贷：主营业务成本　　9 900

丁字账图示如下：

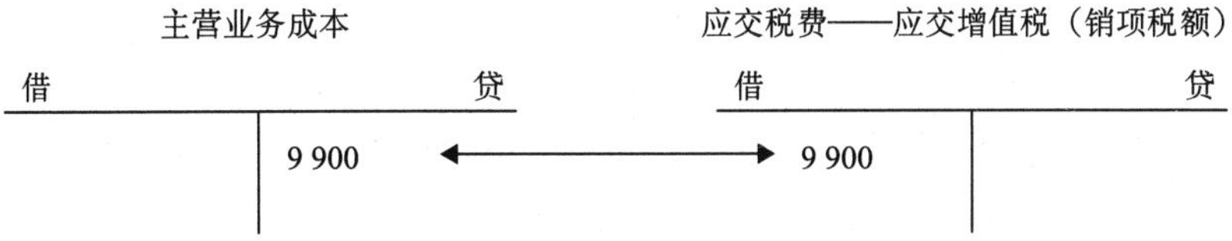

［核心提示］本期允许扣除土地价款 10 万元，相应允许抵扣的税额 0.99 万元［10÷(1+11%)×11%］。

(5) 预交增值税结转至未交增值税：

借：应交税费——未交增值税　　9 900

　　贷：应交税费——预交增值税　　9 900

丁字账图示如下：

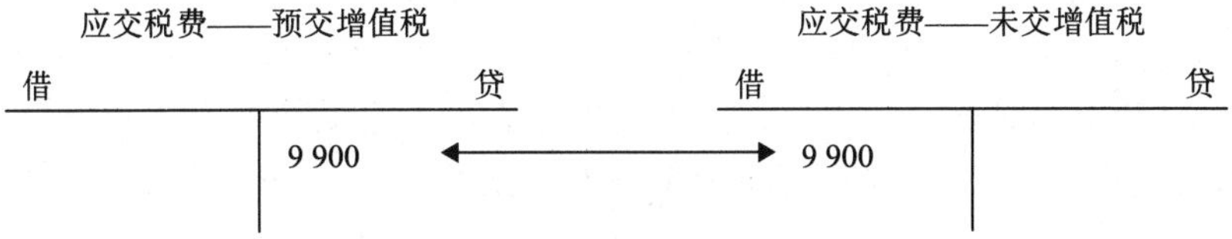

(6) 转出未缴纳的增值税：

借：应交税费——应交增值税（转出未交增值税）　　1 525 700

　　贷：应交税费——未交增值税　　1 525 700

丁字账图示如下：

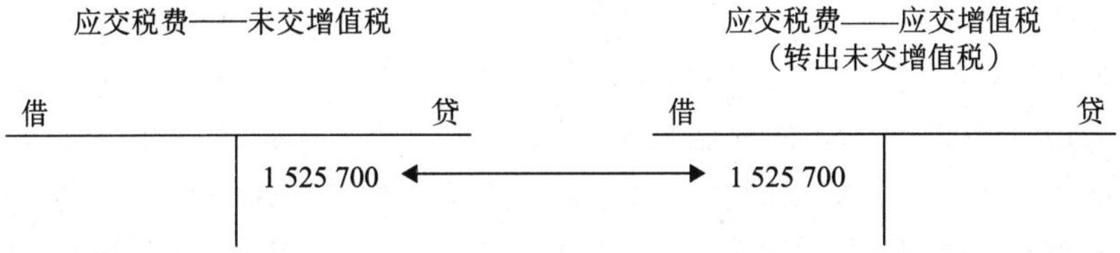

［核心提示］本月应抵扣进项税额为 5 万元，应转出未交增值税为 152.57 万元(158.56－5－0.99)。

(7) 缴纳税款的账务处理：

借：应交税费——未交增值税　　1 439 200

　　贷：银行存款　　1 439 200

丁字账图示如下：

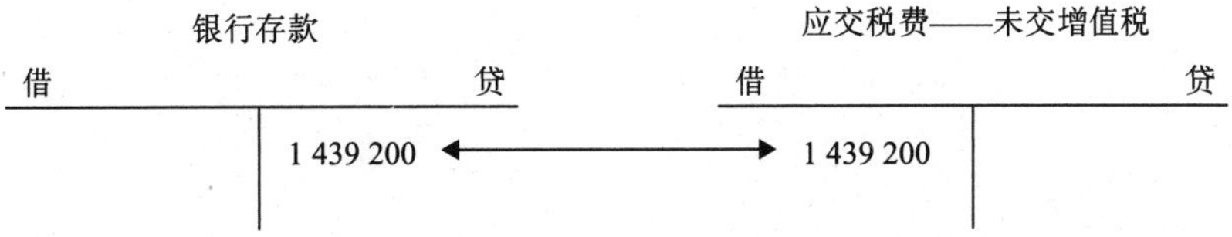

[**核心提示**] 计算本月应缴纳的增值税款为 143.92 万元（152.57 - 8.65）。

五、房地产开发企业简易计税会计处理

一般纳税人销售自行开发的房地产老项目，可以选择适用简易计税方法按照5%的征收率计税。一经选择简易计税方法计税的，36个月内不得变更为一般计税方法计税。

房地产老项目，是指：

（1）《建筑工程施工许可证》注明的合同开工日期在2016年4月30日前的房地产项目。

（2）《建筑工程施工许可证》未注明合同开工日期或者未取得《建筑工程施工许可证》，但建筑工程承包合同注明的开工日期在2016年4月30日前的建筑工程项目。

一般纳税人销售自行开发的房地产老项目适用简易计税方法计税的，以取得的全部价款和价外费用为销售额，不得扣除对应的土地价款。适用简易计税方法计税的，以取得的全部价款和价外费用为销售额，不得扣除对应的土地价款。

房地产以项目管理为原则，同一房地产企业的老项目需要单独备案，符合老项目标准的，可以选择适用简易征收。按5%征收率缴纳增值税。除法律规定不得开具增值税专用发票的情形外，一般纳税人可自行开具增值税专用发票。

同一房地产项目只能选择适用一种计税方法。《财政部、国家税务总局关于增值税纳税人放弃免税权有关问题的通知》（财税〔2007〕127号）规定：纳税人一经放弃免税权，其生产销售的全部增值税应税货物或劳务均应按照适用税率征税，不得选择某一免税项目放弃免税权，也不得根据不同的销售对象选择部分货物或劳务放弃免税权。

[**例4-34**] A房地产开发企业在深圳市开发一楼盘，2016年6月取得房地产预售证，当月完成绝大部分开发产品销售（签订房地产销售合同），总价3亿元，当月取得首期款1亿元。2016年7月，银行将扣除按揭保证金3 000万元后的按揭款1.7亿元，打入房地产公司账户。2017年3月，该公司通知购房人办理手续，正式进行房产移交。2018年5月，该公司办理了已售房产的不动产登记证，并办结不动产登记证的银行抵押手续，收回按揭保证金（假设该房地产公司选择适用简易计算方法，采用入伙时间为收入确认时间，产品为非普通标准住宅）。相关账务处理如下：

（1）2016年6月，收到首期款：

借：银行存款　　100 000 000

　　贷：预收账款　　100 000 000

丁字账图示如下：

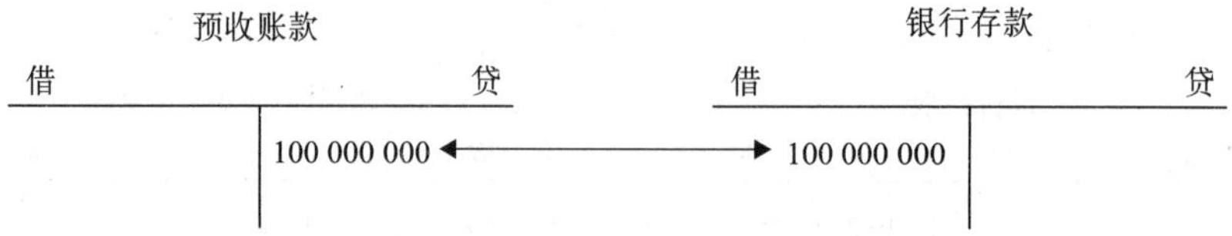

（2）预缴税款：

借：应交税费——应交增值税（简易计税）　　2 857 100
　　　　　　——应交附加税　　342 900
　贷：银行存款　　3 200 000

丁字账图示如下：

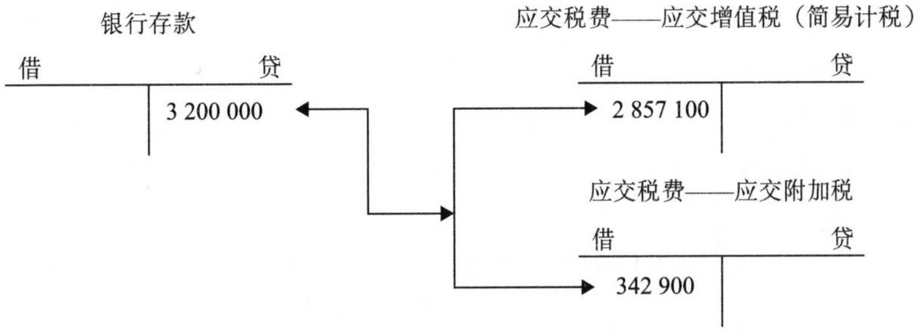

[核心提示] 2016 年 7 月 15 日，申报预缴增值税 285.71 万元［10 000 ÷（1 +5%）× 3%］，申报增值税附征税费 34.29 万元［285.71 ×（7% +3% +2%）］。

(3) 收到银行按揭款：

借：银行存款　　170 000 000
　　其他应收款——担保保证金　　30 000 000
　贷：预收账款　　200 000 000

丁字账图示如下：

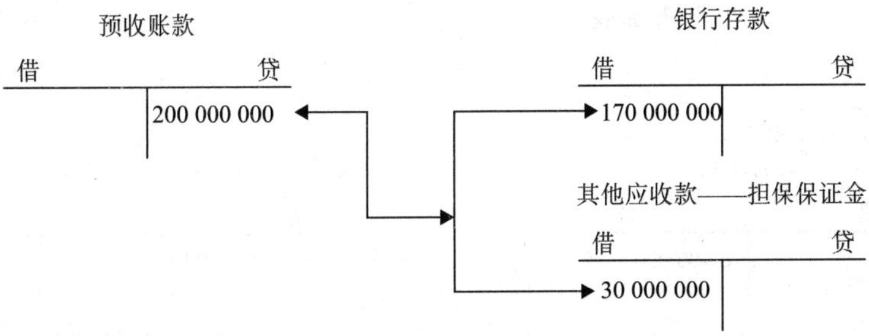

(4) 预缴增值税及附加：

借：应交税费——应交增值税（简易计税）　　5 714 300
　　　　　　——应交附加税　　685 700
　贷：银行存款　　6 400 000

丁字账图示如下：

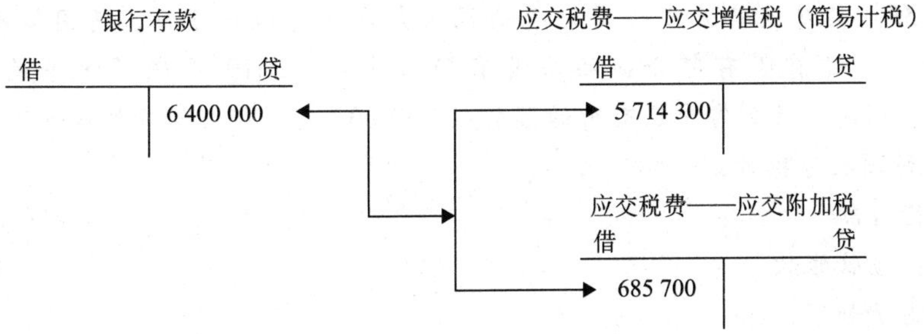

［核心提示］2016 年 8 月 15 日，申报预缴增值税 571.43 万元［20 000 ÷（1 +5%）×3%］，申报增值税附征税费 68.57 万元［571.43 ×（7% +3% +2%）］。

（5）结转营业收入时：

借：预收账款　　300 000 000

　　贷：主营业务收入　　285 714 300

　　　　应交税费——应交增值税（简易计税）　　14 285 700

丁字账图示如下：

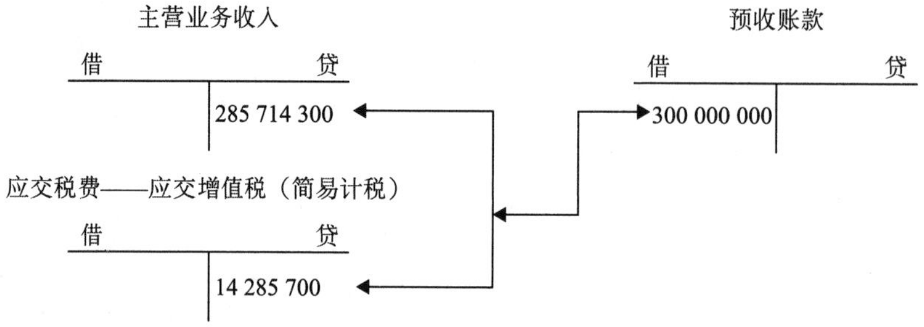

［核心提示］2017 年 3 月，结转营业收入 28 571.43 万元［30 000 ÷（1 +5%）］，应交增值税 1 428.57 万元（30 000 -28 571.43）。

（6）缴纳“汇缴”增值税：

借：应交税费——应交增值税（简易计税）　　5 714 300

　　　　　　——应交附加税　　685 700

　　贷：银行存款　　6 400 000

丁字账图示如下：

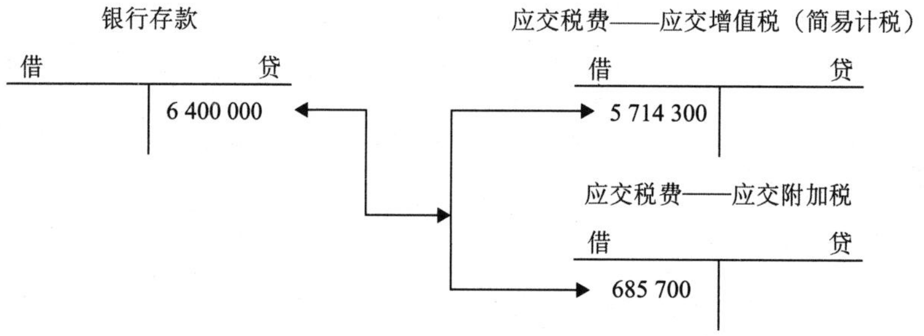

［核心提示］2017 年 4 月 15 日，申报交纳增值税 571.43 万元［30 000 ÷（1 +5%）×5% -285.71 -571.43］，申报增值税附征税费 68.57 万元［571.43 ×（7% +3% +2%）］。

［例 4 -35］ 某房地产开发公司一般纳税人开发某房地产项目，适用简易计税方法。2016 年初开工，目前还有部分商品房没有销售出去。2019 年底预售房屋一套，售价 1 000 000元。同时，收到客户乙交付的预售款 800 000 元。相关账务处理如下：

（1）收到预收房款时：

借：银行存款　　800 000

　　贷：预收账款　　800 000

丁字账图示如下：

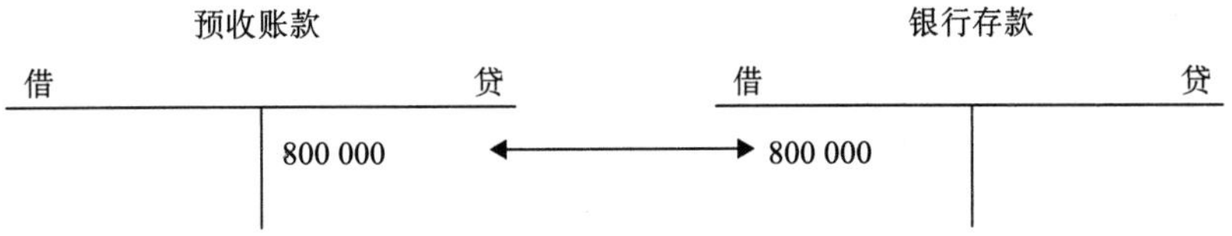

（2）预交增值税：

借：应交税费——应交增值税（简易计税）　　22 857.14

　　贷：银行存款　　22 857.14

丁字账图示如下：

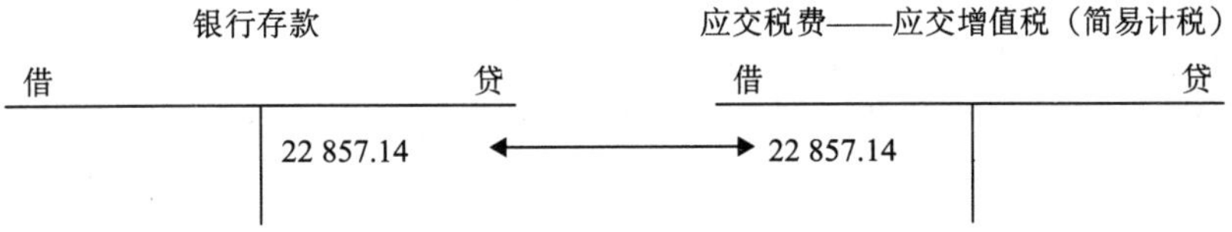

［**核心提示**］预交增值税 22 857.14 元［800 000 ÷（1 + 5%）× 3%］，因纳税义务并未发生，按照预收款缴纳的增值税，不能在当月抵减应交增值税。

（3）同时收取房款的差额：

借：银行存款　　200 000

　　预收账款　　800 000

　　贷：主营业务收入　　952 380.95

　　　　应交税费——应交增值税（简易计税）　　47 619.05

丁字账图示如下：

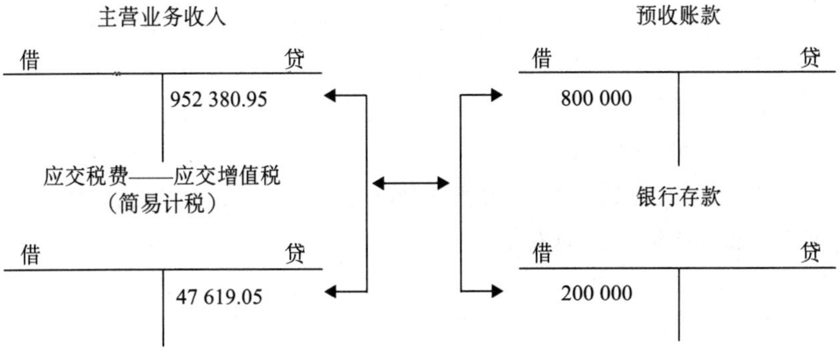

（4）缴纳税款的会计处理：

借：应交税费——未交增值税　　24 761.91

　　贷：银行存款　　24 761.91

丁字账图示如下：

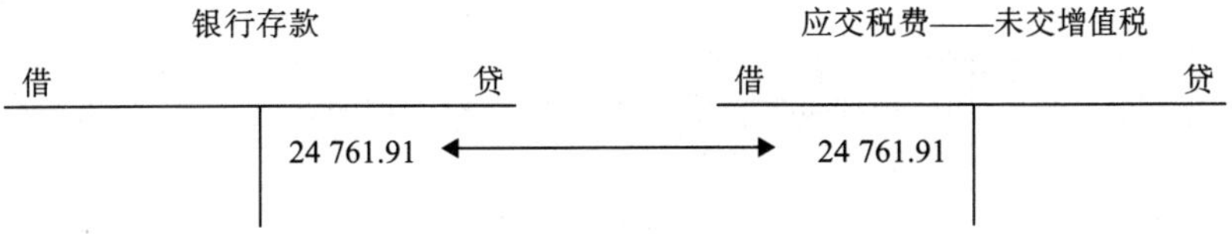

[核心提示] 抵减以前已交增值税后，应缴纳的增值税款 24 761.91 元（47 619.05 - 22 857.14）。

第三节 增值税缴纳会计处理

志远房地产开发有限公司为增值税一般纳税人，2017 年发生如下业务：

（1）1 月 10 日，通过出让方式从政府部门取得土地使用权，全部用于开发商品房，支付土地价款 11 100 000 元，取得财政票据，交纳契税 333 000 元。

（2）2 月 1 日，支付设计费 1 060 000 元，取得专用发票，注明金额 1 000 000 元、税额 60 000 元。

（3）2 月 6 日，预付建筑费 3 090 000 元，取得专用发票，注明金额 3 000 000 元、税额 90 000 元。

（4）2 月 15 日，购买甲材料 23 400 000 元，取得专用发票，注明金额 20 000 000 元、税额 3 400 000 元，款项通过银行支付。

（5）2 月 28 日，缴纳增值税。

（6）3 月 13 日，预售建筑面积 3 000 平方米商品房，每平方米 6 660 元（含税），开具增值税普通发票。

（7）4 月 3 日，申报纳税期预缴增值税。

（8）10 月 16 日，工程竣工，可供销售建筑面积合计 10 000 平方米。结算建筑费 10 300 000元，支付剩余建筑费 7 210 000 元，取得专用发票，注明金额 7 000 000 元，税额 210 000 元。

（9）10 月 26 日，将 7 月预售建筑面积 3 000 平方米商品房交付购房者。

（10）10 月 31 日，缴纳增值税。

（11）11 月 22 日，销售剩余建筑面积 7 000 平方米商品房并交付购房者，每平方米 6 660元（含税），开具增值税普通发票。

（12）11 月 30 日，缴纳增值税。

（13）12 月 20 日，申报纳税期缴清增值税。

业务 1：支付土地价款和契税相关账务处理如下：

借：开发成本　　11 100 000

　　贷：银行存款　　11 100 000

丁字账图示如下：

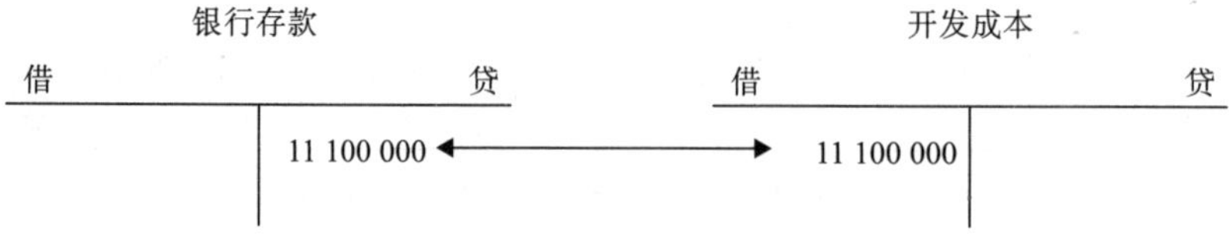

借：开发成本　　333 000

　　贷：银行存款　　333 000

丁字账图示如下：

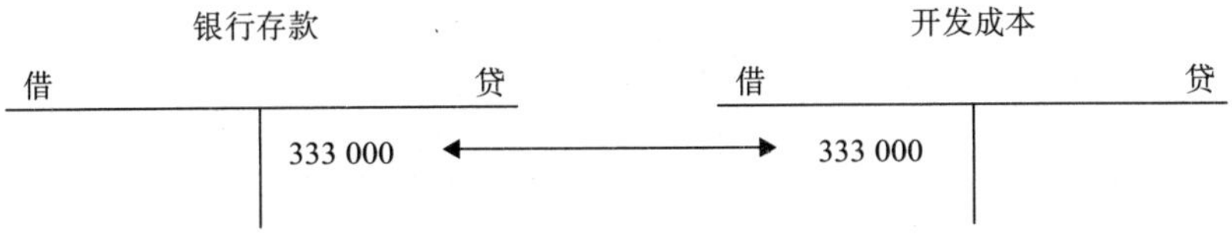

业务2：支付设计费相关账务处理如下：

借：开发成本　　1 000 000

　　应交税费——应交增值税（进项税额）　　60 000

　　贷：银行存款　　1 060 000

丁字账图示如下：

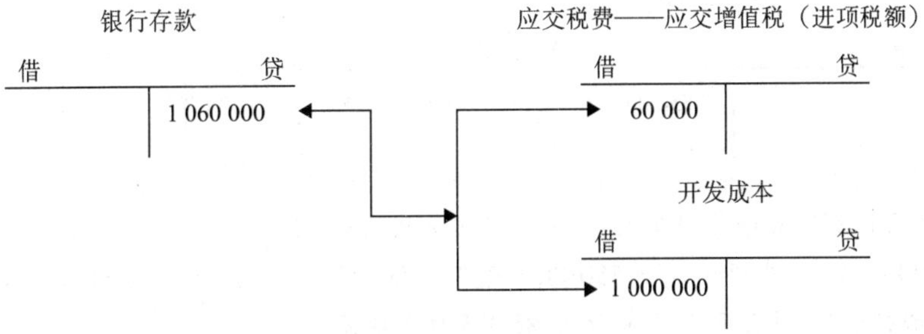

业务3：预付建筑费相关账务处理如下：

借：预付账款　　3 000 000

　　应交税费——应交增值税（进项税额）　　90 000

　　贷：银行存款　　3 090 000

丁字账图示如下：

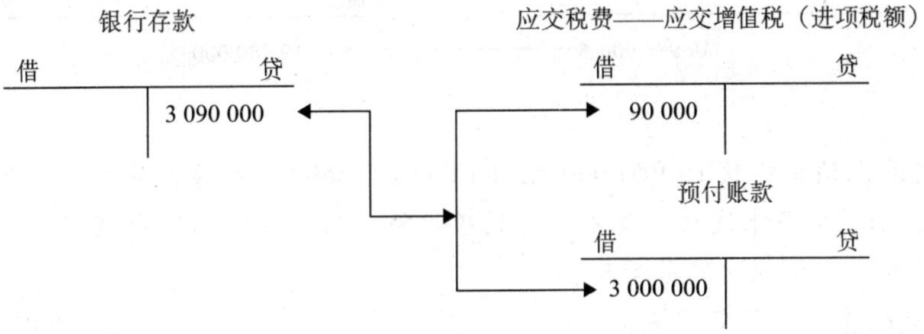

业务4：购买甲材料相关账务处理如下：

借：开发成本　　20 000 000

　　应交税费——应交增值税（进项税额）　　3 400 000

　　贷：银行存款　　23 400 000

丁字账图示如下：

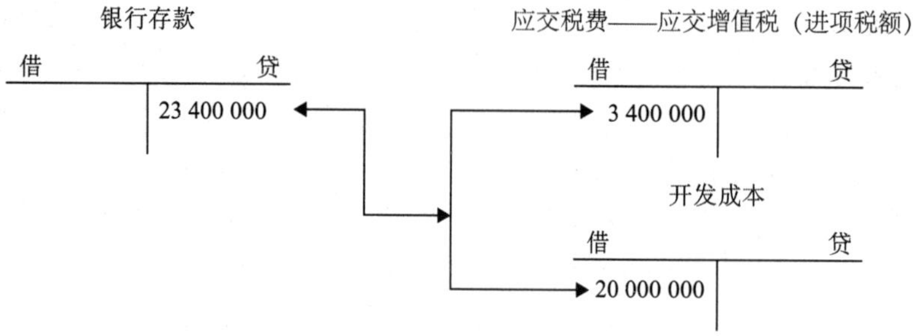

业务5：缴纳增值税账务处理：

借：应交税费——未交增值税　　3 550 000

　　贷：应交税费——应交增值税（转出多交增值税）　　3 550 000

丁字账图示如下：

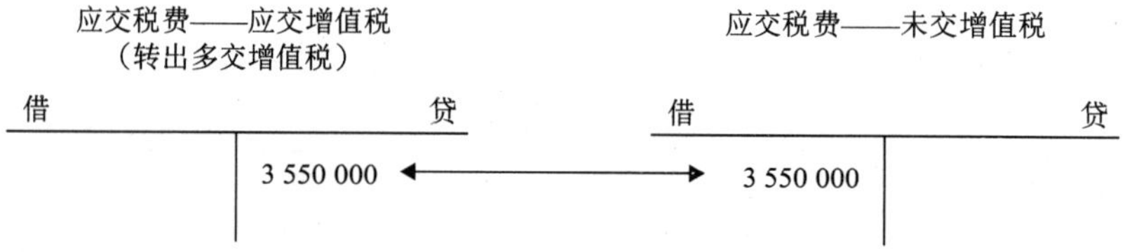

［**核心提示**］2月末增值税处理，当月销项税额为0，进项税额为3 550 000元（60 000 + 90 000 +3 400 000），进项税额3 550 000元不足抵扣，可以转结下期继续抵扣。“应交税费——未交增值税”科目2月末借方余额3 550 000元。

业务6：预售商品房账务处理：

借：银行存款　　19 980 000

　　贷：预收账款　　19 980 000

丁字账图示如下：

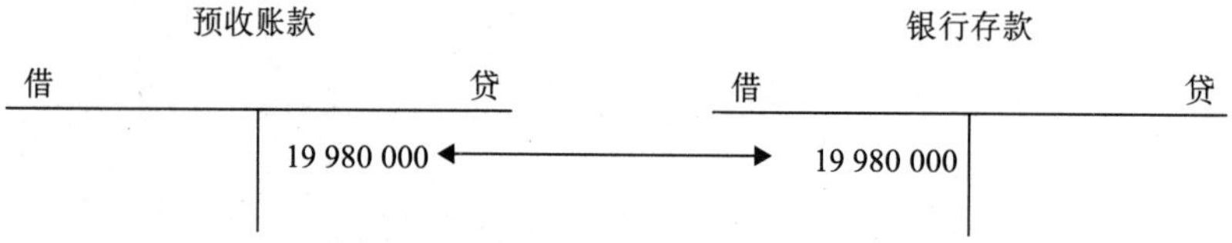

［**核心提示**］预收账款19 980 000元（3 000 ×6 660）。预售商品房，收到预收款，开具普通发票，纳税义务未发生，暂不计算销项税额，待4月份纳税申报期时预缴增值税。

业务7：预缴增值税时账务处理：

借：应交税费——预交增值税　　540 000

　　贷：银行存款　　540 000

丁字账图示如下：

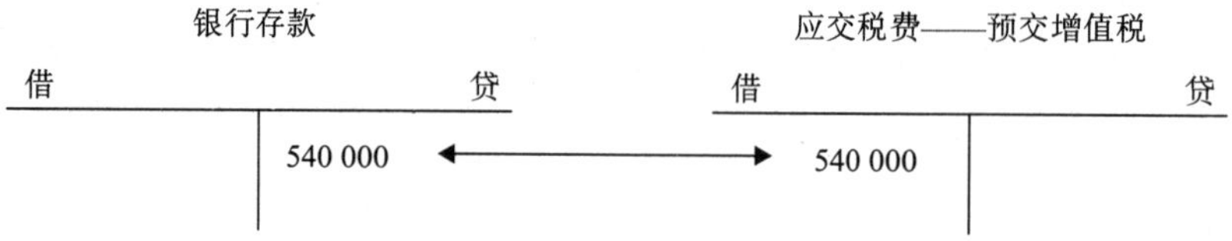

［**核心提示**］按照3%税率预缴增值税540 000元［19 980 000÷(1+11%)×3%］。

业务8：工程竣工结算建筑费时的账务处理如下：

借：开发成本　　3 000 000

　　贷：预付账款　　3 000 000

丁字账图示如下：

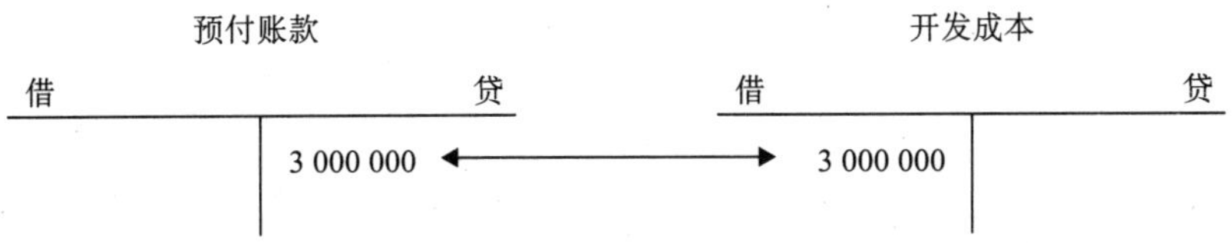

借：开发成本　　7 000 000

　　应交税费——应交增值税（进项税额）　　210 000

　　贷：银行存款　　7 210 000

丁字账图示如下：

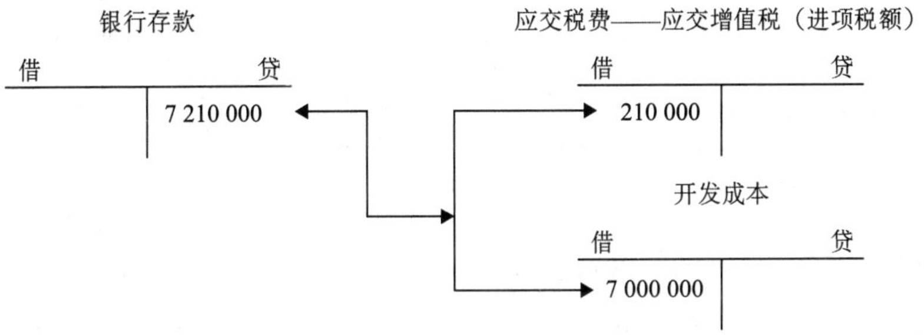

借：开发产品　　42 433 000

　　贷：开发成本　　42 433 000

丁字账图示如下：

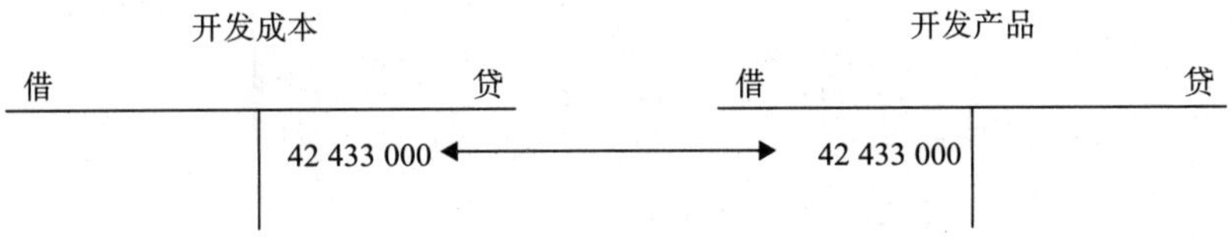

［**核心提示**］为了对房地产开发业的开发产品成本进行核算，在竣工验收时应按实际成本借记“开发产品”账户，贷记“开发成本”账户。开发成本计算：

11 100 000+333 000+1 000 000+20 000 000+3 000 000+7 000 000=42 433 000（元）

业务9：缴纳剩余增值税账务处理：

借：预收账款　　19 980 000

　　贷：主营业务收入　　18 000 000

　　　　应交税费——应交增值税（销项税额）　　1 980 000

丁字账图示如下：

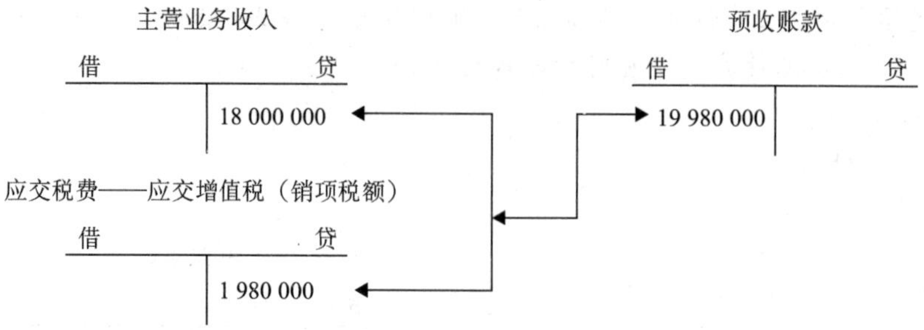

[**核心提示**] 将预售商品房交付购房者，纳税义务发生，应计算销售税额。主营业务收入 18 000 000 元 [3 000 × 6 660 ÷ (1 + 11%)]，增值税销项税额 1 980 000 元 (18 000 000 × 11%)。

借：应交税费——应交增值税（销项税额抵减）　　330 000

　　贷：开发产品　　330 000

丁字账图示如下：

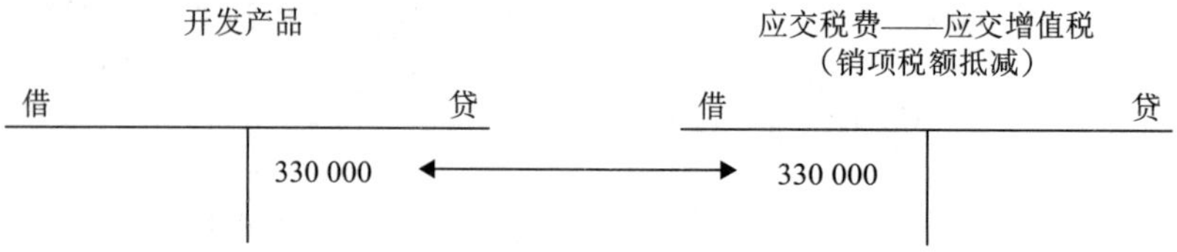

[**核心提示**] 销项税额递减 330 000 元 [11 100 000 × 0.3 ÷ (1 + 11%) × 11%]。

借：应交税费——未交增值税　　540 000

　　贷：应交税费——预交增值税　　540 000

丁字账图示如下：

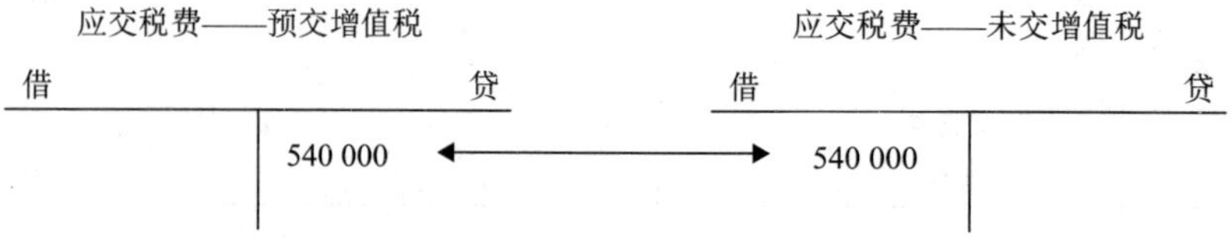

业务 10：10 月末缴纳增值税的账务处理：

借：应交税费——应交增值税（转出未交增值税）　　1 440 000

　　贷：应交税费——未交增值税　　1 440 000

丁字账图示如下：

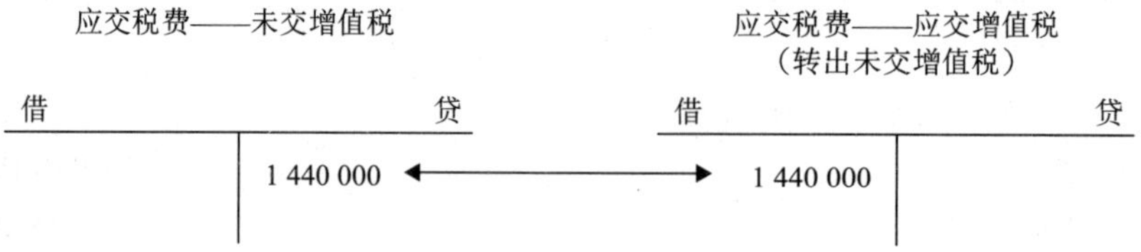

[**核心提示**] 未交增值税 1 440 000 元 (1 980 000 - 330 000 - 210 000)。当月销项税额 1 980 000 元，进项税额 540 000 元 (330 000 + 210 000)，上期留抵税额 3 550 000 元，

进项税额 2 110 000 元不足抵扣，可以结转下期继续抵扣。未抵减完的预缴税款 540 000 元，可以结转下期继续抵减。“应交税费——未交增值税”科目 10 月末借方余额2 650 000 元（3 550 000 +540 000 -1 440 000）。

业务 11：销售剩余商品房并交付购房者时账务处理：

借：银行存款　46 620 000

　　贷：主营业务收入　42 000 000

　　　　应交税费——应交增值税（销项税额）　4 620 000

丁字账图示如下：

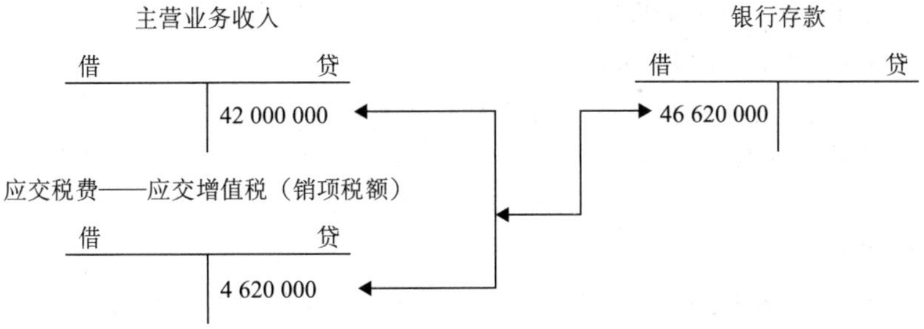

［核心提示］主营业务收入 42 000 000 元［7 000 ×6 660 ÷(1 +11%)］，增值税销项税额 4 620 000 元（42 000 000 ×11%）。

借：应交税费——应交增值税（销项税额抵减）　770 000

　　贷：开发产品　770 000

丁字账图示如下：

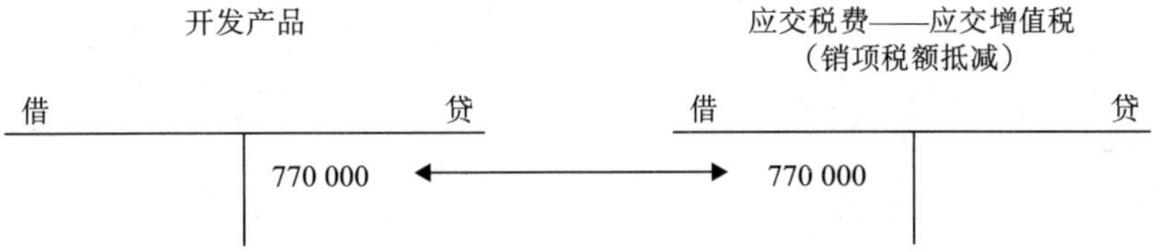

［核心提示］应交增值税 770 000 元［11 100 000 ×0. 7 ÷(1 +11%) ×11%］。

借：主营业务成本　28 933 100

　　贷：开发产品　28 933 100

丁字账图示如下：

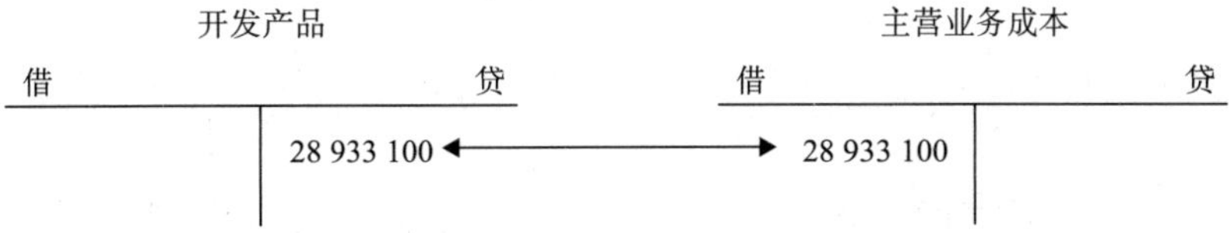

［核心提示］结转主营业务成本 28 933 100 元（42 433 000 ×0. 7 -770 000）。

业务 12：11 月末增值税账务处理：

借：应交税费——应交增值税（转出未交增值税）　3 850 000

　　贷：应交税费——未交增值税　3 850 000

丁字账图示如下：

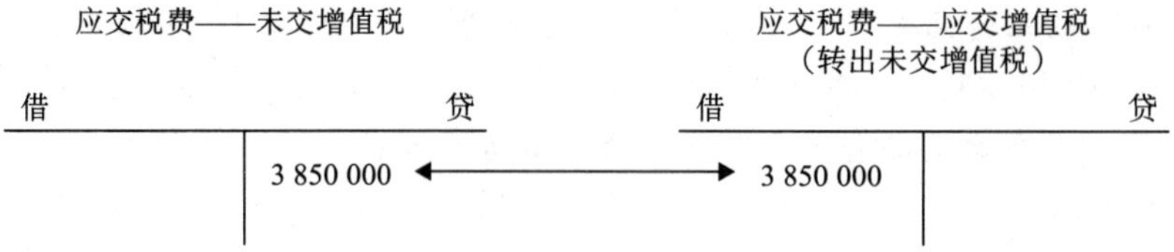

［**核心提示**］未交增值税当期销项税额 3 850 000 元（4 620 000 - 770 000）。上期留抵税额 2 110 000 元，上期未抵减完的预缴税款 540 000 元。应缴纳增值税 1 200 000 元（3 850 000 - 2 110 000 - 540 000），“应交税费——未交增值税”科目 11 月末贷方余额 1 200 000元（3 850 000 - 2 650 000）。

业务 13：12 月份申报纳税期缴清增值税的账务处理：

借：应交税费——未交增值税　　1 200 000

　　贷：银行存款　　1 200 000

丁字账图示如下：

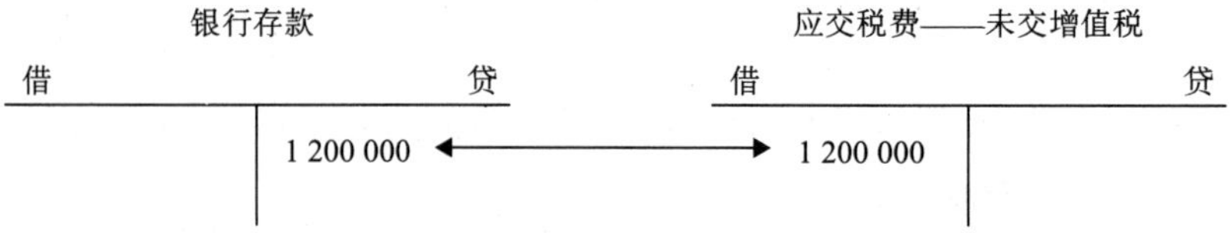

［**核心提示**］缴清增值税时，“应交税费——未交增值税”科目结平。

第五章　建筑安装企业增值税会计处理

第一节　进项税额会计处理

建筑工程与普通工业生产不同，工期通常较长，耗费较高，需要设置“工程施工”“工程结算”科目，建筑行业的增值税进项种类包括各种工程物资及原材料，外购的机器设备等固定资产，直接人工、直接费用和间接费用，广告和宣传费等。

一、购进服务及原材料等进项税额会计处理

［**例5－1**］2019年9月利辛建筑集团（增值税一般纳税人）购进钢材一批，取得增值税专用发票，含税价10 900元，其中增值税税款900元，以银行存款支付货款，货物已验收入库。会计账务处理如下：

（1）借：原材料　　10 000

　　应交税费——应交增值税（进项税额）　　900

　　贷：银行存款　　10 900

丁字账图示如下：

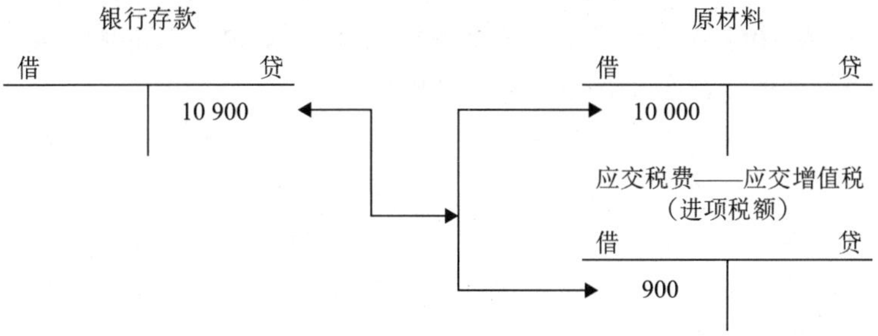

（2）将原材料投入工程：

借：工程施工——合同成本　　10 000

　　贷：原材料　　10 000

丁字账图示如下：

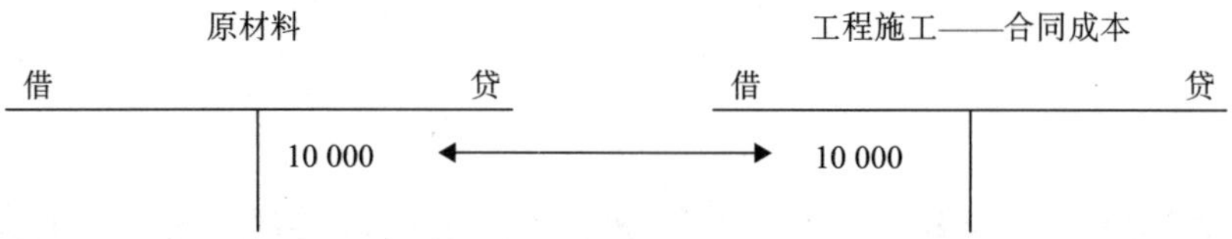

[**核心提示**] 原材料按实际成本核算，主要通过“原材料”“周转材料”科目核算，核算的具体入库以及记账时间按照发出货物及开具发票的具体情况具体分析。

[**例5-2**] 高权建筑集团（增值税一般纳税人）2019年5月从农民手里购进一批木材，已取得农产品销售普通发票（免税），发票金额500 000元，已向销售方银行打款，则高权建筑集团的进项税额账务处理为：

借：原材料　　458 715.6
　　应交税费——应交增值税（进项税额）　　41 284.4
　　贷：银行存款　　500 000

丁字账图示如下：

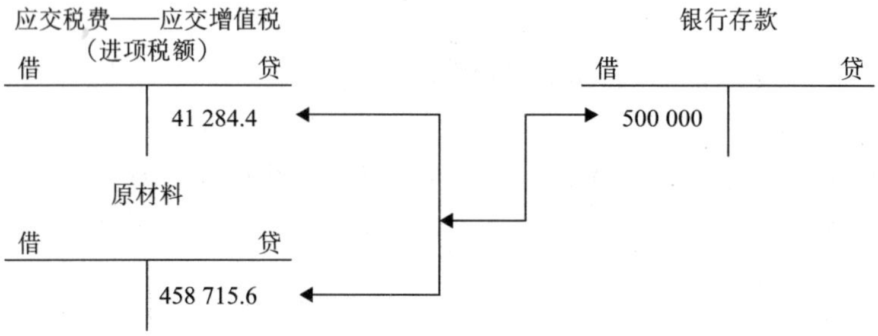

[**核心提示**] 建筑行业的工程用木材、竹等农产品依照农产品购进情况，主要通过“原材料”科目核算，抵扣进项税额时专用发票依照票面税额，免税农产品按照购进情况和用途，适用9%或10%的进项税额计算抵扣，但由于建筑行业销项税税率为9%，所以建筑行业购进农产品也多适用9%的进项税额抵扣。

[**例5-3**] 2019年5月1日，林云建筑公司（增值税一般纳税人）购入一台需要安装的建筑用机器设备，取得的增值税专用发票上注明的设备价款为50 000元，增值税进项税额为65 000元，款项已通过银行支付；安装设备时，领用本公司原材料一批，价值30 000元，购进该批原材料时支付的增值税进项税额为3 900元。假定不考虑其他相关税费，林云公司的会计账务处理如下：

（1）借：在建工程——××设备　　500 000
　　　　应交税费——应交增值税（进项税额）　　65 000
　　　　贷：银行存款　　565 000

丁字账图示如下：

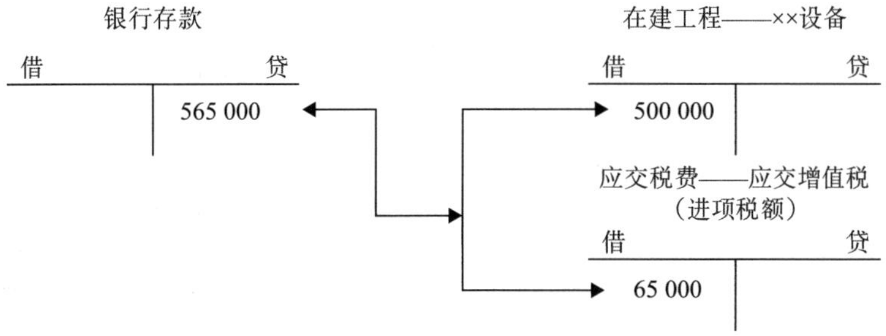

（2）领用本公司原材料费用：

借：在建工程——××设备　　30 000

　　贷：原材料　　30 000

丁字账图示如下：

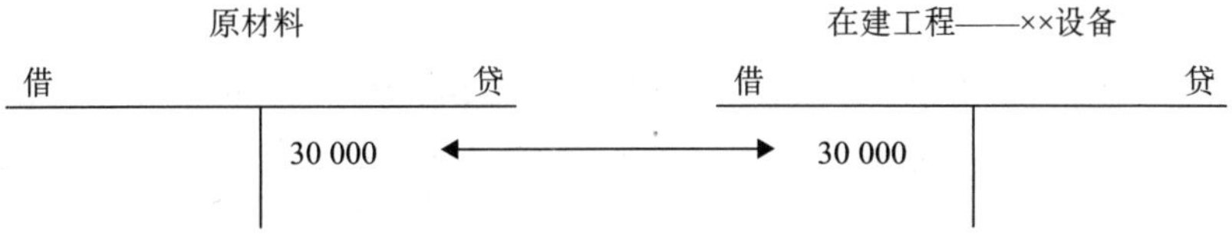

（3）设备安装完毕达到预定可使用状态：

借：固定资产——××设备　　530 000

　　贷：在建工程——××设备　　530 000

固定资产的成本 = 500 000 + 30 000 = 530 000（元）

丁字账图示如下：

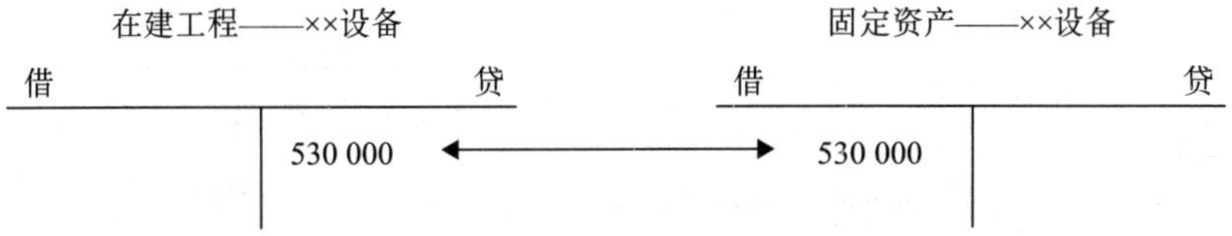

[核心提示]（1）购入不需要安装的固定资产，借记“固定资产”“应交税费——应交增值税（进项税额）”科目，贷记“银行存款”等科目。（2）购入需要安装的固定资产，借记“在建工程”“应交税费——应交增值税（进项税额）”科目，贷记“银行存款”等科目。（3）安装固定资产，借记“在建工程”科目，贷记“应付职工薪酬”等科目。（4）达到预定可使用状态后转入固定资产，借记“固定资产”科目，贷记“在建工程”科目。

[例5-4] 2019年4月1日，家安建筑公司（增值税一般纳税人）租入一台生产用的机器设备，取得的增值税专用发票上注明的设备租赁费用为10万元，发票上增值税税额为13 000元，款项已通过银行支付。假定不考虑其他相关税费，安家建筑公司账务处理如下：

借：工程施工——机械使用费　　100 000

　　应交税费——应交增值税（进项税额）　　13 000

　　贷：银行存款　　113 000

丁字账图示如下：

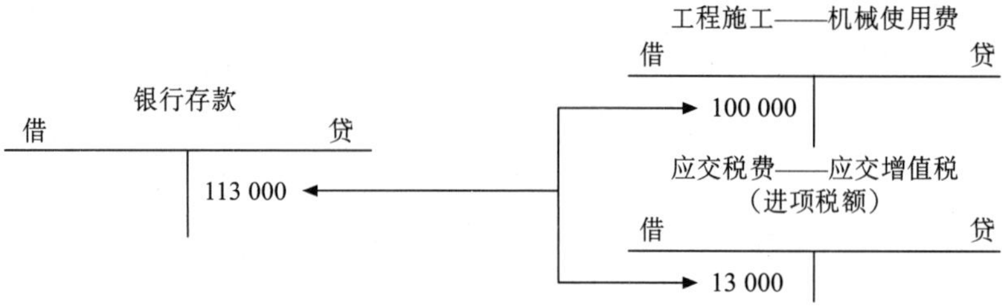

［**核心提示**］建筑类企业在工程施工过程中租借的机械设备与不动产应准确区别，分别计入不同的会计科目，机械设备属于有形动产经营性租赁，适用税率为13%，计入会计科目“工程施工”，而租赁不动产适用税率9%，但需区分其用途，用于职工，管理人员的住宿等不直接做工程用途的应当计入“期间费用”科目做间接费用处理，用于工程用途的也应计入“工程施工”科目。

［**例5－5**］华鑫建筑有限责任公司（增值税一般纳税人）2019年4月1日以融资租赁的方式租入大型设备，租赁期6年，双方合同约定，每月通过银行支付租金25万（不含税），已知4月1日设备的公允价值为1 600万元（低于折现值），则4月华鑫建筑有限责任公司的账务处理为：

借：固定资产——融资租入固定资产　　16 000 000
　　未确认融资费用　　2 000 000
　　贷：长期应付款　　18 000 000

丁字账图示如下：

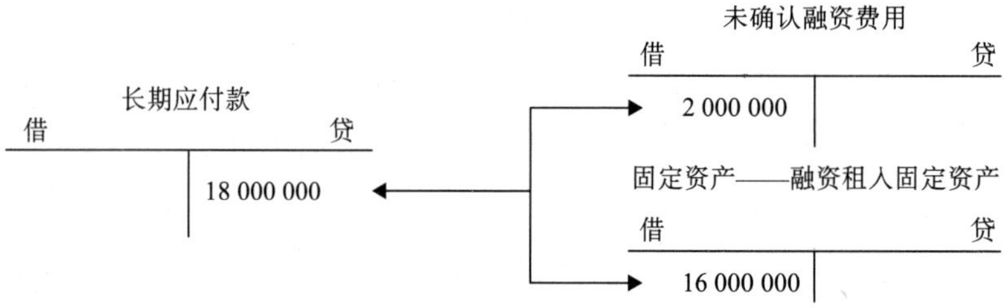

借：长期应付款　　250 000
　　应交税费——应交增值税（进项税额）　　32 500
　　贷：银行存款　　282 500

丁字账图示如下：

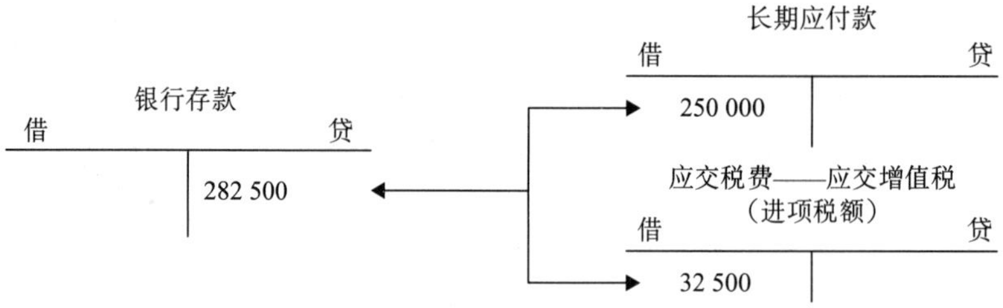

[核心提示] 有形动产融资租赁，是指具有融资性质和所有权转移特点的有形动产租赁业务活动，即出租人根据承租人所要求的规格、型号、性能等条件购入有形动产租赁给承租人，合同期内设备所有权属于出租人，承租人只拥有使用权，合同期满付清租金后，承租人有权按照残值购入有形动产，以拥有其所有权。不论出租人是否将有形动产残值销售给承租人，均属于融资租赁。

融资租入的会计处理需要将融资租入的机械等计入固定资产，虽然名为租赁，从会计准则看实际是占有，企业支付的所有价款应计入“长期应付款”科目核算。

[例5-6] 2019年6月合金建筑公司（增值税一般纳税人）进口建筑专用设备，进口价150万元，报关进口时海关征收关税20万元，增值税22.1万元，分别取得海关完税凭证和海关进口增值税专用缴款书（本月报送电子数据，申请稽核比对并比对通过）。

借：固定资产 1 700 000

　　应交税费——应交增值税（进项税额） 221 000

　　贷：银行存款 1 921 000

丁字账图示如下：

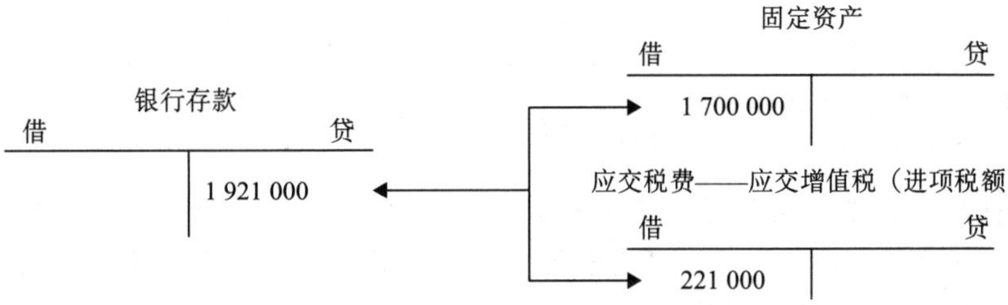

[核心提示] 海关的进口关税可以连同进口价格组成完税价格，直接并入借记“固定资产”科目进行核算，进口环节增值税则是以完税价格乘以商品适用税率。

[例5-7] 西昌建筑公司（增值税一般纳税人）2019年6月支付办公楼的水、电费、通信费和通行费情况汇总如表5-1所示（以现金支付）。

表5-1　　发票记载

费用项目	发票种类	份数	金额	税额
水费	专用发票	1	2万元	0.06万元
电费	专用发票	1	5万元	0.65万元
通信费	专用发票	1	3万元	0.18万元

会计账务处理如下：

借：期间费用 100 000

　　应交税费——应交增值税（进项税额） 8 900

　　贷：库存现金 108 900

丁字账图示如下：

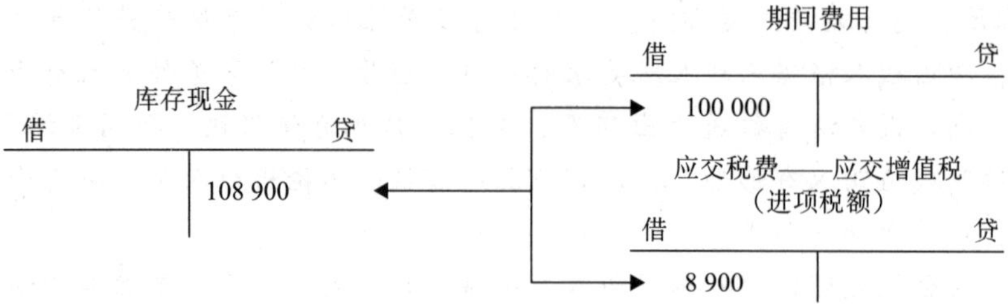

［核心提示］ 建筑安装工程中的费用主要有直接费用和间接费用。

1. 直接费用。它是建筑安装工程预算造价中建筑安装工程费用的重要组成部分。它是直接耗用在建筑工程和设备安装工程上各种费用的总和。直接费用是由人工费、材料费、施工机械和其他直接费用组成。

（1）人工费，指直接从事建筑安装工程施工的生产工人的基本工资、工资性的津贴及属于生产工人开支范围的各项费用。

（2）材料费，指施工过程中发生的材料、构配件、零件和半成品以及周转材料的摊销费用。

（3）施工机械使用费，指建筑安装工程施工机械使用费、施工机械安装费、拆迁及进出场费和定额所列的其他机械费。

（4）其他直接费用。

2. 间接费用。它是耗用在建筑工程和设备安装工程上除直接费以外的费用总和，由施工管理费和其他间接费用组成。期间费用包括管理费用、销售费用和财务费用。

管理费用是指企业为组织和管理企业生产经营所发生的管理费用；销售费用是指企业在销售商品和材料、提供劳务的过程中发生的各种费用；财务费用是指企业为筹集生产经营所需资金等而发生的筹资费用。各种办公楼的水电燃气等都属于是建筑企业的间接费用支出，计入借记“期间费用”进行核算处理。

［例 5－8］ 华临建筑公司（增值税一般纳税人）因桥梁建筑项目接受劳务派遣服务，派遣公司派遣员工 60 名，华临建筑公司支付劳务派遣服务费 80 万元，以银行存款结算，分别取得增值税专用发票和普通发票各一份，其中增值税专用发票载明：金额 5 万元，税额 0.25 万元。华云建筑会计账务处理如下：

借：劳务成本　　50 000

　　应交税费——应交增值税（进项税额）　　2 500

　　贷：银行存款　　52 500

丁字账图示如下：

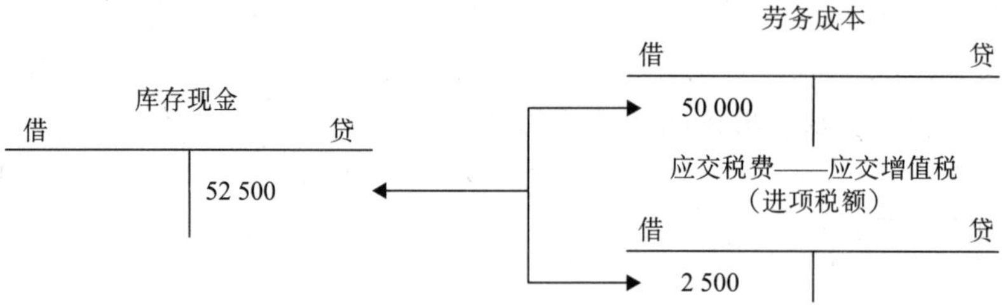

［核心提示］

（1）劳务派遣方式是建筑业比较常用的一种用工方式，而劳务派遣公司无论是一般纳税人还是小规模纳税人提供劳务派遣服务均可以选择差额纳税，以其取得的全部价款和价外费用，扣除代用工单位支付给劳务派遣人员的工资、福利和为其办理社会保险及住房公积金后的余额为销售额，按照简易计税方法依5%的征收率计算缴纳增值税。

（2）劳务派遣从根本上来说与建筑业劳务分包有共通之处，但两者之间也有较大区别。对用工单位建筑企业来说，劳务分包，是计算差额征税时收入的减项，而劳务派遣是一项成本费用，不能差额扣除；两者经营资质要求不同，劳务派遣按照劳动合同法规定设立的，获得劳务派遣行政许可的法人实体，而建筑劳务分包属于建筑工程系列，一般要有住建部门发的建筑企业劳务资质证书；劳务派遣有用工人数限制，用工不能超过总用工的10%，劳务分包则没有限制；劳务分包与劳务派遣可抵扣进项税额也不同，在价格“包死”的情况下，由于劳务派遣差额征税，建安企业取得可抵扣的进项税额小于劳务分包方式用工取得的进项税额；两者适用不同的法律，劳务派遣用《劳动合同法》，劳务分包适用《合同法》；管理主体不同，劳务派遣是由用工单位直接管理，劳务分包是承包方直接管理；合同标的不同，劳务派遣的合同标的为人，劳务分包的合同标的为事；税目不同，劳务派遣的税目是人力资源服务；建筑劳务外包的税目是建筑服务。

（3）增值税进项税额抵扣凭证包括：增值税专用发票，机动车销售统一发票，海关进口增值税专用缴款书，农产品销售或者收购发票（专用发票及普通发票）等，但不包括正常的增值税普通发票。

［例5－9］元非建筑有限责任公司（增值税一般纳税人）在2019年5月的经营中，管理部门用车支付桥、闸通行费6 825元，取得通行费发票（非财政票据），运送原材料发生运费10万元（不含税），已取得专用发票，则元非建筑有限责任公司进项会计处理为：

进项税 ＝6 825÷(1＋5%)×5%＝325（元）

借：原材料　　100 000

　　应交税费——应交增值税（进项税额）　　9 000

　　贷：银行存款　　109 000

丁字账图示如下：

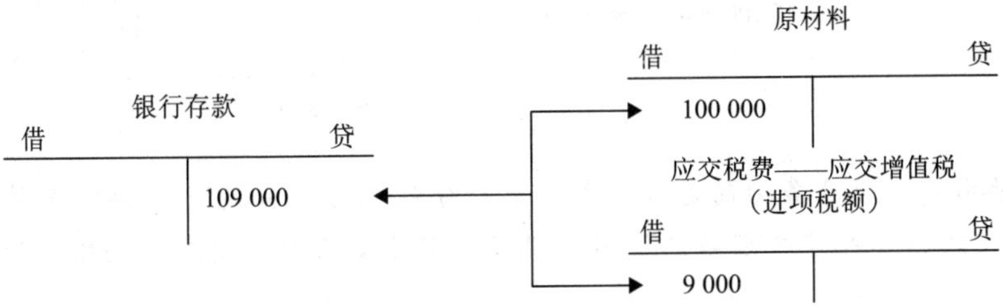

借：管理费用　　6 825

　　应交税费——应交增值税（进项税额）　　325

　　贷：库存现金　　7 150

丁字账图示如下：

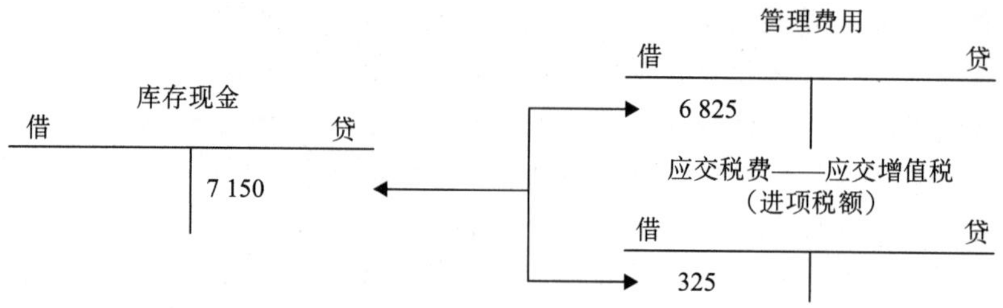

［核心提示］增值税一般纳税人支付的通行费，按照增值税电子普通发票上注明的增值税额抵扣进项税额。不能取得通行费增值税电子普通发票的，在一定期限内，暂凭取得的通行费发票（不含财政票据，下同）上注明的收费金额计算可抵扣的进项税额。

可抵扣进项税额 = 桥、闸通行费发票上注明的金额 ÷（1 +5%）×5%

二、分包方式作为进项税额的会计处理

建筑行业因工程方式多为异地，通常工程体量庞大，建筑安装企业涉及特有的结算方式——项目分包，而从税务处理上来说项目分包应记为进项税额计算。

［例 5 –10］中泽建筑公司（增值税一般纳税人）的桥梁建造业务为甲供工程，该建筑企业对此项目选择了简易计税方法。本月收到含税金额 4 000 万元并开具了增值税专用发票。该建筑企业将部分业务进行了分包，本月支付分包含税金额 1 030 万元，取得分包商开具的增值税专用发票。相关会计处理如下：

借：工程施工——合同成本	10 000 000	
应交税费——应交增值税（进项税额）	300 000	
贷：银行存款		10 300 000

丁字账图示如下：

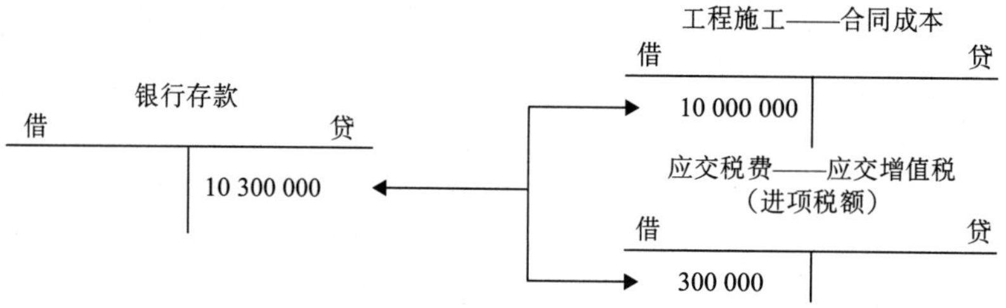

［核心提示］以上业务为简易计税条件下的分包业务，分包项目按照支付给分包方的全部含税分包款项计入“工程施工”科目核算，需要取得分包商提供的增值税发票作为入账依据。

（1）期末，根据经营部门出具的经分包单位签认的“已完工作量审核凭单”，借记“工程结算”科目，贷记“应付账款——应付分包单位工程款”科目。

（2）以材料支付分包单位工程款时，根据物资部门出具的经分包单位签认的“总包供料结算凭单”，借记“应付账款——应付分包单位工程款”“原材料”科目，贷记“主

营业务收入——分包收入”科目。

（3）期末，把已归集的制造费用按照分包合同总价占总承包合同总价的比例进行分配，分配公式为：应计入当期分包成本的费用 = 当期费用余额 ×（分包合同总价/总包合同总价）。根据上式计算得到的“应计入分包成本的费用”，借记“主营业务成本——分包成本”科目，贷记“间接费用”科目。

（4）缴纳代扣代缴的税费时，借记“其他应付款——代扣分包单位税费”科目，贷记“银行存款”科目。

［例 5－11］ 2019 年 8 月，江苏省松杨建筑公司（增值税一般纳税人）在本地承揽了一项工程项目。该工程项目不含税金额为 800 万元。松杨建筑公司将部分建筑项目分包给另一建筑企业罗北公司（增值税一般纳税人），取得了增值税专用发票 40 张，票面价款 400 万元，税额 36 万元，当月进行认证抵扣。相关账务处理如下：

借：工程施工——合同成本　　4 000 000

　　应交税费——应交增值税（进项税额）　　360 000

　　贷：银行存款　　4 360 000

丁字账图示如下：

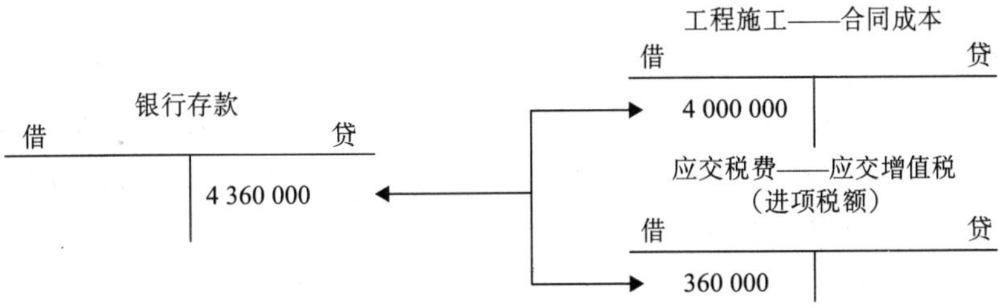

［核心提示］ 分包业务依据业务发生地与公司所在地不同，分两种情况核算。

（1）纳税人在同一地级行政区范围内跨县提供建筑服务，比照在县内提供建筑服务的政策计算缴纳增值税。试点纳税人提供建筑服务发生分包工程时，适用一般计税办法的，以取得的全部价款为销售额，支付分包工程款取得增值税专用发票注明的税额按一般计税办法进行抵扣；适用简易计税办法的，以取得的全部价款和价外费用扣除支付的分包款后的余额为销售额。

（2）一般纳税人跨地市级行政区域提供建筑服务，适用一般计税方法计税的，应以取得的全部价款和价外费用为销售额计算应纳税额。纳税人应以取得的全部价款和价外费用扣除支付的分包款后的余额，按照 2% 的预征率在建筑服务发生地预缴税款后，向机构所在地主管税务机关进行纳税申报。一般纳税人跨地市级行政区域提供建筑服务，选择适用简易计税方法计税的，应以取得的全部价款和价外费用扣除支付的分包款后的余额为销售额，按照 3% 的征收率计算应纳税额。纳税人应按照上述计税方法在建筑服务发生地预缴税款后，向机构所在地主管税务机关进行纳税申报。

小规模纳税人跨地市级行政区域提供建筑服务，应以取得的全部价款和价外费用扣除支付的分包款后的余额为销售额，按照 3% 的征收率计算应纳税额。纳税人应按照上述计税方法在建筑服务发生地预缴税款后，向机构所在地主管税务机关进行纳税申报。

三、不得抵扣进项税额的会计处理

[例5－12] 华星建筑公司（增值税一般纳税人）2019年9月因管理不善在建项目工地一批板材被盗，无法寻回使用，经盘点确认被盗板材的实际成本为10万元，涉及的增值税1.3万元，相关账务处理如下：

借：待处理财产损溢　　113 000

　贷：原材料　　100 000

　　应交税费——应交增值税（进项税额转出）　　13 000

丁字账图示如下：

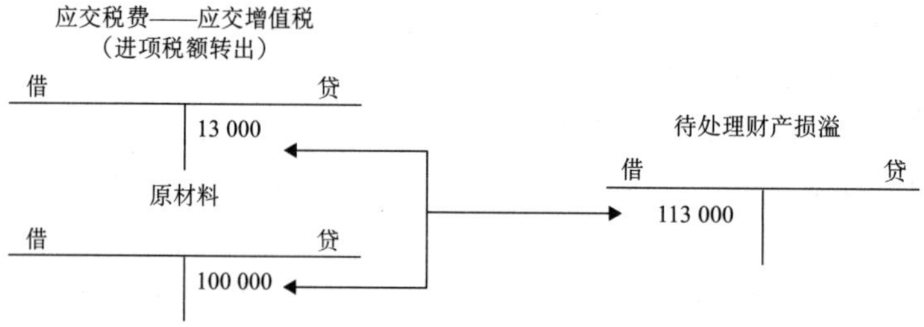

[核心提示] 因管理不善造成用于不动产在建工程所耗用的购进货物、设计服务和建筑服务，以及纳税人新建、改建、扩建、修缮、装饰不动产所耗用的工程物资被盗、丢失、霉烂变质，均需要做进项税额转出处理。

[例5－13] 2019年7月东来建筑公司（增值税一般纳税人）月总销售额3 000万元，其中适用于简易计税的老项目1 000万元，两个项目合计领用钢材900万元，买入时已抵扣进项税额，相关成本账务处理如下：

用于简易计税的钢材300万元（1 000÷3 000×900）：

借：主营业务成本　　3 390 000

　贷：原材料　　3 000 000

　　应交税费——应交增值税（进项税额转出）　　390 000

丁字账图示如下：

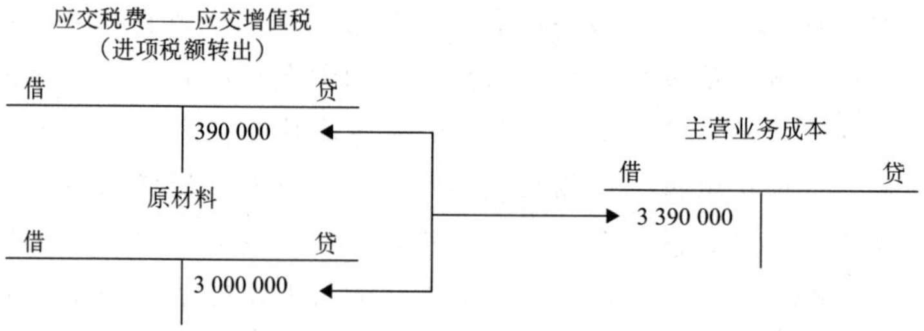

[核心提示] 在一般计税和简易计税之间无法划分的进项税金，需要通过销售额计算分摊。

不得抵扣的进项税额＝当期无法划分的全部进项税额×（当期简易计税方法计税项目

销售额 + 免征增值税项目销售额）÷ 当期全部销售额

[例 5－14] 敦煌建筑公司（增值税一般纳税人）建筑办公楼自用，其中发生设计费含税 106 万元（增值税 6 万元），钢材水泥等原材料 113 万元（增值税 13 万元），以上两项均取得增值税专用发票，于当期抵扣进项税。经有关部门检测，该建筑系违规建筑，要求期内强制拆除，则相关账务处理如下：

借：固定资产　　190 000

　　贷：应交税费——应交增值税（进项税额转出）　　190 000

丁字账图示如下：

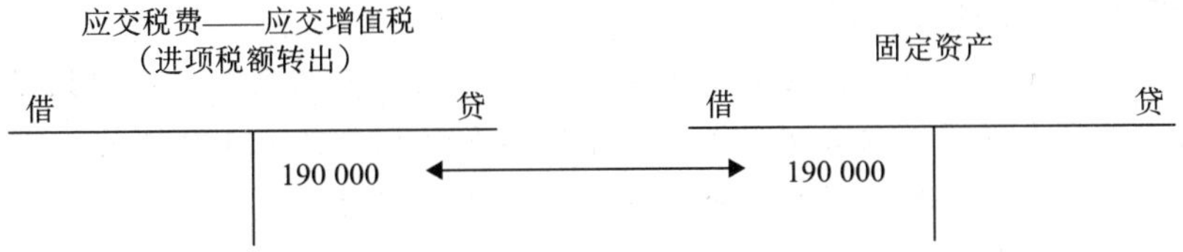

[核心提示] 因工程违规等原因拆除的建筑物，属于非正常损失，所有进项税额全部做转出处理。

第二节　销项税额会计处理

一、小规模纳税人的销项税额处理

[例 5－15] 2019 年 1 月，新兴建筑维修队（增值税小规模纳税人）承包了阳光物业集团的外墙修缮工程，工期 1 个月，合同金额 100 万元（含税），已交工并开具增值税专用发票，以银行存款结算工程款，则新兴建筑维修队 1 月的账务处理为：

借：银行存款　　1 000 000

　　贷：主营业务收入　　970 900

　　　　应交税费——应交增值税（销项税额）　　29 100

丁字账图示如下：

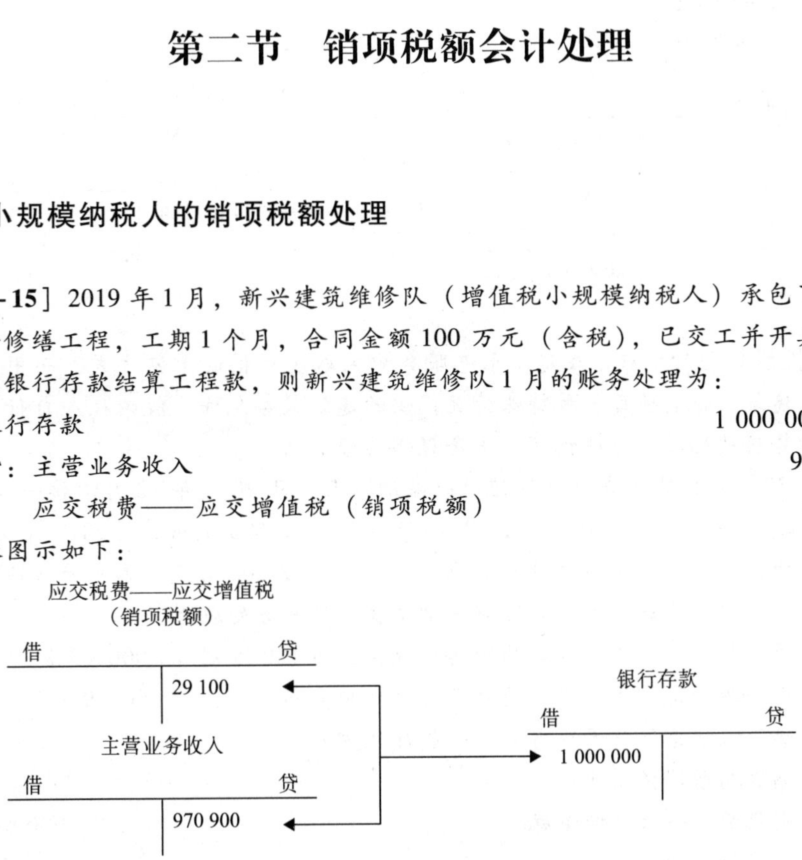

［核心提示］房地产开发行业和建筑行业一般纳税人的适用税率均为9%，但是在小规模纳税人的征收率上二者并不相同，注意辨析。

不动产的销售、出租，以及选择用差额计税的小规模劳务派遣公司简易征收时均适用征收率5%。

其他的小规模纳税人，包括建筑行业的小规模纳税人，均适用3%简易征收率。

二、一般纳税人的销项税额处理

（一）简易计税销项税额处理

［例5-16］2019年10月，为民建筑公司（增值税一般纳税人）承担聚星建筑集团桥梁项目，双方约定采取甲供方式完成工程，合同不含税总价款为400万元，当月交工，为民建筑已开具发票，并收到工程款，则其纳税的账务处理为：

完工并收到工程款时：

借：银行存款　　4 120 000

　　贷：主营业务收入　　4 000 000

　　　　应交税费——应交增值税（销项税额）　　120 000

丁字账图示如下：

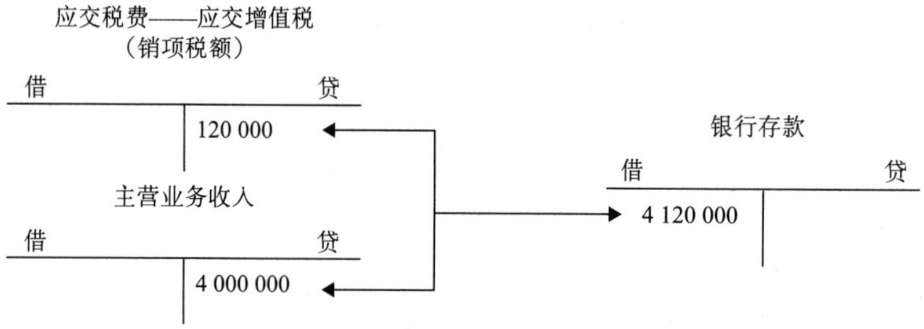

［核心提示］题目中双方在建筑承包服务中采取了甲供的承包方式，而甲供工程、清包工方式、建筑工程老项目3种特殊情况提供的建筑服务允许一般纳税人自行选择简易计税分方式计算应纳税额：应纳税额 = 不含税销售额 × 3%

［例5-17］凯佳建筑集团（增值税一般纳税人）于2015年12月承接一项建筑工程，预计5年完成，合同价款4 000万元，2016年1月，工程正式开工。2019年12月，工程提前完成。但因建筑材料成本等上涨，合计发生成本3 200万元，其中有3 000万元取得了进项发票，则凯佳建筑集团在计算缴纳增值税时的账务处理为：

如果采用简易计税方式，应缴纳的增值税税额为120万元（4 000×3%）。

如果采用一般计税方式，应缴纳的增值税税额为90万元（4 000×9% -3 000×9%）。

对比发现，凯佳建筑集团应当采用一般计税方式。

在申报期缴纳增值税处理：

借：应交税费——未交增值税　　900 000

　　贷：银行存款　　900 000

丁字账图示如下：

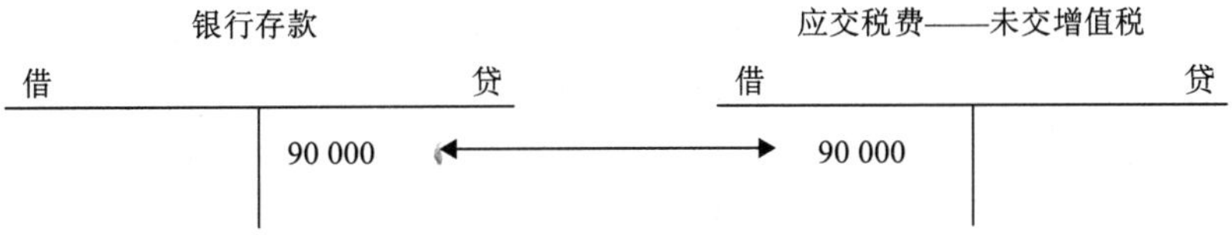

［**核心提示**］建筑工程老项目，是指：

（1）《建筑工程施工许可证》注明的合同开工日期在2016年4月30日前的建筑工程项目。

（2）未取得《建筑工程施工许可证》的，建筑工程承包合同注明的开工日期在2016年4月30日前的建筑工程项目。

建筑工程的老项目，甲供工程，清包工服务均为可以选择简易计税的工程项目，但企业可以根据自身实际情况选择采用简易计税还是采用一般计税。允许企业简易计税主要也是因2016年4月前建筑企业缴纳营业税没有增值税的进项可以抵扣，考虑到建筑企业的实际税负问题，允许企业进行简易申报。

（二）一般计税的销项税额处理

［**例5-18**］维美装饰有限公司（增值税一般纳税人）2019年10月承接一项新开发楼盘的装修工作，包工包料，装修工程价款2 000 000元（不含税），房地产公司采用银行汇票方式结算合同款，2019年12月工程已完工，汇票已收到，维美装饰公司的账务处理：

借：应收票据　2 180 000

　　贷：主营业务收入　2 000 000

　　　　应交税费——应交增值税（销项税额）　180 000

丁字账图示如下：

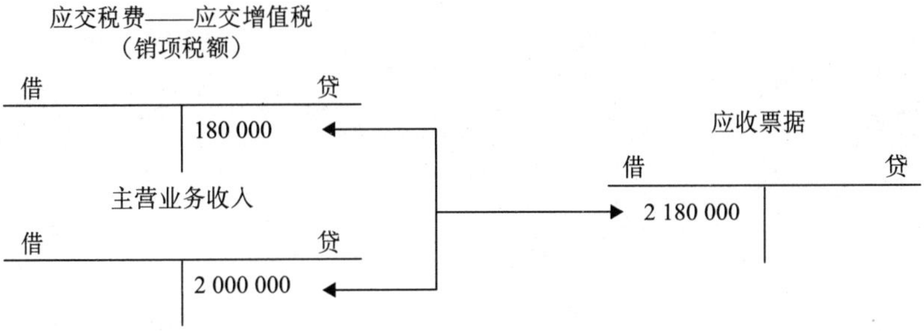

承兑汇票到期后，账务处理为：

借：银行存款　2 180 000

　　贷：应收票据　2 180 000

丁字账图示如下：

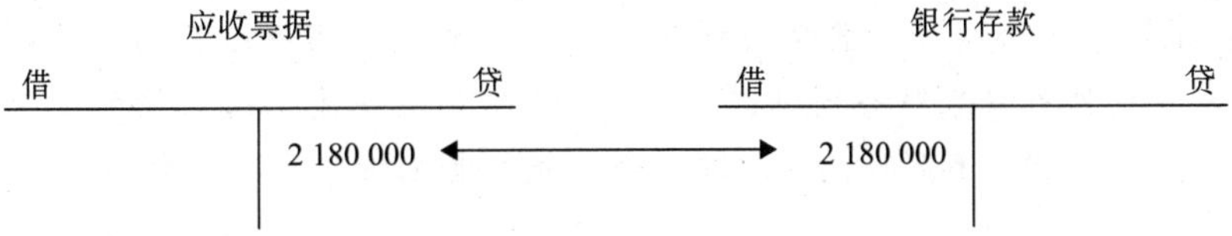

[**核心提示**]

(1) 室内装修属于建筑工程服务而不是生活服务业，适用于一般纳税人9%的税率。

(2) 银行承兑汇票是由付款人委托银行开具的一种延期支付票据，票据到期银行具有见票即付的义务；票据最长期限为一年，票据期限内可以进行背书转让。

[**例5－19**] 中国联合通信网络有限公司（增值税一般纳税人）2019年6月向九泰贸易公司提供宽带安装进户服务并收取了一年宽带费用，其中进户安装初装费200元（不含税），宽带服务费每月59元（不含税），已开具专用发票，联通公司已收现金，则6月当月联通公司的账务处理为：

安装业务增值税18元（200×9%）。

宽带服务增值税3.54元（59×6%）。

借：库存现金　　2 180 000

　　贷：主营业务收入——安装费　　2 000 000

　　　　应交税费——应交增值税（销项税额）　　180 000

丁字账图示如下：

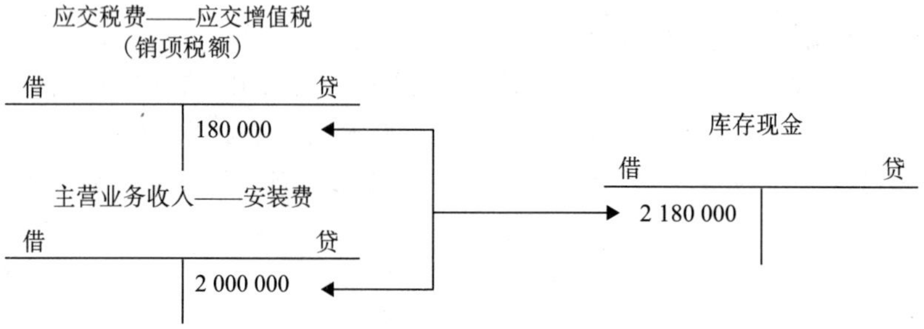

借：库存现金　　625 400

　　贷：主营业务收入——宽带费　　590 000

　　　　应交税费——应交增值税（销项税额）　　35 400

丁字账图示如下：

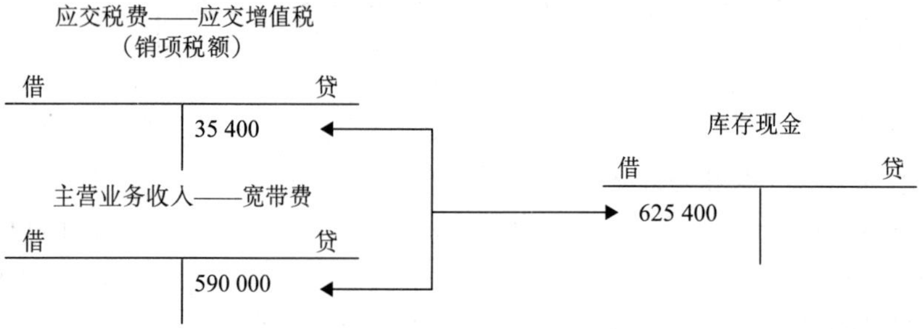

[**核心提示**] 联通公司属于典型的兼营企业，在经营过程中涉及的宽带的初装费、入网入户费等均属于建筑安装服务项目，适用9%的增值税税率，而后续的宽带等业务均属于增值电信服务，适用于6%的税率，进行会计核算时应清楚区分，分别计税。

［例 5－20］桑德市政环卫公司（增值税一般纳税人）2019 年 6 月为市政府提供园林绿化服务，在政府道路两旁进行树木栽种。该项目金额 500 000 元，桑德市政环卫公司提供增值税普通发票，工程已完成，则桑德市政环卫账务处理为：

借：应收账款　　545 000
　　贷：主营业务收入　　500 000
　　　　应交税费——应交增值税（销项税额）　　45 000

丁字账图示如下：

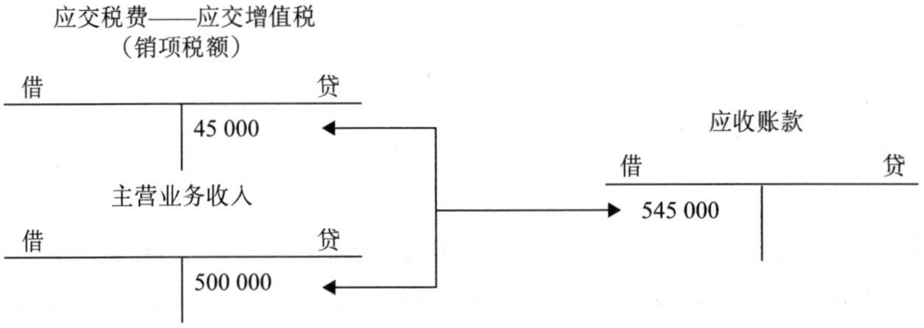

［核心提示］园林绿化属于建筑安装服务，适用 9% 税率，而政府等机关事业单位大部分因不需做进项税额抵扣，一般不需开具增值税专用发票，开具普通发票即可。

［例 5－21］旭锋建筑公司为增值税一般纳税人，2019 年 5 月 1 日承接建筑工程项目，5 月 30 日发包方按进度支付工程价款 327 万元（含税），对 A 工程项目甲建筑公司选择适用一般计税方法计算应纳税额，该公司 5 月缴纳增值税的账务处理为：

借：银行存款　　3 270 000
　　贷：主营业务收入　　3 000 000
　　　　应交税费——应交增值税（销项税额）　　270 000

丁字账图示如下：

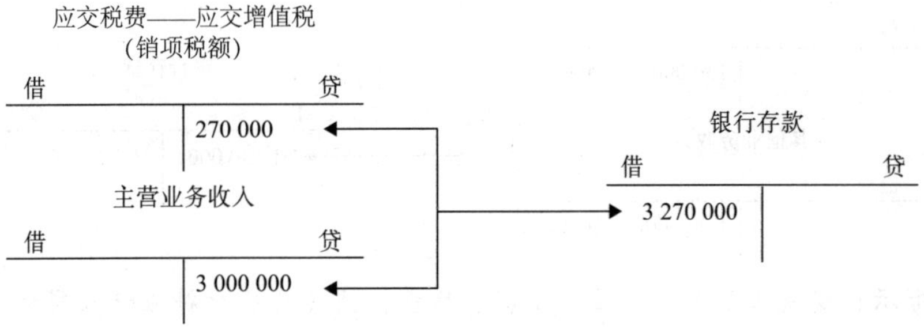

［核心提示］建筑企业需要按完工进度确认企业收入并进行会计核算，涉及工程跨年时还需要设置工程结算类科目进行结算处理。

［例 5－22］富力建筑工程队为增值税一般纳税人，但其承包重庆隆鑫房地产建筑工程为简易计税工程，合同金额 1 000 万元。工程结算时因隆鑫房地产资金周转不灵以房抵债，合计以 8 套房产结算工程，交易日 8 套房产公允价值 1 123.6 万元，双方约定双方均不需要支付对价，则相应的账务处理如下：

借：固定资产　　11 236 000
　　贷：应收账款　　10 000 000

主营业务收入 1 200 000

应交税费——简易计税 36 000

丁字账图示入下：

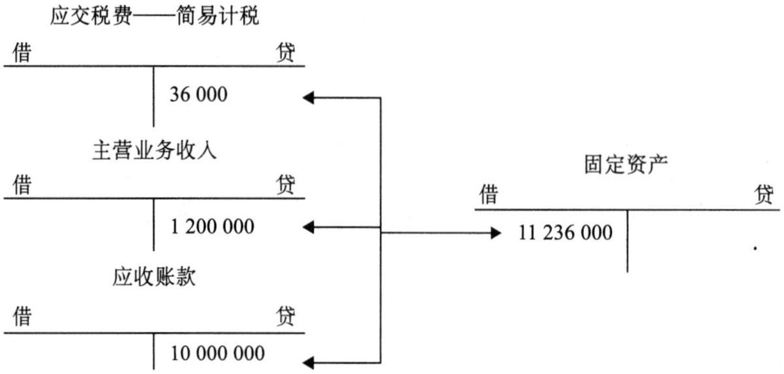

［**核心提示**］公允价值比应收账款多出的部分不需要补足时需要单独做收入处理，贷记“主营业务收入”，如果抵债部分的公允价值并不大于应收账款，则在实际操作中可以按照折扣处理。

［**例 5－23**］2019 年 5 月恒茂建筑公司（增值税一般纳税人）将原建筑项目积余的螺纹钢等出售，取得销售收入 113 万元，开具增值税专用发票，款项已收到，则相关账务处理如下：

借：银行存款 1 130 000

　　贷：其他业务收入 1 000 000

　　　　应交税费——应交增值税（销项税额） 130 000

丁字账图示如下：

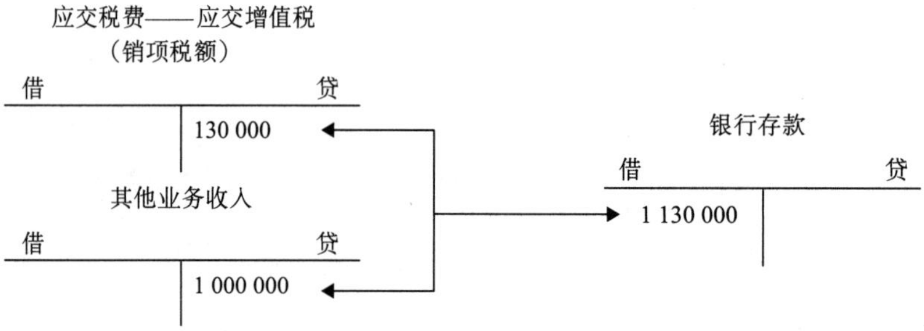

［**核心提示**］建筑工程企业销售工程剩余物资，销售的原材料应计入贷方“其他业务收入”科目。

［**例 5－24**］2019 年 6 月，合景太府公司（增值税一般纳税人）分包了一项工程的钢结构业务，含税总价 800 万元，其中，合景太府公司同时提供钢结构销售和安装业务，按合同，钢结构 600 万元，安装费 200 万元，则相关增值税销项账务处理为：

销售部分销项税额 69 万元（$600 \div 1.13 \times 0.13$）。

安装部分销项税额 16.51 万元（$200 \div 1.09 \times 0.09$）。

借：应收账款 800 000

　　贷：主营业务收入 7 144 900

应交税费——应交增值税（销项税额）　　855 100

丁字账图示如下：

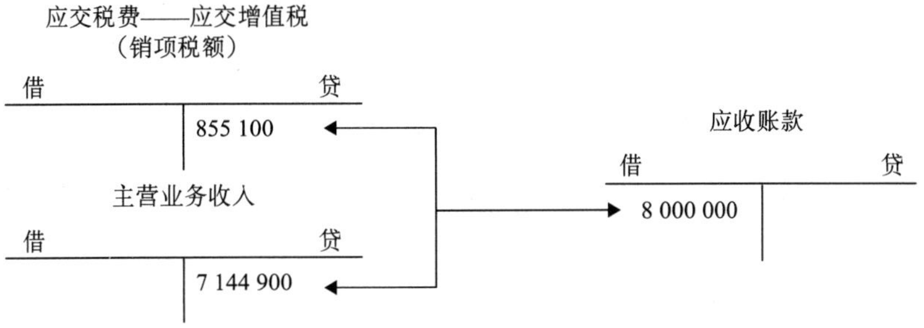

［**核心提示**］纳税人的下列混合销售行为，应当分别核算应税劳务的营业额和货物的销售额，未分别核算的，由主管税务机关核定其应税劳务的营业额：（1）提供建筑业劳务的同时销售自产货物的行为；（2）财政部、国家税务总局规定的其他情形。

［**例5－25**］2019年4月，润美集团（增值税一般纳税人）销售自产的大型中央一体室内空调设备并提供安装服务，其中设备价款400万元，安装费用30万元，增值税会计处理为：

销售部分销项税额52万元（400×13%）。

安装部分销项税额1.5万元（30×5%）。

借：应收账款　　4 520 000

　　贷：主营业务收入　　4 000 000

　　　　应交税费——应交增值税（销项税额）　　520 000

丁字账图示如下：

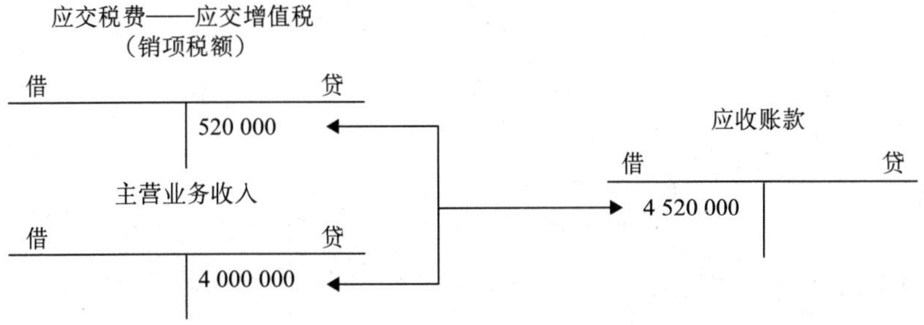

借：应收账款　　315 000

　　贷：主营业务收入　　300 000

　　　　应交税费——应交增值税（销项税额）　　15 000

丁字账图示如下：

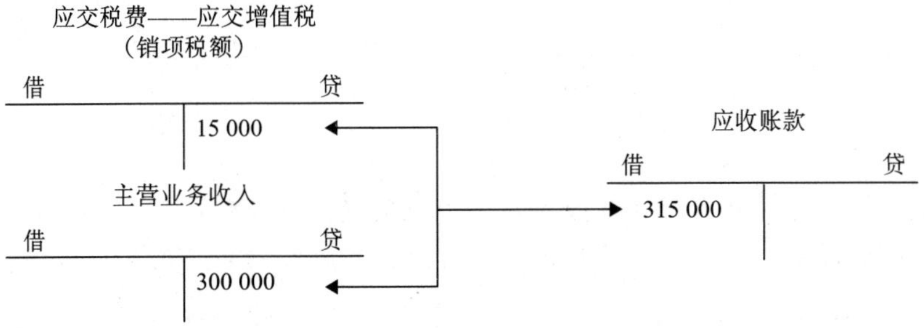

[**核心提示**] 一般纳税人销售自产机器设备的同时提供安装服务，应分别核算机器设备和安装服务的销售额，安装服务可以按照甲供工程选择适用简易方法计税。

第三节 增值税缴纳会计处理

一、小规模纳税人异地工程预缴税款

[**例5－26**] 大庆市锦祥建筑维修队（增值税小规模纳税人）在齐齐哈尔市承接了一项楼顶修缮工程，工期1个月，工程合同150万元（含税）。完工后，锦祥建筑维修队开具增值税专用发票，以银行存款收讫工程款，则在齐齐哈尔预交税款时账务处理为：

借：应交税费——预交增值税　　43 689.32

　贷：银行存款　　43 689.32

丁字账图示如下：

银行存款 借	银行存款 贷	应交税费——预交增值税 借	应交税费——预交增值税 贷
	43 689.32 ←→	43 689.32	

[**核心提示**] 对于在不同地级市承接建筑工程的小规模纳税人，当地预交增值税税率为3%，回到当地后，因简易征收率也为3%，并不需要再补缴增值税。

预交增值税＝全部价款和价外费用÷(1＋3%)×3%

[**例5－27**] 吉林市东风建筑维修队（增值税小规模纳税人）在大连承包了一项桥梁建造工程，合同金额300万元，其中有100万元转包给当地鼎益建筑维修队，工程已完工，以银行存款结算所有价款，分包款项也已付清，则东风建筑维修队在大连预交税款时账务处理为：

借：应交税费——预交增值税　　58 252.43

　贷：银行存款　　58 252.43

丁字账图示如下：

银行存款 借	银行存款 贷	应交税费——预交增值税 借	应交税费——预交增值税 贷
	58 252.43 ←→	58 252.43	

[**核心提示**] 有分包业务的小规模纳税人跨地区预交税款时：

预交增值税＝(全部价款和价外费用－支付的分包款)÷(1＋3%)×3%

二、小规模纳税人本地项目缴纳增值税

［**例 5－28**］吉乾建筑工程队为增值税小规模纳税人，2018 年 6 月提供工程项目收到工程款 80 万元，则增值税账务处理为：

2018 年 7 月纳税申报期前提取缴纳税款 2.33 万元［80÷(1+3%)×3%］。

借：应交税费——应交增值税　　23 300

　贷：银行存款　　23 300

丁字账图示如下：

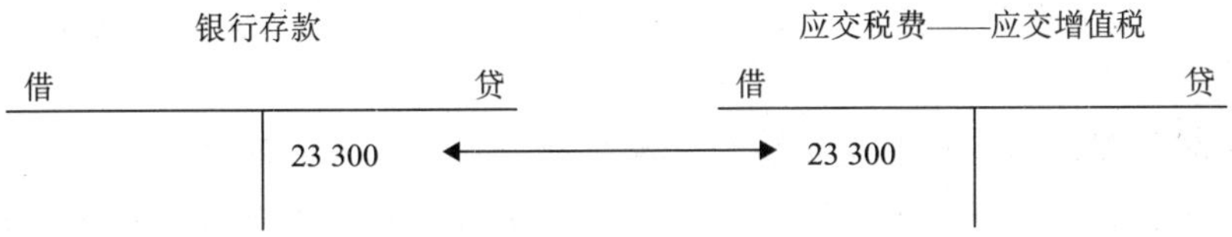

［**核心提示**］小规模纳税人本地缴纳税款按照简易征收率以收入全额计算税款即可。

三、一般纳税人异地工程预缴税款

［**例 5－29**］北京市华前建筑公司在鸡西市分别提供了两项建筑服务（适用一般计税方法）。2019 年 9 月，“项目 1”当月取得建筑服务收入 555 万元，支付分包款 1 555 万元（取得增值税专用发票），“项目 2”当月取得建筑服务收入 1 665 万元，支付分包款 575 万元（取得了增值税专用发票），当月在鸡西市以银行存款预缴税款，账务处理如下：

该建筑公司应当在鸡西市就两项建筑服务分别计算并预缴税款：

“项目 1”当月收入 555 万元扣除当月分包款支出 1 555 万元后为负数（－1 000 万元），因此当月计算的预缴税款为 0，且剩下的 1 000 万元可结转下次预缴税款时继续扣除。

“项目 2”当月收入 1 665 万元扣除分包款支出 575 万元后剩余 1 090 万元，因此应以 1 110 万元为计税依据预缴税款。

应预缴税款为 20 万元［(1 665－575)÷(1+9%)×2%］。

借：应交税费——预交增值税　　200 000

　贷：银行存款　　200 000

丁字账图示如下：

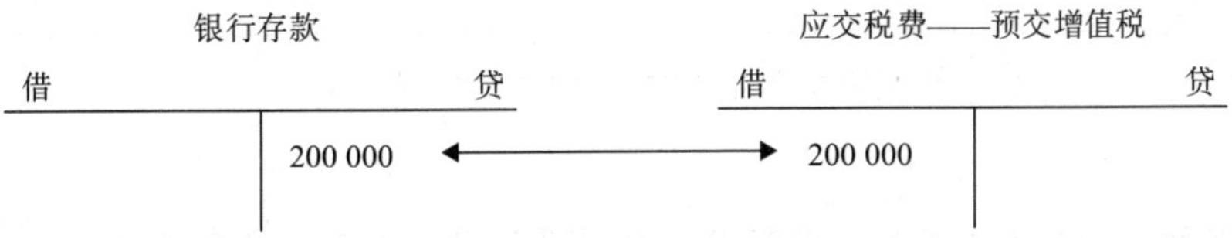

［**核心提示**］纳税人预缴税款时：

（1）一般纳税人跨地区预交税款时：

预交增值税 =（全部价款和价外费用 - 支付的分包款）÷（1 +9%）×2%

（2）纳税人取得的全部价款和价外费用扣除支付的分包款后的余额为负数的，可结转下次预缴税款时继续扣除。

（3）可以扣除的分包款，应当取得符合法律、行政法规和国家税务总局规定的合法有效凭证，否则不得扣除。其中，合法有效凭证是指：从分包方取得的 2016 年 4 月 30 日前开具的建筑业营业税发票。上述建筑业营业税发票在 2016 年 6 月 30 日前可作为预缴税款的扣除凭证；从分包方取得的 2016 年 5 月 1 日后开具的，备注栏注明建筑服务发生地所在县（市、区）、项目名称的增值税发票；国家税务总局规定的其他凭证。

（4）凡在预缴地实现的月销售额未超过 10 万元的（季度销售额未超过 30 万元的）小规模纳税人，当期无需预缴税款。适用增值税差额征税政策的小规模纳税人，以差额后的销售额确定。

［例 5 - 30］ 黑龙江省成泰建筑公司（增值税一般纳税人）2016 年 3 月分别在浙江省和辽宁省提供建筑服务（均为简易计税方法），当月分别取得建筑服务收入（含税）1 665 万元和 2 997 万元，分别支付分包款 555 万元和 777 万元，支付不动产租赁费用 111 万元，购入建筑材料花费 1 170 万元。成泰建筑公司在浙江省和辽宁省就两项建筑服务账务处理为：

浙江省的建筑服务向建筑服务发生地主管税务机关预缴增值税：

当期预缴税款 =［（1 665 - 555）÷（1 +3%）×3%］= 32. 33（万元）

就辽宁省的建筑服务计算预缴增值税：

当期预缴税款 =［（2 997 - 777）÷（1 +3%）×3%］= 64. 66（万元）

会计账务处理如下：

借：应交税费——预交增值税　　323 300
　　贷：银行存款　　323 300
借：应交税费——预交增值税　　646 600
　　贷：银行存款　　646 600

丁字账图示如下：

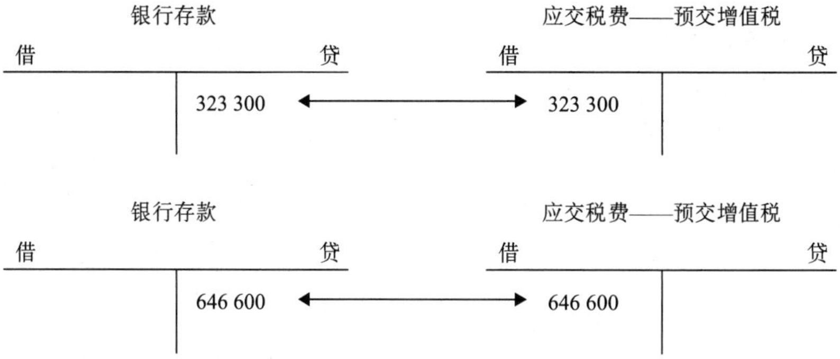

［核心提示］ 纳税人应按照工程项目分别计算应预缴税款，分别预缴。

［例 5 - 31］ 北京市融侨建筑集团是增值税一般纳税人，2019 年 6 月在深圳完成工程项目，项目金额 1 000 万元，已开具增值税专用发票（增值税额 90 万元），6 月初于深圳

当地预缴增值税款20万元，则6月底确认增值税预缴账务处理如下：

借：应交税费——应交增值税（转出未交增值税）　　900 000

　　贷：应交税费——未交增值税　　900 000

丁字账图示如下：

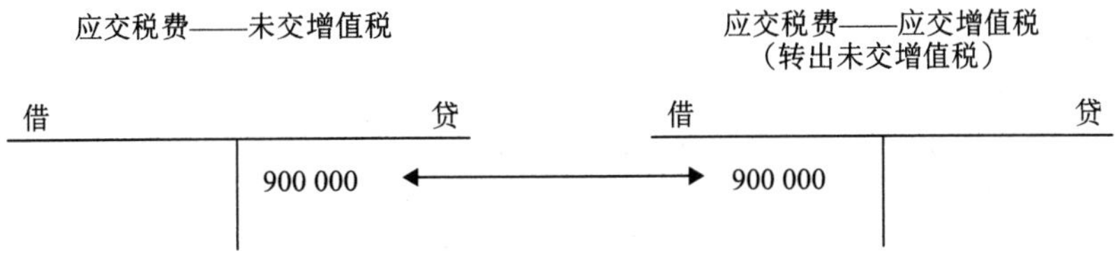

借：应交税费——未交增值税　　200 000

　　贷：应交税费——预交增值税　　200 000

丁字账图示如下：

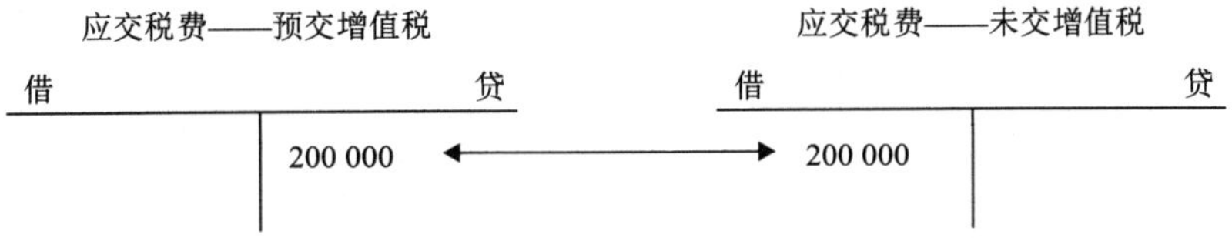

7月申报期缴纳增值税时账务处理（回到单位所在地）：

借：应交税费——未交增值税　　700 000

　　贷：银行存款　　700 000

丁字账图示如下：

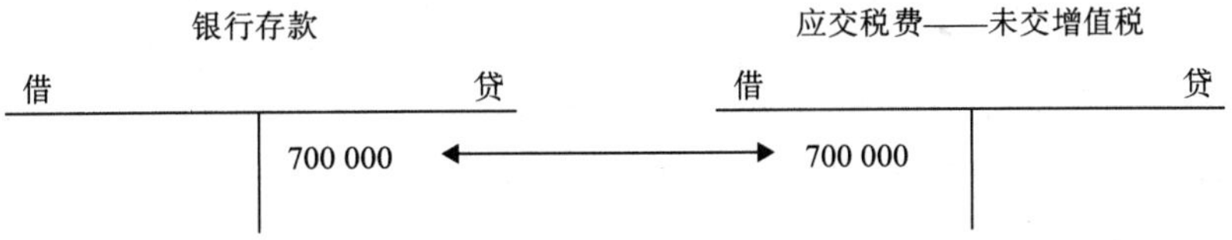

［**核心提示**］纳税义务发生时间的确认

（1）异地项目

①收到预收款进行预缴。

②纳税义务发生时进行预缴。

· 纳税人发生应税行为并收讫销售款项或者取得索取销售款项凭据的当天；先开具发票的，为开具发票的当天。收讫销售款项，是指纳税人销售服务、无形资产、不动产过程中或者完成后收到款项。取得索取销售款项凭据的当天，是指书面合同确定的付款日期；未签订书面合同或者书面合同未确定付款日期的，为服务、无形资产转让完成的当天或者不动产权属变更的当天。

· 纳税人发生视同销售服务情形的，其纳税义务发生时间为服务完成的当天。

（2）本地项目收到预收款时进行预缴：次月申报期前。

四、建筑行业整体会计及税务处理

［**例 5－32**］华信建筑有限责任公司于 2019 年 12 月 1 日提供一项本地建筑服务业务（一般计税方法），预计工期为 4 个月，合同总收入 800 000 元（不含税），按照合同规定已经预收款 436 000 元（含税），实际发生建筑服务成本 390 000 元，估计还会发生成本 210 000 元。建筑服务合同约定 2019 年 12 月 31 日按照工程进度，按照工程结算单办理结算，其余建筑服务在完工后办理结算手续。假定华信建筑有限责任公司按实际发生的服务成本占预计总成本的比例确定劳务的完工进度，2020 年 3 月底完成工程并收取剩余工程款。相关账务处理如下：

（1）2019 年 11 月 10 日，收到预收款时

借：银行存款　　436 000

　贷：预收账款　　400 000

　　应交税费——应交增值税（销项税额）　　36 000

丁字账图示如下：

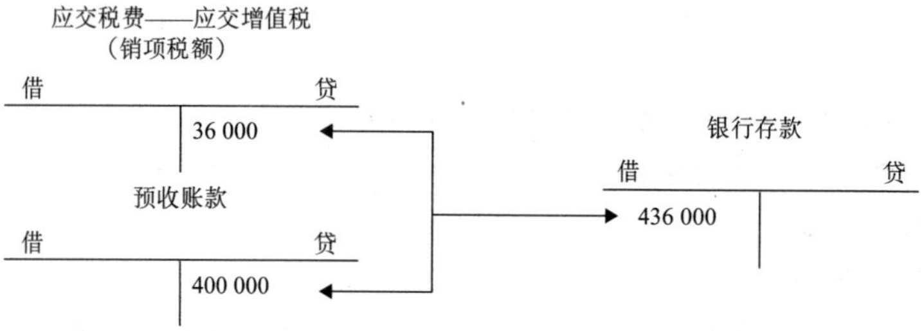

（2）2019 年 12 月 31 日，采完工百分比法计算：

计算完工进度：390 000 ÷（390 000 + 210 000）= 65%

确认建筑合同收入：800 000 × 65% － 0 = 520 000（元）

结转的建筑合同成本：（390 000 + 210 000）× 65% － 0 = 390 000（元）

2019 年 12 月 31 日是业主办理工程价款结算的时点，进行建筑服务账务处理：

待转销项税额：520 000 × 9% － 36 000 = 10 800（元）

借：应收账款　　530 800

　贷：工程结算　　520 000

　　应交税费——待转销项税额　　10 800

丁字账图示如下：

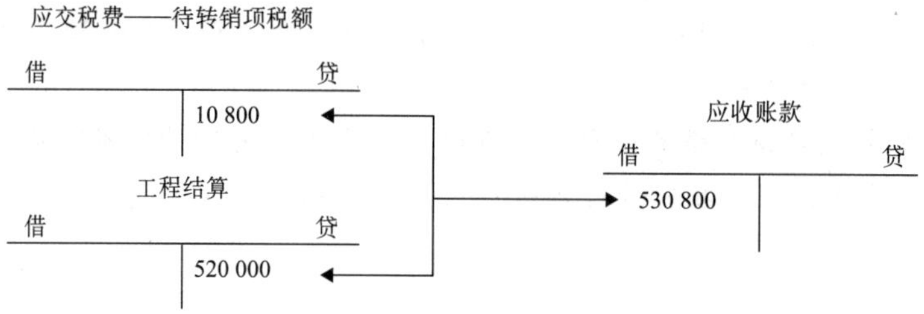

［核心提示］已结算尚未收款部分的增值税通过“待转销项税额”进行核算。

（3）2019 年 12 月 31 日，确认建造合同收入和成本：

借：主营业务成本　　390 000

　　工程施工——毛利　　130 000

　　贷：主营业务收入　　520 000

丁字账图示如下：

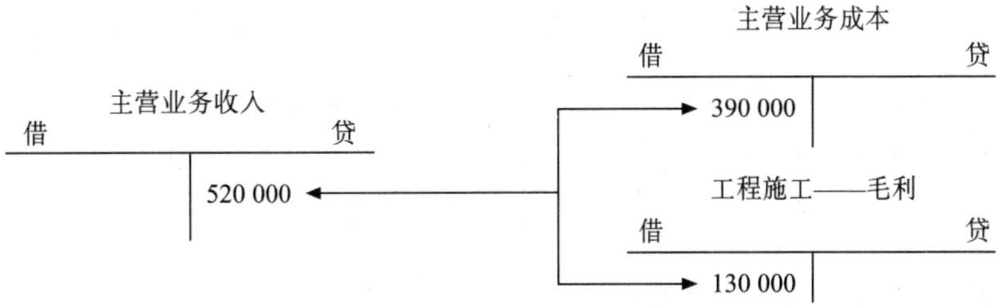

（4）2020 年 3 月 31 日完工时，结算时账务处理：

借：应收账款　　305 200

　　贷：工程结算　　280 000

　　　　应交税费——待转销项税额　　25 200

丁字账图示如下：

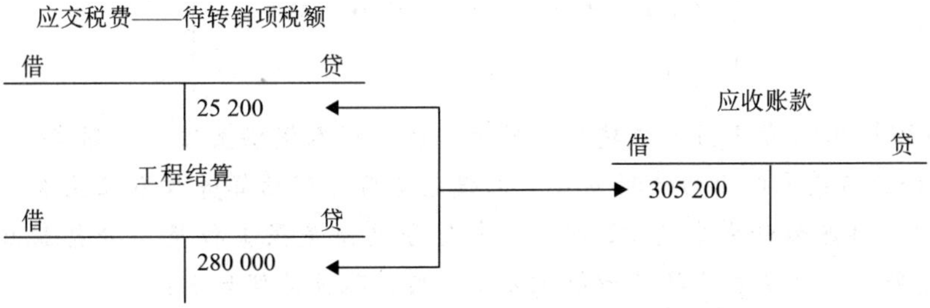

（5）2020 年 3 月 31 日完工时，确认剩余劳务收入并结转成本：

借：主营业务成本　　210 000

　　工程施工——毛利　　70 000

　　贷：主营业务收入　　280 000

丁字账图示如下：

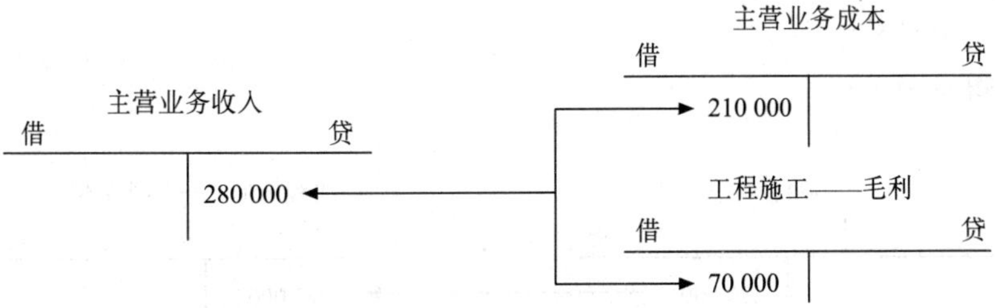

（6）2020 年 3 月 31 日完工后工程竣工结算对冲：

借：工程结算　　800 000

　　贷：工程施工——合同毛利　　200 000

　　　　　　　　——工程项目　　600 000

丁字账图示如下：

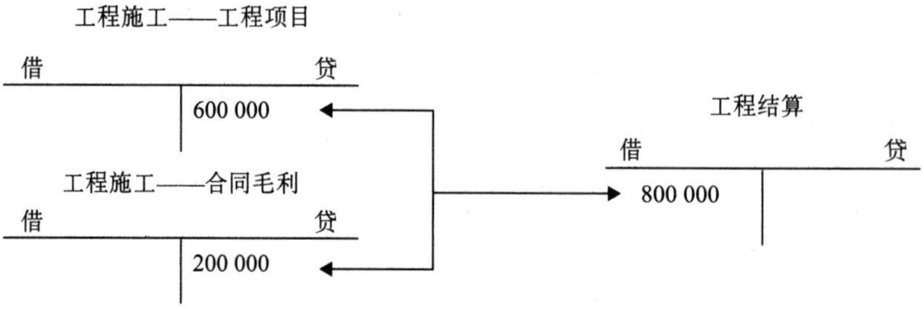

（7）2020 年 4 月缴纳增值税时：

借：应交税费——待转销项税额　　36 000

　　贷：应交税费——应交增值税（销项税额）　　36 000

丁字账图示如下：

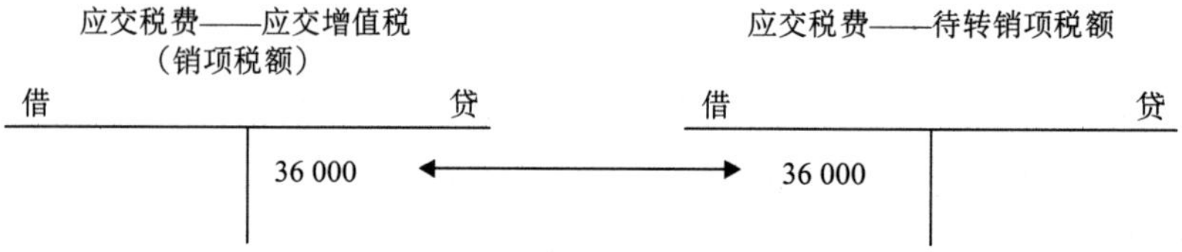

[**例 5－33**] 2016 年 1 月多威建筑公司为一般纳税人提供某项建筑服务（不跨年度），计算过程中企业自愿采取简易计税方式。工程完工后办理结算并收取业主全部工程款 118 万元（含税），自建部分成本为 22 万元，支付分包商美星工程集团分包款 60 万元（含税）。多威建筑公司向业主开具了增值税专用发票，账务处理如下：

（1）销项差额计算税额申报：

(1 180 000－600 000)÷(1＋3%)×3%＝16 893.2（元）

按全额向业主开具建筑服务增值税发票，发票金额（不含税）、税额计算：

税额：1 180 000÷(1＋3%)×3%＝34 368.93（元）

金额：1 180 000－34 368.93＝1 145 631.07（元）

借：工程施工——合同成本　　220 000

　　贷：原材料　　220 000

丁字账图示如下：

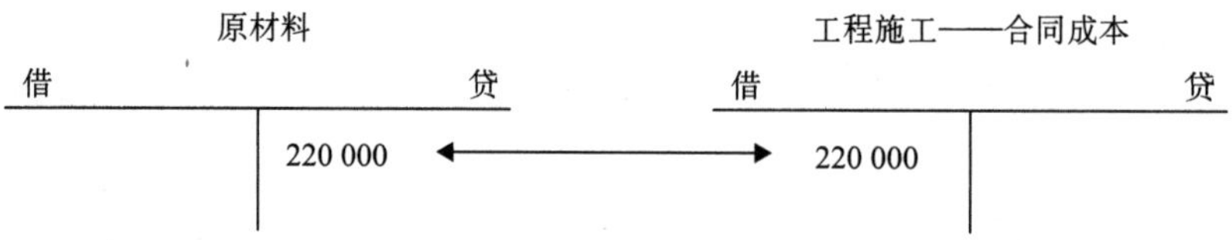

(2) 支付美星工程集团分包款：

借：工程施工——合同成本　　600 000

　　贷：银行存款　　600 000

丁字账图示如下：

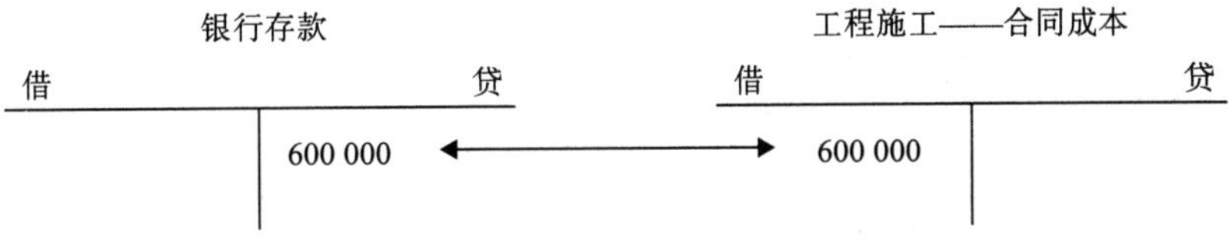

(3) 取得美星工程集团分包发票，允许抵减的税额 =600 000 ÷ (1 +3%) ×3% = 17 475.73 (元)

借：应交税费——应交增值税（进项税额）　　17 475.73

　　贷：工程施工——合同成本　　17 475.73

丁字账图示如下：

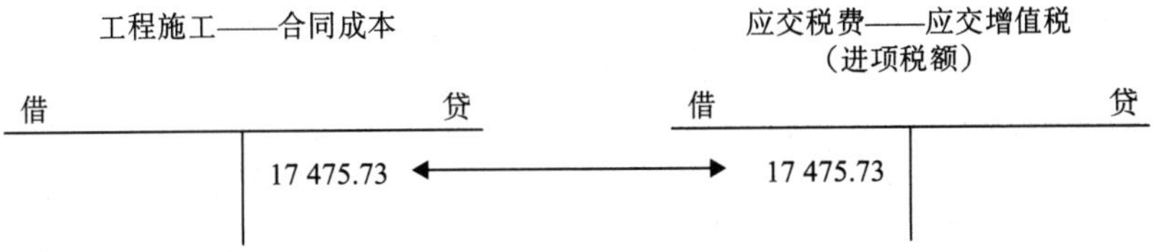

(4) 确认收入和费用：

合同总收入 =1 180 000 ÷ (1 +3%) =1 145 631.07 (元)

合同总成本 =220 000 + (600 000 −17 475.73) =802 524.27 (元)

借：主营业务成本　　802 524.27

　　工程施工——毛利　　343 106.8

　　贷：主营业务收入　　1 145 631.07

丁字账图示如下：

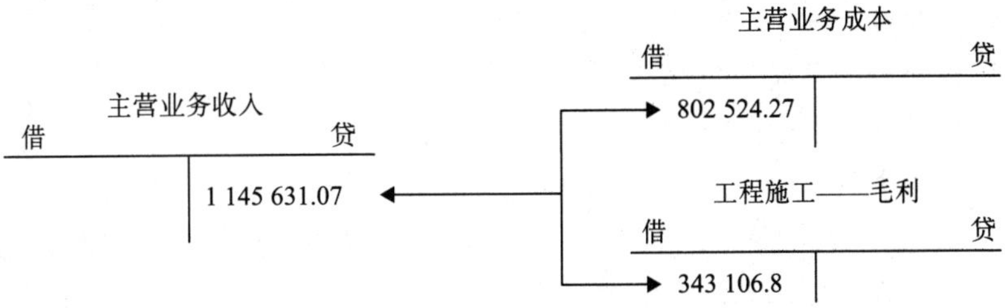

(5) 实际收取业主工程款：

借：银行存款　　1 180 000

　　贷：工程结算　　1 163 106.8

　　　　应交税费——应交税费（销项税额）　　16 893.2

丁字账图示如下：

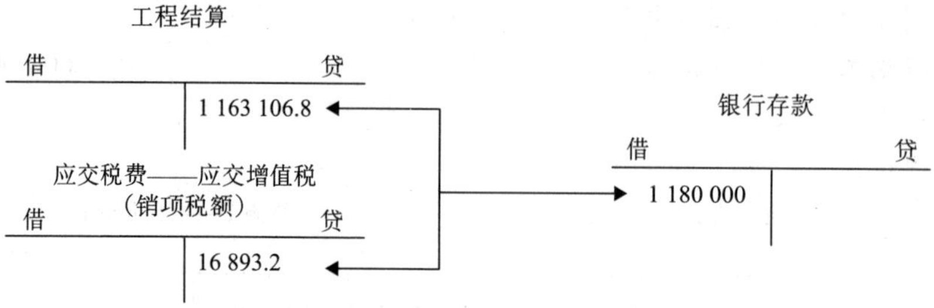

（6）工程项目结束，工程竣工结算对冲：

借：工程结算　　1 163 106.8

　　贷：工程施工——合同成本　　802 524.27

　　　　　　　　——合同毛利　　360 582.53

丁字账图示如下：

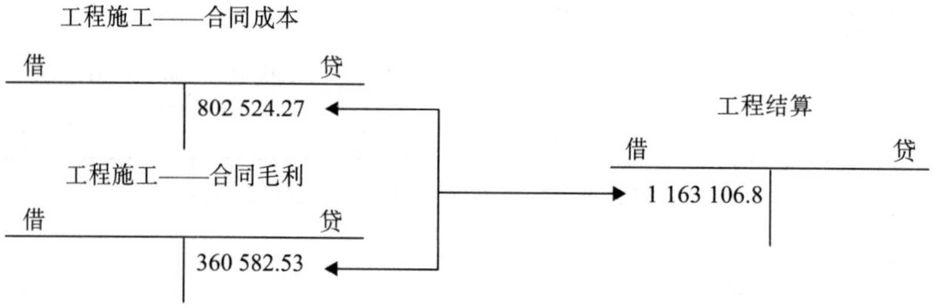

［**例 5－34**］楚希建筑股份有限公司（增值税一般纳税人）2019 年 11 承包了一项外省工程，预计工期为 3 个月，合同含税总价款 3 270 000.00 元。开工日期为 2019 年 12 月 1 日，2019 年 11 月 29 日收到含税工程款 327 000.00 元。11 月 30 日前，已购入原材料取得原材料专用发票含税金额 146 900 元。截至 12 月 31 日，实际发生成本 820 000.00 元，估计还会发生成本 1 880 000.00 元，年底依照完工进度法进行结算，余下工程款完工之后支付结算。以下问题及相关会计处理如下：

（1）11 月账务处理：

①收到预付款时

借：应交税费——预交增值税　　6 000

　　贷：银行存款　　6 000

丁字账图示如下：

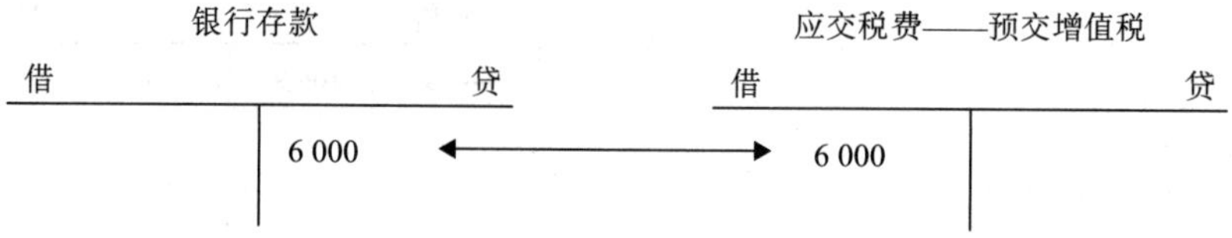

借：银行存款　　327 000

　　贷：预收账款　　300 000

　　　　应交税费——应交增值税（销项税额）　　27 000

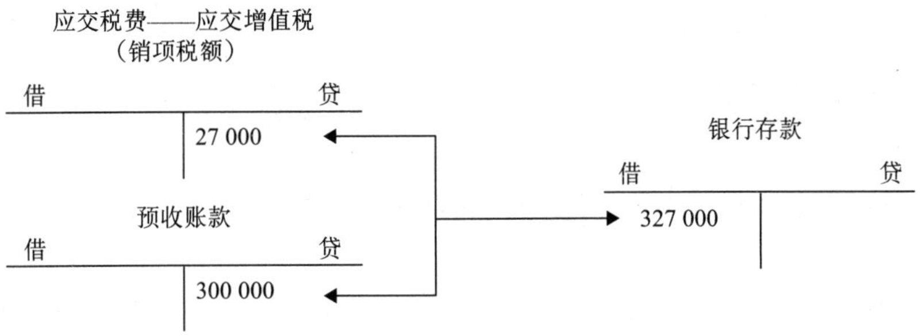

［核心提示］收到预收款时确认纳税义务发生，异地工程按不含税销售额预缴2%的增值税。

借：原材料　　130 000

　　应交税费——应交增值税（进项税额）　　16 900

　　贷：银行存款　　146 900

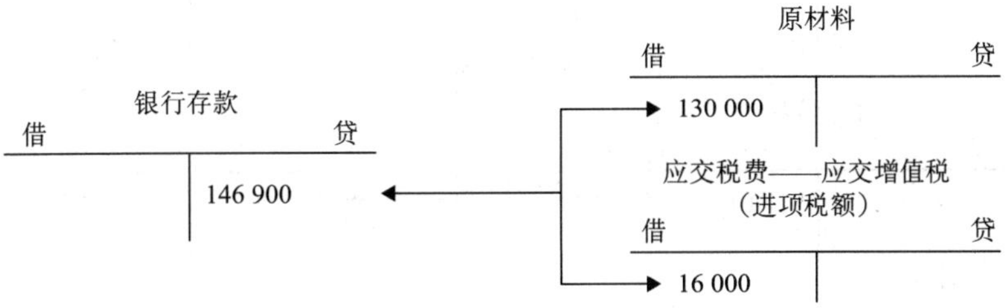

②月底结转增值税：

借：应交税费——应交增值税（销项税额）　　27 000

　　贷：应交税费——转出未交增值税　　10 100

　　　　　　——应交增值税（进项税额）　　16 900

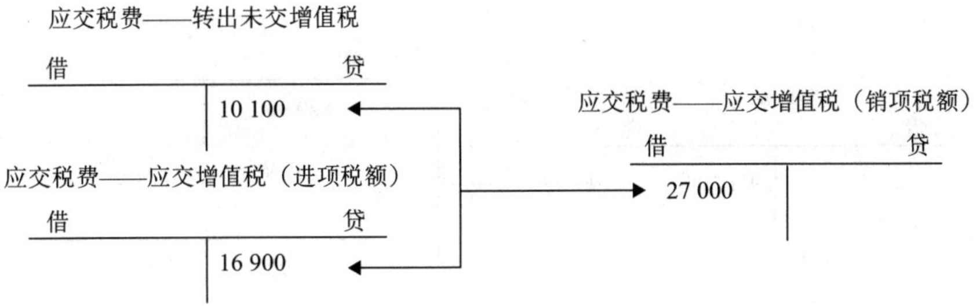

（2）12月完工进度30.37%［820 000÷（1 880 000＋820 000）］，则确定完工工程结算993 099元。

纳税期前应缴纳税额：10 100－6 000＝4 100（元）

①计算12月份纳税期应纳增值税

借：应交税费——未交增值税　　4 100

　　贷：银行存款　　4 100

丁字账图示如下：

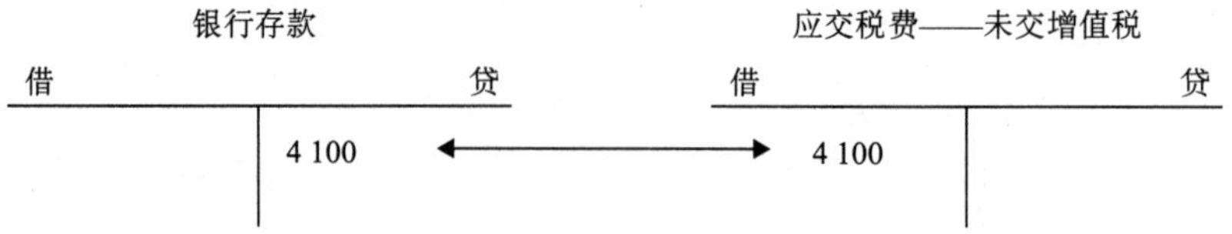

②计算2019年本工程工程的结算部分：993 099÷(1+9%)=911 100（元）

借：应收账款　666 099

　　预收账款　300 000

　　贷：工程结算　911 100

　　　　应交税费——待转销项税额　54 999

丁字账图示如下：

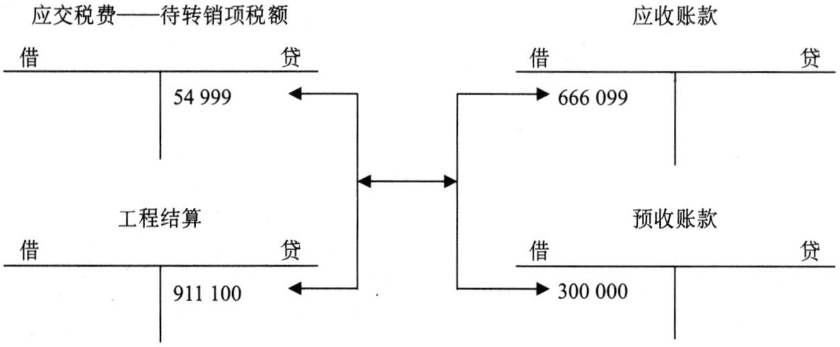

③确认2019年完工工程的毛利

借：主营业务成本　820 000

　　工程施工——合同毛利　91 100

　　贷：主营业务收入　911 100

丁字账图示如下：

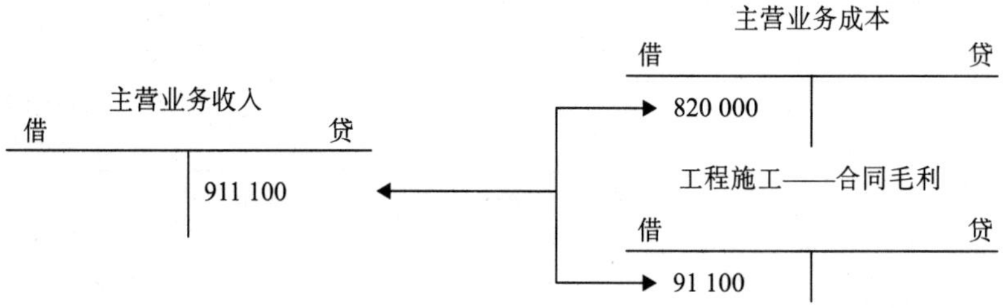

[**核心提示**] 若本月发生进项税额，则需要期末留抵，等待下一年度继续抵扣。

(3) 1月份发生实际成本90万元，2月份发生实际成本78万元，2020年2月工程如期完工，收到对方支付全部工程款。

①收到工程款的会计处理

合同总收入为：3 270 000÷(1+9%)=3 000 000（元）

已确认收入为：911 100元；则工程结算科目为：3 000 000－911 100=2 088 900（元）

借：银行存款　2 943 000

　　贷：工程结算　2 088 900

应交税费——应交增值税（销项税额）　　188 001

应收账款　　666 099

丁字账图示如下：

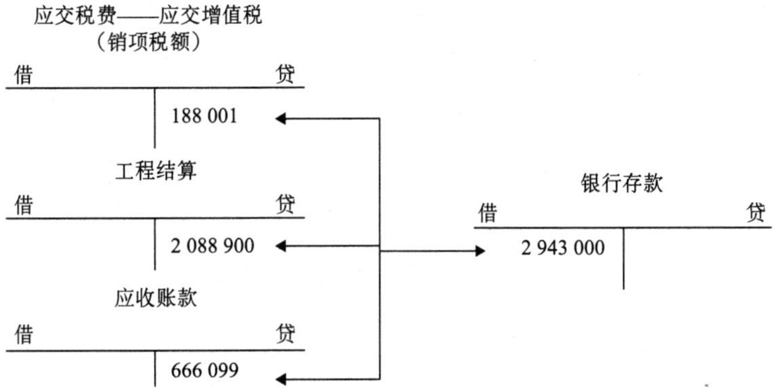

②2 月底结转全部的增值税相关业务账务处理：

借：应交税费——应交增值税（销项税额）　　188 001

　　　　　　——待转销项税额　　54 999

　　贷：应交税费——应交增值税（转出未交增值税）　　243 000

丁字账图示如下：

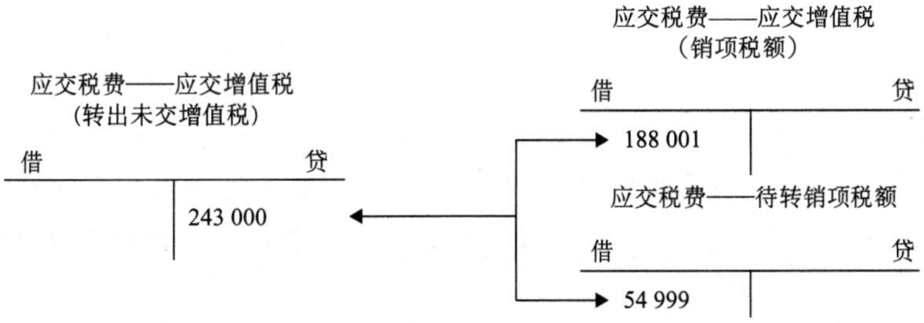

[核心提示] 工程完工应将“待转销项税额”科目余额结转至“应交税费——应交增值税（销项税额）”科目。

③本月结算的工程毛利：

借：主营业务成本　　1 680 000

　　工程施工——合同毛利　　408 900

　　贷：主营业务收入　　2 088 900

丁字账图示如下：

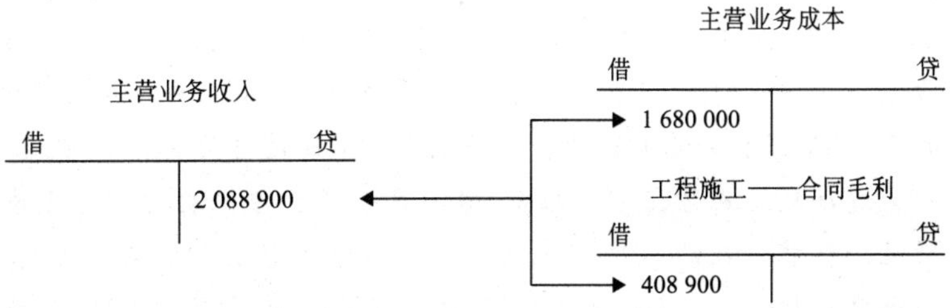

④完工业务对冲：

借：工程结算　　3 000 000

　　贷：工程施工——合同成本　　2 500 000

　　　　　　　　——合同毛利　　500 000

丁字账图示如下：

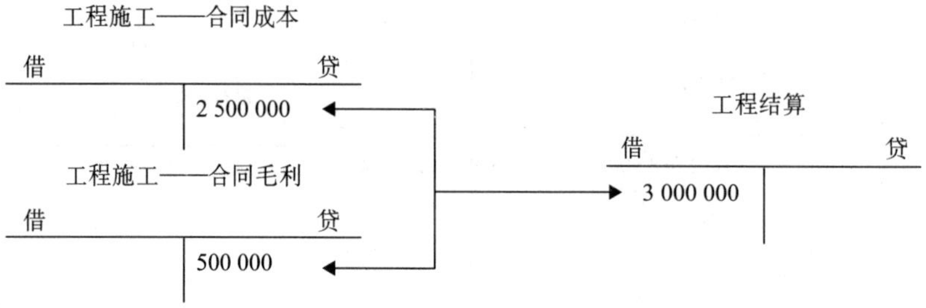

⑤3 月份缴纳增值税时

借：应交税费——未交增值税　　243 000

　　贷：银行存款　　243 000

丁字账图示如下：

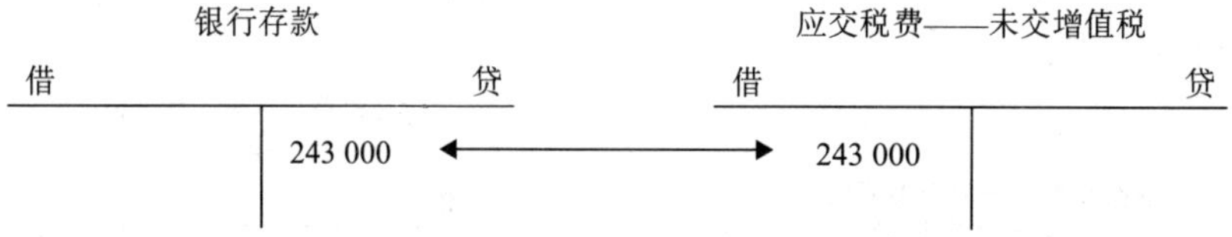

［例 5－35］黑龙江省博爱医院（以下简称甲方）蒸发制冷中央空调销售及安装工程经过招标，诺普信建设工程有限公司（以下简称乙方）中标。甲方和乙方同处于一个地级市，且均为增值税一般纳税人。

蒸发制冷设备包括但不限于干空气能间接蒸发冷水机组、间接蒸发与压缩制冷双温冷水机组、多级蒸发制冷空气处理机组及所有设计图纸所含配套设备。安装材料包括不限于阀门、仪表、管道及其构配件等。

中央空调设备不含税金额 2 200 万元，安装工程不含税 1 800 万元，总计 4 000 万元，增值税税额为 360 万元。合同签订日为 2019 年 11 月 23 日。

合同主要内容如下：

乙方负责空调设备的采购及安装服务。含税价格为 4 360 万元。此价格为图纸范围内含税包干价，不作任何签证（甲方变更除外）。工程工期为 4 个月，总共 120 天，双方初步约定乙方于 2019 年 12 月 1 日起入场施工，2020 年 3 月 30 日完工。

合同付款方式：合同签订后一周内支付 30%，乙方材料进场后再付 20%，其余甲方付款按月进度的 70% 给乙方支付工程款，乙方每月 20 日报当月进度工程量记价款，审核完毕次月 1 日支付进度款。乙方工程完工后 10 日内，甲方组织验收，乙方竣工验收合格 7 天后，甲方付款至工程总价款的 80%。乙方竣工验收合格后，甲方在一个月内完成内部结算审核定案，该结算审核定案后 10 天内给乙方付款至结算价款的 97%，剩余为质保金，质保期满2年后一星期内一次性支付给乙方。

乙方合同预计总收入为4 000万元，预计总成本为3 200万元（其中安装成本为1 000万元）。

相关账务处理如下：

（1）2019年11月30日收到工程预付款1 320万元：

借：银行存款　　13 200 000

　　贷：合同负债　　13 200 000

丁字账图示如下：

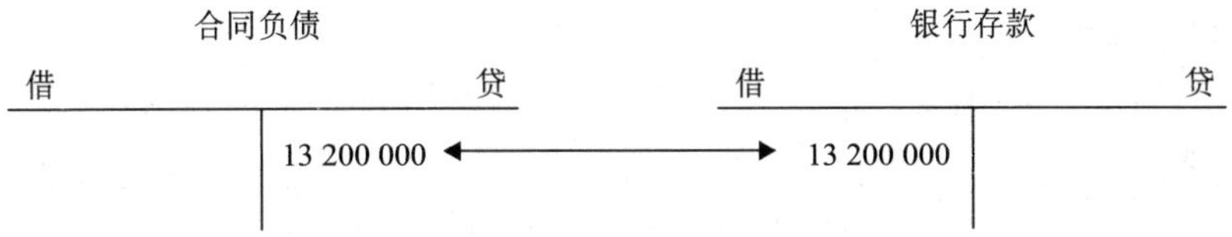

（2）12月预交增值税24万元［(1 320÷(1+9%)×2%)］：

借：应交税费——预交增值税　　242 200

　　贷：银行存款　　242 200

丁字账图示如下：

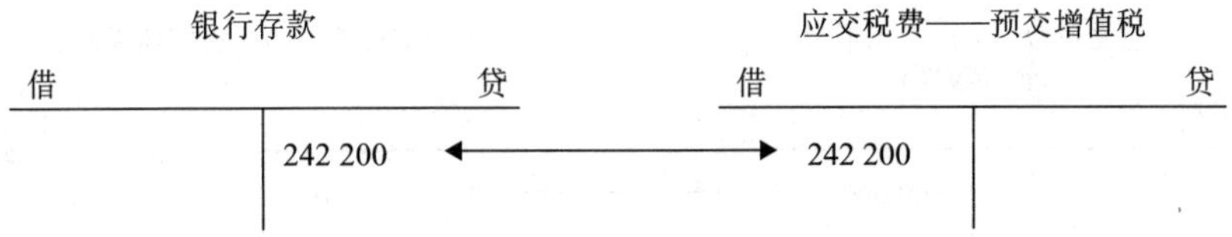

（3）12月25日，收到工程工程款880万元：

借：银行存款　　8 800 000

　　贷：应收账款　　8 800 000

丁字账图示如下：

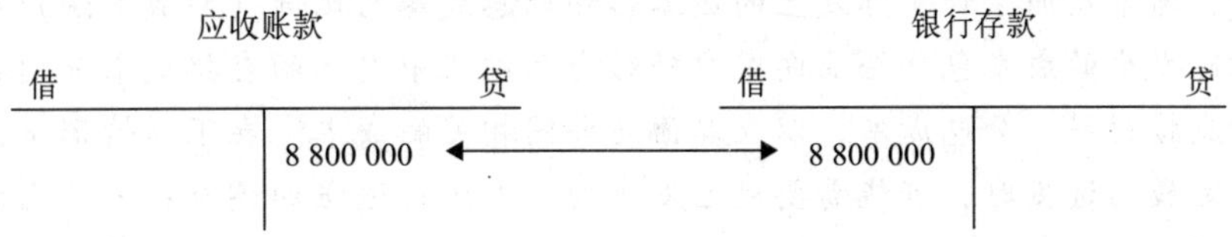

（4）12月31日，所有设备运抵施工现场，价款2 200万元，另外发生设备运输和人工成本200万元。

借：工程施工——合同成本　　22 000 000

　　应交税费——应交增值税（进项税额）　　2 860 000

　　贷：应付账款　　24 860 000

丁字账图示如下：

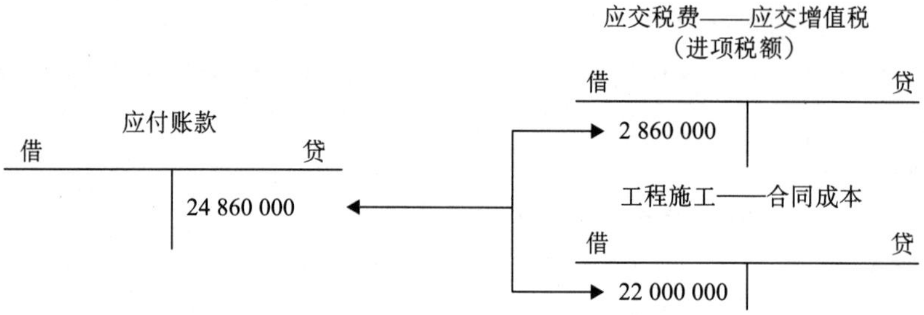

借：工程施工——合同成本　　　　2 000 000

　　贷：应付账款（原材料、应付职工薪酬等）　　　　2 000 000

丁字账图示如下：

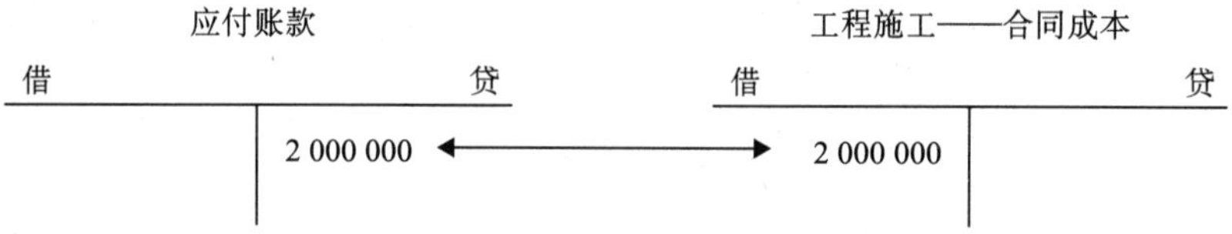

（5）12 月 31 日确认增值税销项税额 80 万元：

借：应交税费——待转销项税额　　　　800 000

　　贷：应交税费——应交增值税（销项税额）　　　　800 000

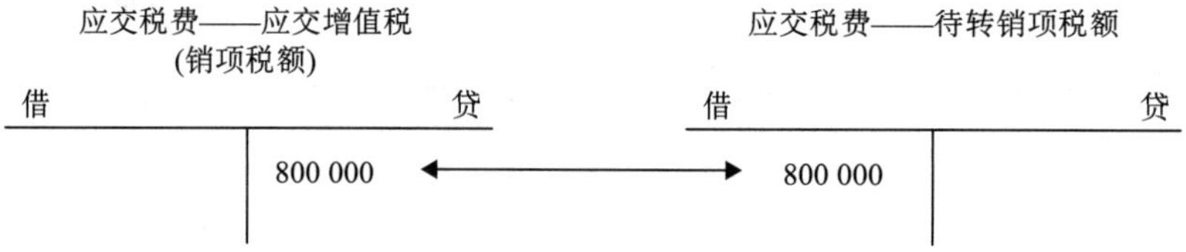

（6）2018 年 12 月确认履约进度为：

（2 400 − 2 200）÷（3 200 − 2 200）= 200 ÷ 1 000 = 20%

应确认收入：（4 000 − 2 200）× 20% + 2 200 = 2 560（万元）

应确认成本：（3 200 − 2 200）× 20% + 2 200 = 2 400（万元）

实务中，通常按照累计实际发生的成本占预计总成本的比例（即成本法）确定履约进度，累计实际发生的成本包括企业向客户转移商品过程中发生的直接成本和间接成本，如直接人工、直接材料、分包成本，以及其他与合同相关的成本。在下列情形下，企业在采用成本法确定履约进度时，可能需要对已发生的成本进行适当的调整：一是已发生的成本并未反映企业履行履约义务的进度。二是，已发生的成本与企业履行履约义务的进度不成比例。

（7）本例中，中央空调刚运达施工现场，只发生几笔相关人工费。合同预计总成本中必须减除中央空调的采购成本才能合理确定安装工程的履约进度。

借：工程结算　　　　25 600 000

　　贷：主营业务收入　　　　25 600 000

丁字账图示如下：

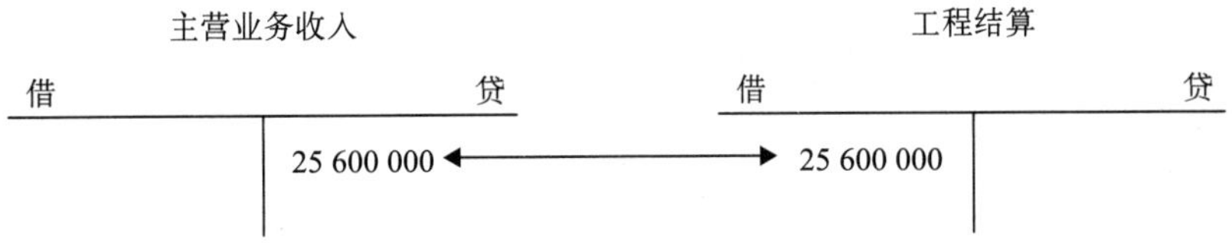

借：主营业务成本　　24 000 000

　　贷：工程施工——合同成本　　24 000 000

丁字账图示如下：

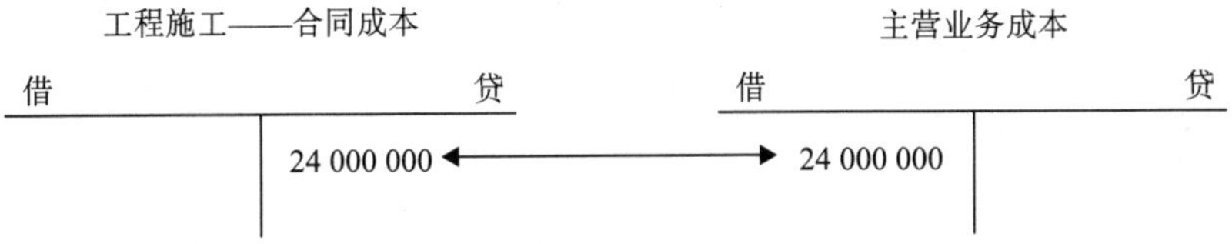

（8）2020 年 1 月发生安装成本 180 万元：

借：工程施工——合同成本　　1 800 000

　　贷：应付账款　　1 800 000

丁字账图示如下：

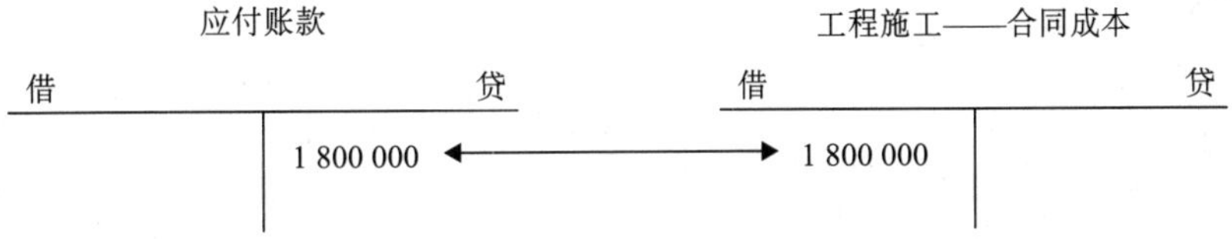

（9）2020 年 1 月与甲方结算工程价款，金额为 3 270 万元：

借：应收账款　　32 700 000

　　贷：工程结算　　30 000 000

　　　　应交税费——待转销项税额　　2 700 000

丁字账图示如下：

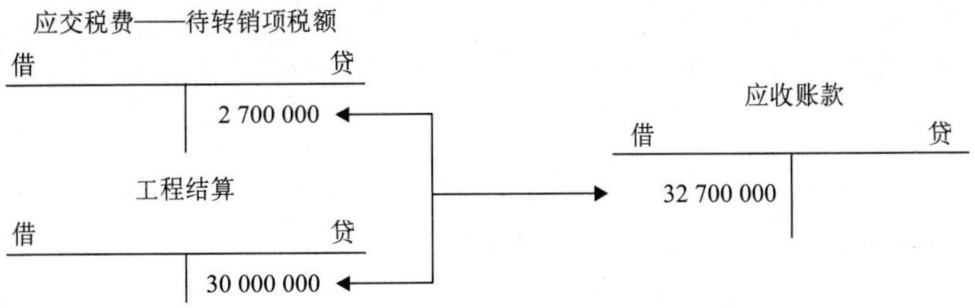

（10）将 2019 年 11 月预收 1 320 万元结转（同时开具增值税发票）：

借：合同负债　　13 200 000

　　贷：应收账款　　13 200 000

丁字账图示如下：

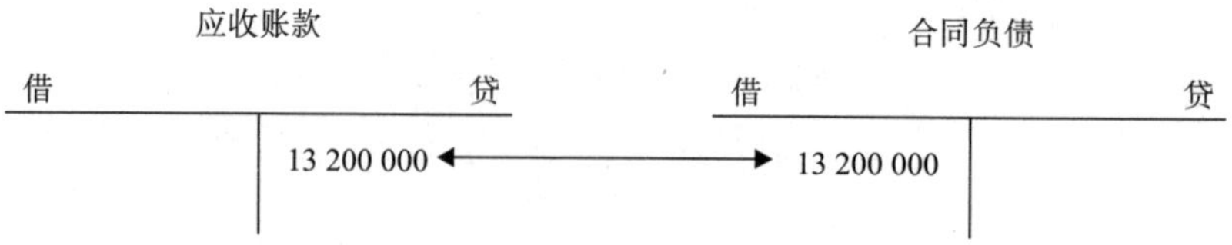

增值税额：1 320 ÷（1 +9%）×9% =108.99（万元）

借：应交税费——待转销项税额　　　1 089 900

　　贷：应交税费——应交增值税（销项税额）　　　1 089 900

丁字账图示如下：

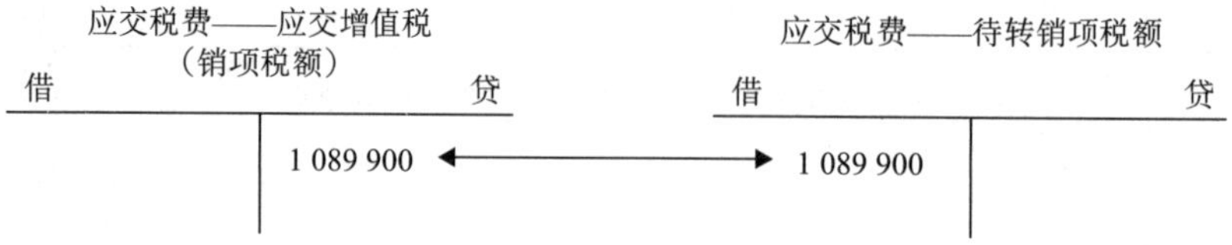

（11）2020 年 3 月收入此项尾款 748 万元：

借：银行存款　　　7 480 000

　　贷：应收账款　　　7 480 000

丁字账图示如下：

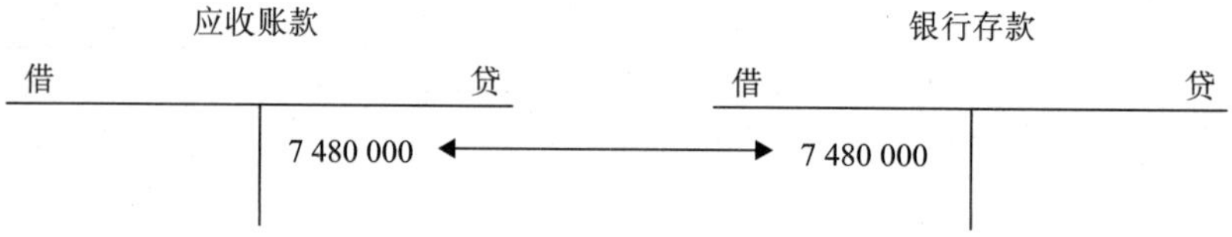

借：应交税费——待转销项税额　　　617 600

　　贷：应交税费——应交增值税（销项税额）　　　617 600

丁字账图示如下：

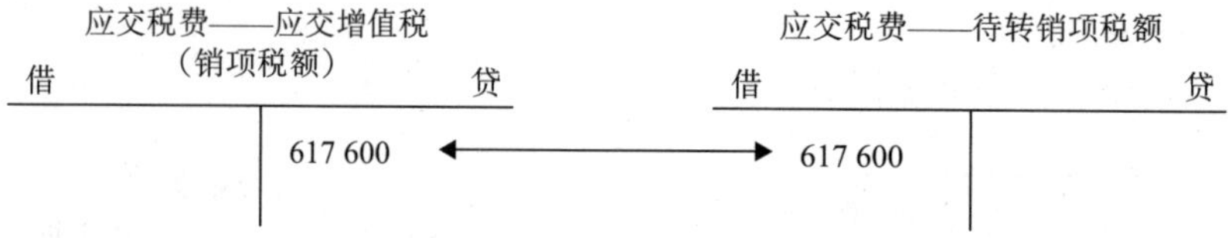

（12）根据合同约定，工程结算定案后出具工程款全额发票开具全额发票（扣除已开发票），本合同质保金为 130.8 万元（4 360 ×3%）。130.8 万元发票开具后确定销项税额：

借：应交税费——待转销项税额　　　108 000

　　贷：应交税费——应交增值税（销项税额）　　　108 000

丁字账图示如下：

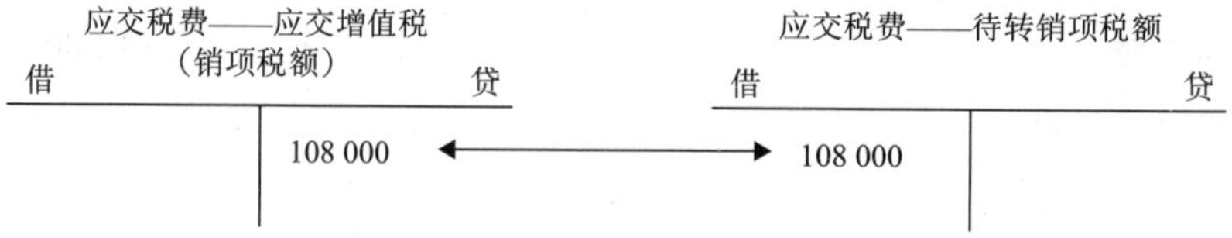

第六章　金融业增值税会计处理

第一节　金融业增值税会计处理

金融业是从事货币的发行、流通和回笼，贷款的发放和收回，存款的存入和提取，汇兑的往来等经济活动的生产门类。金融业包括货币金融服务、资本市场服务、保险业和其他金融业。其中，货币金融服务包括中央银行服务、货币银行服务、非货币银行服务和银行监管服务。资本市场服务包括证券市场服务、期货市场服务、证券期货监管服务、资本投资服务和其他资本市场服务。保险业包括人身保险、财产保险、再保险、养老金、保险经纪与代理服务、保险监管服务和其他保险活动等。其他金融业包括金融信托与管理服务、控股公司服务、非金融机构支付服务、金融信息服务和其他未列明金融业。

金融业会计处理主要依据《企业会计准则》《金融企业财务规则》《企业会计制度》《财政部关于增值税会计处理的规定》（财会〔2016〕22号）等。

一、金融业纳税人

根据《营改增试点实施办法》第一条规定，在中华人民共和国境内销售金融服务的单位和个人，为金融业增值税纳税人。单位，是指企业、行政单位、事业单位、军事单位、社会团体及其他单位。个人，是指个体工商户和其他个人。

二、金融业征税范围

金融服务，是指经营金融保险的业务活动，包括贷款服务、直接收费金融服务、保险服务和金融商品转让。一般纳税人提供金融服务按增值税税率为6%缴纳增值税，小规模纳税人提供金融服务按照征收率3%缴纳增值税。

（一）贷款服务

贷款，是指将资金贷与他人使用而取得利息收入的业务活动。

各种占用、拆借资金取得的收入，包括金融商品持有期间（含到期）利息（保本收益、报酬、资金占用费、补偿金等）收入、信用卡透支利息收入、买入返售金融商品利息收入、融资融券收取的利息收入，以及融资性售后回租、押汇、罚息、票据贴现、转贷等业务取得的利息及利息性质的收入，按照贷款服务缴纳增值税。

"保本收益、报酬、资金占用费、补偿金"，是指合同中明确承诺到期本金可全部收回的投资收益。金融商品持有期间（含到期）取得的非保本的上述收益，不属于利息或利息性质的收入，不征收增值税。

融资性售后回租，是指承租方以融资为目的，将资产出售给从事融资性售后回租业务的企业后，从事融资性售后回租业务的企业将该资产出租给承租方的业务活动。

以货币资金投资收取的固定利润或者保底利润，按照贷款服务缴纳增值税。

（二）直接收费金融服务

直接收费金融服务，是指为货币资金融通及其他金融业务提供相关服务并且收取费用的业务活动，包括提供货币兑换、账户管理、电子银行、信用卡、信用证、财务担保、资产管理、信托管理、基金管理、金融交易场所（平台）管理、资金结算、资金清算、金融支付等服务。

（三）保险服务

保险服务，是指投保人根据合同约定，向保险人支付保险费，保险人对于合同约定的可能发生的事故因其发生所造成的财产损失承担赔偿保险金责任，或者当被保险人死亡、伤残、疾病，或者达到合同约定的年龄、期限等条件时承担给付保险金责任的商业保险行为。保险服务包括人身保险服务和财产保险服务。

人身保险服务，是指以人的寿命和身体为保险标的的保险业务活动。

财产保险服务，是指以财产及其有关利益为保险标的的保险业务活动。

（四）金融商品转让

金融商品转让，是指转让外汇、有价证券、非货物期货和其他金融商品所有权的业务活动。

其他金融商品转让包括基金、信托、理财产品等各类资产管理产品和各种金融衍生品的转让。

纳税人购入基金、信托、理财产品等各类资产管理产品持有至到期，不属于金融商品转让。

三、金融机构的定义

根据《营改增试点过渡政策的规定》第一条第（二十三）项的规定，金融机构是指：

（1）银行，包括人民银行、商业银行、政策性银行。

（2）信用合作社。

（3）证券公司。

（4）金融租赁公司、证券基金管理公司、财务公司、信托投资公司、证券投资基金。
（5）保险公司。
（6）其他经人民银行、银保监会、证监会批准成立且经营金融保险业务的机构等。

第二节　进项税额会计处理

金融业纳税人为经营活动而购买的货物、服务、无形资产、不动产，除有特殊规定之外，均允许抵扣。例如：

（1）购买各类信息系统硬件设备及委托其他单位维护系统的支出。
（2）购买网络信息传输等电信服务的支出。
（3）外包的呼叫中心服务。
（4）委托开发各类软件系统的支出。
（5）保险业分保的支出。
（6）外购的广告、宣传服务。
（7）外购的安保、押运服务支出。
（8）委托他人代办金融业务的手续费佣金支出。
（9）5 月 1 日后取得不动产的支出、租赁不动产的支出以及不动产修缮、装饰的支出。
（10）各类办公用品、水电费等运营支出。
（11）其他允许抵扣的项目。

不得抵扣进项税额项目：

（1）存款利息不征收增值税，纳税人吸收存款支出的利息不能差额扣除或抵扣进项税额。
（2）金融同业往来利息免征增值税，纳税人支付同业往来的利息支出不能抵扣进项税额。
（3）购进的餐饮服务、居民日常服务和娱乐服务以及用于交际应酬的消费不能抵扣进项税额。

一、金融业纳税人购买货物会计处理

增值税扣税凭证，是指增值税专用发票、海关进口增值税专用缴款书、农产品收购发票、农产品销售发票和完税凭证。纳税人凭完税凭证抵扣进项税额的，应当具备书面合同、付款证明和境外单位的对账单或者发票。资料不全的，其进项税额不得从销项税额中抵扣。

［例 6－1］ 某交通银行为增值税一般纳税人，在 2019 年 6 月购买办公用品一批，包括办公文具、文件管理用品和会议用品，取得增值税专用发票注明的价款为 400 万元，增值

税税额为52万元。该交通银行的账务处理如下：

借：管理费用——办公费　　4 000 000

　　应交税费——应交增值税（进项税额）　　520 000

　　贷：银行存款　　4 520 000

丁字账图示如下：

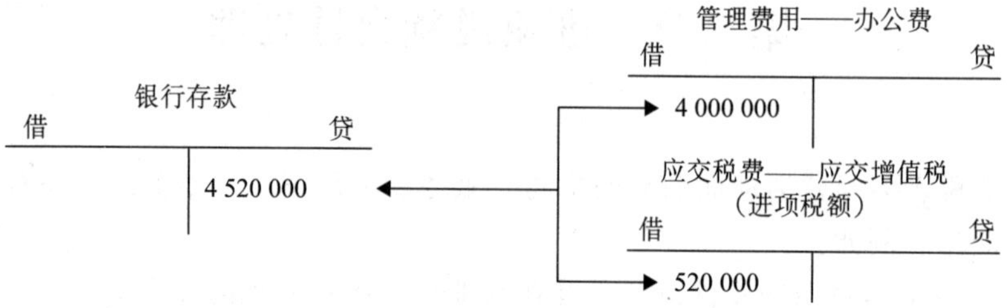

［**核心提示**］一般纳税人购进货物取得增值税专用发票可以抵扣进项税额，购买办公用品，借记“管理费用”科目，按可抵扣的进项税额，借记“应交税费——应交增值税（进项税额）”科目，按实际支付金额，贷记“银行存款”“应付账款”等科目。

［**例6-2**］华丰银行为增值税一般纳税人，2019年12月购买一批商品，该批商品取得增值税专用发票注明价款100万元，税额13万元，款项未付。华丰银行账务处理如下：

借：库存商品　　1 000 000

　　应交税费——应交增值税（进项税额）　　130 000

　　贷：应付账款　　1 130 000

丁字账图示如下：

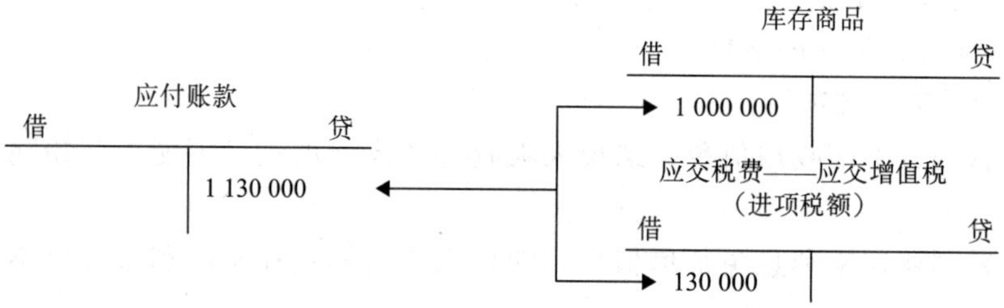

［**核心提示**］外购商品计入“库存商品”科目。

二、金融业纳税人购买服务会计处理

［**例6-3**］百华交通银行为增值税一般纳税人，该行行长李某2019年8月用现金购买出差机票一张，取得注明李某身份的航空运输电子客票行程单。该单据表明，票价570元，燃油附加费50元。计算可抵扣的进项税额并编制会计分录。

航空运输电子客票行程单可以抵扣的进项税额：（570＋50）÷1.09×0.09＝51.19（元）

借：管理费用　　568.81

　　应交税费——应交增值税（进项税额）　　51.19

贷：库存现金　　620

丁字账图示如下：

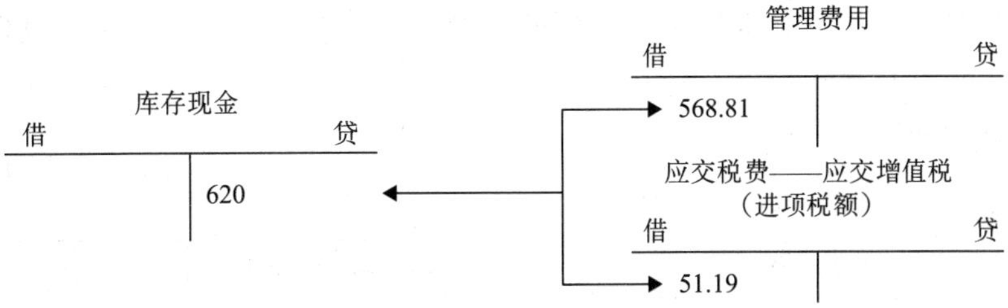

［**核心提示**］根据《财政部　税务总局　海关总署关于深化增值税改革有关政策的公告》（财政部　税务总局　海关总署公告2019年第39号）规定，自2019年4月1日起，纳税人购进国内旅客运输服务，其进项税额允许从销项税额中抵扣。取得注明旅客身份信息的航空运输电子客票行程单的，为按照下列公式计算进项税额：航空旅客运输进项税额＝（票价＋燃油附加费）÷（1＋9%）×9%。差旅费计入“管理费用”科目核算。

三、金融业纳税人购买无形资产会计处理

［**例6－4**］甲建设银行位于A县城，为一般纳税人，因办公需要，于2019年4月购买前期委托B公司开发的操作系统软件，用银行存款支付100万元。已取得增值税专用发票。账务处理如下：

借：无形资产　　943 396. 23

　　应交税费——应交增值税（进项税额）　　56 603. 77

　　贷：银行存款　　1 000 000

丁字账图示如下：

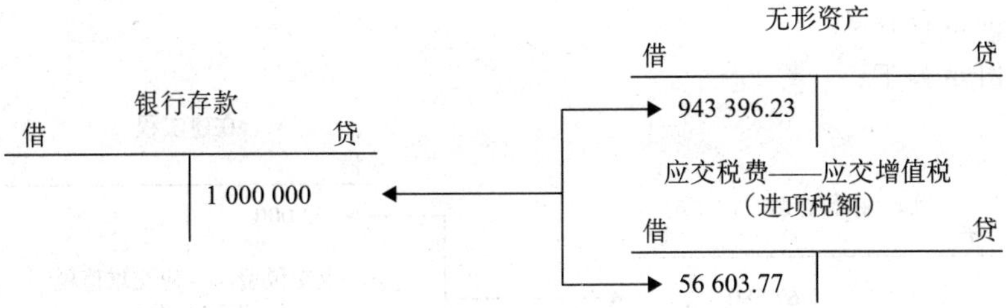

［**核心提示**］金融业纳税人购进无形资产，取得增值税专用发票可以抵扣进项税额。借记“无形资产”科目，根据税额，借记“应交税费——应交增值税（进项税额）”科目，根据实际支付的金额，贷记“银行存款”等科目。

四、金融业纳税人购买动产会计处理

［**例6－5**］2019年9月A建设银行，为一般纳税人，为满足日常经营需要，采购一批运钞车，由银行和各网点使用，取得增值税专用发票注明的价款为400万元，增值税税额

为 52 万元。账务处理如下：

借：固定资产　　4 000 000

　　应交税费——应交增值税（进项税额）　　520 000

　　贷：银行存款　　4 520 000

丁字账图示如下：

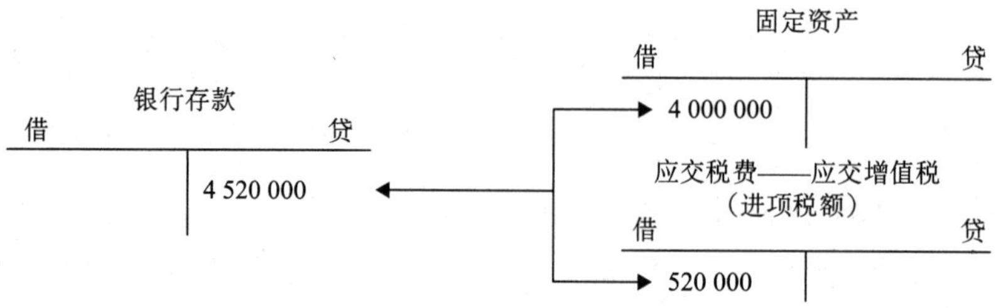

［**核心提示**］购进汽车用于银行经营活动，应确认为用于应税项目，增值税进项税额 52 万元准予从当期销项税额中抵扣。小汽车属于动产，购进动产，借记“固定资产”科目，按可抵扣的税额，借记“应交税费——应交增值税（进项税额）”科目，按实际支付金额，贷记“银行存款”“应付账款”等科目。

五、金融业纳税人购买不动产会计处理

［**例 6－6**］日升保险公司为一般纳税人，2019 年 4 月购入一台需要安装的金融系统设备，取得了增值税专用发票，注明价款 60 000 元，支付的运输费用 2 000 元，款项已支付。账务处理如下：

借：在建工程　　62 000

　　应交税费——应交增值税（进项税额）　　5 580

　　贷：银行存款　　67 580

丁字账图示如下：

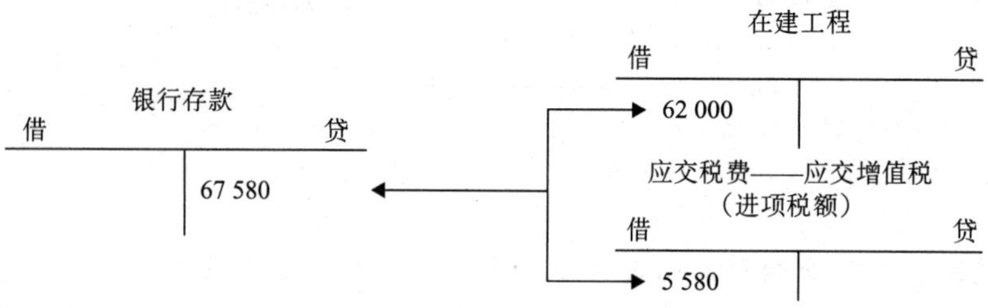

［**核心提示**］外购固定资产成本包括购买价款、相关税费及使固定资产达到预定可使用状态前所发生的可归属于该固定资产的运输费、装卸费、安装费和专业人员服务费。购入需要安装的固定资产借记“在建工程”科目，待安装完毕转入“固定资产”科目。

六、金融业纳税人其他进项税额可以抵扣的会计处理

（一）关于按财务费用计算的增值税进项税额是否可以抵扣的问题

不能抵扣的财务费用：贷款利息支出、向贷款方支付的与贷款直接相关的支出。除此之外，为可以抵扣的财务费用。

［例6－7］ 旭辉信托公司于2019年4月1日向银行借入资金250 000元，借款期限为8个月，年利率4.5%。该项借款本金到期后一次性归还，利息分月预提，按季支付，暂不考虑相关税费。该信托公司账务处理如下：

（1）4月1日借入时：

借：银行存款　　250 000

　　贷：短期借款　　250 000

丁字账图示如下：

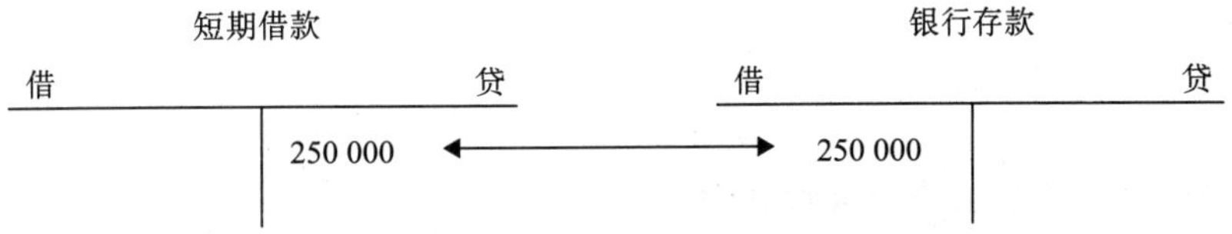

（2）4月末计提4月应计利息：

本月应计提利息：250 000×4.5%÷12＝937.5（元）

增值税额：937.5×6%＝56.25（元）

借：财务费用　　993.75

　　贷：应付利息　　993.75

丁字账图示如下：

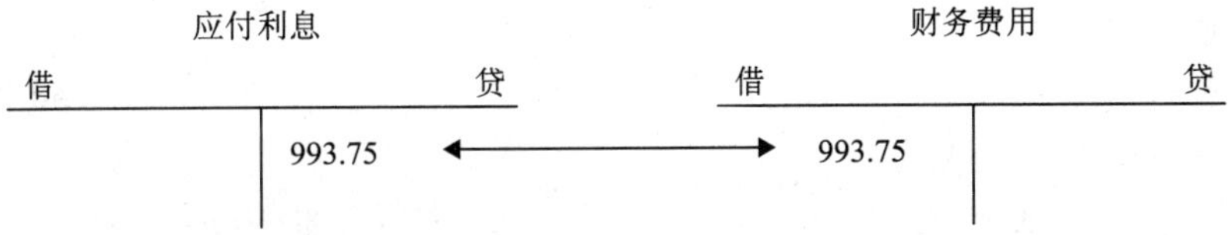

5月末计提5月利息的处理与4月相同。

（3）6月末，支付第二季度银行借款利息：

借：财务费用　　993.75

　　应付利息　　1 987.5

　　贷：银行存款　　2 981.25

丁字账图示如下：

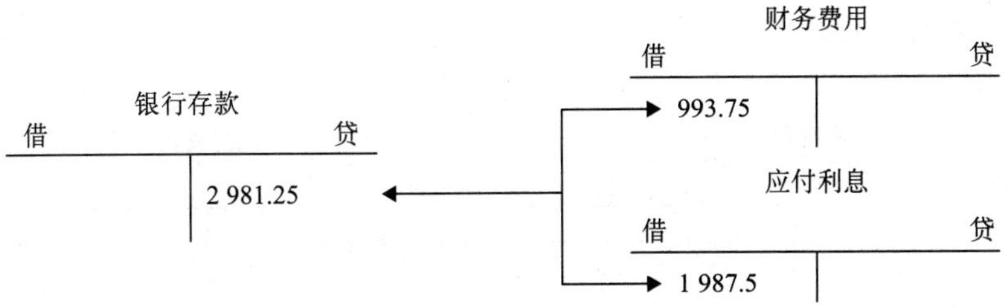

第三、四季度的会计处理同上。

（4）12 月 1 日 偿还银行借款本金：

借：短期借款　　250 000

　　贷：银行存款　　250 000

丁字账图示如下：

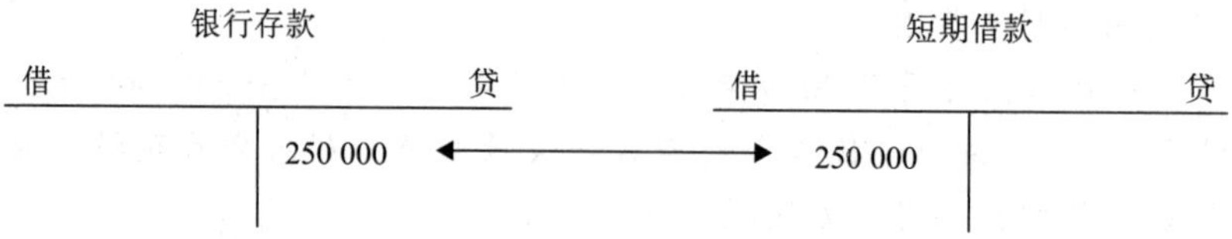

［**核心提示**］短期借款按利息支付的方式不同，会计处理也不同。按月计收或还本付息一次性进行，但利息数额不大，利息费用计入“财务费用”科目，贷记“银行存款”科目；若按季或半年计收，或还本付息一次性进行，但利息数额较大，则应按月预提和确认费用，借记“财务费用”科目，贷记“应付利息”科目。在归还利息时，借记“应付利息”科目，贷记“银行存款”科目。

（二）关于拆入资金增值税会计处理

拆入资金是金融企业从境内、境外金融机构拆入的款项。

［**例 6－8**］龙华保险公司 4 月 15 日从大江保险公司拆入资金 5 000 万元，交易期限 30 天，年利率 6%。按期确认费用。到期后，大江保险公司收到龙华保险公司以转账支票支付的本金和利息。

龙华保险公司账务处理如下：

（1）4 月 15 日：

借：银行存款　　50 000 000

　　贷：拆入资金　　50 000 000

丁字账图示如下：

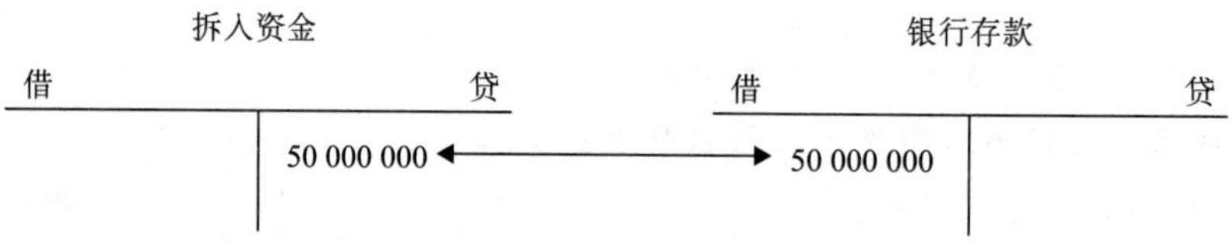

（2）5 月末 确认利息费用及增值税金额：

本月应确认的利息费用＝5 000×6%×15÷360＝12.5（万元）

借：利息支出　　125 000

　　贷：应付利息　　125 000

丁字账图示如下：

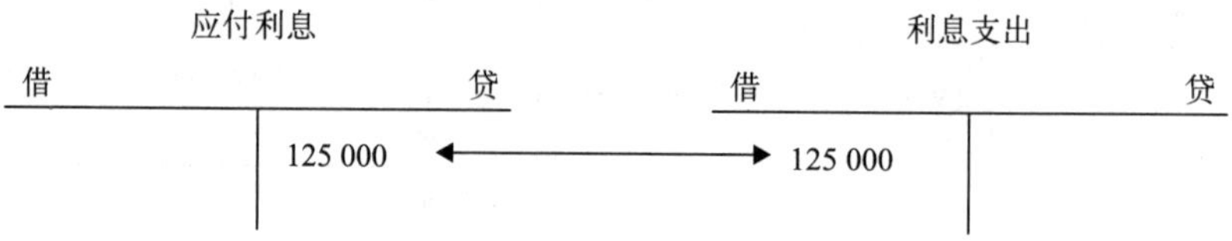

借：应交税费——应交增值税（进项税额）　　7 500

　　贷：其他应付款　　7 500

丁字账图示如下：

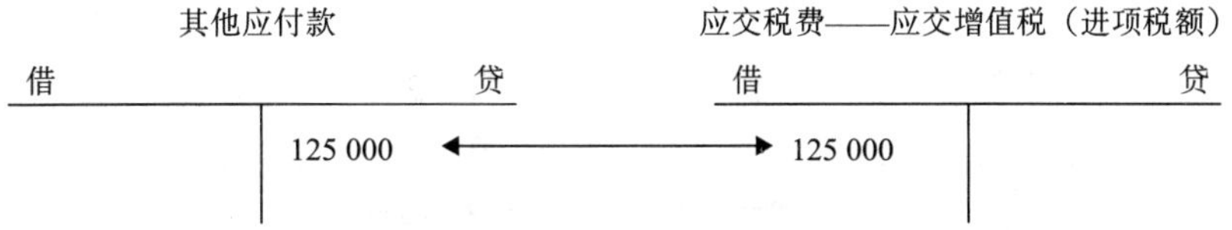

（3）6 月 15 日 支付本金和利息：

借：拆入资金　　50 000 000

　　利息支出　　125 000

　　应付利息　　125 000

　　贷：银行存款　　50 250 000

丁字账图示如下：

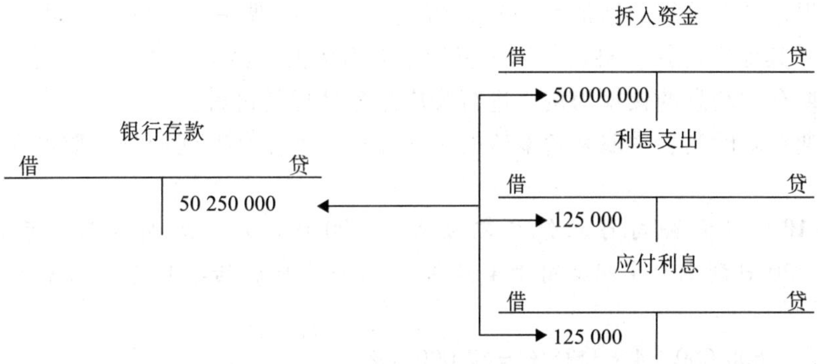

［**核心提示**］金融企业的“拆入资金”科目核算其他金融机构拆入的款项。收到时，借记“存放中央银行款项”（商业银行）或“银行存款”科目（保险或证券等），贷记“拆入资金”科目；归还时，编制相反分录。在资产负债表日，按确定利息费用，借记“利息支出”，贷记“应付利息”科目，对按照利息费用金额计算相应增值税金额，借记“应交税费——应交增值税（进项税额）”科目，贷记“其他应付款”科目。

（三）关于年会费增值税的会计处理

［**例 6－9**］某期货公司按照规定向乙期货交易所一次性缴纳年会费 5 万元，相关增值税金额尚未支付，该期货公司的账务处理如下：

借：管理费用——年会费　　50 000

　　贷：银行存款　　50 000

借：应交税费——应交增值税（进项税额）　　3 000

　　贷：其他应付款　　3 000

丁字账图示如下：

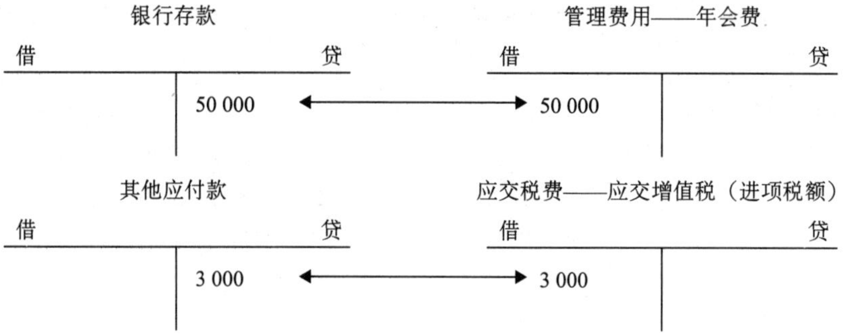

［**核心提示**］期货公司缴纳会费，按实际支付的金额，借记“管理费用——年会费”“应交税费——应交增值税（进项税额）”科目，贷记“银行存款”“其他应付款”科目。

（四）商业银行单位定期存款的利息增值税的会计处理

商业银行单位活期存款利息采用余额表计息及账页计息两种方式。同储蓄存款利息的核算一样，根据利息计算的增值税税额，借记“应交税费——应交增值税（进项税额）”科目，贷记“其他应付款”科目。因本书侧重点为增值税会计实务，故不再一一阐述。下面以单位定期存款利息的核算为例，进行相应账务处理的讲解。

单位定期存款的利息采取利随本清的办法计算，即在存款到期日支取本金时一并计付利息。

［**例6－10**］华润公司存入银行定期存款500 000元，定期4年，年利率假定为3.35%，4月20日到期。华润公司于4月30日来行支取，活期日存款利率为0.38%。账务处理如下：

到期利息：500 000×4×3.35%＝67 000（元）

逾期利息：500 000×10×0.38%÷360＝52.78（元）

应确认的增值税金额：（67 000＋52.78）×6%＝4 023.17（元）

借：利息支出　67 052.78

　　贷：应付利息　67 052.78

丁字账图示如下：

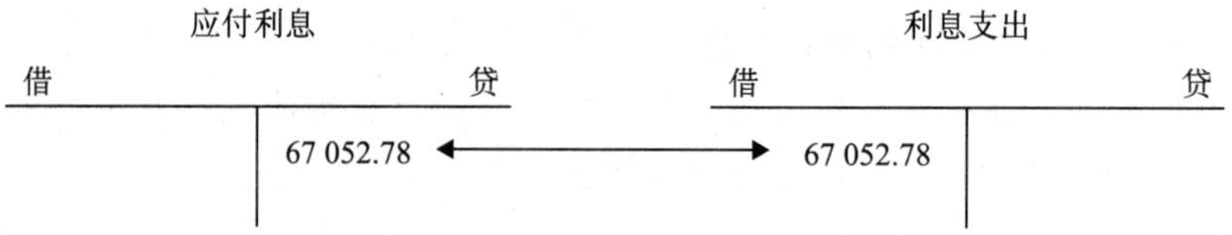

借：吸收存款——单位定期存款——华润公司　500 000

　　应付利息　67 052.78

　　贷：吸收存款——单位活期存款——华润公司　567 052.78

丁字账图示如下：

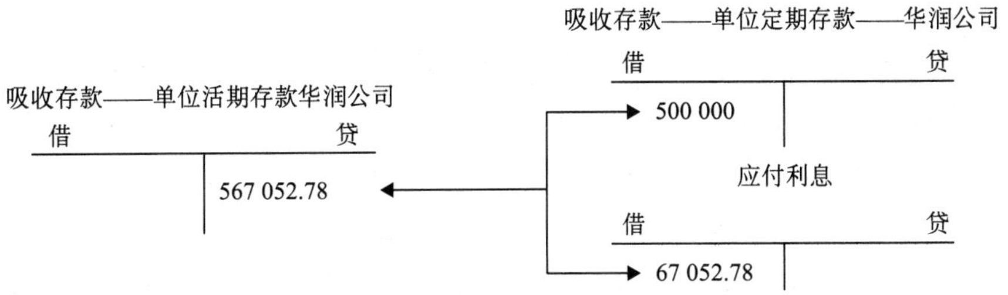

借：应交税费——应交增值税（进项税额）　　4 023.17

　　贷：其他应付款　　4 023.17

丁字账图示如下：

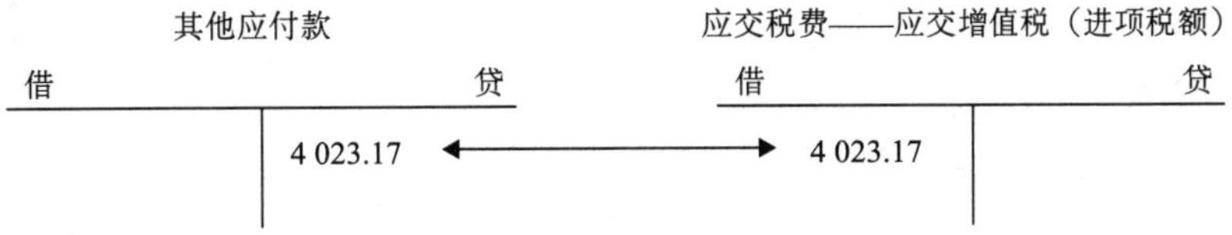

［**核心提示**］单位定期存款，要根据到期利息与逾期利息之和，借记“利息支出”科目，贷记“应付利息”科目；根据存入的定期存款金额，借记“吸收存款——单位定期存款”科目，根据上个应付利息金额，借记“应付利息”科目，根据本金及利息之和，贷记“吸收存款——单位活期存款”科目。

七、金融业纳税人不得抵扣进项税额以及冲减进项税额的会计处理

［**例 6－11**］A 市人民银行将外购的产品用于员工福利，该产品采购单价不含税 130 元/个，采购 100 个，用银行存款共支付价税合计 14 690 元，取得增值税专用发票。请编制会计分录。

（1）购进时：

借：库存商品　　13 000

　　应交税费——应交增值税（进项税额）　　1 690

　　贷：银行存款　　14 690

丁字账图示如下：

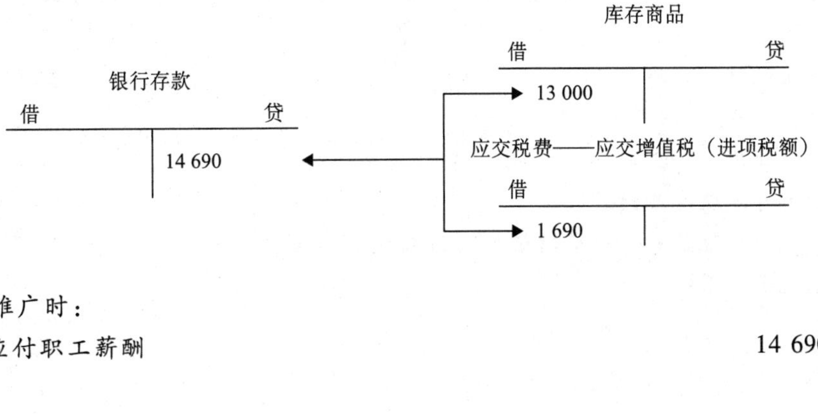

（2）推广时：

借：应付职工薪酬　　14 690

贷：库存商品　　13 000

　　应交税费——应交增值税（进项税额转出）　　1 690

丁字账图示如下：

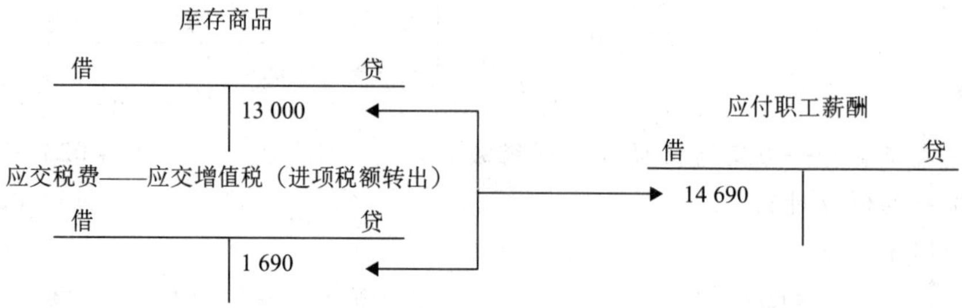

（3）期末，计提应付职工薪酬时：

借：管理费用　　14 690

　　贷：应付职工薪酬　　14 690

丁字账图示如下：

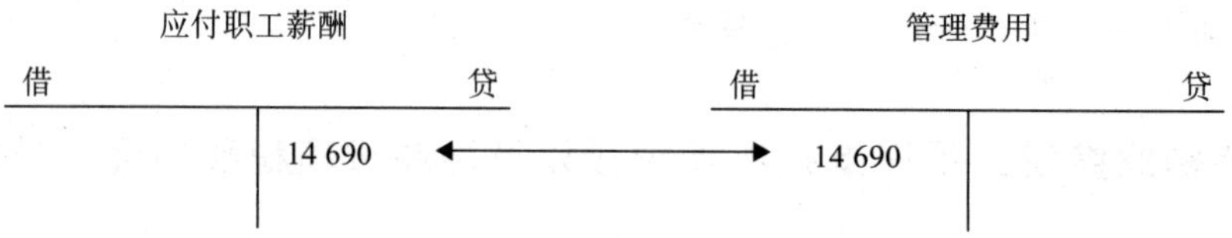

［**核心提示**］外购产品用于集体福利，进项税额不得抵扣。如果已经抵扣了进项税，应该在发放时做分录把进项税额转出。如果材料入库的时候没有抵扣进项税，则借记“应付职工薪酬”科目，贷记“库存商品”科目；如果材料入库的时候已经抵扣了进项税，则借记“应付职工薪酬”科目，贷记“库存商品”科目，并按已抵扣的进项税额贷记“应交税费——应交增值税（进项税额转出）”科目。

［**例 6－12**］A 商业银行 2019 年 10 月发现上月购进宣传品丢失 30%。该批宣传品增值税专用发票注明金额 12 万元，进项税额 1.56 万元。经查，丢失原因为工作人员保管不善。相应账务处理为：

借：待处理财产损溢　　36 000

　　贷：存货　　36 000

借：管理费用　　40 680

　　贷：待处理财产损溢　　36 000

　　　　应交税费——应交增值税（进项税额转出）　　4 680

丁字账图示如下：

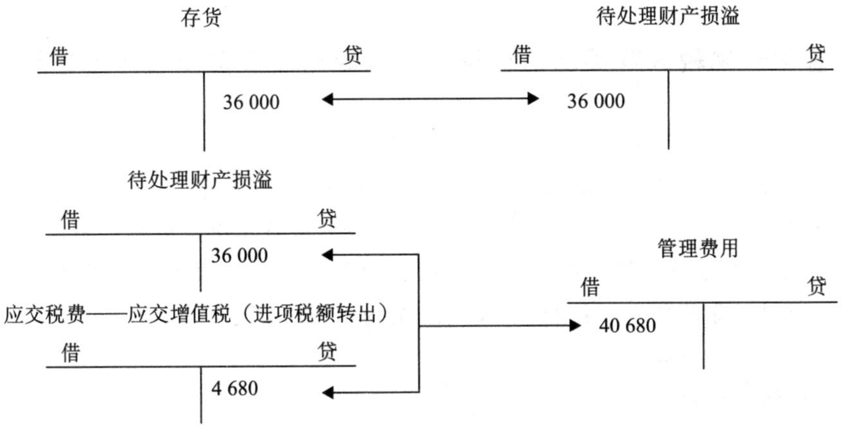

[核心提示] 存货发生的盘亏或毁损，应作为待处理财产损溢进行核算。因管理不善的存货丢失，已抵扣进项税额的要进行转出。按管理权限报经批准后，根据造成存货盘亏或毁损的原因，分别按以下情况进行处理：属于计量收发差错和管理不善等原因造成的存货短缺，应先扣除残料价值、可以收回的保险赔偿和过失人赔偿，将净损失计入管理费用；属于自然灾害等非正常原因造成的存货毁损，应先扣除处置收入（如残料价值）、可以收回的保险赔偿和过失人赔偿，将净损失计入营业外支出。

[例 6－13] 阳光保险承保的 A 公司仓库存货，2019 年 6 月因火灾造成重大损失，财产险公司决定赔付 350 000 元，赔偿款尚未支付。阳光保险授意按照上述理赔方案结案，阳光保险的账务处理如下：

确定赔付款时，冲减相应的增值税进项税额。

借：赔付支出　　350 000

　　贷：应付赔偿款　　350 000

借：应交税费——应交增值税（进项税额）　　21 000

　　贷：其他应付款　　21 000

丁字账图示如下：

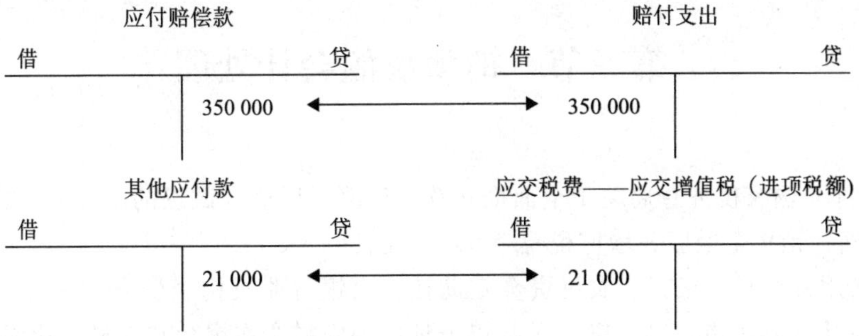

[核心提示] 保险赔款清楚，尚未支付赔偿款结案的，借记“赔偿支出”，贷记“应付赔偿款”科目，同时冲减相应的增值税进项税额，借记“应交税费——应交增值税（进项税额）”科目，贷记“其他应付款”科目。

八、金融业纳税人购买增值税税控系统专用设备费及技术维护费会计处理

按税法有关规定，增值税一般纳税人初次购买增值税税控系统专用设备支付的费用以及缴纳的技术维护费允许在增值税应纳税额中全额抵减的，应在“应交税费——应交增值税”科目下增设“减免税款”专栏，用于记录该企业按规定抵减的增值税应纳税额。

［例 6－14］ 大海商业银行股份有限公司是增值税一般纳税人，第三季度缴纳了增值税税控系统专用设备的技术维护费 2 500 元。账务处理如下：

借：管理费用——办公费　　2 500

　　贷：银行存款　　2 500

丁字账图示如下：

借：应交税费——应交增值税（减免税款）　　2 500

　　贷：管理费用——办公费　　2 500

丁字账图示如下：

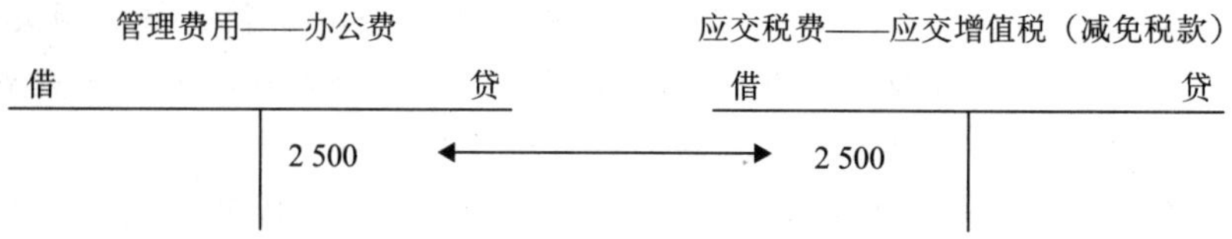

［核心提示］ 纳税人购入增值税税控系统专用设备，按实际支付或应付的金额，借记“固定资产”科目，贷记“银行存款”“应付账款”等科目。按规定抵减的增值税应纳税额，借记“应交税费——应交增值税（减免税款）”科目，贷记“递延收益”科目。按期计提折旧，借记“管理费用”等科目，贷记“累计折旧”科目；同时，借记“递延收益”科目，贷记“管理费用”等科目。发生技术维护费，按实际支付或应付的金额，借记“管理费用”等科目，贷记“银行存款”等科目。按规定抵减的增值税应纳税额，借记“应交税费——应交增值税（减免税款）”科目，贷记“管理费用”等科目。

第三节　销项税额会计处理

《财政部　国家税务总局关于全面推开营业税改征增值税试点的通知》（财税〔2016〕36 号）明确：销售金融服务增值税税率 6%、征收率 3%。

农村信用社、村镇银行、农村资金互助社，由银行业机构全资发起设立的贷款公司、法人机构在县（县级市、区、旗）及县以下地区的农村合作银行和农村商业银行提供金融服务收入，中国农业银行纳入“三农金融事业部”改革试点的各省、自治区、直辖市、计划单列市分行下辖的县域支行和新疆生产建设兵团分行下辖的县域支行（也称县事业部），提供农户贷款、农村企业和农村各类组织贷款取得的利息收入，根据《财政部　国家税务总局关于进一步明确全面推开营改增试点金融业有关政策的通知》（财税〔2016〕46 号）

规定，均可以选择适用简易计税方法按3%的征收率计算缴纳增值税。

资管产品管理人运营资管产品过程中发生的增值税应税行为暂适用简易计税方法，按照3%的征收率缴纳增值税。《财政部　税务总局关于资管产品增值税有关问题的通知》（财税〔2017〕56号）明确了资管产品管理人和资管产品的内容。对资管产品在2018年1月1日前运营过程中发生的增值税应税行为：未缴纳增值税的不再缴纳；已缴纳增值税的已纳税额从资管产品管理人以后月份的增值税应纳税额中抵减。此前，《财政部　国家税务总局关于资管产品增值税政策有关问题的补充通知》（财税〔2017〕2号）也有相似规定，从2017年7月1日起执行。《财政部　税务总局关于租入固定资产进项税额抵扣等增值税政策的通知》（财税〔2017〕90号）进一步明确：提供贷款服务，以2018年1月1日起产生的利息及利息性质的收入为销售额；转让2017年12月31日前取得的股票（不包括限售股）、债券、基金、非货物期货，可选择按照实际买入价计算销售额，或者以2017年最后一个交易日的股票收盘价（该交易日处于停牌期间的股票，为停牌前最后一个交易日收盘价）、债券估值（中债金融估值中心有限公司或中证指数有限公司提供的债券估值）、基金份额净值、非货物期货结算价格作为买入价计算销售额。

一、销项税额的确定，最主要是根据销售额来计算

（一）全额征税

营改增纳税人销售服务、无形资产或者不动产的销售额，是指纳税人发生应税行为取得的全部价款和价外费用（见表6-1）。

表6-1　销售额的确认

项目	销售额的确认
贷款服务	取得的全部利息及利息性质的收入为销售额 ［提示］证券公司、保险公司、金融租赁公司、证券基金管理公司、证券投资基金，以及其他经人民银行、银保监会、证监会批准成立且经营金融保险业务的机构发放贷款后，自结息日起90天内发生的应收未收利息按现行规定缴纳增值税；结息日起90天后发生的应收未收利息暂不缴纳增值税，待实际收到利息时按规定缴纳增值税
直接收费金融服务	以提供直接收费金融服务收取的手续费、佣金、酬金、管理费、服务费、经手费、开户费、过户费、结算费、转托管费等各类费用为销售额

（二）差额征税

金融商品转让：按照卖出价扣除买入价后的余额为销售额（一般纳税人、小规模纳税人通用，见表6-2）。

表6-2　金融商品转让

金融商品转让是指转让外汇、有价证券、非货物期货和其他金融商品所有权的业务活动。 其他金融商品转让包括基金、信托、理财产品等各类资产管理产品和各种金融衍生品的转让。	
企业转让理财产品取得的收益	缴纳增值税
个人转让理财产品取得的收益	免征增值税

［提示1］买入价：可以选择加权平均法或者移动加权平均法进行核算，选择后36个月内不得变更。

［提示2］金融商品买卖不得开具增值税专用发票。

［提示3］转让金融商品出现的正负差，按盈亏相抵后的余额为销售额。若相抵后出现负差，可结转下一纳税期与下期转让金融商品销售额相抵，但年末时仍出现负差的，不得转入下一个会计年度。

（三）融资性售后回租销售额的确定

经人民银行、银监会或者商务部批准从事融资租赁业务的试点纳税人，提供融资性售后回租服务，以取得的全部价款和价外费用（不含本金），扣除对外支付的借款利息（包括外汇借款和人民币借款利息）、发行债券利息后的余额作为销售额。

二、免税优惠

（一）境内金融服务优惠政策

“营改增”试点后，下列金融服务可以享受免征增值税政策：

1. 2016年12月31日前，金融机构农户小额贷款取得的利息收入，免征增值税。

2. 国家助学贷款取得的利息收入。

3. 国债、地方政府债取得的利息收入。

4. 人民银行对金融机构的贷款取得的利息收入。

5. 住房公积金管理中心用住房公积金在指定的委托银行发放的个人住房贷款取得的利息收入。

6. 外汇管理部门在从事国家外汇储备经营过程中，委托金融机构发放的外汇贷款取得的利息收入。

7. 统借统还业务中，企业集团或企业集团中的核心企业，以及集团所属财务公司按不高于支付给金融机构的借款利率水平或者支付的债券票面利率水平，向企业集团或者集团内下属单位收取的利息。

统借方向资金使用单位收取的利息，高于支付给金融机构借款利率水平或者支付的债券票面利率水平的，应全额缴纳增值税。

8. 被撤销金融机构以货物、不动产、无形资产、有价证券、票据等财产清偿债务。

9. 保险公司开办的一年期以上人身保险产品取得的保费收入。

10. 下列金融商品转让收入。

（1）合格境外投资者（QFII）委托境内公司在我国从事证券买卖业务。

（2）香港市场投资者（包括单位和个人）通过沪港通买卖上海证券交易所上市A股。

（3）对香港市场投资者（包括单位和个人）通过基金互认买卖内地基金份额。

（4）证券投资基金（封闭式证券投资基金，开放式证券投资基金）管理人运用基金买卖股票、债券。

（5）个人从事金融商品转让业务。

11. 金融同业往来利息收入。

（1）金融机构与人民银行发生的资金往来业务，包括人民银行对一般金融机构贷款，以及人民银行对商业银行的再贴现等。

（2）银行联行往来业务。同一银行系统内部不同行、处之间发生的资金账务往来业务。

（3）金融机构间的资金往来业务，是指经人民银行批准，进入全国银行间同业拆借市场的金融机构之间通过全国统一的同业拆借网络进行的短期（一年以下含一年）无担保资金融通行为。

（4）金融机构之间开展的转贴现业务。

12. 同时符合下列条件的担保机构从事中小企业信用担保或者再担保业务取得的收入（不含信用评级、咨询、培训等收入）3 年内免征增值税：

（1）已取得监管部门颁发的融资性担保机构经营许可证，依法登记注册为企（事）业法人，实收资本超过 2 000 万元。

（2）平均年担保费率不超过银行同期贷款基准利率的 50%。平均年担保费率 = 本期担保费收入 ÷（期初担保余额 + 本期增加担保金额）× 100%

（3）连续合规经营 2 年以上，资金主要用于担保业务，具备健全的内部管理制度和为中小企业提供担保的能力，经营业绩突出，对受保项目具有完善的事前评估、事中监控、事后追偿与处置机制。

（4）为中小企业提供的累计担保贷款额占其两年累计担保业务总额的 80% 以上，单笔 800 万元以下的累计担保贷款额占其累计担保业务总额的 50% 以上。

（5）对单个受保企业提供的担保余额不超过担保机构实收资本总额的 10%，且平均单笔担保责任金额最多不超过 3 000 万元人民币。

（6）担保责任余额不低于其净资产的 3 倍，且代偿率不超过 2%。

13. 国家商品储备管理单位及其直属企业承担商品储备任务，从中央或者地方财政取得的利息补贴收入和价差补贴收入。

14. 2016 年 12 月 31 日前，中和农信项目管理有限公司和中国扶贫基金会举办的农户自立服务社（中心）以及中和农信项目管理有限公司独资成立的小额贷款公司从事农户小额贷款取得的利息收入，免征增值税。

15. 中国信达资产管理股份有限公司、中国华融资产管理股份有限公司、中国长城资产管理公司和中国东方资产管理公司及各自经批准分设于各地的分支机构（以下称资产公司），在收购、承接和处置剩余政策性剥离不良资产和改制银行剥离不良资产过程中开展的以下业务，免征增值税：

（1）接受相关国有银行的不良债权，借款方以货物、不动产、无形资产、有价证券和票据等抵充贷款本息的，资产公司销售、转让该货物、不动产、无形资产、有价证券、票据，以及利用该货物、不动产从事的融资租赁业务。

（2）接受相关国有银行的不良债权取得的利息。

（3）资产公司所属的投资咨询类公司，为本公司收购、承接、处置不良资产而提供的资产、项目评估和审计服务。

中国长城资产管理公司和中国东方资产管理公司如经国务院批准改制后，继承其权利、义务的主体及其分支机构处置剩余政策性剥离不良资产和改制银行剥离不良资产，比照上述政策执行。

除另有规定者外，资产公司所属、附属企业，不得享受资产公司免征增值税的政策。

16. 全国社会保障基金理事会、全国社会保障基金投资管理人运用全国社会保障基金买卖证券，投资基金、股票、债券取得的金融商品转让收入，免征增值税。

17. 对下列国际航运保险业务免征增值税：

（1）注册在上海、天津的保险企业从事国际航运保险业务。

（2）注册在深圳市的保险企业向注册在前海深港现代服务业合作区的企业提供国际航运保险业务。

（3）注册在平潭的保险企业向注册在平潭的企业提供国际航运保险业务。

（二）跨境金融服务优惠政策

境内单位和个人销售的下列金融服务免征增值税，但是财政部和国家税务总局规定适用增值税零税率的除外：

1. 境内的单位和个人为出口货物提供的保险服务。

为出口货物提供的保险服务，包括出口货物保险和出口信用保险。

2. 为境外单位之间的货币资金融通及其他金融业务提供的直接收费金融服务，且该服务与境内的货物、无形资产和不动产无关。

3. 境内单位和个人发生的与香港特区、澳门特区、台湾地区有关的应税行为，除另有规定外，参照上述规定执行。

三、一般纳税人销项税额会计处理

（一）贷款服务销项税额

［例 6－15］某金融企业为增值税一般纳税人，经营范围是贷款业务、直接收费金融服务、保险服务等。2019 年 5 月，该企业取得贷款利息收入（含税）6 360 万元，发生利息支出 40 万元。

销项税额：6 360÷(1＋6%)×6%＝360（万元）

账务处理为：

借：银行存款或应收利息　　63 600 000

　　贷：利息收入　　60 000 000

　　　　应交税费——应交增值税（销项税额）　　3 600 000

丁字账图如下：

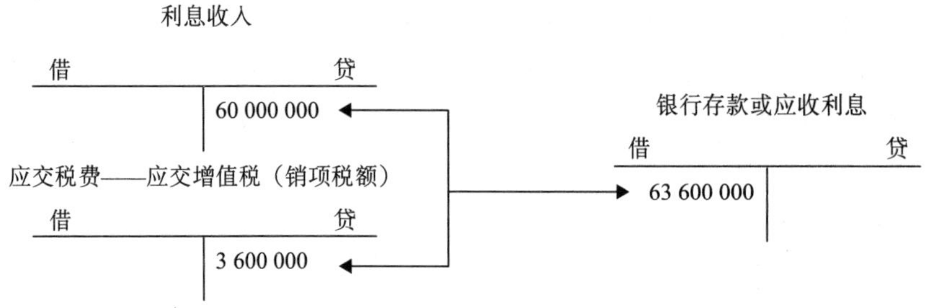

［**核心提示**］根据《财政部　国家税务总局关于全面推开营业税改征增值税试点的通知》（财税〔2016〕36 号）附件 1 的相关规定，提供金融业应税行为，税率为 6%。一般计税方法的销售额不包括销项税额，纳税人采用销售额和销项税额合并定价方法的，按照下列公式计算销售额：销售额 = 含税销售额 ÷（1 + 税率），销项税额 = 销售额 × 税率

另外，根据财税〔2016〕36 号文件附件 2 的规定，贷款服务以取得的全部利息及利息性质的收入为销售额。金融业取得贷款利息收入，借记“银行存款”或“应收利息”科目，贷记“利息收入”科目及“应交税费——应交增值税（销项税额）”科目；贷款利息不得抵扣进项税额。

［**例 6－16**］中国农业银行纳入“三农金融事业部”改革试点的某县支行，选择简易计税办法。2018 年 10 月提供贷款服务取得的全部利息及利息性质的收入为 30.9 万元，其中金融机构农户小额贷款利息收入 10.3 万元。其会计处理为：

（1）取得的全部利息及利息性质的收入，应交增值税：

30.9 ÷（1 + 3%）× 3% = 0.9（万元）

借：存放中央银行款项　　309 000

　　贷：利息收入　　300 000

　　　　应交税费——应交增值税（销项税额）　　9 000

丁字账图示如下：

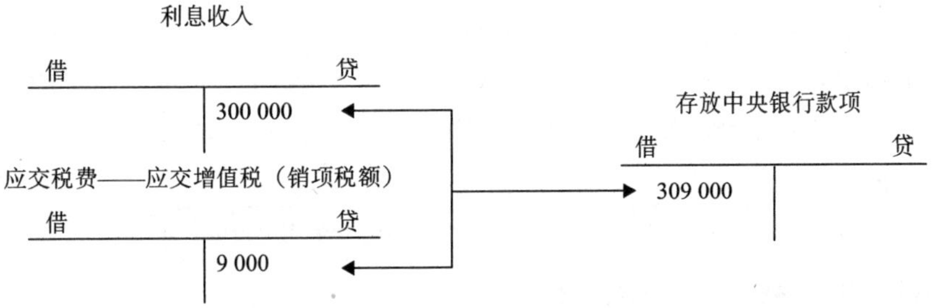

（2）2018 年 12 月 31 日前金融机构农户小额贷款利息收入。

税款金额为：10.3 ÷（1 + 3%）× 3% = 0.3（万元）

借：应交税费——应交增值税（销项税额）　　3 000

　　贷：营业外收入　　3 000

丁字账图示如下：

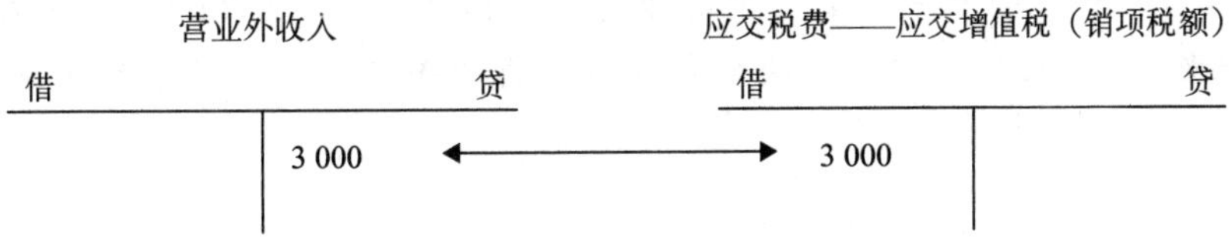

（3）实际缴纳增值税：0.9 － 0.3 = 0.6（万元）

借：应交税费——未交增值税　　6 000

　　贷：存放中央银行款项　　6 000

丁字账图示如下：

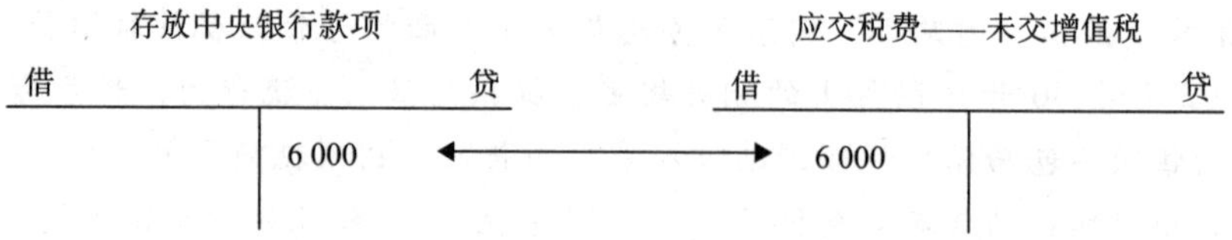

［核心提示］2018 年 12 月 31 日前金融机构农户小额贷款利息收入免征增值税，相应的增值税转作营业外收入。中国农业银行纳入“三农金融事业部”改革试点的各省、自治区、直辖市、计划单列市分行下辖的县域支行和新疆生产建设兵团分行下辖的县域支行（也称县事业部），提供农户贷款、农村企业和农村各类组织贷款取得的利息收入，根据《财政部　国家税务总局关于进一步明确全面推开营改增试点金融业有关政策的通知》（财税〔2016〕46 号）规定，均可以选择适用简易计税方法按 3% 的征收率计算缴纳增值税。

（二）取得直接收费的金融服务

［例 6－17］某建设银行为增值税一般纳税人，2019 年 6 月取得金融服务手续费及佣金收入（含税）1 272 万元。怎样编制会计分录？

借：银行存款　　12 720 000

　　贷：手续费及佣金收入　　12 000 000

　　　　应交税费——应交增值税（销项税额）　　720 000

丁字账图如下：

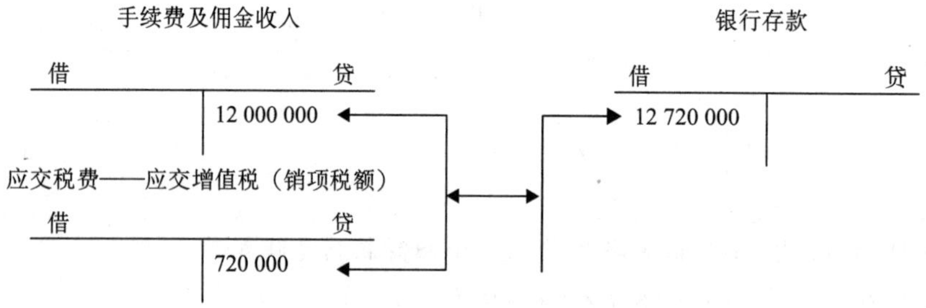

［核心提示］根据财税〔2016〕36 号文件附件 2 的相关规定，直接收费金融服务，以提供直接收费金融服务收取的手续费、佣金、酬金、管理费、服务费、经手费、开户费、过户费、结算费、转托管费等各类费用为销售额。因此，销项税额为 72 万元［1 272 ÷（1＋6%）×6%］。金融业直接收费的金融服务取得的手续费记入“手续费及佣金收入”科目核算。

（三）保险公司增值税销项税额的会计处理

［例 6－18］某财产险公司甲与乙公司签订一份财产险合同，承保金额为 1.5 亿元，保险期限为 1 年，保费率为 2%，乙公司一次性将保费交到该公司，增值税未支付。该保险公司账务处理如下：

借：银行存款　　3 000 000

　　贷：保费收入　　　　　　　　　　　　　　　　　　　　　　　3 000 000
借：其他应收款　　　　　　　　　　　　　　　　　　　　　180 000
　　贷：应交税费——应交增值税（销项税额）　　　　　　　　　　180 000

丁字账图示如下：

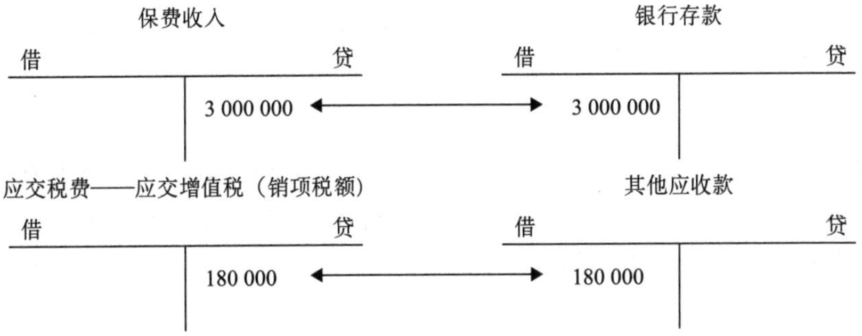

[核心提示] 保费收入的确认，借记“现金”“银行存款”“应收保费”“预收保费”“应收利息”等科目，贷记“保费收入”科目；按照保费收入计算的增值税，借记“其他应收款”科目，贷记“应交税费——应交增值税（销项税额）”科目。

[例 6－19] 张某投保了定期寿险，已有现金价值，但因经济原因暂时不能缴费，保险公司在宽限期限结束时为其垫缴 2 000 元。相关增值税金额尚未支付，该保险公司账务处理如下：

（1）垫缴保费时：

借：垫缴保费　　　　　　　　　　　　　　　　　　　　　　2 000
　　贷：应收保费——定期寿险　　　　　　　　　　　　　　　　2 000

丁字账图示如下：

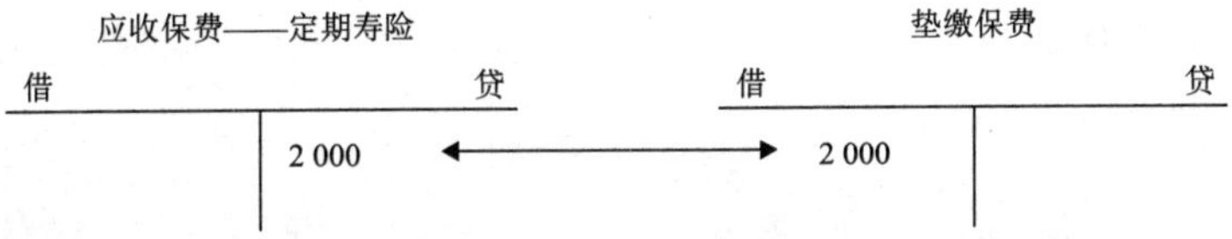

（2）收回垫缴保费利息时：

借：银行存款　　　　　　　　　　　　　　　　　　　　　　2 200
　　贷：垫缴保费　　　　　　　　　　　　　　　　　　　　　　2 000
　　　　利息收入　　　　　　　　　　　　　　　　　　　　　　　200

丁字账图示如下：

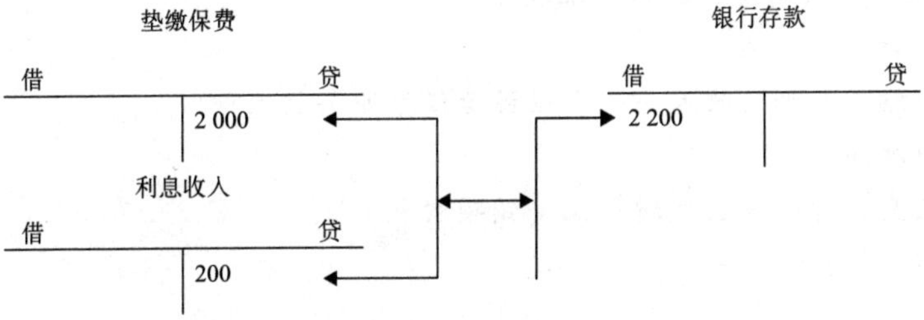

借：其他应收款　　12

　　贷：应交税费——应交增值税（销项税额）　　12

丁字账图示如下：

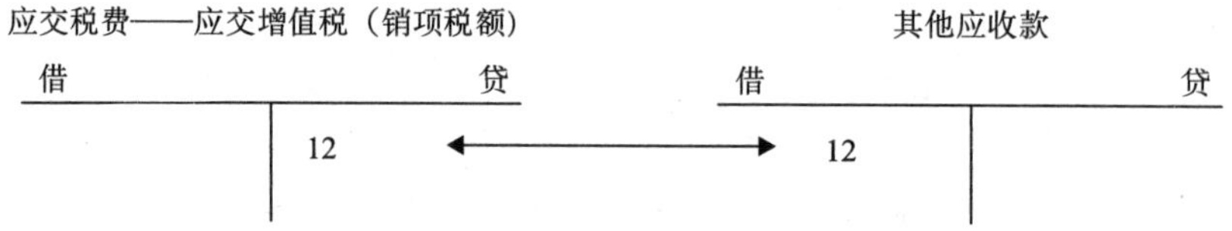

［**核心提示**］发生自动垫缴保费事项时，公司确认保费收入。“垫缴保费”科目用于自动垫缴保费进行核算。其借方为垫缴的保费，贷方为收回的保费。确认利息收入的同时，按计算的增值税确认销项税额。

（四）证券公司增值税销项税额的会计处理

金融业证券公司的经济业务增值税的核算，包括代理买卖证券业务的核算、代理兑付证券的核算、代理保管证券业务的核算等。证券自营业务、承销业务增值税的核算，资产管理增值税业务的核算，对相关利息收入、手续费及佣金以及投资收益计算的增值税税额，相关原理相同，都要做增值税会计处理。本节以代理买卖证券业务为例做出详解。

［**例6－20**］张三原持有某上市公司股票10 000股，可增配股票5 000股，每股配售价3元，委托甲证券公司代理。甲证券公司收到发行公司支付的1 500元配股手续费，相关增值税金额尚未支付，甲证券公司账务处理如下：

（1）代理张三办理配股：

借：代理买卖证券款——张三　　15 000

　　贷：结算备付金　　15 000

丁字账图示如下：

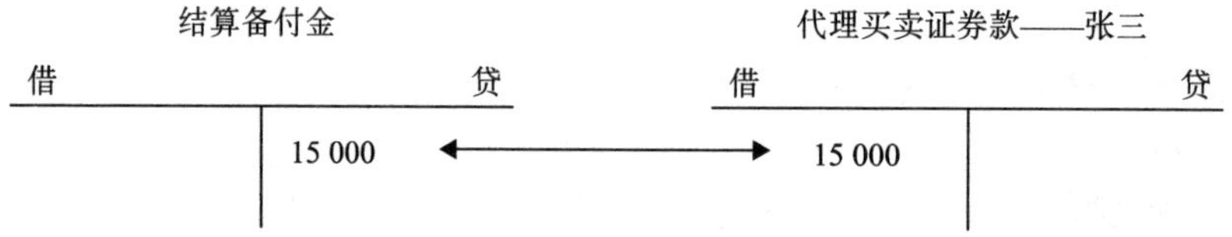

（2）甲证券公司收到发行公司的配股手续费：

借：结算备付金　　1 500

　　贷：手续费及佣金收入——代理买卖证券业务收入　　1 500

借：其他应收款　　90

　　贷：应交税费——应交增值税（销项税额）　　90

丁字账图示如下：

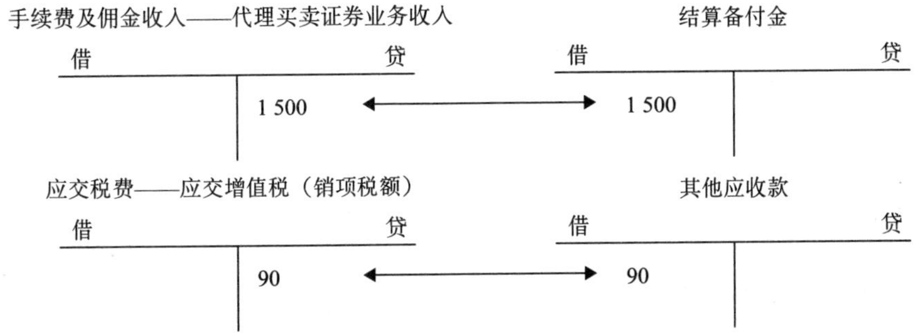

[**核心提示**] 证券公司代理客户办理配股业务，当日向证券交易所解交配股款的，在客户提出配股要求时，借记“代理买卖证券款”科目，贷记“结算备付金”科目。收到配股手续费，借记“结算备付金”科目，贷记“手续费及佣金收入”科目，同时按手续费收入计算增值税税额，借记“其他应收款”科目，贷记“应交税费——应交增值税（销项税额）”科目。

买入返售金融资产会计的处理：

(1) 企业根据返售协议买入金融资产，应按实际支付的金额，借记本科目，贷记“存放中央款项”“结算备付金”“银行存款”等科目。

(2) 资产负债表日，按照计算确定的买入返售金融资产的利息收入，借记“应收利息”科目，贷记“利息收入”科目。

(3) 返售日，应按实际收到的金额，借记“存放中央银行款项”“结算备付金”“银行存款”等科目，按其账面余额，贷记“买入返售金融资产”“应收利息”等科目，按其差额，贷记“利息收入”科目。

(4) 根据利息收入，计算增值税销项税额，借记“其他应收款”科目，贷记“应交税费——应交增值税（销项税额）。

本科目期末借方余额反映企业买入的尚未到期返售金融资产摊余成本。

[**例 6－21**] 华丰证券公司通过上海证券交易所融入标准券国债 2 000 万元，回购交易品种为 R028，成交年收益率为 3.5%，相关增值税金额尚未支付，华丰证券公司会计处理如下：

回购价格为：2 000＋2 000×3.5%×28÷360＝2 005.44（万元）

(1) 通过国家规定的场所买入证券时：

借：买入返售金融资产　　20 000 000

　　贷：结算备付资金——公司　　20 000 000

丁字账图示如下：

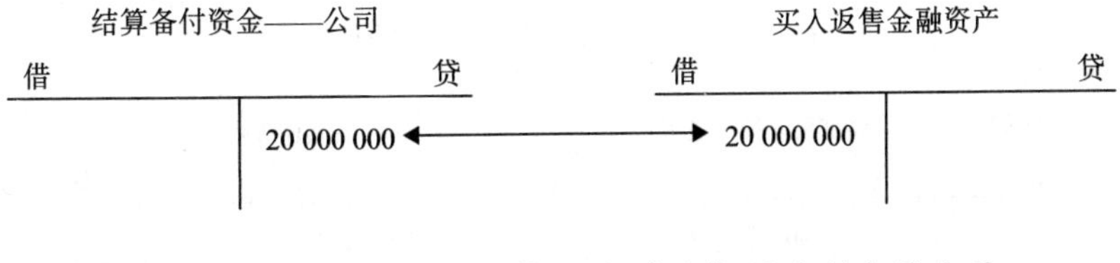

(2) 买入证券在当期到期返售时，按实际收到的款项编制会计分录：

借：结算备付金——公司　　20 054 400

　　贷：买入返售金融资产　　20 000 000

　　　　利息收入　　54 400

借：其他应收款　　3 264

　　贷：应交税费——应交增值税（销项税额）　　3 264

丁字账图示如下：

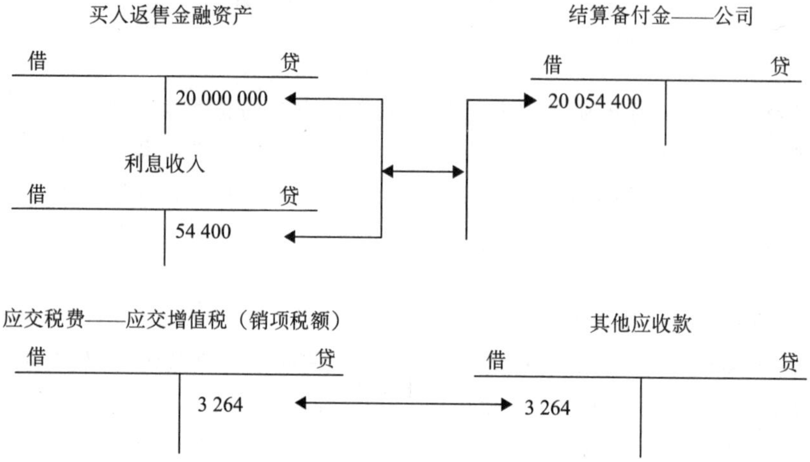

［**核心提示**］买入返售金融资产业务的会计核算，根据利息收入计算增值税销项税额。

（五）担保公司增值税销项税额的会计处理

担保公司增值税销项税额会计的核算，包括担保费收入的核算，再担保合同、分入业务的核算等。再担保合同中分回担保费时，要计算销项税额。分入业务中，分担保费收入的核算要计算销项税额。下面以担保费收入的核算为例进行讲解。

［**例6－22**］润华担保公司会计部门收到业务部门交来的个人贷款担保日报表、保费收据存根和银行收账通知40 000元，相关增值税金额尚未支付。账务处理如下：

借：银行存款　　40 000

　　贷：保费收入　　40 000

借：其他应收款　　2 400

　　贷：应交税费——应交增值税（销项税额）　　2 400

丁字账图示如下：

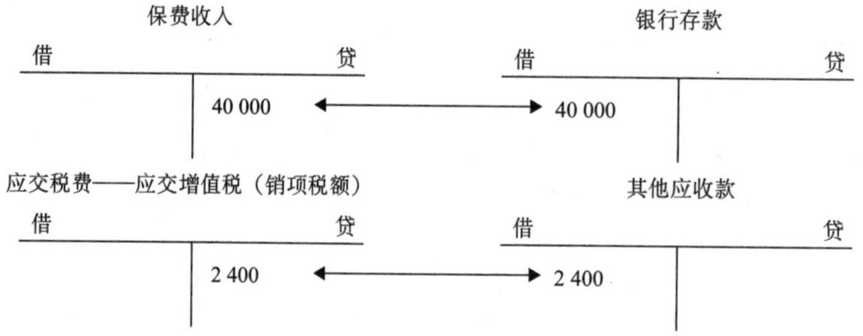

［**核心提示**］“保费收入”科目，用于核算公司承担担保风险而按原担保合同、再担保合同规定向投保人收取的款项，包括保费收入和分担保费收入。签发保单时缴纳保费的核算，借记“银行存款”科目，贷记“保费收入”科目。同时按保费收入计算的增值税额，借记“其他应收款”科目，贷记“应交税费——应交增值税（销项税额）”科目。

（六）金融商品转让会计处理

1. 会计处理。一般纳税人应设置“应交税费——转让金融商品应交增值税”科目，核算转让金融商品发生的增值税计提、扣减、减免、缴纳等业务。金融商品持有期间（含到期）利息（保本收益、报酬、资金占用费、补偿金等）收入，应当按照贷款服务缴纳增值税，不在本科目中核算。

2. 税收政策规定。《营改增试点有关事项的规定》（财税〔2016〕36号文附件）第一条第三款规定，金融商品转让，按照卖出价扣除买入价后的余额为销售额。转让金融商品出现的正负差，按盈亏相抵后的余额为销售额。若相抵后出现负差，可以结转下一纳税期与下期转让金融商品销售额相抵，但年末时仍出现负差的，不得转入下一个会计年度。

金融商品的买入价，可以选择按照加权平均法或者移动加权平均法进行核算，选择后36个月内不得变更。

金融商品转让，不得开具增值税专用发票。

根据《营改增试点实施办法》（财税〔2016〕36号文附件1）第二十一条、二十二条、二十三条关于对应纳税额、销项税额以及销售额的有关规定，一般纳税人金融商品转让的销售额可以按照下面公式计算：

销售额 = 含税销售额 ÷（1 + 税率）

= 卖出价扣除买入价的余额 ÷（1 + 6%）

=（卖出价 − 买入价）÷（1 + 6%）

销项税额 = 销售额 × 税率

=（卖出价 − 买入价）÷（1 + 6%）× 6%

3. 账务处理规定。财会〔2016〕22号文件规定：金融商品转让按规定以盈亏相抵后的余额作为销售额来账务处理。

金融商品实际转让月末，如产生转让收益，则按应纳税额：

借：投资收益等科目

　　贷：应交税费——转让金融商品应交增值税

如产生转让损失，则按可结转下月抵扣税额：

借：应交税费——转让金融商品应交增值税

　　贷：投资收益等科目

交纳增值税时：

借：应交税费——转让金融商品应交增值税

　　贷：银行存款

年末，本科目如有借方余额，则：

借：投资收益等科目

贷：应交税费——转让金融商品应交增值税

[例6-23] 金融业辰星公司是一家一般纳税人企业，2019年6月5日以含税价6.50元/股购入某公司股票1万股。2019年7月9日以5.5元/股的价格转让3 000股，2019年8月14日以8.50元/股的价格转让3 000股，2019年10月10日以6.30元/股的价格转让4 000股。假设除该股票外，辰星公司没有购买其他金融商品，不考虑其他相关费用及该股票的公允价值变动损益。辰星公司应进行如下账务处理：

（1）2019年6月5日购入股票时：6.5×10 000=65 000（元）

借：交易性金融资产	65 000	
贷：银行存款		65 000

丁字账图示如下：

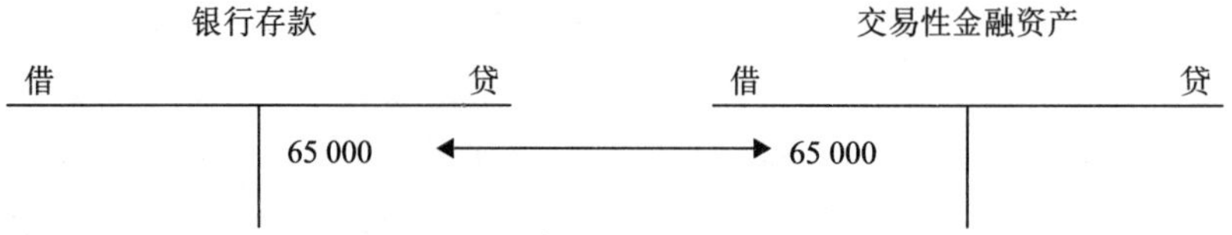

（2）2019年7月9日转让股票3 000股：

转让收入：5.5×3 000=16 500（元）

转让成本：6.50×3 000=19 500（元）

转让损益：(5.5-6.5)×3 000=-3 000（元）

借：银行存款	16 500	
投资收益	3 000	
贷：交易性金融资产		19 500

丁字账图示如下：

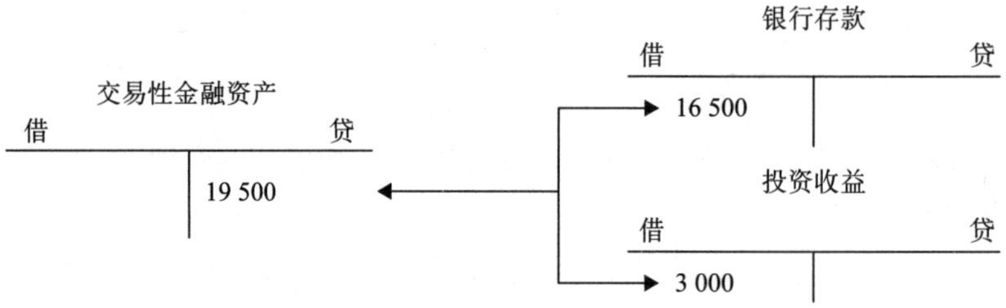

月末将产生的转让损失相关的增值税结转下月抵扣：

(-3 000)÷1.06×6%=-169.81（元）

借：应交税费——转让金融商品应交增值税	169.81	
贷：投资收益		169.81

丁字账图示如下：

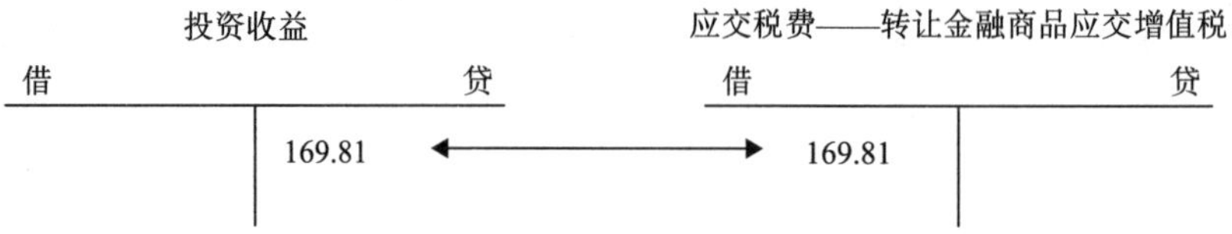

(3) 2019 年 8 月 14 日转让股票 3 000 股：

转让收入：8. 50 × 3 000 = 25 500（元）

转让成本：6. 50 × 3 000 = 19 500（元）

转让损益：(8. 50 − 6. 50) × 3 000 = 6 000（元）

借：银行存款　　25 500

　贷：交易性金融资产　　19 500

　　投资收益　　6 000

丁字账图示如下：

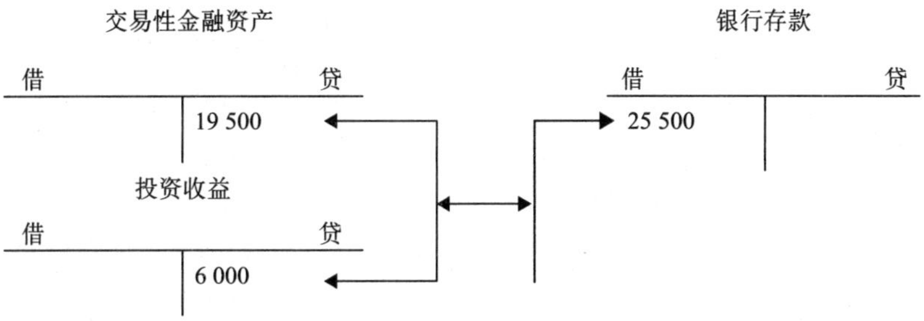

月末将产生的转让收益计提增值税：

6 000 ÷ 1. 06 × 6% = 339. 62（元）

借：投资收益　　339. 62

　贷：应交税费——转让金融商品应交增值税　　339. 62

丁字账图示如下：

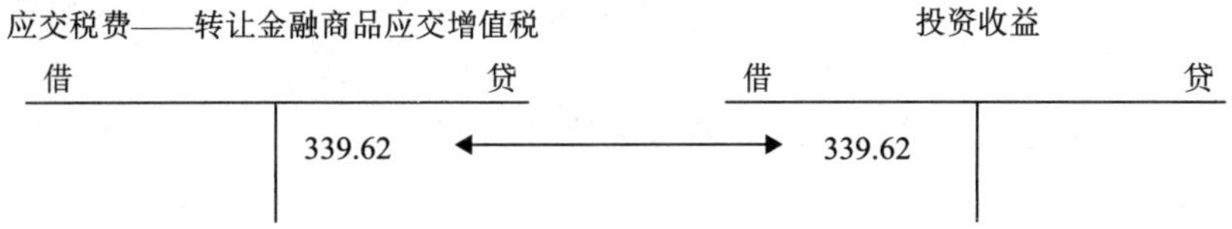

次月征期申报缴纳增值税时：

应交增值税：339. 62 − 169. 81 = 169. 81（元）

借：应交税费——转让金融商品应交增值税　　169. 81

　贷：银行存款　　169. 81

丁字账图示如下：

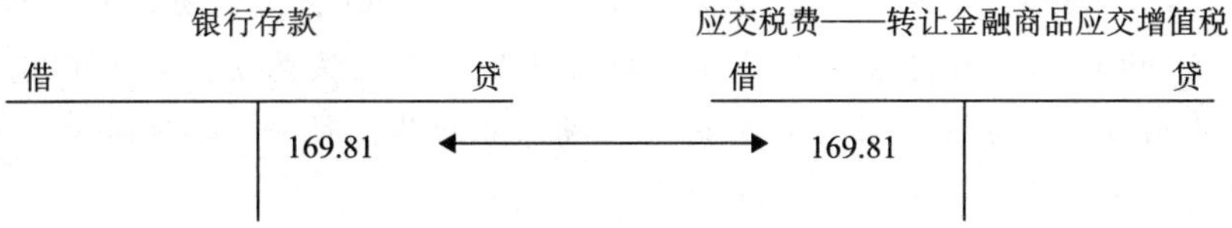

(4) 2019 年 10 月 10 日转让股票 4 000 股：

转让收入：6. 30 × 4 000 = 25 200（元）

转让成本：6. 50 × 4 000 = 26 000（元）

转让损益：(6. 30 − 6. 50) × 4 000 = −800（元）

借：银行存款　　25 200

　　投资收益　　800

　　贷：交易性金融资产　　26 000

丁字账图示如下：

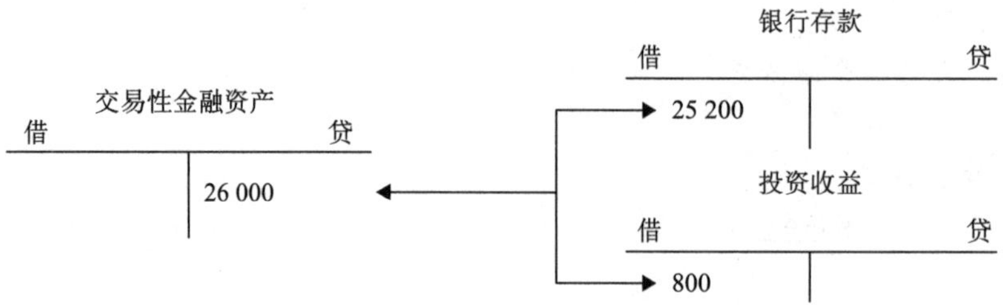

月末将产生的转让损失相关的增值税结转下月抵扣：

(−800) ÷ 1.06 × 6% = −45.28（元）

借：应交税费——转让金融商品应交增值税　　45.28

　　贷：投资收益　　45.28

丁字账图示如下：

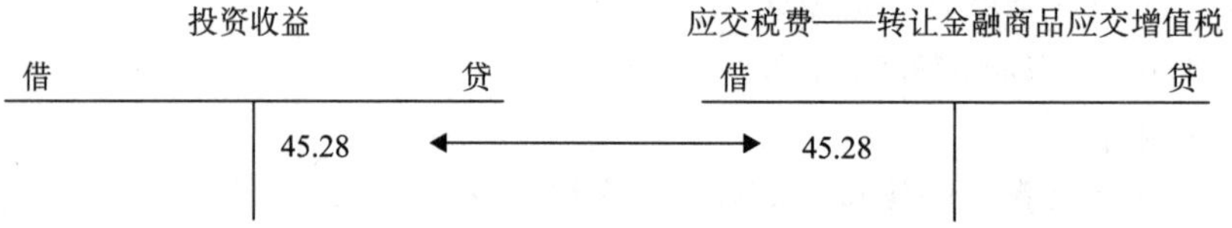

（5）年末，将“应交税费——转让金融商品应交增值税”科目借方余额转销：

借：投资收益　　45.28

　　贷：应交税费——转让金融商品应交增值税　　45.28

丁字账图示如下：

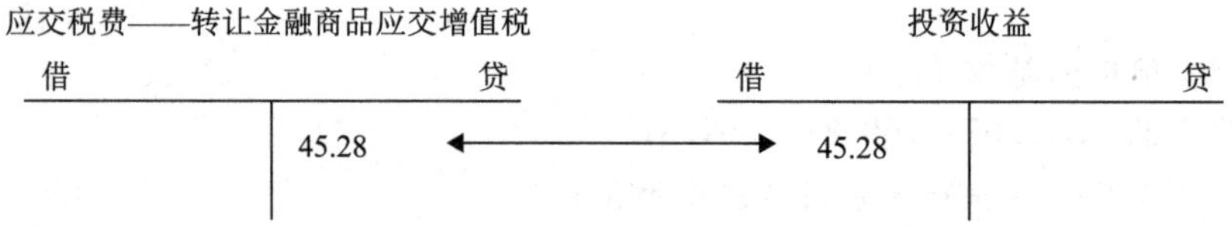

[核心提示] 金融商品转让按规定以盈亏相抵后的余额作为销售额进行账务处理。

[例 6 −24] 甲银行 2019 年 4 月某基金转让卖出价 650 万元，开具增值税普通发票，该基金买入价 600 万元。6 月某基金转让卖出价 800 万元，该基金买入价 680 万元。假设同期企业没有转让其他金融商品，不考虑增值税以外的其他税种。其账务处理如下：

（1）4 月取得金融商品转让收入：

借：存放中央银行款项　　6 500 000

　　贷：投资收益　　6 500 000

丁字账图示如下：

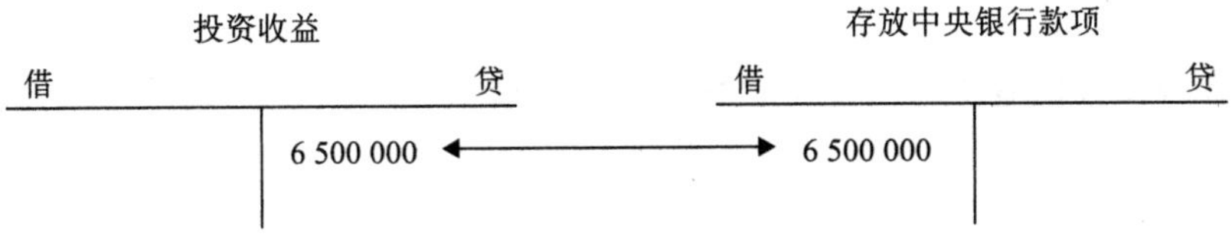

［**核心提示**］本月转让金融商品盈亏相抵后的余额为负的 50 万元，可结转下一纳税期。本期不缴纳增值税。

（2）6 月取得金融商品转让收入：

借：存放中央银行款项　　　　8 000 000

　　贷：投资收益　　　　8 000 000

丁字账图示如下：

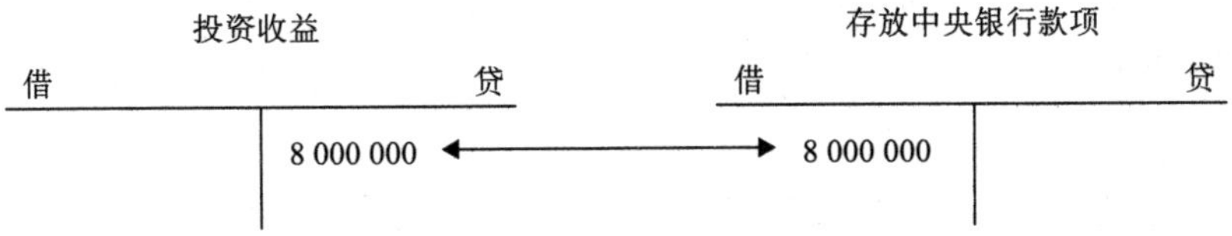

［**核心提示**］本月转让金融商品盈亏相抵后的余额为 120 万元，抵扣上期结转的负差 -50 万元，尚有正差 70 万元。年末一次性计提增值税，应缴纳的增值税为 3.96 万元［70 ÷（1 +6%）×6%］。按财会〔2016〕22 号文件规定，在“应交税费”科目下设置“转让金融商品应交增值税”明细科目，以核算增值税纳税人转让金融商品发生的增值税额。

借：投资收益　　　　39 600

　　贷：应交税费——转让金融商品应交增值税　　　　39 600

丁字账图示如下：

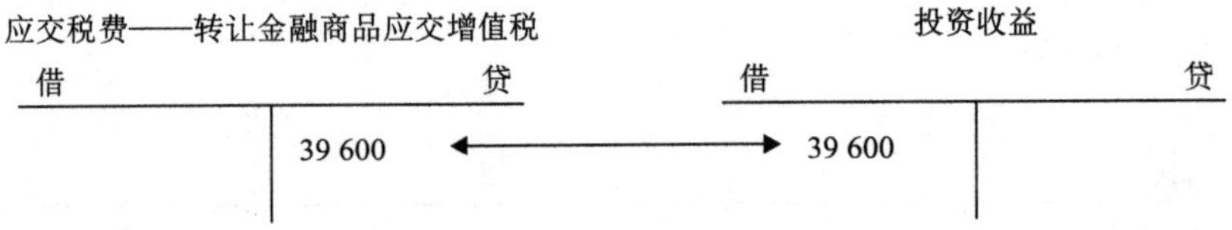

（3）实际缴纳增值税：

借：应交税费——转让金融商品应交增值税　　　　39 600

　　贷：存放中央银行款项　　　　39 600

丁字账图示如下：

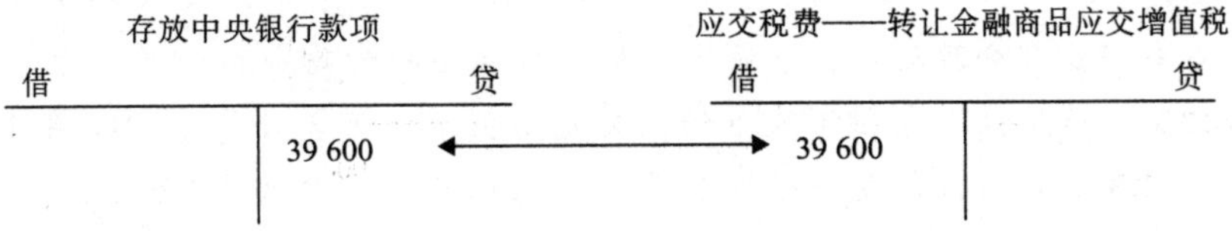

［**核心提示**］银行金融商品转让实际缴纳增值税时，借记“应交税费——转让金融商品应交增值税”科目，贷记“存放中央银行款项”科目。

（七）金融业其他活动增值税销项税额会计处理

1. 日常活动增值税销项税额会计核算。

［例 6－25］ 某金融业一般纳税人 2019 年 4 月发生如下业务：

（1）租赁新购入经营用房租金收入（含税）5 995 万元，该经营用房是 2018 年 6 月购买。

（2）存款利息支出 3 000 万元。

业务（1）：销项税额：5 995 ÷（1 ＋9%）×9% ＝495（万元）

借：银行存款　　59 950 000

　　贷：其他业务收入——租金收入　　55 000 000

　　　　应交税费——应交增值税（销项税额）　　4 950 000

丁字账图示如下：

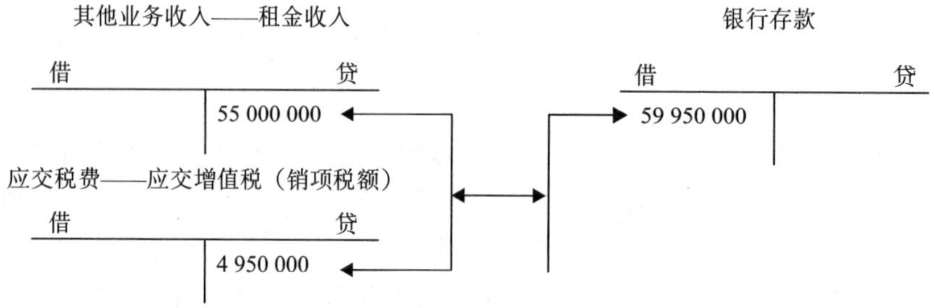

业务（2）：

借：利息支出　　30 000 000

　　贷：银行存款　　30 000 000

丁字账图示如下：

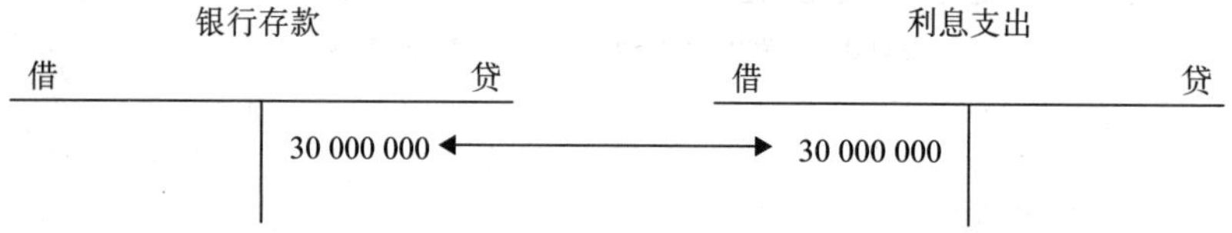

［核心提示］ 提供不动产租赁服务，税率为 9%。

2. 金融企业金融资产会计核算。

［例 6－26］ 2019 年 7 月 15 日，泰成信托公司以 1 300 万元购入 A 公司 6% 股权。泰成信托公司在取得该部分股权后，未派出人员参与 A 公司的财务和生产经营决策，也未对 A 公司施加控制，该股权不存在活跃市场，公允价值不能可靠计量。2019 年 10 月 25 日，A 公司宣告分配现金股利，泰成公司按照其持股比例确定可分回 18 万元，并确认应交增值税金额 1.08 万元。泰成信托公司账务处理如下：

借：长期股权投资　　13 000 000

　　贷：银行存款　　13 000 000

丁字账图示如下：

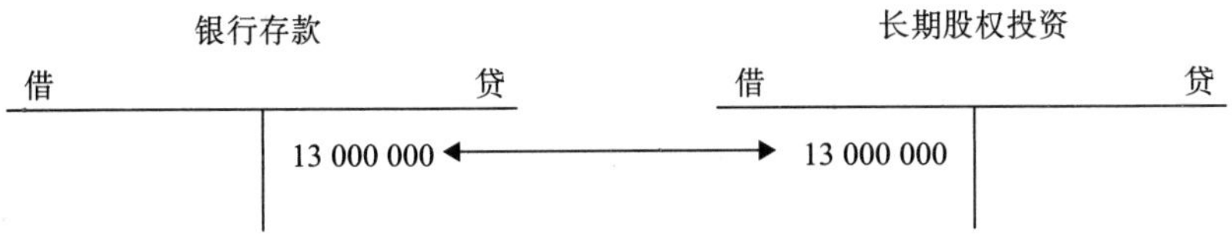

借：应收股利　　　　　　　　　　　　　　　　　　180 000

　　贷：投资收益　　　　　　　　　　　　　　　　　　180 000

丁字账图示如下：

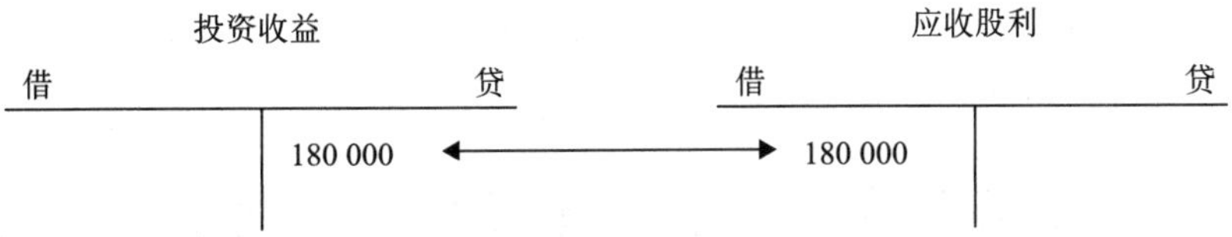

借：其他应收款　　　　　　　　　　　　　　　　　10 800

　　贷：应交税费——应交增值税（销项税额）　　　　　　10 800

丁字账图示如下：

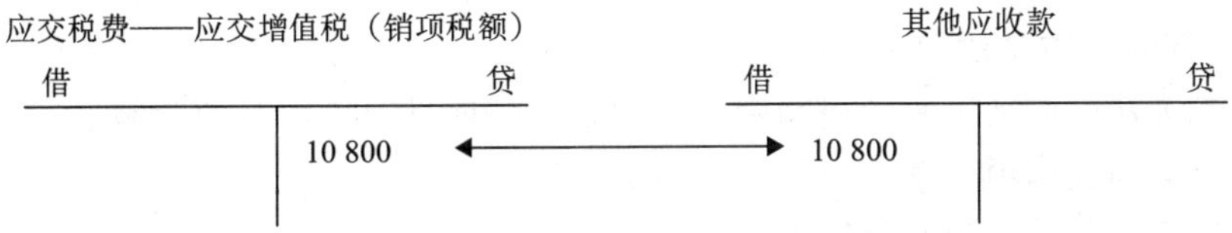

[**核心提示**] 成本法核算下的长期股权投资，投资企业按照实际支付的购买价款作为初始投资成本；按照享有被投资单位宣告发放的现金股利或利润确认投资收益，借记“应收股利”科目，贷记“投资收益”科目。按其确认应交增值税金额借记“其他应收款”科目，贷记“应交税费——应交增值税（销项税额）”科目。

四、小规模纳税人销项税额会计处理

金融业纳税人为一般纳税人居多，小规模纳税人涉及较少。

[**例 6-27**] 某金融企业为增值税小规模纳税人，主要经营贷款业务。2019 年 7 月银行账户取得贷款利息收入（含税）1 030 万元。

销项税额：$1\,030 \div (1+3\%) \times 3\% = 30$（万元）

会计处理为：

借：银行存款　　　　　　　　　　　　　　　　　10 300 000

　　贷：利息收入　　　　　　　　　　　　　　　　　10 000 000

　　　　应交税费——应交增值税　　　　　　　　　　　300 000

丁字账图示如下：

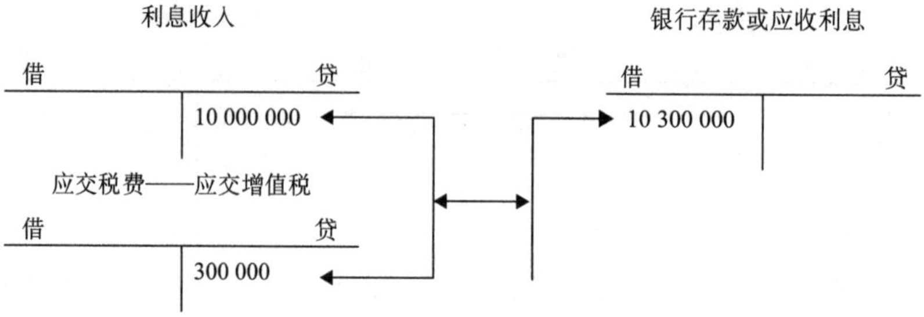

[**核心提示**] 全融业小规模纳税人增值税税率为3%。因进项税额不可抵扣，只需设置“应交税费——应交增值税”科目。

第四节　增值税缴纳会计处理

增值税的计税方法包括简易计税方法和一般计税方法，小规模纳税人发生应税行为适用简易计税方法，一般纳税人发生应税行为适用一般计税方法。

（一）一般计税方法的应纳税额

一般计税方法的应纳税额指当期销项税额抵扣当期进项税额后的余额。

应纳税额 = 当期销项税额 − 当期进项税额

一般计税方法的销售额不含销项税额，纳税人采用销售额和销项税额合并定价的，按下列公式换算为不含税的销售额：

销售额 = 含税销售额 ÷ (1 + 税率)

当期销项税额小于当期进项税额不足抵扣时，其不足部分可以结转下期继续抵扣。

（二）简易计税方法的应纳税额

简易计税方法的应纳税额指按照销售额和增值税征收率计算的增值税额，不得抵扣进项税额。

应纳税额 = 销售额 × 征收率

简易计税方法的销售额不包括其应纳税额，纳税人采用销售额和应纳税额合并定价方法的，按照下列公式计算销售额：

销售额 = 含税销售额 ÷ (1 + 征收率)

（三）增值税缴纳相关会计分录

1. 增值税不存在计提的问题，销售时，按销售额计算的销项税额贷记“应交税费——应交增值税（销项税额）”科目。

2. 购进货物或劳务时，按专用发票上的税金借记“应交税费——应交增值税（进项税额）”科目。

3. 当然，还有其他如进项转出、出口退税等业务，月末根据“应交税费——应交增值税”科目的账户余额计算本月应纳税金，并转出到“应交税费——未交增值税 ”科目，分录为：

借：应交税费——应交增值税（转出未交增值税）

贷：应交税费——未交增值税

4. 交税时如果交纳当期的税金，根据实际交纳金额：

借：应交税费——应交增值税（已交税金）

贷：银行存款——××

如果是交的以前期间未交的税金，则：

借：应交税费——未交增值税

贷：银行存款——××

5. 如实际交纳金额大于计算的应纳税金，则：

借：应交税费——未交增值税

贷：应交税费——应交增值税（转出多交增值税）

6. 减免增值税的账务处理。对于当期直接减免的增值税，借记“应交税费——应交增值税（减免税款）”科目，贷记损益类相关科目。

[例 6－28]（综合题）：大华金融企业为增值税一般纳税人，经营范围是贷款业务、直接收费金融服务、保险服务和金融商品转让等。2019 年 7—9 月发生如下经营业务：

（1）取得贷款利息收入（含税）7 420 万元。

（2）取得金融服务手续费（含税）1 060 万元。

（3）7 月 5 日购买债券支付价款 2 120 万元，9 月 30 日转让所购买的债券取得收入（含税）5 300 万元。

（4）租赁新购入经营用房租金收入（含税）7 630 万元，该经营用房是 2019 年 6 月购买。

（5）贷款利息支出 4 000 万元。

（6）支付银行办公用品及电费支付万元，取得增值税专用发票注明的价款为 600 万元，增值税税额为 78 万元。

（7）采购一批小汽车，由银行和各网点使用，取得增值税专用发票注明的价款为 300 万元，增值税税额为 39 万元。

（8）9 月 4 日购入一处不动产，增值税专用发票注明的价款为 1 000 万元，增值税税额为 90 万元。

要求：做出每笔业务的会计分录；计算 7—9 月应缴纳的增值税。

（1）每笔业务的会计分录。

业务（1）：

借：银行存款或应收利息	74 200 000	
贷：利息收入		70 000 000
应交税费——应交增值税（销项税额）		4 200 000

丁字账图示如下：

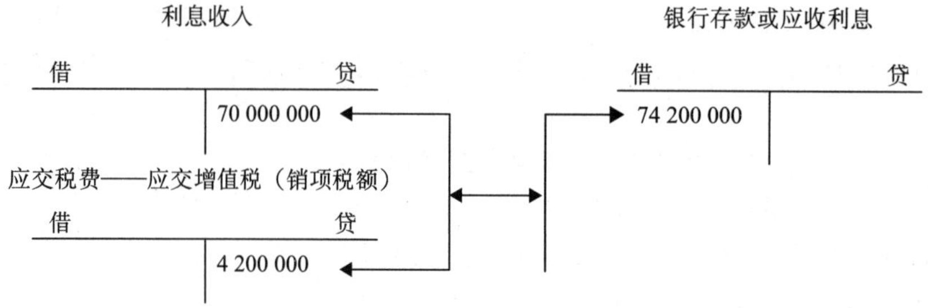

［**核心提示**］根据《财政部、国家税务总局关于全面推开营业税改征增值税试点的通知》（财税〔2016〕36 号）附件 1 的相关规定，提供金融业应税行为，税率为 6%。一般计税方法的销售额不包括销项税额，纳税人采用销售额和销项税额合并定价方法的，按照下列公式计算销售额：

销售额 = 含税销售额 ÷（1 + 税率）

销项税额 = 销售额 × 税率

另外，根据财税〔2016〕36 号文件附件 2 的规定，贷款服务以取得的全部利息及利息性质的收入为销售额。因此，业务（1）销项税额为 420 万元［7 420 ÷（1 + 6%）× 6%］。

业务（2）：

借：银行存款　　10 600 000

　　贷：手续费收入　　10 000 000

　　　　应交税费——应交增值税（销项税额）　　600 000

丁字账图示如下：

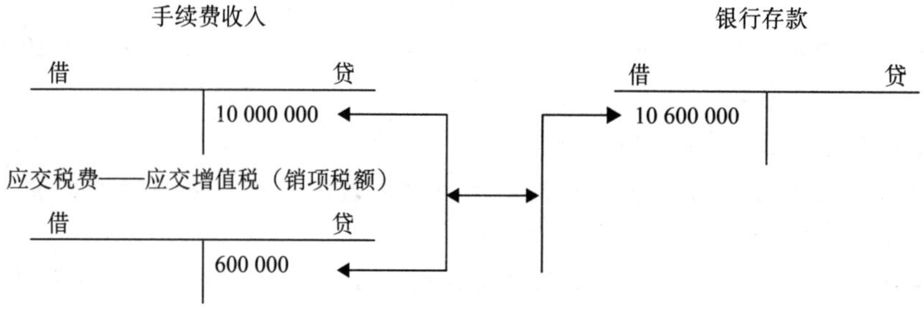

［**核心提示**］根据财税〔2016〕36 号文件附件 2 的相关规定，直接收费金融服务，以提供直接收费金融服务收取的手续费、佣金、酬金、管理费、服务费、经手费、开户费、过户费、结算费、转托管费等各类费用为销售额。因此，业务（2）销项税额为 60 万元［1 060 ÷（1 + 6%）× 6%］。

业务（3）：

借：银行存款　　31 800 000

　　贷：投资收益　　30 000 000

　　　　应交税费——转让金融商品应交增值税　　1 800 000

丁字账图示如下：

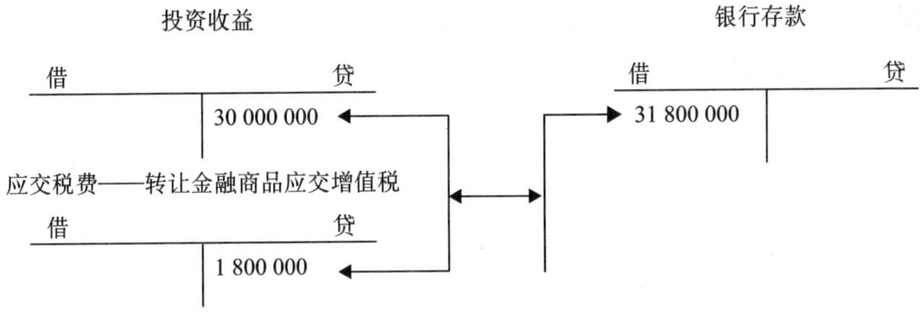

［**核心提示**］根据财税〔2016〕36 号文件附件 2 的相关规定，金融商品转让按照卖出价扣除买入价后的余额为销售额。不同品种金融商品买卖出现的正负差，在同一个纳税期内可以相抵，按盈亏相抵后的余额为销售额计算。另外，根据《财政部关于印发〈增值税会计处理规定〉的通知》（财会〔2016〕22 号）规定，金融商品转让按规定以盈亏相抵后的余额作为销售额的账务处理。金融商品实际转让月末，如产生转让收益，则按应纳税额借记“投资收益”等科目，贷记“应交税费——转让金融商品应交增值税”科目；如产生转让损失，则按可结转下月抵扣税额，借记“应交税费——转让金融商品应交增值税”科目，贷记“投资收益”等科目。债券转让应纳税额：(5 300 − 2 120) ÷ (1 + 6%) × 6% = 180（万元）

业务（4）：

借：银行存款　　76 300 000

　　贷：其他业务收入——租金收入　　70 000 000

　　　　应交税费——应交增值税（销项税额）　　6 300 000

丁字账图示如下：

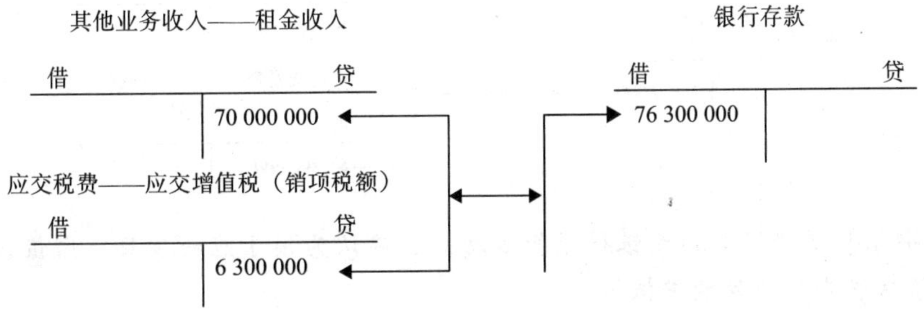

［**核心提示**］提供不动产租赁服务，税率为 9%。销项税额为 630 万元［7 630 ÷ (1 + 9%) × 9%］。

业务（5）：

借：利息支出　　40 000 000

　　贷：银行存款　　40 000 000

丁字账图示如下：

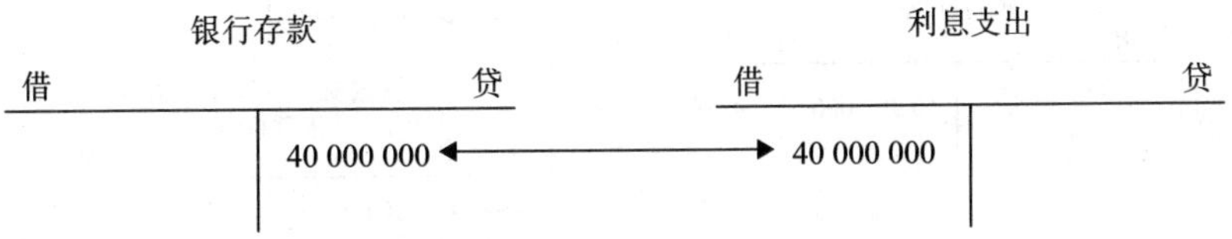

[核心提示] 根据财税〔2016〕36号文件附件2的相关规定，贷款利息费用的进项税额不得从销项税额中扣除。

业务（6）：取得可抵扣的增值税进项税额78万元。

借：管理费用　　6 000 000

　　应交税费——应交增值税（进项税额）　　780 000

　　贷：银行存款　　6 780 000

丁字账图示如下：

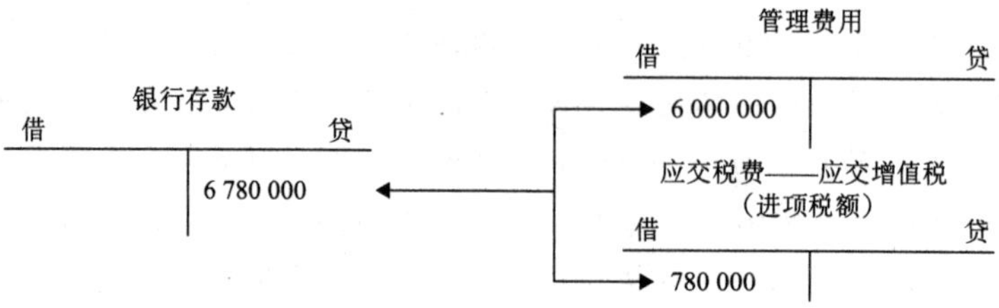

[核心提示] 取得增值税专用发票，进项税额可以抵扣。

业务（7）：

借：固定资产　　3 000 000

　　应交税费——应交增值税（进项税额）　　390 000

　　贷：银行存款　　3 390 000

丁字账图示如下：

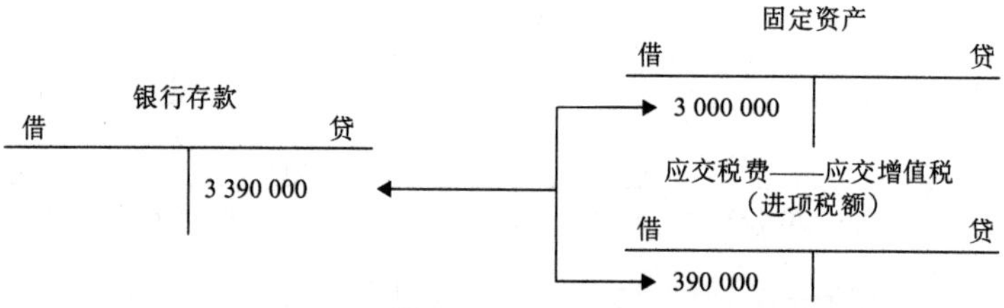

[核心提示] 购进汽车用于银行经营活动，应确认为用于应税项目，增值税进项税额39万元准予从当期销项税额中抵扣。

业务（8）：

借：固定资产　　10 000 000

　　应交税费——应交增值税（进项税额）　　900 000

　　贷：银行存款　　10 900 000

丁字账图示如下：

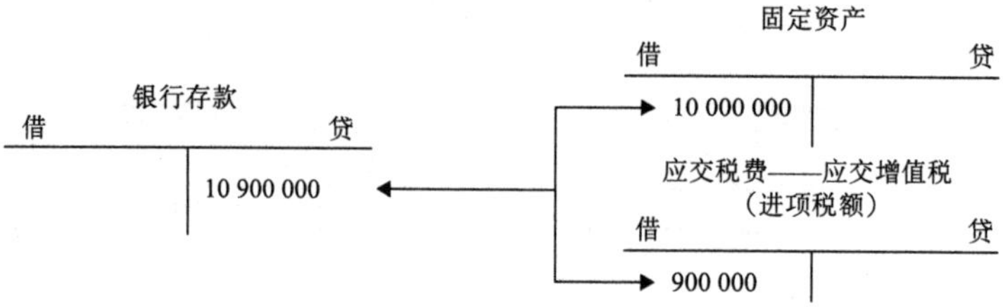

［**核心提示**］自2019年4月1日后，购进不动产进项税额不再分次抵扣，可以一次性抵扣。

(2) 7—9月应缴纳增值税。

销项税额：420 + 60 + 180 + 630 = 1 290（万元）

进项税额：78 + 39 + 90 = 207（万元）

应缴纳增值税 = 销项税额 − 进项税额 = 1 290 − 207 = 1 083（万元）

借：应交税费——应交增值税　　10 830 000

　　贷：银行存款　　10 830 000

丁字账图示如下：

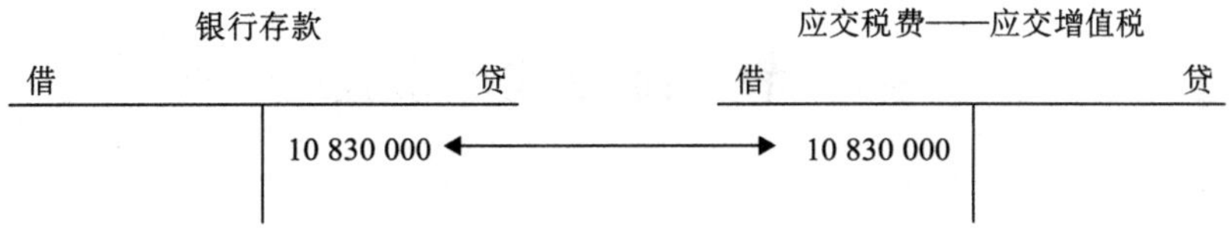

［**核心提示**］增值税一般纳税人，应纳税额 = 当期销项税额 − 当期进项税额。

第七章　邮政服务的会计处理

第一节　邮政业的概念

邮政业，是指中国邮政集团公司及其所属邮政企业提供邮件寄递、邮政汇兑、机要通信和邮政代理等邮政基本服务的业务活动。包括邮政普遍服务、邮政特殊服务和其他邮政服务。

具体内容为：

1. 邮政普遍服务，是指函件、包裹等邮件寄递，以及邮票发行、报刊发行和邮政汇兑等业务活动。函件，是指信函、印刷品、邮资封片卡、无名址函件和邮政小包等。包裹，是指按照封装上的名址递送给特定个人或者单位的独立封装的物品，其重量不超过 50 千克，任何一边的尺寸不超过 150 厘米，长、宽、高合计不超过 300 厘米。

2. 邮政特殊服务，是指义务兵平常信函、机要通信、盲人读物和革命烈士遗物的寄递等业务活动。

3. 其他邮政服务，是指邮册等邮品销售、邮政代理等业务活动。

根据《关于将铁路运输和邮政业纳入营业税改征增值税试点的通知》（财税〔2013〕106 号）第一条规定，自 2014 年 1 月 1 日起，邮政业又营业税改征增值税。在增值税处理上分为一般纳税人与小规模纳税人，自 2019 年 4 月 1 日起税率为 9%，小规模纳税人按征收率 3% 缴纳增值税。

自 2016 年 5 月 1 日起，中国邮政集团公司及其所属邮政企业提供的邮政普遍服务和邮政特殊服务，免征增值税。

第二节　进项税额会计处理

[例 7－1] 某局购入一批盒装当地特产，用于销售家乡包裹，取得增值税专用发票表明金额 20 000 万元，税额 2 600 元。

会计分录如下：

借：库存商品——家乡包裹　　20 000
　　应交税费——应交增值税（进项税额）　　2 600
　　贷：银行存款　　22 600

丁字账图示如下：

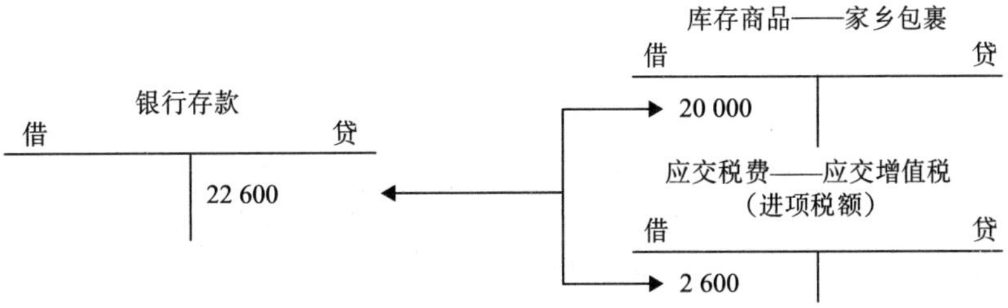

［**核心提示**］家乡包裹业务：在企业完成包裹收寄，同时收取款项或取得索取款项的凭据时，按照应收取的寄递资费确认为寄递收入。经销和视同买断方式代销家乡包裹，按照商品售价扣除寄递费的金额确认销售收入；收取手续费方式代销家乡包裹，将取得的手续费扣除寄递资费的余额确认为代销手续费收入。

［**例 7－2**］某市邮政局系一般纳税人，2019 年 7 月购入制作账单用纸，取得增值税专用发票，发票中注明价款 10 000 元，税额 1 300 元。会计分录如下：

借：原材料　　10 000
　　应交税费——应交增值税（进项税额）　　1 300
　　贷：银行存款　　11 300

丁字账图示如下：

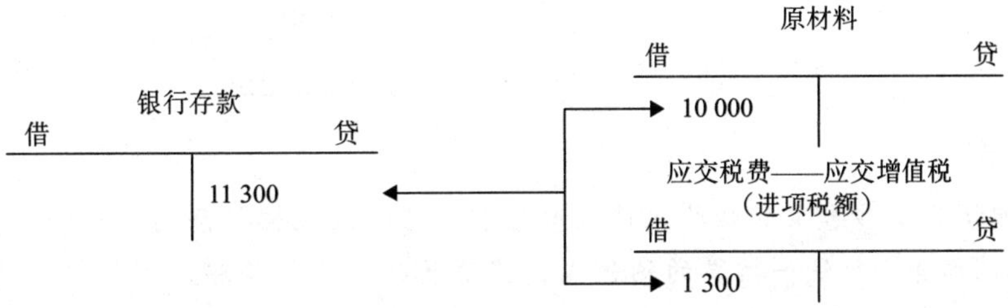

［**核心提示**］账单业务是政府机关、企事业单位、银行、保险、基金、证券、通信及各类会员制等单位或部门提供的，将各类信用卡、对账单、通知单、发票、凭证等具有个性化内容的内件封装成信函后，由邮政企业邮寄给用户和消费者的信函业务。

［**例 7－3**］某省邮政公司 2019 年 10 月支付通信用邮资票品印制费用，并取得增值税专用发票标明金额 20 000 元，税额 2 600 元。

会计分录如下：

借：主营业务成本——印制费（通信票卷印制费）　　20 000
　　应交税费——应交增值税（进项税额）　　2 600
　　贷：银行存款　　22 600

丁字账图示如下：

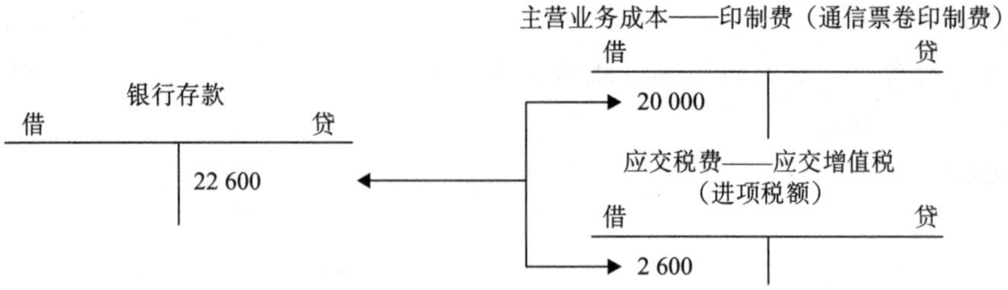

［**核心提示**］中国集邮总公司、各省邮政公司开发的集邮商品，距开发完成日半年以内（含半年）不计提跌价准备，半年到一年（含一年）的按照邮品成本（扣除所含邮票面值）的50%计提跌价准备，一年以上的按照邮票成本（扣除所含邮票面值）的100%计提跌价准备。

［**例7－4**］某地市邮政局系一般纳税人，2019年7月向某企业订购内装当地特产的家乡包裹一批，取得增值税专用发票，发票中注明价款15 000元，税额1 950元，现包裹已入库，货款已支付。会计分录如下：

借：库存商品——家乡包裹　　15 000

　　应交税费——应交增值税（进项税额）　　1 950

　　贷：银行存款　　16 950

丁字账图示如下：

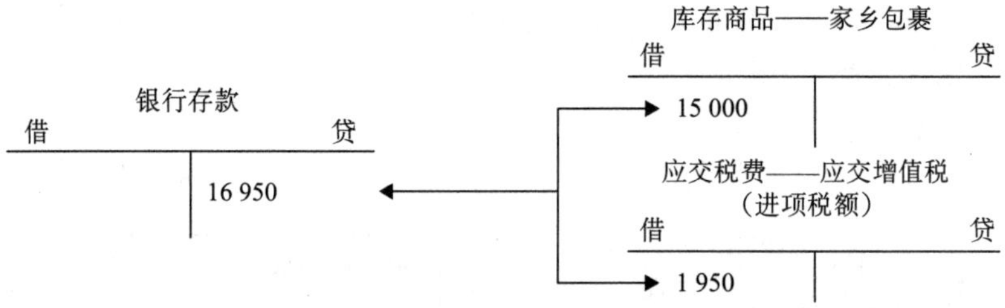

［**核心提示**］家乡包裹销售收入计缴增值税；《增值税暂行条例实施细则》规定，设有两个以上机构并实行统一核算的纳税人，将货物从一个机构移送其他机构用于销售的，移送货物视同销售。机构设在同一县（市）的除外。视同销售的账务处理。企业发生税法上视同销售的行为，应当按照企业会计准则制度相关规定进行相应的会计处理，并按照现行增值税制度规定计算的销项税额（或采用简易计税方法计算的应纳增值税额），借记“应付职工薪酬”“利润分配”等科目，贷记“应交税费——应交增值税（销项税额）”或“应交税费——简易计税”科目（小规模纳税人应计入“应交税费——应交增值税”科目）。

［**例7－5**］某省邮政公司系一般纳税人，该公司2019年7月收到集团下发纪念、特种邮资封片一批10万元，收到货物及增值税专用发票，发票中注明价款10万元，税额0.9万元，款项尚未支付，假设该批纪念、特种邮资封片售价为15万元。会计分录如下：

借：集邮票品——纪特邮资封片　　150 000

　　应交税费——应交增值税（进项税额）　　9 000

　　贷：集邮票品——纪特邮资封片（进销差价）　　50 000

其他应付款——应付集邮票品款　　109 000

丁字账图示如下：

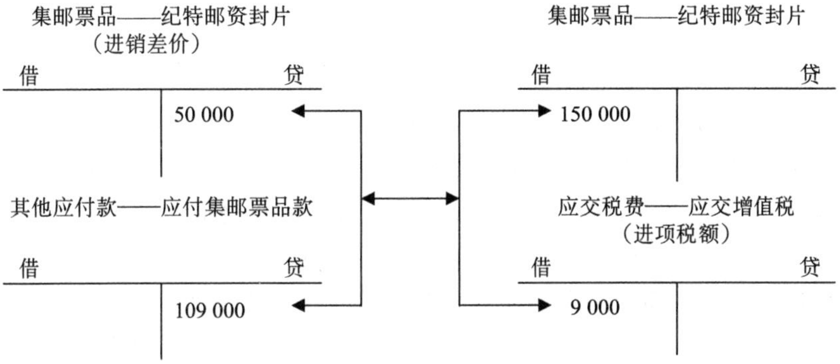

［**核心提示**］纪特邮资封片，是指集团公司下发的非通信用，用作收藏、鉴赏及研究等需要的邮资封片，包括由普通邮资封片转入的、用作收藏、鉴赏的邮资封片。属于其他邮政服务中的邮品销售活动，适用税率9%。

第三节　销项税额会计处理

［**例7－6**］某市邮政局系一般纳税人，2019年7月取得国内函件业务收入10 900元（含增值税），假设无其他收入。

该月应纳增值税税额为：10 900÷（1＋9%）×9%＝900（元）

会计处理如下：

借：银行存款　　10 900

　　贷：主营业务收入——函件业务收入　　10 000

　　　　应交税费——应交增值税（销项税额）　　900

借：应交税费——应交增值税（减免税款）　　900

　　贷：其他收益——减免税款　　900

丁字账图示如下：

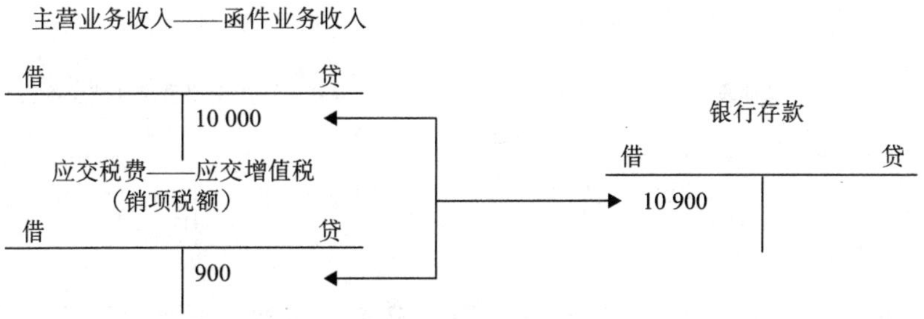

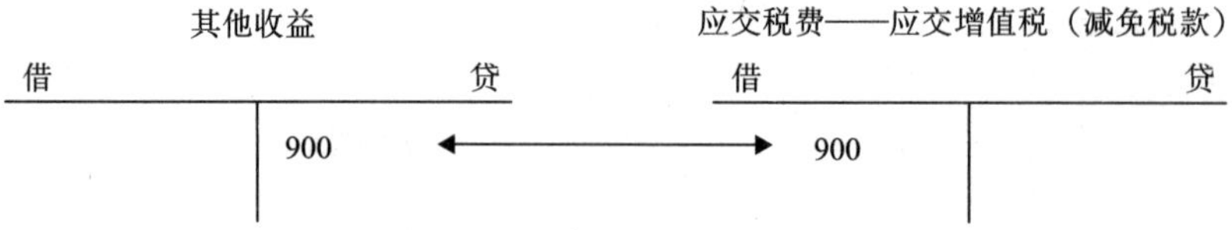

［**核心提示**］自2016年5月1日起，中国邮政集团公司及其所属邮政企业提供的邮政普遍服务和邮政特殊服务，免征增值税。《财政部关于印发〈增值税会计处理规定〉的通知》（财会〔2016〕22号）规定，对于当期直接减免的增值税，应借记“应交税金——应交增值税（减免税款）”科目，贷记损益类相关科目。

［**例7-7**］某市邮政局系一般纳税人，2019年7月取得国内函件业务收入16 350元，国际函件业务收入10 900元（含增值税）。

该月国内函件业务收入应纳增值税税额为：16 350÷(1+9%)×9%=1 350（元）

该月国际函件业务收入应纳增值税税额为：10 900÷(1+9%)×9%=900（元）

该纳税当月应纳增值税为：1 350+900=2 250（元）

会计处理如下：

借：银行存款　　27 250

　贷：主营业务收入——函件业务收入（国内函件）　　15 000

　　　　　　　　——函件业务收入（国际函件）　　10 000

　　应交税费——应交增值税（销项税额）　　2 250

借：应交税费——应交增值税（减免税款）　　2 250

　贷：其他收益——减免税款　　2 250

丁字账图示如下：

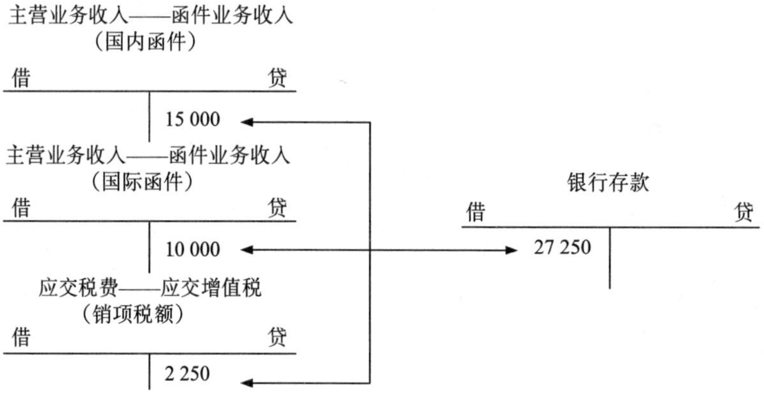

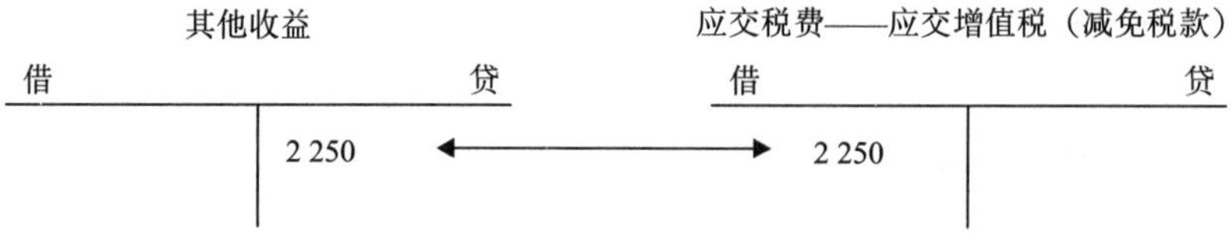

［**核心提示**］根据《营业税改征增值税跨境应税行为增值税免税管理办法（试行）》的公告，为出口货物提供的邮政服务、收派服务、保险服务，免征增值税。

为出口货物提供的邮政服务，是指：

（1）寄递函件、包裹等邮件出境。

（2）向境外发行邮票。

（3）出口邮册等邮品。

［例 7－8］ 某市邮政局系一般纳税人，2019 年 7 月取得函件业务收入 10 000 元（不含增值税），包裹收入 5 000 元（不含增值税）。

该月应纳增税税额为：10 000×9%＋5 000×9%＝1 350（元）

会计处理如下：

借：银行存款　　16 350

　　贷：主营业务收入——函件业务收入　　10 000

　　　　　　　　　　——包裹业务收入　　5 000

　　　　应交税费——应交增值税（销项税额）　　1 350

借：应交税费——应交增值税（减免税额）　　1 350

　　贷：其他收益——减免税款　　1 350

丁字账图示如下：

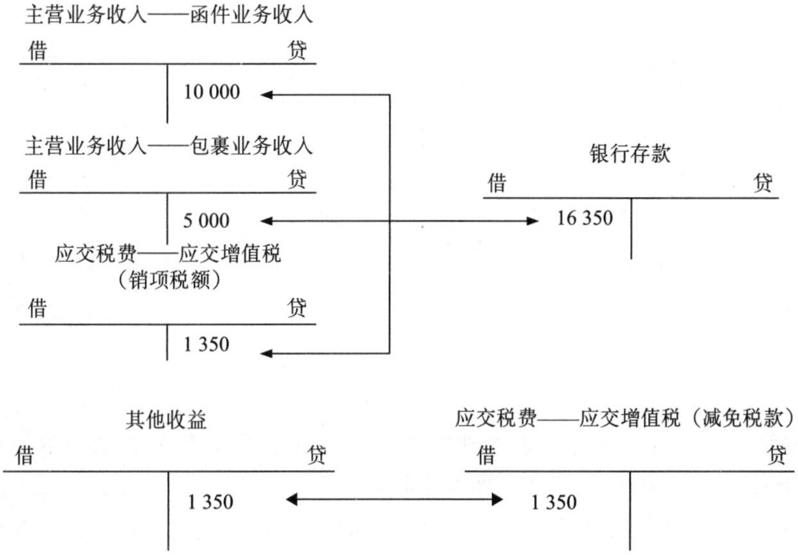

［核心提示］ 直接减免的增值税属于财政性资金范畴，适用“政府补助”准则。在 2017 年新修订的企业会计准则第 16 号“政府补助”准则中增加了“其他收益”这个会计科目。专门用来核算与企业日常活动相关，但不宜确认收入或冲减成本费用的政府补助，其应当在利润表“营业利润”项目之上单独列报“其他收益”项目。计入其他收益的政府补助在该项目中反映。

因为增值税直接减免不属于对收入的补助，不符合收入确认条件，应当计入“其他收益”科目。

［例 7－9］ 某地市邮政局系一般纳税人，2019 年 7 月出售并寄递家乡包裹（适用的商品的税率为 13%），共取得收入 14 570 元，其中寄递收入 3 270 元；销售家乡包裹

11 300元。

寄递收入应缴增值税为：3 270 ÷ (1 + 9%) = 270（元）

销售家乡包裹应缴增值税为：11 300 ÷ (1 + 13%) = 1 300（元）

本月该纳税人应缴增值税为：270 + 1 300 = 1 570（元）

会计分录如下：

借：营业款结算　　14 570

　　贷：主营业务收入——包裹业务收入　　3 000

　　　　　　　　　　——商品销售收入（家乡包裹收入）　　10 000

　　　　应交税费——应交增值税（销项税额）　　1 570

借：应交税费——应交增值税（减免税额）　　270

　　贷：其他收益——减免税款　　270

丁字账图示如下：

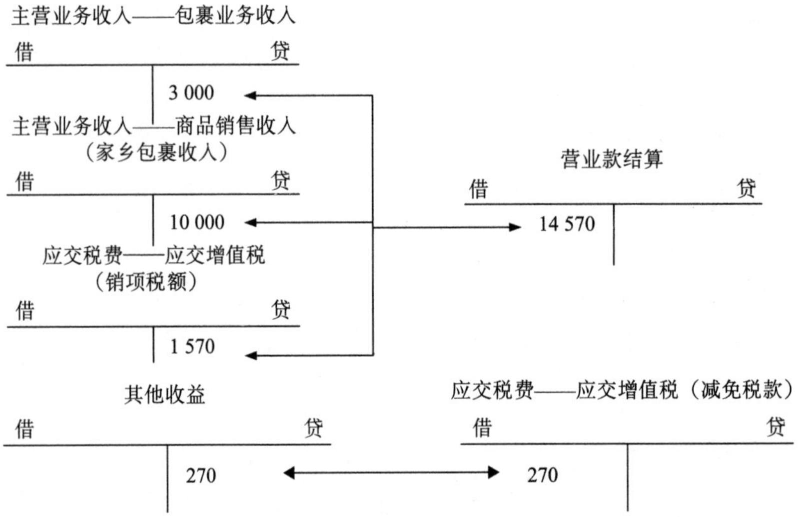

［**核心提示**］家乡包裹业务，在企业完成包裹收寄，同时收取款项或取得索取款项的凭据时，按照应收取的寄递资费确认为寄递收入。

经销和视同买断方式代销家乡包裹，按照商品的售价扣除寄递费的金额确认收入。

［**例7－10**］2019年7月地市局收到省公司下发的纪特邮资封片总售价15万元，其中预定12万元，其余用于零售，且当月其余纪特邮资封片全部销售，假设该月未发生其他业务。

会计分录如下：

借：营业款结算　　30 000

　　预收账款——纪特邮资封片　　120 000

　　贷：主营业务收入——集邮业务收入（纪特邮资封片收入）　　136 500

　　　　应交税费——应交增值税（销项税额）　　13 500

［**核心提示**］销售纪特邮资封片，在实现销售，同时收取款项或取得款项凭据时，按应取得的销售额确认收入。预订纪特邮资封片，应于发行日，按发行数量与发行单价计算

后确认收入，如预定资金不足，则在实际补足款项时确认收入；只收取押金而未全额收取预定款的，在用户领取时确认收入。

丁字账图示如下：

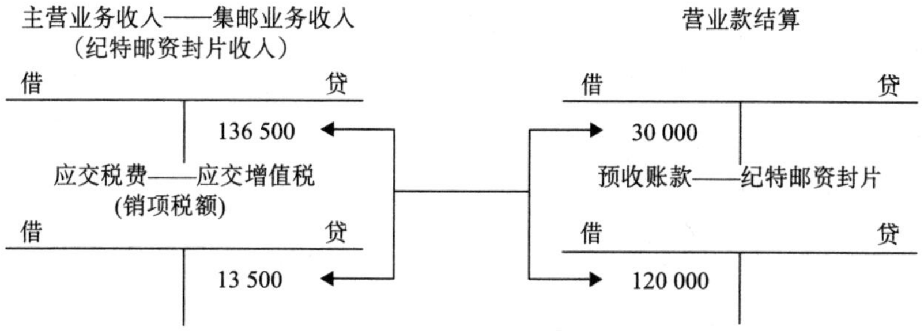

［例7－11］某邮政公司系一般纳税人，2019年8月向境外出口邮册共取得收入109 000元。

会计分录如下：

借：营业款结算　109 000

　　贷：主营业务收入——集邮业务收入（出口邮册）　100 000

　　　　应交税费——应交增值税（销项税额）　9 000

借：应交税费——应交增值税（减免税额）　9 000

　　贷：其他收益——减免税款　9 000

丁字账图示如下：

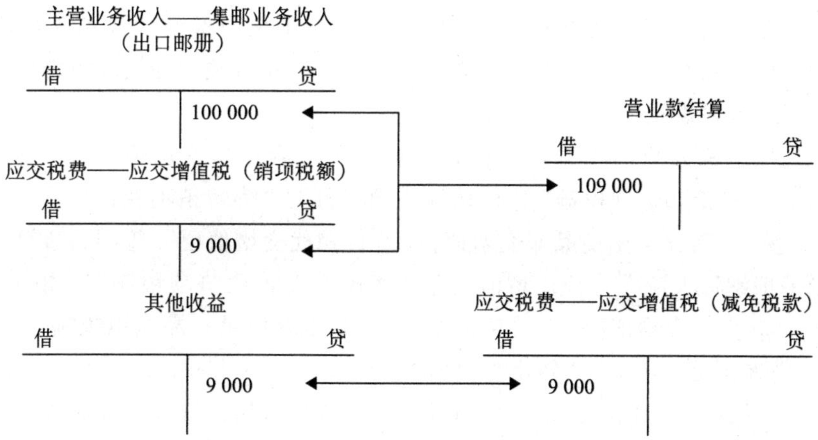

［**核心提示**］根据《营业税改征增值税跨境应税行为增值税免税管理办法（试行）》的公告，为出口货物提供的邮政服务、收派服务、保险服务，免征增值税。

为出口货物提供的邮政服务，是指：

（1）寄递函件、包裹等邮件出境；

（2）向境外发行邮票；

（3）出口邮册等邮品。

［**例7－12**］某邮政局系一般纳税人，于2019年8月，销售一批拓展邮品，价值

10 000元（不含税额），同时开具征税专用发票。

会计处理如下：

借：银行存款　　11 300

　　贷：主营业务收入——商品销售收入（拓展邮品收入）　　10 000

　　　　应交税费——应交增值税（销项税额）　　1 300

丁字账图示如下：

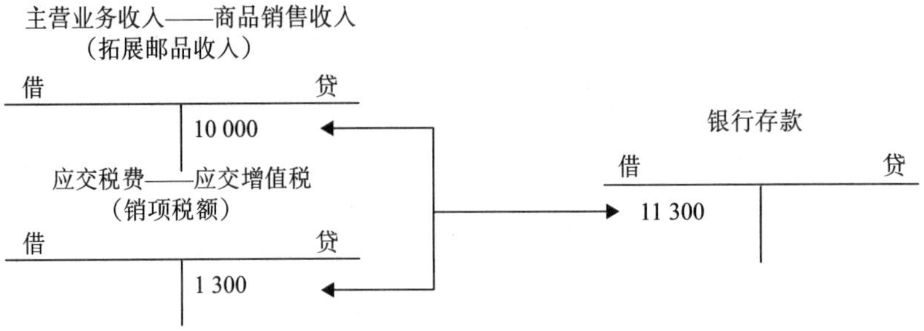

[**核心提示**] 拓展邮品不同于邮品，应按13%缴纳增值税。

第四节　增值税缴纳会计处理

根据《中华人民共和国增值税暂行条例》和《关于全面推开营业税改征增值税试点的通知》（财税〔2016〕36号）等有关规定，现对增值税有关会计处理规定如下：

会计科目及专栏设置

增值税一般纳税人应当在“应交税费”科目下设置“应交增值税”“未交增值税”“预交增值税”“待抵扣进项税额”“待认证进项税额”“待转销项税额”“增值税留抵税额”“简易计税”“转让金融商品应交增值税”“代扣代交增值税”等明细科目。

增值税一般纳税人应在“应交增值税”明细账内设置“进项税额”“销项税额抵减”“已交税金”“转出未交增值税”“减免税款”“出口抵减内销产品应纳税额”“销项税额”“出口退税”“进项税额转出”“转出多交增值税”等专栏。其中：

（1）“进项税额”专栏，记录一般纳税人购进货物、加工修理修配劳务、服务、无形资产或不动产而支付或负担的、准予从当期销项税额中抵扣的增值税额；

（2）“销项税额抵减”专栏，记录一般纳税人按照现行增值税制度规定因扣减销售额而减少的销项税额；

（3）“已交税金”专栏，记录一般纳税人当月已交纳的应交增值税额；

（4）“转出未交增值税”和“转出多交增值税”专栏，分别记录一般纳税人月度终了转出当月应交未交或多交的增值税额；

（5）“减免税款”专栏，记录一般纳税人按现行增值税制度规定准予减免的增值税额；

（6）“出口抵减内销产品应纳税额”专栏，记录实行“免、抵、退”办法的一般纳税人按规定计算的出口货物的进项税抵减内销产品的应纳税额；

（7）“销项税额”专栏，记录一般纳税人销售货物、加工修理修配劳务、服务、无形资产或不动产应收取的增值税额；

（8）“出口退税”专栏，记录一般纳税人出口货物、加工修理修配劳务、服务、无形资产按规定退回的增值税额；

（9）“进项税额转出”专栏，记录一般纳税人购进货物、加工修理修配劳务、服务、无形资产或不动产等发生非正常损失以及其他原因而不应从销项税额中抵扣、按规定转出的进项税额。

［**例 7－13**］2019 年 7 月某省集邮公司购进一批邮品生产用料，用来生产邮品，并取得增值税专用发票发票中注明价款 100 000 元，税额 13 000 元。假设生产出的这批邮品市场售价 150 000 元，且当月全部售出。会计分录如下：

借：原材料　100 000
　　应交税费——应交增值税（进项税额）　13 000
　　贷：银行存款　113 000

借：银行存款　150 000
　　贷：主营业务收入——集邮业务收入（邮品收入）　136 500
　　　　应交税费——应交增值税（销项税额）　13 500

丁字账图示如下：

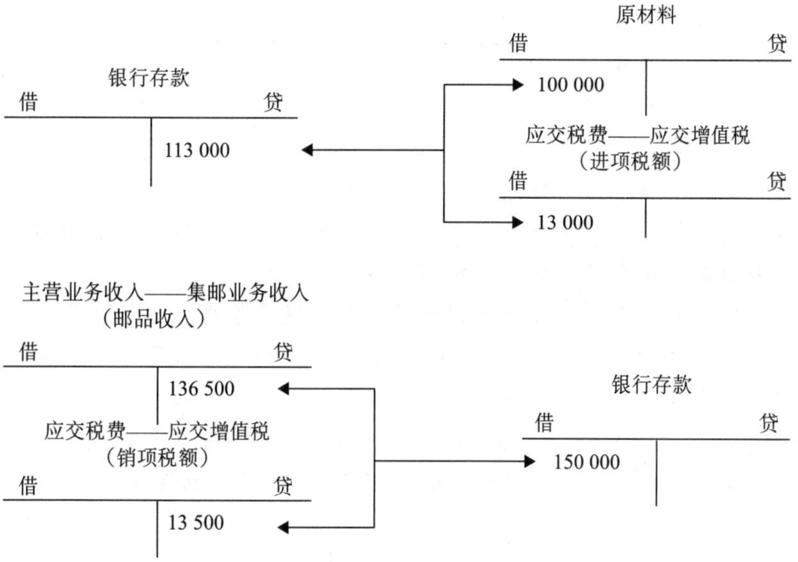

［**核心提示**］预订集邮邮票、纪特邮资封片业务，应于发行日按发行数量与发行单价计算后确认收入。如预订资金不足，则在实际补足款项时确认收入；只收取押金而未全额收取预订款的，在用户领取时确认收入。销售集邮邮票、纪特邮资封片业务，在实际销售，同时收取款项或取得索取款项的凭据时，按应收取的款项确认收入。

［**例 7－14**］2019 年 7 月某地市将省集邮公司下发的邮品作为职工福利，发给在岗职

工，已知该邮品的市场售价为10 000元，进销差价为4 000元。

该邮品进价为：10 000 -4 000 =6 000（元）

会计分录如下：

借：应付职工薪金——非货币福利　　6 540
　　集邮商品——集邮用品（进销差价）　　4 000
　　贷：集邮商品——集邮用品（售价）　　10 000
　　　　应交税费——应交增值税（进项税额转出）　　540

丁字账图示如下：

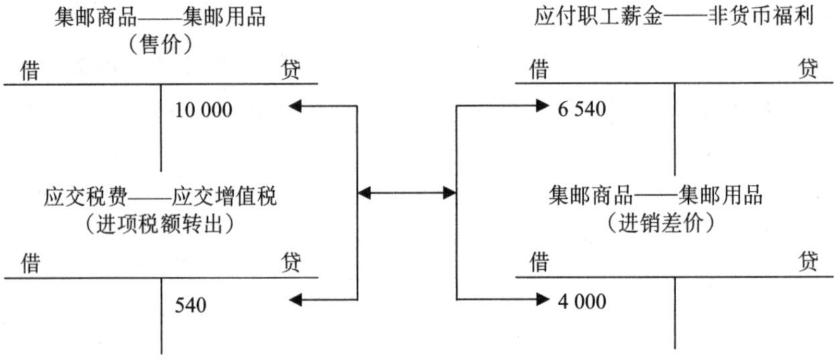

［**核心提示**］将取得进项税商品用于员工福利，应作进项税额转出。因发生非正常损失或改变用途等，原已计入进项税额、待抵扣进项税额或待认证进项税额，但按现行增值税制度规定不得从销项税额中抵扣的，借记“待处理财产损溢”“应付职工薪酬”“固定资产”“无形资产”等科目，贷记“应交税费——应交增值税（进项税额转出）”“应交税费——待抵扣进项税额”或“应交税费——待认证进项税额”科目；原不得抵扣且未抵扣进项税额的固定资产、无形资产等，因改变用途等用于允许抵扣进项税额的应税项目的，应按允许抵扣的进项税额，借记“应交税费——应交增值税（进项税额）”科目，贷记“固定资产”“无形资产”等科目。固定资产、无形资产等经上述调整后，应按调整后的账面价值在剩余尚可使用寿命内计提折旧或摊销。

一般纳税人购进时已全额计提进项税额的货物或服务等转用于不动产在建工程的，对于结转以后期间的进项税额，应借记“应交税费——待抵扣进项税额”科目，贷记“应交税费——应交增值税（进项税额转出）”科目。

［**例7 -15**］某市邮政企业系一般纳税人，2019年7月从市场购入一批集邮用品，取得增值税专用发票，发票中注明价款6 000元，税额780元，该笔购入款项于2019年8月支付，并于2019年8月将这批邮品全部销售，已知该批集邮品售价10 000元（不含税额）。

2019年7月会计处理如下：

借：集邮商品——集邮用品（售价）　　10 000
　　应交税费——应交增值税（进项税额）　　780
　　贷：应付账款——应付商品款　　6 780
　　　　集邮商品——集邮用品（进销差价）　　4 000

丁字账图示如下：

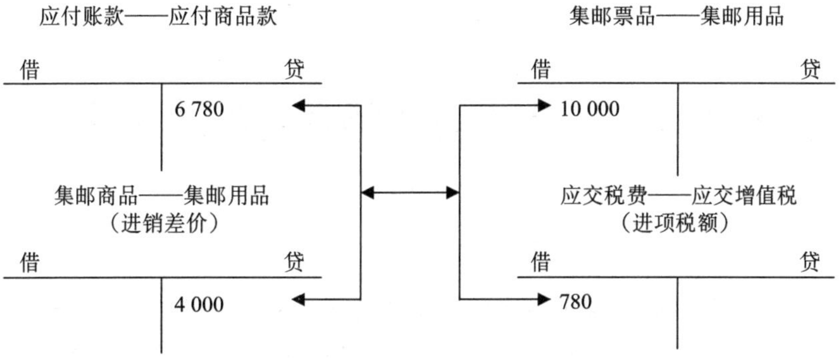

2019 年 8 月会计处理如下：

借：应付账款——应付商品款　　6 780

　　银行存款　　11 300

　　贷：银行存款　　6 780

　　　　主营业务收入——商品销售收入（集邮用品收入）　　10 000

　　　　应交税费——应交增值税（销项税额）　　1 300

丁字账图示如下：

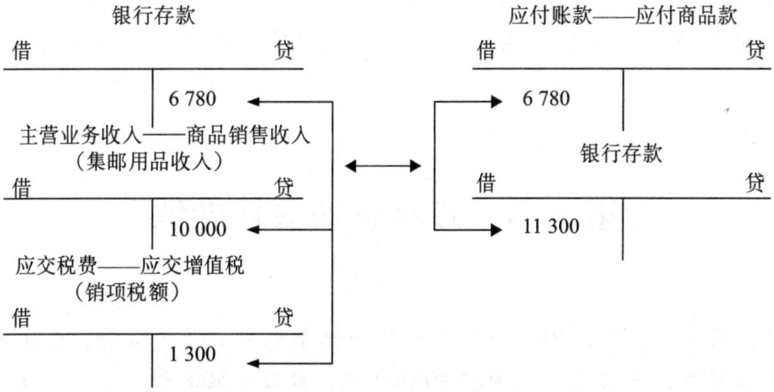

［**核心提示**］集邮用品不同于邮品，应按 13% 缴纳增值税。集邮用品是指企业从市场购进的邮票空册、放大镜等集邮用品、用具，包括镊子、放大镜、护邮袋、护邮夹、量齿尺、贴片等用品。

拓展邮品是指与集邮文化有关，利用邮资图案制作的不含邮资票品的物品，包括仿印邮票制品成品、仿制邮票制品成品、仿邮资图商品、金银礼品等。

企业销售集邮用品及拓展邮品，在实现销售，同时收取款项或取得款项的凭据时，按应取得的销售额确认收入。

第八章　电信服务的会计处理

电信业，是指利用有线、无线的电磁系统或者光电系统等各种通信网络资源，提供语音通话服务，传送、发射、接收或者应用图像、短信等电子数据和信息的业务活动。包括基础电信服务和增值电信服务。

提供基础电信服务（税率为9%）。基础电信服务，是指利用固网、移动网、卫星、互联网，提供语音通话服务的业务活动，以及出租或者出售带宽、波长等网络元素的业务活动。如果纳税人在提供电信业服务时，附带赠送用户识别卡、电信终端等货物或者电信业服务的，应将其取得的全部价款和价外费用进行分别核算，按各自适用的税率计算缴纳增值税。

提供增值电信服务（税率为6%）。增值电信服务，是指利用固网、移动网、卫星、互联网、有线电视网络，提供短信和彩信服务、电子数据和信息的传输及应用服务、互联网接入服务等业务活动。卫星电视信号落地转接服务，按照增值电信服务计算缴纳增值税。

第一节　进项税额会计处理

[**例8－1**] 某电信企业，2019年7月购进一批手机用于促销活动，已支付全部价款并取得增值税专用发票，发票上注明金额50 000元，税额6 500元。

会计分录如下：

借：库存材料　　50 000

　　应交税费——应交增值税（进项税额）　　6 500

　　贷：银行存款　　56 500

丁字账图示如下：

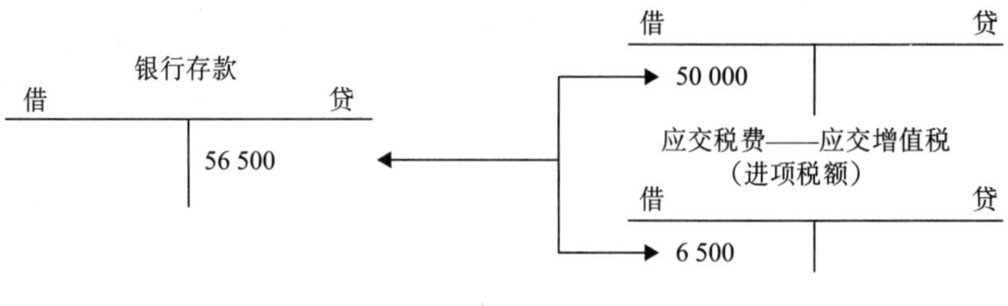

［**核心提示**］自2019年4月1日起销售货物、劳务适用税率13%

［**例8－2**］某电信企业2019年9月进行单位设备维护，共支付修理服务费6 360元，取得增值税专用发票。

会计分录如下：

借：管理费用——设备维护　　6 000

　　应交税费——应交增值税（进项税额）　　360

　　贷：银行存款　　6 360

丁字账图示如下：

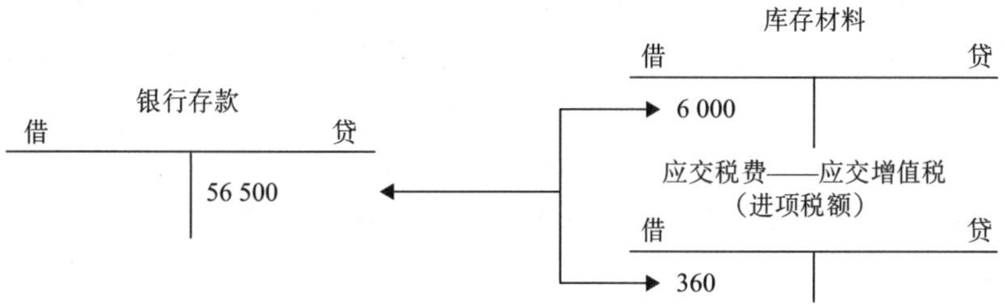

［**核心提示**］自2019年4月1日起现代服务、生活服务适用税率6%。修理费具体计入什么科目，有不同的情况区分。

一般小额修理费计入管理费用。固定资产大修理支出是指为恢复固定资产的性能，对其进行大部分或全部的修理。当大修理费用没有采用预提的办法，并且支出较大，收益期超过一年的大修理支出，应当作为长期待摊费用处理。固定资产大修理支出，必须同时符合下列条件：

1. 修理支出达到取得固定资产时的计税基础的50%以上；

2. 修理后固定资产的使用年限延长2年以上。

第二节　销项税额会计处理

一、提供基础电信服务的会计处理

［**例8－3**］某电信企业系一般纳税人，2019年10月，取得通话服务费218 000元（含税）。

会计处理如下：

借：银行存款　　218 000

　　贷：主营业务收入——基础电信服务　　200 000

　　　　应交税费——应交增值税（销项税额）　　18 000

丁字账图示如下：

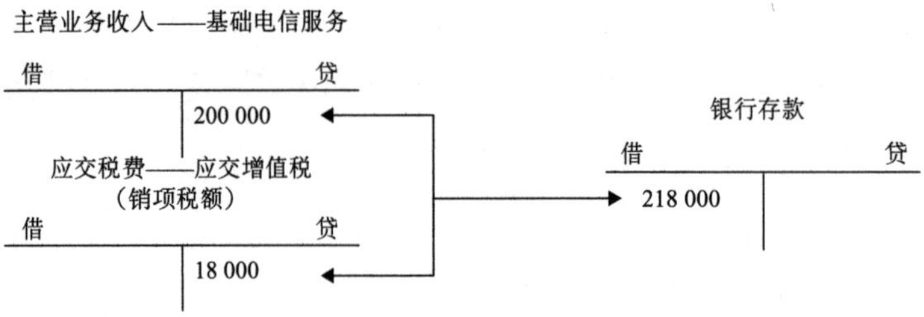

［**核心提示**］基础电信服务是指电信企业提供语音通话服务等基础电信服务，适用增值税税率为9%。如果纳税人在提供电信业服务时，附带赠送用户识别卡、电信终端等货物或者电信业服务的，应将其取得的全部价款和价外费用进行分别核算，按各自适用的税率计算缴纳增值税。

［**例8－4**］某电信集团下一分公司系一般纳税人。2019年6月，利用固网、移动网、卫星、互联网，提供语音通话服务，取得价税合计收入1 090万元。

会计处理如下：

借：银行存款　　　　10 900 000

　　贷：主营业务收入——基础电信服务　　　　10 000 000

　　　　应交税费——应交增值税（销项税额）　　　　900 000

丁字账图示如下：

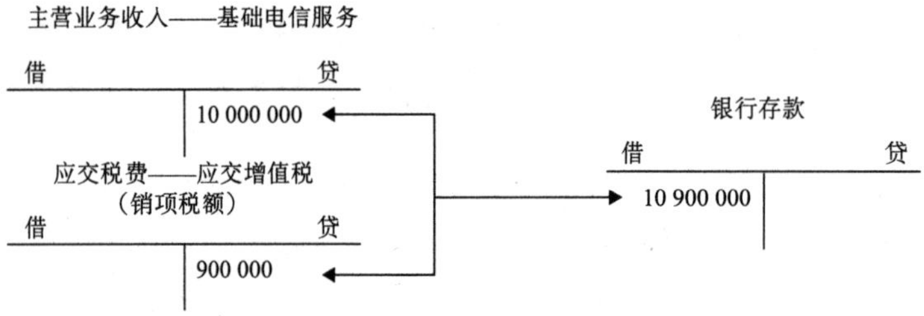

［**例8－5**］甲电信集团出租带宽、波长等网络元素取得服务收入价税合计545万元，出售带宽、波长等网络元素取得服务收入价税合计872万元。

会计处理如下：

借：银行存款　　　　14 170 000

　　贷：主营业务收入——基础电信服务　　　　13 000 000

　　　　应交税费——应交增值税（销项税额）　　　　1 170 000

丁字账图示如下：

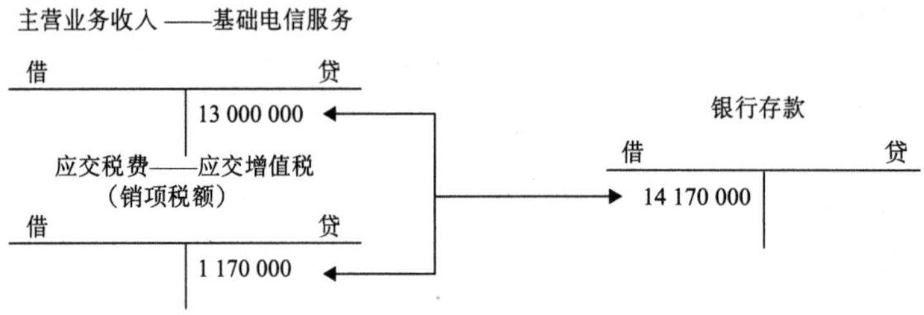

［**例 8－6**］甲公司在提供电信业服务时，还附带赠送用户识别卡、电信终端等货物或者电信业服务，给客户提供基础电信服务价税合计 327 万元，宽带安装费 53 万元。

会计处理如下：

借：银行存款　　3 800 000

　贷：主营业务收入——基础电信服务　　3 000 000

　　　其他业务收入——宽带安装　　500 000

　　　应交税费——应交增值税（销项税额）　　300 000

丁字账图示如下：

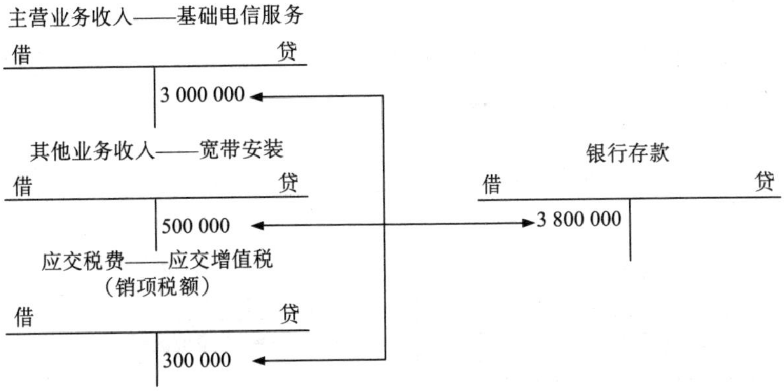

［**核心提示**］如果在提供电信业服务时，附带赠送用户识别卡、电信终端等货物或者电信业服务的，应将其取得的全部价款和价外费用进行分别核算，按各自适用的税率计算缴纳增值税。

二、提供增值电信服务

［**例 8－7**］某电信集团下一分公司系增值税一般纳税人。2019 年 6 月，公司利用固网、移动网、卫星、互联网、有线电视网络提供短信服务，取得价税合计收入 318 万元。

会计处理如下：

借：银行存款　　3 180 000

　贷：主营业务收入——增值电信服务　　3 000 000

　　　应交税费——应交增值税（销项税额）　　180 000

丁字账图示如下：

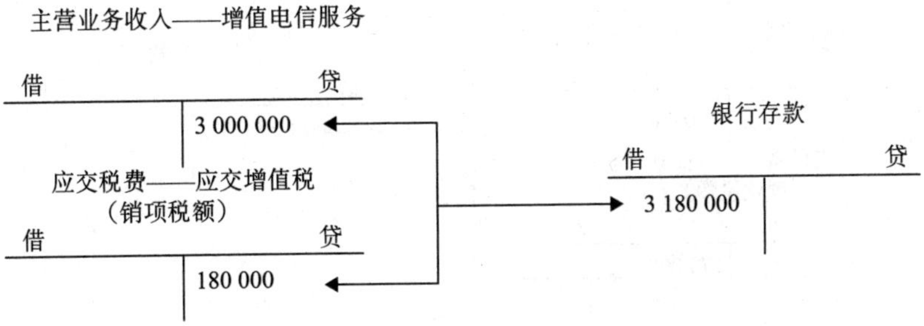

[核心提示] 增值电信服务：纳税人利用固网、移动网、卫星、互联网、有线电视网络，提供短信和彩信服务、电子数据和信息的传输及应用服务、互联网接入服务等业务活动，属于提供“增值电信服务”，按照6%的税率计算缴纳增值税。

[例8-8] 乙电信公司在同一月中提供彩信服务，取得价税合计收入212万元，提供电子数据和信息的传输及应用服务，取得价税合计收入424万元，提供互联网接入服务，取得价税合计收入636万元，提供卫星电视信号落地转接服务，取得价税合计收入742万元。

会计处理如下：

借：银行存款　　　　18 020 000

　　贷：主营业务收入——基础电信服务　　　　17 000 000

　　　　应交税费——应交增值税（销项税额）　　　　1 020 000

丁字账图示如下：

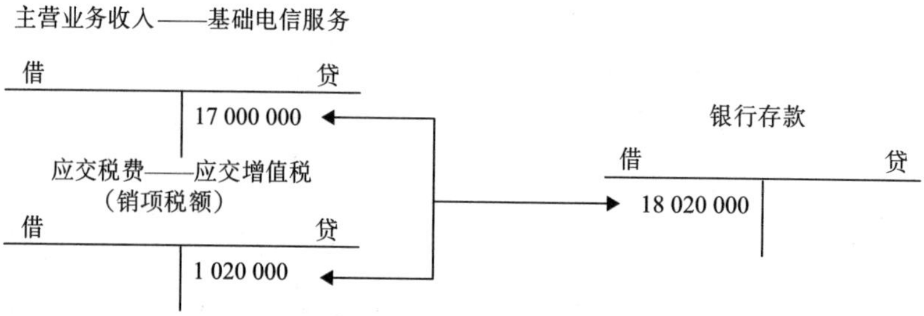

[例8-9] 乙电信公司在提供电信业服务时，还附带赠送用户识别卡、电信终端等货物或者其他电信业服务，给客户提供增值电信服务获得收入价税合计106万元，提供电信终端等服务获得收入11.3万元。

会计处理如下：

借：银行存款　　　　1 173 000

　　贷：主营业务收入——基础电信服务　　　　1 000 000

　　　　其他业务收入——电信终端　　　　100 000

　　　　应交税费——应交增值税（销项税额）　　　　73 000

丁字账图示如下：

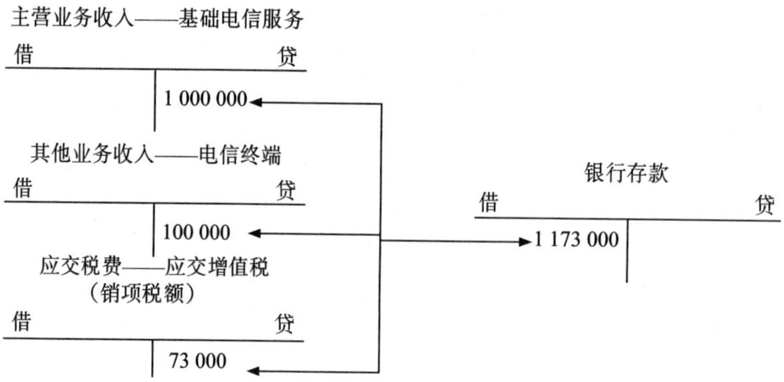

［核心提示］电信业提供增值电信服务，适用6%的增值税税率。如果在提供电信业服务时，附带赠送用户识别卡、电信终端等货物或者电信业服务的，应将其取得的全部价款和价外费用进行分别核算，按各自适用的税率计算缴纳增值税。

第三节　增值税缴纳会计处理

1. 缴纳当月应交增值税的账务处理。企业缴纳当月应交的增值税，借记“应交税费——应交增值税（已交税金）”科目（小规模纳税人应借记“应交税费——应交增值税”科目），贷记“银行存款”科目。

2. 缴纳以前期间未交增值税的账务处理。企业缴纳以前期间未交的增值税，借记“应交税费——未交增值税”科目，贷记“银行存款”科目。

3. 预缴增值税的账务处理。企业预缴增值税时，借记“应交税费——预交增值税”科目，贷记“银行存款”科目。月末，企业应将“预交增值税”明细科目余额转入“未交增值税”明细科目，借记“应交税费——未交增值税”科目，贷记“应交税费——预交增值税”科目。房地产开发企业等在预缴增值税后，应直至纳税义务发生时方可从“应交税费——预交增值税”科目结转至“应交税费——未交增值税”科目。

4. 减免增值税的账务处理。对于当期直接减免的增值税，借记“应交税费——应交增值税（减免税款）”科目，贷记损益类相关科目。

一、提供基础电信服务的会计处理

［例8－10］电信企业某分公司系一般纳税人，2020年1月，该公司提供语音通话服务，取得含税收入1 000万元；出租、出售带宽、波长等取得含税收入800万元。另外，该分公司当月支付基础电信业务的相关费用300万元，税率为9%，且取得增值税专用发票。

该分公司应纳增值税销项税额＝（1 000＋800）÷（1＋9%）×9%＝148.62（万元）

该分公司支付基础电信业务的相关费用300万元，可抵扣增值税进项税额＝300÷（1＋9%）×9%＝24.77（万元）

2020年1月，某分公司应申报缴纳基础电信业务的增值税为：（148.62－24.77）＝123.85（万元）

会计处理如下：

借：银行存款	18 000 000	
贷：主营业务收入——基础电信服务		16 513 800
应交税费——应交增值税（销项税额）		1 486 200
借：主营业务成本——基础电信服务	2 752 300	
应交税费——应交增值税（进项税额）	247 700	

贷：银行存款　　　　　　　　　　　　　　　　　　　　　　　　　3 000 000

丁字账图示如下：

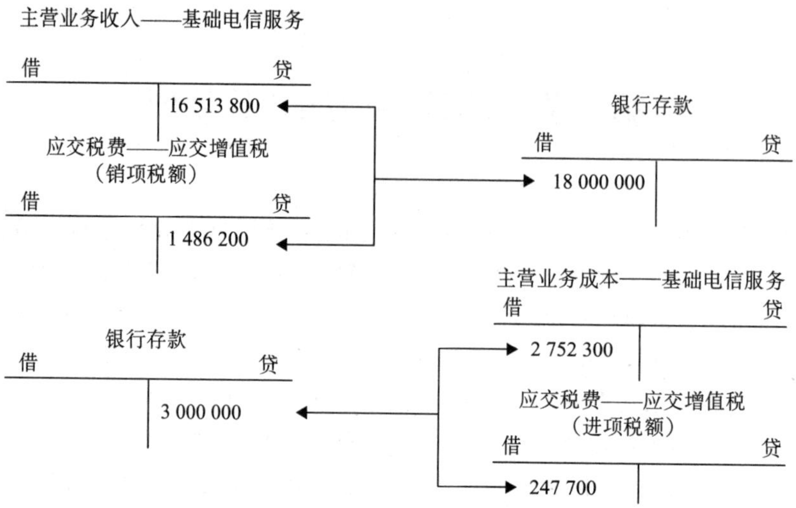

［**核心提示**］某分公司提供语音通话服务的业务活动及出租或者出售带宽、波长等业务活动，属于提供“基础电信服务”，适用9%的增值税税率。

［**例8－11**］某一般纳税人2019年7月取得基础电信服务收入100万元（不含税额），当月外购网络设备10万元（不含税额，取得增值税专用发票），发生基础电信服务支出50万元（不含税额，取得增值税专用发票）。

该纳税人2019年7月购进网络设备可抵扣增值税进项税额＝10×13%＝1.3（万元）

基础电信服务支出可抵扣增值税进项税额＝50×9%＝4.5（万元）

该纳税人应纳增值税销项税额＝100×9%＝9（万元）

该月应缴增值税税额＝9－1.3－4.5＝3.2（万元）

会计处理如下：

借：银行存款　　　　　　　　　　　　　　　　　　　　1 090 000

　　贷：主营业务收入——基础电信服务　　　　　　　　　　　1 000 000

　　　　应交税费——应交增值税（销项税额）　　　　　　　　　　90 000

借：主营业务成本——基础电信服务　　　　　　　　　　　500 000

　　应交税费——应交增值税（进项税额）　　　　　　　　　45 000

　　贷：银行存款　　　　　　　　　　　　　　　　　　　　　545 000

借：固定资产　　　　　　　　　　　　　　　　　　　　　100 000

　　应交税费——应交增值税（进项税额）　　　　　　　　　13 000

　　贷：银行存款　　　　　　　　　　　　　　　　　　　　　113 000

丁字账图示如下：

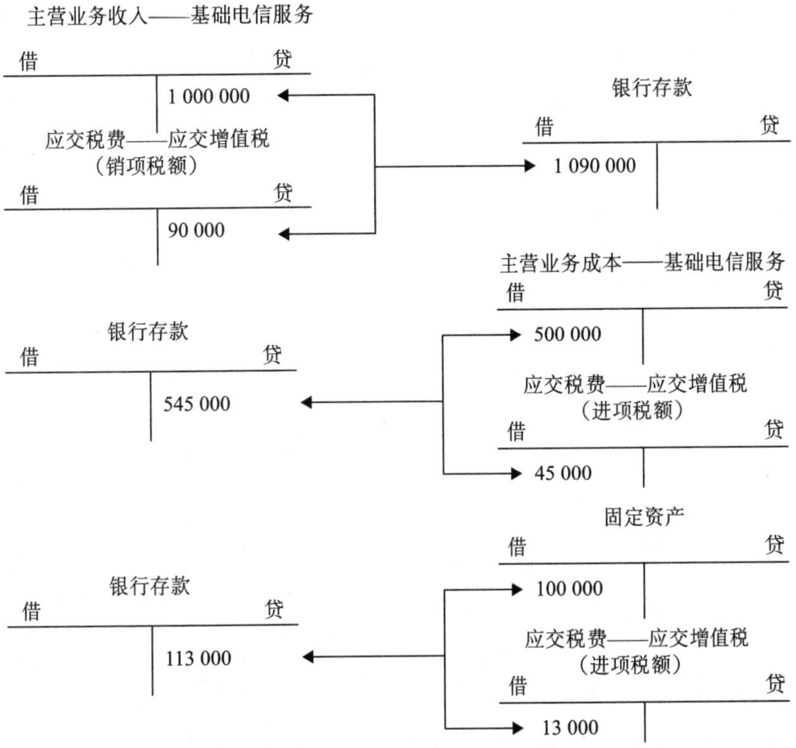

［**核心提示**］该纳税人应分别核算适用不同税率或征收率的销售额，则其收取基础电信服务适用9%的税率，手机销售额适用13%的税率缴纳增值税。

二、提供增值电信服务的会计处理

［**例8－12**］电信企业某分公司系一般纳税人，2019年6月，利用卫星、互联网提供短信和彩信服务，取得含税收入600万元；提供互联网接入服务，取得含税收入500万元；提供电子数据的传输服务，取得含税收入200万元。另外，提供WLAN无线上网服务的同时，还附带赠送本地上网时长，取得全部价款和价外费用共计120万元。假设该分公司当月支付增值电信业务的相关费用280万元，适用税率为6%，且取得增值税专用发票。

该分公司应纳增值税销项税额＝(600＋500＋200＋120)÷(1＋6%)×6%

＝80.38（万元）

该分公司支付增值电信业务的相关费用280万元，可抵扣增值税进项税额＝280÷(1＋6%)×6%＝15.85（万元）

2019年6月，该分公司应申报缴纳增值电信业务的增值税为（80.38－15.85）＝64.53（万元）

会计处理如下：

借：银行存款　　14 200 000

　　贷：主营业务收入——增值电信服务　　13 396 200

　　　应交税费——应交增值税（销项税额）　　　　　　803 800
借：主营业务成本——增值电信服务　　　　　　　　2 641 500
　　应交税费——应交增值税（进项税额）　　　　　　158 500
　　贷：银行存款　　　　　　　　　　　　　　　　2 800 000

丁字账图示如下：

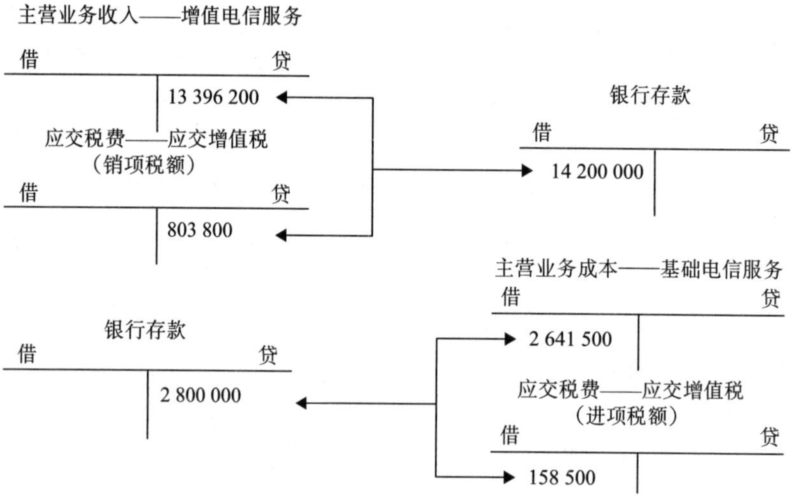

［核心提示］ 该分公司提供短信和彩信服务、互联网接入服务以及电子数据的传输服务等增值电信业务活动，应按6%的税率计算缴纳增值税。

［例8－13］ 某一般纳税人销售手机并提供互联网接入服务，2019年7月取得手机销售收入10万元（不含税），互联网接入费5 000元（不含税），该纳税人能分别核算不同税率的销售额。

该纳税人当月应缴纳增值税为：$10 \times 13\% + 0.5 \times 6\% = 8.73$（万元）

会计处理如下：

借：银行存款　　　　　　　　　　　　　　　　113 000
　　贷：主营业务收入——手机销售　　　　　　　　100 000
　　　　应交税费——应交增值税（销项税额）　　　　13 000
借：银行存款　　　　　　　　　　　　　　　　　5 300
　　贷：其他业务收入——增值电信服务　　　　　　　5 000
　　　　应交税费——应交增值税（销项税额）　　　　　300

丁字账图示如下：

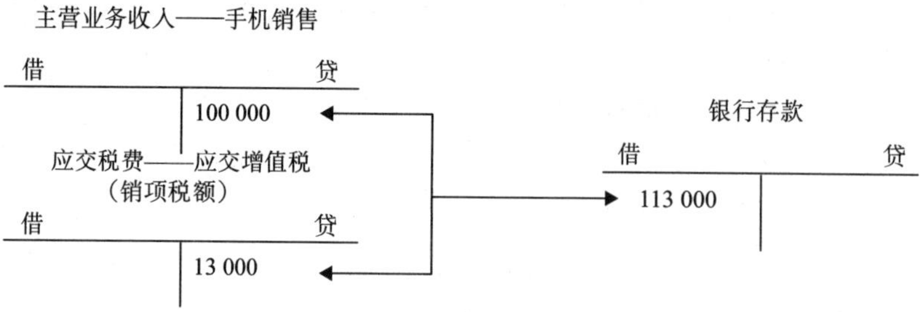

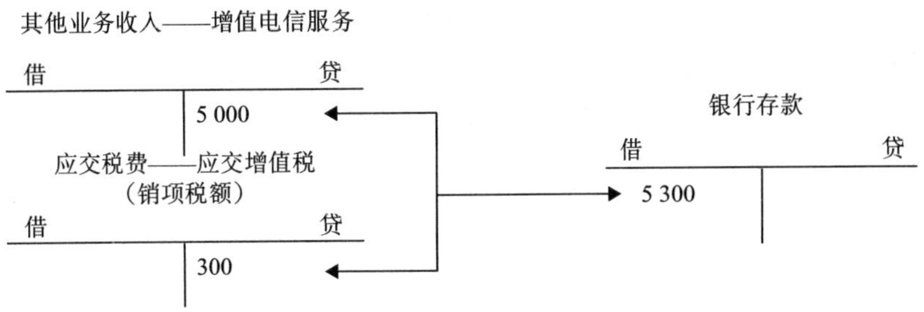

[**核心提示**] 若该纳税人能够分别核算适用不同税率或征收率的销售额，则其收取的互联网接入服务（属于增值电信服务）适用6%的税率，否则，手机销售额和互联网接入服务费全额适用13%的税率缴纳增值税。

三、其他电信服务的会计处理

[**例8－14**] 某通信有限公司系增值税一般纳税人，2020年初，某大客户向该公司预存话费21 800元，获得电信奖励积分21 800分。根据积分兑换规则，每100积分可兑换1元通话费或网络信息费。2020年4月，该客户发生通话费21 800元（含税）。

该通信有限公司预收话费时，无须计提增值税销项税额。

会计处理如下：

借：银行存款　　21 800

　　贷：预收账款——预存话费　　21 800

某大客户发生通话费（含税）21 800元时，该公司应确认主营业务收入。

借：预收账款——预存话费　　21 800

　　贷：主营业务收入——基础电信服务　　20 000

　　　　应交税费——应交增值税（销项税额）　　1 800

计提大客户积分计划准备时，会计处理如下：

借：主营业务收入——基础电信服务　　218

　　贷：预收账款——客户积分计划准备　　218

该大客户用积分兑换话费时，会计处理如下：

借：预收账款——客户积分计划准备　　218

　　贷：预收账款——预存话费　　218

该大客户实际发生通话费218元时，不征收增值税。

借：预收账款——预存话费　　218

　　贷：主营业务收入——基础电信服务　　218

某通信有限公司预收话费时，无须计提增值税销项税额。

丁字账图示如下：

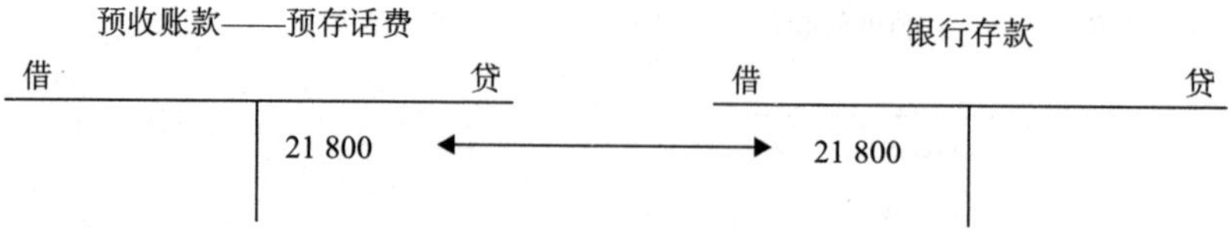

某大客户发生通话费（含税）21 800 元时，该公司应确认主营业务收入。丁字账图示如下：

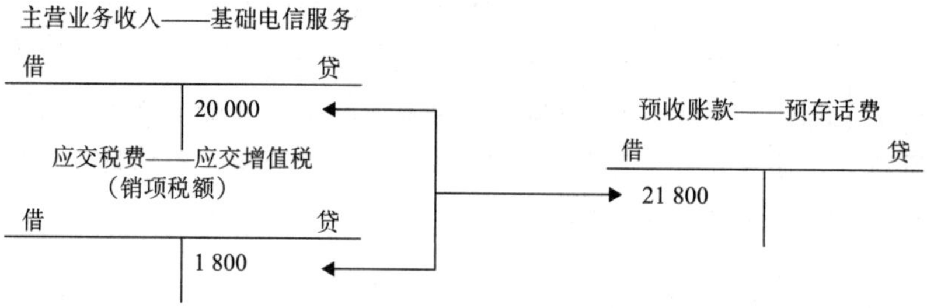

计提大客户积分计划准备时，丁字账图示如下：

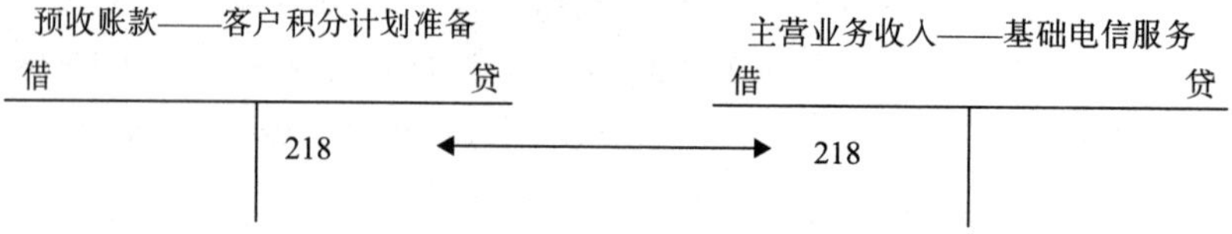

该大客户用积分兑换话费时，丁字账图示如下：

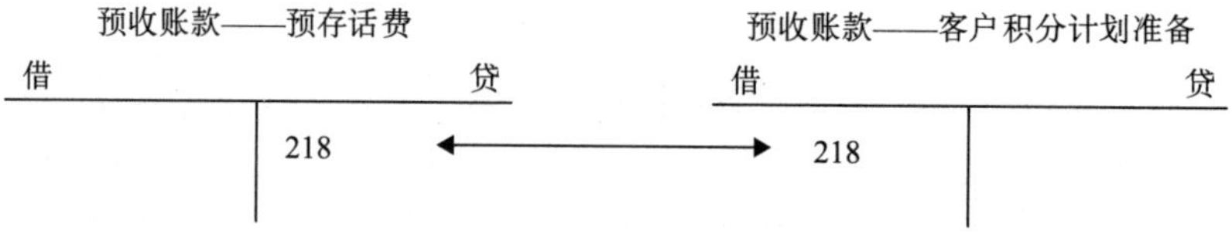

该大客户实际发生通话费 218 元时，不征收增值税。
丁字账图示如下：

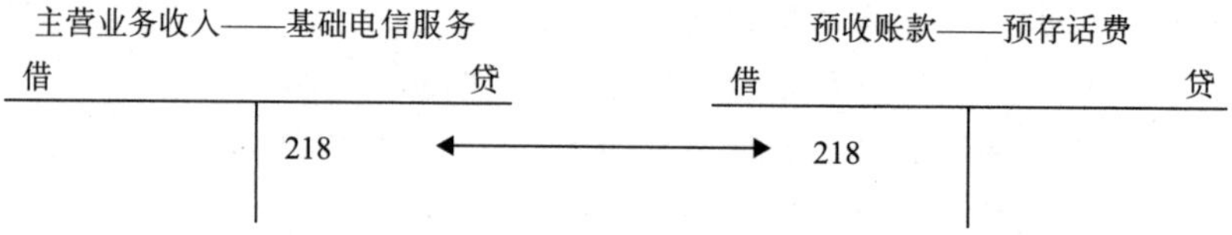

[核心提示] 以积分兑换形式赠送的基础电信服务和增值电信服务，不征收增值税。而电信企业以积分兑换形式赠送的货物或除电信服务以外的应税服务，应视同销售货物或提供应税服务缴纳增值税，相应取得的增值税进项税按规定进行抵扣。

[例 8－15] 某电信企业分公司为吸引客源，近日推出“预存话费送手机”促销活动。若用户签约在网 24 个月并选择 245 元套餐，预存话费 5 000 元（其中话费 3 000 元分月返还），可以优惠价格 2 000 元购得原价 4 500 元的某品牌手机一部，该手机购进成本为 4 000元（含税）。假设用户协议期内无溢出通话部分，每月另外收取电信营业款 120 元。

假设245元套餐每月话费使用时，语音通话服务等基础电信业务占70%，短信、彩信服务等增值电信业务占30%。入网当期某品牌暂按成本价作为货物价格计税，合约期内每期暂按公允价值分摊电信服务收入。

该分公司购入手机当期，进项税额＝4 000÷(1＋13%)×13%＝460.18（元）

会计处理如下：

借：库存材料　　3 539.82

　　应交税费——应交增值税（进项税额）　　460.18

　　贷：银行存款　　4 000

用户入网当期，销项税额＝4 000÷(1＋13%)×13%＝460.18（元）

预收账款＝5 000－4 000＝1 000（元）

其他业务收入＝4 000－460.18＝3 539.82（元）

借：银行存款　　5 000

　　贷：预收账款　　1 000

　　　　其他业务收入　　3 539.82

　　　　应交税费——应交增值税（销项税额）　　460.18

借：其他业务成本　　3 539.82

　　贷：库存材料　　3 539.82

合约期内，基础电信服务每期销项税额＝(1 000÷24＋120)×70%÷(1＋9%)×9%

＝9.34（9.34）（元）

增值电信服务销项税额＝(1 000÷24＋120)×30%÷(1＋6%)×6%＝2.75（元）

销项税额合计＝9.34＋2.75＝12.09（元）

预收账款＝1 000÷24＝41.67（元）

会计处理如下：

借：预收账款　　41.67

　　银行存款　　120

　　贷：主营业务收入　　149.58

　　　　应交税费——应交增值税（销项税额）　　12.09

该分公司购入手机当期，丁字账图示如下：

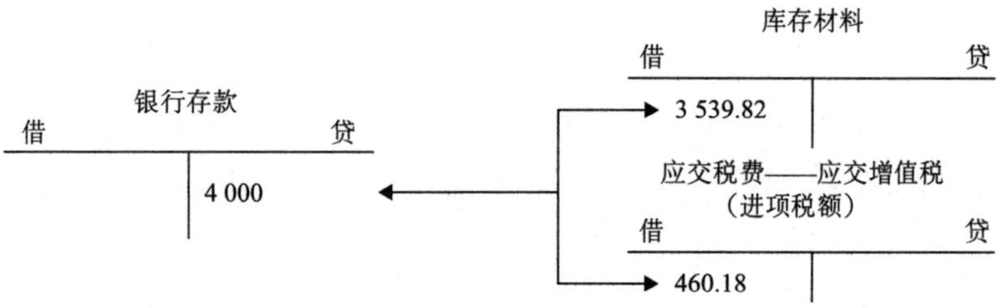

用户入网当期，丁字账图示如下：

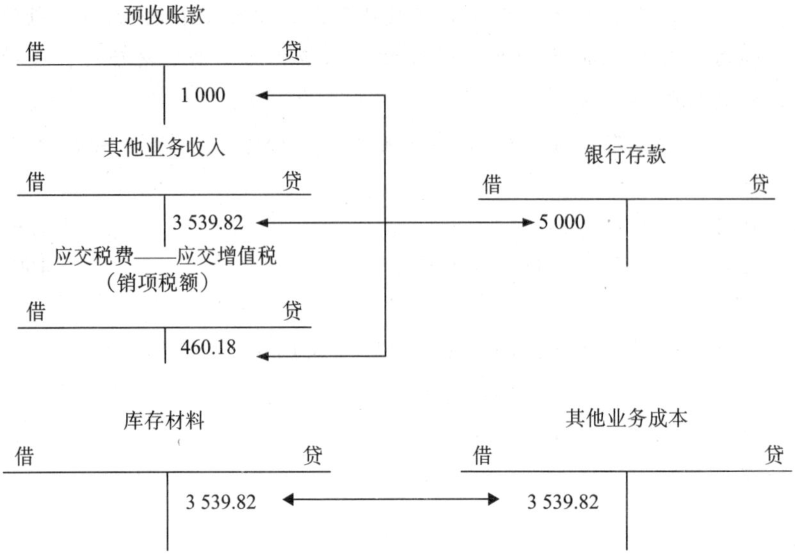

合约期内，丁字账图示如下：

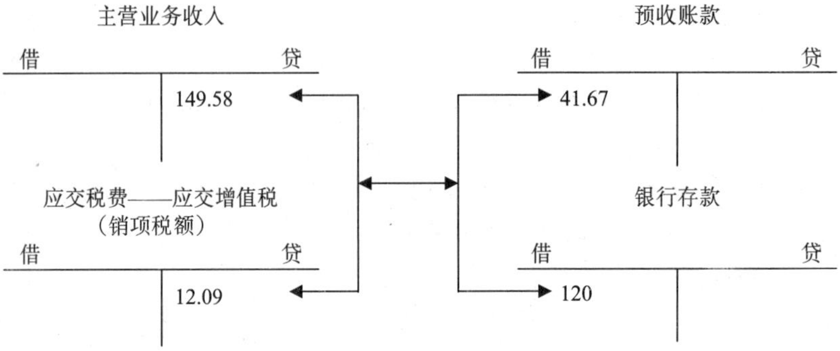

［核心提示］电信企业提供电信业服务附赠电信终端，取得的全部价款和价外费用中，暂按不低于电信终端的成本价作为货物价格，剩余部分按照公允价值拆分为基础电信服务价格和增值电信服务价格，按各自适用的税率计算缴纳增值税。

第九章　交通运输业增值税会计处理

交通运输业，是指使用运输工具将货物或者旅客送达目的地，使其空间位置得到转移的业务活动。包括陆路运输服务、水路运输服务、航空运输服务和管道运输服务。运输企业通过提供各种运输服务而获得营运收入。

第一节　进项税额会计处理

[例 9-1] 通途公司是一家运输企业，属于一般纳税人。2019 年 10 月该公司签订了一项货物运输合同，合同金额为 3 488 000（含税）元，当月全部收回，发生的联运支出 588 600（含税）元。当月发生车辆维修费用 300 000 元，购入运输车辆 500 000 元，这两项支出均为不含税金额，且已按规定取得了抵扣凭证。

解析：A 公司 2019 年 10 月销售额 $=3\ 488\ 000\div(1+9\%)=3\ 200\ 000$（元）

销项税额 $=3\ 200\ 000\times 9\%=288\ 000$（元）

可抵扣的进项税额 $=300\ 000\times 13\%+500\ 000\times 13\%+58\ 860\div(1+9\%)\times 9\%$

$=108\ 860$（元）

A 公司 2019 年 10 月应纳增值税额 $=288\ 000-108\ 860=179\ 140$（元）

具体账务处理如下：

(1) 取得运输收入时：

借：银行存款　　3 488 000

　　贷：主营业务收入　　3 200 000

　　　　应交税费——应交增值税（销项税额）　　288 000

丁字账图示如下：

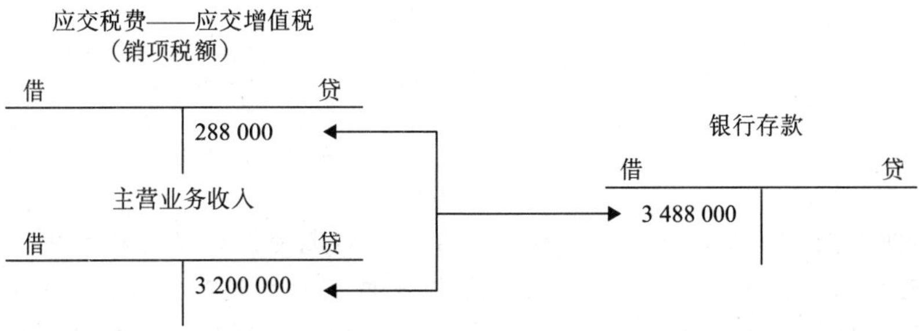

缴纳增值税具体账务处理如下：

借：应交税费——应交增值税　　288 000

　　贷：银行存款　　288 000

丁字账图示如下：

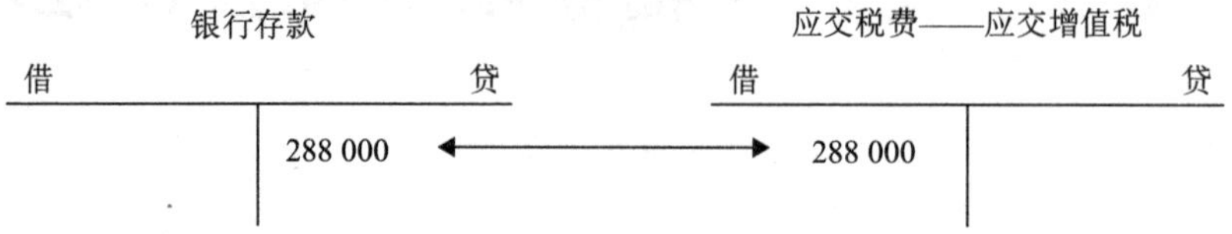

（2）支付维修费和固定资产购买时：

借：管理费用　　300 000

　　固定资产　　500 000

　　应交税费——应交增值税（进项税额）　　92 000

　　贷：银行存款　　892 000

丁字账图示如下：

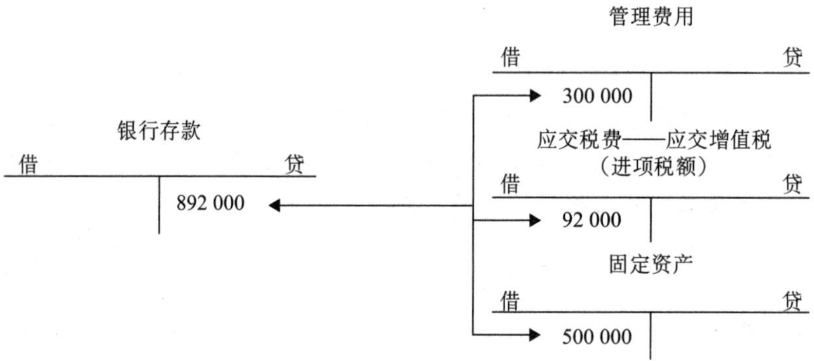

（3）支付联运费用时：

借：主营业务成本　　540 000

　　应交税费——应交增值税　　48 600

　　贷：银行存款　　588 600

丁字账图示如下：

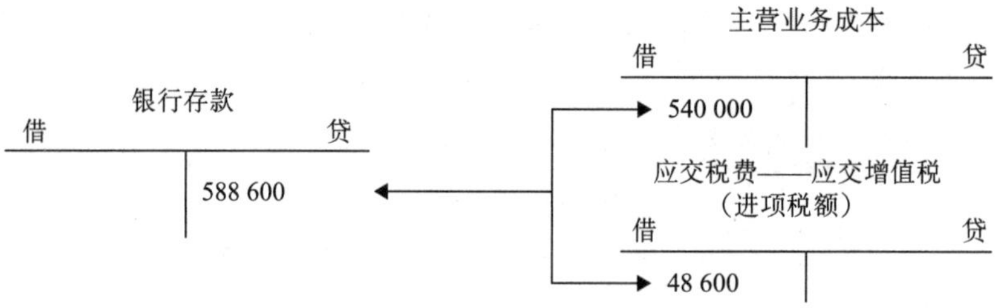

［核心提示］ 对于交通运输企业一般纳税人购买固定资产，发生修理修配费用依法取得的增值税进项税额应反映在“应交税费——应交增值税（进项税额）”科目下。发生的联运支出，按规定符合差额征税，扣减销售额而减少的销项税额，应在“应交税费——应

交增值税（营改增抵减的销项税额）”科目反映，按实际支付金额，贷记“银行存款”科目，差额计入主营业务成本。

根据财税〔2011〕111 号文件第二十四条规定，交通运输企业一般纳税人以下的进项税额不得从销项税额中抵扣：（1）用于适用简易计税方法计税项目、非增值税应税项目、免征增值税项目、集体福利或者个人消费的购进货物、接受加工修理修配劳务或者应税服务。（2）非正常损失的购进货物及相关的加工修理修配劳务和交通运输业服务。（3）非正常损失的在产品、产成品所耗用的购进货物（不包括固定资产）、加工修理修配劳务或者交通运输业服务。（4）接受的旅客运输服务。（5）自用的应征消费税的摩托车、汽车、游艇，但作为提供交通运输业服务的运输工具和租赁服务标的物的除外。

［例 9－2］ 优选公司是一家运输企业，属于小规模纳税人。2019 年 10 月该公司签订了一项货物运输合同，合同金额为 154 500 元（含税），当月全部收回。当月发生车辆维修费用 500 元（不含税），因业务需要购入运输车辆 20 000 元（不含税）。

解析：优选公司 2019 年 10 月销售额 = 154 500 ÷（1 + 3%）= 150 000（元）

应纳增值税税额 = 150 000 × 3% = 4 500（元）

具体账务处理如下：

借：银行存款　　154 500

　　贷：主营业务收入　　150 000

　　　　应交税费——应交增值税　　4 500

丁字账图示如下：

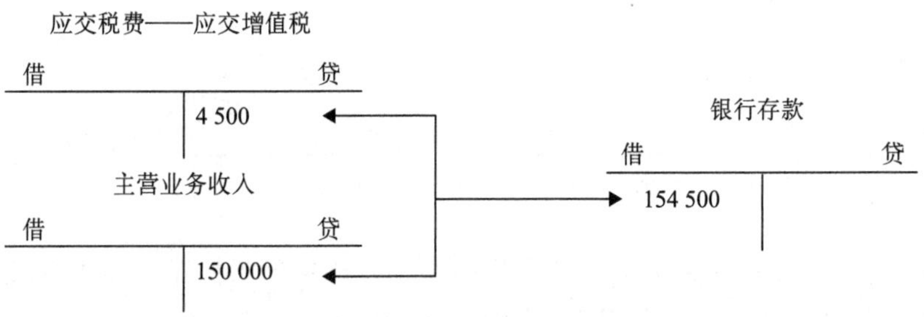

缴纳增值税具体会计处理如下：

借：应交税费——应交增值税　　4 500

　　贷：银行存款　　4 500

丁字账图示如下：

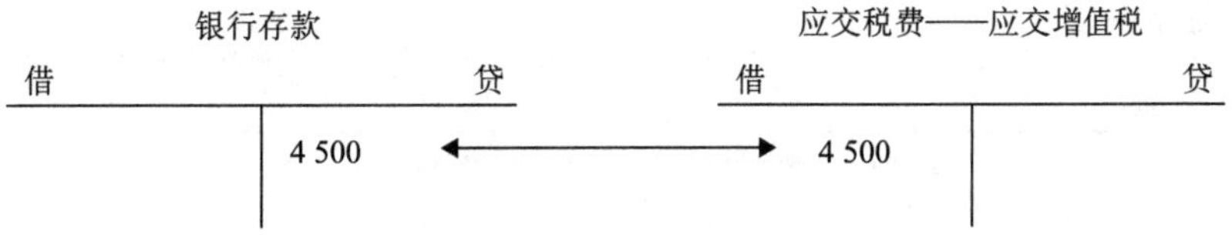

［核心提示］ 对于交通运输企业小规模纳税人购买固定资产，发生修理修配费用不存在进项税，此时的价款中的增值税进入固定资产初始成本。应按实际支付金额，借记“固定资产”科目，贷记“银行存款”或“应付账款”科目。

［**例9－3**］某公司是一家交通运输企业，属于一般纳税人。该企业2019年10月购入一辆运输车辆，车辆不含税价格为120 000元，机动车销售统一发票上注明的增值税额为12 000元，企业对该发票进行了认证抵扣。2019年12月该车辆被盗。该车辆的折旧年限为5年，无残值，采用直线法计提折旧。

该车辆月折旧额＝120 000÷5÷12＝2 000（元）

具体账务处理如下：

（1）2019年10月购入运输车辆：

借：固定资产　　120 000

　　应交税费——应交增值税（进项税额）　　15 600

　　贷：银行存款　　135 600

丁字账图示如下：

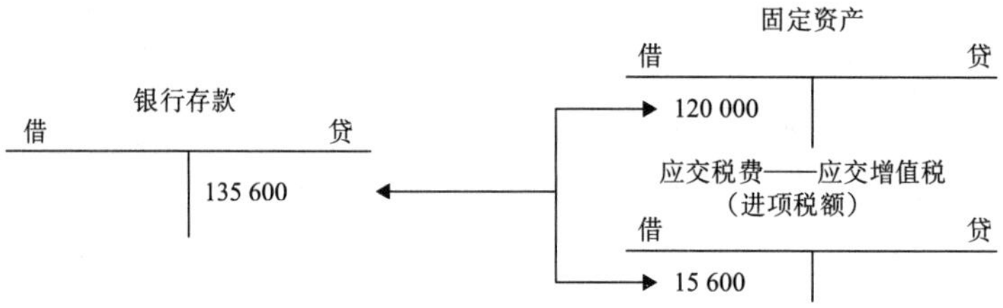

（2）2019年11月：

借：管理费用　　2 000

　　贷：累计折旧　　2 000

丁字账图示如下：

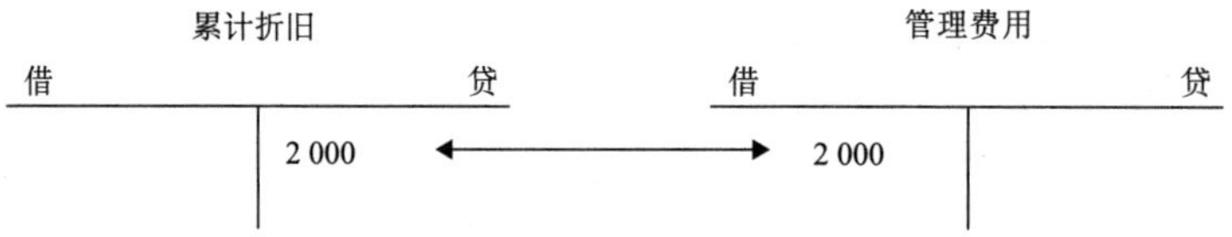

（3）2019年12月：该运输企业需将原已抵扣的进项税额按照实际成本进行扣减，扣减的进项税额为15 340元［(120 000－2 000)×13%］。

借：待处理财产损溢——待处理固定资产损溢　　133 340

　　累计折旧　　2 000

　　贷：固定资产　　120 000

　　　　应交税费——应交增值税（进项税额转出）　　15 340

丁字账图示如下：

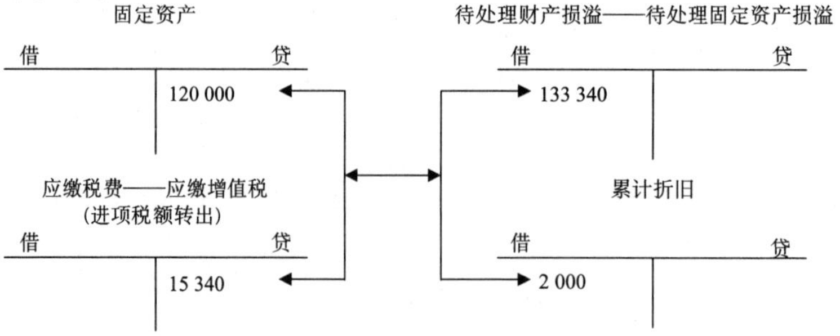

[**核心提示**] 对于非正常损失的购进货物及相关的加工修理修配劳务和交通运输业服务，其进项税额不得从销项税额中抵扣，已经抵扣进项税额的，应当把该进项税额从当期进项税额中扣除。无法确定该进项税额的，按照当期实际成本计算进项税额转出额。该企业被盗车辆12月的实际成本即为固定资产净值。

第二节 销项税额会计处理

销项税额是指纳税人提供应税服务按照销售额和增值税税率计算的增值税额，其计算公式为：销项税额 = 销售额 × 税率

[**例9－4**] 顺通物流公司（一般纳税人）2019年6月完成客户张某洗煤厂的汽车运输业务3 000吨精煤，平均运输距离320公里，确认运输收入384 000元，款项未收到。增值税税率为9%，填开增值税专用发票。该运输业务全部由第一车队完成。会计分录如下：

借：应收账款——汽车运输业务（张某）　　384 000
　　贷：主营业务收入——汽车运输　　352 293.57
　　　　应交税费——应交增值税（销项税额）　　31 706.42

丁字账图示如下：

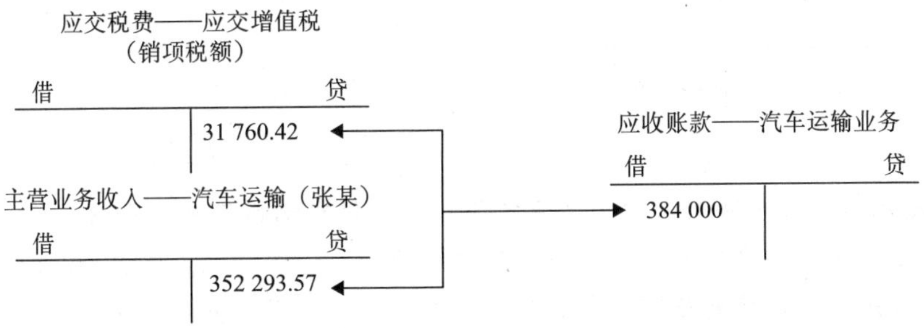

缴纳增值税具体会计处理如下：

借：应交税费——应交增值税　　31 760.42
　　贷：银行存款　　31 760.42

丁字账图示如下：

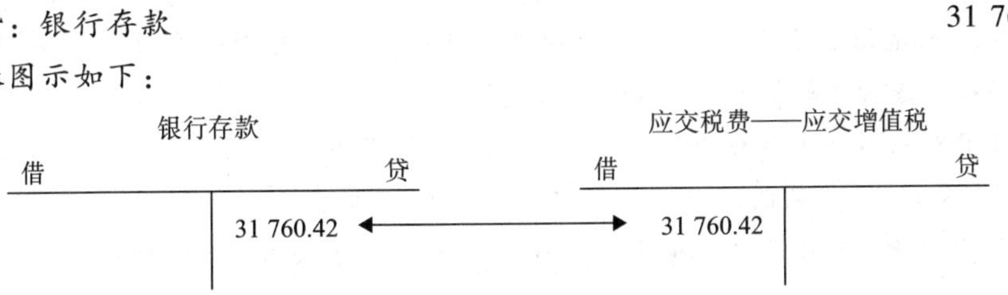

[**例9－5**] A公司是某市的一家交通运输企业，属于一般纳税人。其业务兼营货物运输和提供车辆修理修配服务。该企业2019年10月提供货物运输服务，取得收入6 440 000元（不含税），提供车辆修理修配服务取得收入5 000 000元（不含税）。两项业务能够分别核算。

销项税额 =6 440 000 ×9% +5 000 000 ×13% =1 229 600（元）。

具体账务处理：

借：银行存款　　　　　　　　　　　　　　　　12 669 600

　　贷：主营业务收入　　　　　　　　　　　　　　11 440 000

　　　　应交税费——应交增值税（销项税额）　　　　1 229 600

丁字账图示如下：

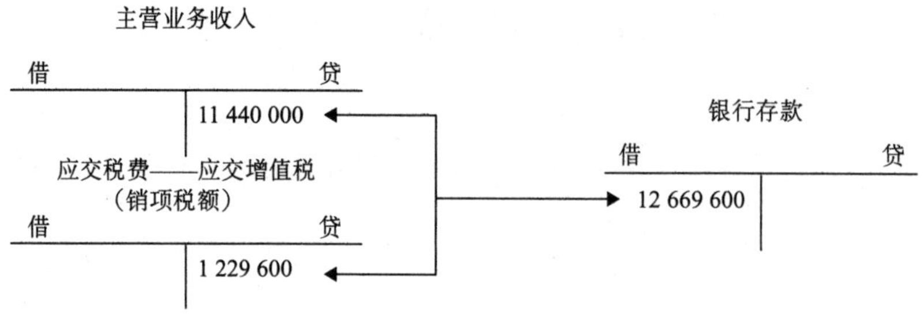

缴纳增值税具体账务处理如下：

借：应交税费——应缴增值税　　　　　　　　　　1 229 600

　　贷：银行存款　　　　　　　　　　　　　　　　1 229 600

丁字账图示如下：

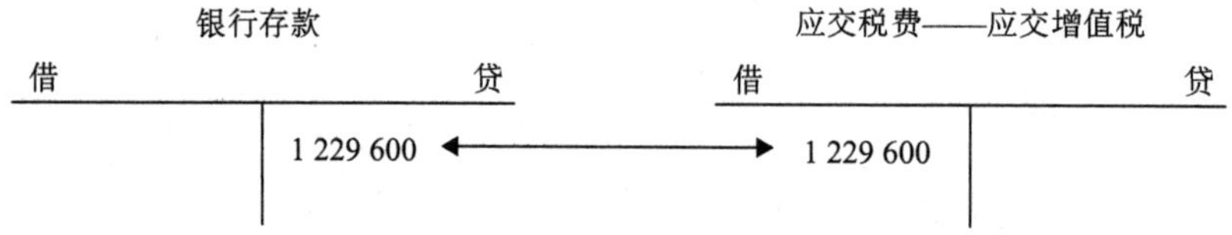

［**核心提示**］A 公司既提供货物运输服务，又提供车辆修理修配服务，且都是 A 公司的主业，A 公司属于兼营行为。据《增值税暂行条例实施细则（2008 年修订版）》的有关规定，纳税人兼营应税劳务与货物或非应税劳务的，应分别核算应税劳务和货物或者非应税劳务的销售额，征收增值税。

财政部、税务总局、海关总署联合发布的《关于深化增值税改革有关政策的公告》规定，增值税一般纳税人发生增值税应税销售行为或者进口货物，原适用 16% 税率的，税率调整为 13%；原适用 10% 税率的，税率调整为 9%。调整自 2019 年 4 月 1 日起执行。

［**例 9 –6**］腾飞公司是某市的一家交通运输企业，属于一般纳税人。该企业 2019 年 10 月取得商品运输收入 9 660 000 元（不含税），在提供运输服务的同时销售商品包装物 700 000 元（不含税）。且该运输企业能够分别核算销售额。

A 公司 2019 年 10 月提供运输服务和包装物的销项税额 =9 660 000 ×9% +700 000 ×13% =960 400（元）

具体账务处理：

借：银行存款　　　　　　　　　　　　　　　　11 320 400

　　贷：主营业务收入　　　　　　　　　　　　　　9 660 000

　　　　其他业务收入　　　　　　　　　　　　　　　700 000

应交税费——应交增值税（销项税额）　　960 400

丁字账图示如下：

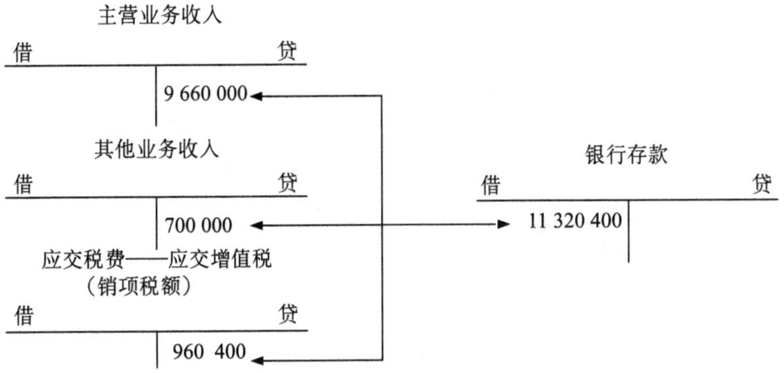

缴纳增值税具体账务处理如下：

借：应交税费——应交增值税　　960 400

　　贷：银行存款　　960 400

丁字账图示如下：

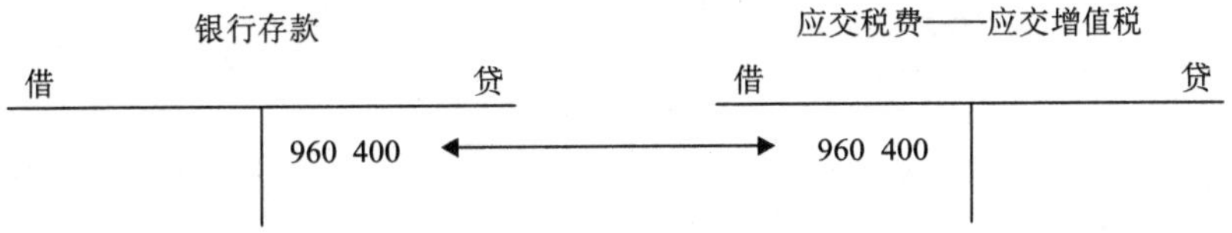

［**核心提示**］腾飞公司的主业是提供运输服务，在提供运输服务的同时也提供货物包装物的销售，此项业务属于混合销售行为。根据《增值税暂行条例实施细则（2008 年修订版）》的有关规定：混合销售的纳税原则是按“经营主业”划分（经营主业的认定为年营业额或货物销售额超过 50%）。财政部、税务总局、海关总署联合发布《关于深化增值税改革有关政策的公告》规定，增值税一般纳税人发生增值税应税销售行为或者进口货物，原适用 16% 税率的，税率调整为 13%；原适用 10% 税率的，税率调整为 9%。调整自 2019 年 4 月 1 日起执行。

［**例 9－7**］信誉公司是一家交通运输企业，属于小规模纳税人。该企业 2019 年 10 月取得货物运输收入 10 000 元（不含税），在提供运输服务的同时销售商品包装物获取收入 5 000 元（不含税）。

信誉公司 2019 年 10 月提供运输服务和包装物应纳增值税税额 $=10\ 000\times3\%+5\ 000\times3\%=450$（元）

具体账务处理如下：

借：银行存款　　15 450

　　贷：主营业务收入　　10 000

　　　　其他业务收入　　5 000

　　　　应交税费——应交增值税　　450

丁字账图示如下：

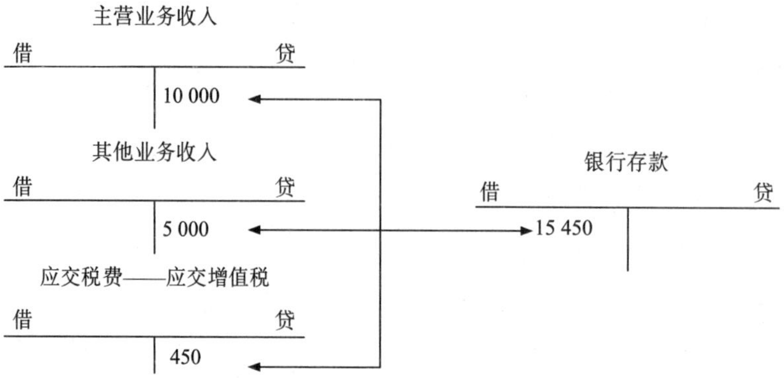

缴纳增值税具体账务处理如下：

借：应交税费——应交增值税　　450

　　贷：银行存款　　450

丁字账图示如下：

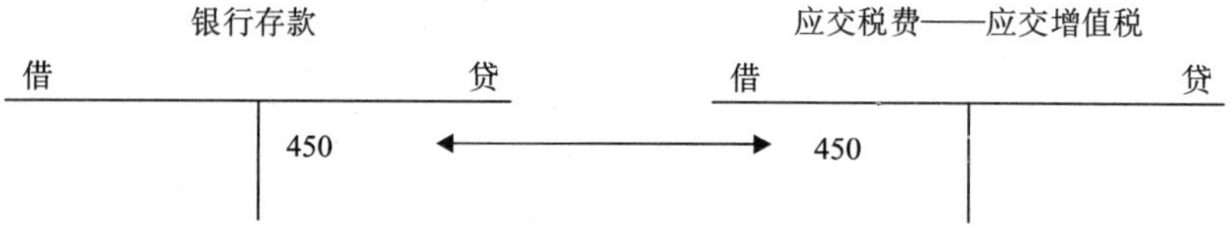

［**核心提示**］对于交通运输企业小规模纳税人取得的货物运输收入及在提供运输服务的同时销售商品包装物的收入适用税率都是3%。借记“主营业务收入”“其他业务收入”科目，贷记“银行存款”或“应付账款”科目。

一、出口退税业务的会计处理

［**例9-8**］B公司是一家交通运输企业，属于一般纳税人，适用的增值税税率为9%。该公司既提供国内货物运输，也提供国际货物的运输服务。该企业2019年10月取得国内货物运输服务收入981 000元，发生联运支出872 000元，取得国际货物运输服务收入5 450 000元。享受的退税率为9%。上月末留抵税额3 000元。

具体账务处理如下：

（1）取得内销收入时：

借：银行存款　　981 000

　　贷：主营业务收入　　900 000

　　　　应交税费——应交增值税（销项税额）　　81 000

丁字账图示如下：

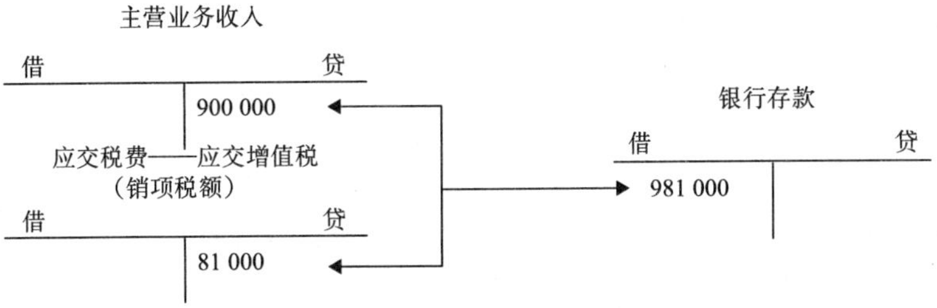

缴纳增值税具体账务处理如下：

借：应交税费——应交增值税　　81 000

　　贷：银行存款　　81 000

丁字账图示如下：

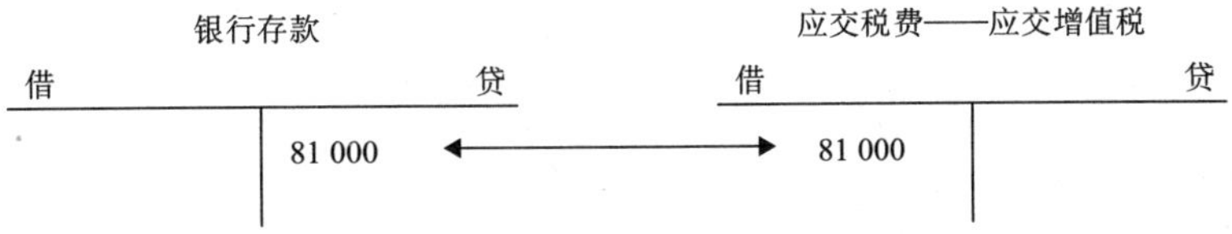

（2）支付联运费用时：

借：主营业务成本　　800 000

　　应交税费——应交增值税（进项税额）　　72 000

　　贷：银行存款　　872 000

丁字账图示如下：

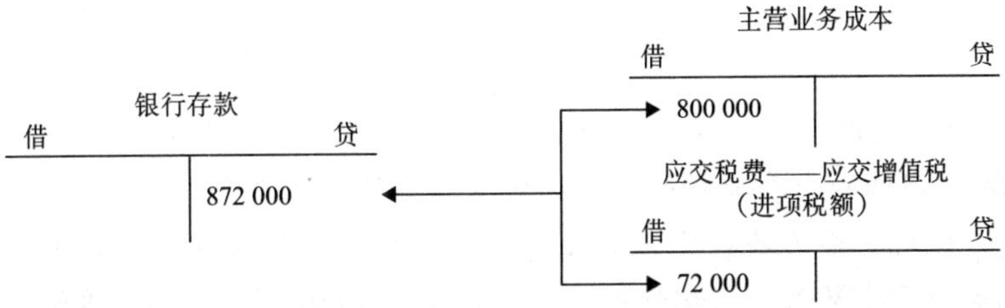

（3）取得国际运输收入时：

借：银行存款　　6 540 000

　　贷：主营业务收入　　6 000 000

　　　　应交税费——应交增值税（销项税额）　　540 000

丁字账图示如下：

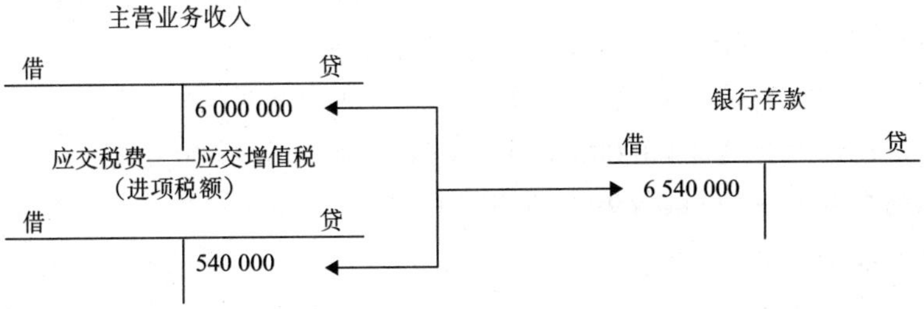

缴纳增值税具体会计处理如下：

借：应交税费——应交增值税　　540 000

　　贷：银行存款　　540 000

丁字账图示如下：

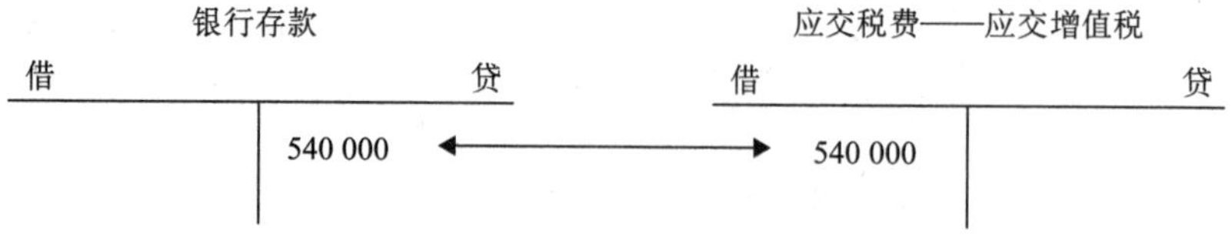

（4）计算企业当期免抵退税额：A 公司 2019 年 10 月应纳税额 =（981 000 - 872 000）÷（1 + 9%）× 9% - 6 540 000 × 9% - 3 000 = - 582 600（元）

具体会计处理如下：

借：其他应收款——应收退税款（增值税出口退税）　　582 600

　　应交税费——应交增值税（出口抵减内销应纳税额）　　6 000

　　贷：应交税费——应交增值税（出口退税）　　588 600

丁字账图示如下：

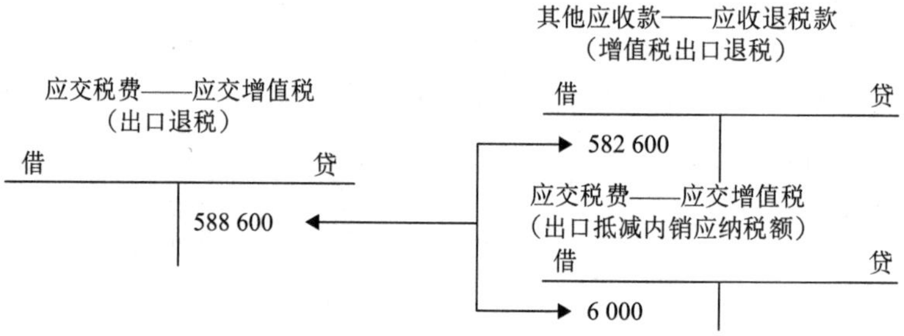

［核心提示］ 单位和个人提供的国际运输服务，适用于零税率的应税服务的具体范围，零税率应税服务的退税率为其在境内提供对应服务的增值税税率，交通运输业为 9%。当期期末留抵税额为 582 600 元，当期免抵退税额为 588 600 元（6 540 000 × 9%）。当期期末留抵税额 ≤ 当期免抵退税额，当期应退税额 = 当期期末留抵税额 = 582 600（元），当期免抵税额 = 当期免抵退税额 - 当期应退税额 = 588 600 - 582 600 = 6 000（元）

二、应税服务中止或折让退还增值税额的会计处理

［例 9 - 9］ 天赋公司是一家交通运输企业，是增值税一般纳税人。该公司 2019 年 10 月取得商品运输收入 436 000 元（含税），已收到款项。但由于提供服务质量不符合要求（合理原因），购买服务方要求价款折让 10%，该公司同意退还价款。

该公司应退还的销售额 = 436 000 × 10% ÷（1 + 9%）= 40 000（元）

应退还的销项税额 = 40 000 × 9% = 3 600（元）

具体会计处理如下：

借：主营业务收入　　40 000

应交税费——应交增值税（销项税额）　　3 600

贷：银行存款　　43 600

丁字账图示如下：

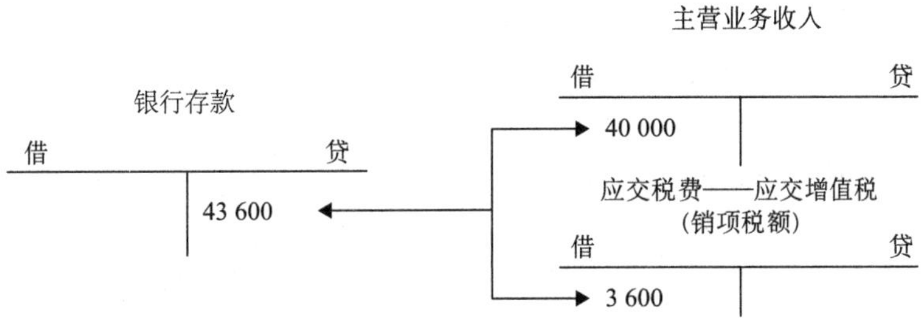

缴纳增值税具体会计处理如下：

借：应交税费——应交增值税　　3 600

贷：银行存款　　3 600

丁字账图示如下：

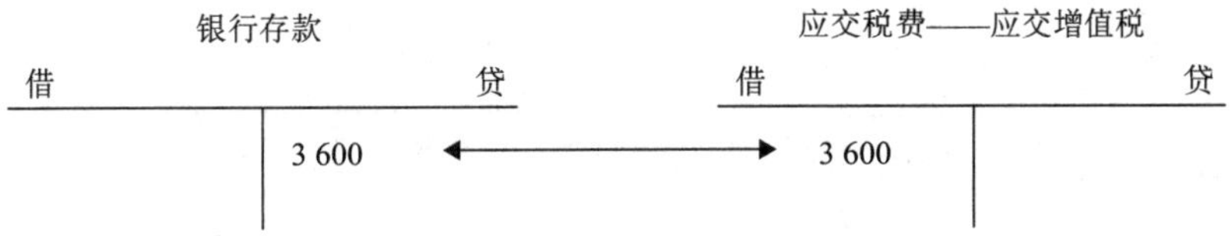

［**核心提示**］天赋公司提供的应税服务，因发生服务折让而退还给购买方的增值税额，应当从当期的销项税额中扣减。由于计算征收增值税的销售额减少，所以可以扣减销项税额，减少企业纳税义务。

第三节　增值税缴纳会计处理

［**例 9－10**］快捷物流公司对燃料柴油采用实地盘存制。2019 年 6 月 30 日，根据本月的柴油领料单和库存柴油盘存表编制燃料耗用汇总表如表 9－1 所示。

表 9－1　　2019 年 6 月企业燃料耗用汇总表

分类	月初库存数量/升	本月领用数量/升	月末库存数量/升	本月耗用数量/升	加权单价/元	本月耗用金额/元
第一车队	1 800	32 000	3 040	30 760	5.60	172 256
第二车队	1 980	17 600	1 650	17 630	5.60	98 728
修理车间		800		800	5.60	4 480
汽车运输分公司	30	520	40	510	5.60	2 856
行政管理部门	3	40	6	37	5.60	207.2
合计	3 813	50 960	4 736	48 937		278 527.2

根据燃料耗用汇总表，具体账务处理如下：

借：主营业务成本——运输支出（第一车队） 172 256

　　主营业务成本——运输支出（第二车队） 98 728

　　辅助运营费用——共同费用 4 480

　　营运间接费用——汽车运输分公司 2 856

　　管理费用——油料费 207.2

　　贷：原材料——燃料 278 527.2

丁字账图示如下：

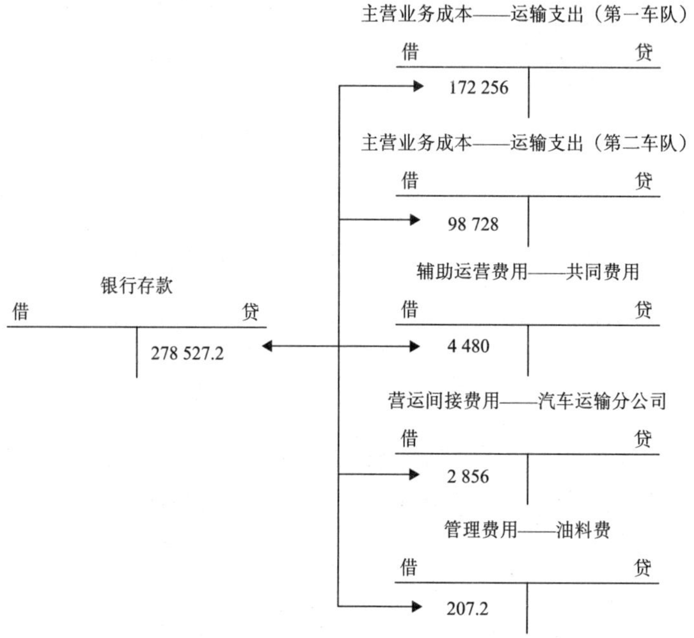

［例 9－11］胜祥物流公司主营业务为汽车运输，本月共计消耗燃油 45 400 升，其中运输部门领用库存燃油 45 000 升，每升 6.5 元。公司管理部门领用库存燃油 400 升，每升 6.55 元。

具体会计处理如下：

借：主营业务成本 292 500

　　管理费用 2 600

　　贷：原材料 295 100

丁字账图示如下：

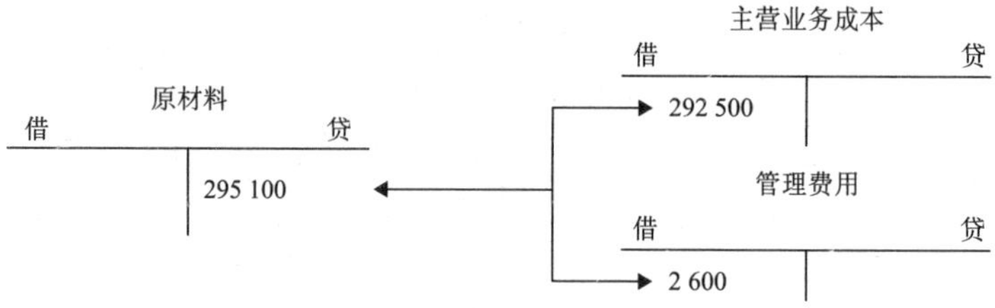

[核心提示] 汽车运输的成本核算主要包括：直接材料、直接人工、其他直接费用和营运间接费用。

燃料的归集和分配

当月实际耗用量 = 月初库存数 + 本月领用数 − 月末库存数

一、直接人工的归集和分配

[例 9 − 12] 物流企业的直接人工由工资费用和其他人工费用两部分组成。根据实际发生额（如表 9 − 2 所示）计入相应的会计科目和部门。

表 9 − 2　　单位：元

部　门	2019 年 6 月发生额
第一车队	32 600
第二车队	40 000
汽车运输分公司	6 200
行政管理部门	8 000
合计	86 800

会计处理如下：

借：主营业务成本——运输支出（第一车队）　32 600

　　　　　　　　——运输支出（第二车队）　40 000

　　营运间接费用——汽车运输分公司　6 200

　　管理费用——人工费用　8 000

　　贷：应付职工薪酬——职工工资　86 800

丁字账图示如下：

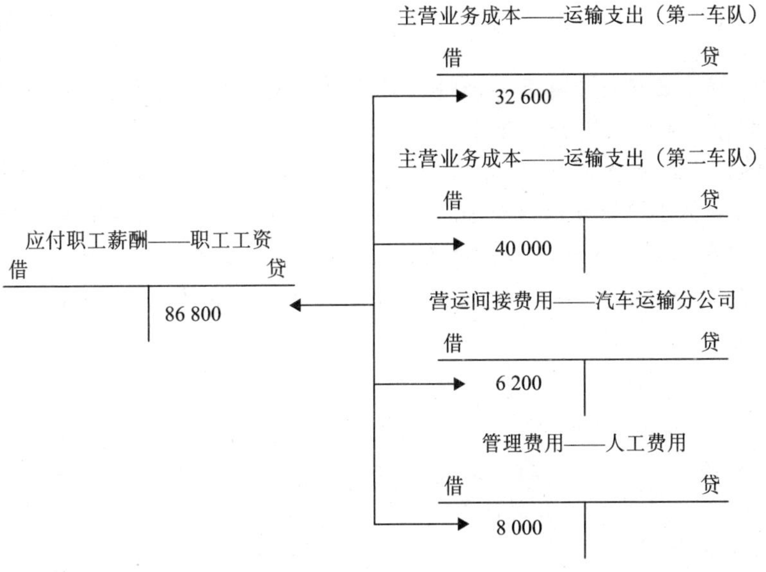

二、其他直接费用的归集和分配

[核心提示] 其他直接费用包括：折旧费、修理费、过路过桥费、车辆保险费以及行车事故费用。折旧：营运车辆采用工作量法，其他固定资产采用直线法；修理费：日常维修和保养，直接计入主营业务成本，受益期在一年以上的大修，先计入长期待摊费用账户，然后摊销计入相应的成本科目和部门；车辆保险费：通常按年支付，支付时计入待摊费用账户，按月摊销时，根据车辆所属部门计入主营业务成本、营运间接费用、管理费用。

[例9-13] 途安公司是一家交通运输企业（一般纳税人），为扩大业务，2019年5月购进固定资产价值500万元。以银行存款支付450万元，有50万元尚未支付。

具体会计处理如下：

借：固定资产　　4 424 778.76

　　应交税费——应交增值税（进项税额）　　575 221.24

　　贷：银行存款　　4 500 000

　　　　应付账款　　500 000

丁字账图示如下：

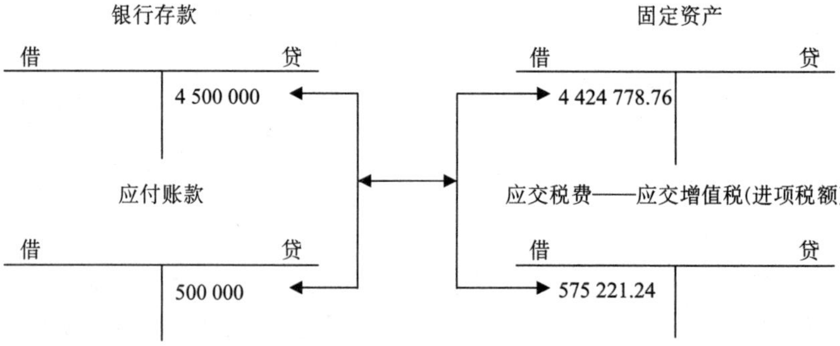

[核心提示] 企业根据业务需要购进固定资产，购进固定资产以银行存款支付450万元，尚有50万未支付，未支付金额计入应付账款的贷方。

[例9-14] 全球通是一家交通运输企业，全国有很多家分公司，业务量非常大。2019年10月收到某公司预交运输费30 000元，合同约定运费59 950元，15天内将货物运抵目的地。货物如期运抵目的地，并在交货验收时，结清运费。分站定期上交运输收入。上海的畅通运输分公司按月向总公司上交运输收入，2019年11月畅通运输公司上交运输收入220万元。

具体会计处理如下：

（1）收到分站交来运输收入。

借：银行存款　　2 200 000

　　贷：其他应收款——进款往来　　2 200 000

丁字账图示如下：

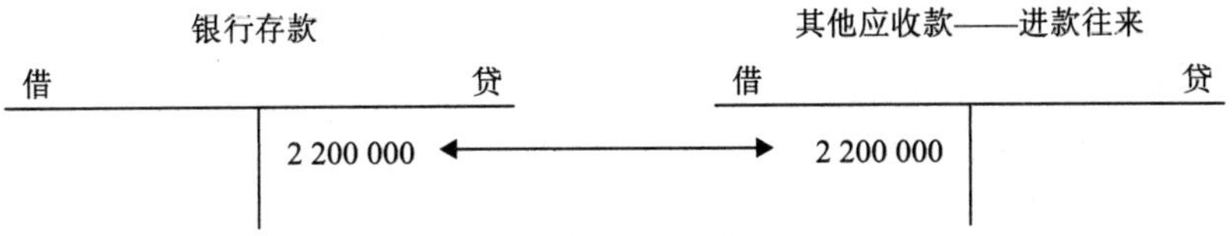

（2）根据分站编制的营业收入定期汇总确认营业收入。

借：其他应收款——进款往来　　2 200 000

　　贷：主营业务收入——运输收入　　2 200 000

丁字账图示如下：

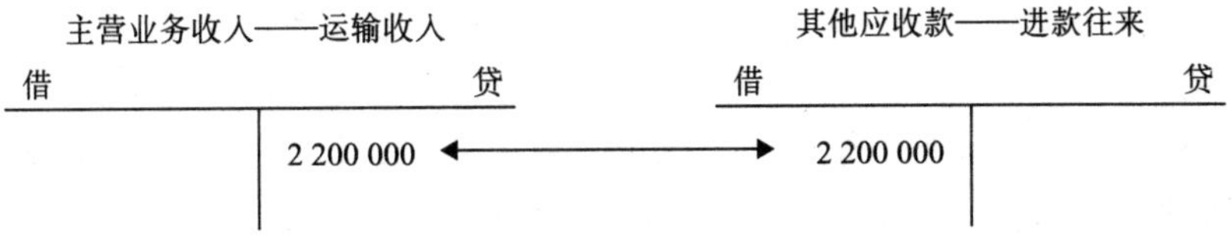

（3）预收运费时：

借：银行存款　　30 000

　　贷：预收账款　　30 000

丁字账图示如下：

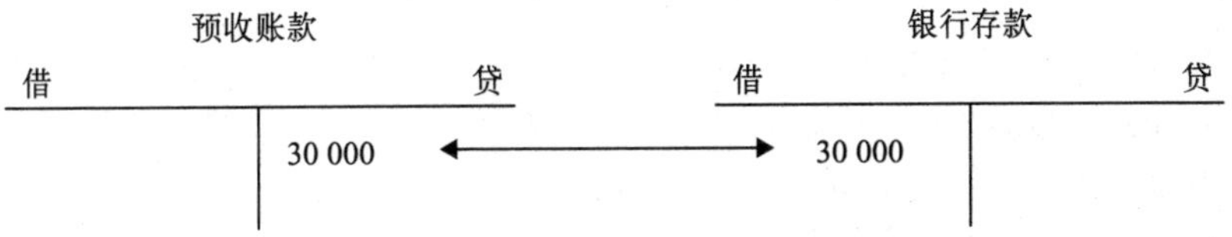

（4）完成运输任务，进行结算，多退少补。

借：银行存款　　59 950

　　贷：主营业务收入——运输收入　　55 000

　　　　应交税费——应交增值税（销项税额）　　4 950

丁字账图示如下：

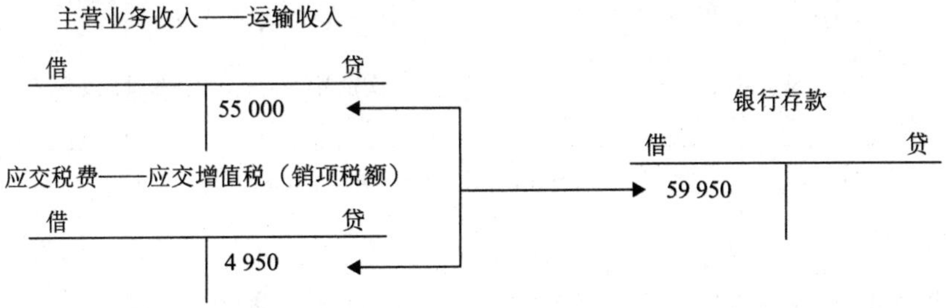

缴纳增值税具体会计处理如下：

借：应交税费——应交增值税　　4 950

　　贷：银行存款　　4 950

丁字账图示如下：

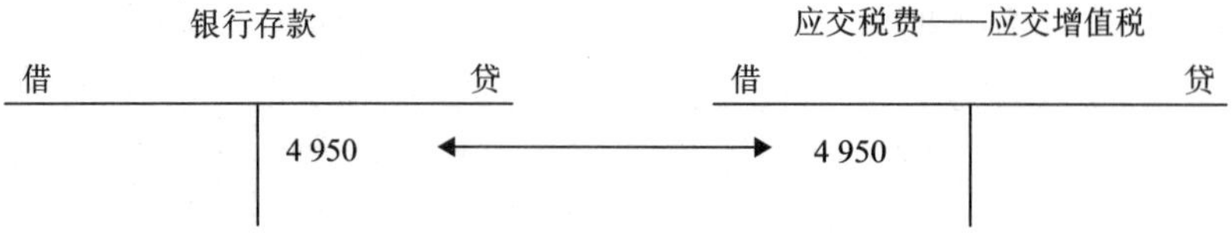

［**核心提示**］总站对分站之间可以设置“其他应收款——进款往来”科目，以反映总站与分站各项营业收入的解交和结算情况。收到分站交来运输收入时，借：银行存款，贷：其他应收款——进款往来。根据分站编制的营业收入定期汇总确认营业收入，借：其他应收款——进款往来，贷：主营业务收入——运输收入。预收运费时，借：银行存款，贷：预收账款。完成运输任务，进行结算，多退少补。借：银行存款，贷：主营业务收入——运输收入。

［**例 9－15**］陈某是个体工商户（小规模纳税人），按季申报纳税。2019 年第四季度共取得交通运输收入 51 500 元（含税），陈某本季度应缴纳多少增值税？

陈某本季度交通运输服务不含税收入为 51 500 ÷ (1 + 3%) = 50 000（元）

具体会计处理如下：

借：银行存款	51 500	
贷：主营业务收入		50 000
应交税费——应交增值税（减免税额）		1 500
借：应交税费——应交增值税（减免税额）	1 500	
贷：营业外收入		1 500

丁字账图示如下：

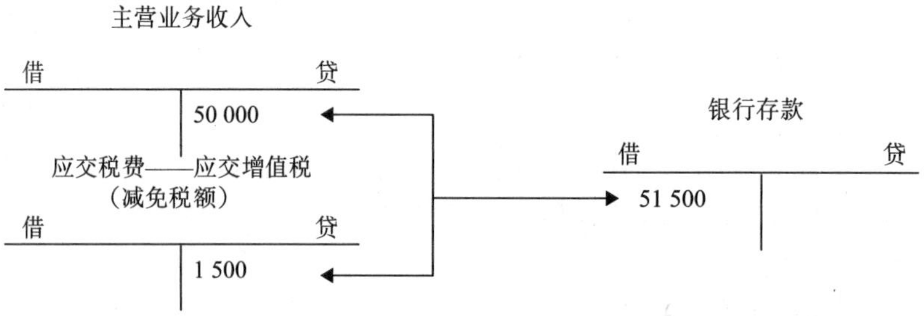

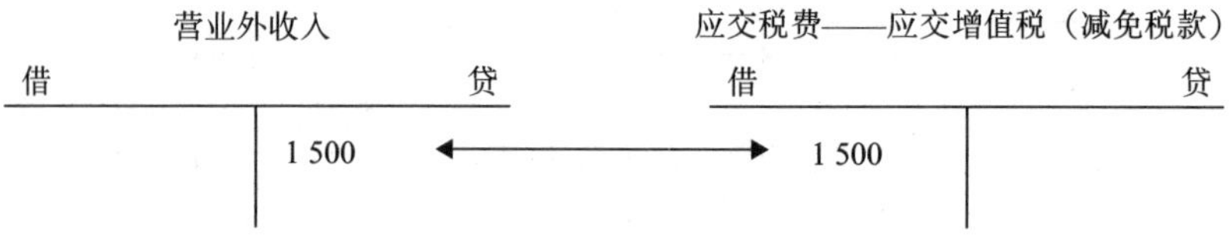

［**核心提示**］根据《营业税改征增值税试点实施办法》第四十九条规定，个人发生应税行为的销售额未达到增值税起征点的，免征增值税；达到起征点的，全额计算缴纳增值税。增值税起征点不适用于登记为一般纳税人的个体工商户。该个体工商户本月交通运输服务不含税收入为 50 000 元［51 500 ÷ (1 + 3%)］。交通运输服务取得的收入未达到起征点，因此对该部分收入无须缴纳增值税。

［**例 9－16**］春水运输公司是增值税一般纳税人企业，2019 年 6 月取得运输收入 87 200

元（含税），当月外购汽油 1 000 升，每升 6.78 元（取得的增值税专用发票上注明的增值税额为 780 元），购入运输车辆花费 30 000 元（不含税金额，取得的机动车销售统一发票上注明的增值税额为 3 900 元），发生的联运支出 10 000 元（不含税金额，取得的增值税专用发票上注明的增值税额为 900 元）。

该纳税人 2019 年 6 月的应纳税额 $=87\ 200\div(1+9\%)\times9\%-780-3\ 900-900$

$=1\ 620$（元）

具体会计处理如下：

借：银行存款　　87 200

　　贷：主营业务收入　　80 000

　　　　应交税费——应交增值税（销项税额）　　7 200

丁字账图示如下：

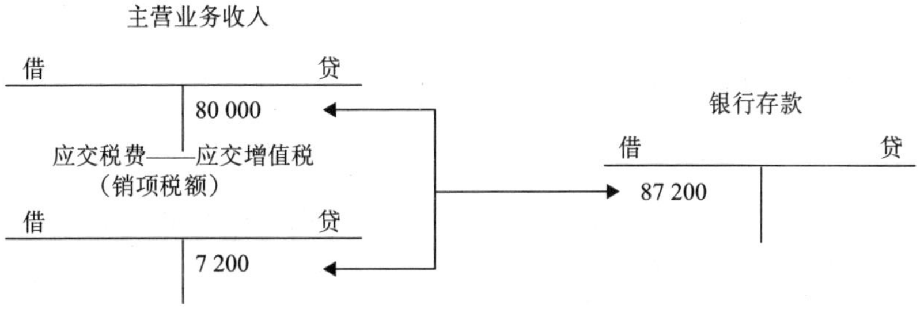

缴纳增值税具体会计处理如下：

借：应交税费——应交增值税　　7 200

　　贷：银行存款　　7 200

丁字账图示如下：

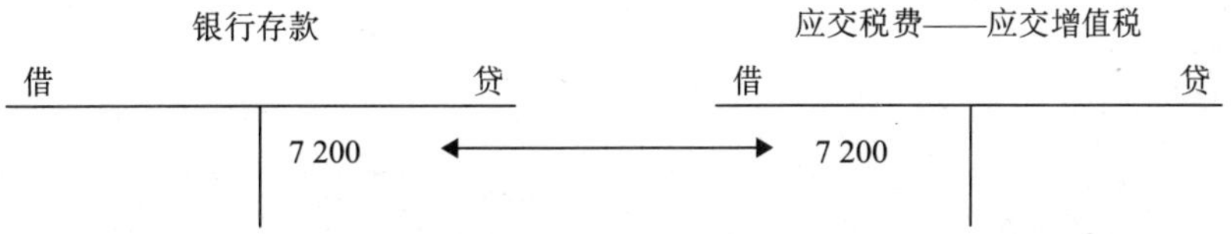

[核心提示] 根据《营业税改征增值税试点实施办法》第二十一条规定，一般计税方法的应纳税额，是指当期销项税额抵扣当期进项税额后的余额。应纳税额计算公式为：

应纳税额 = 当期销项税额 - 当期进项税额

当期销项税额小于当期进项税额不足抵扣时，其不足部分可以结转下期继续抵扣。

[例 9-17] 2019 年 8 月，山东 G 物流企业（一般纳税人）提供交通运输服务收入 80 万元，提供物流辅助服务收入 60 万元，按照适用税率，分别开具增值税专用发票，款项已收。当月委托安徽 A 公司（一般纳税人）一项运输业务，取得 A 企业开具的货物运输业增值税专用发票，价款 16 000 元，注明的增值税额为 1 440 元（款项未付）。

（1）山东 G 物流企业收到运输收入和物流辅助收入，则应交增值税（销项税额）$=(800\ 000+600\ 000)\div(1+9\%)\times9\%=115\ 596.32$（元）

具体会计处理如下：

借：银行存款　　1 400 000

　　贷：主营业务收入　　1 284 403.68

　　　　应交税费—应交增值税（销项税额）　　115 596.32

丁字账图示如下：

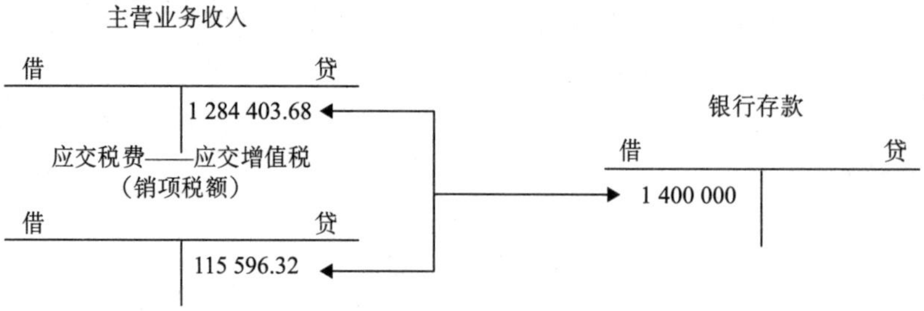

缴纳增值税具体会计处理如下：

借：应交税费——应交增值税　　115 596.32

　　贷：银行存款　　115 596.32

丁字账图示如下：

（2）G 企业取得 A 企业货物运输业增值税专用发票后的会计处理：

借：主营业务成本　　16 000

　　应交税费——应交增值税（进项税额）　　1 440

　　贷：应付账款——A 公司　　17 440

丁字账图示如下：

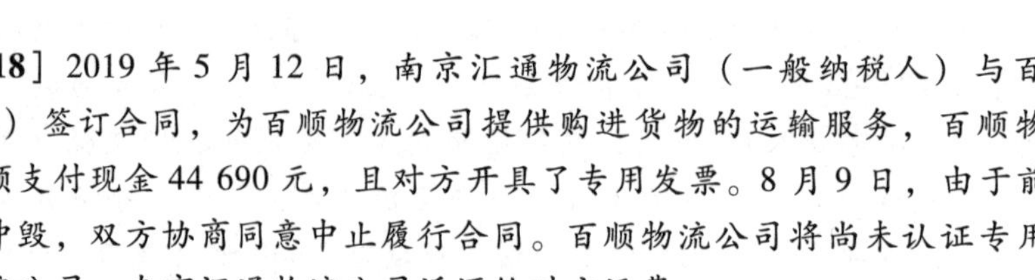

［**例 9-18**］2019 年 5 月 12 日，南京汇通物流公司（一般纳税人）与百顺物流公司（一般纳税人）签订合同，为百顺物流公司提供购进货物的运输服务，百顺物流公司于签订协议时全额支付现金 44 690 元，且对方开具了专用发票。8 月 9 日，由于前往目的地的道路被大水冲毁，双方协商同意中止履行合同。百顺物流公司将尚未认证专用发票退还给南京汇通物流公司，南京汇通物流公司返还给对方运费。

（1）百顺物流公司 5 月 12 日取得专用发票时的会计处理：

借：在途物资　　41 000

　　应交税费——应交增值税（进项税额）　　3 690

　　贷：库存现金　　　　　　　　　　　　　　　　　　　　44 690

丁字账图示如下：

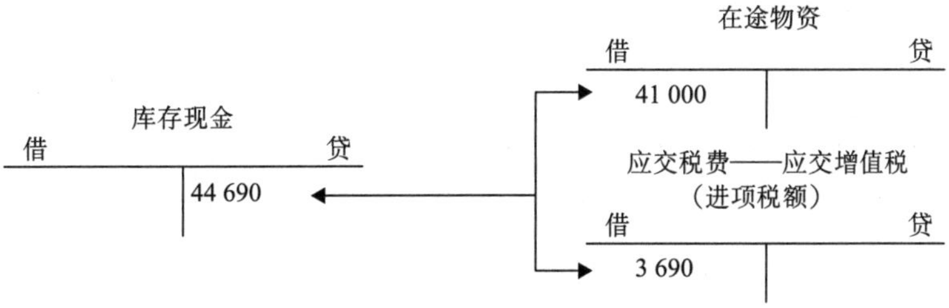

（2）百顺物流公司 8 月 9 日发生服务中止时的会计处理：

借：银行存款　　　　　　　　　　　　　　　　　　44 690

　　贷：在途物资　　　　　　　　　　　　　　　　41 000（红字）

　　　　应交税费——应交增值税（进项税额）　　　　3 690（红字）

丁字账图示如下：

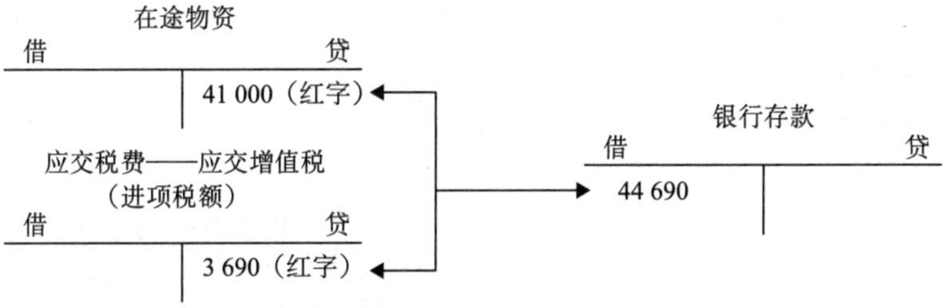

［**核心提示**］一般纳税人企业在国内采购的货物或接受的应税劳务和应税服务，取得增值税专用发票（不含小规模纳税人代开的货运增值税专用发票），按发票注明增值税税额进行核算。一般纳税人提供应税服务，按照确认的收入和按规定收取的增值税额，借记“应收账款”“应收票据”“银行存款”等科目，按规定收取的增值税额，贷记“应交税费——应交增值税（销项税额）”科目，确认的收入，贷记“主营业务收入”“其他业务收入”等科目。发生的服务中止或折让，做相反的会计分录。

［**例 9－19**］2019 年 9 月，某港口公司从澳大利亚晨星公司进口一台装卸设备，价款 100 万元已于上月支付，缴纳进口环节的增值税 13 万元，取得海关进口增值税专用缴款书。

具体会计处理如下：

借：工程物资　　　　　　　　　　　　　　　　　　1 000 000

　　贷：预付账款　　　　　　　　　　　　　　　　　1 000 000

借：应交税费——应交增值税（进项税额）　　　　　130 000

　　贷：银行存款　　　　　　　　　　　　　　　　　130 000

丁字账图示如下：

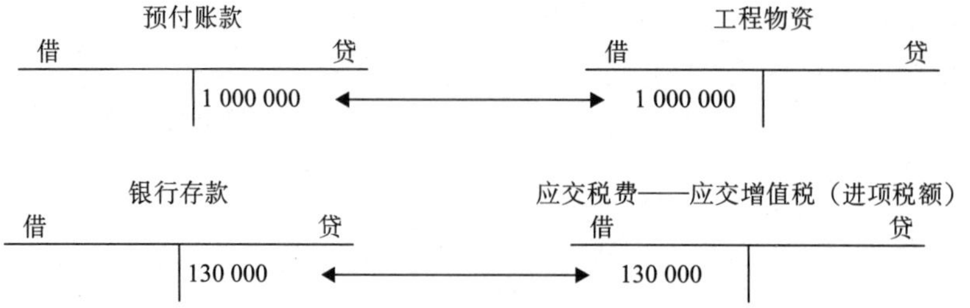

［**核心提示**］一般纳税人进口货物或接受境外单位或者个人提供的应税服务，应按照海关提供的海关进口增值税专用缴款书上注明的增值税额或中华人民共和国税收通用缴款书上注明的增值税额进行会计核算。

［**例 9－20**］2019 年 10 月，安徽 K 制药公司委托杭州某铁路运输服务公司运送购买的技术研发设备一套，支付费用 6 300 元，其中运费 5 500 元，上下力资费 800 元，取得运费发票。

借：固定资产——研发设备　　5 915

　　应交税费——应交增值税（进项税额）　　385

　　贷：库存现金　　6 300

丁字账图示如下：

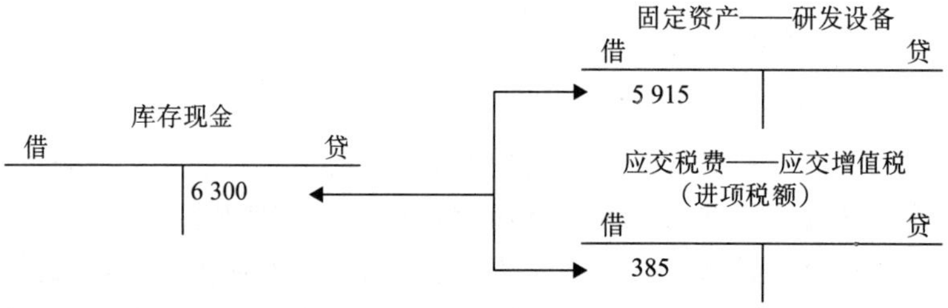

［**核心提示**］接受交通运输业服务，应取得铁路运输费用结算单据，按照运输费用金额和 7% 的扣除率计算进项税额。

［**例 9－21**］2019 年 10 月，河南华丰物流公司（增值税一般纳税人）提供交通运输服务收入 13 万元（不含税），提供物流辅助服务收入 9 万元（不含税），按照适用税率，分别开具增值税专用发票，款项已收。

（1）取得运输收入的会计处理如下：

借：银行存款　　141 700

　　贷：主营业务收入——运输　　130 000

　　　　应交税费——应交增值税（销项税额）　　11 700

丁字账图示如下：

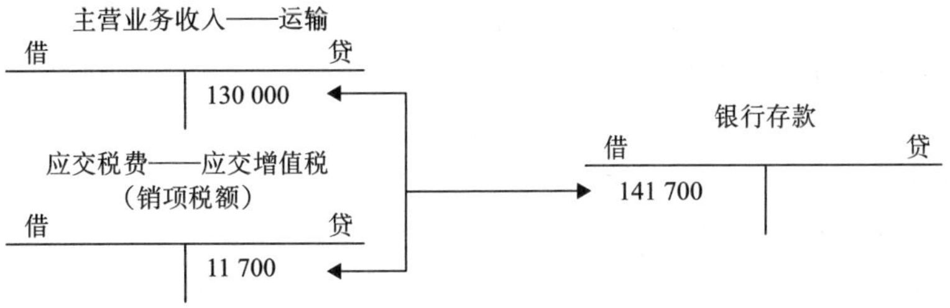

缴纳增值税具体会计处理如下：

借：应交税费——应交增值税　　11 700

　　贷：银行存款　　11 700

丁字账图示如下：

（2）取得物流辅助收入的会计处理：

借：银行存款　　95 400

　　贷：其他业务收入——物流辅助　　90 000

　　　　应交税费——应交增值税（销项税额）　　5 400

丁字账图示如下：

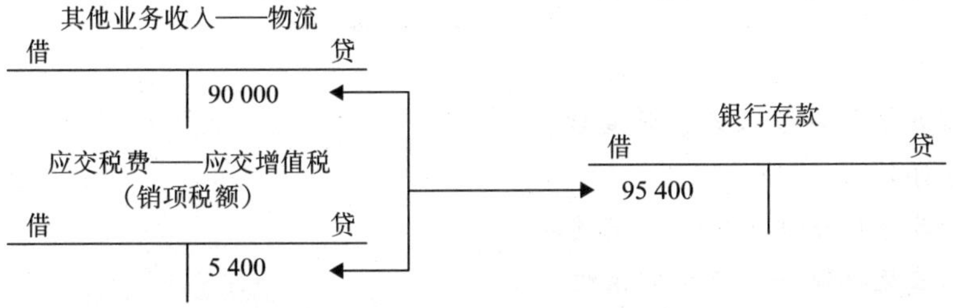

缴纳增值税具体会计处理如下：

借：应交税费——应交增值税　　5 400

　　贷：银行存款　　5 400

丁字账图示如下：

［核心提示］ 一般纳税人提供应税服务，按照确认的收入和按规定收取的增值税额，借记“应收账款”“应收票据”“银行存款”等科目，按规定收取的增值税额，贷记“应交税费——应交增值税（销项税额）”科目，确认的收入，贷记“主营业务收入”“其他业务收入”等科目。

［例 9－22］ 2019 年 10 月，欣荣物流公司（增值税小规模纳税人）提供交通运输服务

收入20 000元（不含税），提供物流辅助服务收入10 000元（不含税），按照适用税率，分别开具增值税普通发票，款项已收。

（1）取得运输收入的会计处理：

借：银行存款　　20 600

　　贷：主营业务收入——运输　　20 000

　　　　应交税费——应交增值税　　600

丁字账图示如下：

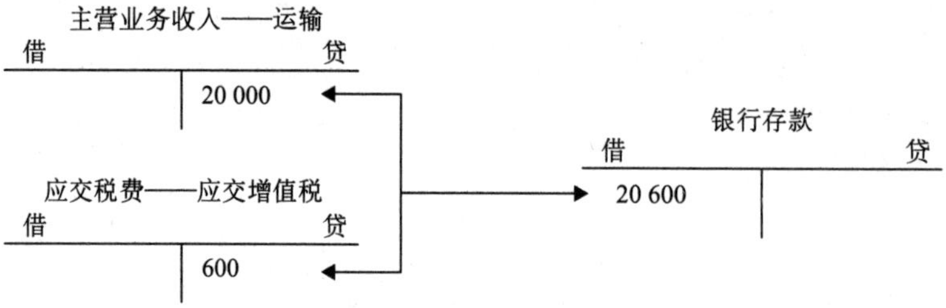

缴纳增值税具体会计处理如下：

借：应交税费——应交增值税　　600

　　贷：银行存款　　600

丁字账图示如下：

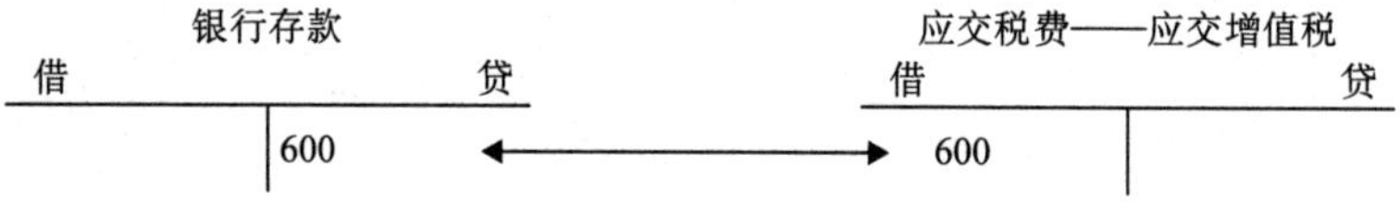

（2）取得物流辅助收入的会计处理：

借：银行存款　　10 300

　　贷：其他业务收入——物流辅助　　10 000

　　　　应交税费——应交增值税　　300

丁字账图示如下：

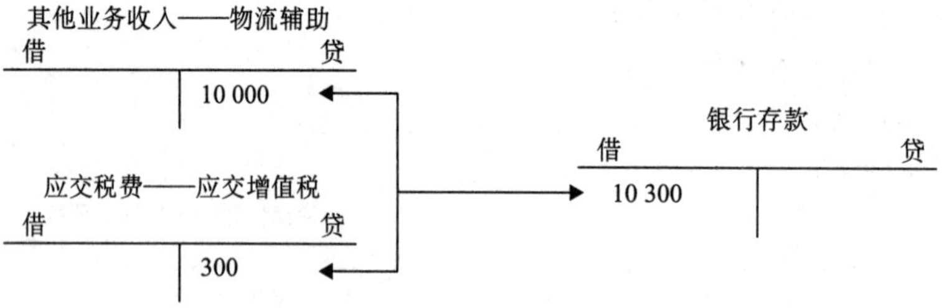

缴纳增值税具体会计处理如下：

借：应交税费——应交增值税　　300

　　贷：银行存款　　300

丁字账图示如下：

［**核心提示**］小规模纳税人提供运输服务，物流辅助服务税率都是3%。借记“应收账款”“银行存款”科目，贷记“主营业务收入”“其他业务收入”“应交税费——应交增值税”等科目。

［**例9－23**］2019年11月17日，L公交公司（增值税一般纳税人）当天取得公交乘坐费19 675元。

按简易计税办法计算增值税应纳税款＝19 675÷（1＋3%）×3%＝573.06（元）

具体会计处理如下：

借：库存现金　　19 675

　　贷：主营业务收入　　19 101.94

　　　　应交税费——未交增值税　　573.06

丁字账图示如下：

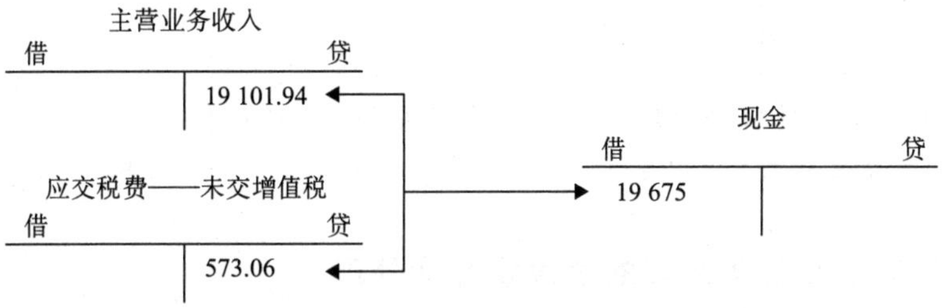

缴纳增值税具体会计处理如下：

借：应交税费——应交增值税　　573.06

　　贷：银行存款　　573.06

丁字账图示如下：

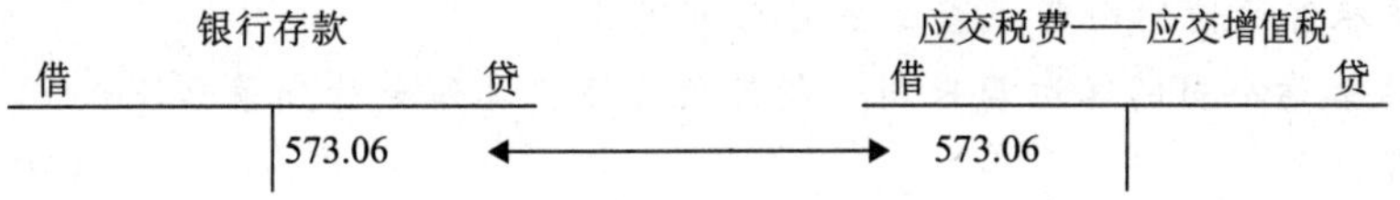

［**核心提示**］一般纳税人提供适用简易计税方法应税服务的，借记“库存现金”“银行存款”“应收账款”等科目，贷记“主营业务收入”“其他业务收入”“应交税费——未交增值税”等科目。

［**例9－24**］2019年7月10日，某市一家公交公司（增值税小规模纳税人）就第二季度取得公交乘坐费23 690元进行账目处理。

增值税应纳税款＝23 690÷（1＋3%）×3%＝690（元）

具体会计处理如下：

借：库存现金　　23 690

　　贷：主营业务收入　　23 000

应交税费——应交增值税　　　　690

丁字账图示如下：

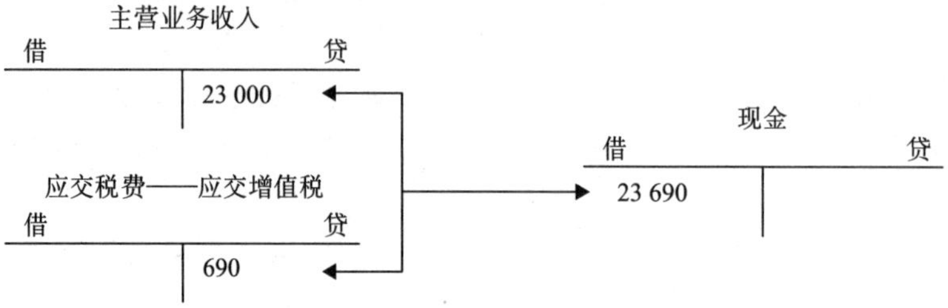

缴纳增值税具体会计处理如下：

借：应交税费——应交增值税　　　　690

　　贷：银行存款　　　　690

丁字账图示如下：

[核心提示] 小规模纳税人提供公交乘坐服务按3%缴纳增值税，借记“库存现金”科目，贷记“主营业务收入”“其他业务收入”“应交税费——应交增值税”等科目。

三、客运车票费收取结算的增值税会计处理

（一）为本单位收取的旅客车票款的税务及会计处理

为本单位收取的客运费（旅客车票款），因旅客运输和客运服务是同一单位完成的，不用支付客运服务费用。

[例9-25] 新城客运公司向一批旅客收取车票款610 400元（现金支付），客源组织、售票、检票及旅客运输均由新城客运公司内部完成。

（1）新城客运公司的客运费采用一般计税办法，具体会计分录如下：

借：库存现金　　　　610 400

　　贷：主营业务收入　　　　560 000

　　　　应交税费——应交增值税（销项税额）　　　　50 400

丁字账图示如下：

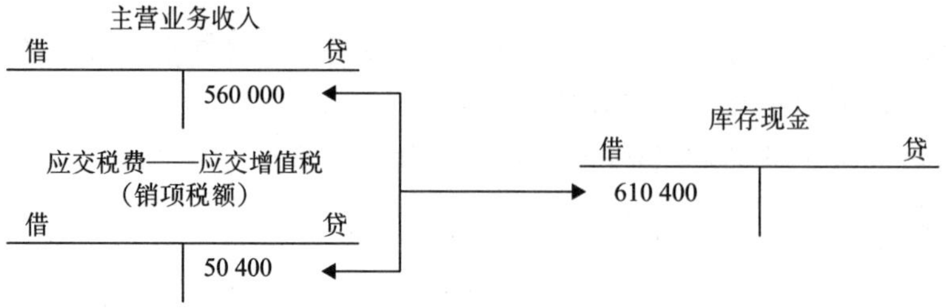

缴纳增值税具体会计处理如下：

借：应交税费——应交增值税　　　　50 400

　　贷：银行存款　　　　50 400

丁字账图示如下：

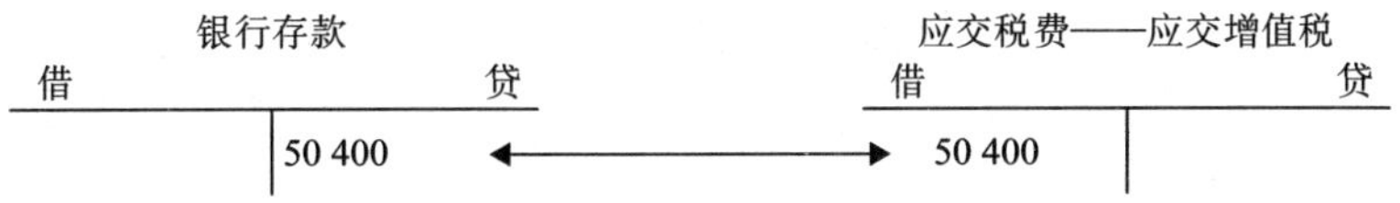

（2）采用简易计税办法，具体会计分录：

借：库存现金　　　　610 400

　　贷：主营业务收入　　　　592 621.36

　　　　应交税费——应交增值税　　　　17 778.64

丁字账图示如下：

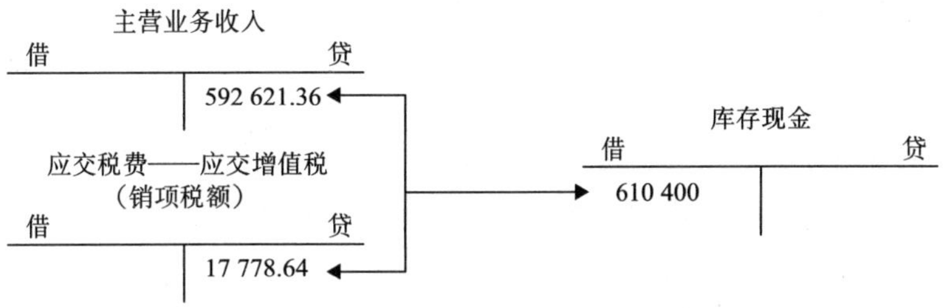

缴纳增值税具体会计处理如下：

借：应交税费——应交增值税　　　　17 778.64

　　贷：银行存款　　　　17 778.64

丁字账图示如下：

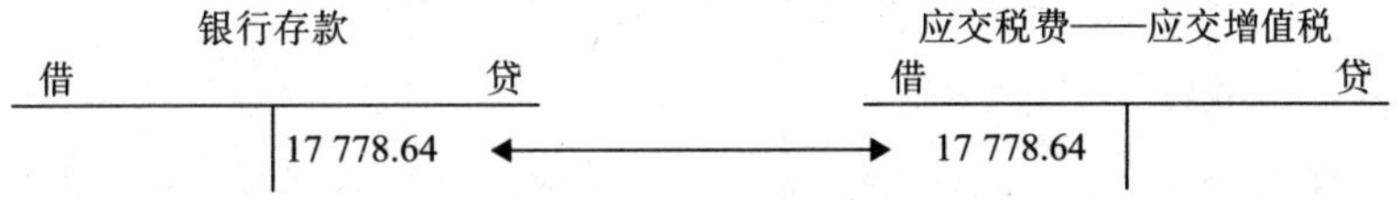

［**核心提示**］向旅客收取的车票款时，如适用一般计税方法，则按收取的车票款÷(1+9%)×9%=销项税额，会计处理：借记“库存现金”科目，贷记“主营业务收入（客运收入）”“应交税费——应交增值税（销项税额）”科目。如适用简易计税方法，则按收取的旅客车票款÷(1+3%)×3%=应纳税额，会计处理为：借记“库存现金”科目，贷记“主营业务收入（客运收入）”“应交税费——应交增值税”科目。

（二）为外单位收取的旅客车票款项时的税务及会计处理

一般纳税人为外单位代办客源组织、售票、检票、发车、运费结算等服务，根据《关于将铁路运输和邮政业纳入营业税改征增值税试点的通知》附件2《营改增税试点事项的规定》第一条规定，自本地区试点实施之日起，试点纳税人中的一般纳税人提供的客运场站服务，以其取得的全部价款和价外费用，扣除支付给承运方运费后的余额为销售额，其从承运方取得的增值税专用发票注明的增值税不得抵扣。因此，一般纳税人为外单位提供代办客源组织、售票、检票、发车等服务，按收取旅客车票金额扣除支付外单位运费后的余额为销售额。具体计算如下：客运服务费的含税销售额 = 售票收入 ×10% （一般按售票收入的 6%—10% 计算），销项税额 = 售票收入 ×10% ÷（1 +6%）×6%；承运方客运收入（含税价） = 售票收入 ×90%。账务处理：借记“库存现金”科目，贷记“主营业务收入（客运服务收入）”“主营业务收入（承运单位的含税客运收入）”“应交税费——应交增值税（销项税额）”等科目。

[例 9 –26] 红旗客运站为阳天客运公司提供代办客源组织、售票、检票、发车、运费结算等业务，向旅客收取车票款 2 120 000 元，并通过银行将 1 908 000 元（按车票款的 90% 计算）的客运费汇给阳天客运公司，并收到阳天客运公司开具的增值税专用发票结算旅客运费，剩下的 212 000 元作为客运场站服务费入账。

具体会计分录如下：

①红旗客运站向旅客收取车票款时：

借：库存现金　　2 120 000

　　贷：主营业务收入　　200 000

　　　　主营业务收入（阳天客运公司）　　1 908 000

　　　　应交税费——应交增值税（销项税额）　　12 000

丁字账图示如下：

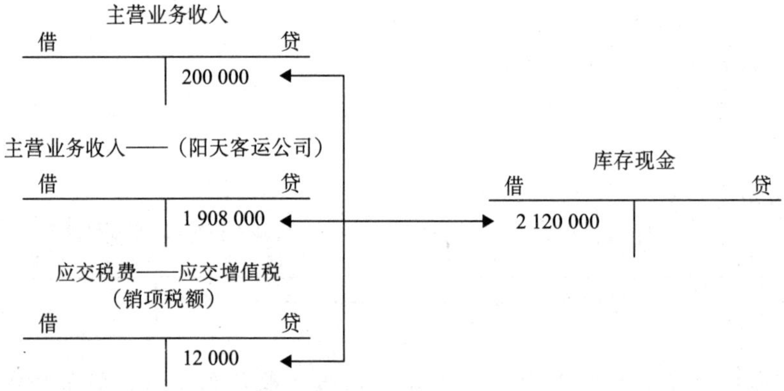

缴纳增值税具体会计处理如下：

借：应交税费——应交增值税　　12 000

　　贷：银行存款　　12 000

丁字账图示如下：

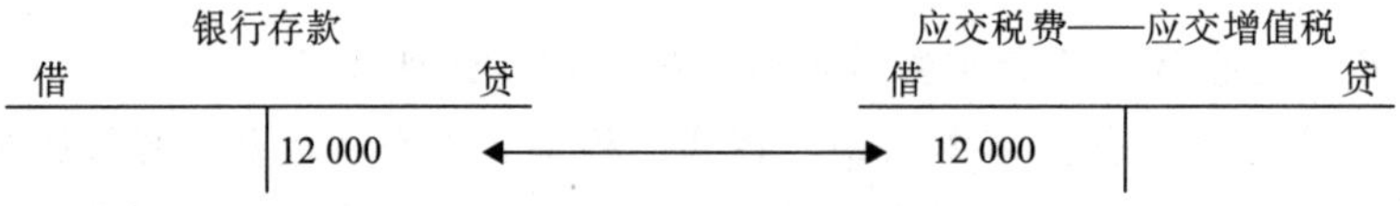

②收到阳天客运公司开具的增值税专用发票时冲减销售收入：

借：主营业务收入（阳天客运公司）　　1 908 000

贷：银行存款　　1 908 000

丁字账图示如下：

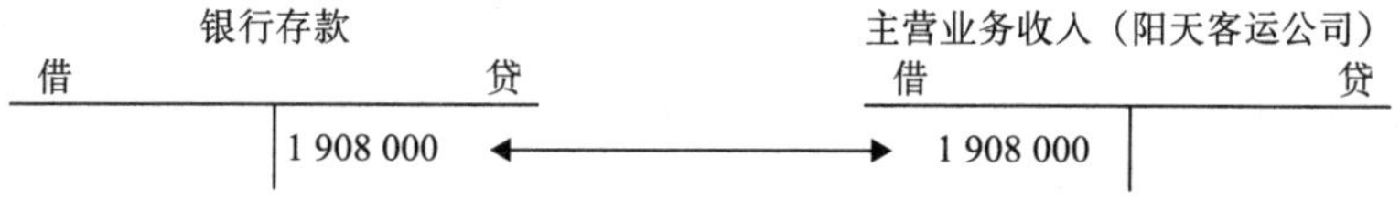

［**核心提示**］由于为外单位代办客源组织、售票、检票、发车等服务的适用税率为6%，而承运方如采用一般计算税办法，开具的增值税专用发票的税率为9%，增值税抵扣会超过实际情况。如采用简易计税办法则又不能开具增值税专用发票，销项税额无法抵扣，不适用增值税环环相扣的理论。为了解决上述问题，同时也为了减轻纳税人负担，兼顾历史习惯，现行税收政策规定客运站开具的代售车票直接分为两部分，一部分为客运服务费，另一部分为承运方运费收入。与此同时，为了直观监控运费结算情况，在账务处理上就要求将承运方的运费记入客运站的销售账户，待承运方开具发票就冲红销售。

（三）结算外单位收取的客运费的税务及会计处理

［**例9-27**］A客运公司收到B客运站汇来客运费共计239 800元，并通过银行结算。

①A客运公司按一般计税办法计税，则A客运公司向B客运站开具增值税专用发票，具体会计分录如下：

借：银行存款　　239 800

　　贷：主营业务收入　　220 000

　　　　应交税费——应交增值税（销项税额）　　19 800

丁字账图示如下：

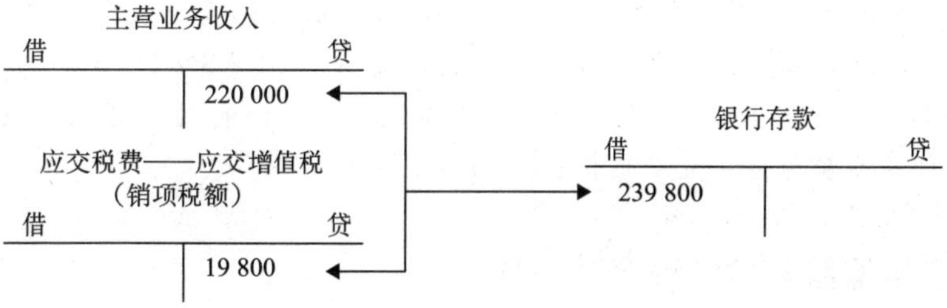

缴纳增值税具体会计处理如下：

借：应交税费——应交增值税　　19 800

　　贷：银行存款　　19 800

丁字账图示如下：

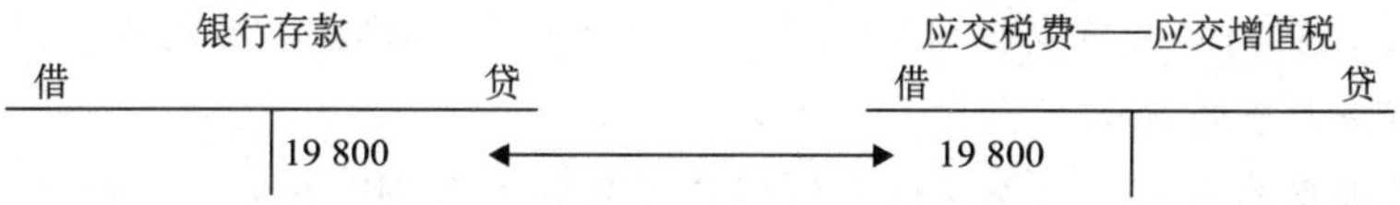

②A客运公司按简易计税办法，则A客运公司向B客运站应开具增值税普通发票，具体会计分录如下：

借：银行存款　　　　　　　　　　　　　　　　　　　239 800

　　贷：主营业务收入　　　　　　　　　　　　　　　　232 815.53

　　　　应交税费——应交增值税（销项税额）　　　　　　6 984.47

丁字账图示如下：

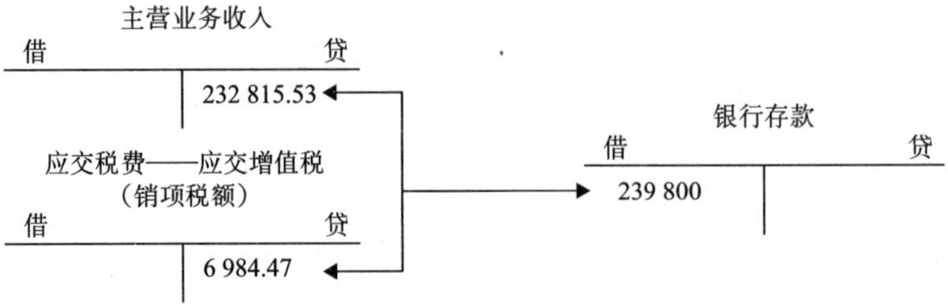

缴纳增值税具体会计处理如下：

借：应交税费——应交增值税　　　　　　　　　　　　6 984.47

　　贷：银行存款　　　　　　　　　　　　　　　　　　6 984.47

丁字账图示如下：

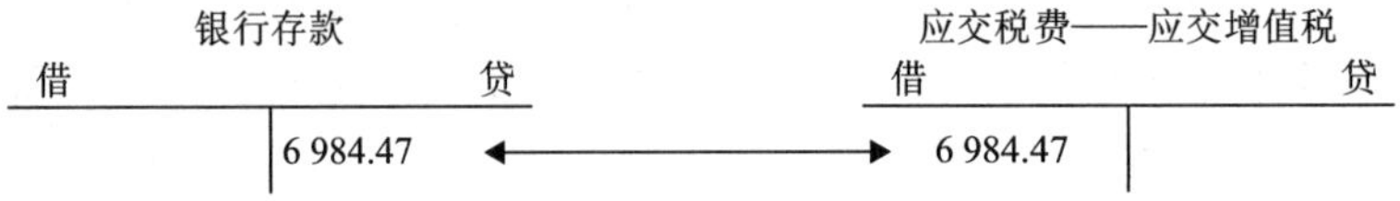

[核心提示] 一般纳税人结算外单位收取的客运费时，如适用一般计税方法，则按外单位汇来的客运款÷(1+9%)×9%=销项税额，如适用简易计税方法，则按汇来的客运费÷(1+3%)×3%=应纳税额。会计处理：借记“银行存款”（或“应收账款——某客运站”）科目，贷记：“主营业务收入（客运收入）”“应交税费——应交增值税（销项税额）”科目；如适用简易计税方法，则按汇来的客运费÷(1+3%)×3%=应纳税额，会计处理为：借记“银行存款”（“应收款项——某客运站”）科目，贷记“主营业务收入(客运收入)”“应交税费——应交增值税”科目。

四、航空运输服务增值税会计处理

航空运输服务（境内）：是指通过空中航线运送货物或者旅客的运输业务活动。属于“交通运输服务”中的“航空运输服务”，适用增值税税率为9%。航空运输服务需要差额计税，即航空运输企业的销售额，不包括代收的机场建设费和代售其他航空运输企业客票而代收转付的价款。这两种费用均属于代收性质，因此不包含在销售额内部。

[例9-28] 深圳起航航空公司为增值税一般纳税人，主要提供国内、国际运输服务。2019年5月有关经营情况如下：

(1) 提供国内旅客运输服务取得含增值税票款收入6 540万元。特价机票改签、变更费362.2万元。具体会计处理如下：

借：银行存款　　　　　　　　　　　　　　　　　　69 022 000

　　贷：主营业务收入　　　　　　　　　　　　　　　63 322 935.78

应交税费——应交增值税（销项税额） 5 699 064.22

丁字账图示如下：

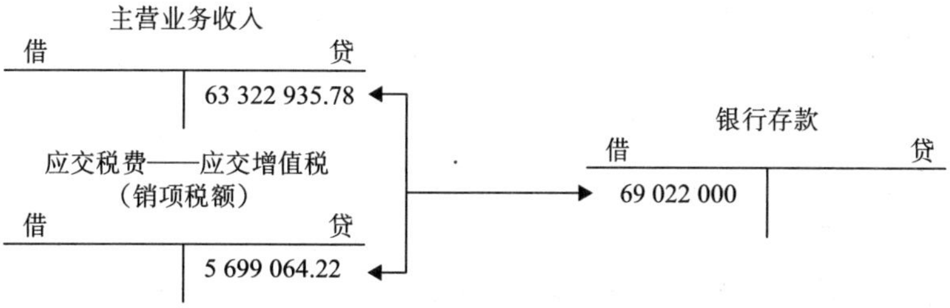

缴纳增值税具体会计处理如下：

借：应交税费——应交增值税 5 699 064.22

贷：银行存款 5 699 064.22

丁字账图示如下：

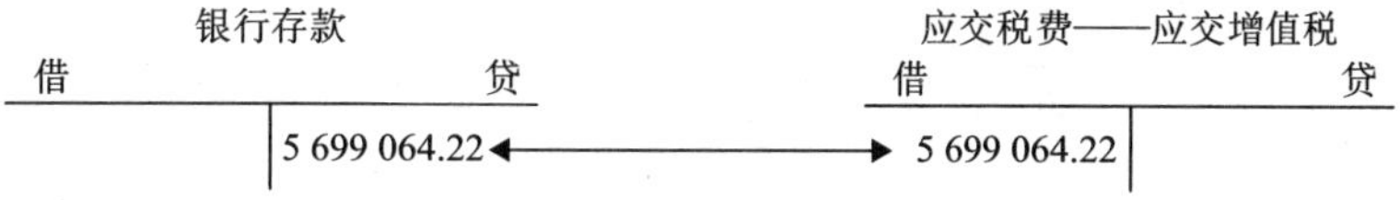

（2）代收机场建设费124.6万元。代收转付其他航空公司客票款140.2万元。具体会计处理如下：

借：主营业务成本 2 429 357.80

应交税费——应交增值税（销项税额抵减） 218 642.20

贷：应付账款 2 648 000

丁字账图示如下：

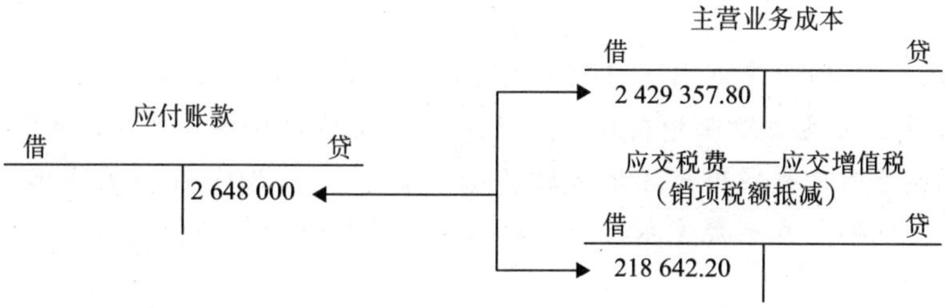

缴纳增值税具体会计处理如下：

借：应交税费——应交增值税 5 480 422.02

贷：银行存款 5 480 422.02

丁字账图示如下：

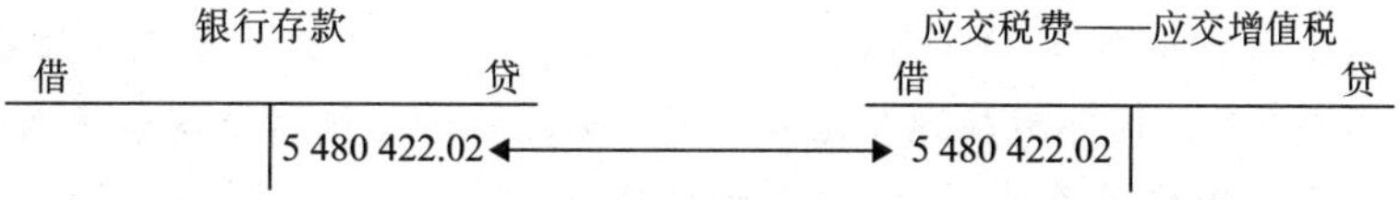

此项业务需缴纳增值税 = 5 699 064.22 - 218 642.20 = 5 480 422.02（元）

［核心提示］ 航空运输服务需要差额计税，即航空运输企业的销售额，不包括代收的

机场建设费和代售其他航空运输企业客票而代收转付的价款。这两种费用均属于代收性质，因此不包含在销售额当中。

［**例 9－29**］2019 年 6 月 5 日冬阳航空公司北京至上海的航班 8KN60 售出 30 张机票，取得售票收入 65 400 元（含税）。

具体

借：库存现金　　65 400

　贷：主营业务收入　　60 000

　　　应交税费—应交增值税（销项税额）　　5 400

丁字账图示如下：

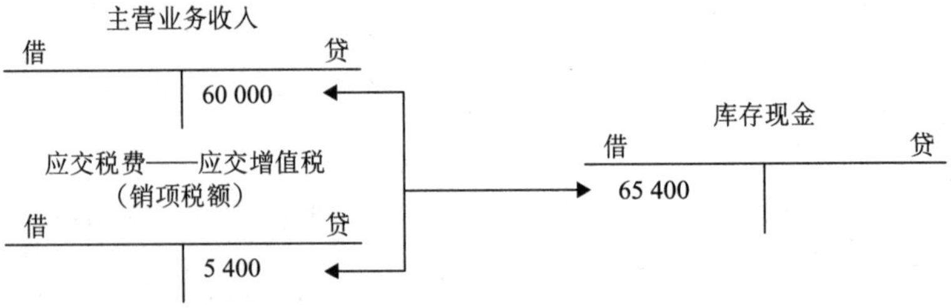

缴纳增值税具体会计处理如下：

借：应交税费——应交增值税　　5 400

　贷：银行存款　　5 400

丁字账图示如下：

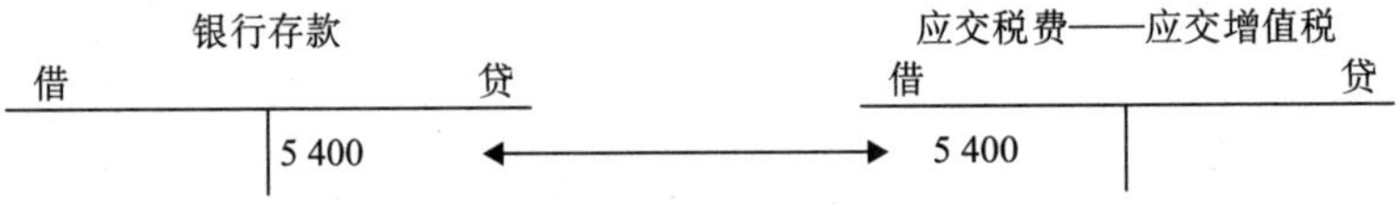

［**核心提示**］从 2019 年 4 月 1 日起，增值税改革再发力，在将制造业等行业 16% 增值税税率降至 13%、交通运输业和建筑业等行业 10% 增值税税率降至 9% 的基础上，进一步扩大进项税抵扣范围，将国内旅客运输服务纳入其中。从 2019 年 4 月 1 日起，纳税人取得的火车票、飞机票、汽车票等客票也可以作为增值税进项税抵扣凭证了。

五、零税率应税服务增值税适用“免、抵、退”税办法的计算

［**例 9－30**］某国内航空公司（一般纳税人）独家承运上海至香港的国际航空货物运输服务，2019 年 9 月取得国际货物航空运输收入折合人民币为 7 380 000 元，取得国内货物航空运输收入 25 000 000 元（不含税）。同时，从国内购进 1 架供货物运输的飞机用于国内短程货物运输，价税合计 24 860 000 元，并取得增值税专用发票已认证通过。已知运输服务业征税率为 9%，国际运输适用退税率为 9%，购进飞机增值税税率为 13%。（该公司符合申报免抵退税资格的条件。）具体会计处理：

①当月取得国内航空货物运输收入：

销项税额 = 25 000 000 × 9% = 2 250 000（元）。

借：银行存款　　27 250 000

　　贷：主营业务收入　　25 000 000

　　　　应交税费——应交增值税（销项税额）　　2 250 000

丁字账图示如下：

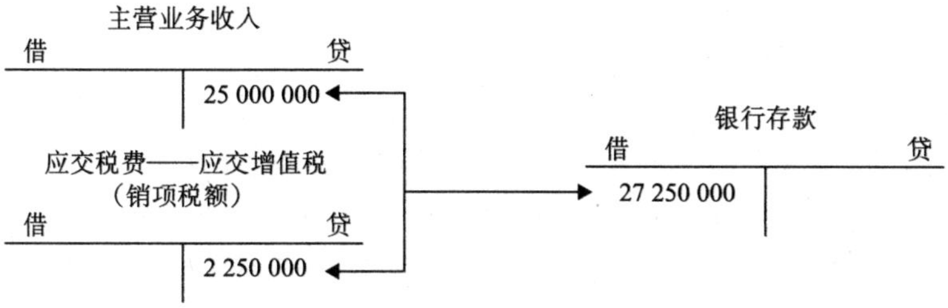

缴纳增值税具体会计处理如下：

借：应交税费——应交增值税　　2 250 000

　　贷：银行存款　　2 250 000

丁字账图示如下：

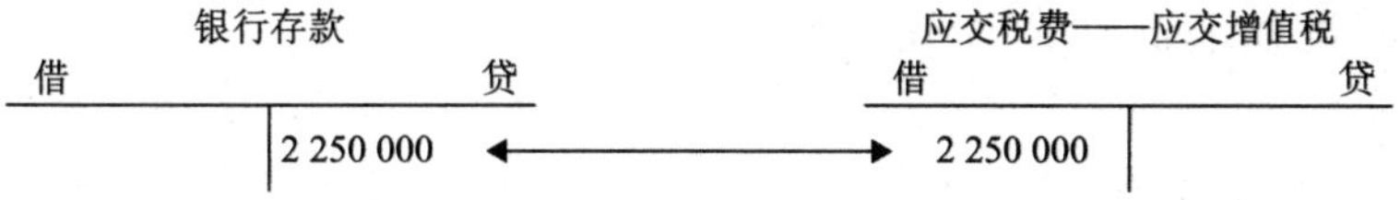

②购进运输飞机时，凭增值税专用发票：

进项税额 = 24 860 000 ÷ (1 + 13%) × 13% = 2 860 000（元）

借：固定资产　　22 000 000

　　应交税费——应交增值税（进项税额）　　2 860 000

　　贷：银行存款　　24 860 000

丁字账图示如下：

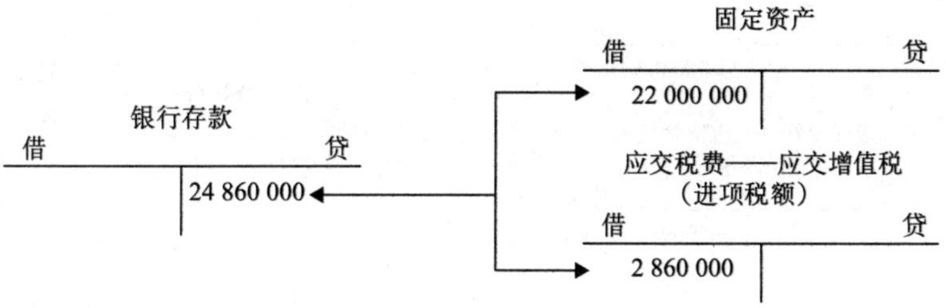

③该公司独家承运国际货物运输，当月取得收入：

国际航空货物运输收入 7 380 000 元，不征税。

借：银行存款　　7 380 000

　　贷：主营业务收入　　6 770 642.20

　　　　应交税费——应交增值税（免抵税额）　　609 357.80

丁字账图示如下：

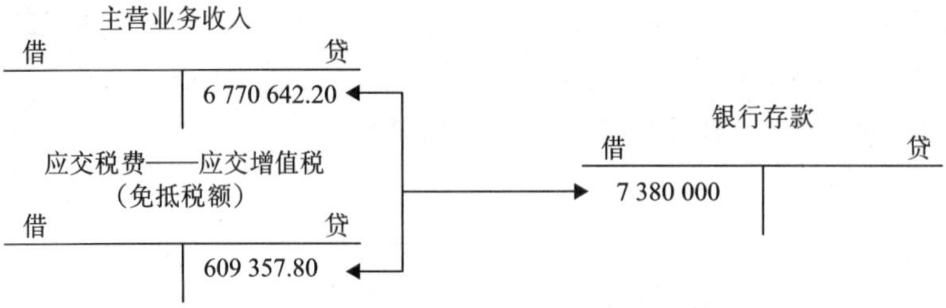

［**核心提示**］1. 计算当期应纳税额：当期应纳税额 = 销项税额 -（进项税额 - 当期免抵退税不予抵扣税额）= 2 250 000 -（2 860 000 - 0）= -610 000（元）

2. 退税指标：当期零税率应税服务免抵退税额 = 7 380 000 × 9% = 664 200（元）

3. 由于当期期末留抵税额 610 000 元小于当期免抵退税额 664 200 元，当期应退税额 = 当期期末留抵税额 = 610 000 元。

4. 免抵税额：当期免抵税额 = 当期免抵退税额 - 当期应退税额 = 664 200 - 610 000 = 54 200（元）

六、管道运输增值税会计处理

［**例 9 - 31**］某管道运输企业为一般纳税人，2019 年 6 月取得管道运输不含税收入 100 万元，当月购进材料，取得增值税专用发票，金额 13 万元，当月抵扣进项税。

具体会计分录如下：

借：银行存款　　1 090 000

　贷：主营业务收入　　1 000 000

　　应交税费——应交增值税（销项税额）　　90 000

丁字账图示如下：

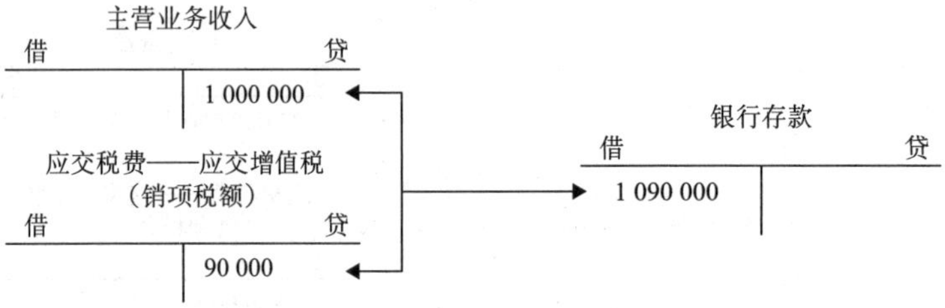

缴纳增值税具体会计处理如下：

借：应交税费——应交增值税　　90 000

　贷：银行存款　　90 000

丁字账图示如下：

借：原材料　130 000

　　应交税费——应交增值税（进项税额）　16 900

　　贷：银行存款　146 900

丁字账图示如下：

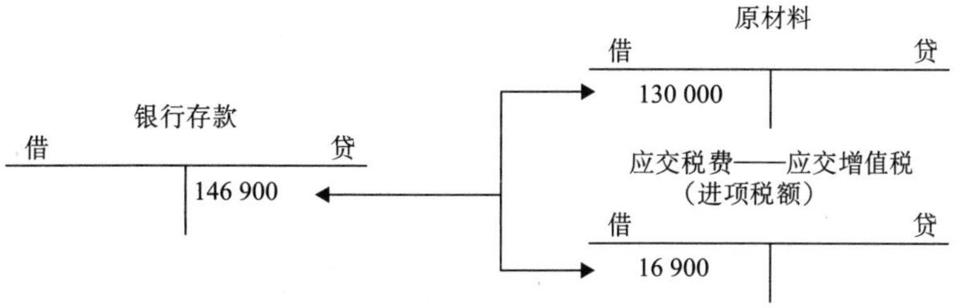

借：应交税费——应交增值税（应交增值税）　73 100

　　贷：银行存款　73 100

丁字账图示如下：

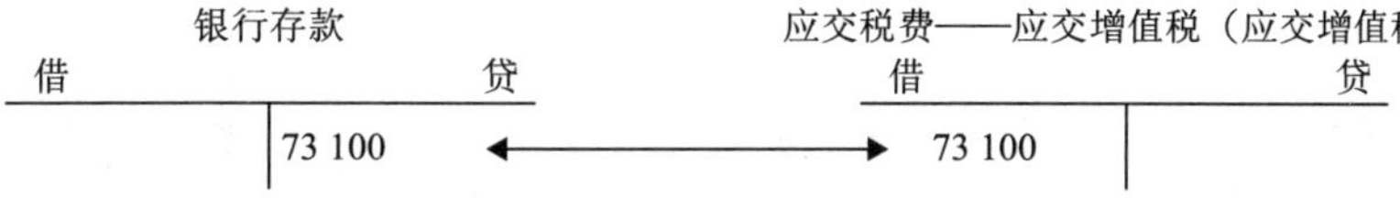

借：银行存款　43 100

　　贷：营业外收入　43 100

丁字账图示如下：

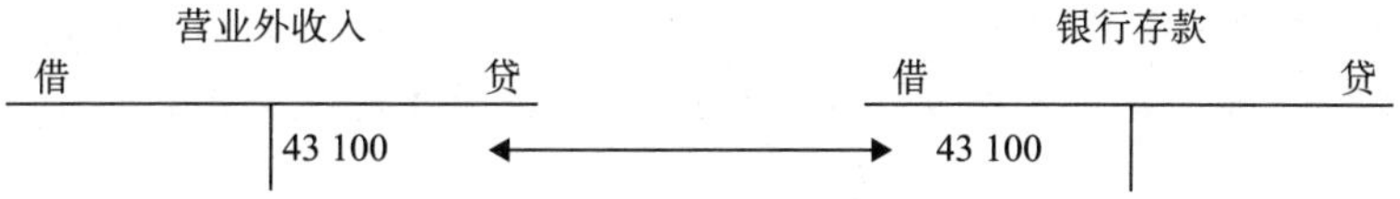

［核心提示］ 管道运输业适用的税率为9%，应缴纳的增值税为7.31万元（100×9% - 13×13%），管道运输业对其增值税实际税负超过3%的部分实行增值税即征即退政策。实际税负为7.31%（7.31÷100），超过3%，因此该企业实际应缴纳的增值税为3万元。

七、交通运输业特殊税收优惠政策

［例9-32］ 台湾宏盛航运公司是增值税一般纳税人。该公司取得交通运输部颁发的“台湾海峡两岸间水路运输许可证”且该许可证上注明的公司登记地址在台湾。该公司2019年12月取得海峡两岸海上直航收入39 240元（含税）。

借：银行存款　39 240

　　贷：主营业务收入　36 000

　　　　应交税费——应交增值税（减免税额）　3 240

借：应交税费——应交增值税（减免税额）　3 240

　　贷：营业外收入　3 240

丁字账图示如下：

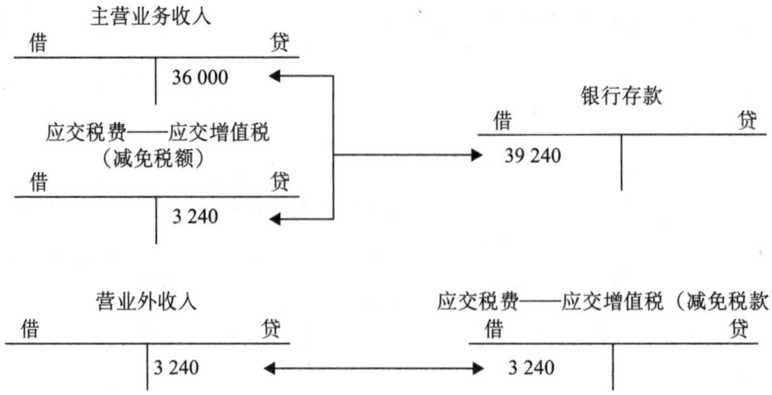

［**核心提示**］根据《财政部　国家税务总局关于全面推开营业税改征增值税试点的通知》（财税〔2016〕36 号）所附《营业税改征增值税试点过渡政策的规定》，下列项目免征增值税：台湾航运公司、航空公司从事海峡两岸海上直航、空中直航业务在大陆取得的运输收入。

台湾航运公司，是指取得交通运输部颁发的“台湾海峡两岸间水路运输许可证”且该许可证上注明的公司登记地址在中国台湾地区的航运公司。

台湾航空公司，是指取得中国民用航空局颁发的“经营许可”或者依据《海峡两岸空运协议》和《海峡两岸空运补充协议》的规定，被批准经营两岸旅客、货物和邮件不定期（包机）运输业务，且公司登记地址在中国台湾地区的航空公司。

［**例 9－33**］某市一家运输公司属于一般纳税人，2020 年 3 月为武汉运输疫情防控所需防控服 10 万件，医用口罩 8 万只，取得运输收入 32 700 元（含税）。

借：银行存款　　32 700

　　贷：主营业务收入　　30 000

　　　　应交税费——应交增值税（减免税额）　　2 700

借：应交税费——应交增值税（减免税额）　　2 700

　　贷：营业外收入　　2 700

丁字账图示如下：

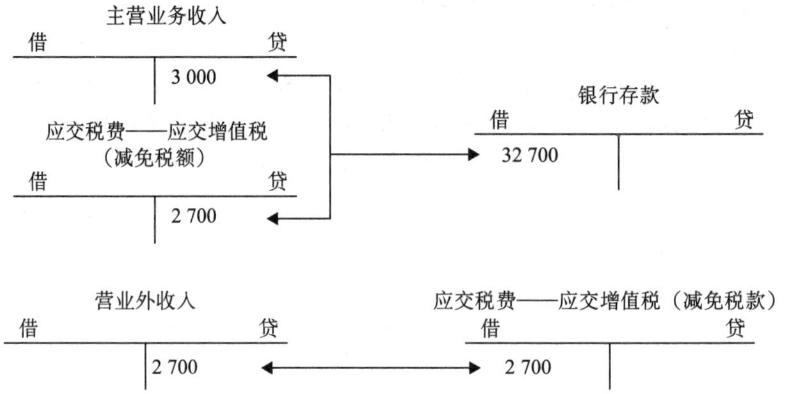

[**例 9－34**] 武汉市一家运输公司属于小规模纳税人，2020 年 4 月为武汉运输疫情防控所需防控服 5 万件，医用口罩 6 万只，取得运输收入 32 960 元（含税）。

借：银行存款　　32 960

　　贷：主营业务收入　　32 000

　　　　应交税费——应交增值税（减免税额）　　960

借：应交税费——应交增值税（减免税额）　　960

　　贷：营业外收入　　960

丁字账图示如下：

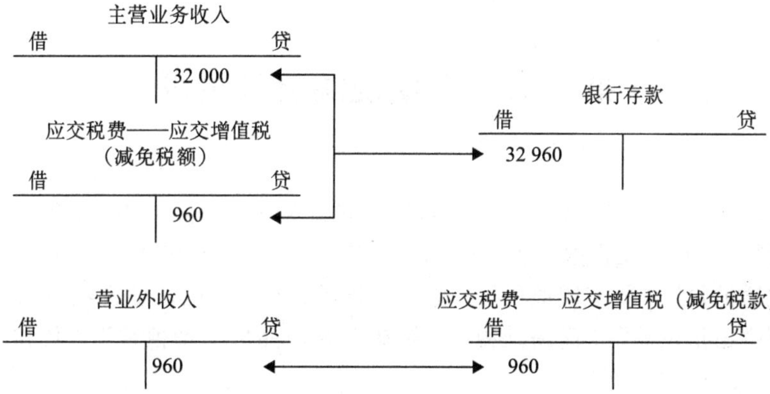

[**核心提示**]《财政部 税务总局关于支持新型冠状病毒感染的肺炎疫情防控有关税收政策的公告》（财政部 税务总局 2020 年第 8 号）规定，对纳税人运输疫情防控重点保障物资取得的收入，免征增值税。疫情防控重点保障物资的具体范围，由国家发展改革委、工业和信息化部确定。

第十章　旅游、住宿和餐饮业增值税会计处理

第一节　进项税额会计处理

《财政部关于印发〈增值税会计处理规定〉的通知》（财会〔2016〕22号）规定：

1. 会计科目及专栏设置增值税一般纳税人应当在“应交税费”科目下设置“应交增值税”“未交增值税”“预交增值税”“待抵扣进项税额”“待认证进项税额”“待转销项税额”“增值税留抵税额”“简易计税”“转让金融商品应交增值税”“代扣代交增值税”等明细科目。

2. 增值税一般纳税人应在“应交增值税”明细账内设置“进项税额”“销项税额抵减”“已交税金”“转出未交增值税”“减免税款”“出口抵减内销产品应纳税额”“销项税额”“出口退税”“进项税额转出”“转出多交增值税”等专栏。其中：“进项税额”专栏，记录一般纳税人购进货物、加工修理修配劳务、服务、无形资产或不动产而支付或负担的、准予从当期销项税额中抵扣的增值税额。

3. 采购等业务进项税额允许抵扣的账务处理：一般纳税人购进货物、加工修理修配劳务、服务、无形资产或不动产，按应计入相关成本费用或资产的金额，借记“在途物资”或“原材料”“库存商品”“生产成本”“无形资产”“固定资产”“管理费用”等科目，按当月已认证的可抵扣增值税额，借记“应交税费——应交增值税（进项税额）”科目，按当月未认证的可抵扣增值税额，借记“应交税费——待认证进项税额”科目，按应付或实际支付的金额，贷记“应付账款”“应付票据”“银行存款”等科目。发生退货的，如原增值税专用发票已做认证，应根据税务机关开具的红字增值税专用发票做相反的会计分录；如原增值税专用发票未做认证，应将发票退回并做相反的会计分录。

4. 采购等业务进项税额不得抵扣的账务处理：一般纳税人购进货物、加工修理修配劳务、服务、无形资产或不动产，用于简易计税方法计税项目、免征增值税项目、集体福利或个人消费等，其进项税额按照现行增值税制度规定不得从销项税额中抵扣的，取得增值税专用发票时，应借记相关成本费用或资产科目，借记“应交税费——待认证进项税额”科目，贷记“银行存款”“应付账款”等科目，经税务机关认证后，应借记相关成本费用或资产科目，贷记“应交税费——应交增值税（进项税额转出）”科目。

一、采用抵扣进项税法取得进项税额的会计处理

[**例 10－1**] 上海 A 旅游服务公司为增值税一般纳税人，2019 年 5 月该公司承接了杭州某单位的旅游服务业务，取得旅游收入 109 180 元，约定游览浙江、江苏省际沿路景点，并由 B 旅游公司分包江苏景点游览服务，分包金额 44 520 元（取得 B 公司开具的增值税专用发票，进项税额为 2 472 元）。A 公司安排客人游览浙江境内若干景区，支付住宿费 21 200 元（取得增值税专用发票，进项税额为 1 320 元），支付交通费 6 540 元（取得增值税专用发票，进项税额为 540 元），支付餐饮费 16 960 元（取得增值税普通发票）。该企业采用抵扣进项税法，则相关会计处理如下：

（1）支付 B 公司分包款时：

借：主营业务成本　　42 000

　　应交税费——应交增值税（进项税额）　　2 520

　　贷：银行存款　　44 520

丁字账图示如下：

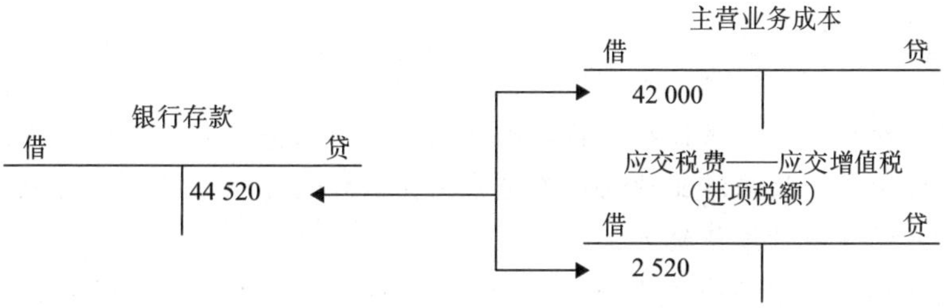

（2）支付住宿费时：

借：主营业务成本　　20 000

　　应交税费——应交增值税（进项税额）　　1 200

　　贷：银行存款　　21 200

丁字账图示如下：

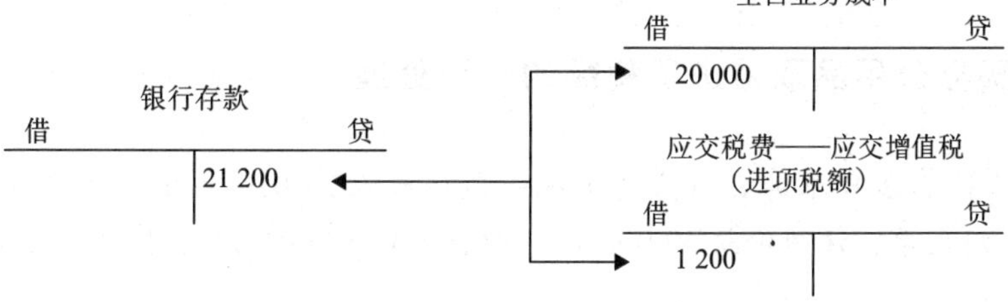

（3）支付交通费时：

借：主营业务成本　　6 000

　　应交税费——应交增值税（进项税额）　　540

　　贷：银行存款　　6 540

丁字账图示如下：

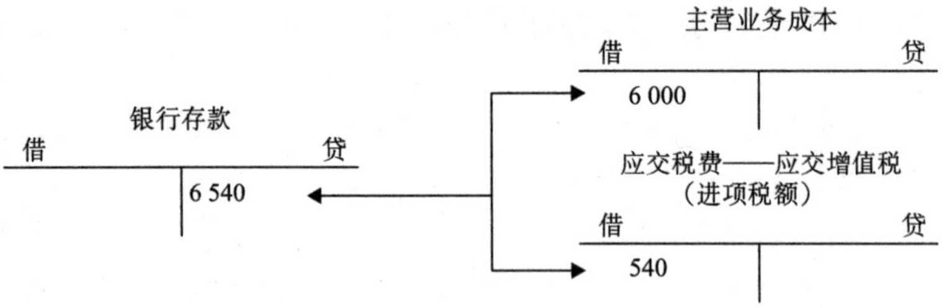

（4）支付餐饮费时：

借：主营业务成本　　16 960

　　贷：银行存款　　16 960

丁字账图示如下：

由于旅游业纳税人向提供住宿、餐饮或交通等旅游服务的其他单位或者个人索取增值税专用发票较为困难，故旅游业纳税人不论采用一般计税方法还是简易计税方法均可以选择差额征收方式计算缴纳增值税。

根据《财政部　国家税务总局关于全面推开营业税改征增值税试点的通知》（财税〔2016〕36号）附件2《营业税改征增值税试点有关事项的规定》中规定，试点纳税人提供旅游服务，可以选择以取得的全部价款和价外费用，扣除向旅游服务购买方收取并支付给其他单位或者个人的住宿费、餐饮费、交通费、签证费、门票费和支付给其他接团旅游企业的旅游费用后的余额为销售额。

选择上述办法计算销售额的试点纳税人，向旅游服务购买方收取并支付的上述费用，不得开具增值税专用发票，可以开具普通发票。

二、购买办公用品取得进项税额的会计处理

［**例10－2**］北京B旅游公司为增值税一般纳税人，2019年5月购买办公用品一批，取得增值税专用发票，注明价款30 000元，增值税额3 900元，以银行存款支付。则相关会计处理如下：

借：管理费用——办公费　　30 000

　　应交税费——应交增值税（进项税额）　　3 900

　　贷：银行存款　　33 900

丁字账图示如下：

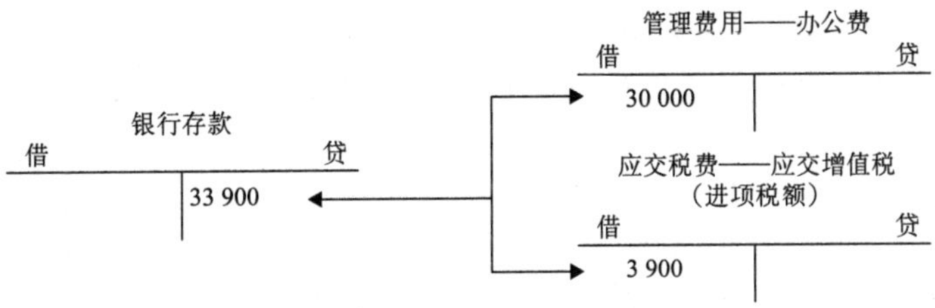

［**核心提示**］一般纳税人取得合规的增值税专用发票，按销售金额（不含税），借记“主营业务成本”（“原材料”“管理费用”“销售费用”等），按发票税额，借记“应交税费——应交增值税（进项税额）”；贷记“银行存款”（“应付账款”等）。购买的办公用品应计入“管理费用”。

三、因公出差取得进项税额的会计处理

［**例 10－3**］天津 C 旅游公司为增值税一般纳税人，2019 年 6 月 4 日，外联部李峰因业务联系出差，预支差旅费 3 000 元，以现金支付。6 月 10 日，李峰出差归来，报销差旅费 2 500 元，其中住宿费 800 元（取得增值税专用发票），注明李峰身份信息的铁路车票两张，票面金额共计 640 元，余款 500 元做收回处理。则相关会计处理如下：

（1）预支差旅费时：

借：其他应收款——差旅借款——李峰	3 000	
贷：库存现金		3 000

丁字账图示如下：

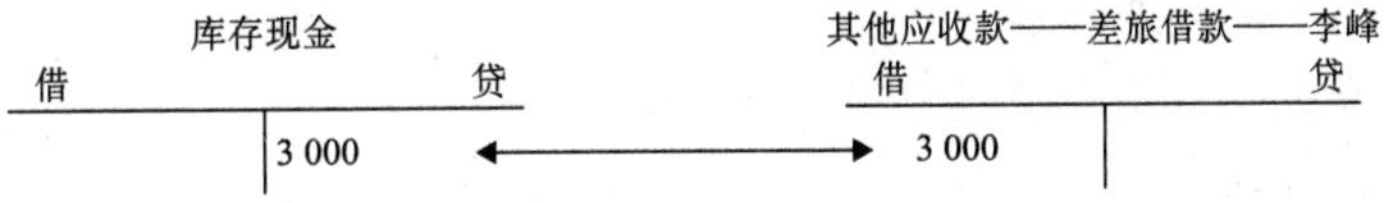

（2）报销差旅费时：

借：管理费用——差旅费	2 402	
应交税费——应交增值税（进项税额）	98	
库存现金	500	
贷：其他应收款——差旅借款——李峰		3 000

丁字账图示如下：

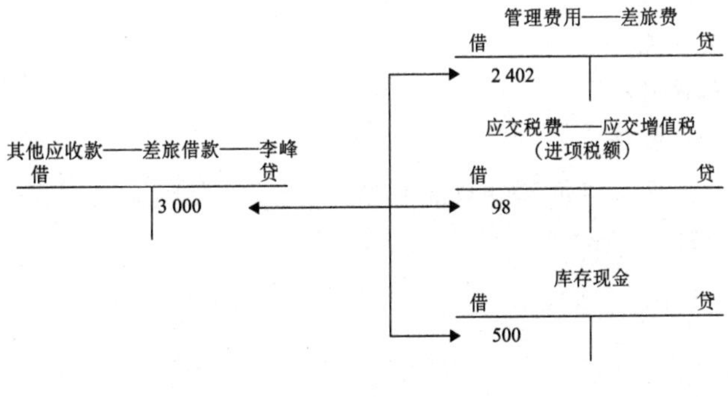

［核心提示］单位员工因公出差的住宿费，取得的增值税专用发票，可以按规定抵扣进项税额。单位员工因私出差的住宿费，属于个人消费，即使取得增值税专用发票，也不能抵扣进项税额。

根据《财政部　税务总局　海关总署关于深化增值税改革有关政策的公告》（财政部　税务总局　海关总署公告2019年第39号）规定，自2019年4月1日起，纳税人购进国内旅客运输服务，其进项税额允许从销项税额中抵扣。

纳税人未取得增值税专用发票的，暂按照以下规定确定进项税额：

（1）取得增值税电子普通发票的，为发票上注明的税额；

（2）取得注明旅客身份信息的航空运输电子客票行程单的，按照下列公式计算进项税额：航空旅客运输进项税额＝（票价＋燃油附加费）÷（1＋9%）×9%

（3）取得注明旅客身份信息的铁路车票的，按照下列公式计算的进项税额：铁路旅客运输进项税额＝票面金额÷（1＋9%）×9%

（4）取得注明旅客身份信息的公路、水路等其他客票的，按照下列公式计算进项税额：公路、水路等其他旅客运输进项税额＝票面金额÷（1＋3%）×3%

四、支付企业日常管理费用取得进项税额的会计处理

［例10－4］成都D旅游公司为增值税一般纳税人，2019年4月，以银行存款向成都家和物业有限公司支付4月物业管理费5 280元，水费360元，电费3 500元。则相应会计处理如下：

（1）支付4月物业管理费时：

借：管理费用——物业管理费　　4 981

　　应交税费——应交增值税（进项税额）　　299

　　贷：银行存款　　5 280

丁字账图示如下：

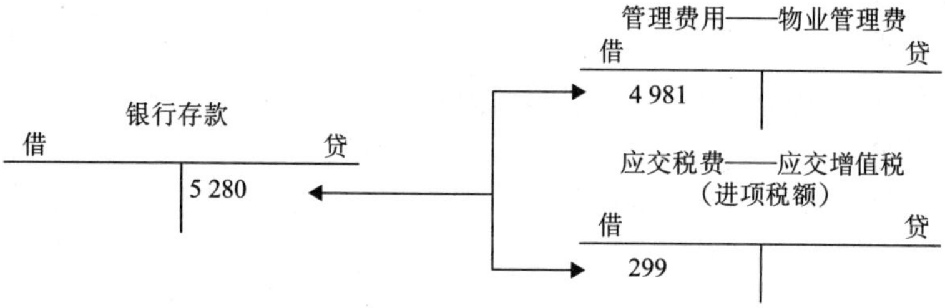

（2）支付4月水费时：

借：管理费用——水费　　350

　　应交税费——应交增值税（进项税额）　　10

　　贷：银行存款　　360

丁字账图示如下：

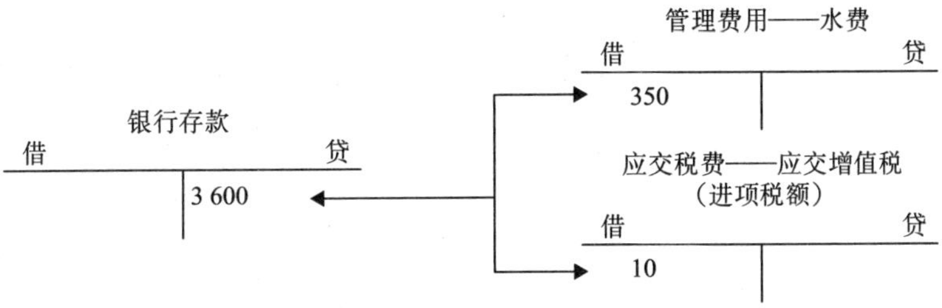

（3）支付4月电费时：

借：管理费用——电费　3 097

　　应交税费——应交增值税（进项税额）　403

　　贷：银行存款　3 500

丁字账图示如下：

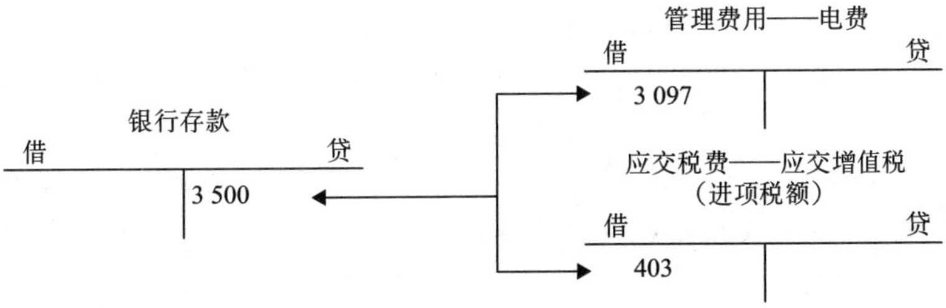

［**核心提示**］根据《国家税务总局关于物业管理服务中收取的自来水水费增值税问题的公告》（国家税务总局公告2016年第54号）的相关规定，提供物业管理服务的纳税人，向服务接受方收取的自来水水费，以扣除其对外支付的自来水水费后的余额为销售额，按照简易计税方法依3%的征收率计算缴纳增值税。

根据《财政部　税务总局　海关总署关于深化增值税改革有关政策的公告》（财政部　税务总局　海关总署公告2019年第39号）规定，自2019年4月1日起，增值税一般纳税人发生增值税应税销售行为或者进口货物，原适用16%税率的，税率调整为13%。故电力产品增值税税率由16%下调为13%。

五、购进原材料取得进项税额的会计处理

［**例10－5**］索菲亚酒店为增值税一般纳税人，为客人提供住宿、餐饮、停车等服务，2019年8月，餐饮部采购食材合计90 000元，进项税可抵扣金额合计为8 100元，对方单位为自产农产品生产者，索菲亚酒店自行开具了收购发票，款项已全部支付。则相应会计处理如下：

借：原材料　81 900

　　应交税费——应交增值税（进项税额）　8 100

　　贷：银行存款　90 000

丁字账图示如下：

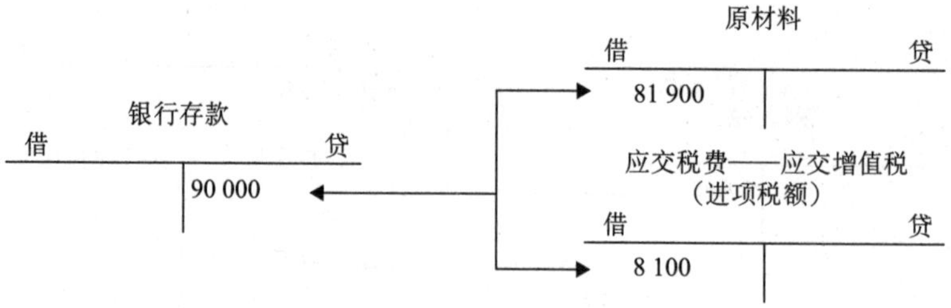

［**核心提示**］根据《财政部　税务总局　海关总署关于深化增值税改革有关政策的公告》（财政部　税务总局　海关总署公告2019年第39号）规定，自2019年4月1日起，纳税人购进农产品，原适用10%扣除率的，扣除率调整为9%。纳税人购进用于生产或者委托加工13%税率货物的农产品，按照10%的扣除率计算进项税额。

［**例10－6**］鸿运酒楼为增值税一般纳税人，2019年5月从某食材供应商处采购海鲜共计500千克，每千克（不含税）200元，取得增值税专用发票，注明价款100 000元，增值税额9 000元，另支付运费218元，现金付讫，取得增值税专用发票。则相应会计处理如下：

（1）借：在途物资　100 200

　　应交税费——应交增值税（进项税额）　9 018

　　贷：应付账款　109 000

　　　　库存现金　218

丁字账图示如下：

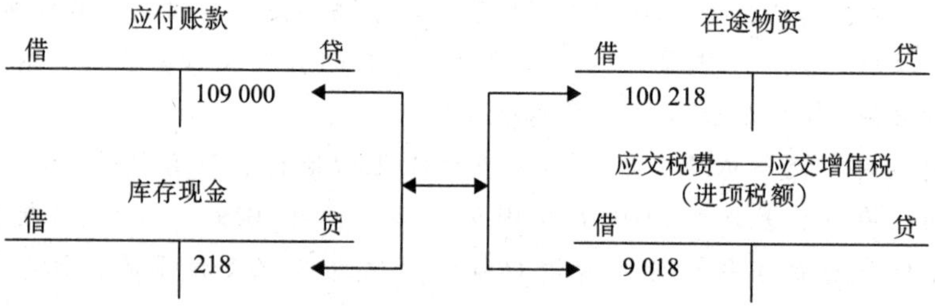

（2）采购的海鲜验收入库后，由于突发停电仓库存放海鲜的氧气泵无法工作，导致20千克的海鲜损毁，根据损毁情况，会计处理应为：

①实际入库时：

借：原材料——海鲜　100 218

　　贷：在途物资　100 218

丁字账图示如下：

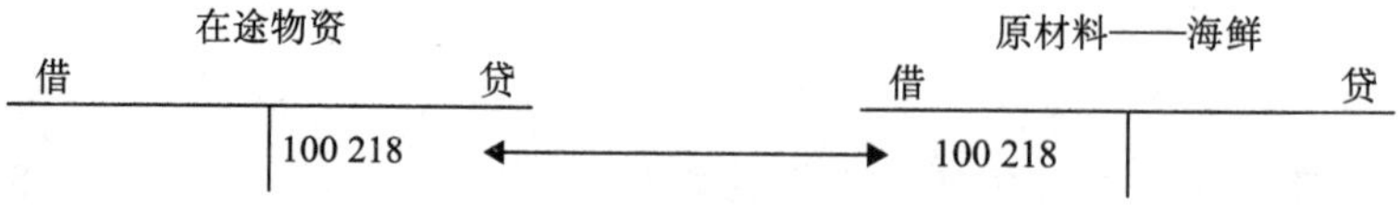

②发生海鲜损毁：

借：待处理财产损益　4 369

　　贷：原材料——海鲜　　4 008

　　　　应交税费——应交增值税（进项税额转出）　　361

丁字账图示如下：

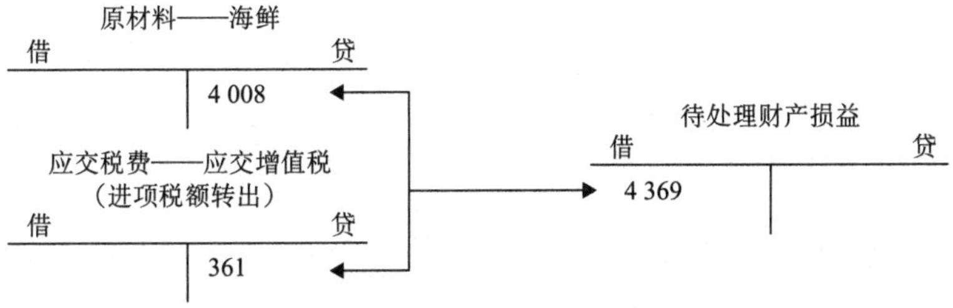

③将损毁海鲜确认为非常损失：

借：营业外支出——非常损失　　4 369

　　贷：待处理财产损益　　4 369

丁字账图示如下：

[核心提示] 餐饮企业购进的原材料发生的短缺或溢余，需分情况进行处理，如发生非正常损失，应当将已付的损失原材料货款及相应的进项税额转出。

六、购进货物取得进项税额的会计处理

[例 10-7] 忆泊酒店为增值税一般纳税人，2019 年 9 月 28 日在某饮品批发商处采购饮料 20 箱，用于酒店零售，款项以银行存款支付。取得增值税专用发票，注明价款 1 800 元，进项税额 234 元，9 月 30 日由批发商送至酒店库房，商品已验收入库。则相关会计处理如下：

（1）取得增值税专用发票时：

借：在途物资　　1 800

　　应交税费——应交增值税（进项税额）　　234

　　贷：银行存款　　2 034

丁字账图示如下：

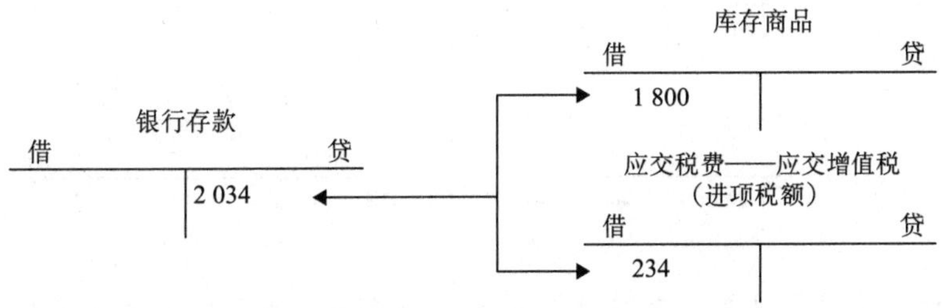

（2）验收入库时：

借：库存商品　　2 034

　　贷：在途物资　　2 034

丁字账图示如下：

［**核心提示**］企业购入商品在收到增值税专用发票但商品未入库时，按不含税成本借记“在途物资”科目，按进项税额借记“应交税费——应交增值税（进项税额）”科目，按已付的全部款项贷记“银行存款”等科目；商品入库时，借记“库存商品”科目，贷记“在途物资”科目。

［**例 10－8**］荣府中餐厅为增值税一般纳税人，2019 年 8 月 25 日向米旗食品加工厂订制带有本餐厅标志的月饼礼盒 100 套，供中秋节销售，共计 40 000 元，合同规定先付 40% 订金，交货时再付其余 60% 的货款。具体会计处理如下。

（1）支付订金时

借：预付账款——米旗食品加工厂　　16 000

　　贷：银行存款　　16 000

丁字账图示如下：

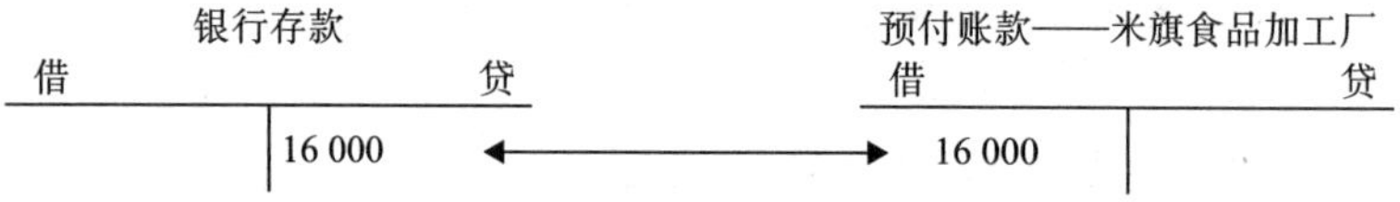

（2）2019 年 9 月 5 日收到月饼礼盒，并收到米旗食品加工厂开具的增值税专用发票，价税合计金额 40 000 元，当即签发转账支票支付其余 60% 的货款。月饼礼盒已验收入库，则相应会计处理如下：

借：库存商品——月饼礼盒　　35 398

　　应交税费——应交增值税（进项税额）　　4 602

　　贷：预付账款—米旗食品加工厂　　16 000

　　　　银行存款　　24 000

丁字账图示如下：

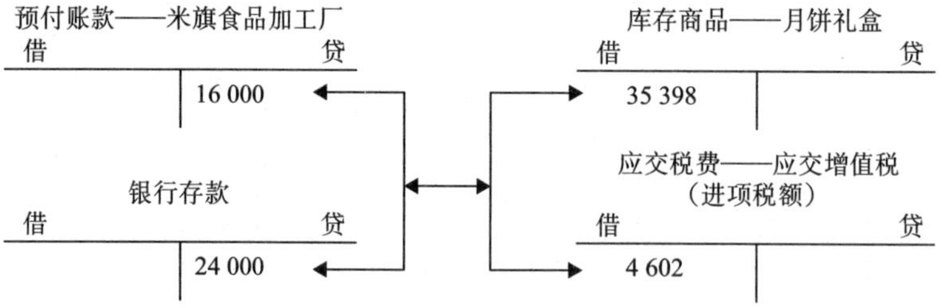

［**核心提示**］餐饮企业对于有特殊要求的物料用品，如附印有企业名称的营业用具、

具有企业特色的成品食品等，可采取预先订购的办法。预订物料用品的款项有两种结算办法：一种是预付订金或全部货款，按合同规定定期发货。企业在预付货款时，借记“预付账款”科目，贷记“银行存款”科目；在收到物料用品并验收入库后，再借记“原材料”科目，贷记“预付账款”科目，若是发货后还需补足货款的，还应贷记“银行存款”科目。另一种是预先订货，发货后采用托收承付等方式结算。企业根据合同规定验单或验货相符以后，承付货款，这时借记“原材料”科目，贷记“应付账款”或“银行存款”科目。

七、购入周转材料取得进项税额的会计处理

[例 10－9] 黛西酒店为增值税一般纳税人，2019 年 6 月在某酒店用品经销商处购入床单被罩 200 套，金额 45 200 元，购入酒店用毛巾浴巾 400 条，金额 9 040 元，均以银行存款支付，并取得酒店用品经销商开具的增值税专用发票。则相关会计处理如下：

借：周转材料——低值易耗品　　48 000
　　应交税费——应交增值税（进项税额）　　6 240
　　贷：银行存款　　54 240

丁字账图示如下：

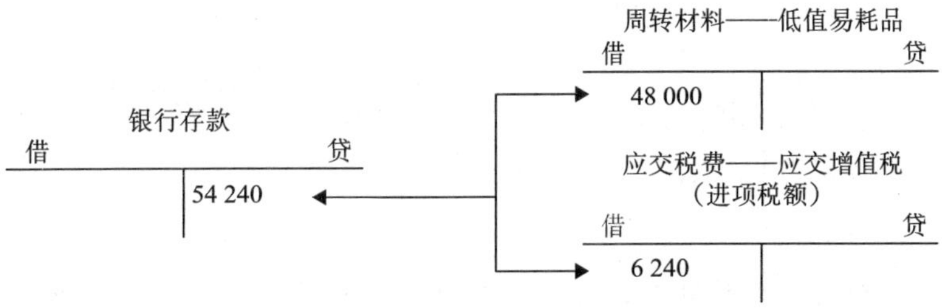

[核心提示] 住宿服务企业购入的酒店布草用品应记入“周转材料——低值易耗品”科目，低值易耗品是指单位价值较低、使用年限相对较短，在使用过程中基本保持其原有实物形态不变，不能作为固定资产的各种用具、设备，如工具、管理用具、玻璃器皿、劳动保护用品以及在经营过程中周转使用的包装容器等。就其性质而言，低值易耗品与固定资产一样，同属于酒店的劳动资料，可供酒店在生产经营过程中多次使用，重复多次地发挥其使用价值，并在使用过程中基本保持其原有实物形态。但是，低值易耗品的单位价值较低，达不到固定资产规定的单位价值标准，而且它与固定资产相比使用期限较短，在生产经营过程中需要经常替换重置。

八、购进无形资产取得进项税额的会计处理

[例 10－10] 云南 B 旅游公司为增值税一般纳税人，为拓展旅游业务，2019 年 4 月委托 C 软件开发公司研发一款旅游 App，4 月 13 日以银行存款支付给 C 公司 3 万元预付款，C 公司于 2019 年 5 月 27 日完成 App 研发，B 旅游公司以银行存款支付 C 公司剩余研发款

项，并取得C公司开具的增值税专用发票，注明价款9万元，税额5 400元。则相关会计处理如下：

（1）4月份支付给C公司预付款时：

借：预付账款　　30 000

　　贷：银行存款　　30 000

丁字账图示如下：

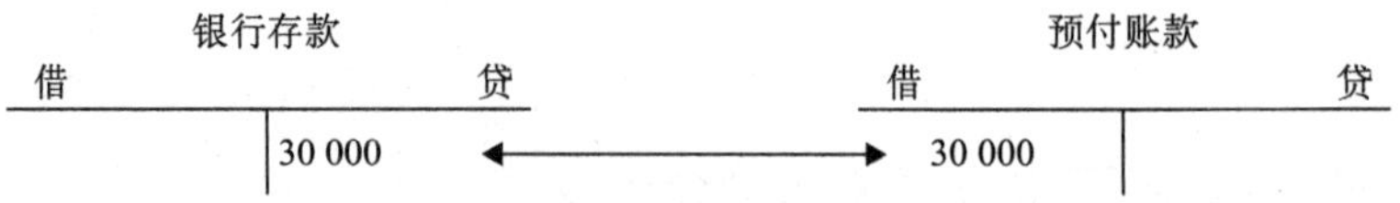

（2）取得C公司开具的增值税专用发票时：

借：无形资产　　90 000

　　应交税费——应交增值税（进项税额）　　5 400

　　贷：银行存款　　65 400

　　　　预付账款　　30 000

丁字账图示如下：

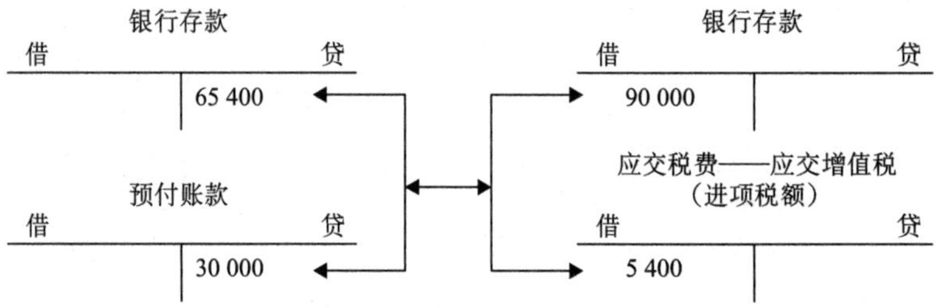

［**核心提示**］在支付预付款时，如企业未收取相应票据，应以正确的经济实质核算，应在预付账款中体现。

一般纳税人购进无形资产，如能够取得增值税专用发票，其进项税额可以抵扣。借记“无形资产”科目，贷记“银行存款”（或“预付账款”等）科目，贷记“应交税费——应交增值税（进项税额）”科目。

九、购进固定资产取得进项税额的会计处理

［**例10－11**］锦城酒楼为增值税一般纳税人，2019年8月购进一套燃气炊灶厨房使用，取得增值税专用发票上注明价款60 000元，增值税额4 800元，购进燃气灶所支付的运输费500元，安装费1 000元，均取得增值税专用发票，以上款项均以银行存款支付。则相关会计处理如下：

（1）购进燃气炊灶时：

借：在建工程　　60 000

　　应交税费——应交增值税（进项税额）　　4 800

　　贷：银行存款　　64 800

丁字账图示如下：

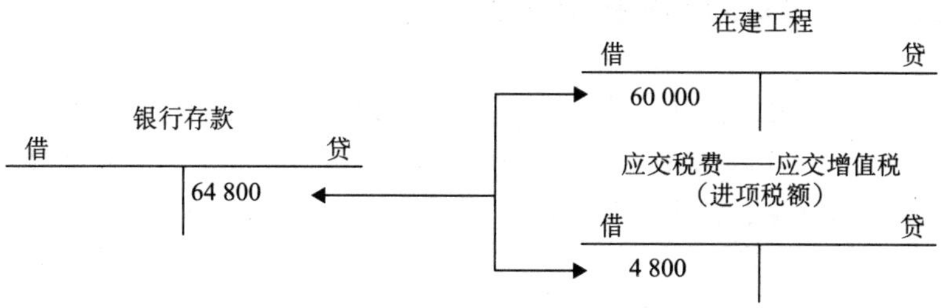

（2）支付运费及安装费时：

借：在建工程　1 376

　　应交税费——应交增值税（进项税额）　124

　　贷：银行存款　1 500

丁字账图示如下：

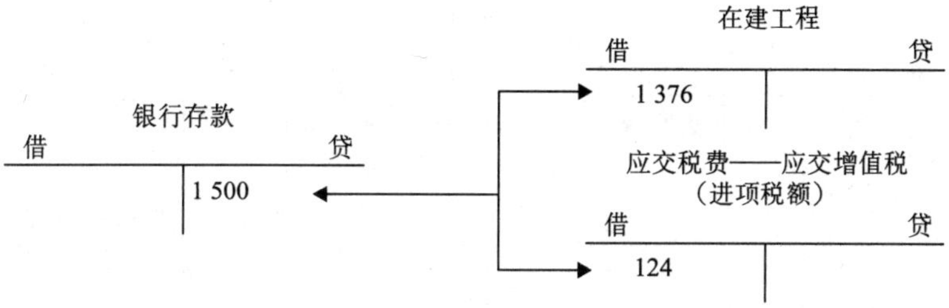

（3）达到预计可使用状态时：

借：固定资产　61 376

　　贷：在建工程　61 376

丁字账图示如下：

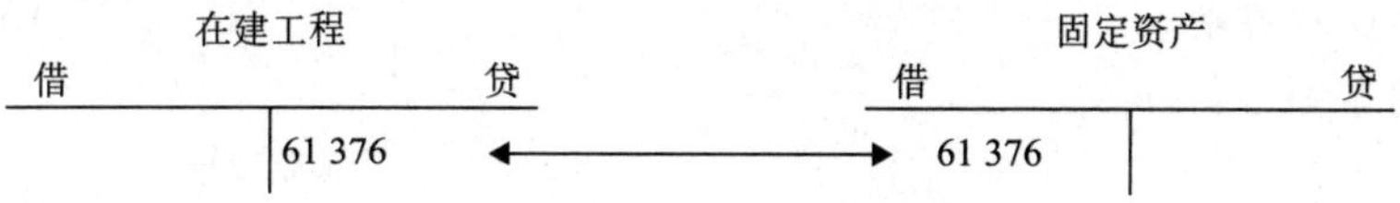

［**核心提示**］企业购进固定资产，取得增值税专用发票，可采用与增加存货相一致的会计处理方法。比如外购时，借记“应交税费——应交增值税（进项税额）”科目，按照专用发票上记载的应计入固定资产价值的金额，借记“固定资产”等科目，按照应付或实际支付的金额，贷记“应付账款”“应付票据”“银行存款”等科目。

根据《财政部 税务总局 海关总署关于深化增值税改革有关政策的公告》（财政部 税务总局 海关总署公告2019年第39号）规定，自2019年4月1日起，交通运输服务税率由10%调整为9%，安装服务税率由10%调整为9%。

十、购进不动产取得进项税额的会计处理

［例 10－12］怡程酒店为增值税一般纳税人，2019 年 1 月 10 日，该酒店购进大楼一座用于提供住宿服务，计入固定资产，并于次月开始计提折旧。当月取得增值税专用发票，增值税专用发票价税合计 1 100 万元。则相应会计处理如下：

借：固定资产　　10 000 000

　　应交税费——应交增值税（进项税额）　　600 000

　　　　　　——待抵扣进项税额　　400 000

　　贷：银行存款　　11 000 000

丁字账图示如下：

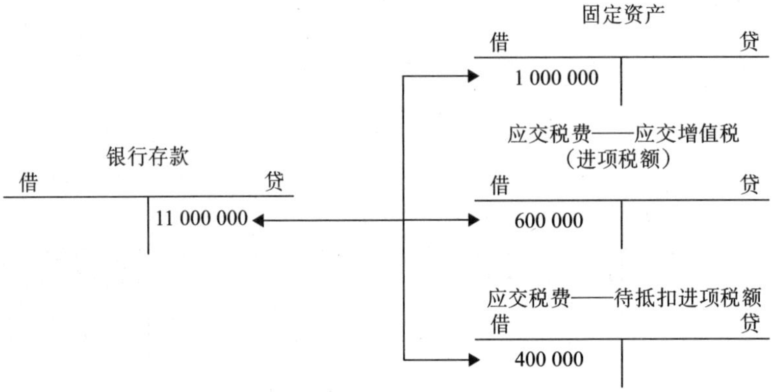

［例 10－13］美豪酒店为增值税一般纳税人，于 2019 年 4 月份购置一处新建不动产，当月取得增值税专用发票价税合计 1 090 万元。则相关会计处理如下：

借：固定资产　　10 000 000

　　应交税费——应交增值税（进项税额）　　900 000

　　贷：银行存款　　10 900 000

丁字账图示如下：

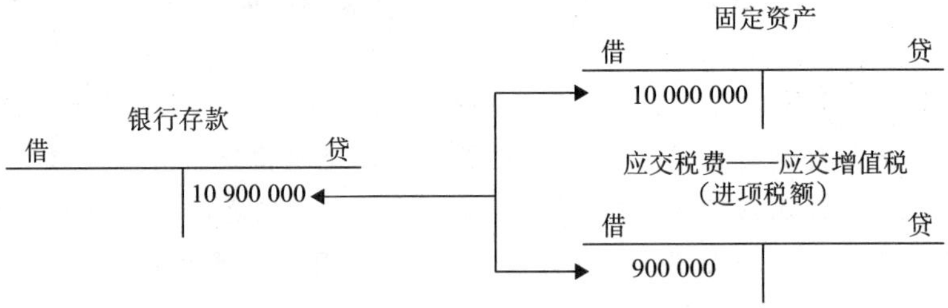

［核心提示］根据《财政部　税务总局　海关总署关于深化增值税改革有关政策的公告》（财政部　税务总局　海关总署公告 2019 年第 39 号）规定，自 2019 年 4 月 1 日起，《营业税改征增值税试点有关事项的规定》（财税〔2016〕36 号）中关于“适用一般计税方法的试点纳税人……第二年抵扣比例为 40%”的规定停止执行，纳税人取得不动产或

者不动产在建工程的进项税额不再分2年抵扣。此前按照上述规定尚未抵扣完毕的待抵扣进项税额，可自2019年4月税款所属期起从销项税额中抵扣。

十一、租入不动产取得进项税额的会计处理

[例10-14] 枫麓酒店为增值税一般纳税人，2019年6月租入一处停车场，对办理住宿的客人和本酒店员工免费使用，对外按小时计费有偿使用。酒店租入停车场时支付一年租金32 700元，取得增值税专用发票。则相关会计处理如下：

借：预付账款——租金　30 000

　　应交税费——应交增值税（进项税额）　2 700

　　贷：银行存款　32 700

丁字账图示如下：

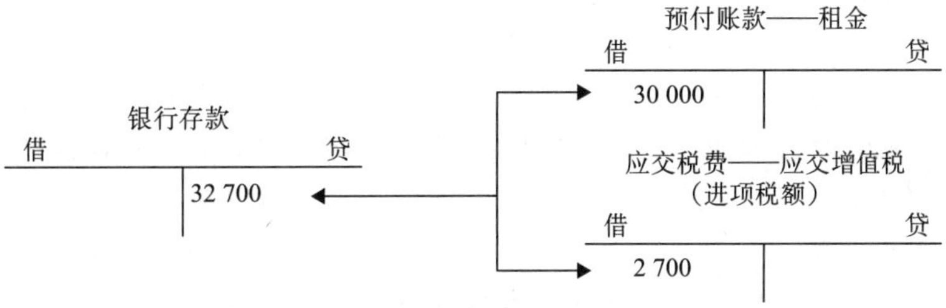

[核心提示] 根据《财政部　税务总局关于租入固定资产进项税额抵扣等增值税政策的通知》（财税〔2017〕90号）规定，自2018年1月1日起，纳税人租入固定资产、不动产，既用于一般计税方法计税项目，又用于简易计税方法计税项目、免征增值税项目、集体福利或者个人消费的，其进项税额准予从销项税额中全额抵扣。

十二、购进服务取得进项税额的会计处理

[例10-15] 品逸酒店为增值税一般纳税人，2019年5月进行酒店的整体装修改造，聘请A设计公司为其进行整体设计，当月以银行存款支付给A公司设计服务费31 800元，取得A公司开具的增值税专用发票。则相关会计处理如下：

借：管理费用　30 000

　　应交税费——应交增值税（进项税额）　1 800

　　贷：银行存款　31 800

丁字账图示如下：

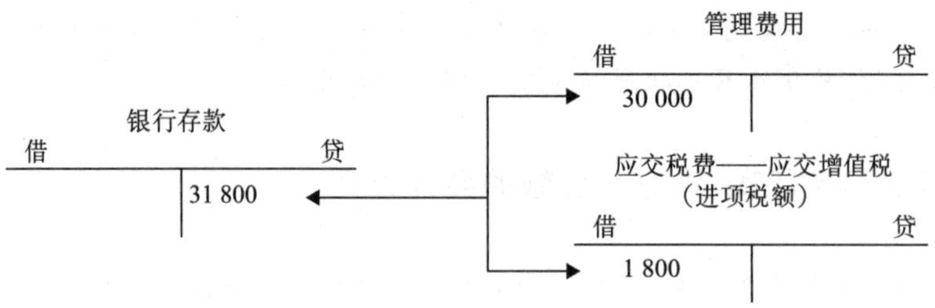

［**核心提示**］设计服务属于现代服务中的文化创意服务，是指把计划、规划、设想通过文字、语言、图画、声音、视觉等形式传递出来的业务活动。包括工业设计、内部管理设计、业务运作设计、供应链设计、造型设计、服装设计、环境设计、平面设计、包装设计、动漫设计、网游设计、展示设计、网站设计、机械设计、工程设计、广告设计、创意策划、文印晒图等。企业接受装修设计服务在会计上应计入“管理费用”科目。

十三、不得抵扣进项税额的会计处理

［**例 10－16**］湖南 A 旅游公司为增值税一般纳税人，2019 年 9 月 5 日向南方工艺厂订制印有湖南风光的紫砂茶壶 40 只，每只单价 100 元，总计 4 000 元，以银行存款支付，并取得南方工艺厂开具的增值税专用发票。9 月 25 日收到商品验收入库，并取得南方工艺厂开具的增值税专用发票。由于“十一”国庆节接待旅客成交量较好，10 月 14 日公司临时决定，将这批紫砂茶壶奖励给优秀员工。则相关会计处理如下：

（1）9 月 5 日购进时：

借：在途物资　　3 540

　　应交税费——应交增值税（进项税额）　　460

　　贷：银行存款　　4 000

丁字账图示如下：

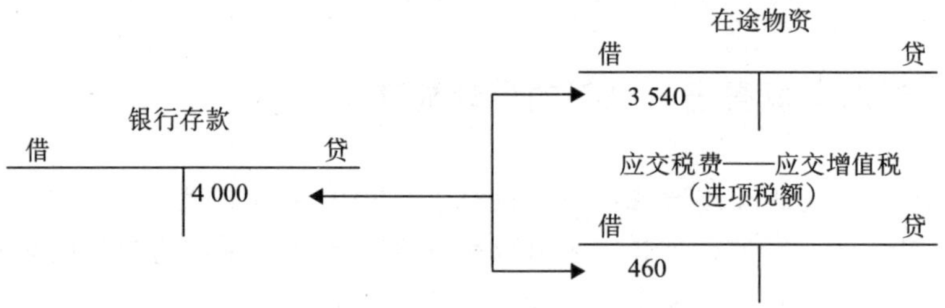

（2）9 月 25 日商品验收入库时：

借：库存商品　　3 540

　　贷：在途物资　　3 540

丁字账图示如下：

(3) 10月14日商品用于奖励优秀员工时：

借：应付职工薪酬——非货币性福利　　4 000

　　贷：应交税费——应交增值税（进项税额转出）　　460

　　　　库存商品　　3 540

丁字账图示如下：

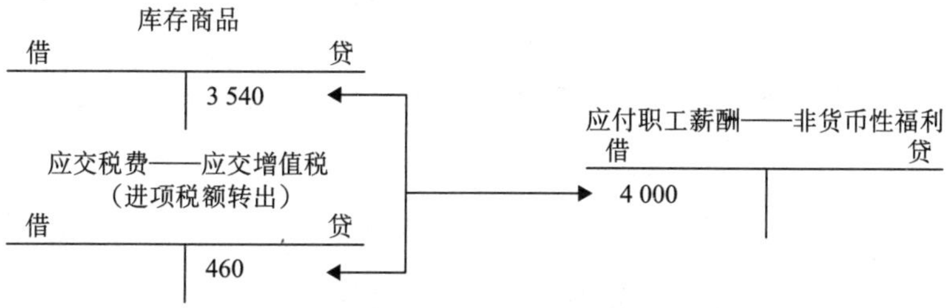

［**核心提示**］购进货物改变生产经营用途的，不得抵扣进项税额。如果在购进时已抵扣了进项税额，需要在改变用途当期作进项税额转出处理。

购进货物的生产经营用途发生下列三种改变，应在改变用途当期作进项税额转出处理：

1. 购进货物用作集体福利、个人消费；

2. 购进货物用于非应税项目；

3. 购进货物非正常损失。

［**例10－17**］兰州大酒店为增值税一般纳税人，2019年9月向北方粮食经贸公司采购面粉100袋，每袋65元（不含税），取得增值税专用发票，注明价款6 500元，增值税额585元，由北方粮食经贸公司免费配送，采用托收承付结算。相关业务如下：

(1) 银行转来北方粮食经贸公司托收凭证，并附来增值税专用发票联，经审核无误后，当即承付，会计分录如下：

借：在途物资一面粉　　6 500

　　应交税费——应交增值税（进项税额）　　585

　　贷：银行存款　　7 085

丁字账图示如下：

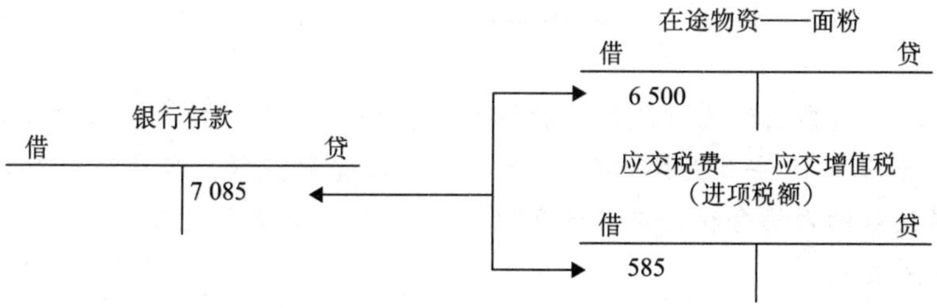

(2) 上述原材料运到，由仓库验收入库，根据仓库送来的入库单，经审核无误后，做如下会计分录：

借：原材料——面粉　　6 500

贷：在途物资——面粉　　6 500

丁字账图示如下：

（3）9 月 18 日进行库存盘点时，采购的面粉发生被盗（非正常损失），被盗面粉价值 520 元，则相关会计处理如下：

借：待处理财产损益　　567

贷：原材料　　520

应交税额——应交增值税（进项税额转出）　　47

丁字账图示如下：

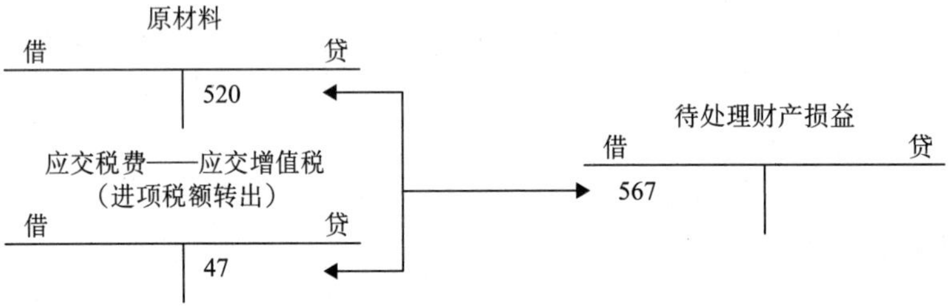

（4）后经核查，是由于仓库管理人员管理不善造成面粉被盗，故由管理人员赔偿面粉损失，则相关会计处理如下：

借：管理费用　　567

贷：待处理财产损益　　567

丁字账图示如下：

[例 10－18] 昌盛酒楼为增值税一般纳税人，2019 年 6 月接受工商行政部门检查，经检查发现，该企业 2019 年 5 月购进的一批白酒存在质量问题，工商部门对该批白酒依法予以没收，被没收的白酒含税金额共计 22 600 元，则相关会计处理如下：

借：营业外支出　　22 600

贷：库存商品　　20 000

应交税费——应交增值税（进项税额转出）　　2 600

丁字账图示如下：

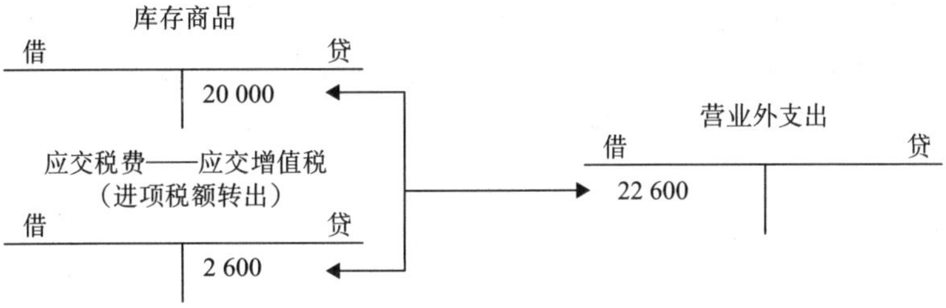

第二节　销项税额会计处理

根据《财政部关于印发〈增值税会计处理规定〉的通知》（财会〔2016〕22 号）规定：

1. 会计科目及专栏设置增值税一般纳税人应当在“应交税费”科目下设置“应交增值税”“未交增值税”“预交增值税”“待抵扣进项税额”“待认证进项税额”“待转销项税额”“增值税留抵税额”“简易计税”“转让金融商品应交增值税”“代扣代交增值税”等明细科目。

2. 增值税一般纳税人应在“应交增值税”明细账内设置“进项税额”“销项税额抵减”“已交税金”“转出未交增值税”“减免税款”“出口抵减内销产品应纳税额”“销项税额”“出口退税”“进项税额转出”“转出多交增值税”等专栏。其中：“进项税额”专栏，记录一般纳税人购进货物、加工修理修配劳务、服务、无形资产或不动产而支付或负担的、准予从当期销项税额中抵扣的增值税额。

3. 销售业务的账务处理。企业销售货物、加工修理修配劳务、服务、无形资产或不动产，应当按应收或已收的金额，借记“应收账款”“应收票据”“银行存款”等科目，按取得的收入金额，贷记“主营业务收入”“其他业务收入”“固定资产清理”“工程结算”等科目，按现行增值税制度规定计算的销项税额（或采用简易计税方法计算的应纳增值税额），贷记“应交税费——应交增值税（销项税额）”或“应交税费——简易计税”科目（小规模纳税人应贷记“应交税费——应交增值税”科目）。发生销售退回的，应根据按规定开具的红字增值税专用发票做相反的会计分录。

4. 视同销售的账务处理。企业发生税法上视同销售的行为，应当按照企业会计准则制度相关规定进行相应的会计处理，并按照现行增值税制度规定计算的销项税额（或采用简易计税方法计算的应纳增值税额），借记“应付职工薪酬”“利润分配”等科目，贷记“应交税费——应交增值税（销项税额）”或“应交税费——简易计税”科目（小规模纳税人应计入“应交税费——应交增值税”科目）。

一、提供旅游服务销项税额的会计处理

[例 10 – 19] 青岛 A 旅游公司为增值税一般纳税人，2019 年 10 月组织游客到北京旅

游，收到游客的旅游款10 000元，旅游途中支付住宿费1 200元，餐饮费800元，交通费1 800元，景点门票费1 600元，游客意外保险费300元，另支付北京地接旅行社地接费1 200元，均收到增值税普通发票（假设旅游团结束返回，不考虑其他因素）。则相关会计处理如下：

（1）收到游客的旅游款10 000元

借：银行存款　　10 000

　　贷：主营业务收入　　9 434

　　　　应交税费——应交增值税（销项税额）　　566

丁字账图示如下：

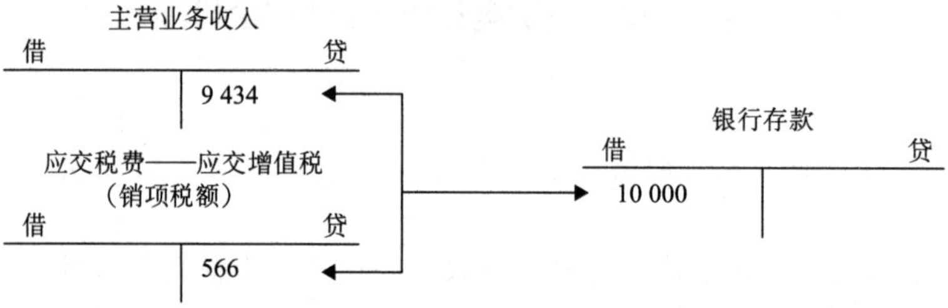

（2）支付可抵减的旅游费用6 600元（1 200＋800＋1 800＋1 600＋1 200）时：

借：主营业务成本　　6 226

　　应交税费——应交增值税（销项税额抵减）　　374

　　贷：银行存款　　6 600

丁字账图示如下：

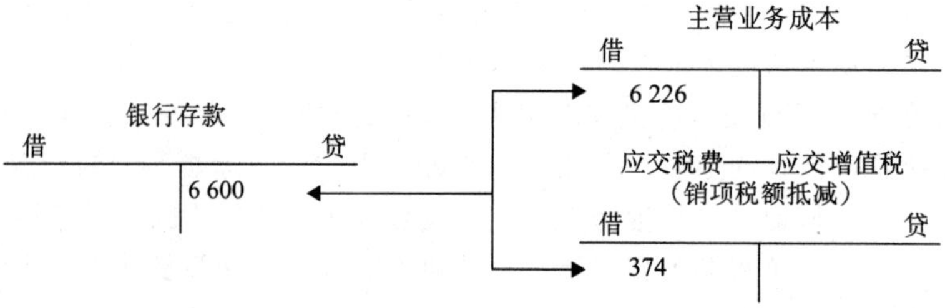

（3）支付游客意外保险费300元时：

借：主营业务成本　　300

　　贷：银行存款　　300

丁字账图示如下：

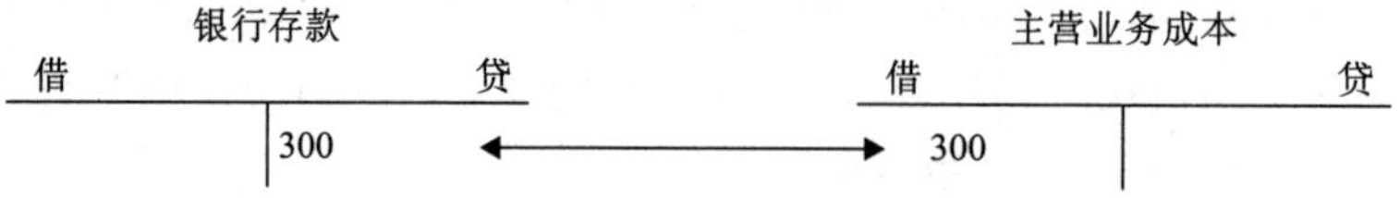

［**核心提示**］《财政部　国家税务总局关于全面推开营业税改征增值税试点的通知》（财税〔2016〕36号）附件二《营业税改征增值税试点有关事项的规定》中明确：试点纳税人提供旅游服务，可以选择以取得的全部价款和价外费用，扣除向旅游服务购买方收

取并支付给其他单位或者个人的住宿费、餐饮费、交通费、签证费、门票费和支付给其他接团旅游企业的旅游费用后的余额为销售额。

《财政部关于印发〈增值税会计处理规定〉的通知》（财会〔2016〕22号）中明确：企业发生相关成本费用允许扣减销售额的账务处理。按现行增值税制度规定企业发生相关成本费用允许扣减销售额的，发生成本费用时，按应付或实际支付的金额，借记“主营业务成本”“存货”“工程施工”等科目，贷记“应付账款”“应付票据”“银行存款”等科目。待取得合规增值税扣税凭证且纳税义务发生时，按照允许抵扣的税额，借记“应交税费——应交增值税（销项税额抵减）”或“应交税费——简易计税”科目（小规模纳税人应借记“应交税费——应交增值税”科目），贷记“主营业务成本”“存货”“工程施工”等科目。

保险费不属于可抵减的旅游费用，不可抵减的旅游费用直接作为旅游成本。

二、提供代理服务销项税额的会计处理

［**例10－20**］南京春天旅行社为增值税一般纳税人，2019年8月5日代客户王某预订酒店，酒店收到旅行社支付的房费500元，向王某所在公司开具发票；酒店支付给旅行社10%的佣金50元，收到旅行社开具的发票。则相关会计处理如下：

（1）收到代王某预订酒店的房费时：

借：银行存款　　500

　　贷：其他应付款　　500

丁字账图示如下：

（2）代王某支付酒店房费时：

借：其他应付款　　500

　　贷：银行存款　　500

丁字账图示如下：

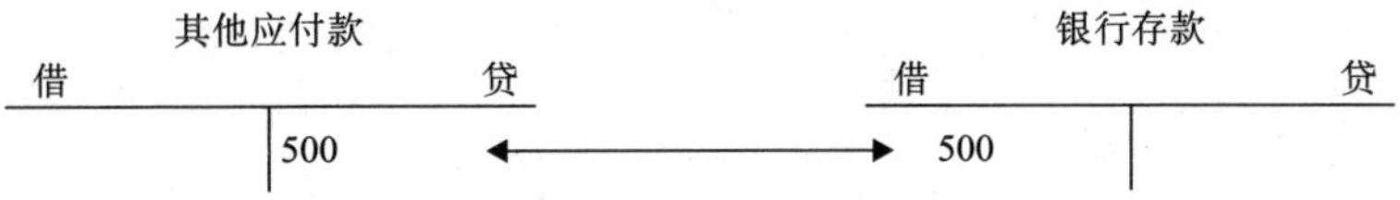

（3）收到酒店支付的佣金时：

借：银行存款　　50

　　贷：主营业务收入　　47

　　　　应交税费——应交增值税（销项税额）　　3

丁字账图示如下：

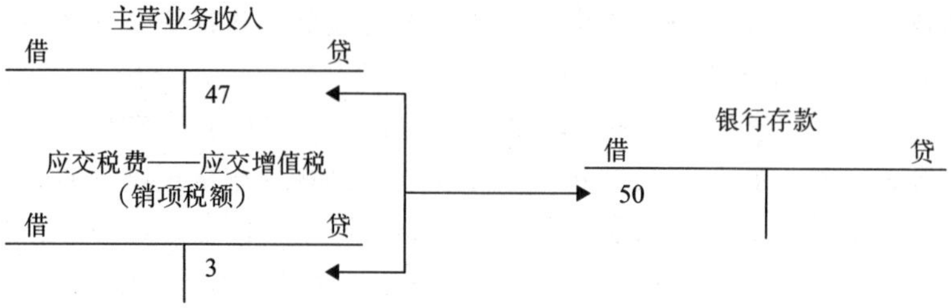

三、转售业务销项税额的会计处理

［例 10－21］南京春天旅行社为增值税一般纳税人，2019 年 10 月 5 日代客户王某预订酒店，开具给王某发票品名为：×××住宿服务×代订住宿费，金额 550 元；支付酒店 500 元，收到酒店开具的发票金额 500 元。则相关会计处理如下：

（1）收到王某预订酒店的房费时：

借：银行存款　　550

　　贷：主营业务收入　　519

　　　　应交税费——应交增值税（销项税额）　　31

丁字账图示如下：

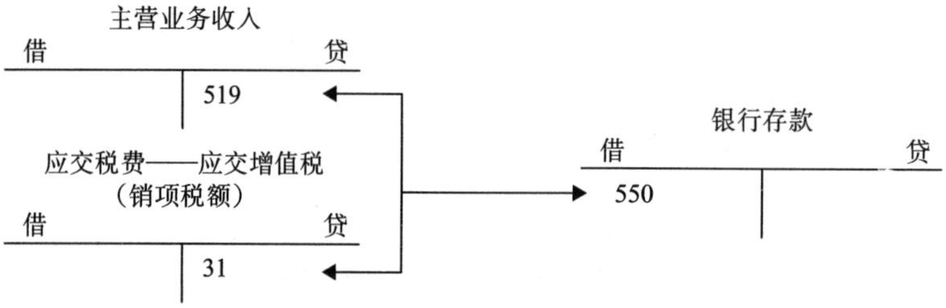

（2）支付酒店房费时：

借：主营业务成本　　500

　　贷：银行存款　　500

丁字账图示如下：

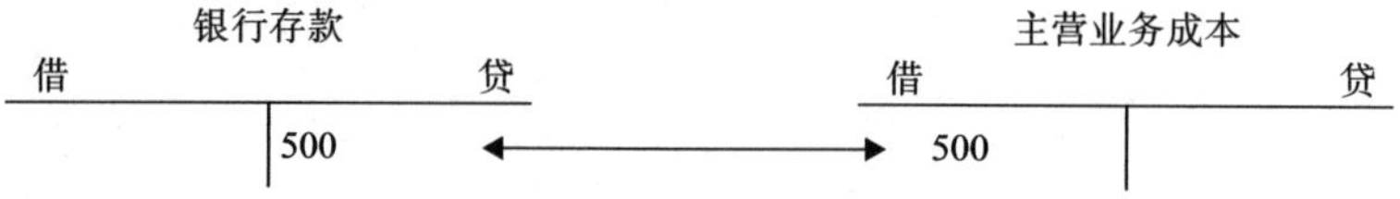

四、提供住宿服务销项税额的会计处理

［例 10－22］上海铂悦大酒店为增值税一般纳税人，该酒店于 2019 年 6 月 23 日在第三方网站上收到肖某预订的 6 月 25 日至 6 月 28 日共 3 晚的住宿定金 2 000 元，肖某于 6 月 25 日到酒店办理入住手续，6 月 28 日办理退房手续，酒店退还剩余房费 1 174 元。该

酒店与第三方网站签订协议，每月按照第三方网站上收到的预订金额的1%支付给第三方网站佣金，该酒店6月30日支付给第三方网站6月份全部佣金2 400元。则相关会计处理如下：

(1) 6月23日收到肖某定金时：

借：银行存款　　　　2 000

　　贷：预收账款　　　　2 000

丁字账图示如下：

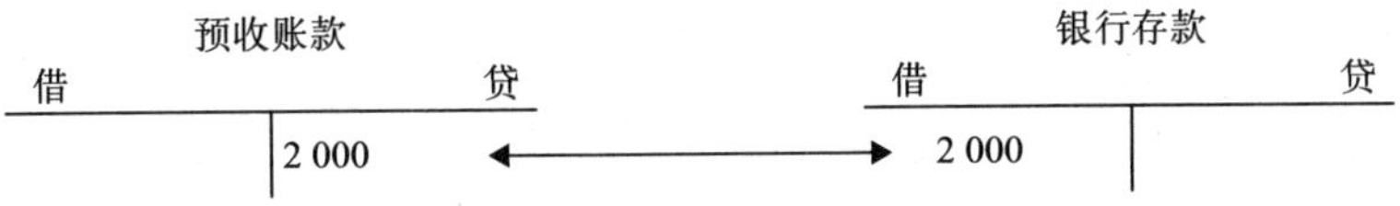

(2) 6月28日肖某退房，支付剩余房费，完成住宿交易时：

借：银行存款　　　　1 174

　　预收账款　　　　2 000

　　贷：主营业务收入　　　　2 994

　　　　应交税费——应交增值税（销项税额）　　　　180

丁字账图示如下：

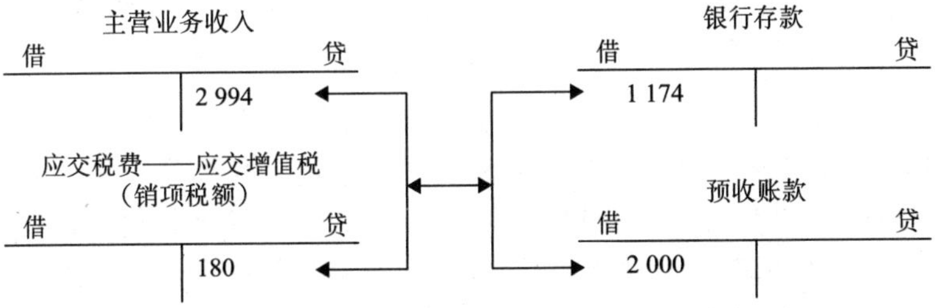

(3) 6月支付给第三方网站佣金时：

借：销售费用　　　　2 400

　　贷：银行存款　　　　2 400

丁字账图示如下：

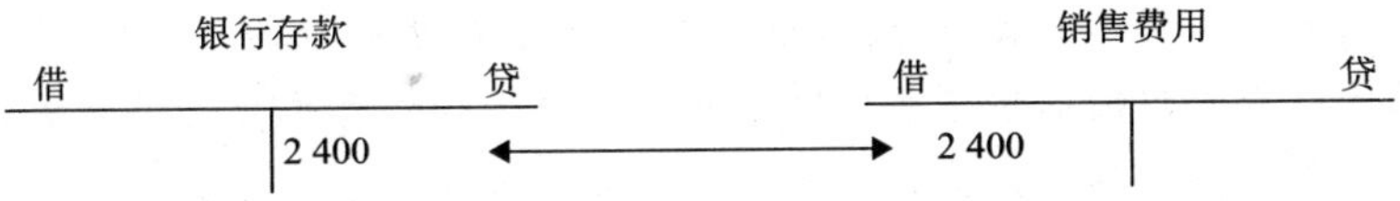

五、销售餐饮服务销项税额会计处理

[例10－23] 奥莉西餐厅是增值税一般纳税人，有堂食和外卖两种销售方式，外卖主要通过美团、饿了么等第三方外卖平台进行销售。2019年8月餐厅取得外卖收入23 400元，其中支付给第三方外卖平台的费用合计5 000元，其中包括服务费4 680元，配送费320元。则相关会计处理如下：

（1）取得外卖收入时：

借：银行存款　　23 400

　　贷：主营业务收入　　22 075

　　　　应交税费——应交增值税（销项税额）　　1 325

丁字账图示如下：

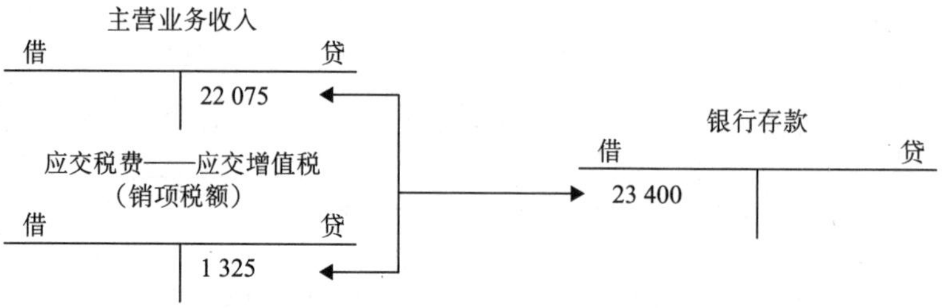

（2）支付给第三方外卖平台服务费、配送费时：

借：销售费用——服务费　　5 000

　　贷：银行存款　　5 000

丁字账图示如下：

［核心提示］《财政部　国家税务总局关于明确金融　房地产开发　教育辅助服务等增值税政策的通知》（财税〔2016〕140号）第九条规定，提供餐饮服务的纳税人销售的外卖食品，按照“餐饮服务”缴纳增值税。（餐饮企业销售的外卖食品，与堂食适用同样的增值税政策，统一按照提供餐饮服务缴纳增值税。以上“外卖食品”，仅指该餐饮企业参与了生产、加工过程的食品。对于餐饮企业将外购的酒水、农产品等货物，未进行后续加工而直接与外卖食品一同销售的，应根据该货物的适用税率，按照兼营的有关规定计算缴纳增值税）。

餐饮企业与美团或者饿了么等外卖平台签订协议，消费者在外卖平台上下单并通过第三方支付将款项直接支付给外卖平台，外卖平台在送餐结束后的一定时间与餐饮企业结算。由于在外卖平台中明确标注了餐饮服务的提供者，且外卖平台每单收取的服务费和送餐费都是固定金额，因此餐饮企业是向顾客提供餐饮服务的首要义务人，外卖平台只是为餐饮企业的外卖服务提供接单、代收款、运送等辅助服务，所以餐饮企业应按顾客在外卖平台上支付的全款确认收入，支付给外卖平台的服务费和配送费作为销售费用处理。

六、提供商品销售销项税额的会计处理

［例10－24］王者酒店为增值税一般纳税人，为客人提供住宿、餐饮、停车等服务。该酒店在客房中设有小型冰箱，放置酒水饮料供客人消费，2019年7月酒店销售酒水饮料取得收入7 119元。则相应会计处理如下：

借：银行存款　　7 119
　　贷：主营业务收入　　6 300
　　　　应交税费——应交增值税（销项税额）　　819

丁字账图示如下：

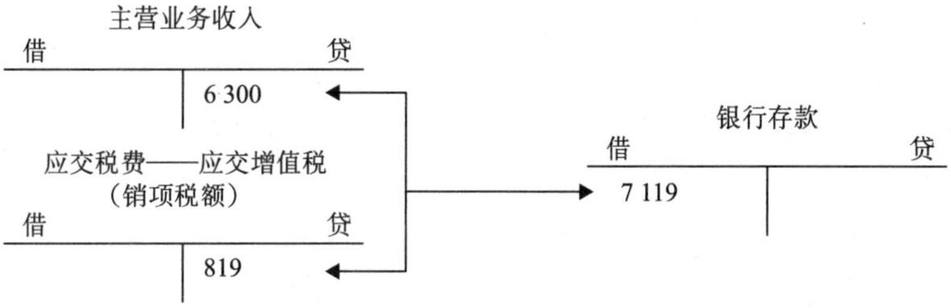

［**核心提示**］酒店既提供住宿服务又销售烟酒饮料等货物属于兼营行为。兼营行为是指纳税人同时兼有销售货物、劳务、服务、无形资产、不动产等应税销售行为，适用不同的税率或征收率。兼营行为应按照不同的应税行为分别核算销售额，根据不同的应税行为选择适用的税率或者征收率。未分别核算销售额的，按照以下方法适用税率或征收率：

（1）兼有不同税率的应税销售行为，从高适用税率。

（2）兼有不同征收率的应税销售行为，从高适用征收率。

（3）兼有不同税率和征收率的应税销售行为，从高适用税率。

七、提供会议场地及配套服务销项税额的会计处理

［**例 10－25**］维也纳酒店为增值税一般纳税人，该酒店十楼设有会议室，可对外承接会议活动。2019 年 8 月酒店接到某培训机构订单，为其提供一周的会议场地及相关配套服务，取得收入 35 000 元，则相应会计处理如下：

借：银行存款　　35 000
　　贷：主营业务收入　　33 019
　　　　应交税费——应交增值税（销项税额）　　1 981

丁字账图示如下：

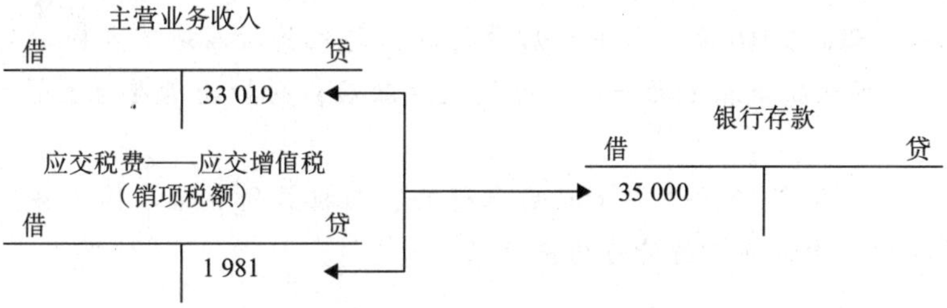

［**核心提示**］根据《关于明确金融　房地产开发　教育辅助服务等增值税政策的通知》（财税〔2016〕140 号）规定，宾馆、旅馆、度假村和其他经营性住宿场所提供会议场地及配套服务的活动，按照“会议展览服务”缴纳增值税。适用税率为 6%，征收率

为 3%。

八、收取停车费销项税额的会计处理

［**例 10－26**］夏日连锁酒店为增值税一般纳税人，为客人提供住宿、餐饮、停车等服务，该酒店于 2018 年购入一处停车场，对办理住宿的客人免费使用，对外按小时计费有偿使用，2019 年 9 月共计收取停车费 2 800 元，则相应会计处理如下：

借：银行存款　　2 800

　　贷：主营业务收入　　2 569

　　　　应交税费——应交增值税（销项税额）　　231

丁字账图示如下：

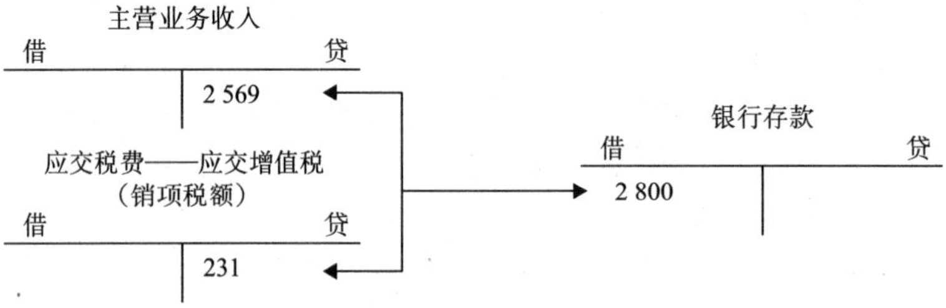

［**核心提示**］根据《财政部　国家税务总局关于全面推开营业税改征增值税试点的通知》（财税〔2016〕36 号）规定，车辆停放服务、道路通行服务（包括过路费、过桥费、过闸费等）按照“现代服务——租赁服务——经营租赁服务——不动产经营租赁服务”缴纳增值税。

一般纳税人出租其 2016 年 4 月 30 日前取得的不动产，可以选择适用简易计税办法，按照 5% 的征收率计算缴纳应纳税额。纳税人出租其 2016 年 4 月 30 日前取得的与机构所在地不在同一县（市）的不动产，应按照上述计税方法在不动产所在地预缴税款后，向机构所在地主管税务机关进行纳税申报。

一般纳税人出租其 2016 年 4 月 30 日前取得的与机构所在地在同一县（市）的不动产，向机构所在地主管税务机关进行纳税申报。

一般纳税人出租其 2016 年 5 月 1 日后取得的、与机构所在地不在同一县（市）的不动产，应按照 3% 的预征率在不动产所在地预缴税款后，向机构所在地主管税务机关进行纳税申报。

一般纳税人出租其 2016 年 5 月 1 日后取得的、与机构所在地在同一县（市）的不动产，向机构所在地主管税务机关进行纳税申报。

九、视同销售销项税额的会计处理

［**例 10－27**］品珍中餐厅为增值税一般纳税人，2019 年 6 月端午节前准备自制糯米肉粽赠送就餐顾客，并从某零售商处采购了一批包装礼盒用于打包肉粽，以银行存款支付包

装礼盒价款共计300元，并取得零售商开具的增值税专用发票。该企业在端午节期间将打包好的200份粽子礼盒免费赠送给就餐顾客，制作该批粽子礼盒成本为30元/份，市场上同类粽子礼盒价格为40元/份。则相关会计处理如下：

（1）购进包装礼盒时：

借：低值易耗品　265

　应交税费——应交增值税（进项税额）　35

　贷：银行存款　300

丁字账图示如下：

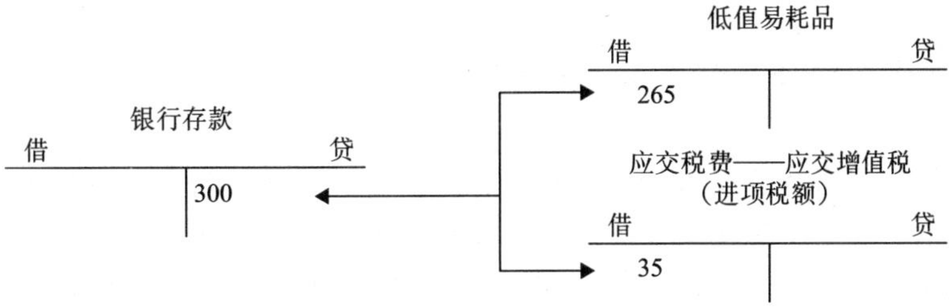

（2）领用原材料及包装礼盒制作粽子礼盒时：

借：库存商品　6 000

　贷：低值易耗品　265

　　原材料　5 735

丁字账图示如下：

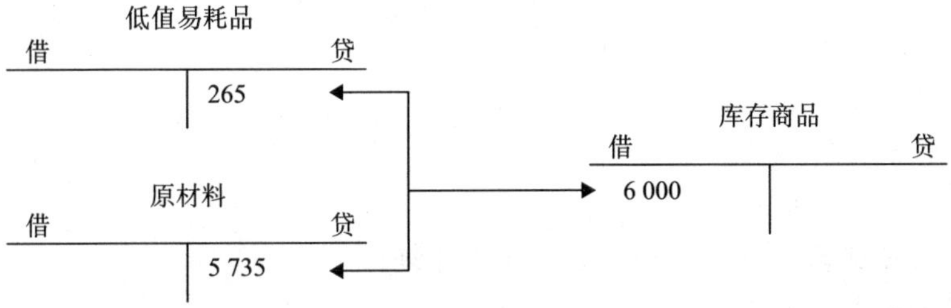

（3）将打包好的粽子礼盒赠送顾客时：

借：营业外支出　6 360

　贷：库存商品　6 000

　　应交税费——应交增值税（销项税额）　360

丁字账图示如下：

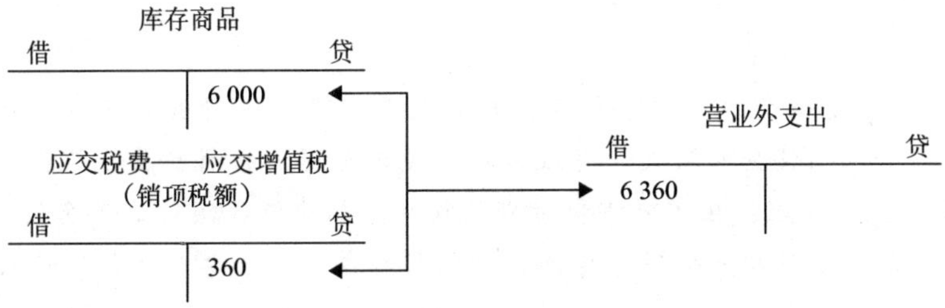

[**核心提示**]《增值税暂行条例》中规定，将自产、委托加工或者购进的货物无偿赠送其他单位或者个人应视同销售，计算相应的销项税额。

无偿赠送不是企业正常的经营活动，虽发生了所有权的转移，但没有经济利益流入企业，不符合收入确认条件，会计处理上不确认收入只按成本结转。

混合销售行为是指一项销售行为既涉及货物又涉及服务，从事货物的生产、批发或者零售的单位和个体工商户的混合销售，按照销售货物缴纳增值税；其他单位和个体工商户的混合销售，按照销售服务缴纳增值税。故餐饮企业销售的酒水饮料以及自制的食品属于混合销售行为，应按照提供“餐饮服务”项目计算缴纳增值税。

十、特殊业务销项税额的会计处理

[**例 10－28**] 云来居餐厅为增值税一般纳税人，2019 年 10 月开展店庆优惠活动，顾客储值 1 000 元即可成为本店会员，可在就餐结算时享受 8 折优惠，2019 年 10 月共收到顾客储值金额 24 000 元，10 月取得会员餐饮收入 18 000 元。则相关会计处理如下：

（1）收到储值款时：

借：银行存款　　24 000

　　贷：预收账款　　24 000

丁字账图示如下：

（2）确认会员餐饮收入时：

借：预收账款　　18 000

　　贷：主营业务收入　　16 981

　　　　应交税费——应交增值税（销项税额）　　1 019

丁字账图示如下：

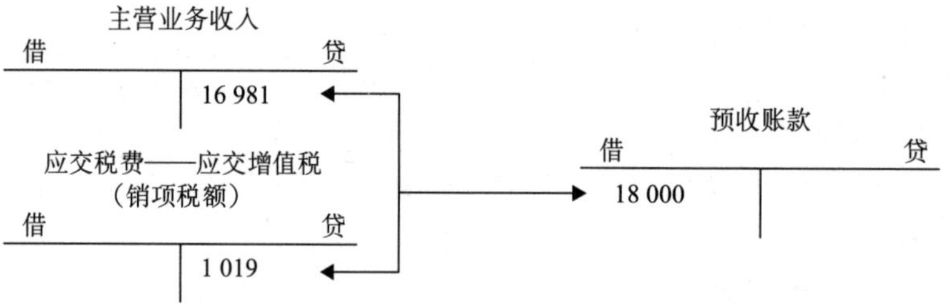

[**核心提示**] 出售储值卡、折扣积分卡是餐饮业常见的一种营销模式，此类卡项一般具有储值功能，如果储值金额较大，有效期较长或者无明确的消费截止期限，则在出售时先作为“预收账款”处理，在客户消费时确认收入。如储值金额较小，有明确的截止期限且有效期较短，售出后款项一般不予退回，为简化核算，在出售时直接确认收入。

第三节 增值税缴纳会计处理

一、政策规定

根据《关于明确生活性服务业增值税加计抵减政策的公告》（财政部 税务总局公告2019年第87号）规定：

1. 自2019年10月1日至2021年12月31日，允许生活性服务业纳税人按照当期可抵扣进项税额加计15%，抵减应纳税额（以下称加计抵减15%政策）。

2. 本公告所称生活性服务业纳税人，是指提供生活服务取得的销售额占全部销售额的比重超过50%的纳税人。生活服务的具体范围按照《销售服务、无形资产、不动产注释》（财税〔2016〕36号）执行。

2019年9月30日前设立的纳税人，自2018年10月至2019年9月期间的销售额（经营期不满12个月的，按照实际经营期的销售额）符合上述规定条件的，自2019年10月1日起适用加计抵减15%政策。

2019年10月1日后设立的纳税人，自设立之日起3个月的销售额符合上述规定条件的，自登记为一般纳税人之日起适用加计抵减15%政策。

纳税人确定适用加计抵减15%政策后，当年内不再调整，以后年度是否适用，根据上年度销售额计算确定。

3. 生活性服务业纳税人应按照当期可抵扣进项税额的15%计提当期加计抵减额。按照现行规定不得从销项税额中抵扣的进项税额，不得计提加计抵减额；已按照15%计提加计抵减额的进项税额，按规定作进项税额转出的，应在进项税额转出当期，相应调减加计抵减额。

计算公式如下：

当期计提加计抵减额＝当期可抵扣进项税额×15%

当期可抵减加计抵减额＝上期末加计抵减额余额＋当期计提加计抵减额－当期调减加计抵减额

二、会计处理

（一）根据《财政部关于印发〈增值税会计处理规定〉的通知》（财会〔2016〕22号）规定

1. 企业交纳当月应交的增值税，借记“应交税费——应交增值税（已交税金）”科目（小规模纳税人应借记“应交税费——应交增值税”科目），贷记“银行存款”科目。

2. 交纳以前期间未交增值税的账务处理。企业交纳以前期间未交的增值税，借记

“应交税费——未交增值税”科目，贷记“银行存款”科目。

3. 预缴增值税的账务处理。企业预缴增值税时，借记“应交税费——预交增值税”科目，贷记“银行存款”科目。月末，企业应将“预交增值税”明细科目余额转入“未交增值税”明细科目，借记“应交税费——未交增值税”科目，贷记“应交税费——预交增值税”科目。房地产开发企业等在预缴增值税后，应直至纳税义务发生时方可从“应交税费——预交增值税”科目结转至“应交税费——未交增值税”科目。

4. 减免增值税的账务处理：对于当期直接减免的增值税，借记“应交税金——应交增值税（减免税款）”科目，贷记损益类相关科目。

5. 关于小微企业免征增值税的会计处理规定：小微企业在取得销售收入时，应当按照税法的规定计算应交增值税，并确认为应交税费，在达到增值税制度规定的免征增值税条件时，将有关应交增值税转入当期损益。

（二）根据财政部会计司关于《关于深化增值税改革有关政策的公告》适用《增值税会计处理规定》有关问题的解读中明确

生产、生活性服务业纳税人取得资产或者接受劳务时，应当按照《增值税会计处理规定》的相关规定对增值税相关业务进行会计处理，实际缴纳增值税时，按应纳税额借记“应交税费——未交增值税”等科目，按实际纳税金额贷记“银行存款”科目，按加计抵减的金额贷记“其他收益”科目。

三、一般纳税人增值税缴纳会计处理

[例 10－29] 锦江旅游公司为增值税一般纳税人，该公司于 2019 年 11 月承接了某单位的旅游服务业务，合同含税总价 190 000 元，约定游览浙江、江苏部分旅游景点，并由浙江春华旅游公司分包浙江景点游览服务，分包金额 50 000 元。

锦江旅游公司安排客人游览江苏境内若干景区，旅途发生住宿费 10 000 元、餐饮费 15 000 元、交通费 6 000 元、门票费 3 000 元、游客人身意外险保费 2 000 元、购物费 4 000元，均取得普通发票。本月锦江旅游公司取得日常经营性费用增值税专用发票进项税额 3 000 元，该企业上期无留抵税额，上期结转的加计抵减税额余额 2 000 元。计算该企业 11 月应缴纳的增值税及相关会计处理：

（1）取得旅游收入时：

借：银行存款	190 000	
贷：主营业务收入		179 245
应交税费——应交增值税（销项税额）		10 755

丁字账图示如下：

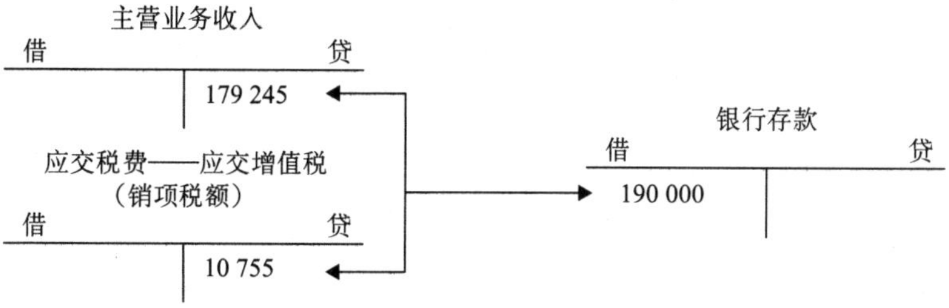

（2）支付春华公司分包款时：

借：主营业务成本　　47 170

　　应交税费——应交增值税（销项税额抵减）　　2 830

　　贷：银行存款　　50 000

丁字账图示如下：

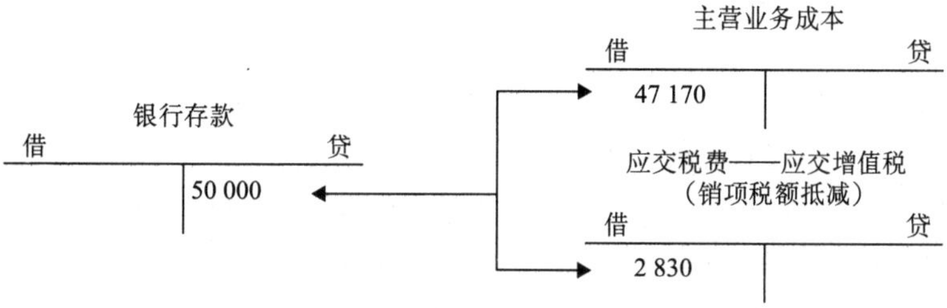

（3）代付费用（住宿费、餐饮费、交通费、门票费）入账时：

代付费用额 = 10 000 + 15 000 + 6 000 + 3 000 = 34 000（元）

借：主营业务成本　　32 075

　　应交税费——应交增值税（销项税额抵减）　　1 925

　　贷：银行存款　　34 000

丁字账图示如下：

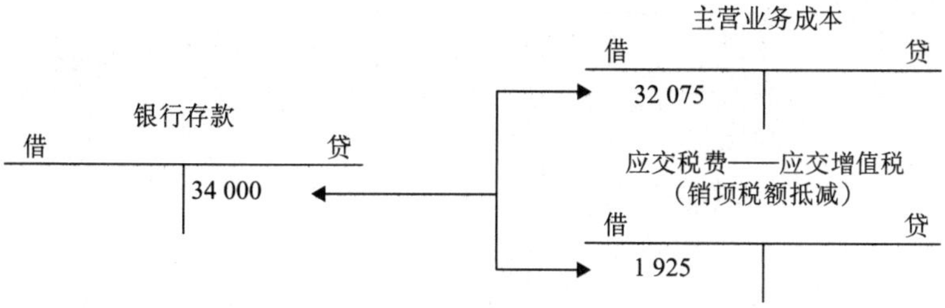

（4）计算本期可加计抵减税额：

计提加计抵减税额 = 当期可抵扣进项税额 × 15% = 3 000 × 15% = 450（元）

当期可抵减加计抵减额 = 上期末加计抵减额余额 + 当期计提加计抵减额 − 当期调减加计抵减额 = 2 000 + 450 − 0 = 2 450（元）

（5）计算本期应纳税额：

①抵减前应纳税额：

销售额可扣除费用不含游客人身意外险保费、购物费，锦江旅游公司本月增值税可扣

除销售额为：10 000 + 15 000 + 6 000 + 3 000 + 50 000 = 84 000（元）

扣除后的销售额（计税销售额）为：190 000 − 84 000 = 106 000（元）

销项税额为：106 000 ÷（1 + 6%）× 6% = 6 000（元）

进项税额为：3 000 元

抵减前一般计税应纳税额 = 6 000 − 3 000 = 3 000（元）

会计分录如下：

借：应交税费——应交增值税（转出未交增值税）　　3 000

　　贷：应交税费——未交增值税　　3 000

丁字账图示如下：

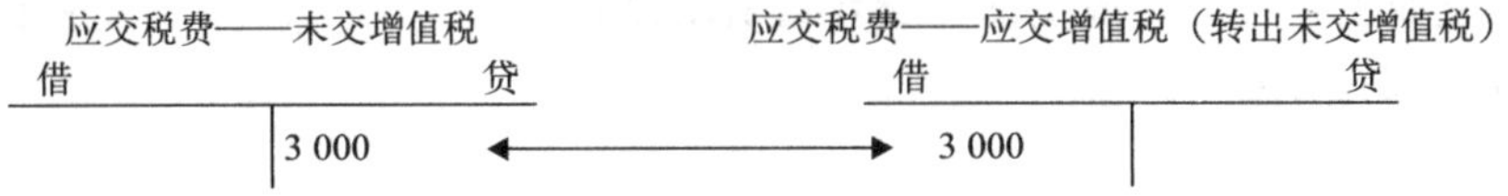

②抵减后实际应缴纳增值税额：

当期可抵减加计抵减额与应纳税额相比较，抵减前的应纳税额大于0，且大于当期可抵减加计抵减额的，当期可抵减加计抵减额全额从抵减前的应纳税额中抵减；抵减前的应纳税额大于0，且小于或等于当期可抵减加计抵减额的，以当期可抵减加计抵减额抵减应纳税额至0。未抵减完的当期可抵减加计抵减额，结转下期继续抵减。

抵减后应纳税额为：3 000 − 2 450 = 550（元）

会计分录如下：

借：应交税费——未交增值税　　3 000

　　贷：银行存款　　550

　　　　其他收益　　2 450

丁字账图示如下：

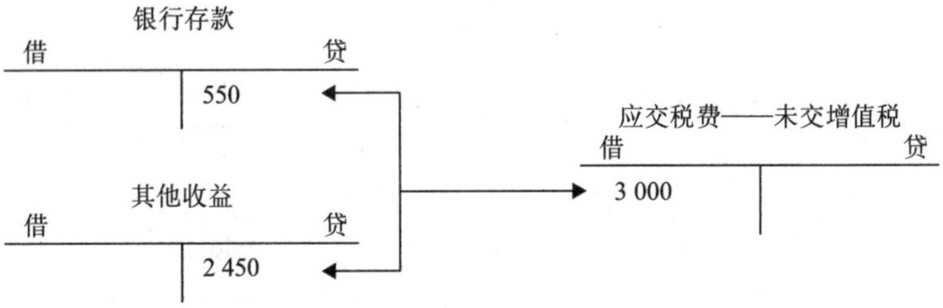

[例 10 − 30] 林溪兰亭酒店为增值税一般纳税人，为顾客提供住宿服务、餐饮服务，同时也提供会议场地及相关配套服务和部分商品销售。2019 年 11 月酒店共取得住宿收入 212 000 元，餐饮收入 95 400 元，提供会议场地及相关配套服务取得收入 53 000 元，取得商品销售收入 33 900 元，当月购入一批客房用的小型冰箱，取得增值税专用发票，注明价款 40 000 元，增值税额 5 200 元，当月购入餐饮部所需原材料 70 000 元，可抵扣的进项税额为 6 300 元，购进商品取得增值税专用发票，注明价款 20 000 元，增值税额 3 600 元。该企业上期无留抵税额。计算该企业 11 月应缴纳的增值税及相关会计处理：

（1）取得住宿收入时：

借：银行存款　　212 000
　　贷：主营业务收入　　200 000
　　　　应交税费——应交增值税（销项税额）　　12 000

丁字账图示如下：

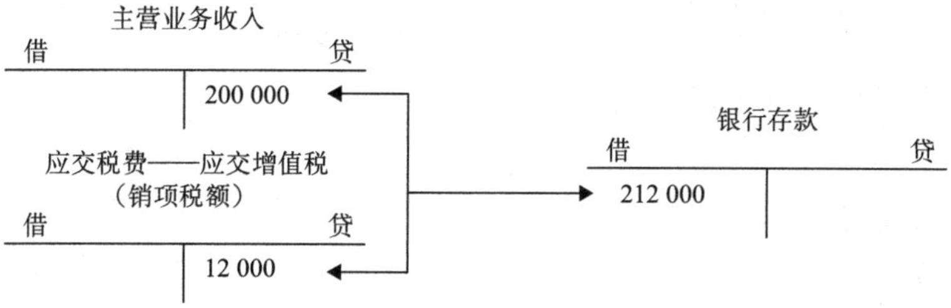

（2）取得餐饮收入时：

借：银行存款　　95 400
　　贷：主营业务收入　　90 000
　　　　应交税费——应交增值税（销项税额）　　5 400

丁字账图示如下：

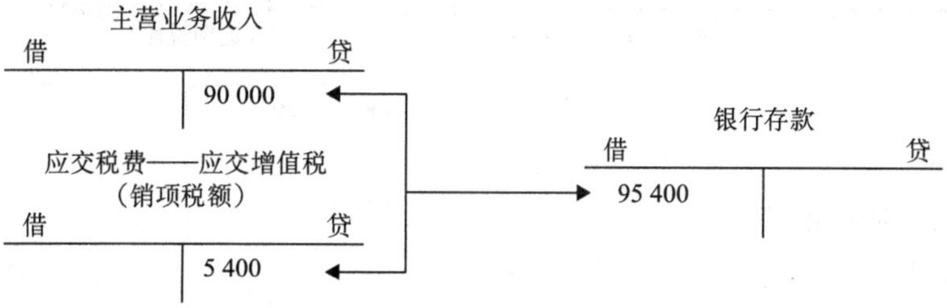

（3）取得提供会议场地及相关配套服务收入时：

借：银行存款　　53 000
　　贷：主营业务收入　　50 000
　　　　应交税费——应交增值税（销项税额）　　3 000

丁字账图示如下：

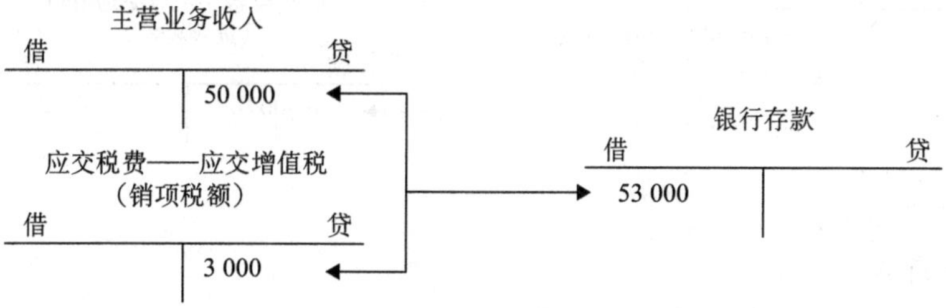

（4）取得商品销售收入时：

借：银行存款　　33 900
　　贷：主营业务收入　　30 000
　　　　应交税费——应交增值税（销项税额）　　3 900

丁字账图示如下：

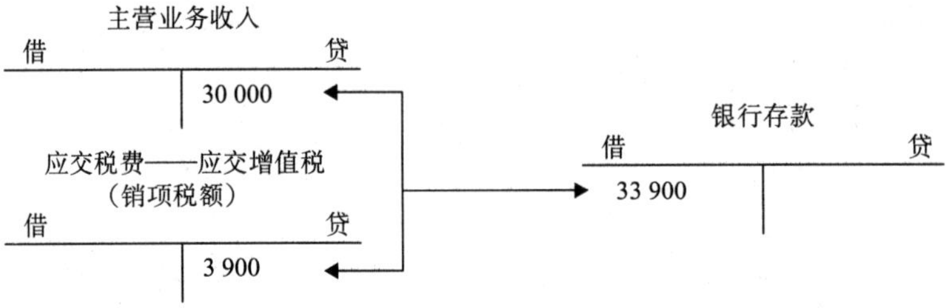

（5）购入固定资产时：

借：固定资产　　40 000

　　应交税费——应交增值税（进项税额）　　5 200

　　贷：银行存款　　45 200

丁字账图示如下：

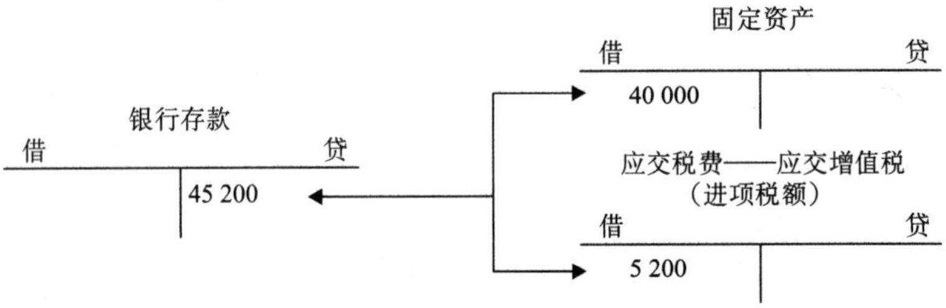

（6）购进原材料时：

借：原材料　　70 000

　　应交税费——应交增值税（进项税额）　　6 300

　　贷：银行存款　　76 300

丁字账图示如下：

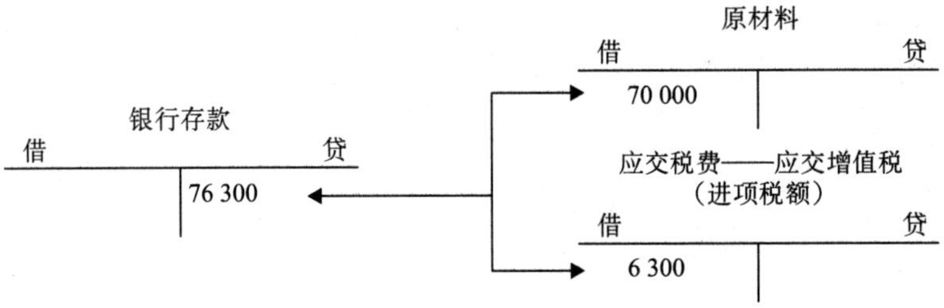

（7）购进商品时：

借：库存商品　　20 000

　　应交税费——应交增值税（进项税额）　　3 600

　　贷：银行存款　　23 600

丁字账图示如下：

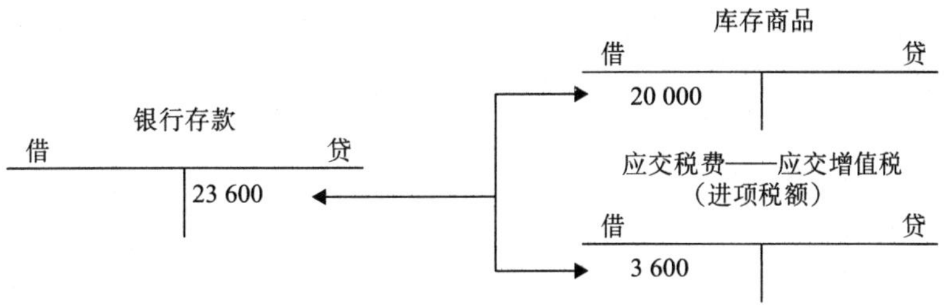

（8）本期可加计抵减税额：

加计抵减税额＝当期可抵扣进项税额×15%＝(5 200＋6 300＋3 600)×15%＝2 265（元）

（9）本期应纳税额：

销项税额为：12 000＋5 400＋3 000＋3 900＝24 300（元）

进项税额为 15 100 元。

抵减前一般计税应纳税额＝24 300－15 100＝9 200（元）

会计分录如下：

借：应交税费——应交增值税（转出未交增值税）　　9 200

　　贷：应交税费——未交增值税　　9 200

丁字账图示如下：

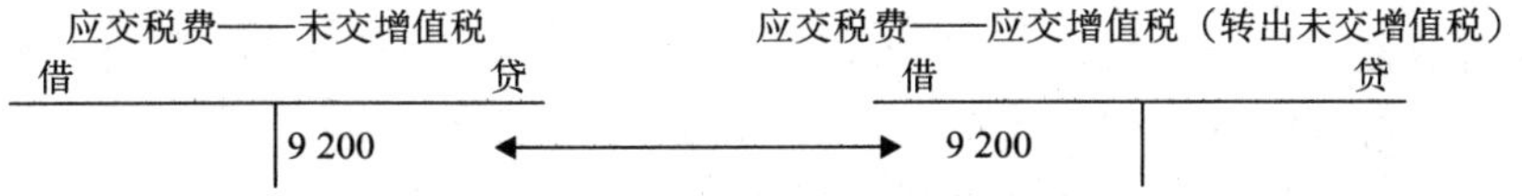

抵减后实际应缴纳增值税额：

当期可抵减加计抵减额与应纳税额相比较，抵减前的应纳税额大于零，且大于当期可抵减加计抵减额的，当期可抵减加计抵减额全额从抵减前的应纳税额中抵减；抵减前的应纳税额大于零，且小于或等于当期可抵减加计抵减额的，以当期可抵减加计抵减额抵减应纳税额至零。未抵减完的当期可抵减加计抵减额，结转下期继续抵减。

抵减后应纳税额为：9 200－2 265＝6 935（元）

会计分录如下：

借：应交税费——未交增值税　　9 200

　　贷：银行存款　　6 935

　　　　其他收益　　2 265

丁字账图示如下：

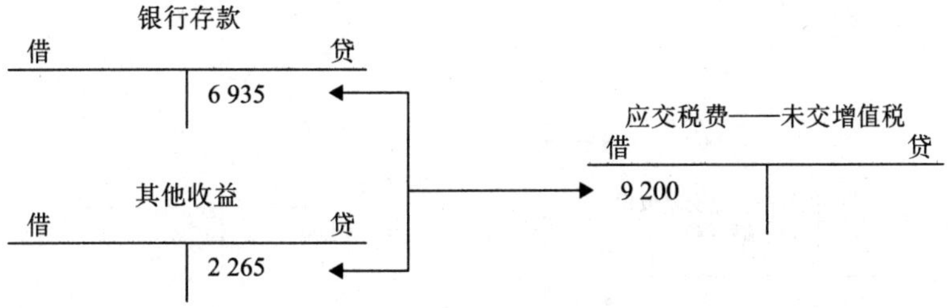

［**例 10－31**］云端餐厅为增值税一般纳税人，2019 年 11 月取得堂食收入 159 000 元，外卖收入 53 000 元，当月随餐赠送给顾客的自制饮料价值 1 060 元，当月从农业生产者处采购食材合计 87 200 元，以银行存款支付并自行开具了收购发票。该餐厅包员工用餐，当月员工用餐消耗了 6 540 元的食材，该企业上期无留抵税额。计算该企业 11 月应缴纳的增值税及相关会计处理：

（1）取得堂食收入时：

借：银行存款　　159 000

　　贷：主营业务收入　　150 000

　　　　应交税费——应交增值税（销项税额）　　9 000

丁字账图示如下：

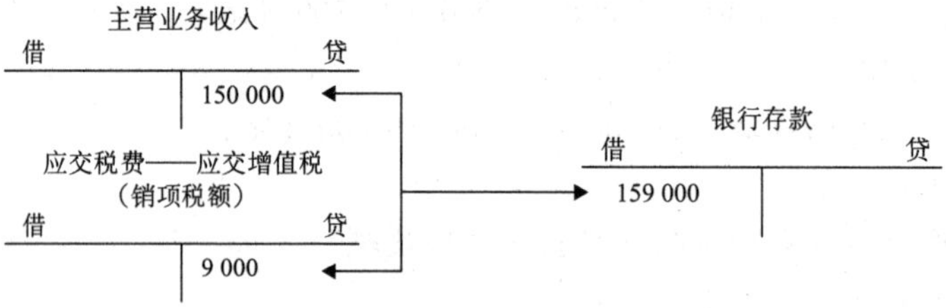

（2）取得外卖收入时：

借：银行存款　　53 000

　　贷：主营业务收入　　50 000

　　　　应交税费——应交增值税（销项税额）　　3 000

丁字账图示如下：

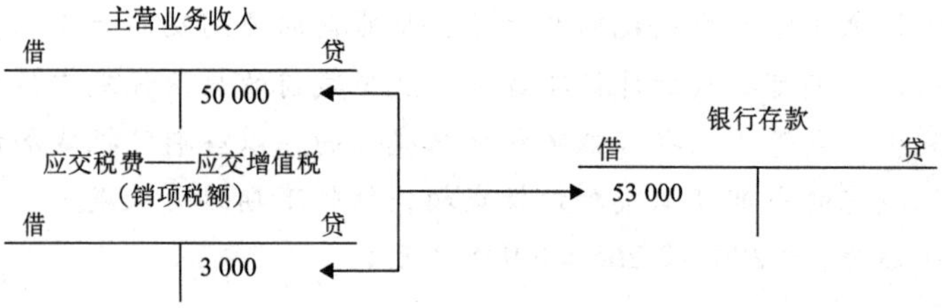

（3）无偿赠送自制饮料会计处理如下：

借：销售费用　　1 060

　　贷：主营业务收入　　1 000

　　　　应交税费——应交增值税（销项税额）　　60

丁字账图示如下：

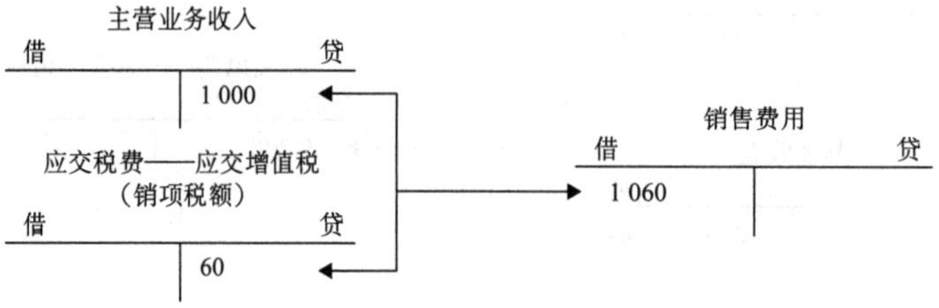

（4）采购食材时：

借：原材料　　80 000

　　应交税费——应交增值税（进项税额）　　7 200

　　贷：银行存款　　87 200

丁字账图示如下：

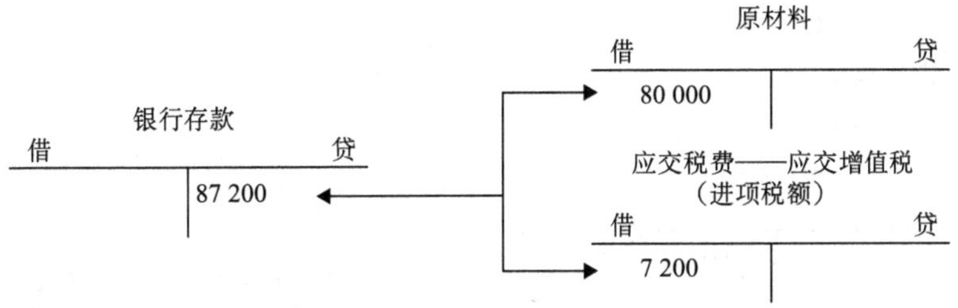

（5）员工用餐消耗会计处理如下：

借：应付职工薪酬　　6 540

　　贷：原材料　　6 000

　　　　应交税费——应交增值税（进项税额转出）　　540

丁字账图示如下：

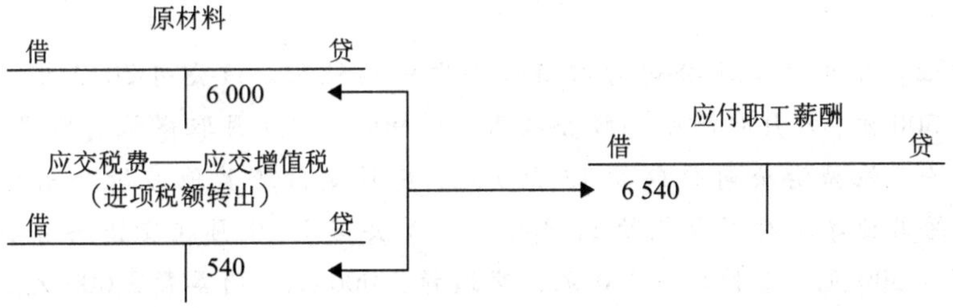

（6）本期可加计抵减税额：

加计抵减税额 = 当期可抵扣进项税额 × 15% = (7 200 − 540) × 15% = 999（元）

（7）本期应纳税额：

销项税额为：9 000 + 3 000 = 12 000（元）

进项税额为：7 200 − 540 = 6 660（元）

抵减前一般计税应纳税额 = 12 000 − 6 660 = 5 340（元）

会计分录如下：

借：应交税费——应交增值税（转出未交增值税）　　5 340

　　贷：应交税费——未交增值税　　5 340

丁字账图示如下：

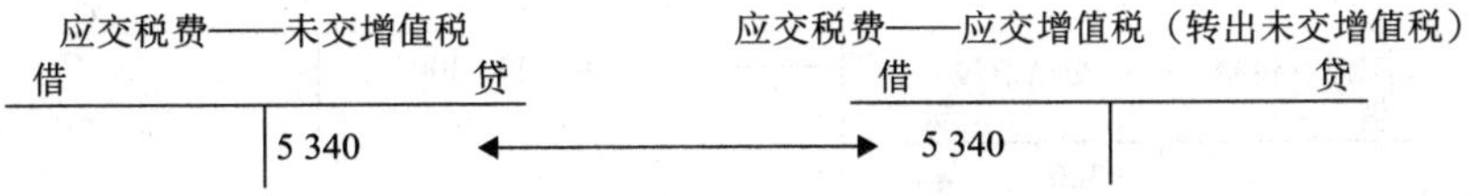

抵减后实际缴纳增值税额：

当期可抵减加计抵减额与应纳税额相比较，抵减前的应纳税额大于零，且大于当期可抵减加计抵减额的，当期可抵减加计抵减额全额从抵减前的应纳税额中抵减。

抵减后应纳税额为：5 340－999＝4 341（元）

会计分录如下：

借：应交税费——未交增值税　　5 340

　　贷：银行存款　　4 341

　　　　其他收益　　999

丁字账图示如下：

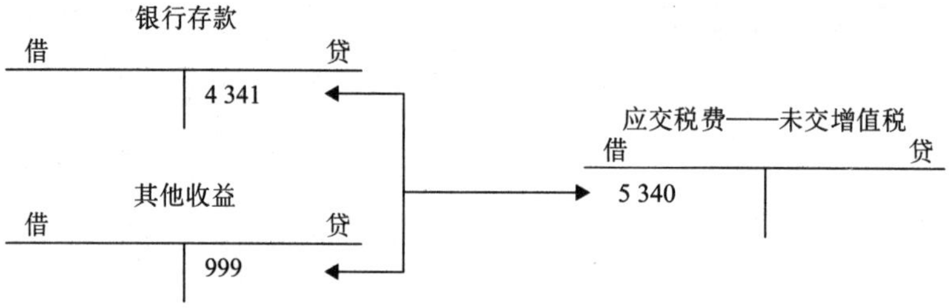

四、小规模纳税人增值税缴纳会计处理

［**例 10－32**］杭州 A 旅游公司为增值税小规模纳税人，该公司 2019 年 7 月取得旅游服务收入 113 300 元，8 月取得旅游服务收入 133 900 元，9 月取得旅游服务收入 123 600 元，7 月支付给其他旅游公司分包款 13 390 元，8 月支付给其他旅游公司分包款 15 450 元，9 月支付给其他旅游公司分包款 12 360 元。A 公司 7—9 月在安排游客游览旅途中共计支付住宿费 7 300 元，餐饮费 6 240 元，交通费 3 000 元，门票费 2 000 元，游客人身意外保险费 1 200 元，购物费 3 600 元，均取得增值税普通发票。7—9 月 A 公司取得水、电费等增值税专用发票，进项税额合计 1 550 元，此外无其他业务发生。该企业采用差额征税方式，按季申报缴纳增值税，计算该企业 7—9 月应缴纳的增值税及相关会计处理：

（1）7 月取得旅游服务收入的会计处理：

借：银行存款　　113 300

　　贷：主营业务收入　　110 000

　　　　应交税费——应交增值税　　3 300

丁字账图示如下：

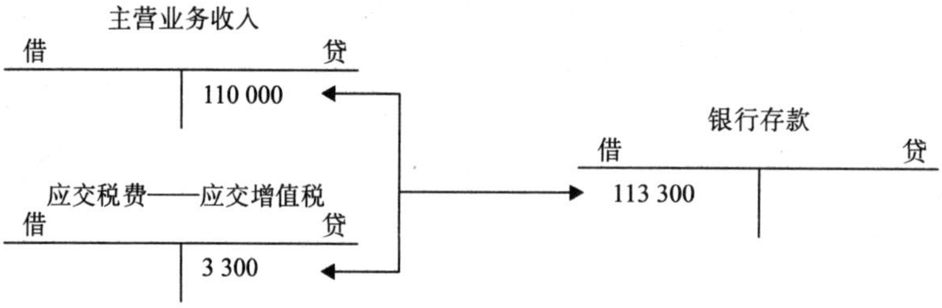

（2）8 月取得旅游服务收入的会计处理：

借：银行存款	133 900	
贷：主营业务收入		130 000
应交税费——应交增值税		3 900

丁字账图示如下：

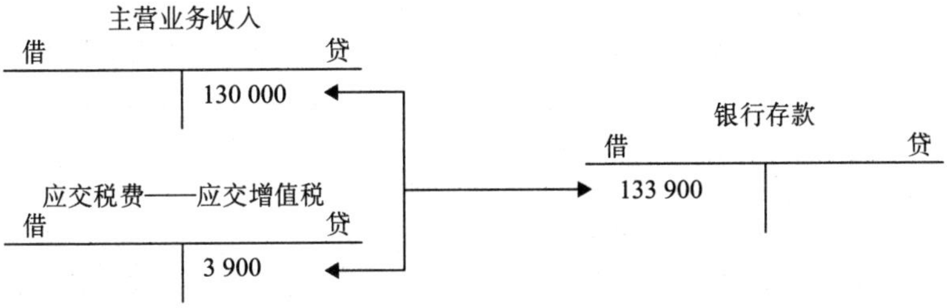

（3）9 月取得旅游服务收入的会计处理：

借：银行存款	123 600	
贷：主营业务收入		120 000
应交税费——应交增值税		3 600

丁字账图示如下：

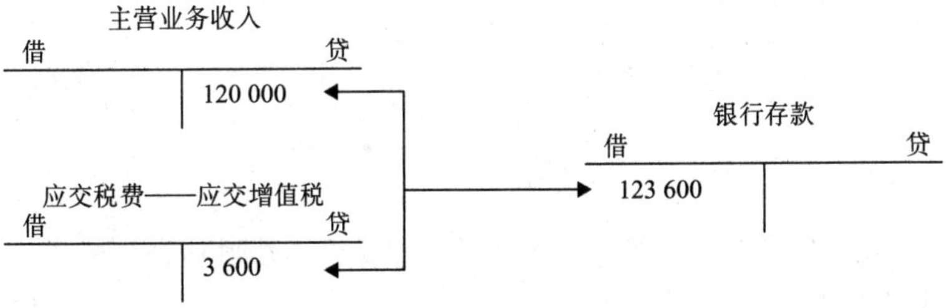

（4）7 月支付旅游服务分包款的会计处理：

借：主营业务成本	13 000	
应交税费——应交增值税	390	
贷：银行存款		13 390

丁字账图示如下：

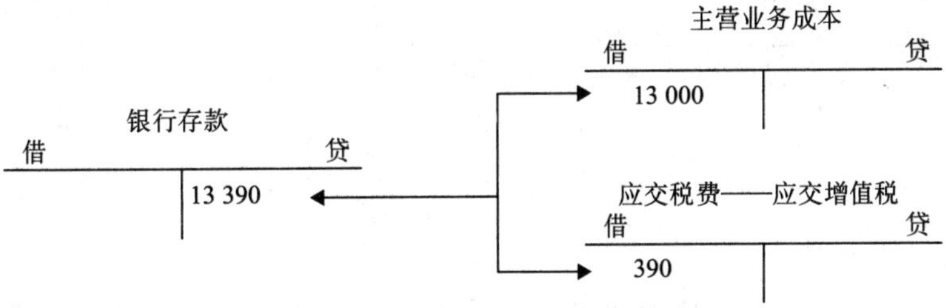

（5）8 月支付旅游服务分包款的会计处理：

借：主营业务成本	15 000	
应交税费——应交增值税	450	

贷：银行存款　　15 450

丁字账图示如下：

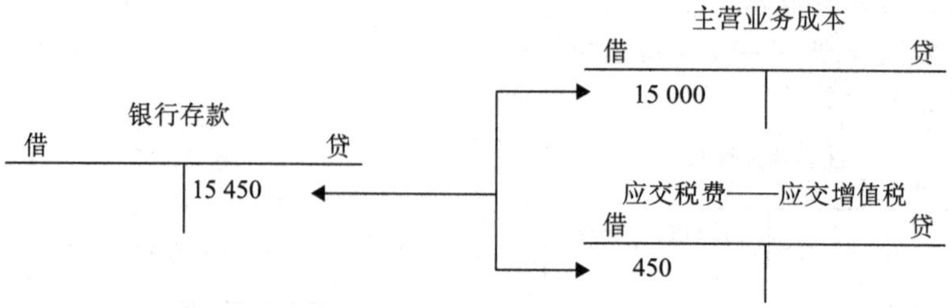

(6) 9月支付旅游服务分包款的会计处理：

借：主营业务成本　　12 000

　　应交税费——应交增值税　　360

　　贷：银行存款　　12 360

丁字账图示如下：

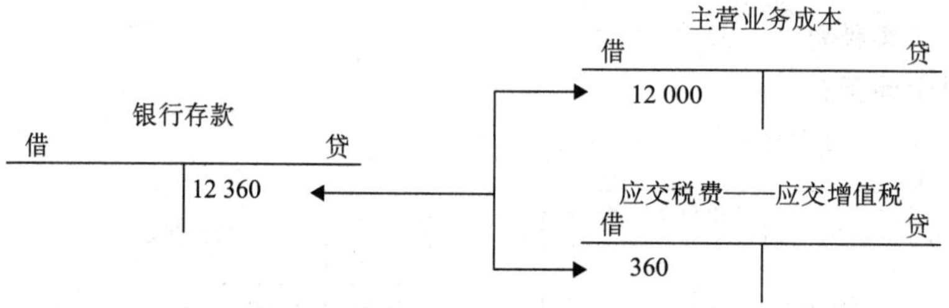

(7) 7—9月支付住宿费、餐饮费、交通费、门票费入账时的会计处理：

借：主营业务成本　　18 000

　　应交税费——应交增值税　　540

　　贷：银行存款　　18 540

丁字账图示如下：

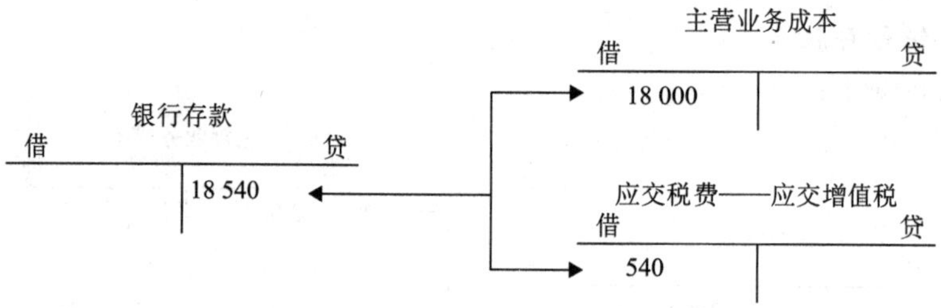

(8) 本期应纳税额：

差额征税方式销售额可扣除费用不含游客人身意外保险费、购物费，因此7—9月共计可扣除销售额为：13 390 + 15 450 + 12 360 + 7 300 + 6 240 + 3 000 + 2 000 = 59 740（元）

7—9月共计销售额为：113 300 + 133 900 + 123 600 = 370 800（元）

7—9月扣除后的销售额为：370 800 − 59 740 = 311 060（元）

A 公司 7—9 月应纳增值税额 = 销售额 ÷（1 + 3%）× 3% = 311 060 ÷（1 + 3%）× 3% = 9 060（元）

会计分录如下：

借：应交税费——应交增值税　　9 060

　　贷：银行存款　　9 060

丁字账图示如下：

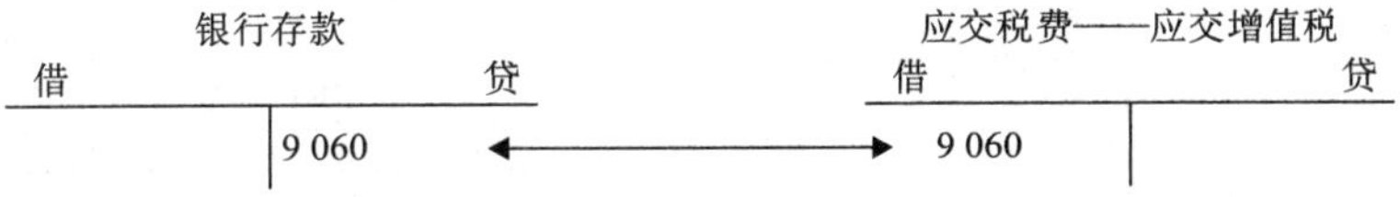

［**例 10 - 33**］宜家酒店为增值税小规模纳税人，为顾客提供住宿服务及早餐服务，2019 年 7 月购进食材 8 300 元，8 月购进食材 7 000 元，9 月购进毛巾、一次性纸杯等酒店用品 5 700 元，7 月取得住宿餐饮收入 103 000 元，7 月到税务机关申请代开增值税专用发票（住宿服务）13 390 元，缴纳增值税 390 元，8 月取得住宿餐饮收入 113 300 元，8 月购入增值税税控系统专用设备和发生技术维护费用共计 820 元，9 月取得住宿餐饮收入 123 600 元，此外，7—9 月无其他业务发生。该企业按季申报缴纳增值税，计算该企业 7—9 月应缴纳的增值税及相关会计处理：

（1）7 月购进食材的会计处理：

借：原材料　　8 300

　　贷：银行存款　　8 300

丁字账图示如下：

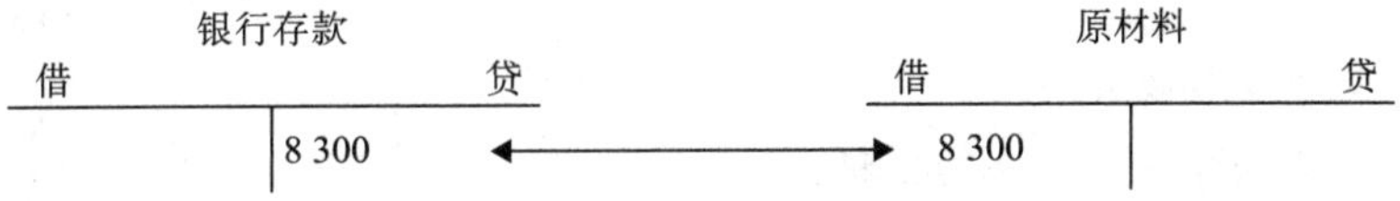

（2）8 月购进食材的会计处理：

借：原材料　　7 000

　　贷：银行存款　　7 000

丁字账图示如下：

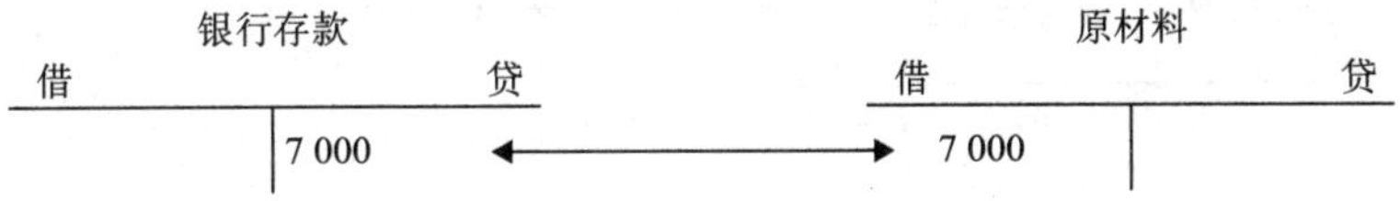

（3）9 月购入酒店用品的会计处理：

借：低值易耗品　　5 700

　　贷：银行存款　　5 700

丁字账图示如下：

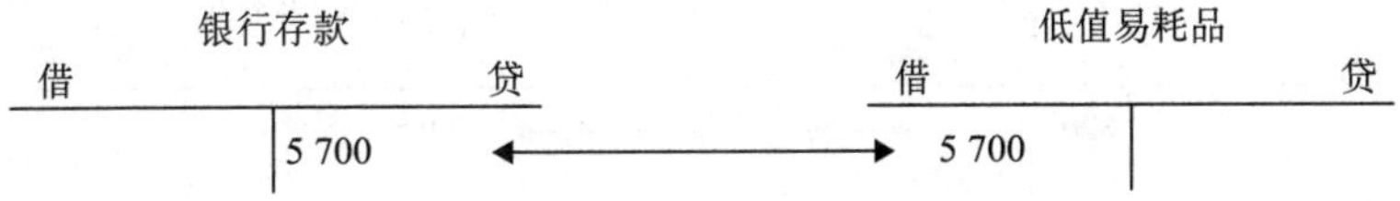

（4）7月取得住宿餐饮收入的会计处理：

借：银行存款　　103 000

　　贷：主营业务收入　　100 000

　　　　应交税费——应交增值税　　3 000

丁字账图示如下：

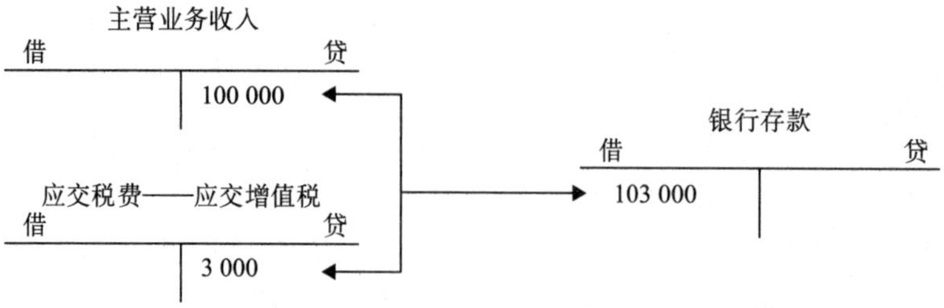

（5）7月到税务机关代开增值税专用发票的会计处理：

借：应交税费——应交增值税　　390

　　贷：银行存款　　390

丁字账图示如下：

（6）8月取得住宿餐饮收入的会计处理：

借：银行存款　　113 300

　　贷：主营业务收入　　110 000

　　　　应交税费——应交增值税　　3 300

丁字账图示如下：

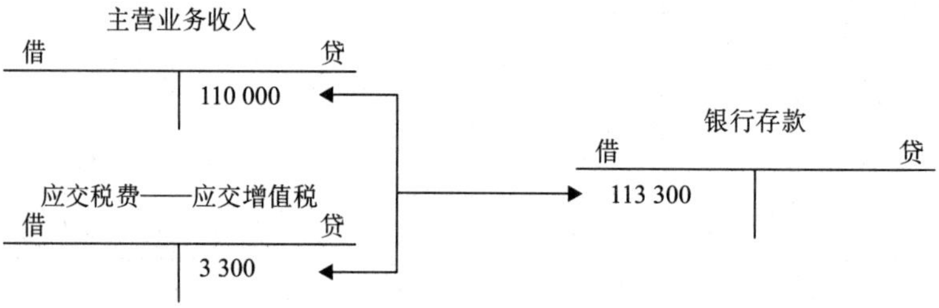

（7）8月购入增值税税控系统专用设备及支付技术维护费用的会计处理：

借：管理费用　　820

　　贷：银行存款　　820

丁字账图示如下：

抵减应纳税额时：

借：应交税费——应交增值税　　　　820

　　贷：管理费用　　　　820

丁字账图示如下：

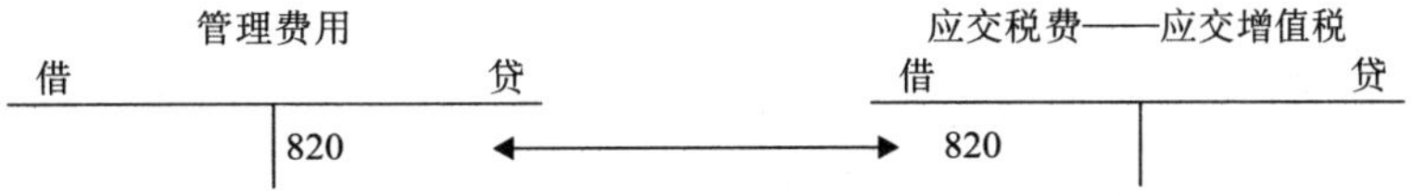

（8）9月取得住宿餐饮收入的会计处理：

借：银行存款　　　　123 600

　　贷：主营业务收入　　　　120 000

　　　　应交税费——应交增值税　　　　3 600

丁字账图示如下：

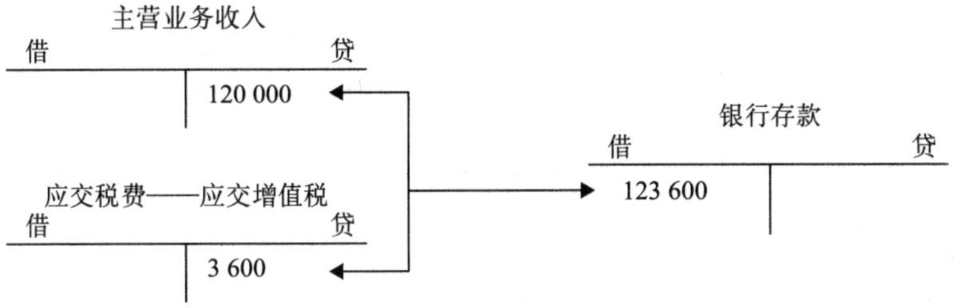

（9）7—9月应纳税额：

应纳税额 = 3 000 + 3 300 + 3 600 = 9 900（元）

7—9月可抵减税额为820元

7—9月已交税额390元

故7—9月应纳税额为：9 900 − 820 − 390 = 8 690（元）

会计分录如下：

借：应交税费——应交增值税　　　　8 690

　　贷：银行存款　　　　8 690

丁字账图示如下：

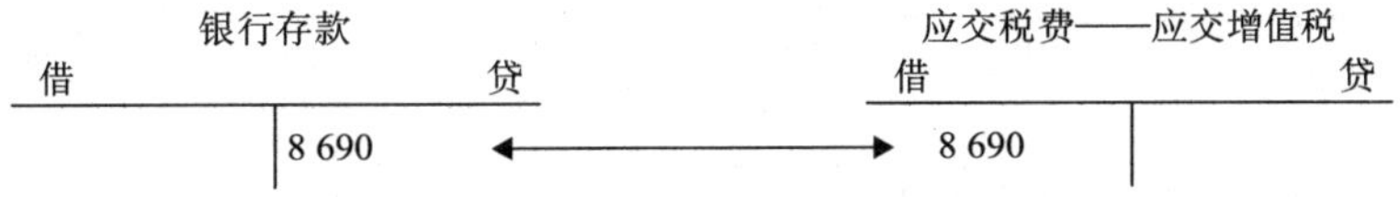

［核心提示］根据《财政部　国家税务总局关于增值税税控系统专用设备和技术维护费用抵减增值税税额有关政策的通知》（财税〔2012〕15号）规定，自2011年12月1日起，增值税纳税人购买增值税税控系统专用设备支付的费用以及缴纳的技术维护费可在增值税应纳税额中全额抵减。

购入增值税税控系统专用设备和技术维护服务时，一般直接费用化，计入“管理费用”科目。

［例10－34］湘情餐厅为增值税小规模纳税人，有堂食和外卖两种销售方式，按季办理纳税申报。2019年7月餐厅取得堂食收入61 800元，外卖收入12 360元，8月取得堂食收入92 700元，外卖收入8 240元，9月取得堂食收入72 100元，外卖收入11 330元，9月30日一次性支付给第三方外卖平台7—9月服务费6 400元，配送费720元。则该企业7—9月应缴纳的增值税及相关会计处理如下：

（1）7月取得餐饮收入时的会计处理：

7月取得的餐饮收入＝61 800＋12 360＝74 160（元）

借：银行存款　　74 160

　　贷：主营业务收入　　72 000

　　　　应交税费——应交增值税　　2 160

丁字账图示如下：

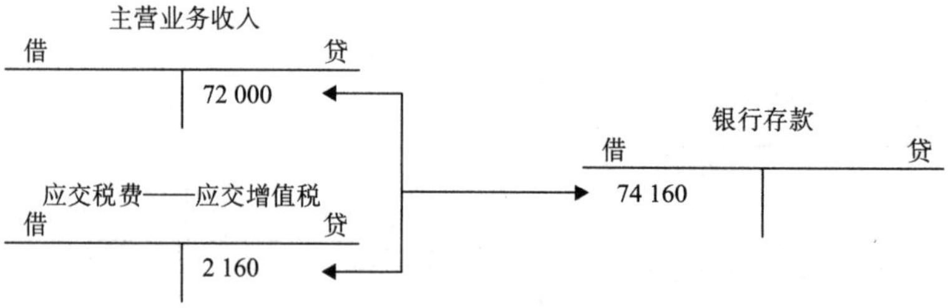

（2）8月取得餐饮收入时的会计处理：

8月取得的餐饮收入＝92 700＋8 240＝100 940（元）

借：银行存款　　100 940

　　贷：主营业务收入　　98 000

　　　　应交税费——应交增值税　　2 940

丁字账图示如下：

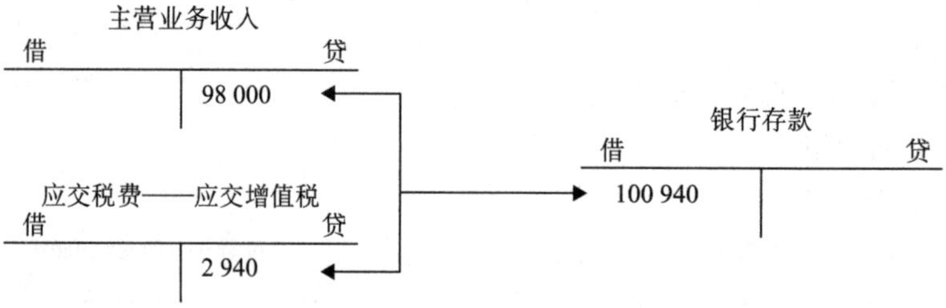

（3）9月取得餐饮收入时的会计处理：

9月取得的餐饮收入＝72 100＋11 330＝83 430（元）

借：银行存款　　83 430

　　贷：主营业务收入　　81 000

　　　　应交税费——应交增值税　　2 430

丁字账图示如下：

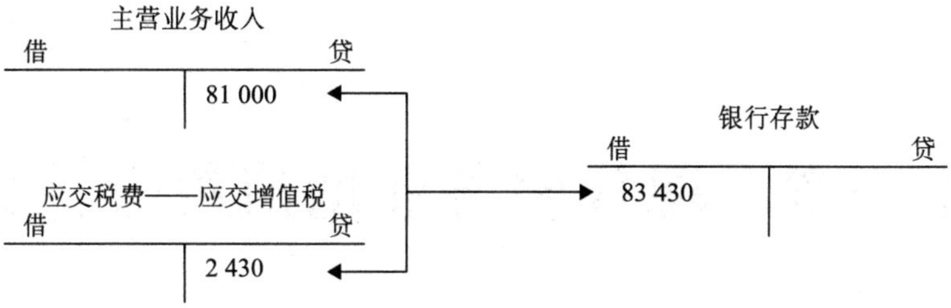

（4）支付第三方外卖平台服务费和配送费时的会计处理：

借：销售费用　　7 120

　　贷：银行存款　　7 120

丁字账图示如下：

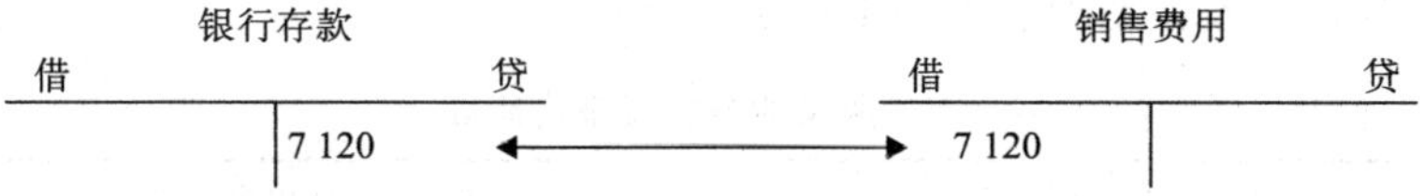

（5）当期应纳税额：

该企业7—9月总计取得餐饮收入＝74 160＋100 940＋83 430＝258 530（元）

该企业7—9月应纳税额＝258 530÷（1＋3%）×3%＝7 530（元）

根据《国家税务总局关于小规模纳税人免征增值税政策有关征管问题的公告》（国家税务总局公告2019年第4号）规定，小规模纳税人发生增值税应税销售行为，合计月销售额未超过10万元（以1个季度为1个纳税期的，季度销售额未超过30万元）的，免征增值税。

会计处理如下：

借：应交税费——应交增值税　　7 530

　　贷：营业外收入　　7 530

丁字账图示如下：

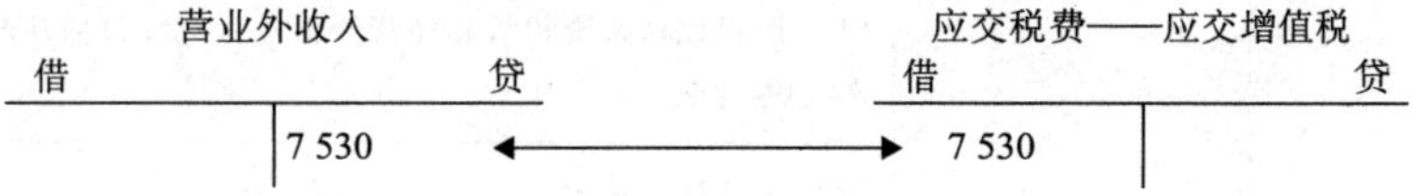

第十一章　现代服务业增值税会计处理

现代服务，是指围绕制造业、文化产业、现代物流产业等提供技术性、知识性服务的业务活动。增值税征税范围中的现代服务业包括研发和技术服务、信息技术服务、文化创意服务、物流辅助服务、租赁服务、鉴证咨询服务、广播影视服务、商务辅助服务和其他现代服务。具体内容及税率如表 11－1 所示。

表 11－1　　　　现代服务业增值税征税明细

行业	应税服务	具体内容
现代服务（9 项）	（1）研发和技术服务（6%）	包括研发服务、合同能源管理服务、工程勘察勘探服务、专业技术服务（如气象服务、地震服务、海洋服务、测绘服务、城市规划、环境与生态监测服务等专项技术服务）
	（2）信息技术服务（6%）	包括软件服务、电路设计及测试服务、信息系统服务、业务流程管理服务和信息系统增值服务
	（3）文化创意服务（6%）	包括设计服务、知识产权服务、广告服务和会议展览服务 [提示] 宾馆、旅馆、旅社、度假村和其他经营性住宿场所提供会议场地及配套服务的活动，按照“会议展览服务”缴纳增值税
	（4）物流辅助服务（6%）（强调场地和设施）	包括航空服务、港口码头服务、货运客运场站服务、打捞救助服务、装卸搬运服务、仓储服务、收派服务（同城集散中心）
	（5）租赁服务	（1）形式包括融资租赁和经营性租赁；范围包括动产（13%）、不动产（9%）
		（2）经营性租赁中： ①水路运输的光租业务、航空运输的干租业务 ②将不动产或飞机、车辆等动产的广告位出租给其他单位或个人用于发布广告： A. 建筑物的广告位出租——不动产租赁（9%） B. 车辆的广告位出租——动产租赁（13%） ③车辆停放服务、道路通行服务（包括过路费、过桥费、过闸费等）——不动产经营租赁服务（9%）
	（6）鉴证咨询服务（6%）	包括认证服务、鉴证服务和咨询服务 如，会计税务法律鉴证、工程监理、资产评估、环境评估、房地产土地评估、建筑图纸审核、医疗事故鉴定等 [提示] 翻译服务和市场调查服务按照“咨询服务”征收增值税

续表

行业	应税服务	具体内容
现代服务（9 项）	（7）广播影视服务（6%）	包括广播影视节目（作品）的制作服务、发行服务、播映（含放映）服务
	（8）商务辅助服务（6%）	包括企业管理服务、经纪代理服务、人力资源服务、安全保护服务 如，金融代理、知识产权代理、货物运输代理、代理报关、法律代理、房地产中介、婚姻中介、代理记账、拍卖等 [提示 1] 拍卖行受托拍卖取得的手续费或佣金收入，按照“经纪代理服务”缴纳增值税 [提示 2] 纳税人提供武装守护押运服务，按照“安全保护服务”缴纳增值税
	（9）其他现代服务	[提示 1] 对安装运行后的电梯提供的维护保养服务，按“其他现代服务”计税 [提示 2] 为客户办理退票而向客户收取的退票费、手续费等收入，按“其他现代服务”计税

第一节　进项税额会计处理

根据《营业税改征增值税试点实施办法》第二十五条规定：“下列进项额准予从销项税额中抵扣：

（一）从销售方取得的增值税专用发票（含税控机动车销售统一发票，下同）上注明的增值税额。

（二）从海关取得的海关进口增值税专用缴款书上注明的增值税额。

（三）购进农产品，除取得增值税专用发票或者海关进口增值税专用缴款书外，按照农产品收购发票或者销售发票上注明的农产品买价和13%的扣除率计算的进项税额。计算公式为：

进项税额 = 买价 × 扣除率

买价，是指纳税人购进农产品在农产品收购发票或者销售发票上注明的价款和按照规定缴纳的烟叶税。

购进农产品，按照《农产品增值税进项税额核定扣除试点实施办法》抵扣进项税额的除外。

（四）从境外单位或者个人购进服务、无形资产或者不动产，自税务机关或者扣缴义务人取得的解缴税款的完税凭证上注明的增值税额。”

根据上述规定，提供税率为6%的现代服务业服务的一般纳税人，收到的增值税专用发票，按发票注明的增值税额抵扣。

一、现代服务业纳税人购入货物、固定资产、无形资产或接受应税行为的会计处理

[例 11－1] 巴泰信息技术服务有限公司为增值税一般纳税人，2019 年 5 月为经营活动购买一批办公用品，取得增值税专用发票，注明价款为 100 000 元，税额为 13 000 元，款项已支付。会计处理如下：

借：管理费用　　100 000

　　应交税费——应交增值税（进项税额）　　13 000

　　贷：银行存款　　113 000

丁字账图示如下：

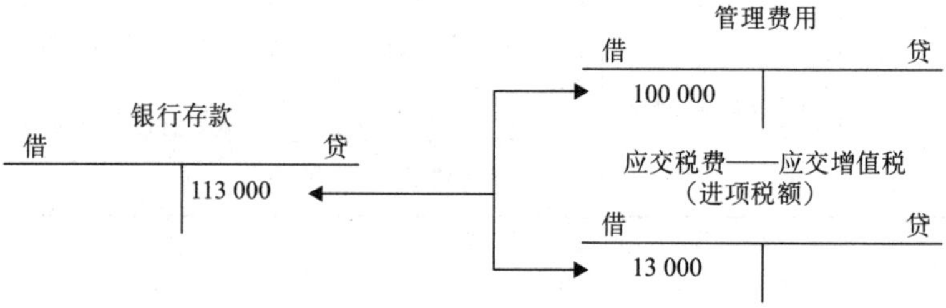

[核心提示] 增值税一般纳税人购进货物取得增值税专用发票可以抵扣进项税额。

[例 11－2] 甲货物运输代理企业，2019 年 6 月正在建造仓储设备工程，接受 B 国乙企业技术指导，书面合同总价为 21.2 万元。甲企业办理扣缴增值税手续。取得代扣代缴增值税的税收缴款及清单，并将扣税后的价款支付给乙企业，取得付款凭证和乙企业的对账单。账务处理如下：

（1）购进服务时：

借：在建工程　　200 000

　　应交税费——应交增值税（进项税额）　　12 000

　　贷：应付账款　　200 000

　　　　应交税费——代扣代交增值税　　12 000

丁字账图示如下：

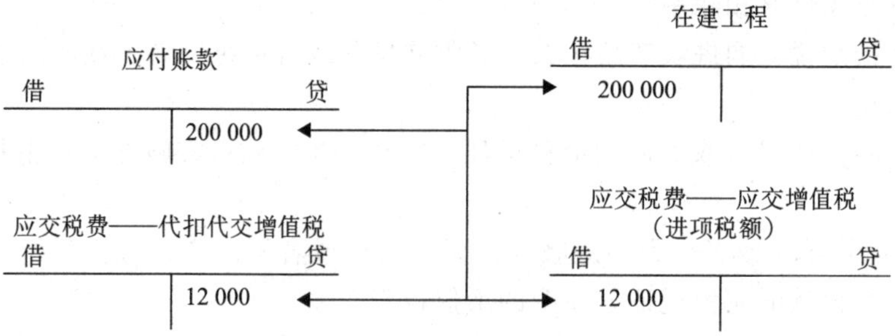

（2）实际缴纳代扣代缴增值税：

借：应交税费——代扣代交增值税　　12 000

　　贷：银行存款　　12 000

丁字账图示如下：

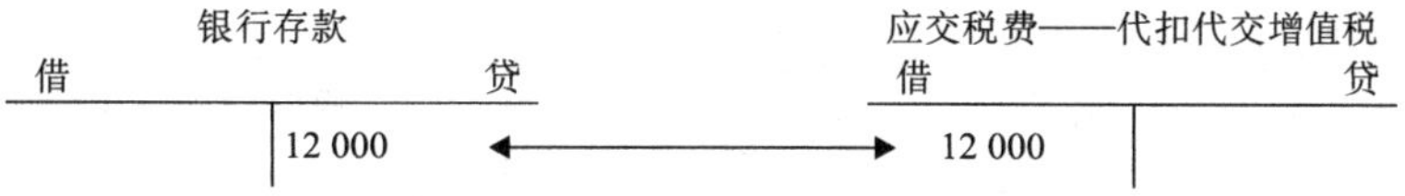

（3）付款时：

借：应付账款　　200 000

　　贷：银行存款　　200 000

丁字账图示如下：

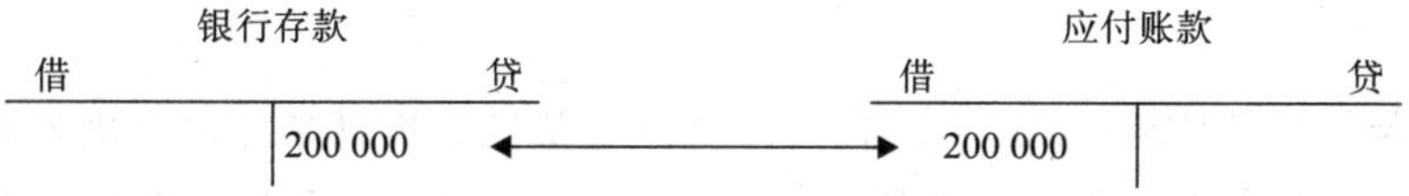

[核心提示] 正在建造仓储设备工程，计入“在建工程”科目核算；“代扣代交增值税”明细科目核算纳税人购进在境内未设经营机构的境外单位或个人在境内的应税行为代扣代缴的增值税。

[例 11－3] 甲鉴证咨询公司为增值税一般纳税人，2019 年 11 月购入一批电脑用于经营，增值税专用发票注明价款为 30 000 元，增值税为 3 900 元，以银行存款支付，另支付运费 3 270 元，取得增值税专用发票。

该批电脑入账价值为：30 000＋3 270÷（1＋9%）＝33 000（元）

可以抵扣的进项税额：3 900＋3 270÷（1＋9%）×9%＝4 170（元）

借：固定资产　　33 000

　　应交税费——应交增值税（进项税额）　　4 170

　　贷：银行存款　　37 170

丁字账图示如下：

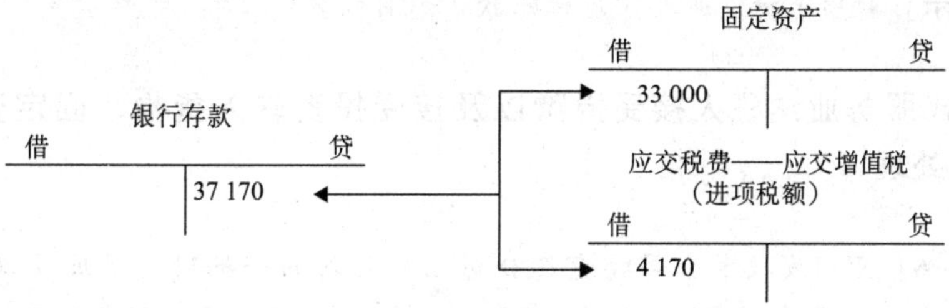

[核心提示] 外购固定资产成本包括购买价款、相关税费及使固定资产达到预定可使用状态前发生的可归属于该固定资产的运输费、装卸费、安装费和专业人员服务费。

[例 11－4] 甲技术研发公司为增值税一般纳税人，2019 年 12 月购入房屋用于办公，增值税专用发票注明价款为 2 000 万元，增值税为 180 万元。以银行存款支付价款。

借：固定资产　　20 000 000

应交税费——应交增值税（进项税额） 1 800 000

贷：银行存款 21 800 000

丁字账图示如下：

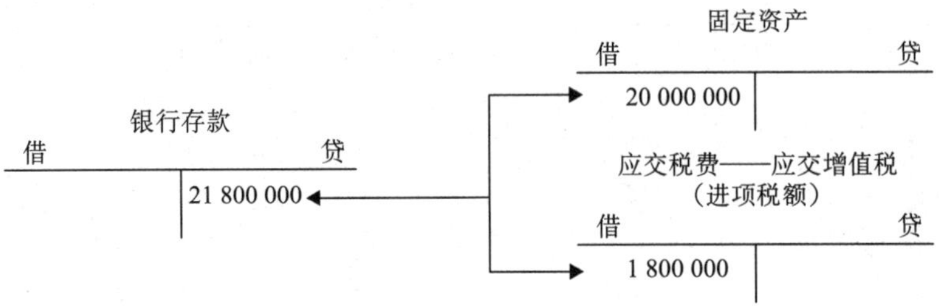

［核心提示］自2019年4月起，购入不动产增值税进项税额可以一次性抵扣。

［例11－5］甲房地产中介为增值税一般纳税人，2019年5月为更好做账，购入一套软件操作系统，增值税专用发票注明价款为10 000元，款项未付。账务处理如下：

借：无形资产 10 000

应交税费——应交增值税（进项税额） 600

贷：应付账款 10 600

丁字账图示如下：

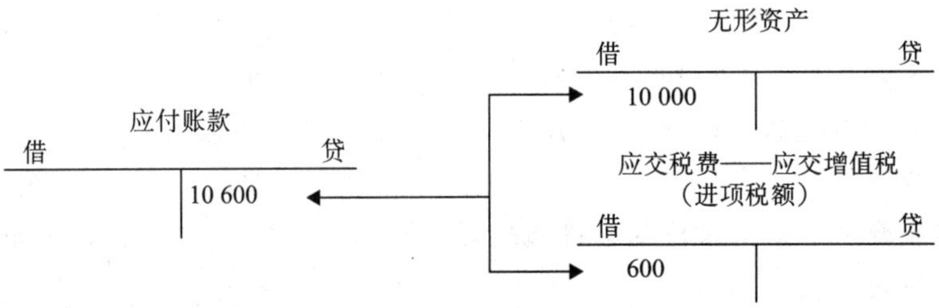

［核心提示］款项未付，通过“应付账款”科目核算。

二、现代服务业纳税人接受捐赠以及接受投资转入货物、固定资产、无形资产的会计处理

［例11－6］甲研发技术公司接受乙公司捐赠转入的一批研发用玻璃仪器，验收入库，取得增值税专用发票注明价款为40 000元，税额为5 200元，账务处理如下：

借：周转材料——低值易耗品 40 000

应交税费——应交增值税（进项税额） 5 200

贷：营业外收入 45 200

丁字账图示如下：

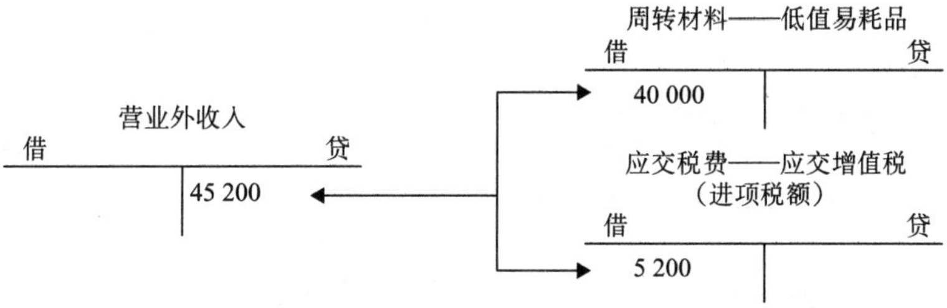

［**核心提示**］接受捐赠取得的货物，贷记“营业外收入”科目。

［**例 11－7**］甲广告创意公司，2019 年 4 月接受乙公司投资的一批路牌、灯箱等制作广告用材料，验收入库，取得增值税专用发票注明价款为 80 000 元，税额为 10 400 元，账务处理如下：

借：原材料　　80 000

　　应交税费——应交增值税（进项税额）　　10 400

　　贷：实收资本——乙公司　　90 400

丁字账图示如下：

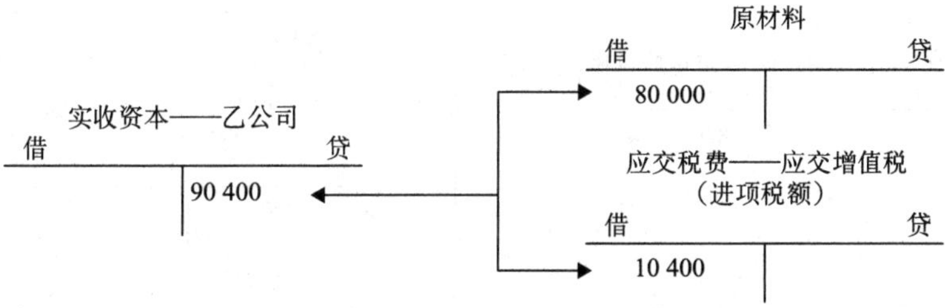

［**核心提示**］企业接受捐赠转入的货物、固定资产、无形资产，按照确认的投资货物价值，借记“原材料”“库存商品”“固定资产”“无形资产”科目，按照增值税专用发票注明税额，借记“应交税费——应交增值税（进项税额）”科目，按照增值税额与货物价值的合计，贷记“实收资本”或“股本”等科目。

三、现代服务业纳税人不得抵扣进项税额的会计处理

用于简易计税方法计税项目、免征增值税项目、集体福利、个人消费的购进货物、加工修理修配劳务、服务、无形资产和不动产进项税额需要转出；非正常损失的进项税额不得抵扣，如已认证需做进项税额转出。

［**例 11－8**］甲信息技术服务公司，2019 年 12 月购入一批 iPad 作为年底福利发放给职工，取得增值税专用发票注明价款为 60 000 元，进项税额为 7 800 元，款项以银行存款支付，账务处理如下：

（1）购进货物用于职工福利进项税额不可抵扣，进项发票可以不认证：

借：管理费用　　67 800

　　贷：应付职工薪酬——非货币性福利　　67 800

借：应付职工薪酬——非货币性福利　　67 800

　　贷：银行存款　　　　　　　　　　　　　　　　　　　67 800

丁字账图示如下：

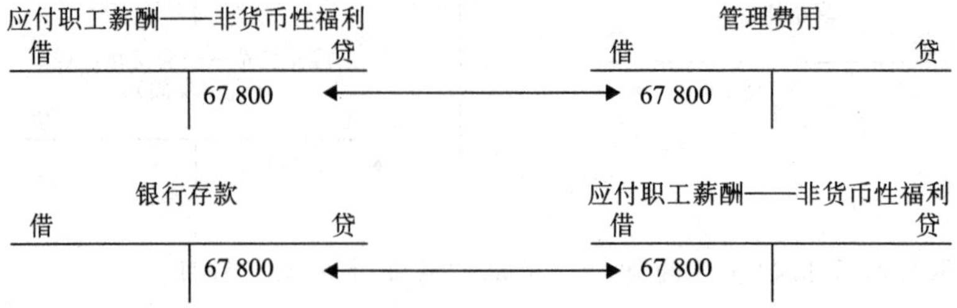

（2）如果发票已经认证：

借：管理费用　　　　　　　　　　　　　　　　　　60 000

　　应交税费——应交增值税（进项税额）　　　　　　7 800

　　贷：应付职工薪酬——非货币性福利　　　　　　　　67 800

丁字账图示如下：

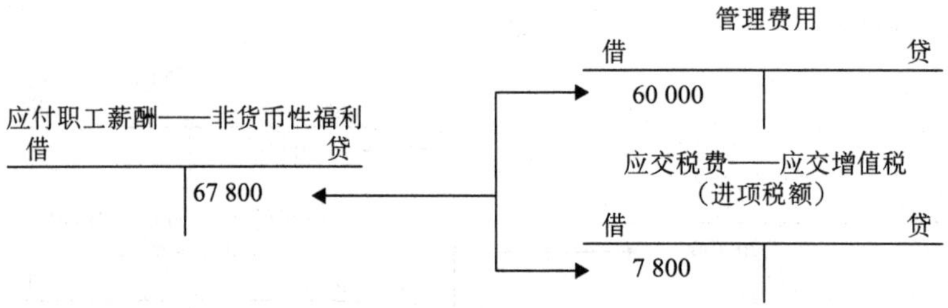

借：应付职工薪酬——非货币性福利　　　　　　　　67 800

　　贷：银行存款　　　　　　　　　　　　　　　　　　67 800

借：管理费用　　　　　　　　　　　　　　　　　　7 800

　　贷：应交税费——应交增值税（进项税额转出）　　　　7 800

丁字账图示如下：

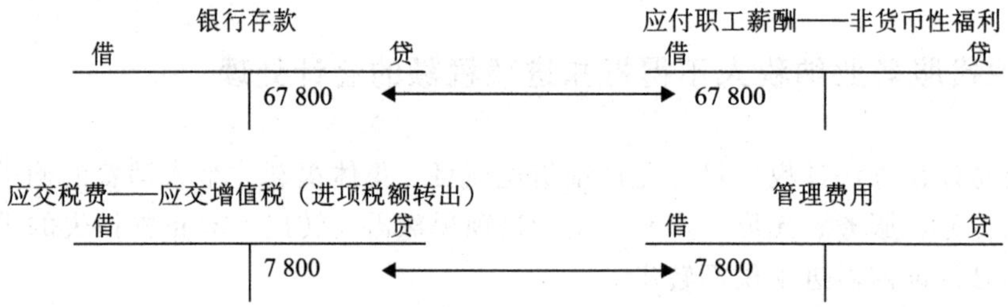

［核心提示］ 不得抵扣进项税额，如发票已认证，需做进项税额转出处理。

四、现代服务业纳税人进项税额转回的会计处理

［例 11－9］ 甲研发公司，某项业务免征增值税，其专用于生产设备的进项税额 100 万元不得抵扣，该业务免税期届满恢复征税，此时，该设备的净值为 79.1 万元，则可以

计算该生产设备的进项税额进行抵扣。

可以抵扣的进项税额 = 79.1 ÷ (1 + 13%) × 13% = 9.1（万元）

借：应交税费——应交增值税（进项税额）　　91 000

　　贷：固定资产　　91 000

丁字账图示如下：

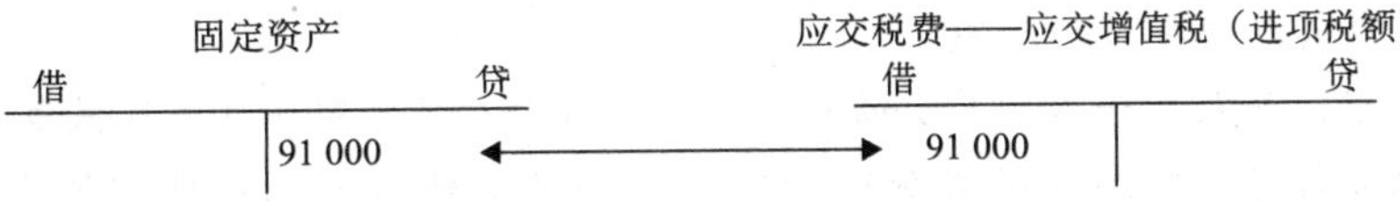

［**核心提示**］不得抵扣且未抵扣进项税额的固定资产、无形资产、不动产发生用途改变，用于允许抵扣进项税额的应税项目，可在改变用途的次月按照下列公式计算可以抵扣的进项税额：

可以抵扣的进项税额 = 固定资产、无形资产、不动产净值 ÷ (1 + 税率) × 适用税率

五、现代服务业加计抵扣进项税会计处理

加计抵减政策的主要调节对象是生产、生活性服务业增值税一般纳税人的一般计税项目。纳税人在具体判断是否适用加计抵减政策，先需要进行根据一般性标准进行预判，再需要根据规定的计算期进行具体的计算界定。

自 2019 年 4 月 1 日至 2021 年 12 月 31 日，允许生产、生活性服务业纳税人按照当期可抵扣进项税额加计 10%，抵减应纳税额。生产、生活性服务业纳税人，是指提供邮政服务、电信服务、现代服务、生活服务取得的销售额占全部销售额的比重超过 50% 的纳税人。

［**例 11－10**］某现代服务业一般纳税人，适用加计抵减政策。2019 年 6 月，一般计税项目销项税额为 140 万元，进项税额为 100 万元，上期留抵税额为 10 万元，上期结转的加计抵减额余额为 5 万元；简易计税项目销售额为 100 万元（不含税价），征收率为 3%。此外，无其他涉税事项。该纳税人当期应如何计算缴纳增值税呢？

加计抵减计算。

（1）当期计提加计抵减额 = 当期可抵扣进项税额 × 10% = 100 × 10% = 10（万元）

［提示］不得从销项税额中抵扣的进项税额不得计提；如果发生进项税额转出，那么，在进项税额转出的同时，此前相应计提的加计抵减额也要同步调减。

（2）当期可抵减加计抵减额 = 上期末加计抵减额余额 + 当期计提加计抵减额 − 当期调减加计抵减额 = 5 + 10 = 15（万元）

［提示］既有适用退税政策的出口货物服务，也有适用征税政策的出口货物服务，在计提加计抵减额时，无论是退税的还是征税的出口货物服务，对应的进项税额都不能计提加计抵减额。具体的操作原则是，出口和内销的进项税额能够分开核算的，出口直接对应的进项税额不得加计；对于出口与内销无法划分的进项税额，则应按照下面的计算公式，以出口和内销的销售额比例分配进项税额，出口对应的进项税额部分不得加计抵减。

不得计提加计抵减额的进项税额 = 当期无法划分的全部进项税额 × 当期出口货物劳务和发生跨境应税行为的销售额 ÷ 当期全部销售额

（3）关于加计抵减额的抵减方法。

计算一般计税项目的应纳税额：

一般计税项目：抵减前的应纳税额 = 140 − 100 − 10 = 30（万元）

区分不同情形分别处理：

第一种情形，如果第一步计算出的应纳税额为0，则当期无需再抵减，所有的加计抵减额可以直接结转到下期继续抵减。

第二种情形，如果第一步计算出的应纳税额大于0，则当期可以进行抵减。在抵减时，需要将应纳税额与可抵减加计抵减额进行比较。如果应纳税额比当期可抵减加计抵减额大，所有的当期可抵减加计抵减额在当期全部抵减完毕，纳税人以抵减后的余额计算缴纳增值税；如果应纳税额比当期可抵减加计抵减额小，当期应纳税额被抵减至0，未抵减完的加计抵减额余额，可以结转下期继续抵减。

本例中应纳税额为30万元比当期可抵减加计抵减额15万元大，所有的当期可抵减加计抵减额在当期全部抵减完毕，纳税人以抵减后的余额计算缴纳增值税。

即：抵减后的应纳税额 = 30 − 15 = 15（万元）

实际抵减额 = 15万元

加计抵减额余额 = 15 − 15 = 0

简易计税项目：应纳税额 = 100 × 3% = 3（万元）

应纳税额合计：

一般计税项目应纳税额 + 简易计税项目应纳税额 = 15 + 3 = 18（万元）

会计处理如下：

（1）一般计税项目。

实现收入时：

借：银行存款　　　　1 400 000

　　贷：应交税费——应交增值税（销项税额）　　　　1 400 000

丁字账图示如下：

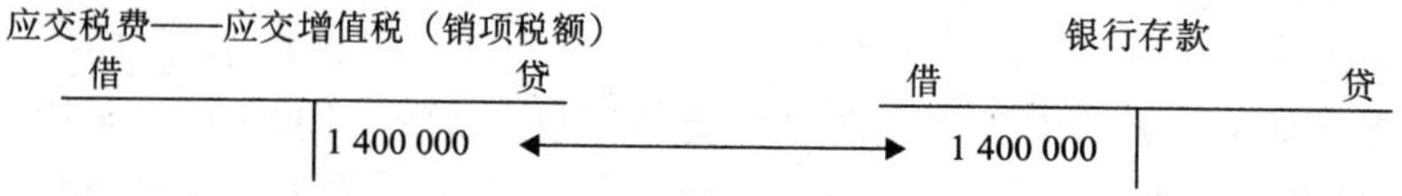

进项抵扣时：

借：应交税费——应交增值税（进项税额）　　　　1 000 000

　　贷：银行存款　　　　1 000 000

丁字账图示如下：

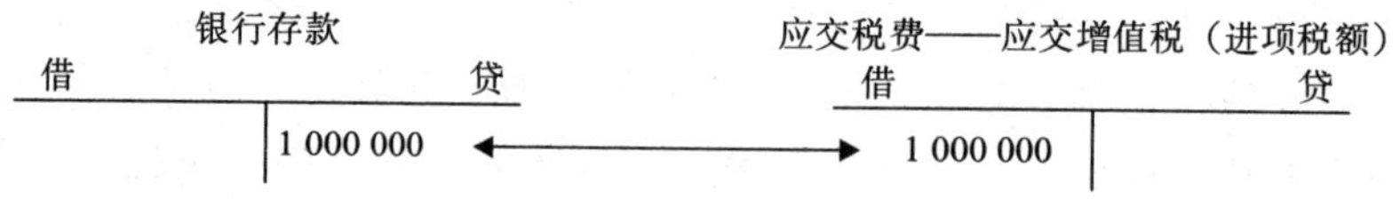

（2）简易计税项目。

借：银行存款　　　　30 000

贷：应交税费——简易计税　　30 000

丁字账图示如下：

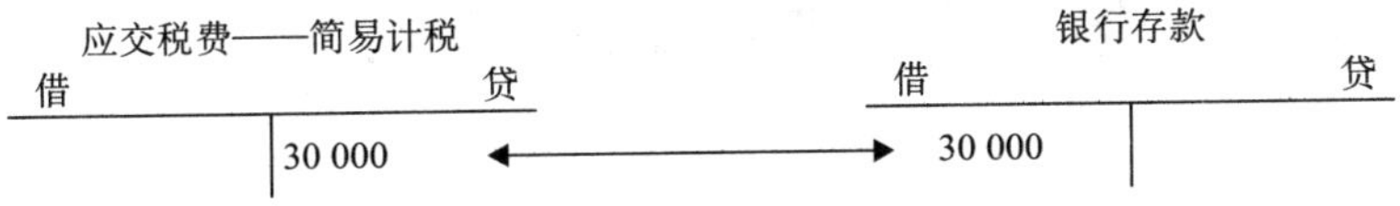

(3) 期末。

期初余额：上期留抵税额为10万元，上期结转的加计抵减额余额为5万元。

借：应交税费——应交增值税（转出未交增值税）　　300 000

　　贷：应交税费——未交增值税　　300 000

丁字账图示如下：

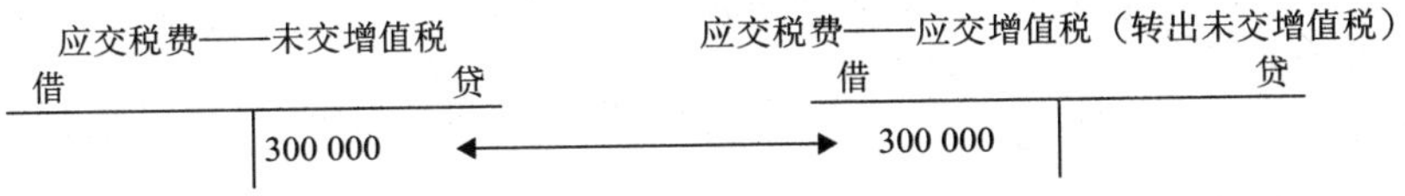

(4) 实际缴纳。根据《关于深化增值税改革有关政策的公告》适用《增值税会计处理规定》，有关问题的解读规定："实际缴纳增值税时，按应纳税额借记'应交税费——未交增值税'等科目，按实际纳税金额贷记'银行存款'科目，按加计抵减的金额贷记'其他收益'科目"。

借：应交税费——未交增值税　　300 000

　　应交税费——简易计税　　30 000

　　贷：银行存款　　180 000

　　　　其他收益　　150 000

丁字账图示如下：

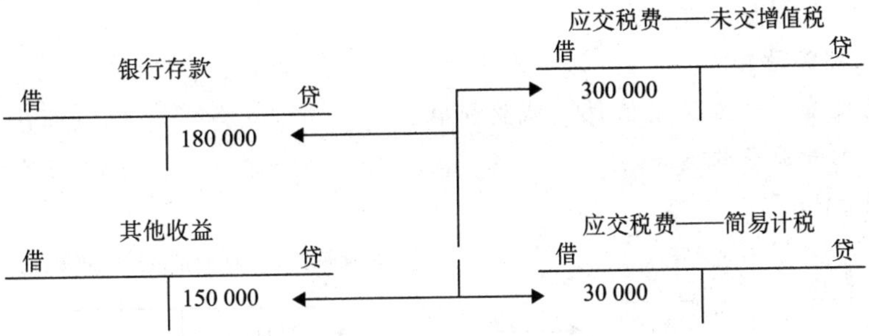

［**核心提示**］生产、生活性服务业纳税人取得资产或接受劳务时，应当按照《增值税会计处理规定》的相关规定对增值税相关业务进行会计处理；实际缴纳增值税时，按应纳税额借记"应交税费——未交增值税"等科目，按实际纳税金额贷记"银行存款"科目，按加计抵减的金额贷记"其他收益"科目。抵减的应纳税额作为其他收益，需要交纳企业所得税。

第二节　销项税额会计处理

一、现代服务业增值税一般纳税人会计处理

（一）研发和技术服务

［**例 11－11**］创智技术研发公司为增值税一般纳税人，2019 年 12 月转让一项新技术，取得收入 477 万元，款项存入银行，账务处理如下：

（1）销售时：

借：银行存款　　4 770 000

　　贷：主营业务收入　　4 500 000

　　　　应交税费——应交增值税（销项税额）　　270 000

丁字账图示如下：

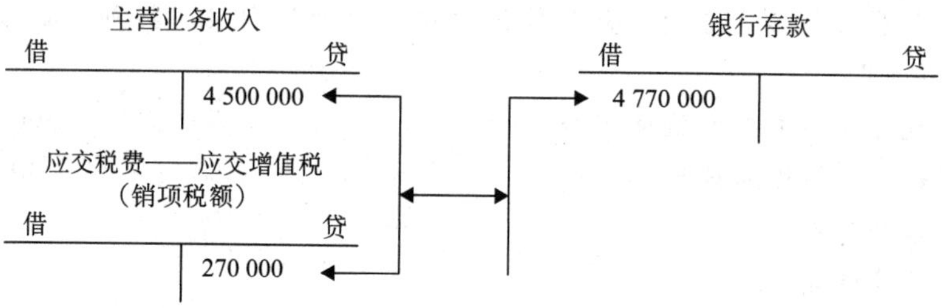

技术转让免征增值税账务处理。

（2）免征税额结转

借：应交税费——应交增值税（减免税款）　　270 000

　　贷：主营业务收入　　270 000

丁字账图示如下：

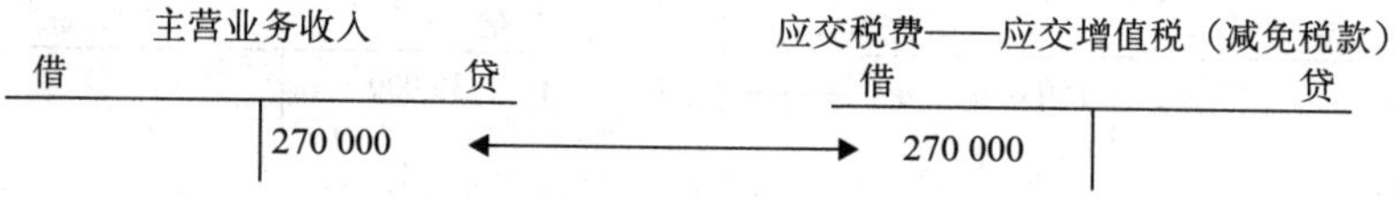

［**核心提示**］根据《财政部　国家税务总局关于全面推开营业税改征增值税试点的通知》（财税〔2016〕36 号）规定：纳税人提供技术转让、技术开发和与之相关的技术咨询、技术服务，免征增值税。

（二）信息技术服务

［**例 11－12**］红星技术服务有限公司为增值税一般纳税人，2019 年 11 月为某客户提供软件服务，取得收入 365.7 万元，款项尚未收到。账务处理如下：

借：应收账款　　　　　　　　　　　　　　　　　　3 657 000

　　贷：主营业务收入　　　　　　　　　　　　　　　　3 450 000

　　　　应交税费——应交增值税（销项税额）　　　　　　207 000

丁字账图示如下：

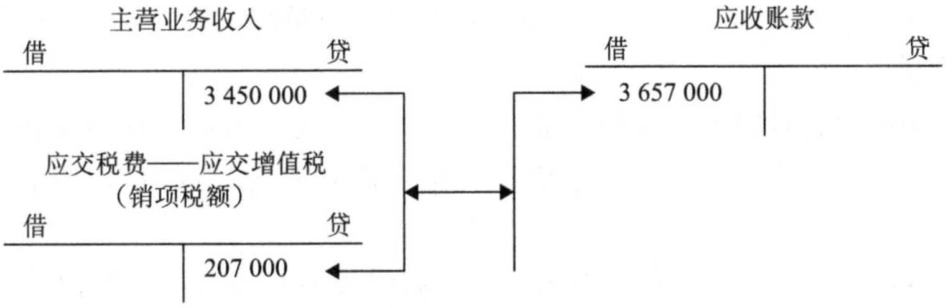

［**核心提示**］信息技术服务适用增值税税率为6%。款项未收到，记入“应收账款”科目核算。

（三）文化创意服务

［**例11－13**］华策广告公司为增值税一般纳税人，2019年该公司全年实现广告设计业务收入400万元，提供设计服务取得收入120万元，提供会议展览收入为150万元（均为不含税收入）。款项均以存入银行。账务处理如下：

广告设计业务：销项税额＝400×6%＝24（万元）

设计服务业务：销项税额＝120×6%＝7.2（万元）

会议展览服务：销项税额＝150×6%＝9（万元）

合计销项税额＝24＋7.2＋9＝40.2（万元）

借：银行存款　　　　　　　　　　　　　　　　　　7 102 000

　　贷：主营业务收入　　　　　　　　　　　　　　　　6 700 000

　　　　应交税费——应交增值税（销项税额）　　　　　　402 000

丁字账图示如下：

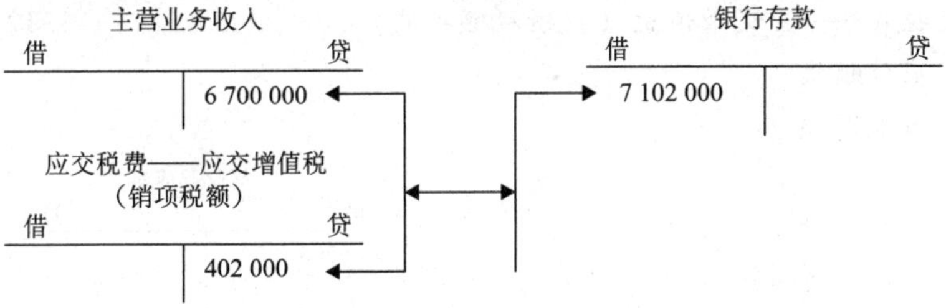

［**核心提示**］文化创意服务，增值税税率为6%。

（四）物流辅助服务

物流辅助服务中比较特殊的是客运场站服务，下面以此为例进行说明。

一般纳税人提供客运场站服务，以其取得的全部价款和价外费用，扣除支付给承运方运费后的余额为销售额，按6%的税率计算增值税，已在销售额中扣除的承运方运费即使取得增值税专用发票，亦不得再作进项抵扣。

企业接受应税服务时，按规定允许扣减销售额而减少的销项税额，借记“应交税费——应交增值税（销项税额抵减）”科目，按实际支付或应付的金额与上述增值税额的差额，借记“主营业务成本”等科目，按实际支付或应付的金额，贷记“银行存款”“应付账款”等科目。

对于期末一次性进行账务处理的企业，在期末，按规定当期允许扣减销售额而减少的销项税额，借记“应交税费——应交增值税（销项税额抵减）”科目，贷记“主营业务成本”等科目。

［**例11－14**］A公司为增值税一般纳税人，提供客运场站服务，2019年5月取得含税收入106万元，当月支付承运方运费21.2万元，款项未收到，取得增值税发票，账务处理如下：

（1）A公司提供应税服务。

借：应收账款　　1 060 000

　　贷：主营业务收入　　1 000 000

　　　　应交税费——应交增值税（销项税额）　　60 000

丁字账图示如下：

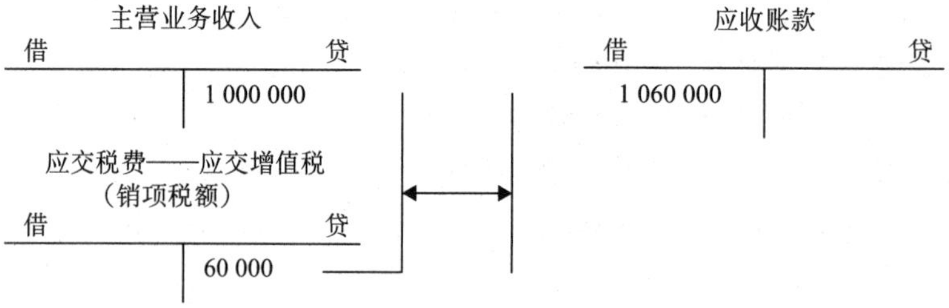

（2）A公司支付承运方运费。

借：主营业务成本　　200 000

　　应交税费——应交增值税（销项税额抵减）　　12 000

　　贷：应付账款　　212 000

丁字账图示如下：

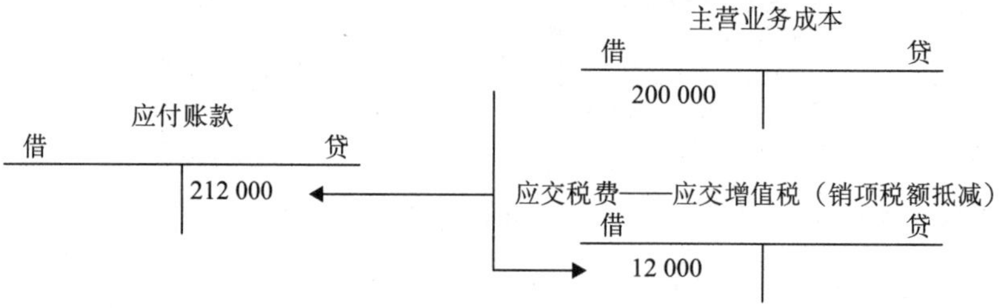

［**核心提示**］增值税一般纳税人提供客运场站服务，注意差额征税问题。

（五）租赁服务

1. 融资租赁服务。

［**例 11－15**］假设某融资租赁企业（适用增值税税率为13%）购入资产的价值成本为1 000 000元，融资租赁合同总额为1 500 000元（不含税），分10年等额偿还。不考虑未担保余值，租赁期满后融资资产的所有权转移给承租方。租赁期间以第一年为例，计算出实际利率为8.14%（插值法计算），第一年末确认的融资收益为81 400元，融资租赁的出租方会计确认与计量如下：

①购入设备。

借：固定资产——融资租赁资产　1 000 000
　　应交税费——应交增值税（进项税额）　130 000
　　贷：银行存款　1 130 000

丁字账图示如下：

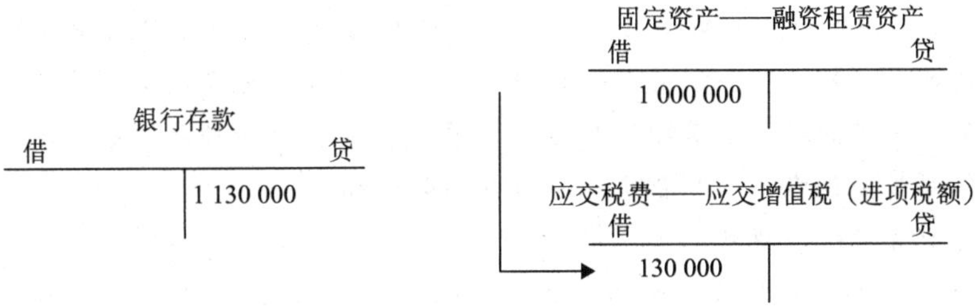

②租出设备。

借：长期应收款——应收融资租赁款　1 500 000
　　贷：固定资产——融资租赁资产　1 000 000
　　　　未实现融资收益　500 000

丁字账图示如下：

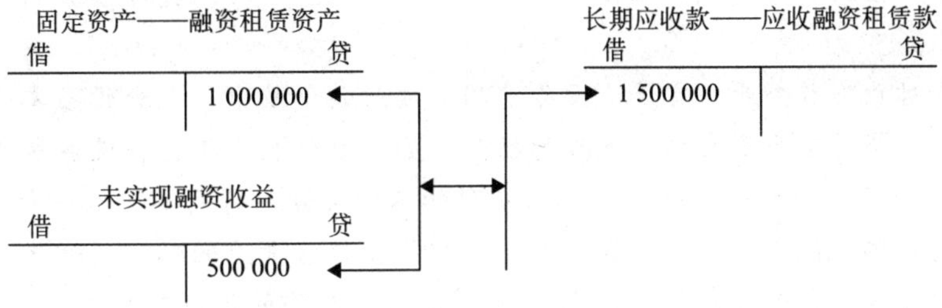

③第一年收取租金，分配未实现融资收益。

借：银行存款　169 500
　　贷：长期应收款——应收融资租赁款　150 000
　　　　应交税费——应交增值税（销项税额）　19 500

借：未实现融资收益　81 400
　　贷：租赁收入　81 400

丁字账图示如下：

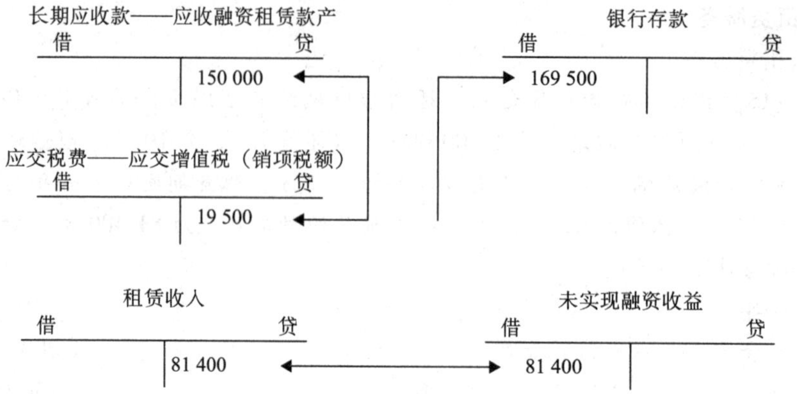

④租赁期届满。租赁期满后，租赁资产所有权转移给承租方，出租方不需要做任何处理。

［核心提示］ 营改增后，融资租赁企业开始适用增值税，购买设备的进项税额可以抵扣，应当确认增值税销项税额。目前，各融资租赁企业对于融资租赁业务主流的会计核算方法是：购买资产时的增值税进项税额记入“应交增值税——进项税额”科目，租赁开始日不确认增值税销项税额，收到租金时再确认当期增值税。

融资租赁业务特殊涉税处理如下：

（1）融资租赁和融资性售后回租差额征税规定

①融资租赁。经中国人民银行、中国银监会或者商务部批准从事融资租赁业务的试点纳税人，提供融资租赁服务，以取得的全部价款和价外费用，扣除支付的借款利息（包括外汇借款和人民币借款利息）、发行债券利息和车辆购置税后的余额为销售额。

②融资性售后回租。经中国人民银行、中国银监会或者商务部批准从事融资租赁业务的试点纳税人，提供融资性售后回租服务，以取得的全部价款和价外费用（不含本金），扣除对外支付的借款利息（包括外汇借款和人民币借款利息）、发行债券利息后的余额作为销售额。

融资租赁对于下游企业而言是新设备启用，因此总价款中应包含设备本金；融资性售后回租业务由于是对企业已有的设备进行操作，因此总价款中不包含设备本金。

（2）融资性售后回租的业务，承租人支付的本金部分不得开具增值税专用发票，可以开增值税普通发票；融资性售后回租业务，承租方在销售资产的环节不交增值税；经中国人民银行、中国银监会或者商务部批准从事融资租赁业务的试点纳税人中的一般纳税人，提供有形动产融资租赁服务和有形动产融资性售后回租服务，对其增值税实际税负超过3%的部分实行增值税即征即退政策。

2. 经营租赁服务。

［例 11－16］ 如意公司是增值税一般纳税人，2019 年 5 月 1 日出租公司办公楼屋顶广告位，一次性收取半年租金 21.8 万元，账务处理如下：

借：银行存款	218 000	
贷：其他业务收入		200 000

应交税费——应交增值税（销项税额）　　18 000

丁字账图示如下：

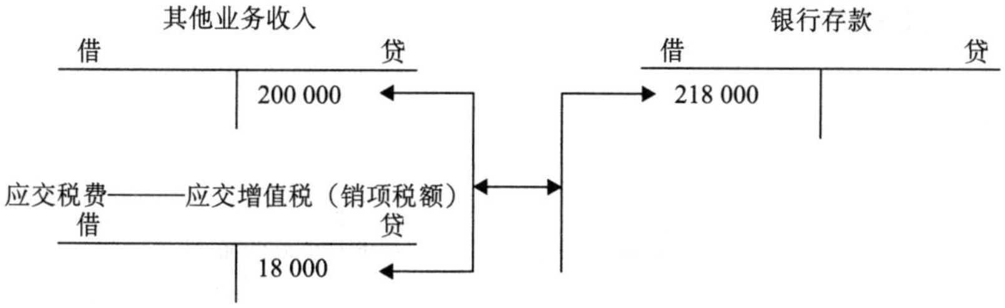

［**核心提示**］将建筑物、构筑物等不动产或者飞机、车辆等有形动产的广告位出租给其他单位或者个人用于发布广告，按照经营租赁服务缴纳增值税，一般纳税人适用9%税率。若一般纳税人出租其2016年4月30日前取得的不动产，可以选择适用简易计税方法，按照5%的征收率计算应纳税额。

（六）鉴证服务

［**例11－17**］华强律师事务所为增值税一般纳税人，2019年6月提供法律咨询服务，取得收入15.9万元，会计处理如下：

借：银行存款　　159 000

　贷：主营业务收入　　150 000

　　应交税费——应交增值税（销项税额）　　9 000

丁字账图示如下：

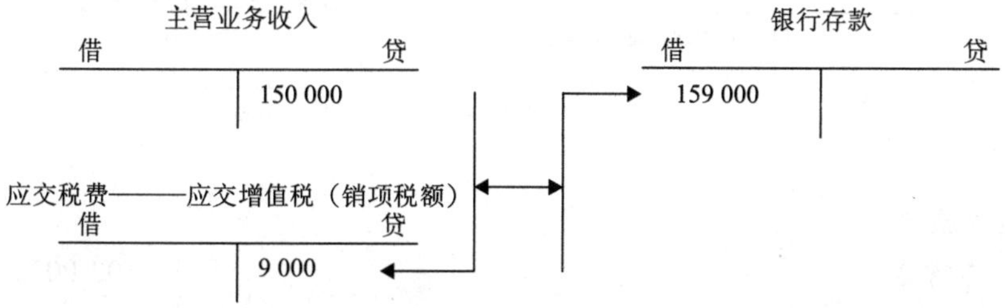

［**核心提示**］增值税一般纳税人鉴证服务增值税税率为6%。

（七）广播影视服务

［**例11－18**］某部电影作品的制作成本为1亿元（均取得增值税专用发票，其中，13%税率的为4 000万元，6%税率的为6 000万元），协议约定制片方与投资方按照8:2出资，制片方（甲方）出资8 000万元，投资方（乙方）出资2 000万元。甲方共取得该部电影发行收入3亿元，乙方按出资比例应分享收入6 000万元（30 000×20%）。双方按出资比例共同拥有著作权，乙方出资2 000万元委托甲方制作，取得该部电影作品20%的著作权，乙方收回的6 000万元应视为转让20%著作权取得的收入。

甲方账务处理：

收到投资款：

借：银行存款 20 000 000

贷：预收制片款 18 867 900（20 000 000 ÷ 1.06）

应交税费——应交增值税（销项税额）

1 132 100（20 000 000 ÷ 1.06 × 6%）

丁字账图示如下：

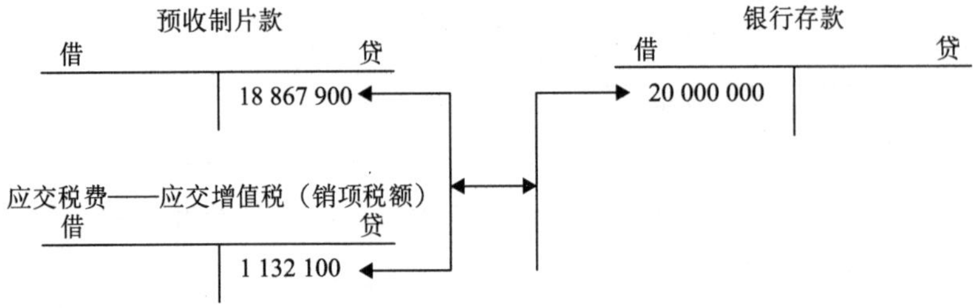

生产过程：

借：生产成本 92 002 000

应交税费——应交增值税（进项税额）

7 998 000（40 000 000 ÷ 1.13 × 13% + 60 000 000 ÷ 1.06 × 6%）

贷：银行存款 100 000 000

丁字账图示如下：

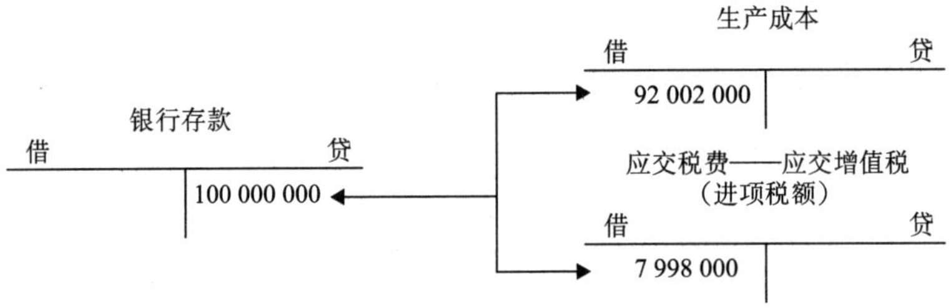

结转生产成本：

借：库存商品 92 002 000

贷：生产成本 92 002 000

借：预收制片款 18 867 900

贷：库存商品——库存商品备抵 18 867 900

丁字账图示如下：

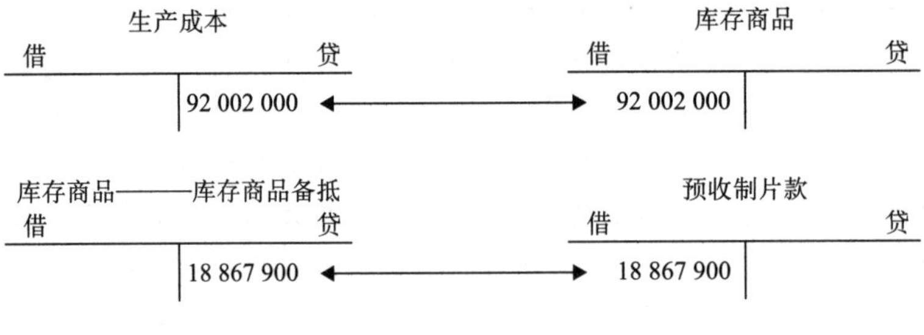

甲方向乙方分期支付对价购买著作权：

借：库存商品 56 003 800

应交税费——应交增值税——（进项税额）

3 396 200（60 000 000 ÷ 1.06 × 6%）

贷：银行存款 60 000 000

丁字账图示如下：

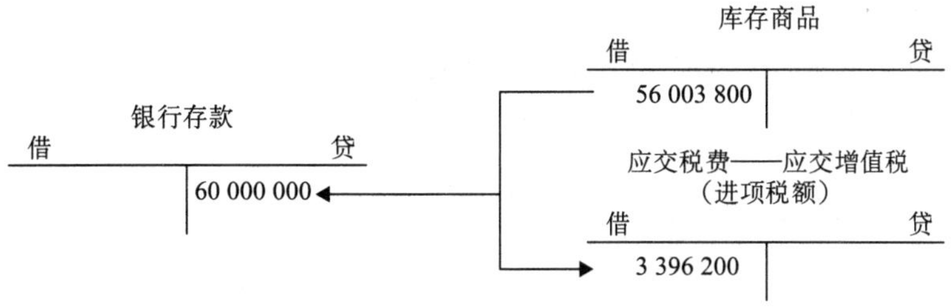

甲方取得发行收入 30 000 万元：

借：银行存款 300 000 000

贷：主营业务收入 283 018 900

应交税费——应交增值税（销项税额） 16 981 100

丁字账图示如下：

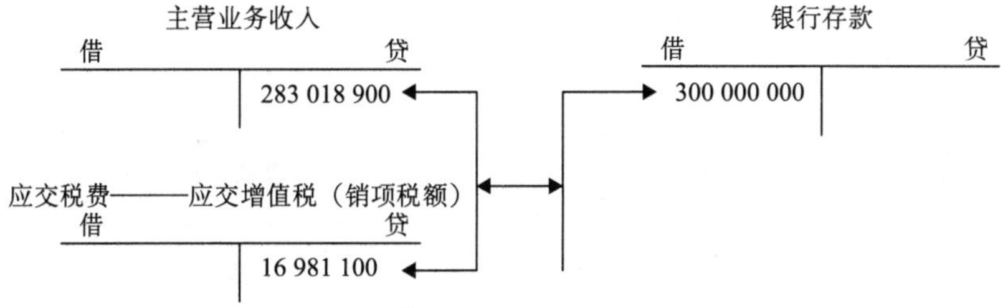

［**核心提示**］广播影视制作的发行收入增值税税率为 6%。

（八）商务辅助服务

由于经纪代理服务比较特殊，商务辅助服务中的经纪代理服务采用差额征税的办法，因此以下以此为例。

增值税一般纳税人的账务处理如下：

“销项税额抵减”的会计处理：

（1）收到客户经纪代理服务中介费时：

借：银行存款

贷：主营业务收入

应交税费——应交增值税（销项税额）

（2）支付允许差额扣除的行政事业性收费：

借：主营业务成本

应交税费——应交增值税（销项税额抵减）

贷：银行存款

［**例11－19**］润华房地产经纪公司为增值税一般纳税人，2019年7月经纪收入为111.3万元，其中支付的住房转让手续费、房屋登记费、证书工本费等行政事业性收费共计3.18万元，取得符合规定的票据。

（1）收到客户经纪代理服务中介费时：

借：银行存款　　1 113 000

　　贷：主营业务收入　　1 050 000

　　　　应交税费——应交增值税（销项税额）　　63 000

丁字账图示如下：

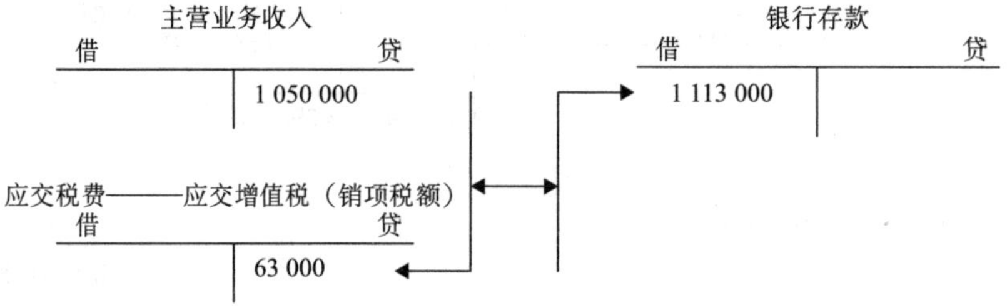

（2）支付允许差额扣除的行政事业性收费：

借：主营业务成本　　30 000

　　应交税费——应交增值税（销项税额抵减）　　1 800

　　贷：银行存款　　31 800

丁字账图示如下：

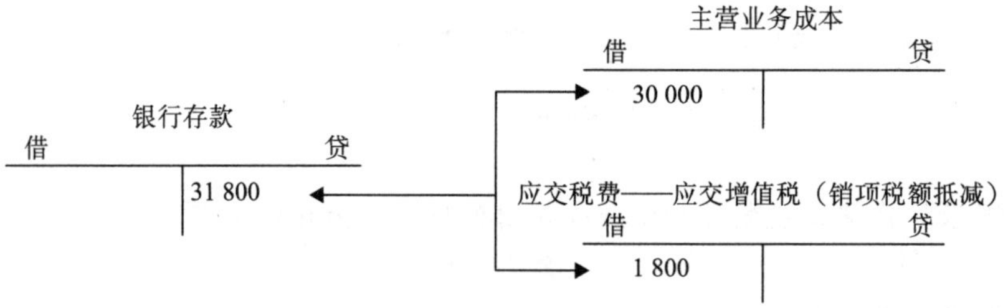

［**核心提示**］注意经纪代理服务差额征税的问题。经纪代理服务，以取得的全部价款和价外费用，扣除向委托方收取并代为支付的政府性基金或者行政事业性收费后的余额为销售额。向委托方收取的政府性基金或者行政事业性收费，不得开具增值税专用发票。

（九）其他现代服务

［**例11－20**］科技电梯维修公司，2019年6月提供电梯维护保养服务，取得收入20万元，账务处理如下：

借：银行存款　　200 000

　　贷：主营业务收入　　188 679.25

　　　　应交税费——应交增值税（销项税额）　　11 320.75

丁字账图示如下：

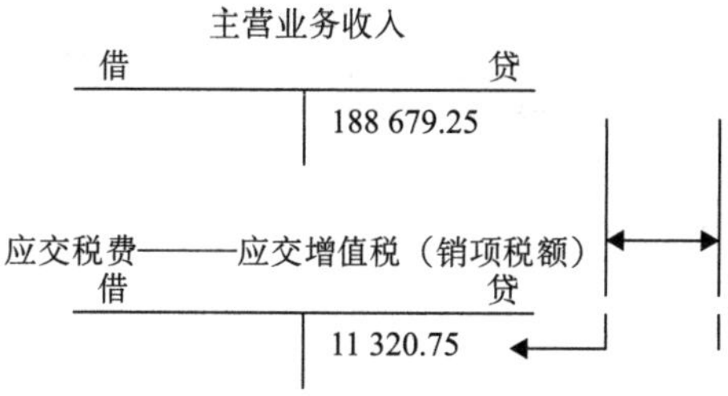

［核心提示］电梯维护保养服务按其他现代服务业税目缴纳增值税，增值税税率为6%。

二、现代服务业小规模纳税人会计处理

［**例11－21**］风云技术服务有限公司为增值税小规模纳税人，2020年1月为某客户提供软件服务，取得收入320万元。账务处理如下：

借：银行存款　　3 200 000

　　贷：主营业务收入　　3 106 800

　　　　应交税费——应交增值税　　93 200

丁字账图示如下：

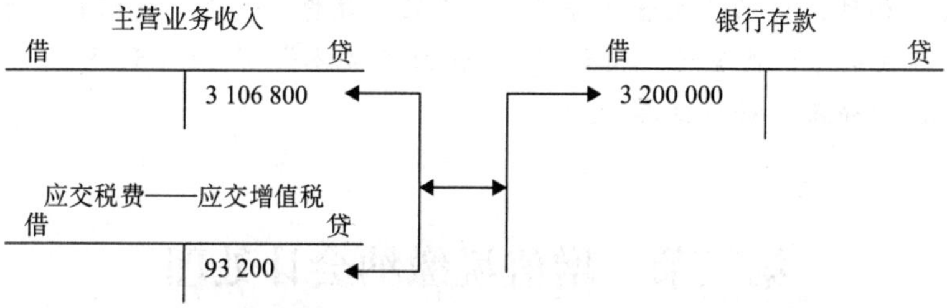

［**核心提示**］信息技术服务增值税小规模纳税人适用增值税税率3%。

［**例11－22**］某房地产经纪公司为小规模纳税人，2019年6月经纪收入103万元，其中支付的住房转让手续费、房屋登记费、证书工本费等行政事业性收费共计3万元，取得符合规定的票据。

小规模纳税人的账务处理：

（1）收到客户经纪代理服务中介费时：

借：银行存款　　1 030 000

　　贷：主营业务收入　　1 000 000

　　　　应交税费——应交增值税　　30 000

丁字账图示如下：

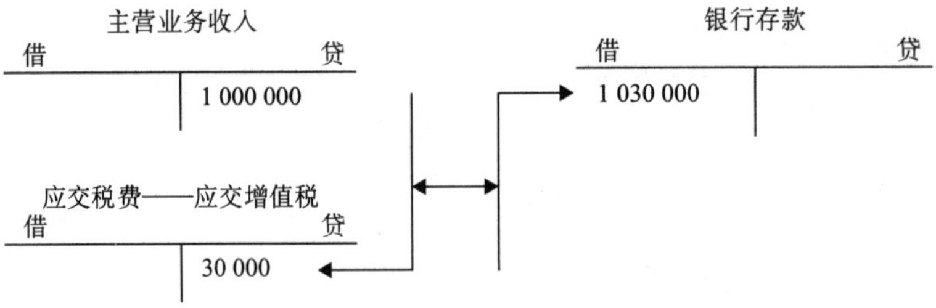

(2) 支付允许差额扣除的行政事业性收费：

借：主营业务成本　　29 100

　　应交税费——应交增值税　　900

　　贷：银行存款　　30 000

丁字账图示如下：

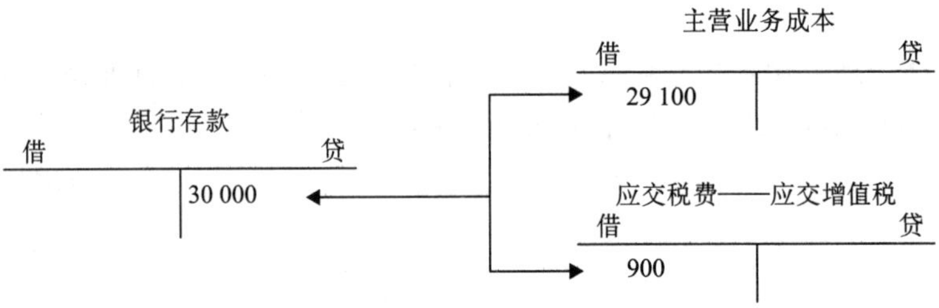

［**核心提示**］小规模纳税人提供经纪代理服务，收到客户经纪代理服务中介费时，借记“银行存款”科目，贷记“主营业务收入”“应交税费——应交增值税”科目；支付允许差额扣除的行政事业性收费时，借记“主营业务成本”“应交税费——应交增值税”科目，贷记“银行存款”科目核算。

第三节　增值税缴纳会计处理

现代服务业增值税的计税方法，分为一般计税方法和简易计税方法。增值税一般纳税人发生应税行为适用一般计税方法，小规模纳税人适用简易计税方法。增值税一般纳税人发生财政部和国家税务总局规定的特定应税行为，可以选择适用简易计税办法计税，但一经选择，36 个月内不得变更。

一般计税方法下：应纳增值税 = 当期销项税额 – 当期进项税额

（一）销项税额

销项税额 = 销售额 × 税率，税率一般为 6%，但是不动产租赁税率为 9%，有形动产租赁为 13%。此处销售额不包括销项税额。纳税人采用销售额和销项税额合并定价方法的，按照下列公式计算销售额：计税销售额 =（取得的全部含税价款和价外费用 – 支付给其他单位或个人的含税价款）÷（1 + 对应征税应税服务适用的增值税税率或征收率）。

（二）进项税额

进项税额，是指纳税人购进货物、加工修理修配劳务、服务、无形资产或者不动产，支付或者负担的增值税额。特殊规定：购进农产品，除取得增值税专用发票或者海关进口增值税专用缴款书外，按照农产品收购发票或者销售发票上注明的农产品买价和10%的扣除率计算进项税额。计算公式为：进项税额 = 买价 × 扣除率。纳税人取得的增值税扣税凭证不符合法律、行政法规或者国家税务总局有关规定的，其进项税额不得从销项税额中抵扣。因此，现代服务业企业应加强增值税专用发票管理，防止出现发票无效的情况。当期销项税额小于当期进项税额不足抵扣时，其不足部分可以结转下期继续抵扣。

（三）销售额的特殊确定

经纪代理服务，以取得的全部价款和价外费用，扣除向委托方收取并代为支付的政府性基金或者行政事业性收费后的余额为销售额。向委托方收取的政府性基金或者行政事业性费用，不得开具增值税专用发票。

经中国人民银行、中国银监会或者商务部批准从事融资租赁业务的试点纳税人，提供融资租赁服务，以取得的全部价款和价外费用，扣除支付的借款利息（包括外汇借款和人民币借款利息）、发行债券利息和车辆购置税后的余额为销售额。经商务部授权的省级商务主管部门和国家级经济技术开发区批准的从事融资租赁业务的试点纳税人，2016 年 5 月 1 日后实收资本达到 1.7 亿元的，从达到标准的当月起按照差额征税；2016 年 5 月 1 日后实收资本未达到 1.7 亿元但注册资本达到 1.7 亿元的，在 2016 年 7 月 31 日前仍可按照差额征税。

一般纳税人提供客运场站服务，以其取得的全部价款和价外费用，扣除支付给承运方运费后的余额为销售额。

简易计税方法下：

简易计税方法的应纳税额，是指按照销售额和增值税征收率计算的增值税额，不得抵扣进项税额。应纳税额计算公式：

计税销售额 =（取得的全部含税价款和价外费用 - 支付给其他单位或个人的含税价款）÷（1 + 征收率）

简易计税方法下，提供现代服务业服务的试点纳税人，应以取得的全部价款和价外费用扣除支付的分包款后的余额为销售额计算缴纳增值税。按照下列公式计算销售额：

销售额 = 含税销售额 ÷（1 + 征收率）

一般纳税人发生下列应税行为可以选择适用简易计税方法计税。

1. 经认定的动漫企业为开发动漫产品提供的动漫脚本编撰、形象设计、背景设计、动画设计、分镜、动画制作、摄制、描线、上色、画面合成、配音、配乐、音效合成、剪辑、字幕制作、压缩转码（面向网络动漫、手机动漫格式适配）服务，以及在境内转让动漫版权（包括动漫品牌、形象或者内容的授权及再授权）。

动漫企业和自主开发、生产动漫产品的认定标准和认定程序，按照文化部　财政部　国家税务总局《关于印发〈动漫企业认定管理办法（试行）〉的通知》（文市发〔2008〕

51 号）的规定执行。

2. 电影放映服务、仓储服务、装卸搬运服务、收派服务和文化体育服务。

3. 以纳入营改增试点之日前取得的有形动产为标的物提供的经营租赁服务。

4. 在纳入营改增试点之日前签订的尚未执行完毕的有形动产租赁合同。

（1）一般纳税人出租其 2016 年 4 月 30 日前取得的不动产，可以选择适用简易计税方法，按照 5% 的征收率计算应纳税额。纳税人出租其 2016 年 4 月 30 日前取得的与机构所在地不在同一县（市）的不动产，应按照上述计税方法在不动产所在地预缴税款后，向机构所在地主管税务机关进行纳税申报。

（2）一般纳税人出租其 2016 年 5 月 1 日后取得的、与机构所在地不在同一县（市）的不动产，应按照 3% 的预征率在不动产所在地预缴税款后，向机构所在地主管税务机关进行纳税申报。

（3）小规模纳税人出租其取得的不动产（不含个人出租住房），应按照 5% 的征收率计算应纳税额。纳税人出租与机构所在地不在同一县（市）的不动产，应按照上述计税方法在不动产所在地预缴税款后，向机构所在地主管税务机关进行纳税申报。

（4）其他个人出租其取得的不动产（不含住房），应按照 5% 的征收率计算应纳税额。

（5）个人出租住房，应按照 5% 的征收率减按 1.5% 计算应纳税额。

［例 11－23］ 某增值税小规模纳税人仅提供广告服务，2019 年 6 月产生一笔销售额为 10 300 元（含税）的业务，并就此缴纳税额，7 月该业务由于合理原因发生退款。7 月该小规模纳税人提供应税服务的销售额为 20 600 元，则纳税人可在 7 月的销售额中扣除退款额 10 300 元，则 7 月最终计税销售额为：

（20 600－10 300）÷1.03＝10 000（元）

6 月需缴纳增值税：10 300÷1.03×0.03＝300（元）

该纳税人 6 月取得的收入的会计处理为：

借：银行存款　　10 300

　　贷：主营业务收入　　10 000

　　　　应交税费——应交增值税　　300

丁字账图示如下：

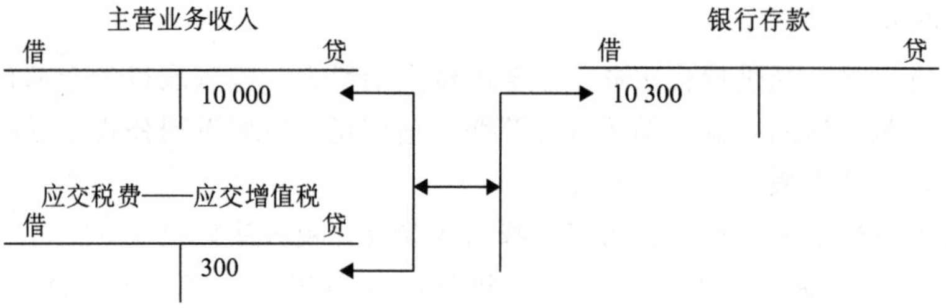

借：应交税费——应交增值税　　300

　　贷：银行存款　　300

丁字账图示如下：

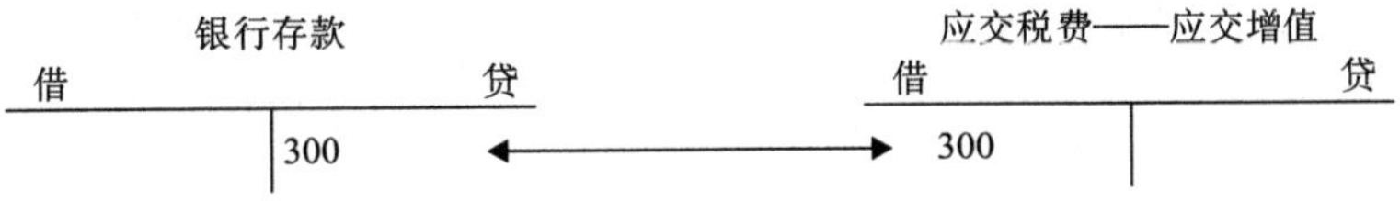

7月的会计处理为：

借：主营业务收入　　10 000

　　应交税费——应交增值税　　300

　　贷：银行存款　　10 300

丁字账图示如下：

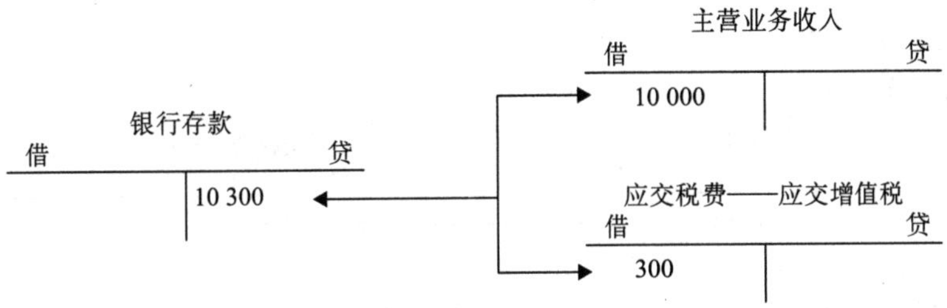

借：银行存款　　20 600

　　贷：主营业务收入　　20 000

　　　　应交税费——应交增值税　　600

丁字账图示如下：

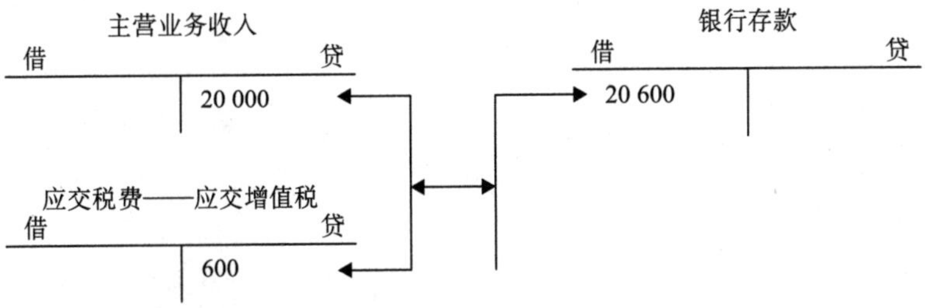

借：应交税费——应交增值税　　300

　　贷：银行存款　　300

丁字账图示如下：

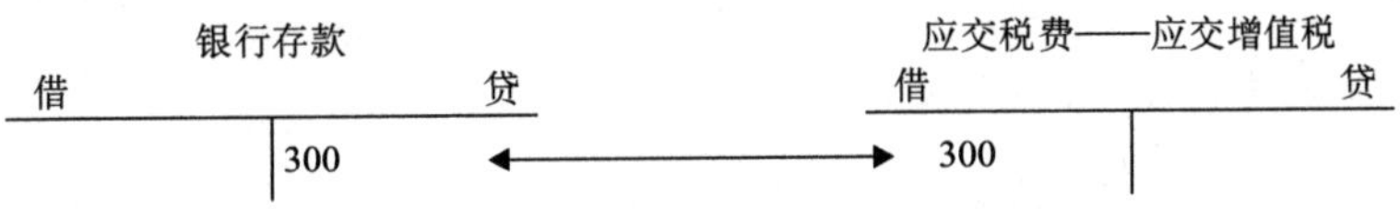

［例 11－24］ 某广告咨询公司，2019 年 12 月取得咨询收入 31.8 万元，当月可以抵扣的进项税额为 1 万元，计算当月应缴纳的增值税，并编制会计分录。

借：银行存款　　318 000

　　贷：主营业务收入　　300 000

　　　　应交税费——应交增值税（销项税额）　　18 000

丁字账图示如下：

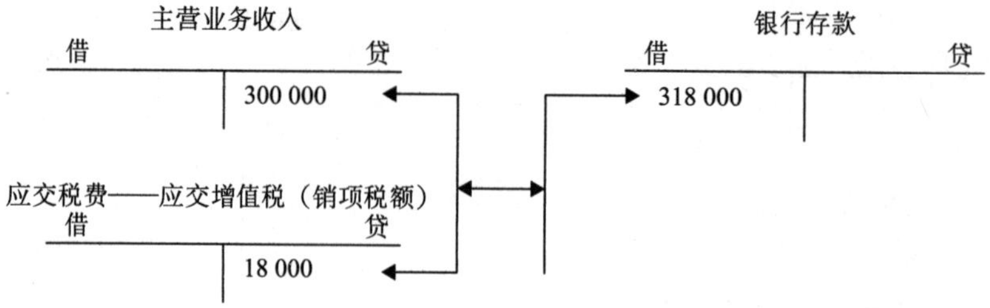

当月应缴纳增值税 = 1.8 - 1 = 0.8（万元）

借：应交税费——应交增值税　　8 000

　　贷：银行存款　　8 000

丁字账图示如下：

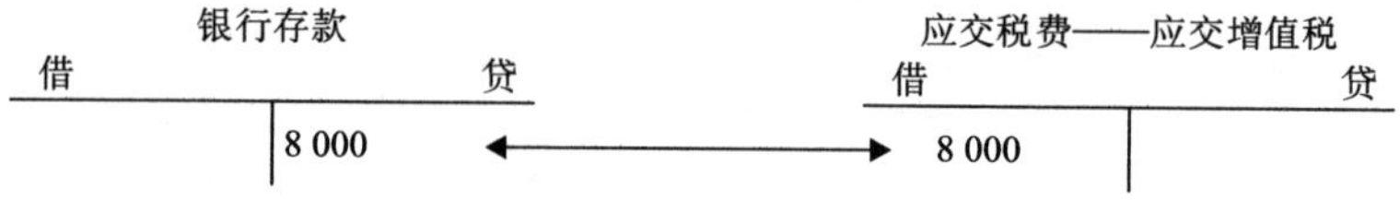

［**核心提示**］一般纳税人应纳税额 = 当期销项税额 - 当期进项税额

第十二章　行政事业单位增值税会计处理

财政部于2015年10月23日，通过财政部令第78号发布了《政府会计准则基本准则》(以下简称《基本准则》)。《基本准则》于2017年1月1日起施行。《基本准则》适用于各级政府部门、各单位（以下统称政府会计主体）。各部门、各单位是指与本级政府财政部门直接或者间接发生预算拨款关系的国家机关、军队、政党组织、社会团体、事业单位和其他单位。军队、已纳入企业财务管理体系的单位和执行《民间非营利组织会计制度》的社会团体，不适用本准则。《基本准则》强化了政府财务会计核算，即政府会计由预算会计和财务会计构成。《增值税暂行条例实施细则》第二十九条规定，非企业性单位、不经常发生应税行为的企业可选择按照小规模纳税人纳税。根据《营业税改征增值税试点实施办法》(财税〔2016〕36号附件1）第三条规定，年应税销售额超过规定标准但不经常发生应税行为的单位和个体工商户可选择按照小规模纳税人纳税。这里的非企业性单位，是指行政单位、事业单位、军事单位、社会团体和其他单位。我国现行增值税“一税两制”，对于营改增以前传统的增值税项目是遵循“非企业性单位可选择按小规模纳税人纳税”的规定的。但是营改增纳税人的选择登记规则，把年应税销售额达标但可不登记为一般纳税人的范围，限定在偶然发生增值税应税行为的范围。各类单位可选择按小规模纳税人纳税的前提是不经常发生应税行为（应税行为具有偶然性），而不以单位性质为前提。本章所称行政事业单位仅指选择登记为小规模纳税人的单位。

第一节　购入应税资产或服务时的会计处理

选择登记为小规模纳税人的行政事业单位购买资产或服务时不能抵扣增值税，发生的增值税计入资产成本或相关成本费用。

[例12－1] 某行政事业单位2019年6月购入一批原材料，取得的增值税专用发票上注明价款为300 000元，增值税款为39 000元，以银行存款支付货款，货物已验收入库，企业原材料采用实际成本计价。财务会计处理如下：

借：库存物品　　339 000

　　贷：银行存款　　339 000

丁字账图示如下：

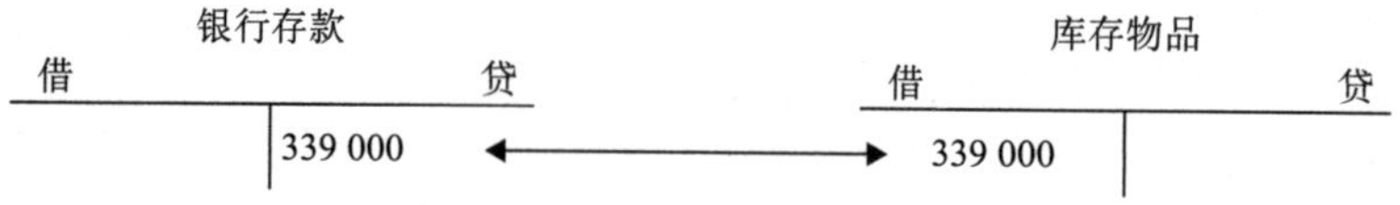

预算会计处理如下：

借：事业支出　　339 000

　　贷：资金结存——货币资金　　339 000

丁字账图示如下：

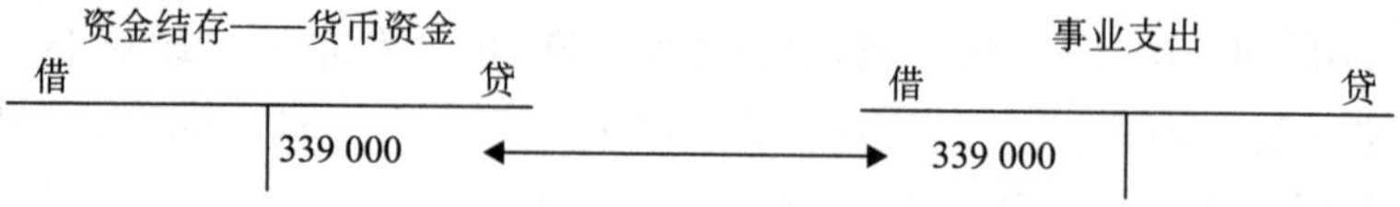

［**核心提示**］小规模纳税人购买资产或服务时，预算会计中核算的金额为实际支付的金额。

第二节　销售资产或提供服务时的会计处理

行政事业单位销售货物或提供服务时，应当按照应收或已收的金额，借记“应收账款”“应收票据”“银行存款”等科目，贷记“经营收入”“应交增值税”等科目。发生销售退回的，应根据按照规定开具的红字增值税专用发票做相反的会计分录。

［**例 12－2**］某高校所属研究所采用直接收款方式销售商品一批，价款 618 000 元（含税），货款已经收到，存入银行。

不含税销售额 = 618 000 ÷ (1 + 3%) = 600 000（元）

应纳税额 = 600 000 × 3% = 18 000（元）

财务会计处理如下：

借：银行存款　　618 000

　　贷：经营收入　　600 000

　　　　应交增值税　　18 000

丁字账图示如下：

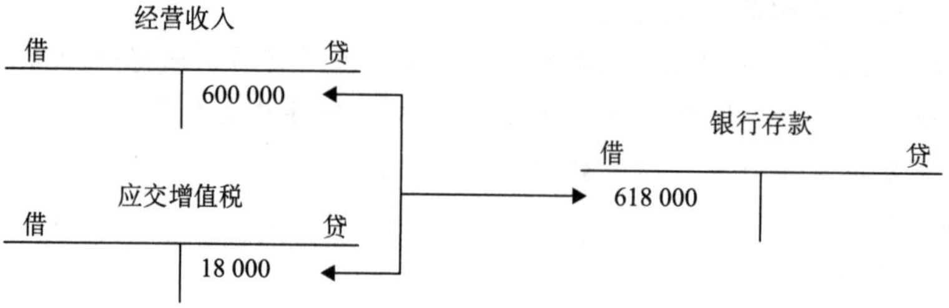

预算会计处理如下：

借：资金结存　　600 000

　　贷：经营预算收入　　600 000

丁字账图示如下：

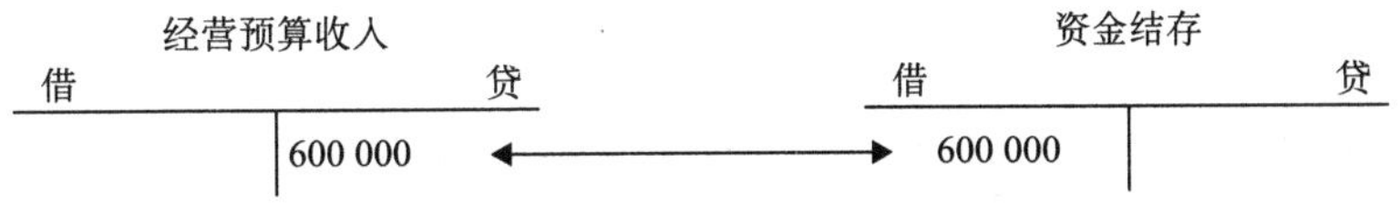

[核心提示] 销售货物或者提供劳务，一般情况下，只开具增值税普通发票，按不含税价格乘以征收率计算应缴增值税。采用销售额和应纳税金合并定价的，按照“销售额＝含税金额/(1＋征收率)”公式还原为不含税销售额。

第三节　缴纳增值税时的会计处理

行政事业单位缴纳增值税时，财务会计中，按实际缴纳的金额，借记“应交增值税”科目，贷记“银行存款”等科目。预算会计中，按照实际缴纳的金额，借记“事业支出”“经营支出”等科目，贷记“资金结存”科目。

[例 12－3] 某园林单位为小规模纳税人，当月购进原材料一批，价款为 30 000 元，增值税为 5 100 元。款项用银行存款支付。另外，该企业当月销售树苗 2 000 棵，全部价款为 56 650 元，款项收到，存入银行。账务处理如下：

不含税销售额＝56 650÷(1＋3%)＝55 000（元）

应纳税额＝55 000×3%＝1 650（元）

(1) 购买原材料，财务会计处理如下：

借：在途物资　　35 100

　　贷：银行存款　　35 100

丁字账图示如下：

预算会计处理如下：

借：经营支出　　35 100

　　贷：资金结存——货币资金　　35 100

丁字账图示如下：

（2）销售产品，财务会计处理如下：

借：银行存款　56 650

　　贷：经营收入　55 000

　　　　应交增值税　1 650

丁字账图示如下：

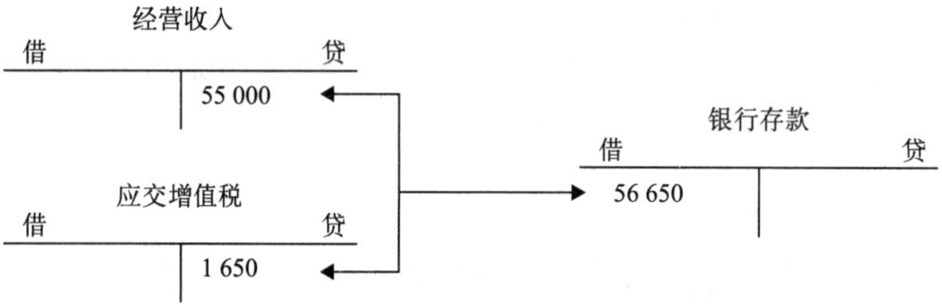

预算会计处理如下：

借：资金结存——货币资金　55 000

　　贷：经营预算收入　55 000

丁字账图示如下：

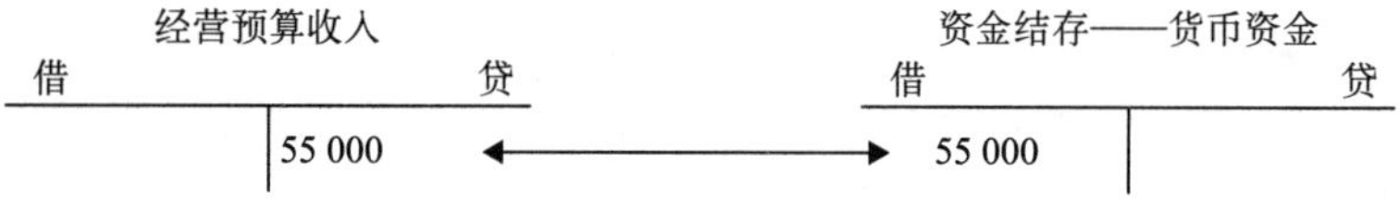

（3）缴纳增值税，财务会计处理如下：

借：应交增值税　1 650

　　贷：银行存款　1 650

丁字账图示如下：

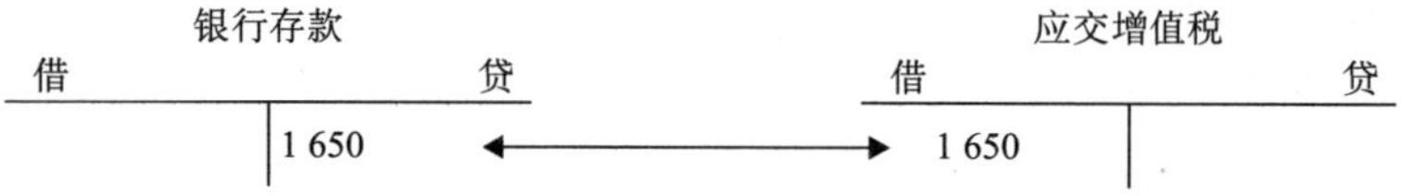

预算会计处理如下：

借：经营支出　1 650

　　贷：资金结存——货币资金　1 650

丁字账图示如下：

［**核心提示**］属于小规模纳税人的单位购进货物时，将支付的增值税计入材料的采购成本；销售货物或者提供劳务，一般情况下，只开具增值税普通发票，按不含税价格乘以征收率计算应缴增值税。采用销售额和应纳税金合并定价的，按照“销售额 = 含税金额/(1 + 征收率)”公式还原为不含税销售额。